Martin Weimann/Verbraucherzentrale für Kapitalanleger e. V.
Spruchverfahren nach Squeeze-out

Martin Weimann/
Verbraucherzentrale für Kapitalanleger e. V.

Spruchverfahren nach Squeeze-out

Empirische Daten zu Spruchverfahren nach Squeeze-out (§ 327f AktG) – 1. Januar 2002 bis 31. Dezember 2013

DE GRUYTER

Zitiervorschlag: *Weimann* Spruchverfahren, S.

ISBN 978-3-11-040250-6
e-ISBN (PDF) 978-3-11-040256-8
e-ISBN (EPUB) 978-3-11-040262-9

Bibliografische Information der Deutschen Nationalbibliothek
Die Deutsche Nationalbibliothek verzeichnet diese Publikation in der Deutschen Nationalbibliografie; detaillierte bibliografische Daten sind im Internet über http://dnb.dnb.de abrufbar.

Einbandabbildung: Jupiterimages/Stockbyte/Thinkstock
Datenkonvertierung/Satz: fidus Publikations-Service GmbH, Nördlingen
Druck: CPI books GmbH, Leck
♾ Gedruckt auf säurefreiem Papier
Printed in Germany

www.degruyter.com

Vorwort

Die Verbraucherzentrale für Kapitalanleger e. V. – VzfK – ist ein im Vereinsregister beim Amtsgericht Berlin-Charlottenburg eingetragener Verein, der die Interessen von Kapitalanlegern vertritt. Das erfolgt zum Beispiel in Gesetzgebungsverfahren, vor Gerichten sowie gegenüber Unternehmensleitungen und Mehrheitsaktionären. Ein Schwerpunkt der Tätigkeiten liegt in der Durchführung von Spruchverfahren nach § 1 SpruchG für Minderheitsaktionäre nach aktien- und umwandlungsrechtlichen, kompensationspflichtigen Strukturmaßnahmen.

Zu den satzungsmäßigen Aufgaben der VzfK gehören auch wissenschaftliche Tätigkeiten wie die Sammlung, Analyse, Dokumentation und Vermittlung von Informationen und deren Nutzung zur Förderung der Rechtstatsachenforschung. Nähere Informationen zum Zweck des Vereins und seinen Tätigkeiten finden Sie auf der Homepage des Vereins – www.vzfk.de. Zu Spruchverfahren finden Sie weitere Informationen, Daten und Berechnungstools auf www.spruchverfahren.info.

Diese Studie zeigt die Bedeutung und den Ablauf von Verfahren zum Ausschluss von Minderheitsaktionären beim aktien- und verschmelzungsrechtlichen Squeeze-out nach §§ 327a ff. AktG bzw. § 62 Abs. 5 UmwG sowie dem nachfolgenden Spruchverfahren. Dabei geht es ausschließlich um die Angemessenheit der beschlossenen Barabfindung, § 243 Abs. 4 S. 2 AktG. Diese Studie wertet vielfältige Daten zum Ablauf eines Squeeze-out bzw. den anschließenden Spruchverfahren aus. Die Daten und die sich daraus ergebenden Erkenntnisse lassen sich der praktischen Arbeit von Gutachtern, Gerichten und Aktionären zugrunde legen. Zwar liegt der Schwerpunkt der Datenauswertung auf Komponenten des Kapitalisierungszinssatzes. Das darf aber nicht darüber hinwegtäuschen, dass die Aktie einen Zukunftserfolgswert repräsentiert. Mit der, in Spruchverfahren häufig zu beobachtenden, Reduzierung auf den Zinssatz wird die Aktie in den Rang einer Unternehmens-/Hybridanleihe degradiert. Die über die Planung der zukünftigen finanziellen Überschüsse darzustellenden Kurssteigerungspotenziale drohen dadurch auf der Strecke zu bleiben.

Die Studie versteht sich als Beitrag zur Rechtstatsachenforschung durch quantitative empirische Justizforschung. Sie strebt eine lückenlose Erfassung und Analyse aller Squeeze-out-Verfahren an, die im Zeitraum zwischen Einführung des aktienrechtlichen Squeeze-out am 1. Januar 2002 bzw. umwandlungsrechtlichen Squeeze-out am 15. Juli 2011 und dem 31. Dezember 2013 eingeleitet wurden. Dazu sind für insgesamt 477 Squeeze-out-Verfahren nach bis zu 125 Kriterien Daten erhoben und systematisch ausgewertet worden, soweit diese bis zum 31. Dezember 2013 verfügbar waren. Eine – immer wieder aktualisierte – Übersicht der Squeeze-out-Verfahren finden Sie ebenfalls auf www.spruchverfahren.info.

Naturgemäß vermag eine solche Datensammlung und -analyse keinen Anspruch auf Vollständigkeit oder Richtigkeit zu erheben. Daher bitten wir gegebenenfalls um entsprechende Hinweise. Das gilt besonders dann, wenn ein Squeeze-out oder

Spruchverfahren fehlt oder Datenangaben nicht zutreffen. Bitte übermitteln Sie Ihre Hinweise bzw. die entsprechenden Unterlagen oder gerichtlichen Entscheidungen, aber auch Ihre Anregungen und Kritik an die folgende Anschrift:

Verbraucherzentrale für Kapitalanleger e. V.
Hiddenseer Straße 9
D – 10437 Berlin
Telefon: +49 (0)30 39509428
Telefax: +49 (0)30 39509429
E-Mail: info@vzfk.de

Inhaltsverzeichnis

Abkürzungsverzeichnis

a. A.	anderer Auffassung
a. a. O.	am angegebenen Ort
Abs.	Absatz
abw.	abweichend
a. E.	am Ende
a. F.	alte Fassung
AG	Aktiengesellschaft; Amtsgericht
AK	Anfechtungsklage
AktG	Aktiengesetz
AKU	Arbeitskreis für Unternehmensbewertung beim IDW (Vorläufer des FAUB)
Anh.	Anhang
Anm.	Anmerkung(en)
Art.	Artikel
Aufl.	Auflage
Az.	Aktenzeichen
BaFin	Bundesanstalt für Finanzdienstleistungsaufsicht
BAG	Bundesarbeitsgericht
Begr.	Begründung
BewG	Bewertungsgesetz
BGB	Bürgerliches Gesetzbuch
BGBl	Bundesgesetzblatt
BGH	Bundesgerichtshof
BGHZ	Entscheidungen des Bundesgerichtshofs in Zivilsachen
BIP	Bruttoinlandsprodukt
BörsenG	Börsengesetz
BR	Bundesrat
BS WP/vBP	Berufssatzung für Wirtschaftsprüfer/vereidigte Buchprüfer
BT	Bundestag
BT-Drucks.	Bundestags Drucksache
Buchst.	Buchstabe
BVerfG	Bundesverfassungsgericht
BVerfGE	Entscheidungen des Bundesverfassungsgerichts
bzw.	beziehungsweise
CAGR	Durchschnittliche jährliche Wachstumsrate (**C**ompound **A**nnual **G**rowth **R**ate)
CAPM	Capital Asset Pricing Model
DAI	Deutsches Aktieninstitut e. V.
DCF	Discounted Cash Flow
DCGK	Deutscher Corporate Governance Kodex
dens.	denselben
dgl., dergl.	dergleichen
ders.	derselbe
d. h.	das heißt
Drucks.	Drucksache
ebda.	ebenda
EBIT	Ergebnis vor Zinsen und Steuern – operatives Ergebnis (**E**arnings **B**efore **I**nterest and **T**axes)

EBITA	Ergebnis vor Zinsen, Steuern und Abschreibungen auf immaterielle Vermögensgegenstände (**E**arnings **B**efore **I**nterest, **T**axes and **A**mortisation)
EBITDA	Ergebnis vor Zinsen, Steuern, Abschreibungen auf Sachenanlagen und Abschreibungen auf immaterielle Vermögensgegenstände (**E**arnings **B**efore **I**nterest, **T**axes **D**epreciation and **A**mortisation)
EBT	Ergebnis vor Steuern (**E**arnings **B**efore **T**axes)
EGAktG	Einführungsgesetz zum Aktiengesetz
EGBGB	Einführungsgesetz zum Bürgerlichen Gesetzbuch
Einf.	Einführung
Einl.	Einleitung
entspr.	entsprechen(d), entspricht
Entw.	Entwurf
Erl.	Erläuterung(en)
EStG	Einkommensteuergesetz
EU	Europäische Union
EuGH	Europäischer Gerichtshof
EUR, €	Euro
e. V.	eingetragener Verein
f., ff.	folgende
FamFG	Gesetz über das Verfahren in Familiensachen und in den Angelegenheiten der freiwilligen Gerichtsbarkeit
FAUB	Fachausschuss für Unternehmensbewertung und Betriebswirtschaft beim IDW e. V.
FGG	Gesetz über die Angelegenheiten der freiwilligen Gerichtsbarkeit
FGG-RG	Gesetz zur Reform des Verfahrens in Familiensachen und in den Angelegenheiten der freiwilligen Gerichtsbarkeit
FMStBG	Finanzmarktstabilisierungsbeschleunigungsgesetz
Fußn., Fn	Fußnote
gem.	gemäß
GG	Grundgesetz
ggf.	gegebenenfalls
GKG	Gerichtskostengesetz
GmbH	Gesellschaft mit beschränkter Haftung
GmbHG	Gesetz betreffend die Gesellschaft mit beschränkter Haftung
grdsl.	grundsätzlich
GVG	Gerichtsverfassungsgesetz
HFA	Hauptfachausschuss
HGB	Handelsgesetzbuch
h. L.	herrschende Lehre
h. M.	herrschende Meinung
HR	Handelsregister
HS, Hs.	Halbsatz
HV	Hauptversammlung
IAS	International Accounting Standards
i. d. F.	in der Fassung
i. d. R.	in der Regel
IDW	Institut der Wirtschaftsprüfer in Deutschland e. V., Düsseldorf
IDW S 1 (2000)	IDW Standard „Grundsätze zur Durchführung von Unternehmensbewertungen" in der Fassung vom 28. Juni 2000

IDW S 1 (2005)	IDW Standard „Grundsätze zur Durchführung von Unternehmensbewertungen" in der Fassung vom 18. Oktober 2005
IDW S 1 (2008)	IDW Standard „Grundsätze zur Durchführung von Unternehmensbewertungen" in der Fassung vom 2. April 2008
IFRS	International Financial Reporting Standards
insbes.	insbesondere
i. S. d.	im Sinne des (der)
ISIN	International Security Identification Number
i. S. v.	im Sinne von
IT	Information und Telekommunikation
i.Ü.	im Übrigen
i. V. m.	in Verbindung mit
IWF	Internationaler Währungsfonds
jur.	juristisch
JVEG	Justizvergütungs- und -entschädigungsgesetz
KAGG	Gesetz über Kapitalanlagegesellschaften
Kap.	Kapitel
KapMvg	Gesetz über Musterverfahren in kapitelmarktrechtlichen Streitigkeiten
KfH	Kammer für Handelssachen
KG	Kammergericht; Kommanditgesellschaft
KGaA	Kommanditgesellschaft auf Aktien
KonTraG	Gesetz zur Kontrolle und Transparenz im Unternehmensbereich
KostO	Kostenordnung
KStG	Körperschaftsteuergesetz
LG	Landgericht
li.Sp.	linke Spalte
Lit.	Literatur
LS	Leitsatz
m.a.W.	mit anderen Worten
Mio.	Million(en)
m.N.	mit Nachweisen
Mrd.	Milliarde(n)
MRK	Menschenrechtskonvention
m. w. N.	mit weiteren Nachweisen
Nachw.	Nachweis(e)
n.F.	neue Fassung
NJW	Neue Juristische Wochenschrift
NJW-RR	NJW-Rechtsprechungs-Report Zivilrecht
Nr.	Nummer
OLG	Oberlandesgericht
p.a.	per annum
Rdnr.	Randnummer
RegBegr.	Regierungsbegründung
re.Sp.	rechte Spalte
RG	Reichsgericht
Rspr	Rechtsprechung
RVG	Gesetz über die Vergütung der Rechtsanwältinnen und Rechtsanwälte (Rechtsanwaltsvergütungsgesetz)
S.	Satz; Seite

s.	siehe
s. a.	siehe auch
SE	Societas Europaea (Europäische Aktiengesellschaft)
SEVO	Verordnung (EG) Nr. 2157/2001 des Rates vom 8. Oktober 2001 über das Statut der Europäischen Gesellschaft (SE)
s. o.	siehe oben
sog.	sogenannt
Sp.	Spalte
SpruchG	Gesetz über das gesellschaftsrechtliche Spruchverfahren (Spruchverfahrensgesetz)
SpV	Spruchverfahren
stdg.	ständig(e)
str.	streitig
st.Rspr.	ständige Rechtsprechung
s. u.	siehe unten
T	Tausend(e)
TAX-CAPM	Tax-Capital Asset Pricing Model
teilw.	Teilweise
TEUR, T€	tausend Euro
Tsd.	Tausend(e)
TransPuG	Transparenz- und Publizitätsgesetz
Tz.	Textziffer
u.	unten
u. a.	und andere; unter anderem
u. ä.	und ähnliche(s)
UMAG	Gesetz zur Unternehmensintegrität und Modernisierung des Anfechtungsrechts
UmwG	Umwandlungsgesetz
unstr.	unstreitig
unzutr.	unzutreffend
u.s.w.	und so weiter
u. U.	unter Umständen
VerbrKrG	Verbraucherkreditgesetz
Verf.	Verfasser
vgl.	vergleiche
VO	Verordnung
Vorb.	Vorbemerkung(en)
VzfK	Verbraucherzentrale für Kapitalanleger e. V., Berlin (www.vzfk.de)
WKN	Wertpapierkennnummer
w.N.	weitere Nachweise
WP-Hdb	Handbuch der Wirtschaftsprüfung
WpHG	Gesetz über den Wertpapierhandel (Wertpapierhandelsgesetz)
WPO	Gesetz über eine Berufsordnung der Wirtschaftsprüfer (Wirtschaftsprüferordnung)
WpÜG	Wertpapiererwerbs- und Übernahmegesetz
WpÜG-AngV	Verordnung über den Inhalt der Angebotsunterlage, die Gegenleistung bei Übernahmeangeboten und Pflichtangeboten und die Befreiung von der Verpflichtung zur Veröffentlichung und zur Abgabe eines Angebotes
z. B.	zum Beispiel
Ziff.	Ziffer(n)
ZIP	Zeitschrift für Wirtschaftsrecht
ZSEG	Gesetz über die Entschädigung von Zeugen und Sachverständigen

ZPO	Zivilprozessordnung
z. T.	zum Teil
zust.	zustimmend
zutr.	zutreffend
z.Z.	zur Zeit

Gegenstand der Untersuchung

Bei umwandlungs- und aktienrechtlichen Strukturmaßnahmen haben außenstehende Aktionäre (Minderheitsaktionäre) einen Anspruch auf Kompensation in Form einer Abfindung bzw. ggf. eines Ausgleichs. Damit sollen die Vorteile ausgeglichen werden, die der Hauptaktionär mit der Strukturmaßnahme erzielt und wodurch die Minderheitsaktionäre eine Vermögenseinbuße erleiden. Das verlangen die grundgesetzlichen Gewährleistungen zu dem in der Aktie verkörperten Eigentum. Die Ermittlung der Kompensation erfolgt im Allgemeinen auf der Grundlage einer Unternehmensbewertung. Der Markt kennt dafür verschiedene Methoden.[1] Bei kompensationspflichtigen Strukturmaßnahmen wird der Unternehmenswert dagegen meist auf der Grundlage von Empfehlungen des IDW nach dem Ertragswert- oder Discounted Cash Flow-Verfahren ermittelt. Der Börsenkurs stellt im Regelfall die Wertuntergrenze dar.

„Bewerten heißt vergleichen".[2] Ohne Kenntnis der einem Bewertungsanlass zugrunde liegenden Zielsetzung und empirischen Daten ist so ein Vergleich jedoch nicht möglich. Dennoch fehlen vielen Bewertungsannahmen empirische Datengrundlagen; zum Teil widersprechen sie diesen sogar. Dabei bieten sich empirische Daten dafür an, die sachliche Richtigkeit und damit die Akzeptanz von Unternehmensbewertungen zu erhöhen. Außerdem vermögen sie die Komplexität von gerichtlichen Spruchverfahren zu reduzieren.

Der Begriff Empirie leitet sich von dem altgriechischen Wort empeirikós ab und bedeutet erfahren bzw. von etwas Kenntnis erhalten. Empirische Vorgehensweisen beruhen also auf nachvollziehbaren Erfahrungen und beschreib- bzw. messbaren Beobachtungen. Dadurch unterscheiden sie sich von Annahmen und Typisierungen, welche nur auf (modell-)theoretischen Begründungen fußen.

In echten Verhandlungssituationen stellen sich viele Bewertungsfragen nicht mehr, wenn insoweit eine Einigung erfolgt: *„Price is what you pay; value is what you get."*[3] Entsprechend kann der Preis für Unternehmen und Unternehmensanteile *„mehr oder weniger stark von dem Wert des gesamten Unternehmens oder dem quotalen Anteil am Unternehmensgesamtwert abweichen"*[4]. In aktien- und umwandlungsrechtlichen Abfindungsfällen wie z. B. Unternehmensverträgen nach §§ 291 f. AktG oder den hier untersuchten aktien- und verschmelzungsrechtlichen Ausschlüssen von Minderheitsaktionären aufgrund § 327a AktG und § 62 Abs. 5 UmwG, kommt es zu keinem konsensualen Interessenausgleich. Stattdessen legt der Hauptaktionär bzw.

---

1 Vgl. LG Köln vom 7. Juli 2014, Az. 82 O 66/11.

2 Moxter, Adolf: Grundsätze ordnungsmäßiger Unternehmensbewertung. 2., vollst. umgearb. Aufl., Wiesbaden 1983, S. 123.

3 Buffet, Warren Edward in Bericht des Vorsitzenden der Berkshire Hathaway Inc. 2008.

4 IDW S 1 (2008), Rdnr. 13.

Erwerber der Aktien die Höhe des „Kaufpreises" einseitig fest. Die Minderheitsaktionäre haben aber einen verfassungsrechtlichen Anspruch auf „*vollen*" Wertausgleich für den Verlust bzw. die Reduzierung der mit der Aktie verbundenen Eigentumsposition[5]. Ein solcher voller Wertausgleich setzt aber voraus, dass der Unternehmensbewertung empirische Daten – soweit sinnvoll und vorhanden – zugrunde liegen. Dies folgt aus der Überlegenheit von Erkenntnissen aufgrund empirischer Daten gegenüber theoretischen Modellannahmen und der Notwendigkeit der Festsetzung eines objektivierten Verkehrswertes.[6]

Zu diesem Zweck schafft diese Studie die für den Bewertungsanlass einer aktienrechtlichen Strukturmaßnahme notwendige empirische Tatsachenbasis. Dafür wertet sie die Verfahren zur Übertragung von Aktien der Minderheitsaktionäre auf den Hauptaktionär (Squeeze-out) nach §§ 327a ff. AktG bzw. § 62 Abs. 5 UmwG und die nachfolgenden Spruchverfahren nach § 327f AktG aus.

Bei dieser Studie handelt es sich nicht um eine Stichprobe. Vielmehr versucht sie, alle

- zwischen dem 1. Januar 2002 und dem 31. Dezember 2013 auf der Hauptversammlung einer Aktiengesellschaft oder Kommanditgesellschaft auf Aktien gefassten Squeeze-out-Beschlüsse und
- die anschließenden Spruchverfahren bis zum 31. Dezember 2013

zu erfassen und auszuwerten.

Empirische Studien haben in den kontinentaleuropäischen Rechtswissenschaften, anders als zum Beispiel in der Medizin oder den Natur-, Sozial- und Wirtschaftswissenschaften, noch nicht ihren Platz gefunden. Erst seit einigen Jahren etabliert sich in zunehmendem Umfang auch eine Rechtstatsachenforschung.[7]

Diese Studie versteht sich als Beitrag zur quantitativen, empirischen Rechtstatsachen- und Justizforschung auf dem Gebiet des Aktien- und Kapitalmarktrechts. Sie erfasst für den Erhebungszeitraum eine Vielzahl relevanter Daten anlässlich des Ausschlusses von Minderheitsaktionären und wertet sie aus. Denn der Squeeze-out ist die am häufigsten durchgeführte kompensationspflichtige Strukturmaßnahme. Daher besteht hier die breiteste Datengrundlage für empirische Untersuchungen. Auf die anderen kompensationspflichtigen Strukturmaßnahmen wird deshalb nur am Rande eingegangen. Eine kursorische Durchsicht der Daten zeigt jedoch, dass die Spruchverfahren nach solchen anderen Strukturmaßnahmen ähnlich verlaufen.

Diese Studie geht davon aus, dass in den Jahren von 2002 bis 2013 insgesamt 477 Gesellschaften nach §§ 327a ff. AktG beschlossen haben, die Aktien der Minder-

5 Ständige Rechtsprechung seit BVerfG vom 7. August 1962, Az. 1 BvL 16/60 (Feldmühle-Urteil).
6 IDW S 1 (2008), Rdnr. 29 ff.
7 Vgl. Rechtstatsachenforschung unter: http://de.wikipedia.org/wiki/Rechtstatsachenforschung [Stand: 28. Juni 2013].

heitsaktionäre auf den Hauptaktionär zu übertragen. Das beinhaltet auch elf verschmelzungsrechtliche Squeeze-out-Verfahren nach § 62 Abs. 5 UmwG. 462 Beschlüsse gelangten zur Eintragung in das Handelsregister, 15 hingegen nicht. In 397 Fällen haben Minderheitsaktionäre ein gerichtliches Spruchverfahren beantragt, um eine angemessene Barabfindung gerichtlich bestimmen zu lassen, § 327f S. 2 AktG.

Squeeze-out-Verfahren betrafen bis zum 31. Dezember 2013 Unternehmen im Gesamtwert von rund 488,08 Mrd. Euro.[8] Im Zuge dieser Verfahren mussten Minderheitsaktionäre rund 411 Mio. Stück Aktien im Gesamtwert von rund 11,22 Mrd. Euro auf Hauptaktionäre übertragen. In 217 aller bis zum 31. Dezember 2013 zumindest erstinstanzlich beendeten Spruchverfahren und Anfechtungsklagen haben Gerichte die vom Hauptaktionär nach § 327a Abs. 1 S. 1 AktG angebotene Barabfindung angehoben. Die bisher festgesetzten Erhöhungen betragen bereits 609 Mio. Euro. Das unterstreicht die Bedeutung des Spruchverfahrens für Kapitalanleger im aktienrechtlichen Rechtsschutzsystem und verbietet die Reduzierung auf nur eine Instanz wie bei Bagatellverfahren.

Teil 1 führt in die **gesetzlichen Grundlagen** aktienrechtlicher Strukturmaßnahmen (§ 1) und das Rechtsschutzsystem mit den hier bestehenden verfassungsrechtlichen Gewährleistungen ein (§ 2). Denn zwischen der angebotenen Barabfindung und dem tatsächlich vorhandenen inneren Wert der Beteiligung besteht häufig eine Diskrepanz (§ 3).

Teil 2 stellt den **tatsächlichen Untersuchungsrahmen** dar, insbesondere das zugrunde liegende Datenmaterial (§ 4) und eine Liste der ausgewerteten Squeeze-out-Verfahren mit Darstellung der Anzahl der übertragenen Aktien und deren Wert (§ 5).

Teil 3 wertet die technischen Verfahrensdaten zum **Rechtsschutzsystem** aus. Das umfasst vorangegangene Strukturmaßnahmen (§ 6) und Beschlussmängelklagen (§ 7) sowie den Verlauf von Spruchverfahren (§ 8).

Teil 4 analysiert die Daten zum **Ausgang der Spruchverfahren** und Anfechtungsklagen. Dargestellt werden die Anzahl der Erhöhungen der Barabfindung in Spruchverfahren (§ 9), der Wert der Erhöhungen in Spruchverfahren und Beschlussmängelklagen (§ 10). Daran schließt sich ein Vergleich der Erfolgsquoten von Spruchverfahren und streitigen Zivilverfahren an (§ 11).

Teil 5 untersucht den **rechtstechnischen Ablauf der Squeeze-out-Verfahren**. Dabei handelt es sich um die Verfahrensdauern (§ 12), den Übertragungsbericht und das Bewertungsgutachten (§ 13) sowie die Prüfung der Angemessenheit der Barabfindung (§ 14). Ein Schwerpunkt liegt in der Analyse der beauftragten Wirtschaftsprüfungsgesellschaften bzw. der einzelnen tätigen

---

8 Unternehmenswerte gemäß Beschlussfassungen der Hauptversammlungen (Gesamtzahl Aktien x von der Hauptversammlung beschlossene Barabfindung).

Berufsträger. Abschließend folgen Analysen zu weiteren Verfahrensbeteiligten (§ 15).

Teil 6 gewährt einen Überblick zu **Einzelfragen der Unternehmensbewertung.** Einer kurzen Einführung (§ 16) folgen die angewandten Bewertungsstandards, insbesondere der IDW-Standard S 1 (§ 17), die Einzelkomponenten des Kapitalisierungszinssatzes, nämlich der Basiszins (§ 18), der Risikozuschlag (§ 19) und der Wachstumsabschlag (§ 20), sowie schließlich der Börsenkurs (§ 21).

Teil 7 unterbreitet auf Basis der so gewonnenen empirischen Daten **Vorschläge für die Praxis.** Das gilt für die weitere praktische Handhabung des Spruchverfahrens (§ 22) und den hier bestehenden regulatorischen Modifizierungsbedarf (§ 23). Die Studie schließt mit einem Ausblick auf die Zukunft des Spruchverfahrens und der empirischen Rechtstatsachen- und Justizforschung (§ 24).

Das Ergebnis der Studie unterstreicht die Erforderlichkeit und den gesellschaftspolitischen Stellenwert von Spruchverfahren. Da es hier zu keiner konsensualen Wertfestsetzung kommt, benötigen die Minderheitsaktionäre gerichtliche Hilfe.

Die Studie belegt zugleich den Zusammenhang zwischen den Informationen, die den Kapitalmarktteilnehmern zur Verfügung gestellt werden, und der Preisbildung an den Finanzmärkten. Die in den Organen vertretenen Aktionäre, wie zum Beispiel der Hauptaktionär, verfügen, auch auf der Grundlage von § 327b Abs. 1 S. 2 AktG, über einen strukturellen Informationsvorsprung bei allen Gesellschaftsangelegenheiten. Das gilt auch für die Daten, welche der Unternehmensbewertung zugrunde liegen. Das gleicht eine häufig nur schleichende Kapitalmarktinformation nicht aus, was im Ergebnis daher eine Umgehung von § 15 WpHG und anderen gesetzlichen Regeln darstellen kann.

Die Studie zeigt stattdessen, dass es zu einer Einpreisung von Informationen zum inneren Wert der Beteiligung auf den Kapitalmärkten erst dann kommt, wenn der Markt die Höhe der Abfindung und die zugrunde liegende Unternehmensbewertung kennt. Die Wirkung von kurs- und kompensationsrelevanten Informationen erklärt die von Eugene Fama[9] entwickelte „Effizienzmarkthypothese“[10]. Sie geht davon aus, dass alle Marktteilnehmer, also Käufer ebenso wie Verkäufer, vollständig rational und auf der Basis gleicher Informationen agieren und die Summe dieser Informationen jederzeit bereits in den Kursen verarbeitet ist. Demnach wäre kein Teilnehmer in der Lage, den Markt auf Dauer zu schlagen, also durch technische Analyse, Fundamen-

9 Fama, Eugene Francis: Efficient Capital Markets, A Review of Theory and Empirical Work. In: Journal of Finance, Vol. 25 1970, S. 383–417.

10 Vgl. Effizienzmarkthypothese unter: http://de.wikipedia.org/wiki/Effizienzmarkthypothese [Stand: 7. April 2014].

talanalyse, Insiderhandel oder anderweitig zu dauerhaft überdurchschnittlichen Gewinnen zu kommen.

Verfügt aber nur der Hauptaktionär über die notwendigen Informationen, um die Rentabilität der von ihm geplanten Investition überprüfen zu können, kann er auf Basis dieser Informationsasymmetrie den Unternehmenswert besser einschätzen als der Markt und erkennen, ob der Börsenkurs über oder unter dem fundamentalen Wert liegt. Diese Informationsasymmetrie führt dazu, dass Minderheitsaktionäre erst mit Ankündigung der Strukturmaßnahme, insbesondere aber erst mit Bekanntmachung der Unternehmensbewertung, die Grundlage zur eigenständigen Bewertung ihres Investments erhalten.

Während diese Erkenntnisse in den Wirtschaftswissenschaften schon längst Allgemeingut sind, stehen sie für die Rechtswissenschaften noch vor ihrer Entdeckung.

Wesentliche Ergebnisse

Die wesentlichen Ergebnisse der Studie lassen sich in Stichworten wie folgt zusammenfassen:

Teil 2: Datenanalyse zu den tatsächlichen Grundlagen

- Zwischen dem 1. Januar 2002 und dem 31. Dezember 2013 haben 466 Gesellschaften zu einer Hauptversammlung eingeladen, um einen aktienrechtlichen Squeeze-out nach § 327a Abs. 1 S. 1 AktG zu beschließen (vgl. § 5).
- Weitere elf Gesellschaften haben einen verschmelzungsrechtlichen Squeeze-out nach § 62 Abs. 5 UmwG i. V. m. §§ 327a ff. AktG beschlossen (§ 5).
- In 462 Fällen – das entspricht 96,86 Prozent aller Beschlüsse – gelangte der Beschluss zur Eintragung in das Handelsregister (§ 5 I).
- In 15 Fällen – das entspricht 3,14 Prozent aller Beschlüsse – erfolgte keine Eintragung (§ 5 II).
- Die Übertragungsbeschlüsse galten rund 411 Mio. Stück Aktien im Gesamtwert von mehr als 11,22 Mrd. Euro (§ 5 I 4).[11]
- In Spruchverfahren, Anfechtungsklagen und Freigabeverfahren wurden die Barabfindungen bis zum 31. Dezember 2013 bereits in 217 Fällen – das entspricht 53,32 Prozent aller Verfahren bzw. 68,89 Prozent aller mindestens erstinstanzlich beendeten Verfahren – und um 609 Mio. Euro erhöht (§ 10).

Das unterstreicht die wirtschaftliche und gesellschaftspolitische Relevanz des Spruchverfahrens, aber auch die Notwendigkeit effektiven Rechtsschutzes gegen die Ausübung wirtschaftlicher Macht.

Teil 3: Datenanalyse zum Rechtsschutzsystem

- Ein Squeeze-out folgte in 139 Fällen – das entspricht 30,09 Prozent aller wirksamen Beschlüsse – einem Übernahmeangebot,[12] davon 99 freiwillige und 40 Pflichtangebote (§ 6 II).
- In 100 Fällen – das entspricht 21,65 Prozent aller wirksamen Beschlüsse – ging dem Squeeze-out ein Unternehmensvertrag voraus (§ 6 III).[13]
- Gegen 187 Beschlüsse – das entspricht 39,20 Prozent aller Beschlüsse – haben Aktionäre Anfechtungsklagen erhoben (§ 7 I).
- In 95 Fällen – das entspricht 50,80 Prozent aller Anfechtungsklagen – begegneten die Gesellschaften der Registersperre mittels Freigabeverfahren (§ 7 I).

---

11 In Einzelfällen konnte die Anzahl der Aktien von Minderheitsaktionären nicht ermittelt werden. Insoweit werden in dieser Studie Wertuntergrenzen genannt.

12 Vgl. §§ 29, 35 WpÜG.

13 Beherrschungs- und/oder Gewinnabführungsvertrag nach §§ 291 ff. AktG.

- In 71 Fällen – das entspricht 37,97 Prozent aller Anfechtungsklagen – kam es in Anfechtungsklagen und Freigabeverfahren zu konsensualen Erhöhungen der von den Hauptaktionären festgelegten Barabfindungen. Die anschließenden Spruchverfahren haben bislang die so erhöhten Barabfindungen in 14 Fällen – das entspricht 19,72 Prozent – bestätigt und in 33 Fällen – das entspricht 46,48 Prozent – sogar noch weiter erhöht (§ 7 I). Der mit der Neufassung von § 246a AktG herbeigeführte Wechsel im Rechtsschutzsystem beseitigt die bisherige Entlastung der Spruchverfahren. Denn die konsensualen Regelungen klärten häufig Bewertungsfragen. Das bedeutete zugleich auch eine Entlastung der Gerichte im Spruchverfahren, wozu es jetzt kaum noch kommt.
- Auf 397 von 462 wirksamen Squeeze-out-Beschlüssen – das entspricht 85,93 Prozent – folgte ein Spruchverfahren (§ 8 I).
- Bis zum 31. Dezember 2013 fanden 256 Spruchverfahren – das entspricht 64,48 Prozent – ihren erstinstanzlichen Abschluss, 141 noch nicht (§ 8 II 1).
- 115 Spruchverfahren beendete erstinstanzlich ein Vergleich, die übrigen 141 Verfahren ein Beschluss nach § 11 Abs. 1 SpruchG (§ 8 II 2).
- Gegen 122 erstinstanzliche Beschlüsse – das entspricht 84,14 Prozent – wurden Beschwerden eingelegt (§ 8 III 1).
- 95 Beschwerdeverfahren – das entspricht 77,87 Prozent – fanden bis zum 31. Dezember 2013 ihren Abschluss (§ 8 III 1).
- Zum Bundesgerichtshof gelangten fünf Spruchverfahren (§ 8 IV).
- Aufgrund landesrechtlicher Konzentrationsverordnungen fanden 356 der 397 Spruchverfahren – das entspricht 89,67 Prozent – in erster Instanz vor nur elf Gerichten statt. Die übrigen 41 Spruchverfahren verteilen sich auf weitere 21 Gerichte (§ 8 V 2).

Teil 4: Datenanalyse zum Ausgang von Spruchverfahren und Anfechtungsklagen

- In insgesamt 217 Fällen – das entspricht 53,32 Prozent aller Verfahren[14] bzw. 68,89 Prozent aller mindestens erstinstanzlich beendeten Verfahren – wurde die von den Hauptaktionären festgesetzte Barabfindung bislang nachträglich erhöht, obwohl sachverständige Prüfer zuvor die Barabfindung nach § 327c Abs. 2 S. 2 AktG als angemessen bestätigt hatten (§ 7 II 1 und § 9 III).
- Dabei kam es in 193 Spruchverfahren und damit 75,39 Prozent aller mindestens erstinstanzlich abgeschlossenen Verfahren[15] zu Erhöhungen der Barabfindungen.

14 D. h. abgeschlossene und nicht abgeschlossene Anfechtungsklagen, Freigabe- und Spruchverfahren.

15 Die Studie erfasst Werte aus (Spruch-)Verfahren, die bis zum 31. Dezember 2013 zumindest in erster Instanz abgeschlossen sind. Verfahrensabschlüsse nach dem 31. Dezember 2013 sind nicht berücksichtigt.

- Die übrigen 24 Erhöhungen resultieren aus Anfechtungsklagen und Freigabeverfahren (§ 7 II 1).
- Die von den Hauptaktionären angebotenen Barabfindungen wurden auf diese Weise bis zum 31. Dezember 2013 bereits um 609 Mio. Euro angehoben. Das zeigt, dass der verfassungsrechtliche Schutz des Aktieneigentums ohne das Spruchverfahren ins Leere laufen würde (§ 10 III).
- Die VzfK und ihre Mitglieder waren an 124 Spruchverfahren und 16 Anfechtungsklagen bzw. Freigabeverfahren und damit an 33,42 Prozent aller Verfahren beteiligt. In diesen Verfahren wurde die Barabfindung in 73 Fällen um gesamt 348 Mio. Euro – das entspricht 57,11 Prozent vom Gesamtbetrag der Erhöhungen – erhöht (§ 15 V).
- Die Erfolgsquote von Spruchverfahren liegt deutlich über der Erfolgsquote von streitigen zivilrechtlichen Klageverfahren. Denn während in 75,39 Prozent aller erstinstanzlich beendeten Spruchverfahren eine Erhöhung der Barabfindung zu verzeichnen war, lag die durchschnittliche erstinstanzliche Erfolgsquote in Zivilprozessen vor den Landgerichten bei nur 55,98 Prozent.[16] Das wirtschaftliche Ergebnis bestätigt damit die Effektivität und Erforderlichkeit des Spruchverfahrens im aktienrechtlichen Rechtsschutzsystem (§ 11).

Teil 5: Datenanalyse zum Verlauf des Spruchverfahrens

- Zwischen der ersten öffentlichen Bekanntgabe des Verlangens zur Übertragung der Aktien der Minderheitsaktionäre bis zur Beschluss fassenden Hauptversammlung vergehen im Durchschnitt[17] 4 Monate und 3 Tage (§ 12 I 2).
- Ab dem Tag der Hauptversammlung bis zum Ausschluss durch Eintragung im Handelsregister vergehen im Durchschnitt weitere 2 Monate und 10 Tage (§ 12 II 2).
- Die durchschnittliche Verfahrensdauer aller Spruchverfahren[18] beträgt 4 Jahre, 7 Monate und 13 Tage. Verzerrt wird die Statistik durch eine Vielzahl von Verfahren, welche erst im letzten Auswertungsjahr dieser Studie begonnen haben und damit

16 Das ergibt ein Vergleich mit der Kostentragungsquote (voller oder überwiegender Erfolg der Kläger) erstinstanzlich vor dem Landgericht abgeschlossenen zivilrechtlichen Verfahren; Quelle: Statistisches Bundesamt: Geschäftsanfall und -erledigung der Zivilprozesssachen vor den Amts-, Land- und Oberlandesgerichten nach Ländern sowie vor dem Bundesgerichtshof unter anderem nach Verfahrensgegenstand, Erledigungsart, Verfahrensdauer. Fachserie 10, Reihe 2.1. unter https://www.destatis.de/DE/Publikationen/Thematisch/Rechtspflege/Gerichte Personal/Zivilgerichte2100210127004.pdf?__blob=publicationFile [Stand: 15.10.2013].

17 Median (zu den statistischen Auswertungsmodellen vgl. Teil 2 § 4 – Statistische Auswertungsmodelle, ab S. 86).

18 Verfahrensdauer der ersten Instanz zuzüglich der Verfahrensdauer der zweiten Instanz – soweit Beschwerde eingelegt wurde – unter Einbezug von zum 31. Dezember 2013 noch nicht beendeten Spruchverfahren.

aufgrund der langen Einlassungsfristen aus § 7 SpruchG noch nicht beendet sein können (§ 12 III 5).
- Die erste Instanz beansprucht durchschnittlich 3 Jahre, 10 Monate und 29 Tage (§ 12 III 5).
- Soweit sich Beschwerdeverfahren anschließen, dauert die zweite Instanz dann im Durchschnitt weitere 2 Jahre, 3 Monate und 16 Tage (§ 12).

Spruchverfahren dauern so immer noch erheblich länger als kontradiktorische Verfahren in der ordentlichen Gerichtsbarkeit. Denn diese dauern im Durchschnitt erstinstanzlich vor dem Landgericht 7 Monate und 23 Tage und über zwei Instanzen bis zum Oberlandesgericht 2 Jahre und 25 Tage (§ 12 III 5).[19] Damit zeigt sich auch weiterhin die Notwendigkeit, Spruchverfahren deutlich zu beschleunigen.
- In 253 Squeeze-out-Verfahren – das entspricht 53,04 Prozent aller Verfahren – waren die zehn führenden Wirtschaftsprüfungsgesellschaften Deutschlands als sachverständige Prüfer tätig (§ 14 IV 1).
- Außerdem waren die zehn führenden Wirtschaftsprüfungsgesellschaften Deutschlands in 250 Fällen – das entspricht 52,41 Prozent aller Verfahren – als Bewertungsgutachter im Auftrag der Hauptaktionäre tätig (§ 13 II 3).
- In nur drei Fällen – das entspricht 0,63 Prozent aller Verfahren – haben sachverständige Prüfer die von den Hauptaktionären angebotene Barabfindung erkennbar als nicht angemessen beurteilt. Das betraf 1,39 Mio. Stück Aktien von Minderheitsaktionären – das entspricht 0,34 Prozent aller von Squeeze-out-Beschlüssen betroffenen Aktien – im Gesamtwert von nur 3,86 Mio. Euro – das entspricht 0,03 Prozent (§ 14 II 2).
- In weiteren 22 Fällen – das entspricht 4,61 Prozent aller Verfahren – haben Hauptaktionäre aus anderen Gründen die Barabfindung in der Hauptversammlung abweichend vom Angebot festgesetzt. Das erfolgte zur Anpassung an geänderte Verhältnisse am Bewertungsstichtag oder zur Vermeidung von Anfechtungsklagen und Spruchverfahren.
- Auffällig ist der große Anpassungsbedarf, wenn bestimmte Bewertungsgutachter und sachverständige Prüfer zusammenwirken (§ 14 V). Daraus folgt, dass schon bei der Bestellung sachverständiger Prüfer zu berücksichtigen ist, wer für den Hauptaktionär die Unternehmensbewertung erstellt.

Teil 6: Datenanalyse zu Einzelfragen der Unternehmensbewertung
- Die von den Hauptaktionären verwendeten Kapitalisierungszinssätze erweisen sich in den meisten Fällen als überhöht. Das führt dazu, dass sich die Unternehmenswerte und damit auch die den Minderheitsaktionären zu gewährenden Barabfindungen als zu niedrig darstellen lassen.

19 Nur bis zum 31. Dezember 2013 tatsächlich abgeschlossene Verfahren.

- Die von den Hauptaktionären verwendeten (quasi) risikolosen Basiszinssätze überschreiten die am Markt mittels der Zinsstrukturkurve ablesbaren Zinssätze um durchschnittlich 26 Basispunkte (§ 18 VII).[20] Das liegt vor allem an den starren Empfehlungen des IDW bis zum 31. Dezember 2005, welche die am Markt ablesbaren Zinssätze um durchschnittlich 49 Basispunkte überschritten (§ 18 IV 2).
- Die zugrunde gelegten Marktrisikoprämien überschreiten die am Markt ablesbaren Überrenditen aus Investitionen in Aktien gegenüber Investitionen in (quasi) risikolose Schatzbriefe sogar um durchschnittlich 170 Basispunkte (§ 19 IV).
- Der durchschnittlich von Hauptaktionären zugrunde gelegte Risikozuschlag beträgt 4,37 Prozent (§ 19 V).
- Dabei werden Unternehmen der Branchen
  - Technologie,
  - Automobilbranche und
  - Software
- durchschnittlich mit den höchsten und Unternehmen der Branchen
  - Versorger,
  - Finanzdienstleistungen und
  - Transport & Logistik
- mit den niedrigsten Risikozuschlägen belegt (§ 19 V).
- Dagegen unterschreitet der durchschnittlich von Hauptaktionären angewandte Wachstumsabschlag in Höhe von 0,96 Prozent die vom Statistischen Bundesamt dokumentierten langjährigen durchschnittlichen Wachstumsraten des Bruttoinlandsprodukts – 2,58 Prozent[21] –, der Inflationsraten – 2,77 Prozent[22] – und der Gewinne deutscher Kapitalgesellschaften – 4,51 Prozent[23] – ganz erheblich (§ 20).
- Die höchsten Wachstumsraten werden in den Branchen
  - Pharma & Gesundheit,
  - Telekommunikation und
  - Software,
- die niedrigsten in den Branchen
  - Versorger,
  - Nahrungsmittel und
  - Handel

  erwartet (§ 20 III).
- Bereits vor der „Stollwerck-Entscheidung" des Bundesgerichtshofs[24] haben Hauptaktionäre, Bewertungsgutachter und sachverständige Prüfer überwie-

---

20 100 Basispunkte entsprechen 1 Prozentpunkt.
21 Arithmetisches Mittel; Geometrisches Mittel: 2,56 Prozent.
22 Arithmetisches Mittel; Geometrisches Mittel: 2,75 Prozent.
23 CAGR.
24 BGH vom 19. Juli 2010, Az. II ZB 18/09.

gend – in 95,39 Prozent aller Fälle – den Börsenkurs in einem Referenzzeitraum ermittelt, der entgegen der bis dahin geltenden Rechtsprechung[25] vor der erstmaligen Bekanntgabe der Strukturmaßnahme endete (§ 21 III).

- In 85 Fällen haben die Hauptaktionäre den Börsenkurs als Barabfindung angeboten (§ 21 II).
- In 115 Verfahren haben Hauptaktionäre dagegen den Börsenkurs unberücksichtigt gelassen und dies meistens – in 67 Fällen – mit dem Vorliegen einer Marktenge begründet (§ 21 II).
- In diesen Fällen lag der maßgebliche Börsenkurs insgesamt um 11 Mio. Euro über der von den Hauptaktionären angebotenen Barabfindung (§ 21 II).

25 BGH vom 12. März 2001, Az. II ZB 15/00.

Teil 1 Einführung

Im Aktien- und Umwandlungsrecht gibt es verschiedene kompensationspflichtige Strukturmaßnahmen. Erlangt der Hauptaktionär mit einer Umstrukturierung Vorteile, entschädigt eine Kompensation in Form einer Abfindung oder Ausgleichszahlung die außenstehenden Aktionäre für die entsprechenden Nachteile (§ 1). Für die nicht in den Organen vertretenen übrigen Aktionäre verlangt die Verfassung dabei effektiven Rechtsschutz (§ 2). Dazu gehört auch das Spruchverfahren, in dem die Angemessenheit der Kompensation geprüft wird (§ 2 IV). Denn aus den verfassungsrechtlichen Gewährleistungen zum Aktieneigentum ergibt sich für die Minderheitsaktionäre ein Anspruch auf angemessene Teilhabe am inneren Wert der Gesellschaft (§ 3).

§ 1 Gesetzliche Grundlagen

In der Praxis besteht Bedarf für den Ausschluss von Minderheitsaktionären. Das kann durchaus auch im Interesse der Gesellschaft und aller Aktionäre liegen (I). Dafür hat der Gesetzgeber verschiedene Verfahren geschaffen (II bis V). Hierzu gehörte, jedenfalls bis zum 8. Oktober 2013,[26] auch das Delisting. Schließlich reduziert der Rückzug vom Kapitalmarkt die Verkehrsfähigkeit der Aktie und damit einen wesentlichen, wertbildenden Faktor (VI). Daneben gibt es noch weitere, in § 1 SpruchG genannte, kompensationspflichtige Strukturmaßnahmen (VII).

In dieser Studie geht es aber nicht um die Spruchverfahren nach allen in § 1 SpruchG aufgezählten kompensationspflichtigen Maßnahmen. Analysiert werden nur der aktien- und verschmelzungsrechtliche Ausschluss von Minderheitsaktionären nach §§ 327a ff. AktG bzw. § 62 Abs. 5 UmwG.

I Ausgangspunkt

Veränderte Verhältnisse erfordern bei vielen Gesellschaften umfassende Strukturmaßnahmen. Im Wirtschaftsleben können vielfältige Gesichtspunkte den Ausschluss von Minderheitsaktionären für alle Beteiligten als sinnvoll erscheinen lassen:

- Vor allem durch veränderte Beteiligungsverhältnisse kann der Zugang zu den Kapitalmärkten an Relevanz verlieren.
- Mit einem Squeeze-out entfallen die Kosten für den mit einer Börsennotierung verbundenen Formalaufwand. Dabei geht es vor allem um die jährliche Hauptversammlung sowie die gesetzlich vorgeschriebenen Kapitalmarktinformationen.

---

26 Änderung der Rechtsprechung durch BGH vom 8. Oktober 2013, Az. II ZB 26/12.

- Außerdem entfallen etwaige Interessenkonflikte zwischen dem Hauptaktionär, den handelnden Personen in den Organen, dem Eigeninteresse der Gesellschaft und den weiteren Aktionären.
- Der Hauptaktionär kann dann als Alleinaktionär zum Beispiel Umstrukturierungen ohne Rücksicht auf konzernrechtliche Grenzen durchführen.

Häufig stellt eine Beteiligung als (Minderheits-)Aktionär an einem so beherrschten Unternehmen kein attraktives Investment mehr dar.
- Bei nur geringem Streubesitz lassen sich insbesondere größere Positionen bzw. Aktienpakete nicht mehr ohne weiteres verkaufen. Zudem führt die Gefahr eines möglichen Delistings meist zu niedrigeren Preisen.[27]
- Vielfach werden auch einzelne Geschäftschancen konzernintern verlagert, wodurch sie den übrigen Aktionären entgehen.
- Dieser Effekt kann auch dann eintreten, wenn die konzerninternen Zuständigkeiten oder Betätigungsfelder neu geordnet werden.

Die Einführung des Squeeze-out erfolgte dennoch allein aufgrund praktischer Erwägungen des Hauptaktionärs, mithin des wirtschaftlich Stärkeren. Ein korrespondierendes Andienungsrecht für Minderheitsaktionäre gibt es (noch) nicht. Dazu heißt es in den Gesetzgebungsmaterialien:

> *„Von Seiten der Wirtschaft ist aus verschiedenen Gründen ein Bedürfnis für eine solche Regelung geltend gemacht worden. Zunächst wird darauf hingewiesen, dass es ökonomisch keinen Sinn mache, sehr kleine Minderheiten in Aktiengesellschaften zu belassen. Die Beteiligung von Minderheitsaktionären stelle einen erheblichen – kostspieligen – Formalaufwand dar, der sich aus der Beachtung zwingender minderheitsschützender Normen ergebe. Dieser Aufwand bleibe im Wesentlichen derselbe, auch wenn neben dem Mehrheitsaktionär nur ein Rest an Splitterbesitz vorhanden sei. Die Praxis zeige, dass Kleinstbeteiligungen oftmals missbraucht würden, um den Mehrheitsaktionär bei der Unternehmensführung zu behindern und ihn zu finanziellen Zugeständnissen zu veranlassen. Eine Behinderung könne insbesondere durch Anfechtung von Hauptversammlungsbeschlüssen erfolgen. Daher ließen sich gegen den Willen einzelner Kleinaktionäre auch notwendige Umstrukturierungen oft nicht oder nur mit großer zeitlicher Verzögerung durchsetzen. Schließlich gebe es die Fälle, in denen eine gewisse Anzahl von Aktien nicht erworben werden könnte, weil die Inhaber der Aktien nicht ausfindig zu machen seien und/oder von ihrem vielleicht ererbten Aktienbesitz selbst nichts wüssten.“*[28]

Dagegen ließ der Gesetzgeber die Eigentumsrechte der Minderheitsaktionäre in den Hintergrund treten:

---

27 Vgl. Pressemitteilung der Börse Düsseldorf vom 7. April 2014: Börse Düsseldorf stärkt Anlegerschutz. Unter https://www.boerse-duesseldorf.de/presse/pressemitteilungen?id=899.
28 RegBegr. zum Wertpapiererwerbs- und Übernahmegesetz, BT-Drucks 14/7034, S. 31 f.

> *„Der mit der Squeeze-out-Regelung verbundene Verlust der in der Aktie verkörperten Rechtsposition ist im Hinblick auf die angestrebte Stärkung der unternehmerischen Flexibilität und die vorgeschriebene wirtschaftlich volle Entschädigung hinreichend gerechtfertigt.“*[29]

Die Rechte der Minderheitsaktionäre werden jedoch nur dann gewahrt, wenn sie einen angemessenen Wertersatz für den Verlust ihrer Rechtsposition und effektiven Rechtsschutz erhalten. Daher kommt ein Ausschluss der Minderheitsaktionäre nur gegen eine angemessene Beteiligung am inneren Wert der Gesellschaft in Betracht, was gerichtlich überprüfbar sein muss.

Der Gesetzgeber hat diesem Regelungsbedarf in unterschiedlichen Ausgestaltungen entsprochen: Neben dem aktienrechtlichen und dem Sonderfall des finanzmarktrechtlichen gibt es den übernahmerechtlichen und den verschmelzungsrechtlichen Squeeze-out sowie das börsenrechtliche Delisting. Darüber hinaus bestehen die weiteren, in § 1 SpruchG genannten, kompensationspflichtigen Strukturmaßnahmen. Auf diese wird hier nur vollständigkeitshalber und ergänzend eingegangen.

Der übernahmerechtliche Squeeze-out entspricht nicht den hier bestehenden verfassungsrechtlichen Anforderungen. Denn der ausgeschiedene Aktionär erhält weder eine volle Kompensation für den inneren Wert seiner Beteiligung, noch lässt sich diese in einem Spruchverfahren überprüfen. Zudem gibt es weder eine empirische Grundlage für den Markttest noch eine rechtsdogmatische Grundlage für die unwiderlegbare Vermutung in § 39a WpHG.[30]

II Aktienrechtlicher Squeeze-out

Nachdem zunächst auf europäischer Ebene keine Einigung über die Ausgestaltung des Ausschlusses von Minderheitsaktionären zustande kam,[31] hat der Bundestag mit dem Gesetz zur Regelung von öffentlichen Angeboten zum Erwerb von Wertpapieren und von Unternehmensübernahmen[32] am 20. Dezember 2001 die Rechtsgrundlage geschaffen. Das Gesetz trat am 1. Januar 2002 in Kraft.[33]

Die §§ 327a ff. AktG ermöglichen es einem Hauptaktionär, dem mindestens 95 Prozent der Anteile an einer Gesellschaft gehören, die übrigen Aktionäre (Minderheitsaktionäre) aus der Gesellschaft gegen Gewährung einer angemessenen Barabfindung auszuschließen. Die Übertragung der Aktien erfolgt mit Eintragung des von der Hauptversammlung gefassten Squeeze-out-Beschlusses in das Handelsregister.

---

29 RegBegr. zum Wertpapiererwerbs- und Übernahmegesetz, BT-Drucks 14/7034, S. 32 li.Sp.

30 Vgl. im Einzelnen Teil 3 § 6 IV – Übernahmerechtlicher Squeeze-out, ab S. 128.

31 Beschluss des Europäischen Parlaments vom 4. Juli 2001.

32 Wertpapiererwerbs- und Übernahmegesetz.

33 BGBl I 2001, S. 3822.

Das Gesetz verfolgt das Ziel, für Unternehmensübernahmen und andere öffentliche Angebote zum Erwerb von Wertpapieren die regulatorischen Rahmenbedingungen an internationale Standards anzupassen, um den Wirtschaftsstandort und Finanzplatz Deutschland zu stärken:

„Insbesondere soll das Wertpapiererwerbs- und Übernahmegesetz
- *Leitlinien für ein faires und geordnetes Angebotsverfahren schaffen, ohne Unternehmensübernahmen zu fördern oder zu verhindern,*
- *Information und Transparenz für die betroffenen Wertpapierinhaber und Arbeitnehmer verbessern,*
- *die rechtliche Stellung von Minderheitsaktionären bei Unternehmensübernahmen stärken und*
- *sich an international üblichen Standards orientieren."*[34]

Der Gesetzgeber ging davon aus, dass ein beachtenswertes unternehmerisches Interesse an Konzernierungs- und Strukturmaßnahmen bei besonderen Mehrheitsverhältnissen bestehen kann.[35] Außerdem nahm er an, dass Kleinaktionäre ihre Aktien vorwiegend als Kapitalanlage betrachten. Ihr Interessenschwerpunkt liege regelmäßig auf der Vermögenskomponente ihrer Rechtsposition, weil sie aufgrund der Beteiligungsverhältnisse ohnehin keinen relevanten Einfluss auf die Unternehmensführung nehmen könnten.[36] Der in der Aktie verkörperte (Mit-)Eigentumsanteil ist daher im Gesetzgebungsverfahren hinter die wirtschaftliche Komponente zurückgetreten.

Die Vorschriften über den Ausschluss von Minderheitsaktionären nach den §§ 327a ff. AktG finden gemäß Art. 9 Abs. 1 lit. c) ii SEVO auch auf Europäische Gesellschaften (SE) Anwendung.

III Finanzmarktrechtlicher Squeeze-out

Einen Sonderfall des aktienrechtlichen Squeeze-out regelt in § 12 Abs. 4 FMStBG der finanzmarktrechtliche Squeeze-out. Danach kann der vom Staat eingerichtete Finanzmarktstabilisierungsfonds auch dann ein Verlangen nach § 327a Abs. 1 S. 1 AktG stellen, wenn ihm Aktien in Höhe von (nur) 90 Prozent des Grundkapitals eines Unternehmens des Finanzsektors gehören. Einen solchen Beschluss hat bislang nur die Hauptversammlung der Hypo Real Estate Holding AG am 5. Oktober 2009 gefasst. Auch hier findet ein Spruchverfahren statt.[37]

---

34 RegBegr. zum Wertpapiererwerbs- und Übernahmegesetz, BT-Drucks 14/7034, S. 28 re.Sp.
35 RegBegr. zum Wertpapiererwerbs- und Übernahmegesetz, BT-Drucks 14/7034, S. 32 re.Sp.
36 Vgl. BVerfG vom 27. April 1999, Az. 1 BvR 1613/94.
37 Vgl. LG München I, Az. 5HK O 19183/09; OLG München, Az. 31 Wx 366/13.

IV Übernahmerechtlicher Squeeze-out

Seit dem 14. Juli 2006 gibt es auch einen übernahmerechtlichen Squeeze-out, §§ 39a bis 39c WpÜG.[38] Er kann einem Übernahme- oder Pflichtangebot folgen, wenn dem Bieter dann 95 Prozent der Aktien gehören. Der Antrag muss innerhalb von drei Monaten nach Ablauf der Annahmefrist gestellt werden, § 39a Abs. 4 S. 1 WpÜG.

Dabei ersetzt nach § 39a Abs. 3 S. 3 WpÜG ein „Markttest" durch 90 Prozent der angedienten Aktien alle betriebswirtschaftlichen Bewertungsmethoden zur Ermittlung der vollen Entschädigung. Die für die Übernahme angebotene Gegenleistung ist als angemessen anzusehen, wenn der Bieter auf Grund dieses Angebots 90 Prozent des vom Angebot betroffenen Grundkapitals erworben hat. Ein Spruchverfahren zur Überprüfung der angemessenen Barabfindung findet nach dem Willen des Gesetzgebers nicht statt.

Nach Auffassung des Bundesverfassungsgerichts vereitelt das keinen effektiven Rechtsschutz.[39] Denn die Angemessenheit der Abfindung sei im Ausschlussverfahren nach § 39b WpÜG zu prüfen. Dazu müssen jedoch substantiierte Einwendungen gegen den Aussagegehalt des Markttests vorgetragen werden. Außerdem hat das Bundesverfassungsgericht bisher offen gelassen, ob die Vermutung der Angemessenheit in § 39a Abs. 3 S. 3 WpÜG widerleglich oder unwiderleglich ist.

Diese Regelung überzeugt aus mehreren Gründen nicht. Schließlich erhalten die ausgeschiedenen Aktionäre weder eine angemessene Teilhabe am inneren Wert noch effektiven Rechtsschutz:

- Die Wertermittlung für die abzufindenden Aktien entspricht nicht den Gewährleistungen zum Aktieneigentum aus Art. 14 Abs. 1 GG. Denn der innere Wert einer Beteiligung lässt sich nicht durch den Börsenkurs, sondern nur durch eine fundamentalanalytische Unternehmensbewertung, zum Beispiel nach dem Ertragswert- oder Discounted Cash Flow-Verfahren, ermitteln.
- Der Börsenkurs reflektiert hier nicht den inneren Wert. Nach der Effizienzmarkthypothese muss der Kurs dazu alle wertrelevanten Informationen einpreisen.[40] Sie ergeben sich bei einem Squeeze-out zumindest aus der Unternehmensbewertung des Hauptaktionärs, dem Prüfungsbericht und der Höhe der Abfindung. Andernfalls besteht die Gefahr einer interessenorientierten Kurspflege durch den Erwerber. Denn dieser verfügt über einen strukturellen Informationsvorsprung, weil er im Gegensatz zu allen anderen Kapitalmarktteilnehmern und den Minder-

---

38 Eingefügt durch Gesetz zur Umsetzung der Richtlinie 2004/25/EG des Europäischen Parlaments und des Rates vom 21. April 2004 betreffend Übernahmeangebote (Übernahmerichtlinie-Umsetzungsgesetz) vom 8. Juli 2006.

39 Vgl. BVerfG vom 16. Mai 2012, Az. 1 BvR 96/09, 1 BvR 117/09, 1 BvR 118/09 und 1 BvR 128/09.

40 Vgl. oben Fußn. 9 auf S. 4 und Fußn. 10 auf S. 4.

heitsaktionären über alle bewertungsrelevanten Informationen verfügt.[41] Daher überrascht es nicht, dass die Preise im Rahmen öffentlicher Übernahmeangebote in den meisten Fällen deutlich von den angemessenen Abfindungen auf Basis fundamentalanalytischer Unternehmensbewertungen abweichen.[42]

- Unwiderlegliche Vermutungen wirken wie Fiktionen und kommen daher in den Rechtswissenschaften nur selten vor. Sie beruhen auf Tatsachenverläufen, die sich zumindest teilweise von den Beteiligten beeinflussen lassen. Sie greifen in die freie Beweiswürdigung nach § 286 ZPO und in das richterliche Schätzungsermessen nach § 287 ZPO ein. Fragen der Unternehmensbewertung sind jedoch viel zu komplex, um sie einer fiktiven Betrachtung zuzuführen. Außerdem zeigt diese Studie, dass es für eine „Vermutung" der Angemessenheit des Transaktionspreises keine empirisch nachweisbare, eindeutige Tatsachengrundlage gibt.[43] Die aber ist nach der Rechtsprechung des Bundesverfassungsgerichts notwendig, weil Typisierungen „hinreichend realitätsgerecht" sein müssen.[44]

V Verschmelzungsrechtlicher Squeeze-out

Seit dem 15. Juli 2011 gibt es auch den verschmelzungsrechtlichen Squeeze-out, § 62 Abs. 5 UmwG.

Er folgt in seiner Gesamtkonzeption den §§ 327a ff. AktG. Die erforderliche Anteilsschwelle liegt aber bei nur 90 Prozent des Grundkapitals. Wenn der übernehmenden Gesellschaft, also dem Hauptaktionär, 90 Prozent der Aktien gehören, kann die Hauptversammlung der übertragenden Aktiengesellschaft innerhalb von drei Monaten nach Abschluss des Verschmelzungsvertrages einen Übertragungsbeschluss nach § 327a Abs. 1 S. 1 AktG fassen.

Die Abfindung entspricht auch hier dem anteiligen inneren Wert, der wie beim aktienrechtlichen Squeeze-out durch eine Unternehmensbewertung, meistens nach dem Ertragswert- oder Discounted Cash Flow-Verfahren, ermittelt wird. Die Höhe der angebotenen Barabfindung lässt sich dann in einem Spruchverfahren überprüfen, § 62 Abs. 5 S. 8 UmwG i. V. m. § 327f AktG.

Bislang haben sich nur Instanzgerichte mit der Verfassungsmäßigkeit der Absenkung des Quorums von 95 Prozent auf 90 Prozent befasst. Das Hanseatische OLG Hamburg bestätigt sie mit dem legitimen Interesse und der Initiative der Konzernmut-

---

41 Siehe dazu im Einzelnen unten, Teil 6 § 21 V 1 – Verstoß gegen die Effizienzmarkthypothese, ab S. 412.

42 Siehe dazu unten, Teil 3 § 6 IV – Empirische Daten zur „Gegenleistung", ab S. 130.

43 Siehe dazu unten, Teil 3 § 6 IV 2 c – Zusammenhang zwischen Information und Preis, ab S. 150.

44 BVerfG vom 6. Juli 2010, Az. 2 BvL 13/09.

ter, die Konzernstruktur zu ordnen, zu vereinfachen und die Unternehmensleitung zu vereinheitlichen.[45]

Weil der verschmelzungsrechtliche Squeeze-out dem Verfahren des aktienrechtlichen Squeeze-out gleicht, enthält die Studie auch diese Fälle.

VI Delisting

Die Verkehrsfähigkeit einer Aktie an der Börse stellt eine wesentliche Eigenschaft des Aktieneigentums dar. Daher führte die Beseitigung der Verkehrsfähigkeit durch ein Delisting zu Kompensationsansprüchen der betroffenen (Minderheits-)Aktionäre (1).

Die bisher geltende Rechtsprechung[46] hat der Bundesgerichtshof am 8. Oktober 2013 mit der „Frosta-Entscheidung" aufgegeben.[47] Sie dürfte auch der gegenwärtig bestehenden Rechtsprechung des Bundesverfassungsgerichts[48] entsprechen (2). Jedoch steht die Entscheidung des Bundesgerichtshofs im Widerspruch zu empirischen Erkenntnissen (3). Daher spricht jetzt alles für eine gesetzliche Regelung zum Schutz der Minderheitsaktionäre, um die Attraktivität des Finanzstandortes Deutschland für Anleger zu erhalten (4).

1 Verkehrsfähigkeit der Aktie

Die Geschäftsführung einer Börse widerruft auf Antrag des Emittenten die Zulassung von Wertpapieren im regulierten Markt, § 39 Abs. 2 S. 1 BörsenG (reguläres Delisting). Die einzige materiell-rechtliche Voraussetzung enthält § 39 Abs. 2 S. 2 BörsenG: Der Widerruf darf nicht dem Schutz der Aktionäre widersprechen.

Der Bundesgerichtshof kam in seiner „Macrotron-Entscheidung"[49] zu dem Ergebnis, dass ein reguläres Delisting – darunter ist der vollständige Rückzug der Gesellschaft aus dem amtlichen Handel und dem geregelten Markt an allen Börsen zu verstehen[50] – das Aktieneigentum beeinträchtigt. Zwar werde die innere Struktur der Gesellschaft durch ihren Rückzug von der Börse nicht verändert. Ebenso wenig würde die mitgliedschaftliche Stellung des Aktionärs beeinträchtigt. Allerdings lasse der Rückzug von der Börse die Verkehrsfähigkeit der Aktie entfallen:

> *„Es darf jedoch nicht übersehen werden, daß dem Aktionär mit dem Rückzug der Gesellschaft aus dem amtlichen Handel (§ 38 Abs. 4 BörsG) oder vom geregelten Markt (§ 52 Abs. 2 BörsG) der*

45 Hanseatisches OLG Hamburg vom 14. Juni 2012, Az. 11 AktG 1/12.

46 BGH vom 25. November 2002, Az. II ZR 133/01.

47 BGH vom 8. Oktober 2013, Az. II ZB 26/12.

48 Vgl. BVerfG vom 11. Juli 2012, Az. 1 BvR 3142/07 und 1 BvR 1569/08.

49 BGH vom 25. November 2002, Az. II ZR 133/01.

50 BGH vom 25. November 2002, Az. II ZR 133/01.

Markt genommen wird, der ihn in die Lage versetzt, den Wert seiner Aktien jederzeit durch Veräußerung zu realisieren. Das ist für den Großaktionär oder für Paketbesitzer, die mit ihrer Beteiligung unternehmerische Interessen und nicht lediglich Anlageinteressen verfolgen, ohne Bedeutung. Für die Minderheits- und Kleinaktionäre, deren Engagement bei einer Aktiengesellschaft allein in der Wahrnehmung von Anlageinteressen besteht, bringt der Wegfall des Marktes hingegen wirtschaftlich gravierende Nachteile mit sich, die auch nicht durch die Einbeziehung der Aktien in den Freihandel ausgeglichen werden können."[51]

Damit hatte der Bundesgerichtshof im Wege der Rechtsfortbildung die Rechtsgrundlage für einen umfassenden Rechtsschutz der Minderheitsaktionäre geschaffen. Der Hauptaktionär musste der Hauptversammlung, die das Delisting beschließen sollte, ein Pflichtangebot vorlegen. Der Erwerbspreis musste dem inneren Wert der Gesellschaft entsprechen. Seine Angemessenheit ließ sich auch nach dem Willen des Gesetzgebers im Spruchverfahren überprüfen, obwohl § 1 SpruchG das Delisting nicht ausdrücklich in den Geltungsbereich des Gesetzes aufgenommen hatte.[52]

In den letzten Jahren ist es nur zu vergleichsweise wenigen Spruchverfahren nach einem Delisting gekommen.[53] Sie entsprechen im Wesentlichen den Ergebnissen dieser Studie und bringen keine weiteren Erkenntnisse.

Allerdings erwies es sich in der Praxis der Spruchverfahren nach einem Delisting als nachteilig, dass im Gegensatz zu anderen Strukturmaßnahmen keine Unternehmensbewertung und kein den Wert erläuternder Bericht des Hauptaktionärs bzw. eines sachverständigen Prüfers vorlagen. Das widersprach der Zielsetzung des Spruchverfahrensgesetzes, durch vorgelagerte umfassende Berichtspflichten das Spruchverfahren zu beschleunigen.

Stattdessen vergingen nach einem Delisting häufig Jahre, bis die daten- und bewertungstechnische Grundlage für ein Spruchverfahren geschaffen wurde. Die Spruchverfahren dauerten auch deshalb wesentlich länger, weil der Hauptaktionär die erforderlichen Informationen nicht oder nur schleppend erteilte. Gerade dieser Praxis wollte der Gesetzgeber mit dem Spruchverfahrensgesetz begegnen. Daher hätten die Rechtsprechung bzw. der Gesetzgeber unter Fortführung der „Macrotron-Entscheidung"[54] auch die Erstellung und Vorlage einer Unternehmensbewertung sowie eines Prüfungsberichts wie in § 327c Abs. 3 AktG verlangen müssen.

---

51 BGH vom 25. November 2002, Az. II ZR 133/01.

52 BT-Drucks. 15/838, S. 16 Nr. IV.1.

53 Z. B.: *Teutonia Zementwerk AG* (Beschluss der Hauptversammlung vom 30. August 2006); *Dr. Scheller Cosmetics AG* (Beschluss der Hauptversammlung vom 17. April 2007); *MWG-Biotech AG* (Beschluss der Hauptversammlung vom 17. Juli 2007); *Parsytec AG* (Beschluss der Hauptversammlung vom 14. Dezember 2007); *ComputerLinks AG* (Beschluss der Hauptversammlung vom 18. Dezember 2008); *GeneScan Europe AG* (Beschluss der Hauptversammlung vom 16. Juli 2009); *Cybio AG* (Beschluss der Hauptversammlung vom 27. April 2012).

54 BGH vom 25. November 2002, Az. II ZR 133/01.

2 Aufgabe der Rechtsprechung

Das Bundesverfassungsgericht hat diese richterliche Rechtsfortbildung nicht beanstandet. Nach seiner Auffassung verletzt nur ein reines Downgrading noch nicht den Schutzbereich des Aktieneigentums.[55] Denn dieses beseitigt nicht die Verkehrsfähigkeit der Aktie, weil sie weiterhin in einem anderen Marktsegment handelbar bleibt.

Der Bundesgerichtshof ist allerdings noch einen Schritt weiter gegangen und hat seine bisherige Rechtsprechung aufgegeben:

> *„Bei einem Widerruf der Zulassung der Aktie zum Handel im regulierten Markt auf Veranlassung der Gesellschaft haben die Aktionäre keinen Anspruch auf eine Barabfindung. Es bedarf weder eines Beschlusses der Hauptversammlung noch eines Pflichtangebotes."*[56]

Wie bereits in seiner „Macrotron-Entscheidung" führt der Bundesgerichtshof aus, dass der Rückzug von der Börse die innere Struktur der Gesellschaft und die mitgliedschaftliche Stellung des Aktionärs nicht verändere. Allerdings sieht er nunmehr, in Abkehr von seiner bisherigen Rechtsprechung, in § 39 Abs. 2 S. 2 BörsenG die Rechte der Minderheitsaktionäre ausreichend geschützt:

> *„§ 39 Abs. 2 Satz 2 BörsenG verlangt, dass der Widerruf der Zulassung zum Handel im regulierten Markt nicht dem Schutz der Anleger widersprechen darf. Soweit die Börsenordnungen vorsehen, dass nach der Bekanntgabe der Widerrufsentscheidung den Anlegern ausreichend Zeit verbleiben muss, die vom Widerruf betroffenen Wertpapiere im regulierten Markt zu veräußern, und dazu die Wirksamkeit des Widerrufs bis zu sechs Monate hinausschieben, wenn den Aktionären nicht gleichzeitig ein Kaufangebot unterbreitet wird (z. B. § 40 Abs. 2 der Börsenordnung für die Frankfurter Wertpapierbörse), bleibt der Schutz der Anleger hinter dem Schutz durch ein Barabfindungsangebot nicht zurück. Der Aktionär kann sich damit selbst für eine Deinvestition entscheiden, wenn er Vermögensnachteile aus dem Börsenrückzug und der Veränderung der Rahmenbedingungen für seine Investition befürchtet. Dass schon die Ankündigung des Börsenrückzugs regelmäßig zu einem Kursverlust führt, lässt sich nicht feststellen."*[57]

3 Empirische Erkenntnisse

Das Bundesverfassungsgericht und der Bundesgerichtshof berücksichtigen aber nicht die hierzu bestehenden empirischen Erkenntnisse.

Zwar führt das Bundesverfassungsgericht aus, dass sich *„ein regelhaft zu verzeichnender Kursverfall nach Ankündigung der Widerrufsabsicht [...] nach keiner der Stellungnahmen sachkundiger Dritter hinreichend abstützen"* lässt.[58] Die in Bezug

---

55 BVerfG vom 11. Juli 2012, Az. 1 BvR 3142/07 und 1 BvR 1569/08.

56 BGH vom 8. Oktober 2013, Az. II ZB 26/12.

57 BGH vom 8. Oktober 2013, Az. II ZB 26/12.

58 Vgl. BVerfG vom 11. Juli 2012, Az. 1 BvR 3142/07 und 1 BvR 1569/08.

genommenen Stellungnahmen belegen jedoch, dass dafür gerade keine empirische Grundlage besteht:

> *„Die Frage nach einem Zusammenhang zwischen Delisting und Kursentwicklung ist empirisch nur sehr schwer zu beantworten, weil der Aktienkurs von einer Vielzahl von Faktoren beinflusst wird und die Anzahl der Delistings zu gering ist, um empirisch fundierte Ergebnisse erzielen zu können. Außerdem muss beachtet werden, dass die Datengrundlage häufig zu lückenhaft ist, um einzelne Delistings richtig abzubilden, und dass die zum Zeitpunkt des Delistings geltenden rechtlichen Rahmenbedingungen möglicherweise selbst Kurseffekte auslösen können.“*[59]

Das Deutsche Aktieninstitut e. V. hat nach eigenen Angaben 101 Unternehmen ausgemacht, deren Zulassung zum Handel am regulierten Markt der Frankfurter Wertpapierbörse im Zeitraum 2001 bis 2009 widerrufen wurde. Nach Ausschluss solcher Gesellschaften,
- deren Aktien mutmaßlich an einer anderen inländischen Börse weiter handelbar waren,
- die entweder direkt in den Freiverkehr übergetreten sind oder mittlerweile im Freiverkehr notiert waren,
- die insolvent oder in Liquidation waren und
- nicht die vom Deutschen Aktieninstitut definierten Größenklassen erreichten,

blieben nur noch 9 Aktiengesellschaften übrig. Von diesen Unternehmen soll der Durchschnittskurs nach Bekanntgabe des Widerrufs der Börsenzulassung in 6 Fällen über dem Durchschnittskurs in den 250 Handelstagen davor gelegen haben, in 3 Fällen darunter.

Lassen Auswahl und Datenmenge bereits Zweifel an der statistischen Güte dieser Untersuchung aufkommen, ist ergänzend festzuhalten, dass das Deutsche Aktieninstitut e. V. nicht untersucht hat, wie sich die Aktienkurse im Allgemeinen in den jeweiligen Referenzzeiträumen entwickelt haben. Damit bleibt ungeklärt, ob die vom Deutschen Aktieninstitut e. V. festgestellten Abweichungen der Durchschnittskurse auf allgemeinen Marktentwicklungen oder dem erwarteten Rückzug von der Börse beruhen. Dennoch stützt sich der Bundesgerichtshof in seiner Entscheidung auf eben diese Untersuchung:

> *„Es lässt sich nicht feststellen, dass der Kurswert der Aktie infolge des Wechsels in den (qualifizierten) Freiverkehr grundsätzlich sinkt (Heldt/Royé* [Referentinnen und Rechtsanwältinnen beim Deutschen Aktieninstitut e. V.; Anm. d. Verf.], *AG 2012, 660, 667 f.).“*[60]

---

59 Stellungnahme des Deutschen Aktieninstituts e. V. vom Oktober 2010 zu den Verfahren BVerfG, Az. 1 BvR 3142/07 und 1 BvR 1569/08: Stellungnahme des Deutschen Aktieninstituts zu Delisting und Spruchverfahren – Anfrage des Bundesverfassungsgerichtes 1 BvR 3142/07. Unter https://www.dai.de/files/dai_usercontent/dokumente/positionspapiere/2010-10-08 %20Stellungnahme%20VB%20 3142-07.pdf.

60 BGH vom 8. Oktober 2013, Az. II ZB 26/12, Rdnr. 15.

Entgegen den Ausführungen des Bundesgerichtshofs führt jedoch bereits die Ankündigung eines Rückzugs von der Börse zu Kurseinbrüchen:

> *„In der Frosta-Entscheidung führt der BGH als ein wesentliches Argument für die Aufgabe der in der Macrotron-Entscheidung vertretenen Position an, dass ausweislich gutachterlicher Ergebnisse ein Widerruf der Zulassung keine Auswirkungen auf den Börsenpreis einer Aktie habe. Ein zuletzt zu beobachtender Fall, in dem eine Gesellschaft veröffentlicht hat, ein Totaldelisting ohne Kaufangebot durchführen zu wollen, hat aber gezeigt, dass diese Auffassung nicht zutrifft. Der Preis der Aktie gab nach der Veröffentlichung um ca. 10 Prozent nach. Die Mitglieder des Marktausschusses waren von dieser Entwicklung nicht überrascht, da der Kurs in allen früheren Fällen vor der Frosta-Entscheidung durch die nach der alten Rechtsprechung obligatorisch abzugebenden Kaufangebote gestützt wurde.“*[61]

Aus diesem Grund behält die Börse Düsseldorf die bisherigen Widerrufsregelungen in der Börsenordnung bei. Sie verlangt auch weiterhin für ein Totaldelisting einen Hauptversammlungsbeschluss und ein den Anforderungen des Wertpapiererwerbs- und Übernahmegesetzes genügendes Kaufangebot. Die sonst nur in Betracht kommende Fristenlösung, nämlich Wirksamwerden des Widerrufs der Börsennotierung nach Ablauf von drei oder sechs Monaten, wird dem nach dem Börsengesetz zu beachtenden Anlegerschutz nicht gerecht. Denn die Änderung der Rechtsprechung führt dazu, dass in Ermangelung eines notwendig zu unterbreitenden Abfindungsangebotes auch kein Spruchverfahren mehr zur Prüfung der Angemessenheit des Börsenpreises stattfindet.

> *„Nach aktueller Rechts- und Rechtsprechungslage kommt es zu der für das deutsche Rechtssystem unbekannten Situation, dass es keine Möglichkeit geben würde, die Entscheidung des Vorstands einer Aktiengesellschaft, ein Totaldelisting durchzuführen, rechtlich überprüfen zu lassen. Der BGH hat den Aktionären sämtliche privatrechtlichen Möglichkeiten genommen, die Entscheidung des Vorstands einer Aktiengesellschaft, ein Totaldelisting durchzuführen, z. B. im Spruchstellenverfahren oder gerichtlich überprüfen zu lassen. Zumindest nach aktueller verwaltungsgerichtlicher Rechtsprechung hätten Aktionäre mangels Widerspruchs- und Klagebefugnis auch keine Möglichkeit, eine Überprüfung der Widerrufsentscheidung der Börse einzuleiten.“*[62]

4 Appell an den Gesetzgeber

Damit steht der Gesetzgeber vor der Aufgabe, die Minderheitsaktionäre vor den Nachteilen zu schützen, die bei Verlust der Verkehrsfähigkeit der Aktie drohen. Denn in den jetzt vermehrt auftretenden Delisting-Fällen zeichnet sich ab, dass mit der Ankündigung eines Delistings die Verkaufsbereitschaft zunimmt und die Kurse sinken. Dabei

---

61 Pressemitteilung der Börse Düsseldorf vom 7. April 2014: Börse Düsseldorf stärkt Anlegerschutz. Unter https://www.boerse-duesseldorf.de/presse/pressemitteilungen?id=899.

62 Pressemitteilung der Börse Düsseldorf vom 7. April 2014: Börse Düsseldorf stärkt Anlegerschutz. Unter https://www.boerse-duesseldorf.de/presse/pressemitteilungen?id=899.

kommt es immer wieder zu Kursverlusten in Höhe von bis zu 30 Prozent,[63] weil nur noch der Hauptaktionär als Käufer der Aktien in Betracht kommt.

Damit reduziert die geänderte Rechtsprechung des Bundesgerichtshofs den Schutz der Anleger in der Bundesrepublik Deutschland. Die Aktionäre in Deutschland stehen im Vergleich zu anderen Rechtsordnungen schlechter dar. So ist in Großbritannien ein Hauptversammlungsbeschluss erforderlich, dem mindestens 75 Prozent der Aktionäre zustimmen müssen.[64]

In den USA und in Frankreich befreit ein Delisting die Gesellschaften nicht von umfassenden Kapitalmarktinformationspflichten. Dafür ist ergänzend ein Deregistrierungsverfahren erforderlich. In den USA wird dazu verlangt, dass die Gesellschaft den Nachweis erbringt, dass höchstens 500 Anleger im Besitz von Aktien der Gesellschaft sind.[65] In Frankreich steht die Entscheidung über die Deregistrierung im Ermessen der zuständigen Finanzmarktaufsichtsbehörde (Autorité des Marchés Financiers – AMF). Diese stellt in ihre Entscheidung vorwiegend Belange des Anlegerschutzes ein.[66] Auf der Grundlage solcher Kapitalmarktinformationen können geschädigte Anleger gegebenenfalls Schadensersatzforderungen berechnen.

Das verlangt auch in Deutschland nach einer Verbesserung des Anlegerschutzes. Den Eigentümern einer Aktiengesellschaft ist wieder eine Teilhabe am inneren Wert ihres Aktieneigentums zu gewährleisten. Das könnte durch eine Aufnahme des Delistings in § 1 SpruchG oder im BörsenG erfolgen.

VII Weitere kompensationspflichtige Strukturmaßnahmen

Die weiteren, in Spruchverfahren überprüfbaren, Kompensationen bei Strukturmaßnahmen zählt § 1 SpruchG auf:

- Bei Abschluss eines Unternehmensvertrages – Beherrschungs- und/oder Gewinnabführungsvertrag nach §§ 291 ff. AktG – sind eine Abfindung und ein Ausgleich zu gewähren, § 1 Nr. 1 SpruchG.
- Im Falle der Eingliederung einer Aktiengesellschaft in eine andere Aktiengesellschaft ist den ausgeschiedenen Aktionären der eingegliederten Gesellschaft nach § 320b AktG eine Abfindung zu gewähren, § 1 Nr. 2 SpruchG.

63 Pressebericht der Wirtschaftswoche: Wie Aktionäre durch Delisting faktisch enteignet werden. Unter http://www.wiwo.de/finanzen/boerse/abgang-von-der-boerse-anlegern-sind-die-haende-gebunden/10113304-4.html [4. Juli 2014].

64 LR 5.2.5 Abs. 2 a) UK Listing Rules.

65 Rule 12g-4 a. des Securities Exchange Act von 1934.

66 Chapter 4, Article P 1.4.1 Euronext Rules Book II (gültig auch für die Börsen in Amsterdam, Brüssel und Lissabon; Anm. d. Verf.).

- Bei einer Umwandlung von Rechtsträgern auf der Grundlage des Umwandlungsgesetzes erhalten die Anteilsinhaber in den in § 1 Nr. 4 SpruchG genannten Fällen eine Zuzahlung bzw. Barabfindung.
- Bei der Gründung oder Sitzverlegung einer Europäischen Gesellschaft (SE) erhalten die Anteilsinhaber in den in § 1 Nr. 5 SpruchG genannten Fällen eine Zuzahlung bzw. Barabfindung.
- Bei der Gründung einer Europäischen Genossenschaft erhalten die Mitglieder eine Zuzahlung, § 1 Nr. 6 SpruchG.

Dabei handelt es sich um einen nicht abschließenden Katalog mit nur beispielhaftem Charakter.[67] Der Gesetzgeber hat in der Gesetzesbegründung[68] klargestellt, dass das Spruchverfahrensgesetz über den in § 1 SpruchG genannten Anwendungsbereich hinaus analog angewandt werden kann. Ausdrücklich genannt hatte er dabei das Delisting, welches jedoch durch die Änderung der Rechtsprechung[69] nun nicht mehr dem Spruchverfahren unterworfen ist.

Eine erste Durchsicht der vorliegenden Daten zu Spruchverfahren nach den weiteren kompensationspflichtigen Strukturmaßnahmen zeigt ähnliche Ergebnisse wie beim aktien- und verschmelzungsrechtlichen Squeeze-out. Der Squeeze-out kommt jedoch mit Abstand am häufigsten vor. Daher werden in dieser Studie ausschließlich Squeeze-out-Verfahren ausgewertet.

§ 2 Rechtsschutzsystem bei Strukturmaßnahmen

Bei kompensationspflichtigen Strukturmaßnahmen besteht ein duales Rechtsschutzsystem (I). Es beginnt, außer beim übernahmerechtlichen Squeeze-out, bereits mit der Beschlussfassung durch die Hauptversammlung der involvierten Gesellschaft(en) (II). Der Hauptversammlungsbeschluss lässt sich, wie auch bei anderen Gesellschaftsformen, mit einer Beschlussmängelkontrollklage umfassend überprüfen (III). Die Kontrolle der Angemessenheit der beschlossenen Kompensation ist jedoch allein dem Spruchverfahren vorbehalten (IV).

---

67 Vgl. BVerfG vom 11. Juli 2012, Az. 1 BvR 3142/07 und 1 BvR 1569/08.

68 Vgl. BT-Drucks 15/838, S. 16.

69 Siehe dazu oben, Teil 1 § 1 VI 2 – Aufgabe der Rechtsprechung, ab S. 21.

I Verfassungsrechtliche Grundlagen

Die Gesetzgebungsmaterialien zum Squeeze-out zeigen auf, wie der Rechtsschutz der Minderheitsaktionäre in einem dualen Rechtsschutzsystem durch Anfechtungsklage und Spruchverfahren erfolgt:

> *„Die Schaffung einer Ausschlussmöglichkeit von Minderheitsaktionären stellt keine Enteignung im Sinn des Artikels 14 Abs. 3 GG dar, zumal ein möglicher Rechtsverlust nicht vom Staat oder von einem mit staatlichen Zwangsrechten beliehenen Unternehmer ausgeht. Der Gesetzgeber verleiht der Hauptversammlung auch keine Enteignungsbefugnis, sondern ermächtigt sie zu einer Umgestaltung der privatrechtlichen Beziehungen zwischen den Aktionären bei bestimmten Mehrheitsverhältnissen (vgl. BVerfGE 14, 263, 277).*
>
> ...
>
> *Voraussetzung für die Zulässigkeit einer solchen gesetzgeberischen Wertung ist, dass neben wirksamen Rechtsbehelfen gegen einen Missbrauch wirtschaftlicher Macht vor allem eine volle wirtschaftliche Entschädigung für den Verlust der Rechtsposition gewährt wird (vgl. BVerfGE 100, 289, 305 f.; BVerfG, ZIP 2000, 1670, 1672; BVerfGE 14, 263, 281 f.). Durch die in den neuen §§ 327a Abs. 1 Satz 1 letzter Halbsatz und 327b vorgesehene Entschädigung wird sichergestellt, dass der ausscheidende Minderheitsaktionär eine Abfindung erhält, die dem Wert seiner gesellschaftsrechtlichen Beteiligung an dem Unternehmen entspricht. Es besteht ferner die Möglichkeit, Anfechtungsklage nach §§ 243 ff. gegen den Beschluss der Hauptversammlung zu erheben und in bestimmten Fällen die Höhe der Barabfindung durch ein Spruchverfahren überprüfen zu lassen.“*[70]

Diese Grundsätze gelten auch für die anderen kompensationspflichtigen Strukturmaßnahmen, mit Ausnahme nunmehr des Delistings. Bei allen besteht ein duales Rechtsschutzsystem in der Zuständigkeit der ordentlichen Gerichtsbarkeit. Während die Rechtmäßigkeit des Hauptversammlungsbeschlusses in einer Beschlussmängelkontrollklage überprüft wird, ist die Angemessenheit der Kompensation Gegenstand des Spruchverfahrens.

II Beschlussfassung durch die Hauptversammlung

Der Entzug von (Aktien-)Eigentum bzw. seine Beeinträchtigung durch eine der anderen in § 1 SpruchG genannten kompensationspflichtigen Strukturmaßnahmen bedeutet für die außenstehenden Aktionäre einen weit reichenden und grundrechtsrelevanten Eingriff. Daher liegt die Beschlussfassungskompetenz, abgesehen vom übernahmerechtlichen Squeeze-out, immer bei der Hauptversammlung.

Die Hauptversammlung hat eine besondere Bedeutung. Angesichts der vom Gesetz verlangten Beteiligungshöhen bzw. Anteilsmehrheiten steht der Ausgang der Abstimmung zwar meist schon vorher fest. Die Hauptversammlung ist aber nicht nur

70 RegBegr. zum Squeeze-out, BT-Drucks 14/7034 S. 32.

der Ort der Beschlussfassung, sondern auch der Aussprache und Adressat umfassender weiterer Informationen, siehe z. B. §§ 131, 132, 327c AktG. Auch die weiteren formellen und materiellen Beschlussvoraussetzungen, insbesondere der Übertragungsbericht und der Bericht des sachverständigen Prüfers zur Angemessenheit der Barabfindung, bezwecken den Schutz der Minderheitsaktionäre.

Damit bietet die Hauptversammlung für die außenstehenden Aktionäre neben den gesetzlich vorgeschriebenen Mindest-Kapitalmarktinformationen die einzige Möglichkeit, umfassende Informationen von den Organen der Gesellschaft zu erhalten. Insoweit stellt § 131 Abs. 4 S. 1 AktG eine besondere Ausprägung des aktienrechtlichen Gleichbehandlungsgrundsatzes gemäß § 53a AktG dar.

Dabei geht es im Einzelnen vor allem um die folgenden Informationspflichten:

- Die Einladung zur Hauptversammlung muss den Beschluss über die Strukturmaßnahme ankündigen und die Höhe der Kompensation nennen.
- Auszulegen und gegebenenfalls zu versenden sind der Bericht des Hauptaktionärs nach § 327c Abs. 2 S. 1, Abs. 3 Nr. 3 AktG, auch Übertragungsbericht genannt, und
- der Bericht des sachverständigen Prüfers über die Angemessenheit der Kompensation, §§ 327c Abs. 2 S. 2 bis 4, Abs. 3 Nr. 4 AktG, auch Prüfungsbericht oder Prüfbericht genannt.
- Die Strukturmaßnahme ist auf der Hauptversammlung zu erläutern und entsprechende Fragen sind zu beantworten, § 131 AktG. Andernfalls besteht ein Grund, den Beschluss der Hauptversammlung anzufechten, § 243 Abs. 4 AktG.

Die im Verlauf einer Hauptversammlung erteilten Informationen lassen sich nicht nur weiteren Anlage- oder Deinvestitionsentscheidungen zugrunde legen. Hier setzt auch die Haftung für falsche und unterlassene Kapitalmarktinformationen, wie aus §§ 37b, 37c WpHG, an. Zudem bilden der Übertragungs- und der Prüfungsbericht die Grundlage für ein anschließendes Spruchverfahren, siehe § 4 Abs. 2 S. 2 Nr. 4 SpruchG.

Darüber hinaus stellt die Hauptversammlung den für die Unternehmensbewertung relevanten Stichtag dar, § 327b Abs. 1 S. 1, 2. HS AktG.

III Gerichtliche Beschlussmängelkontrolle

Die Rechtsmäßigkeitskontrolle der Verwaltung einer Aktiengesellschaft liegt, wie bei anderen Gesellschaften auch, in der Hand der Gesellschafter, also der Aktionäre (1). Der Systemwechsel im Freigabeverfahren seit dem 1. September 2009 wirft verfassungsrechtliche Fragen auf (2) und erhöht die Bedeutung des Spruchverfahrens (3).

1 Anfechtungs- und Auskunftsklage

Ein „Aktienaufsichtsamt“ für eine wie auch immer geartete, umfassende behördliche Kontrolle gibt es nicht.

Der Beschluss der Hauptversammlung bildet den Ansatzpunkt für die weitere gerichtliche Überprüfung. Dabei handelt es sich zunächst um die Beschlussmängelkontrollklage nach §§ 246, 249 AktG und die gerichtliche Entscheidung über das Auskunftsrecht, § 132 AktG.

Um die Angemessenheit der beschlossenen Kompensation geht es nur im Spruchverfahren, nicht aber in der Anfechtungsklage, § 327f AktG. Denn eine Anfechtungsklage kann nicht auf unrichtige, unvollständige oder unzureichende Informationen über die Ermittlung, Höhe oder Angemessenheit der Kompensation gestützt werden, sofern das Gesetz für solche Bewertungsrügen ein Spruchverfahren vorsieht, § 243 Abs. 4 S. 2 AktG. Etwas anderes kann nur gelten, wenn die von dem Hauptaktionär festgesetzte Barabfindung offensichtlich unangemessen ist:

> *„Die Einschätzung eines gerichtlich bestellten Sachverständigen dahingehend, dass eine Barabfindung unangemessen ist, spricht für einen von vorneherein nicht verfassungsgemäßen Squeeze out.“*[71]

Bei der gerichtlichen Entscheidung über das Auskunftsrecht nach § 132 AktG gibt es keinen vergleichbaren Ausschlussgrund. Folglich können auch unterbliebene oder verweigerte Auskünfte zur Höhe der Barabfindung und deren Berechnung eine Auskunftsklage rechtfertigen.

Das Handelsregister trägt die Strukturmaßnahme erst dann ein, wenn innerhalb der Frist von einem Monat keine Anfechtungs- und/oder Nichtigkeitsklage nach §§ 246, 249 AktG erhoben wird. Andernfalls löst eine Beschlussmängelkontrollklage eine Registersperre aus. Möchte die Gesellschaft nicht den Abschluss des streitigen Verfahrens abwarten, lässt sich die Registersperre durch ein Freigabeverfahren nach § 246a AktG überwinden. Örtlich zuständig dafür ist ausschließlich das Oberlandesgericht, in dessen Bezirk die Gesellschaft ihren Sitz hat.

Das Oberlandesgericht entspricht dem Antrag im Freigabeverfahren, wenn

- die Beschlussmängelkontrollklage unzulässig oder offensichtlich unbegründet ist, § 246a Abs. 2 Nr. 1 AktG, oder
- ein Kläger allein[72] im Anfechtungsprozess nicht mindestens Aktien im anteiligen Betrag von 1.000 Euro hält, § 246a Abs. 2 Nr. 2 AktG, oder
- der Gesellschaft bei nicht alsbaldigem Wirksamwerden des Hauptversammlungsbeschlusses wesentliche Nachteile drohen, § 246a Abs. 2 Nr. 3 AktG. Hierzu zählen seit Neufassung der Vorschrift zum 1. September 2009 auch wirtschaftliche Nachteile,[73] die nunmehr eine umfassende Rechtmäßigkeitskontrolle ersetzen. Eine Freigabe scheidet nur noch bei besonderer Schwere des Rechtsverstoßes aus.

---

71 Hanseatisches Oberlandesgericht Bremen vom 16. August 2012, Az. 2 U 51/12 (AktG).

72 Eine Zusammenrechnung des Aktienbesitzes mehrerer Kläger findet nicht statt.

73 Vgl. OLG Düsseldorf vom 15. Dezember 2008, Az. 6 W 24/08.

2 Systemwechsel in der Beschlusskontrolle

Der Systemwechsel in der Beschlussmängelkontrolle ergibt sich vor allem aus der Neufassung der abwägungsrelevanten Belange im Freigabeverfahren nach § 246a AktG (a), den geänderten Rechtsfolgen einer erfolgreichen Anfechtungsklage (b) und der Begrenzung auf eine Instanz vor dem Oberlandesgericht. Der damit eingetretene Systemwechsel wirft zudem verfassungsrechtliche Fragen auf (c), was einzelne Gerichte zu einer verfassungsrechtlichen Reduzierung bei der Prüfung der Anspruchsvoraussetzungen veranlasst (d).

a Interessenabwägung im Freigabeverfahren

§ 246a Abs. 2 Nr. 3 AktG normiert ein vorrangiges Interesse am alsbaldigen Wirksamwerden des Hauptversammlungsbeschlusses, wenn die der Gesellschaft und den übrigen Aktionären drohenden „*wesentlichen Nachteile*" schwerer wiegen als die Nachteile für die Kläger. Zu den wesentlichen Nachteilen im Sinne der Vorschrift gehören auch wirtschaftliche Interessen. Im Ergebnis führt das dazu, dass allein schon wegen der Beteiligung in Höhe von mindestens 95 Prozent die Interessen der Hauptaktionäre fast immer schwerer wiegen als die Interessen der Minderheitsaktionäre. Etwas anderes soll nur bei einer besonderen Schwere des Rechtsverstoßes gelten.

b Rechtsfolgen einer erfolgreichen Anfechtungsklage

Die Rechtswirkungen im Falle einer erfolgreichen Anfechtungsklage unterscheiden sich bei der Aktiengesellschaft jetzt unter zwei Aspekten wesentlich von denen anderer Gesellschaftsarten.

- Falls sich eine Anfechtungsklage trotz eines erfolgreichen Freigabeverfahren als begründet erweist, scheidet eine Rückabwicklung des gesetz- oder satzungswidrigen Hauptversammlungsbeschlusses nach § 246a Abs. 4 S. 2 AktG aus. Das ist aus mehreren Gründen systemwidrig:
- Zwar stellt der gute Glaube an die Richtigkeit der öffentlichen Register, wie das Handelsregister, ein hohes Gut dar. Jedoch ist auch bei anderen Registern, wie z. B. dem Grundbuch, eine Berichtigung bei bestimmten Fehlerarten immer möglich.
- Es gibt keinen sachlichen Grund, warum bei einer Aktiengesellschaft nach einer gerichtlichen Entscheidung rechtswidrige, das Innenverhältnis betreffende Beschlüsse in Kraft bleiben sollen. Schließlich gehört es zum Wesen einer funktionierenden Rechtsordnung, dass Unrecht nicht Recht brechen darf und eine gerichtliche Korrektur möglich sein muss.

  Stattdessen ließe sich der Gutglaubensschutz an dieser Stelle ohne weiteres auf Rechtsänderungen beschränken, die das Außenverhältnis der Gesellschaft zu Dritten betreffen. Das Innenverhältnis bedarf eines solchen Schutzes nicht. Denn jeder Aktionär muss damit rechnen, dass die Beschlussfassungen der Gesellschaft einer Beschlussmängelkontrolle unterworfen werden können.

- Zudem entfällt bei der Aktiengesellschaft jetzt die inter-omnes-Wirkung der Anfechtungsklage. Wie bei allen anderen Gesellschaftsformen bindet der Ausgang der Klage die Gesellschaft und mit ihr alle Gesellschafter, siehe auch § 248 Abs. 1 AktG, § 13 S. 2 SpruchG. Auch die Verbindung der Klagen auf der Grundlage von §§ 246 Abs. 3 Satz 6, 249 Abs. 2 AktG verfolgt das Ziel, für die angegriffenen Beschlussgegenstände gegenüber allen Aktionären einen einheitlichen Rechtsstand zu schaffen. Das entspricht dem gesellschaftsrechtlichen Gleichbehandlungsgrundsatz.

  Das ist mit der Neufassung des Gesetzes nun nicht mehr der Fall. Erweist sich die Anfechtungsklage als begründet, hat nur noch der klagende Aktionär einen Anspruch auf Schadensersatz, § 246a Abs. 4 S. 1 AktG. Das bedeutet einen Systembruch, für den es an einem sachlichen Grund mangelt.

c Verfassungsrechtliche Fragen des Systemwechsels

Die Regelungen in § 246a AktG stellen unter mehreren Gesichtspunkten einen Bruch im gesellschaftsrechtlichen Rechtsschutzsystem dar:

- Weder im übrigen Zivilrecht oder im Verwaltungsrecht noch bei anderen Gesellschaftsformen haben wirtschaftliche Interessen Vorrang vor rechtmäßigem Handeln. Auch das Grundgesetz kennt kein „Recht des Stärkeren“. Das stellt einen Bruch mit den Justizgrundrechten sowie dem Justizgewährleistungsanspruch dar. Danach besteht immer ein Vorrang des Rechts und rechtmäßigen Verhaltens gegenüber den wirtschaftlichen Interessen der handelnden Personen.
- Auch bei gesellschaftsrechtlichen Beschlussmängelklagen gilt der Gleichbehandlungsgrundsatz, vgl. § 53a AktG. Entscheidungen im Aktienrecht und in Spruchverfahren entfalten daher immer inter-omnes-Wirkung, siehe § 248 Abs. 1 AktG, § 13 S. 2 SpruchG. Der individualisierte Schadensersatzanspruch aus § 246a Abs. 4 S. 1 AktG[74] ist dagegen systemwidrig. Jedoch gibt es keine sachliche Rechtfertigung, bei Aktiengesellschaften anders vorzugehen als bei anderen Gesellschaftsformen, etwa einer GmbH oder Personengesellschaften.
- Rechtswidriges Handeln begründet im Zivilrecht einen Anspruch auf Naturalrestitution, siehe vor allem § 249 Abs. 1 BGB. Herzustellen ist der Zustand, der ohne

---

74 Zu ersetzen sind neben Prozesskosten (z. B. vergebliche Prozesskosten des Anfechtungsklägers wegen vorrangigem Bestandsschutz der Eintragung des Hauptversammlungsbeschlusses) auch andere auf die Eintragung rückführbare Vermögensschäden, z. B. Verwässerungsschäden bei Kapitalerhöhung unter Ausschluss des Bezugsrechts der Minderheitsaktionäre, vgl. Hüffer: Aktiengesetz 11. Aufl., München 2014, § 246a Rdnr. 27. Anspruchsberechtigt ist nach dem Wortlaut der Vorschrift jedoch nur der Antragsgegner, nicht hingegen alle Minderheitsaktionäre.

das rechtswidrige Handeln bestehen würde. Das schließt jedoch § 246a Abs. 4 S. 2 AktG jetzt aus: Nach der Eintragung lassen auch Mängel des Beschlusses seine Durchführung unberührt. Die Beseitigung des Beschlusses kann auch nicht als Schadensersatz verlangt werden.

- Insbesondere die nun geänderten Rechtsfolgen erhöhen die Anforderungen an das Spruchverfahren. Daher spricht alles dafür, das Spruchverfahren auch weiterhin über zwei Instanzen zu erstrecken.

Das Freigabeverfahren nach § 246a AktG führt im Ergebnis dazu, dass sich bei der Aktiengesellschaft das Beschlussmängelkontrollrecht in der gerichtlichen Rechtmäßigkeitskontrolle bei anderen Gesellschaften grundlegend unterscheidet. Damit beschränkt es die Rechtskontrollfunktion der Anfechtungsklage durch die Bestandskraft rechtswidriger Eintragungen in verfassungsrechtlich bedenklicher Weise.

d Verfassungsrechtliche Reduzierung

Aus diesen Gründen tendiert die Rechtsprechung in zunehmendem Umfang zu einer verfassungsrechtlichen Reduzierung der Anspruchsvoraussetzungen zur Anfechtung von Hauptversammlungsbeschlüssen:

> *„Der Senat ist der Auffassung, dass eine allzu großzügige Interessenabwägung jedenfalls nicht dazu führen darf, dass die formellen und materiellen Aktionärsrechte im Ergebnis leer laufen. Ebensowenig darf die wichtige Präventivfunktion der Anfechtungsklage (dazu ausf. Bayer VGR 2, 2000 S. 35, 38 ff; ders . NJW 2000, 2609, 2616 m. w. N.) verloren gehen. Es muß im Grundsatz nach wie vor gelten, dass rechtswidrige Hauptversammlungsbeschlüsse nicht zur Durchführung kommen. Allein bei geringfügigen Rechtsverletzungen wäre sowohl die Blockade der Beschlussfassung als auch deren Anfechtung unverhältnismäßig. Hier kann ohne weiteres eine Freigabeentscheidung ergehen. Das UMAG ist nicht konsequent, wenn es einerseits die Bedeutung der Aktionärsrechte (auch die des Kleinaktionärs) hervorhebt, andererseits aber der Rechtsprechung eine Großzügigkeit auch im Falle wahrscheinlich oder sicher begründeter Klagen nahe legt (richtig Spindler NZG 2005, 825, 830). Es wäre schließlich auch unter verfassungsrechtlichen Aspekten (Schutz des Aktieneigentums) nicht unbedenklich, wenn das Recht des Aktionärs, rechtswidrige Mehrheitsentscheidungen erfolgreich angreifen zu können, mit Hinweis auf angeblich vorrangige wirtschaftliche Interessen der Gesellschaft ausgehebelt würde; das Prinzip des „dulde und liquidiere“ ist im Kontext der objektiven Rechtskontrolle, die der Gesetzgeber jedem einzelnen Aktionär übertragen hat, nur begrenzt belastbar.“*[75]

Das gilt insbesondere dann, wenn schon der sachverständige Prüfer zu dem Ergebnis kommt, dass die angebotene Barabfindung nicht angemessen ist:

75 Thüringer OLG vom 12. Oktober 2006, Az. 6 W 452/06.

> *„Die Einschätzung eines gerichtlich bestellten Sachverständigen dahingehend, dass eine Barabfindung unangemessen ist, spricht für einen von vorneherein nicht verfassungsgemäßen Squeeze out.“*[76]

Der Rückbau der aktienrechtlichen Beschlussmängelkontrolle führt auf der anderen Seite dazu, dass die Bedeutung und Komplexität des Spruchverfahrens zunimmt. Im Ergebnis beschränkt sich die gerichtliche Kontrolle im Wesentlichen nur noch auf die Höhe der Kompensation und damit die wirtschaftliche Seite des Aktieneigentums. Eine rechtliche Kontrolle, vor allem der Beschlussvoraussetzungen bei einer kompensationspflichtigen Strukturmaßnahme, findet faktisch nicht mehr statt.

e Fazit

Der geänderte Prüfungsmaßstab und die Beschränkung auf eine Instanz reduzieren die Kontrollfunktion der Anfechtungsklage. Erweist sich die Klage als begründet, ergibt sich aus § 246a Abs. 4 S. 1 AktG nur noch ein Schadensersatzanspruch für den klagenden Aktionär. Das erscheint vor dem Gebot gesetzestreuen Verhaltens und dem aktienrechtlichen Gleichbehandlungsgrundsatz aus § 53a AktG bedenklich. Außerdem scheidet nach § 246a Abs. 4 S. 2 AktG eine Aufhebung der einmal erfolgten Eintragung aus. Das alles reduziert den Zwang zu rechtskonformem Verhalten.

Das Gebot effektiven Rechtsschutzes, das Rechtsstaatsprinzip, die Justizgewährleistungspflicht sowie die verfassungsrechtlichen Gewährleistungen zum Aktieneigentum lassen es aber nicht zu, dass die wirtschaftlichen Belange der strukturell ohnehin schon stärkeren Seite die Pflicht zu rechtskonformem Verhalten beseitigen.

Zudem ist zu berücksichtigen, dass eine Aktiengesellschaft bzw. ihr Hauptaktionär mit dem Umfang der veröffentlichten Informationen die Reichweite der eigenen gerichtlichen Kontrolle zu regulieren vermag. Denn eine mit § 51a Abs. 1 GmbHG oder § 166 Abs. 1 HGB vergleichbare Regelung zum Auskunfts- und Einsichtsrecht von Gesellschaftern ist bei Aktiengesellschaften bzw. KGaA oder SE als typische Publikumsgesellschaften schlichtweg unpraktikabel. Dem kann zur Erfüllung der verfassungsrechtlichen Gewährleistungen zum Aktieneigentum nur mit modifizierten Darlegungs- und Beweislasten in der Beschlussmängelkontrollklage sowie im Freigabe- und Spruchverfahren begegnet werden.

Der demokratische Rechtsstaat steht hier vor der Aufgabe, einem „Recht des Stärkeren“ ein „Gleiches Recht für alle“ entgegen zu setzen. Denn mit rechtsstaatlichen Grundsätzen ist nicht vereinbar, dass gerade bei großen Streitwerten die wirtschaftlichen Interessen von Großaktionären, wie in § 246a Abs. 2 Nr. 3 AktG, schwerer wiegen als die Pflicht zu rechtmäßigem Verhalten. Schließlich erweist sich in der Praxis jede

---

76 Hanseatisches Oberlandesgericht Bremen vom 16. August 2012, Az. 2 U 51/12 (AktG).

Norm nur so stark wie ihre rechtliche Bewehrung. Andernfalls lässt sich ein solches Normgefüge auch schon mal als Einladung zum Rechtsbruch empfinden.

Der jetzige Rechtsstand reduziert aufgrund des hier bestehenden strukturellen Informationsgefälles jedenfalls den Rechtsschutz der Aktionäre in verfassungsrechtlich bedenklicher Art und Weise, weil für viele Anleger keine realistischen Möglichkeiten zur Abwehr rechtswidriger Übernahmehandlungen mehr bestehen.

Einen rechtsmethodischen Bruch stellt dabei vor allem §246a Abs. 4 S. 1 AktG dar. Danach profitieren bei Stattgabe der Klage nicht alle, sondern nur die klagenden Aktionäre vom Prozessausgang. Demgegenüber soll die in §§ 245 Abs. 3 S. 6, 249 Abs. 2 AktG angeordnete Verbindung von Klagen gerade verhindern, dass es zwischen einer Gesellschaft und ihren Aktionären zu unterschiedlichen Rechtsständen kommt. Der jetzige Rechtsstand entspricht zudem nicht der Funktion der gesellschaftsrechtlichen Beschlussmängelkontrollklage. Danach gilt ein gesellschaftsrechtlicher Beschluss gleichermaßen gegenüber allen Gesellschaftern. Damit unterscheidet sich der Rechtsstand im Aktienrecht nun wesentlich von dem bei anderen Gesellschaftsformen.

3 Auswirkungen auf das Spruchverfahren

Mit der faktischen Abschaffung der Beschlussmängelkontrollklage nimmt die Bedeutung des Spruchverfahrens unter mehreren Aspekten zu. Es tritt keine Entlastung der Gerichte mehr durch eine vergleichsweise Erledigung von Anfechtungsklagen ein. Schließlich erfolgte mit Vergleichsabschlüssen häufig ein Vorgriff auf den zu erwartenden Verlauf des Spruchverfahrens. Dazu wird es aber aus mehreren Gründen in der Zukunft im Normalfall nicht mehr kommen:

- Eine vergleichsweise Erledigung im Freigabeverfahren wirkt sich mangels interomnes Wirkung nicht mehr auf das Spruchverfahren aus.
- Die Komplexität der Spruchverfahren lässt sich nicht mehr dadurch reduzieren, dass im Anfechtungsverfahren konsensual einzelne, immer wieder vorkommende Bewertungsfragen, einer vorweggenommenen, typisierenden Betrachtung zugeführt werden. Auch die Anzahl der Antragsteller lässt sich nicht dadurch reduzieren, dass einzelne Kläger auf ihr Antragsrecht verzichten.

Die Tatsachengrundlage im Spruchverfahren ließ sich früher dadurch erweitern, dass im Rahmen konsensualer Verfahrensbeendigungen von Beschlussmängelklagen die schon in der Hauptversammlung erkennbaren Informationslücken beseitigt wurden oder eine Einigung auf einen bestimmten Sachverständigen gelang. Mit der Neuregelung stehen umfangreiche Beweisbeschlüsse oft erst am Ende zäher Auseinandersetzungen im Spruchverfahren.

Außerhalb des Spruchverfahrens gibt es jetzt keine gerichtliche Rechtmäßigkeitskontrolle mehr. Bereits damit nimmt die Bedeutung des Spruchverfahrens zu, weil daneben keine weitere gerichtliche Überprüfung des Hauptversammlungsbeschlusses mehr möglich ist. Die Frage nach der Bewertungsrelevanz ist daher sehr weit zu fassen.[77]

Wie an anderer Stelle noch im Einzelnen aufgezeigt wird, erhöht auch die geänderte Rechtsprechung zum Referenzzeitraum des als Wertuntergrenze zu beachtenden Börsenkurses die Komplexität des Spruchverfahrens. Denn als dieser noch die Bekanntgabe der Abfindungshöhe und die Veröffentlichung der Unternehmensbewertung umfasste, konnte die Börse die bewertungsrelevanten Informationen einpreisen. Dazu gehörte auch

- die Erwartung einer Anhebung im anschließenden Spruchverfahren sowie
- das Risiko ihrer prozessualen Durchsetzung.

Das ist jetzt nicht mehr möglich, da der Referenzzeitraum mit der Bekanntgabe des Verlangens nach § 327a Abs. 1 S. 1 AktG endet. Damit verfügen die Marktteilnehmer nicht mehr über alle bewertungsrelevanten Informationen. Schon jetzt zeigt sich, dass der nach dem Ertragswertverfahren ermittelte Unternehmenswert immer häufiger knapp unter dem ohnehin abzufindenden Börsenwert angesetzt wird. Das lässt sich in vielen Fällen nur dadurch erreichen, dass sich Unternehmensplanung und Kapitalisierungszinssatz zur Diskontierung der geplanten finanziellen Überschüsse an den Bewertungsvorgaben des Hauptaktionärs orientieren. Damit nimmt auch an dieser Stelle der Prüfungsumfang im Spruchverfahren zu. Schließlich lässt es § 327b Abs. 1 S. 1 AktG nicht zu, ausschließlich zum Zwecke einer interessenorientierten Bewertung eine Unternehmensplanung zu erstellen.

IV Spruchverfahren

Im Spruchverfahren wird die von der Hauptversammlung beschlossene Kompensation auf ihre Angemessenheit hin geprüft und gegebenenfalls angehoben. Eine Herabsetzung kommt dagegen nicht in Betracht. Insoweit ist der Hauptaktionär nicht schutzwürdig, da er die Barabfindung selbst festgelegt hat. Im Spruchverfahren gilt ein eingeschränkter Amtsermittlungsgrundsatz. Auf der Grundlage des Übertragungs- und des Prüfungsberichts müssen die Antragsteller konkrete Einwendungen gegen die beschlossene Kompensation erheben.

Ein erster Überblick über das Spruchverfahren beginnt mit Ausführungen zu den Zielen des Spruchverfahrens (1), seiner Funktion (2), der gesellschaftspolitischen Bedeutung (3), zur Einleitung des Spruchverfahrens (4) und dem anwendbaren Verfahrensrecht (5). Dann werden einzelne thematische Schwerpunkte aus der Praxis des Spruchverfahrens (6) sowie ausgewählte Verfahrensfragen (7) erörtert. Schon jetzt kann davon ausgegangen werden, dass der veränderte Referenzzeitraum beim

---

77 Siehe z. B. Teil 1 § 3 II 3c; Teil 3 § 6 IV 1; Teil 5 § 12 I 5; Teil 6 § 21.

Börsenkurs[78] die thematischen Schwerpunkte im Spruchverfahren, zum Beispiel auf Fragen der Unternehmensplanung (8), verschieben wird. Außerdem hat die Praxis noch nicht alle Vorgaben des Gesetzgebers zum Schutz der Minderheitsaktionäre und zur Verkürzung der Verfahrensdauern erreicht (9).

1 Ziele des Spruchverfahrensgesetzes

Das Gesetz über das gesellschaftsrechtliche Spruchverfahren vom 12. Juni 2003[79] fasst das bis zum 31. August 2003 in verschiedenen Gesetzen „zersiedelte"[80] Spruchverfahren zusammen. Damit verfolgt der Gesetzgeber das Ziel, die in den bisherigen Regelungen erkannten Mängel zu beseitigen und das Verfahren deutlich zu beschleunigen. Außerdem verlagert das Gesetz alle Bewertungsfragen aus der Anfechtungsklage in das Spruchverfahren:

> *„Oberstes Ziel ist, die als zu lang empfundene Verfahrensdauer im Durchschnitt deutlich zu verkürzen und damit den Rechtsschutz der betroffenen Anteilsinhaber erheblich zu verbessern."*[81]

Dem sollen vor allem die folgenden Regelungen dienen:[82]
- Auswahl und Bestellung sachverständiger Prüfer bei allen kompensationspflichtigen Strukturmaßnahmen durch das Gericht;
- keine „flächendeckenden" Gesamtgutachten durch neue Sachverständige, sondern gezielte Beurteilung einzelner verfahrenserheblicher Einzelfragen durch den schon vor der Hauptversammlung tätigen sachverständigen Prüfer;
- Straffung des Verfahrens durch Einführung von Fristen und Verfahrensförderungspflichten für alle Beteiligten bei gleichzeitiger Reduzierung des Amtsermittlungsgrundsatzes;
- Reduzierung des Kostenrisikos für den Antragsgegner durch Einführung einer Streitwertobergrenze in Höhe von 7,5 Mio. Euro und stärkere Differenzierung bei Gerichtskosten und der Erstattung von außergerichtlichen Kosten.

2 Funktion des Spruchverfahrens

Die Funktion des Spruchverfahrens ergibt sich zunächst aus den hier zu beachtenden verfassungsrechtlichen Gewährleistungen:

78 BGH vom 8. Oktober 2013, Az. II ZB 26/12.
79 Spruchverfahrensgesetz (SpruchG), BGBl I 2003, 838.
80 Aktiengesetz: §§ 304-306, 320b, 327f, Umwandlungsgesetz: §§ 305-312 und Gesetz über die Angelegenheiten der freiwilligen Gerichtsbarkeit.
81 RegBegr. zum Spruchverfahrensgesetz, BT-Drucks 15/371, S. 11 re.Sp.
82 RegBegr. zum Spruchverfahrensgesetz, BT-Drucks 15/371, S. 12 li.Sp.

> *„Im Hinblick auf den Eigentumsschutz des ausscheidenden Minderheitsaktionärs und im Hinblick darauf, dass der Hauptaktionär den Nutzen aus dem Ausschluss zieht, ist bei der in § 327 b Abs. 1 Satz 1 letzter Halbsatz vorgeschriebenen Entschädigung eine volle wirtschaftliche Kompensation erforderlich, die jedenfalls nicht unter dem Verkehrswert der gehaltenen Aktien liegen darf (Vgl. BVerfGE 100,289, 304 f.).“*[83]

Dabei gehen Gesetzgeber, Rechtsprechung und Schrifttum bislang einhellig davon aus, dass das Spruchverfahren den Gewährleistungen zum Aktieneigentum entspricht:

> *„Durch die in den neuen §§ 327a Abs. 1 Satz 1 letzter Halbsatz und 327b vorgesehene Entschädigung wird sichergestellt, dass der ausscheidende Minderheitsaktionär eine Abfindung erhält, die dem Wert seiner gesellschaftsrechtlichen Beteiligung an dem Unternehmen entspricht. Es besteht ferner die Möglichkeit, Anfechtungsklage nach §§ 243 ff. gegen den Beschluss der Hauptversammlung zu erheben und in bestimmten Fällen die Höhe der Barabfindung durch ein Spruchverfahren überprüfen zu lassen.“*[84]

Neben dem Recht auf eine angemessene Teilhabe am inneren Wert besteht somit das Gebot effektiven Rechtsschutzes.

Das Spruchverfahren entspricht als besondere Verfahrensart dem Wesen einer Minderheitsbeteiligung. Einem Anleger mit einer vergleichsweise geringen Aktienzahl geht es weniger um die Ausübung von Teilhaberechten zur Verfolgung unternehmerischer Zielsetzungen. Vielmehr kommt es ihm auf eine angemessene Beteiligung am inneren Wert und eine möglichst positive Entwicklung seines Investments an. Das umfasst auch die Möglichkeit, effektiven Rechtsschutz in Anspruch nehmen zu können. Dabei sind die Vorteile zu kompensieren, die ein Großaktionär zum Beispiel im Zusammenhang mit einer fortschreitenden Konzernierung der Gesellschaft erzielt.

Dazu bietet das gesellschaftsrechtliche Rechtsschutzsystem im Vergleich zum reinen Austauschvertrag beim Verkauf über die Börse zusätzliche Möglichkeiten, etwa in Form des Spruchverfahrens. Für den Minderheitsaktionär bietet es die einzige Möglichkeit, den vom Käufer bzw. Hauptaktionär einseitig festgelegten Preis (die Barabfindung) gerichtlich überprüfen und eine angemessene Kompensation festsetzen zu lassen.

Das ist besonders wichtig, weil die Preisfindung durch einen situationsimmanenten Interessenkonflikt geprägt wird. Die Höhe der angemessenen Barabfindung bestimmt allein der Hauptaktionär,[85] der sie auch bezahlen muss. Während ein Käufer, wie der Hauptaktionär, nur einen möglichst niedrigen Preis zahlen möchte,

---

83 RegBegr. zum Squeeze-out, BT-Drucks 14/7034, Seite 72.

84 RegBegr. zum Squeeze-out, BT-Drucks 14/7034, Seite 32.

85 Vgl. § 327b Abs. 1 S. 1 AktG (sog. „*Moto-Meter-Methode*“; vgl. BVerfG vom 23. August 2000, Az. 1 BvR 68/95, 1 BvR 147/97).

will der Verkäufer, also der Minderheitsaktionär, eine möglichst hohe Gegenleistung, in jedem Fall aber einen angemessenen Wertausgleich für seine Beteiligung.

Die Studie dokumentiert die wirtschaftliche Seite dieses situationsimmanenten Interessenkonflikts. In der Mehrzahl von Spruchverfahren kommt es zu einer Anhebung der von Hauptaktionären festgesetzten Barabfindung:

- Bis zum 31. Dezember 2013 haben Gerichte bereits in insgesamt 217 Fällen – das entspricht 46,97 Prozent aller wirksamen Beschlüsse – die von den Hauptaktionären angebotene Barabfindung nachträglich erhöht.
- Den außenstehenden Aktionären wären ohne eine gerichtliche Überprüfung Vermögenswerte in Höhe von 609 Mio. Euro vorenthalten worden.

Das verdeutlicht, wie Hauptaktionäre mit Hilfe ihrer Berater ihren strukturellen Informationsvorsprung und das hier bestehende Kräfteverhältnis dazu nutzen, um eine möglichst niedrige Kompensation durchzusetzen. Hinzu kommt, dass sie mit den Informationen, die sie zur Verfügung stellen, die Reichweite ihrer eigenen gerichtlichen Überprüfbarkeit regulieren können. Damit haben sie es bei der Festlegung der Abfindung auch in der Hand, ihre Zahlungsverpflichtung zu beeinflussen. Trotz einer solchen einseitigen Preisbestimmung kann sich ein Minderheitsaktionär nicht der Rechtspflicht entziehen, seine Aktien auf den Hauptaktionär zu übertragen.

Bei kompensationspflichtigen Strukturmaßnahmen besteht aber nicht die von der Verfassung verlangte Waffengleichheit. Denn die nicht in Vorstand und Aufsichtsrat vertretenen Aktionäre kennen im Normalfall nicht alle bewertungsrelevanten Tatsachen. Um diesen situationsimmanenten Interessenkonflikt zu entschärfen und das sich daraus ergebende Informationsgefälle zu reduzieren, ordnet § 327c Abs. 2 S. 2 AktG umfassende Berichts- und Prüfungspflichten an. Die Gesetzesbegründung hält dazu fest, dass diese Pflichten allein den Schutz der Minderheitsaktionäre bezwecken:

> *„Wie beim Abschluss von Unternehmensverträgen, bei der Eingliederung und bei Umwandlungsvorgängen sollen die Interessen der Minderheitsaktionäre durch einen Bericht, der hier vom Hauptaktionär zu erstellen ist, und zusätzlich durch eine Prüfung unabhängiger Sachverständiger geschützt werden.“*[86]

In der Praxis zeigt sich dennoch immer wieder, dass die Berichte nicht alle bewertungsrelevanten Informationen zutreffend wiedergeben. Nur in drei Fällen haben sachverständige Prüfer die von den Hauptaktionären festgelegten Barabfindungen erkennbar nicht als angemessen beurteilt. Dennoch wurden die Barabfindungen bis zum 31. Dezember 2013 bereits in 217 Fällen nachträglich von Gerichten erhöht.

86 RegBegr. zum Wertpapiererwerbs- und Übernahmegesetz, BT-Drucks 14/7034, S. 73 li.Sp.

Diese systematischen „Bewertungsirrtümer" der Wirtschaftsprüfer lassen sich wohl auch auf die wirtschaftliche Lage der Branche zurückführen.[87] Zudem versteht der sachverständige Prüfer eher den Hauptaktionär als seinen Mandanten und dessen Berater als Kollegen. Dahinter tritt der vom Gesetzgeber erteilt Auftrag, nämlich die Interessen der Minderheitsaktionäre zu schützen und mindestens einen ausgewogenen Bericht vorzulegen, zurück.

So halten die für diese Studie ausgewerteten Prüfungsberichte fast ausnahmslos nicht fest, wann ein sachverständiger Prüfer einmal nicht den Bewertungsvorgaben des Hauptaktionärs folgt oder auch nur abweichende Auffassungen vertritt.[88] Angesichts der Komplexität einer Unternehmensbewertung ist es aber nur schwer vorstellbar, dass sachverständige Prüfer immer und in allen Bewertungsfragen zu den gleichen Auffassungen wie die Hauptaktionäre und ihre Berater gelangen. Dies belegt auch die hohe Zahl der nachträglichen Erhöhungen der von den Hauptaktionären festgesetzten Kompensationen.

Auch die thematischen Schwerpunkte der Prüfungsberichte entsprechen nicht dem gesetzgeberischen Auftrag. Denn nur in Ausnahmefällen vertreten sachverständige Prüfer Auffassungen, die dem strukturellen Standpunkt der Minderheitsaktionäre entsprechen. Stattdessen werden, meist ganz offensiv, Standpunkte vertreten, die den wirtschaftlichen Interessen der Hauptaktionäre dienen.

Ein Beispiel hierfür ist der maßgebliche Referenzzeitraum für den als Wertuntergrenze zu beachtenden Börsenkurs. Der Bundesgerichtshof hatte zunächst mit dem gesetzlichen Bewertungsstichtag[89] auf den Tag der Hauptversammlung als Rückrechnungszeitpunkt abgestellt.[90] Mit dieser insoweit eindeutigen Rechtslage hatten sich aber die Berater der Hauptaktionäre nicht abgefunden. Insbesondere die im FAUB vertretenen Wirtschaftsprüfer und Wirtschaftsprüfungsgesellschaften hatten im Falle der Bestellung als sachverständiger Prüfer im Interesse der Hauptaktionäre unter Missachtung der geltenden höchstrichterlichen Rechtsprechung und der Effi-

---

87 Vgl. Manager Magazin Nr. 10/2010: Billig abgestempelt – Wirtschaftsprüfer – Ruinöser Preiskampf, mangelhafte Beratung, Kapitulation vor dem Kunden – die Branche gefährdet ihr Geschäft. Zitat: „Den Verantwortlichen [der Wirtschaftsprüfungsgesellschaften; Anm. d. Verf.] ist klar, dass sie kein wichtiges Mandat verlieren dürfen. Das spüren auch die Kunden. Die interne Revision der Unternehmen prüft häufig genauer und stellt unangenehmere Fragen. Der Kunde ist zweifellos König in dieser Branche, und darüber freut er sich." Zitat aus Manager Magazin Nr. 10/2010: „Billig abgestempelt – Wirtschaftsprüfer – Ruinöser Preiskampf, mangelhafte Beratung, Kapitulation vor dem Kunden – die Branche gefährdet ihr Geschäft".
Zur weiteren Entwicklung siehe z. B. auch Financial Times Deutschland vom 30. Juli 2012 Seite 3: Wirtschaftsprüfer beleben umstrittenes Geschäftsmodell; und Seite 5: Barnier läuft mit Wirtschaftsprüfer-Reform auf.

88 Siehe dazu Teil 5 § 14 II – Die Abfindungsprüfung in der Praxis, ab S. 267.

89 Vgl. § 327b Abs. 1 S. 1 2. HS AktG.

90 BGH vom 25. November 2002, Az. II ZR 133/01.

zienzmarkthypothese[91] in 95,39 Prozent aller Verfahren auf einen vom gesetzlichen Bewertungsstichtag abweichenden Zeitpunkt abgestellt. Dazu haben sie einen Zeitraum gewählt, in dem die kursrelevanten Tatsachen, wie die Höhe der Barabfindung und das Ergebnis der Unternehmensbewertung, dem Kapitalmarkt noch gar nicht bekannt sein können. Auf diese Art und Weise haben die sachverständigen Prüfer die nun eingetretene Änderung der Rechtsprechung[92] herbei geschrieben. Das eröffnet Hauptaktionären jetzt weitere Gestaltungsmöglichkeiten. Es wird für sie einfacher, auf einen niedrigen Aktienkurs abzustellen und damit die Barabfindung zu reduzieren. Außerdem lässt sich eine interessenorientierte Kurspflege über mengen- und preisgesteuerte Order an der Börse kaum beweisen. Die nunmehr von Hauptaktionären errechneten Unternehmenswerte orientieren sich daher an den ohnehin abzufindenden Börsenkursen, welche in der Regel nicht oder nur unwesentlich überschritten werden.

Diese Vorgehensweise ist auch bei anderen Sach- und Rechtsfragen erkennbar, so zum Beispiel beim Kapitalisierungszins. Auch hier übernehmen die sachverständigen Prüfer häufig selbst dann noch unkritisch die Ansätze der Hauptaktionäre, wenn Gerichte in anderen Verfahren bereits weit niedrigere Zinssätze festgesetzt haben. Auch dem Trend der Rechtsprechung, andere als die vom IDW empfohlenen Bewertungsmethoden in Ansatz zu bringen, widersetzen sich die sachverständigen Prüfer.[93]

Ausweislich des vorliegenden Datenmaterials kann daher nicht davon ausgegangen werden, dass die sachverständigen Prüfer ihrem gesetzlichen Auftrag im gebotenen Umfang nachkommen. Aus diesem Grund sind einige Gerichte schon dazu übergegangen, auf der Grundlage von § 327c Abs. 2 S. 3 AktG dem sachverständigen Prüfer bei seiner Bestellung inhaltliche Auflagen zu erteilen. Dabei liegt bislang der Schwerpunkt auf Fragen zur Unternehmensbewertung. Es spricht jedoch einiges dafür, auch Feststellungen zum Ablauf der Prüfung zu verlangen. Dazu gehört nicht nur eine Aufstellung der geprüften Berichtsbestandteile, sondern auch eine Zusammenfassung der Auffassungsunterschiede zwischen sachverständigem Prüfer und Hauptaktionär sowie Angaben über ihre Bewältigung.[94]

Das Ergebnis der Studie spricht dafür, die Stellung des sachverständigen Prüfers umfassend neu zu überdenken. Denn die Berichte der sachverständigen Prüfer generieren in der bisherigen Praxis fast ausnahmslos lediglich die gesetzlich normierte Beschlussvorlage. Inhaltlich weichen die Prüfungsberichte dagegen kaum von den im Auftrag der Hauptaktionäre erstellten Übertragungsberichten ab. Aus diesem Grund beantragen in fast jedem Spruchverfahren die Antragsteller, einen anderen Sachverständigen mehr oder weniger umfassend mit einem neuen Gutachten zu beauftragen.

---

91 Vgl. oben Fußn. 9 auf S. 4 und Fußn. 10 auf S. 4.

92 BGH vom 8. Oktober 2013, Az. II ZB 26/12.

93 Vgl. dazu im Einzelnen Teil 6 § 17 I – IDW-Standard S 1 – Funktion, ab S. 331.

94 Vgl. im Einzelnen Teil 5 § 14 VII 5 – Erteilung von Auflagen im Bestellungsbeschluss, ab S. 306.

Daher wären Praxis und Gesetzgeber gut beraten, dem gerichtlich zu bestellenden Sachverständigen in Spruchverfahren den Vorrang vor dem sachverständigen Prüfer einzuräumen. Darüber hinaus stellt sich die Frage nach der Erforderlichkeit der sachverständigen Prüfung. Möglicherweise hält ein wirtschaftliches Korrektiv, etwa eine höhere Verzinsung der Kompensation, den Hauptaktionär eher zu einer zutreffenden Unternehmensbewertung an als die Notwendigkeit, die von ihm festgesetzte Barabfindung prüfen zu lassen.

3 Gesellschaftspolitische Bedeutung des Spruchverfahrens

Bereits das wirtschaftliche Ergebnis für alle außenstehenden Aktionäre belegt die Bedeutung des Spruchverfahrens (a). Es dient dem Zweck, den hier bestehenden strukturellen Interessenkonflikt zwischen dem Hauptaktionär und den außenstehenden Aktionären zu nivellieren (b). Die vergleichsweise niedrige Aktionärsquote in Deutschland stimmt bedenklich (c). Dabei liegen die Vorteile einer hohen Aktionärsquote auf der Hand (d). Deshalb stellt sich die Frage nach den möglichen Ursachen (e).

a Wirtschaftliches Ergebnis

Die gesellschaftspolitische Bedeutung von Spruchverfahren zeigt sich schon am Wert der durch Squeeze-out übertragenen Aktien sowie der gerichtlich angeordneten Nachzahlungen. Immerhin sind seit Inkrafttreten der §§ 327a ff. AktG im Jahr 2002 bis zum 31. Dezember 2013

- mehr als 411,45 Mio. Stück Aktien
- im Wert von mehr als 11,22 Mrd. Euro von Minderheitsaktionären auf Hauptaktionäre übertragen worden.
- Die gerichtliche Nachprüfung hat bis zum 31. Dezember 2013 bereits in 217 Fällen zur Anhebung der angebotenen Abfindungen
- um 609 Mio. Euro geführt.
- Dieser Betrag ist das Ergebnis von 315 Verfahren, welche bis zum 31. Dezember 2013 mindestens erstinstanzlich abgeschlossen werden konnten.

  Bei den betragsmäßigen Angaben handelt es sich um Mindestbeträge, da nicht für alle Verfahren die Anzahl der Aktien im Freefloat exakt ermittelt werden konnte.

b Reduzierung des strukturellen Interessenkonflikts

Diese Relationen machen den strukturellen Interessenkonflikt messbar. Der Hauptaktionär und seine Berater versuchen naturgemäß, eine möglichst niedrige Abfindung durchzusetzen. Die Minderheitsaktionäre haben dem nichts entgegenzusetzen. Sie sind in den meisten Fällen auf gerichtliche Hilfe angewiesen, um eine den verfassungsrechtlichen Gewährleistungen entsprechende, angemessene Barabfindung zu erhalten.

Dabei zeigt sich in der Praxis immer wieder, dass die Gerichte in Spruchverfahren nicht alle von den Antragstellern aufgeworfenen Fragen prüfen. Sie gehen vielmehr trotz der Pflicht zur Ermittlung der entscheidungserheblichen Tatsachen von Amts wegen[95] – wie bei streitigen Zivilklagen – nur einzelnen Sach- und Rechtsfragen nach. Daher muss davon ausgegangen werden, dass die inneren Werte, zumindest in Einzelfällen, noch über den bereits erhöhten Werten liegen dürften.

Vor allem die vorgelegten Planungsrechnungen erweisen sich häufig als nicht schlüssig. Das zeigt sich schon an Einzelfragen, wie zum Beispiel gesetzwidrigen Bewertungsannahmen oder unrealistischen Wechselkursen.

Viele Gesellschaften werden vor einem Squeeze-out gegenüber den Minderheitsaktionären als Sanierungsfall, gegenüber den Eigentümern des Erwerbers hingegen als „Glücksgriff" dargestellt. Denn in der Regel verfolgt der Hauptaktionär mit dem Erwerb ehrgeizige wirtschaftliche Ziele. So etwas lässt sich aber nicht mit Unternehmen erreichen, deren geplanten zukünftigen Erträge noch unter den Erwartungen der jeweiligen Branchenverbände liegen. An dieser Stelle nutzen Hauptaktionäre vielfältige Ansatzpunkte, um tatsächlich zu erwartende Entwicklungen durch interessenorientierte Bewertungsansätze zu ersetzen.

c Aktionärsquote in Deutschland

Damit stellt sich die Frage, welcher Zusammenhang zwischen einer niedrigen Aktionärsquote und einem funktionierenden Rechtsschutz besteht.

In Deutschland besteht im Vergleich zu anderen großen Volkswirtschaften eine sehr niedrige Aktionärsquote. Dadurch gewinnen nur wenige Anleger über diese aussichtsreiche Anlageklasse einen Zugang zu zentralen volkswirtschaftlichen Zusammenhängen. Auch spricht die Bevölkerungspyramide in Deutschland und daraus folgend die Lage der Rentenkassen für die Notwendigkeit zusätzlicher Eigenvorsorge. Zudem handelt es sich bei vielen Kleinaktionären nachweisbar um langfristige Investoren.

Die Aktionärsquote stellt sich im Vergleich zu anderen wichtigen Volkswirtschaften wie folgt dar:[96]

95 Vgl. § 26 FamFG, § 12 FGG.

96 Quelle: Deutsches Anwaltsinstitut e. V.: DAI-Factbook, Stand: Oktober 2011. Unter https://dai.de/files/dai_usercontent/dokumente/Statistiken/MAR%202013_Factbook_08_6_Aktionaersstruktur_Laendervergleich.pdf.

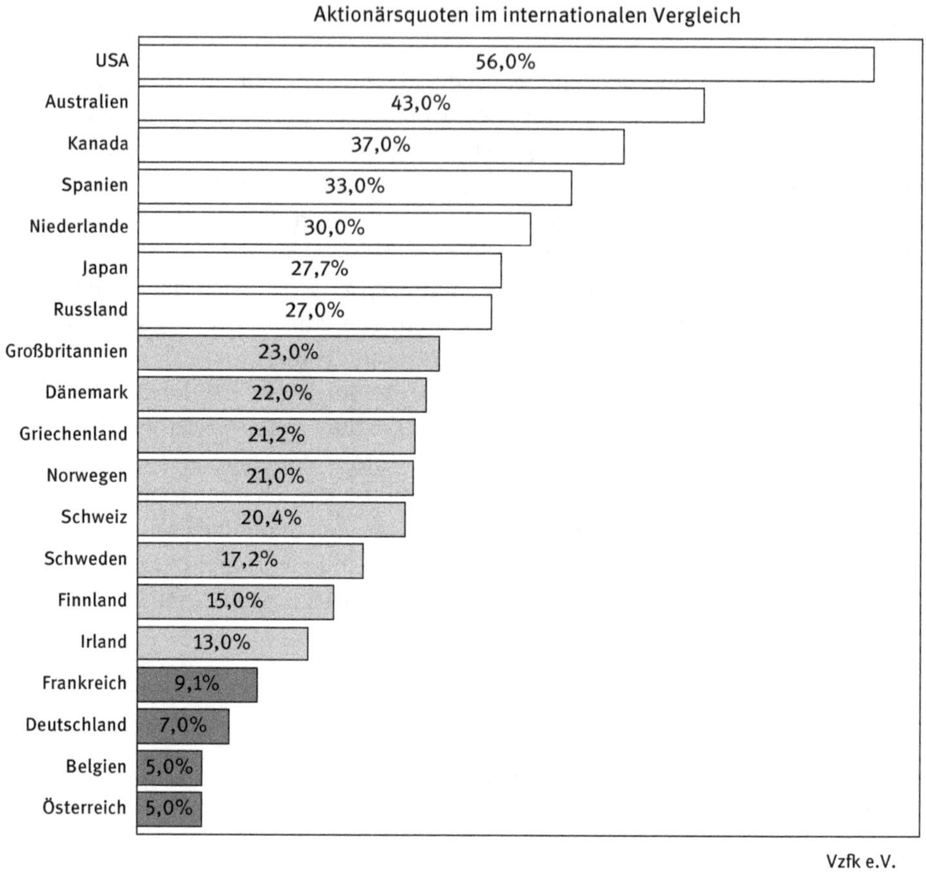

Abb. 1: Aktionärsquoten im internationalen Vergleich

Die Aktionärsquote in Deutschland ging in den letzten Jahren erheblich zurück. Zwar haben die Eurokrise und die damit einhergehende Angst vor hoher Inflation sowie extrem niedrige Sparzinsen zu einem kurzfristigen Aufschwung der Aktie geführt. Jedoch hat das die Akzeptanz der Aktie nicht grundlegend verbessert:[97]

97 Quelle: Deutsches Aktieninstitut e. V.: Statistik über den Aktienbesitz. Unter https://www.dai.de/files/dai_usercontent/dokumente/Statistiken/2014-03-05 %20DAI%20Facts% 20Aktionaerszahlen%20 %28Stand%2031.12.2013 %29.pdf [Stand: 4. März 2014].

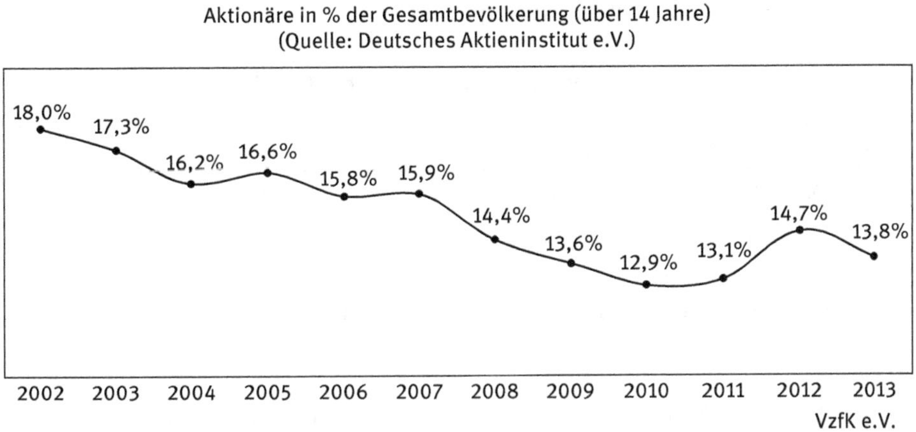

Abb. 2: Aktionäre in Deutschland in Prozent der Gesamtbevölkerung (über 14 Jahre) von 2002 bis 2013

Dabei umfasst die Aktionärsquote sowohl solche Aktionäre, die Aktien direkt halten, als auch solche, die an Aktienfonds beteiligt sind:

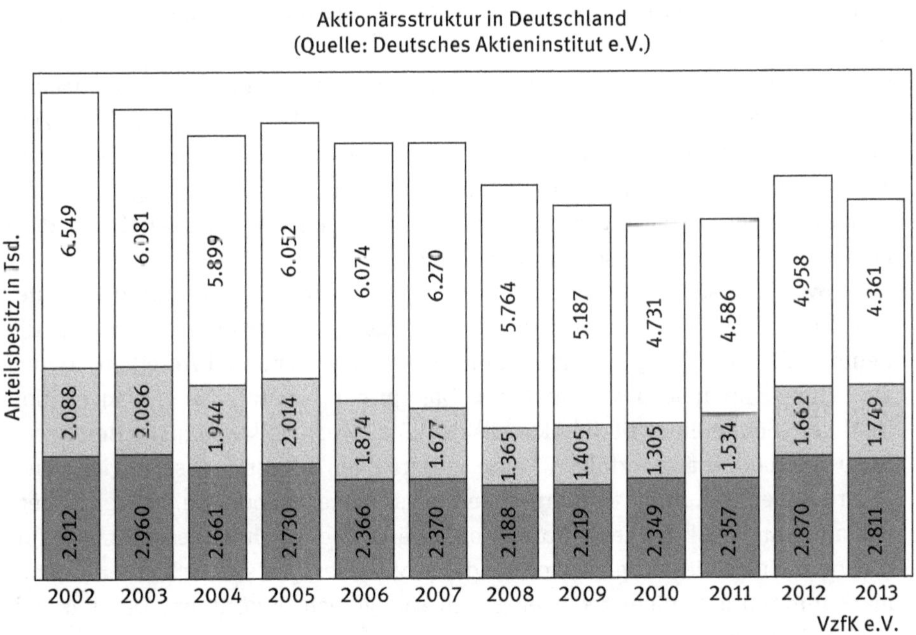

Abb. 3: Aktionärsstruktur in Deutschland von 2002 bis 2013

In absoluten Zahlen stellt sich das wie folgt dar:

Tab. 1: Anzahl der Aktionäre und Fondsanleger in Deutschland von 2002 bis 2013

	Anzahl der Aktionäre (in Tausend)											
	2002	2003	2004	2005	2006	2007	2008	2009	2010	2011	2012	2013
Nur Fonds	6.549	6.081	5.899	6.052	6.074	6.270	5.764	5.187	4.731	4.586	4.958	4.361
Aktien und Fonds	2.088	2.086	1.944	2.014	1.874	1.677	1.365	1.405	1.305	1.534	1.662	1.749
Nur Aktien	2.912	2.960	2.661	2.730	2.366	2.370	2.188	2.219	2.349	2.357	2.870	2.811
Alle	11.549	11.127	10.504	10.796	10.314	10.317	9.317	8.811	8.385	8.477	9.490	8.921

d Vorteile einer hohen Aktionärsquote

Dabei liegen die volkswirtschaftlichen Vorteile einer hohen Aktionärsquote auf der Hand:

- Die hohe Sparquote in Deutschland zeigt, dass grundsätzlich die Bereitschaft besteht, Eigenvorsorge zu leisten. Angesichts der vielfältigen Risiken für Sozial- und Rentenversicherungen erscheint das auch geboten. Entsprechendes gilt aufgrund niedriger Zinsen und daraus folgender Überschussbeteiligungen auch für Kapitallebensversicherungen. Klassische Dividendentitel erwirtschaften jedenfalls zumindest im Durchschnitt höhere Erträge.
- Gegenwärtig besteht aufgrund der vielfältigen Risiken im Euro-Raum bei einer Investition in Anleihen zudem die Gefahr, dass die Inflation höher ist als die Rendite. Fällt ein Schuldner aus, droht der Totalverlust, weil Anleihen, anders als Aktien, keinen Sachwert darstellen. Das spricht jedenfalls für eine Investition in Aktien. Schließlich gilt die Aktie als der „Sachwert des kleinen Mannes".
- Viele Kleinaktionäre verfolgen keine kurzfristigen Investitionsstrategien. Vielmehr bleiben sie „ihrem" Unternehmen meist länger verbunden. Vielleicht liegt das auch am strukturellen Informationsgefälle: Sie erhalten wesentliche Informationen erst später und können sie dann, vor allem bei schleichender Kapitalmarktinformation, nicht rechtzeitig und sachgerecht einordnen. Das hat sich auch bei Übernahmen immer wieder gezeigt.
- Mit steigendem Interesse an und Investitionen in Aktien können Aktiengesellschaften ihre Eigenkapitalquote verbessern.
- Eine Investition in Aktien ist immer auch eine unternehmerische Entscheidung, die ein gewisses wirtschaftliches Grundverständnis voraussetzt. Umgekehrt stei-

gern die an Kapitalmärkten gewonnen Erfahrungen das Verständnis von wirtschaftlichen Zusammenhängen.

e Mögliche Ursachen einer niedrigen Aktionärsquote

Die niedrige Aktionärsquote verlangt eine Auseinandersetzung mit ihren Ursachen. Dazu gehört auch die Frage, ob effektiver Rechtsschutz für Anleger gewährleistet wird. So untersucht zum Beispiel der von der Weltbank zusammen mit der International Finance Corporation jährlich erstellte „Doing Business Report“[98] die wirtschaftsrechtlichen Vorschriften und Eigentumsschutznormen. Der aktuelle Bericht vergleicht 189 Länder weltweit, von Afghanistan bis Zypern. Dabei rangiert die Bundesrepublik Deutschland im Anlegerschutz gerade einmal auf Platz 98. Damit steht sie sogar noch hinter Ländern wie Aserbaidschan, Mosambik oder Tadschikistan!

Dieses Ergebnis verwundert nicht. Schließlich hat es hierzulande in den letzten Jahren und Jahrzehnten, im Gegensatz zu anderen Jurisdiktionen, kaum Verfahren gegeben, in denen Anlegern im Falle von Fehlverhalten von Gesellschaften und ihren Hauptaktionären in signifikanter Höhe Schadensersatz zugesprochen wurde. Auch die Fehlentwicklungen am Neuen Markt oder am grauen Kapitalmarkt sowie das Debakel bei der „Volksaktie“ der Deutschen Telekom AG haben nicht zu einem Ausbau des Anlegerrechtsschutzes geführt.

Vielmehr kam es mit der Reduzierung des gesellschaftsrechtlichen Rechtsschutzes in § 246a AktG zu einem Systemwechsel. Eine Kompensation durch Ausbau von Aktionärsrechten im Kapitalmarktrecht erfolgte nicht. Immerhin konnte eine Reduzierung des Spruchverfahrens auf eine Instanz vor dem Oberlandesgericht verhindert werden.

Stattdessen sehen viele Anleger die Aktie in Deutschland als ein nur risikobehaftetes Investment an. Kaum ein Anleger ist bereit, ohne effektiven Rechtsschutz Risiken einzugehen. Rechtsentwicklungen wie die „Frosta-Entscheidung“ des Bundesgerichtshofs[99] dürften die Risikobereitschaft von Kleinanlegern noch weiter reduzieren. Denn mit der Möglichkeit zur faktischen Enteignung durch ein Delisting anstelle eines kompensationspflichtigen Squeeze-out wird der Rechtsschutz von Minderheitsaktionären noch weiter geschwächt.

Das führt zu der Erkenntnis, dass neben den immer wieder diskutierten steuerlichen Rahmenbedingungen für Aktien auch der Rechtsschutz zu verbessern ist. Dazu gibt es mehrere Ansatzpunkte:

---

98 The World Bank: Doing Business 2014 Understanding Regulations for Small and Medium-Size Enterprises. 11TH Edition; unter: http://www.doingbusiness.org/~/media/GIAWB/Doing% 20Business/Documents/Annual-Reports/English/DB14-Full-Report.pdf [Stand: 29.10.2013].

99 BGH vom 8. Oktober 2013, Az. II ZB 26/12.

- Nach dem Rückbau des gesellschaftsrechtlichen Rechtsschutzsystems spricht alles für einen Ausbau der kapitalmarktrechtlichen Anspruchsgrundlagen
- und eine Verschärfung der Beraterhaftung.
- Dazu gehören auch eine Umkehr der Darlegungs- und Beweislast bei Klagen, etwa im Rahmen der §§ 37b, 37c WpHG,
- sowie eine Verlängerung von Verjährungsfristen.
- Sammelklagen würden gerade dem Streubesitz einen effektiven und kostengünstigen Rechtsschutz ermöglichen; auch könnte damit der Fehlentwicklung in der aktienrechtlichen Gleichbehandlung begegnet werden.
- Außerdem stellt sich die Frage, ob der schleichenden Kapitalmarktinformation nicht nur durch Sanktionen, sondern auch durch praktikable Schadensersatzansprüche zu begegnen ist.

Damit ließe sich die Attraktivität des Finanzstandortes Deutschland ausbauen. Schließlich haben andere Länder erkannt, dass ein effektives Rechtsschutzsystem neue Investoren anzieht.[100]

Auch im Spruchverfahren lässt sich der Rechtsschutz der Minderheitsaktionäre noch verbessern.[101] Die – zunächst gescheiterte – Reduzierung des Spruchverfahrens auf nur noch eine Instanz beim Oberlandesgericht hätte den Rechtsschutz der Kapitalanleger nicht gestärkt, sondern diesen noch weiter geschwächt. Nach dem Systemwechsel im Rechtsschutz für Aktionäre durch § 246a AktG stellt das Spruchverfahren den einzig noch verbliebenen effektiven gesellschaftsrechtlichen Rechtsschutz dar. Eine weitere Reduzierung oder gar vollständige Versagung trifft vor allem die außenstehenden Aktionäre und den Wert ihrer Beteiligung, worauf es ihnen aber letztlich ankommt. Sie würden dann zum Spielball der Großaktionäre, was die Attraktivität der Aktie als Anlageform noch weiter reduzierte.

4 Einleitung des Spruchverfahrens

Die Einleitung eines Spruchverfahrens erfolgt nur auf Antrag und nicht von Amts wegen, § 327f S. 2 AktG. Antragsberechtigt ist jeder durch den Squeeze-out ausgeschiedene Aktionär, nicht aber der gemeinsame Vertreter. Er wird erst bestellt, nachdem mindestens ein Aktionär einen Antrag gestellt hat. Der gemeinsame Vertreter kann das Verfahren fortführen, wenn alle übrigen Anträge zurückgenommen werden, § 6 Abs. 3 S. 1 SpruchG.

Die Antragsfrist beträgt drei Monate. Sie beginnt mit der Bekanntmachung der Eintragung des Übertragungsbeschlusses in das Handelsregister, § 4 Abs. 1 S. 1 Nr. 3 SpruchG.

---

100 Vgl. Ergebnis des Doing Business Report 2014 a. a. O. Fußn. 96, S. 45.
101 Siehe dazu Teil 7 ab S. 415.

Innerhalb dieser Frist sind konkrete Einwendungen gegen die Angemessenheit der Barabfindung oder gegen den als Grundlage für die Kompensation ermittelten Unternehmenswert zu erheben, § 4 Abs. 2 S. 2 Nr. 4 SpruchG. Eine fehlende oder unzureichende Begründung des Antrags führt zu dessen Unzulässigkeit und damit zu seiner kostenpflichtigen Zurückweisung.[102]

5 Anwendbares Verfahrensrecht

Das Spruchverfahren ist ein streitiges Verfahren der freiwilligen Gerichtsbarkeit. Daher verweist § 17 Abs. 1 SpruchG auf das FamFG, soweit es keine eigenen Regelungen enthält. Im Hinblick auf die Ablösung des FGG durch das FamFG gilt Folgendes:

- Das FamFG hat am 1. September 2009 das FGG abgelöst. Wie sich aus Art. 111 Abs. 1 S. 1 FGG-RG ergibt, findet das FGG für alle bis zum 31. August 2009 eingeleiteten Verfahren und dann auch für alle Instanzen Anwendung.[103]
- Etwas anderes gilt für Altverfahren, bei denen vor dem 1. September 2003 ein Antrag gestellt wurde. Auf diese Verfahren sind nach § 17 Abs. 2 SpruchG die an diesem Tag geltenden Vorschriften des AktG und des UmwG anzuwenden. Falls in diesen Verfahren nach dem 1. September 2003 ein Beschwerdeverfahren eingeleitet wurde, gilt das SpruchG in Verbindung mit dem FGG.

Soweit das FGG oder das FamFG nichts Abweichendes bestimmen, gelten darüber hinaus die Regelungen der Zivilprozessordnung, siehe zum Beispiel § 158 Abs. 2 FGG bzw. §§ 95, 133 FamFG.

6 Thematische Schwerpunkte

In Spruchverfahren nach einem Squeeze-out geht es um die Bestimmung der Barabfindung der Minderheitsaktionäre, § 1 Nr. 3 SpruchG. Die hier bestehenden verfassungsrechtlichen Gewährleistungen führen dazu, dass der wahre bzw. innere Wert der Gesellschaft zu ermitteln und abzufinden ist.

Grundlage des Spruchverfahrens sind zunächst die Berichte, die bereits der Hauptversammlung nach § 327c Abs. 3 AktG vorzulegen sind. Die Antragsteller haben nach § 4 Abs. S. 2 Nr. 4 SpruchG konkrete Einwendungen gegen die darin ermittelte Kompensation zu erheben. Der Streitgegenstand des Spruchverfahrens besteht somit neben juristischen Verfahrens- und Rechtsfragen auch aus betriebswirtschaftlichen Fragen zur Unternehmensbewertung.

---

102 RegBegr. zum Spruchverfahrensgesetz, BT-Drucks 15/371, S. 13 re.Sp.; vgl. auch OLG Frankfurt am Main vom 6. März 2007, Az. 20 W 494/06.

103 Art. 111 Abs. 2 FGG-Reformgesetz; vgl. auch BGH vom 1. März 2010, Az. II ZB 1/10.

Die thematischen Schwerpunkte der Spruchverfahren lassen sich, ohne Anspruch auf Vollständigkeit, im Wesentlichen wie folgt zusammenfassen:

- Allgemeine Verfahrensfragen zur Zulässigkeit, insbesondere zur Aktiv- und Passivlegitimation, der örtlichen Zuständigkeit und zu den Anforderungen an Verfahren einleitende Anträge und konkrete Einwendungen gegen die angebotene Barabfindung.
- Besondere Verfahrensfragen, insbesondere zur Zulässigkeit der so genannten Parallelprüfung durch Bewertungsgutachter und sachverständige Prüfer, zur Vorlagepflicht von bewertungserheblichen Unterlagen nach §7 Abs. 7 S. 1 SpruchG und zum Umfang des Geheimhaltungsinteresses des Hauptaktionärs nach §7 Abs. 7 S. 2 SpruchG.
- Die Bestimmung rechtlich zulässiger Bewertungsmethoden, insbesondere das Ertragswert- oder Discounted Cash Flow-Verfahren nach den Empfehlungen des IDW, weitere marktübliche Methoden, zum Beispiel entsprechend den Empfehlungen der Deutschen Vereinigung für Finanzanalyse und Asset Management, oder die Kapitalisierung von Ausgleichszahlungen aufgrund vorangegangener Unternehmensverträge.
- Die Berücksichtigung des Börsenkurses bei der Bestimmung der mindestens zu gewährenden Barabfindung.
- Die Bestimmung des Referenzzeitraums bei der Ermittlung des als Wertuntergrenze zu beachtenden Börsenkurses.
- Die Beurteilung von Ausnahmefällen, in denen der Börsenkurs, z. B. wegen Marktenge oder Kursmanipulation, nicht zu berücksichtigen ist.
- Die Bestimmung weiterer, als Wertuntergrenze zu beachtender Lebenssachverhalte, z. B. die Liquidation von Gesellschaften oder Vorerwerbe.
- Umfang und Grenzen der zum Bewertungsstichtag in der Wurzel bereits angelegten Lebenssachverhalte einschließlich der Plausibilisierung der Bewertung durch nachfolgende Istwerte.
- Art und Umfang der im Unternehmenswert zu berücksichtigenden Verbundeffekte (Synergien).
- Die, im Falle der Änderung gegebenenfalls auch rückwirkende, Anwendbarkeit von nicht gesetzlichen Bewertungsstandards, insbesondere des IDW.
- Die Methodik zur Diskontierung erwarteter zukünftiger finanzieller Überschüsse auf den Bewertungsstichtag.
- Die Bestimmung einzelner Berechnungsparameter des dafür erforderlichen Kapitalisierungszinssatzes, insbesondere des Basiszinssatzes, des Risikozu- und Wachstumsabschlags sowie
- Art und Umfang zu berücksichtigender nicht betriebsnotwendiger Vermögenswerte, z. B. Ermittlungen zu verborgenen Kunstsammlungen.

Fragen zur Planung des zukünftigen Unternehmenserfolgswerts dürften künftig an Bedeutung gewinnen, wie nachfolgend noch aufgezeigt wird.

7 Ausgewählte Verfahrensfragen

Zahlreiche Handbücher versuchen, die Verfahrensfragen in Spruchverfahren umfassend zu behandeln. Diese Studie versteht sich hingegen als ein Beitrag zur empirischen Rechtstatsachen- und Justizforschung. Daher beschränkt sie sich an dieser Stelle darauf, den Untersuchungsgegenstand durch ausgewählte aktuelle bzw. relevante Verfahrensfragen abzurunden, und zwar zum Antragsrecht (a), zum Nachweis der Antragsberechtigung (b), zur Vorlagepflicht von Unterlagen (c), zur Reichweite von Verfahrensförderungspflichten (d), zur Beauftragung von Sachverständigen (e), zur Verfahrensbeendigung (f) sowie zu überlangen Verfahrensdauern (g). Einige Bundesländer haben auf der Grundlage von Konzentrationsverordnungen die örtlichen Zuständigkeiten geregelt, was sich in der Praxis bewährt hat (h).

a Antragsrecht

Während die Minderheitsaktionäre in erster Instanz (aa) und für das Beschwerdeverfahren (bb) immer ein Antragsrecht haben, gibt es für den Hauptaktionär nur das Recht zur Beschwerde gegen den erstinstanzlichen Beschluss, soweit er darin belastet ist.

aa Erste Instanz

Das Spruchverfahrensgesetz regelt die Antragsberechtigung in § 3. Daraus ergibt sich ein Antragsrecht für den ausgeschiedenen Minderheitsaktionär, § 3 S. 1 Nr. 2 SpruchG unter Verweis auf § 1 Nr. 3 SpruchG. Es ergibt sich auch aus § 327f AktG.

Ein Antragsrecht für den Hauptaktionär kennt das Gesetz naturgemäß nicht. Schließlich hat er die Barabfindung festgelegt und auf der Hauptversammlung mit seinen Stimmen beschlossen. Er müsste daher einen Antrag gegen sich selbst stellen, weshalb es für ihn kein Rechtschutzbedürfnis geben kann.

bb Beschwerdeverfahren

Auch im Beschwerdeverfahren haben die Minderheitsaktionäre immer ein Antragsrecht. Schließlich handelt es sich um ein Verfahren der freiwilligen Gerichtsbarkeit, in dem in einem eingeschränkten Umfang der Amtsermittlungsgrundsatz gilt. In diesen Verfahren brauchen daher keine bezifferten Anträge wie im kontradiktorischen Zivilprozess gestellt werden. Vielmehr spricht § 327f S. 2 AktG von einer „*angemessenen Barabfindung*“ und § 1 Nr. 3 SpruchG von der „*Bestimmung der Abfindung*“. Daher ist es immer möglich, die Beschwerde auf nicht abschließend behandelte Bewertungsfragen zu stützen. Das gilt auch dann, wenn dem Verfahren in erster Instanz ein bezifferter Antrag zugrunde lag. Falls der Anspruch nicht besteht, ist das Rechtsmittel als unbegründet zurückzuweisen.

Für den Hauptaktionär besteht dann ein Beschwerderecht, wenn das Landgericht ihn zu einer Nachzahlung verurteilt hat. Er kann dann im Beschwerdeverfahren die erstinstanzliche Entscheidung umfassend überprüfen lassen.

b Nachweis der Antragsberechtigung

§3 S. 3 SpruchG verlangt, die Stellung als Aktionär durch Urkunden nachzuweisen. Dazu ist die Antragsberechtigung zunächst innerhalb der Antragsfrist von drei Monaten darzulegen, § 4 Abs. 2 S. 2 Nr. 2 SpruchG. „Darlegung" bedeutet jedoch nicht „Nachweis" der Aktionärsstellung. Dazu führt der Bundesgerichtshof aus:

> *„Begrifflich wird in § 4 Abs. 2 Satz 2 Nr. 2 SpruchG nur die Darlegung der Antragsberechtigung in der Antragsbegründung verlangt. Darlegung ist im Unterschied zum Beweis oder Nachweis als dem Beleg einer Tatsache die bloße Darstellung eines Sachverhalts. Auch besteht eine Begründung, als deren Teil die Darlegung der Antragsberechtigung ausdrücklich bezeichnet ist, in der Angabe von Tatsachen, aus denen sich ein Anspruch oder ein Recht ergeben soll oder die einen Antrag als begründet erscheinen lassen sollen. Der Nachweis oder der Beweis der behaupteten Tatsachen ist regelmäßig nicht Teil der Begründung.*
> *Eine Pflicht zu einem Nachweis innerhalb der Antragsfrist folgt aus dem Verweis in § 4 Abs. 2 Satz 2 Nr. 2 SpruchG auf § 3 SpruchG nicht."*[104]

Soweit ersichtlich, sind dieser eindeutigen Rechtslage bislang alle Instanzgerichte gefolgt. Der Nachweis der Antragsberechtigung ist dann innerhalb einer vom Gericht dazu gesetzten Frist zu erbringen, § 7 Abs. 5 S. 2 SpruchG.

Trotz dieser eindeutigen Rechtslage erheben viele Hauptaktionäre immer wieder den Einwand, dass der Nachweis innerhalb der Antragsfrist erbracht werden müsse. Bislang zeichnet sich aber insoweit noch keine Änderung der Rechtsprechung ab.

c Vorlagepflicht von Unterlagen

Die Beschleunigung des Spruchverfahrens durch eine möglichst frühe Vorlage aller bewertungsrelevanten Unterlagen ist eine der wesentlichen Zielsetzungen des Spruchverfahrensgesetzes (aa). Nur noch berechtigte Geheimhaltungsinteressen stehen einer Vorlage solcher Informationen entgegen (bb). Darunter fallen aber nicht Gutachten von gerichtlich bestellten Sachverständigen (cc).

aa Ziele des Gesetzgebers

Die in § 7 Abs. 3 und Abs. 7 SpruchG normierte Vorlagepflicht von Unterlagen stand im Mittelpunkt der Reform des Spruchverfahrens. Denn in den Verfahren nach altem

---

104 BGH vom 25. Juni 2008, Az. II ZB 39/07.

Recht vergingen zum Teil mehrere Jahre, bis alle verfahrensrelevanten Daten vorlagen. Dieser Rechtsstand galt bis zur „Frosta-Entscheidung“[105] des Bundesgerichtshofs noch für das Delisting. Denn der Hauptversammlung waren weder eine Unternehmensbewertung noch ein Prüfbericht vorzulegen.

Der Hauptaktionär hat auf der Grundlage von §7 Abs. 3 SpruchG die für die Hauptversammlung erstellten Unterlagen dem Gericht und gegebenenfalls auch noch einmal allen Verfahrensbeteiligten zur Verfügung zu stellen. §7 Abs. 7 SpruchG ordnet darüber hinaus auch die Vorlage von *„sonstigen Unterlagen“* an, die für die Entscheidung des Gerichts erheblich sind. Diese sind auf Verlangen eines Antragstellers oder des Gerichts unverzüglich dem Gericht oder einem vom Gericht bestellten Sachverständigen vorzulegen.

Damit nivelliert der Gesetzgeber das hier bestehende strukturelle Informationsgefälle, indem er den Hauptaktionär zur Mitwirkung an der Sachverhaltsaufklärung verpflichtet:

> *„Diese Pflicht geht über die prozessualen Darlegungs- und Dokumentenvorlagepflichten in einem Zivilprozess deutlich hinaus. Die gesteigerte Mitwirkungspflicht hat ihre Grundlage im Amtsermittlungsprinzip (§ 17 Abs. 1 SpruchG; § 12 FGG), das bei Spruchverfahren durch die besondere Verfahrensförderungspflicht der Verfahrensbeteiligten ergänzt und gleichzeitig modifiziert wird.“*[106]

Schließlich stellt es prozessual einen Sonderfall dar, dass eine Partei, wie hier der Hauptaktionär – im verfassungsrechtlichen Schutzbereich des Aktieneigentums – die Reichweite seiner eigenen gerichtlichen Kontrolle regulieren kann. Das erfolgt insbesondere durch den Umfang, die Qualität und die Genauigkeit der zur Verfügung gestellten, bewertungsrelevanten Informationen, auf die nur er, nicht aber die anderen Verfahrensbeteiligten Zugriff haben.

bb Geheimhaltungsinteresse

In der Praxis kommt es immer wieder zu Zwischenstreiten über die Pflicht zur Vorlage von Unterlagen überhaupt bzw. „ungeschwärzter“ Unterlagen.

Nach §7 Abs. 7 S. 2 SpruchG kann das Gericht auf Antrag des Antragsgegners (Hauptaktionärs) anordnen, dass solche Unterlagen den Antragstellern nicht zugänglich gemacht werden dürfen, die aus wichtigen Gründen der Geheimhaltung bedürfen. Das kann vor allem zur Wahrung von Fabrikations-, Betriebs- und Geschäftsgeheimnissen unter Abwägung mit den Interessen der Antragsteller, sich zu den Unterlagen äußern zu können, geboten sein. Gegen die Entscheidung des Vorsitzenden kann das

105 BGH vom 8. Oktober 2013, Az. II ZB 26/12.

106 LG Hannover vom 1. Dezember 2010, Az. 23 AktE 24/09.

Gericht angerufen werden, dessen Entscheidung nicht anfechtbar ist, § 7 Abs. 7 S. 3 SpruchG.

Diesen Anträgen darf aber angesichts der hohen Grundrechtsrelevanz des Entzugs des Aktieneigentums nur in besonders gelagerten Einzelfällen entsprochen werden.

Eine Unternehmensbewertung bezieht sich immer stichtagsbezogen auf den Tag der Beschluss fassenden Hauptversammlung, § 327b Abs. 1 S. 1 AktG. Mit der Dauer des Spruchverfahrens reduziert die abnehmende Aktualität ein etwaiges Geheimhaltungsinteresse. Jahre nach dem Bewertungsstichtag stellt sich die Frage, ob es überhaupt noch ein solches Geheimhaltungsinteresse geben kann. Im Normalfall dürfte es schon zwei oder drei Jahren nach dem Bewertungsstichtag nicht mehr bestehen. In jedem Fall steigen aber im Laufe der Zeit für den Hauptaktionär die Darlegungs- und Substantiierungslasten, falls er dann immer noch ein Geheimhaltungsinteresse geltend machen will. Äußerst bedenklich erscheint daher die Auffassung des Hanseatischen Oberlandesgerichts Hamburg, dass

> *„auch das Bekanntwerden zehn Jahre alter Zahlen jedenfalls mit langjährigen Kunden zu erheblichen Friktionen führen kann und zudem Rückschlüsse auf die heutige Ertragslage zulassen“.*[107]

Im Hinblick auf die Justizgrundrechte ist die gesetzliche Regelung ohnehin kritisch. Denn das Grundgesetz kennt keine „Geheimverfahren“. Demnach darf ein Gericht nicht auf der Grundlage von Tatsachenvortrag oder Beweismitteln entscheiden, zu denen nicht alle Verfahrensbeteiligten Zugang und Gelegenheit zur Stellungnahme hatten.

Wie bereits dargestellt, ergeben sich die nach § 7 Abs. 7 S. 2 SpruchG relevanten Interessen aus der betrieblichen Sphäre des Antragsgegners. Dabei ist neben den Grundlagen des Geheimhaltungsinteresses auch der zeitliche Faktor zu beachten.

Angesichts der nachfolgend noch erörterten verfassungsrechtlichen Gewährleistungen zu Gunsten der Antragsteller stellen sich umfassende Begründungsanforderungen an den Antragsgegner. Sie ergeben sich vor allem aus den Justizgrundrechten. Dabei müssen die von ihm dargelegten Tatsachen einen Informationsgehalt aufweisen, der weit über die handelsrechtlichen Offenlegungspflichten aus §§ 325 ff. HGB hinausgeht. Sie dürfen sich auch nicht über andere kapitalmarktrechtliche oder sonstige Informationen des Hauptaktionärs ermitteln lassen, die er als Alleineigentümer nach einer Konsolidierung veröffentlichen muss.

Außerdem stellt sich die Frage, ob diese Informationen im Laufe der Zeit ihre Aktualität und damit an Bedeutung verloren haben. Es mag zwar durchaus sein, dass zum Beispiel bestimmte Kalkulationsgrundlagen auch für Mitbewerber von Interesse sein können. Weil sich die relevanten Märkte aber laufend verändern, verlieren diese

---

107 Anordnung des Vorsitzenden des 13. Zivilsenats vom 18. September 2013 im Spruchverfahren zu Az. 13 W 65/11.

Angaben im Laufe der Zeit an Bedeutung. Hinzu kommt, dass die Preise von regulierten Märkten, wie z. B. für Energie und Rohstoffe, ohnehin allen Marktteilnehmern bekannt sind.

In der Praxis dauern Spruchverfahren mehrere Jahre. Daher bedarf es schon besonderer Umstände, um nach so langer Zeit ein wie auch immer geartetes Geheimhaltungsinteresse überhaupt noch behaupten zu können. Dazu stellt die erforderliche Abwägung, ob die Auslassung von bewertungsrelevanten Informationen im Übertragungsbericht, Bewertungsgutachten oder Prüfungsbericht die Antragsteller im Spruchverfahren in ihren Verfahrensgrundrechten verletzt, auch Gerichte vor große Schwierigkeiten. Dazu einige Beispiele:

- Das Landgericht Hannover hat in einem Verfahren[108] entschieden, allein dem nach § 6 SpruchG zu bestellenden gemeinsamen Vertreter Zugang zu allen bewertungsrelevanten Informationen zu gewähren, ihn aber zugleich zur Verschwiegenheit gegenüber Dritten, auch den übrigen Antragstellern, verpflichtet.
- Ebenso verfuhr das Landgericht Hamburg[109].
- Auch das OLG Karlsruhe hat in einem Verfahren[110] entschieden, Bewertungsunterlagen in eine Sonderakte zu nehmen. Nur das Gericht, der Sachverständige und der gemeinsame Vertreter erhielten Zugang.

Beide Wege sind schon deshalb problematisch, weil dafür keine gesetzliche Grundlage besteht. Zudem reduziert diese Vorgehensweise die Verfahrensgrundrechte, insbesondere den Justizgewährleistungsanspruch. Auch der Anspruch auf rechtliches Gehör verlangt, dass allen Verfahrensbeteiligten der entscheidungsrelevante Sachverhalt vollständig zugänglich gemacht wird.[111]

cc Gutachten von Sachverständigen

Die Vorschrift des § 7 Abs. 7 S. 1 SpruchG gilt nach ihrem Wortlaut ausschließlich für solche Unterlagen, welche der Antragsgegner vorzulegen hat. Ein von einem Sachverständigen erstelltes Gutachten und seine dazu ergangene Stellungnahme stellen hingegen keine vom Antragsgegner vorzulegenden Unterlagen dar.

Eine analoge Anwendung von § 7 Abs. 7 S. 2 SpruchG auch auf das Gutachten eines Sachverständigen scheidet aus. Schließlich umfasst der Wortlaut nur Unterlagen, die vom Hauptaktionär als Antragsgegner den übrigen Verfahrensbeteiligten

---

108 LG Hannover vom 2. Dezember 2010, Az. 23 AktE 24/09.

109 LG Hamburg vom 26. April 2010 und 16. Juli 2010, Az. 417 HKO 19/07.

110 OLG Karlsruhe vom 22. Dezember 2010, Az. 12 W 66/06.

111 Siehe dazu die Ausführungen nachfolgend im Abschnitt Teil 1 § 2 IV 7 c cc – Gutachten von Sachverständigen, ab S. 53.

vorzulegen sind. Das Gutachten enthält diese Dokumente aber nicht, sondern wertet sie nur aus. Andernfalls wäre es nicht möglich, dem Beweisbeschluss zu entsprechen.

Aktienrechtliche Strukturmaßnahmen stellen einen Eingriff in das von der Verfassung geschützte Aktieneigentum der Minderheitsaktionäre dar. Ein solcher Eingriff in das Aktieneigentum ist nur zulässig, wenn die Rechte der Minderheitsaktionäre effektiv geschützt werden. Dies ist jedoch ausgeschlossen, wenn der ohnehin schon bestehende strukturelle Informationsvorsprung des Antragsgegners im Spruchverfahren nicht abgebaut wird.

Die Studie zeigt, dass das Spruchverfahren häufig die einzige Gelegenheit für die Minderheitsaktionäre bietet, den inneren Wert ihrer Beteiligung zu ermitteln. Hinzu kommt, dass sie bei weitem nicht über die wirtschaftlichen Mittel wie die Antragsgegner verfügen, um ihre Interessen zu vertreten. Daher dürfen sie durch einen Ausschluss von Informationen nicht darauf verwiesen werden, sich die fehlende Datenbasis gegebenenfalls durch kostenintensive Modellrechnungen generieren zu müssen. Schließlich haben die Antragsteller, im Gegensatz zum Antragsgegner, keinen Zugang zu den bewertungserheblichen Informationen.

Aus diesen Gründen stellt das Interesse der Antragsteller, sich zu solchen weiteren Informationen äußern zu können, ein hohes verfassungsrechtliches Rechtsgut dar.

Die verfassungsrechtlichen Gewährleistungen der Minderheitsaktionäre ergeben sich aus dem Rechtsstaatsprinzip, dem Justizgewährleistungsanspruch sowie dem Aktieneigentum und dem Recht auf rechtliches Gehör aus Art. 103 Abs. 1 GG. Diese Gewährleistungen beinhaltet auch Art. 6 Abs. 1 EMRK.

Daraus folgt, dass in einem Gerichtsverfahren entscheidungserhebliche Tatsachen allen Verfahrensbeteiligten zur Stellungnahme vorliegen müssen und auf dieser Grundlage eine mündliche Verhandlung stattfindet. Es gibt keine Verfahrensart, in der nur die zur Leistung verpflichtete Partei und das Gericht möglicherweise belastende Tatsachen kennen. Auf einer solchen Tatsachenbasis kann keine Entscheidung ergehen.

Im Falle der Geheimhaltung dieser vom Sachverständigen gewonnenen Tatsachen vor den Antragstellern wäre somit das Gericht im Sinne eines fairen Verfahrens – Art. 2 GG – verpflichtet, ebenfalls die durch das Sachverständigengutachten gewonnenen Tatsachen nicht zu verwerten. Stattdessen müsste das Gericht die angemessene Barabfindung und den angemessenen Ausgleich unter Anwendung der Regeln der Beweisvereitelung zu Lasten des Antragsgegners nach § 286 Abs. 1 ZPO schätzen. Das lässt sich aber dann tatsächlich nicht bewerkstelligen, wenn das Gericht bereits Kenntnis von den Informationen im Sachverständigengutachten hat, die nicht allen Verfahrensbeteiligten zugänglich sind.

Zwar gewährt Art. 103 Abs. 1 GG kein Recht auf ein bestimmtes Beweismittel oder eine bestimmte Art von Beweismitteln. Auch werden bestimmte Beweisregeln, wie z. B. die Unmittelbarkeit der Beweisaufnahme, nicht durch die Verfassung garantiert. Allerdings bestehen verfassungsrechtliche Mindestanforderungen an das Gebot fairer Verfahren. So ist die Verwertung nur mittelbarer Beweismittel nur dann zulässig, wenn der Beweis durch sachnähere Beweismittel unmöglich ist.[112] In jedem Fall aber gilt, dass den Verfahrensbeteiligten das Recht eingeräumt werden muss, sich zu den streiterheblichen Tatsachen äußern zu können:

> *„Art. 103 GG gibt dem Beteiligten grundsätzlich nur ein Recht darauf, daß er Gelegenheit erhält, sich zu dem einer gerichtlichen Entscheidung zugrunde liegenden Sachverhalt vor Erlaß der Entscheidung zu äußern.“*[113]

Damit dürfen – schon aus verfassungsrechtlichen Gründen – einer Gerichtsentscheidung im Spruchverfahren keine Tatsachen zugrunde liegen, zu denen sich einzelne Verfahrensbeteiligte, wie hier die Antragsteller, mangels Kenntnis nicht äußern konnten.

Eine Geheimhaltung von entscheidungserheblichen Tatsachen, die der gerichtlich bestellte Sachverständige auf der Grundlage eines Beweisbeschlusses gewonnen hat, kennt das Verfahrensrecht auch an anderer Stelle nicht. So perpetuiert § 411 ZPO kein zivilrechtliches Geheimhaltungsinteresse in ein Beweiserhebungsverfahren. Denn im Ergebnis müsste dies dazu führen, dass das Gericht in seinem Beschluss die nicht allen Verfahrensbeteiligten bekannten Tatsachen ebenfalls auslassen müsste.

Der Sachverständige ist ein Beweismittel, um Tatsachen festzustellen. Dieser Funktion entspräche es nicht, wenn die so ermittelten Tatsachen nicht allen Verfahrensbeteiligten mitgeteilt werden müssten. Für alle muss rechtliches Gehör und die Möglichkeit für eine Stellungnahme bestehen. Fänden diese Tatsachen ohne Erörterung Eingang in die Entscheidungsgründe, bestünden auch keine Ansatzpunkte für die Beschwerdeinstanz.

Auch die anderen Beweismittel kennen keine Regelungen, die eine Unterdrückung oder Auslassung der entscheidungserheblichen Tatsachen zulassen. Schließlich bezweckt eine Beweiserhebung gerade, weitere Tatsachen verfahrensgegenständlich zu machen, um sie einer gerichtlichen Entscheidung zugrunde zu legen. Es widerspräche allen prozessrechtlichen Grundsätzen, wenn deren Geheimhaltung unter Ausschluss des rechtlichen Gehörs der Antragsteller als wirtschaftlich Berechtigten möglich wäre.

Der Grundsatz der Parteiöffentlichkeit aus §§ 357, 547 Nr. 5 ZPO lässt ebenfalls keine Einschränkungen zu. Die insoweit in §§ 169 ff. GVG genannten Belange und Rechtsgedanken entstammen einer persönlichen Sphäre, die hier nicht vorliegt. Daraus ergibt sich, dass alle entscheidungserheblichen Tatsachen Gegenstand einer öffentlichen mündlichen Verhandlung sein müssen. Dazu käme es nicht, wenn

112 BVerfG vom 21. März 1994, Az. 1 BvR 1485/93.

113 BVerfG vom 18. September 1952, Az. 1 BvR 612/52.

wesentliche entscheidungserhebliche Tatsachen nicht erörtert würden, weil sie nicht allen Verfahrensbeteiligten vorliegen.

Selbst § 267 StPO verlangt, dass in den Urteilsgründen alle entscheidungserheblichen Tatsachen dargestellt und ausgewertet werden. Dabei dürfte es im Strafrecht immer wieder um höchstpersönliche Belange gehen. Das gilt auch dann, wenn Urteile eine Handlungsanweisung für Nachahmer enthalten.

Damit gibt es keine prozessrechtliche Grundlage für die Schwärzung von entscheidungserheblichen Tatsachen in Gutachten von Sachverständigen. Auf einer solchen Grundlage darf keine gerichtliche Entscheidung ergehen. Gerichtliche Entscheidungen müssen auf Tatsachen beruhen, die dem Gericht und allen Verfahrensbeteiligten bekannt sind und die Gegenstand einer schriftsätzlichen bzw. mündlichen Erörterung sein konnten, siehe auch § 313 Abs. 2 ZPO.

Daraus ergibt sich für die Praxis der Spruchverfahren, dass alle Antragsteller über den gleichen Kenntnisstand wie das Gericht, der Antragsgegner, der gemeinsame Vertreter und der Sachverständige verfügen müssen. Erkenntnisse, die nicht allen Verfahrensbeteiligten zugänglich gemacht werden, dürfen einer gerichtlichen Entscheidung nicht zugrunde gelegt werden:

> *„Soweit die Antragsgegnerin gegen die Bekanntgabe einzelner Zahlen erheblich Einwendungen geltend machen möchte, erhält sie Gelegenheit, dieses innerhalb eines Monats zu tun. Die Kammer weist allerdings darauf hin, dass sie die Gutachten des gerichtlichen Sachverständigen dann an den entsprechenden Stellen für nicht mehr verwertbar hält, solange und soweit die im Text getroffenen Ableitungen und Schlussfolgerungen für ihr Verständnis auf eben diesen Zahlen aufbauen.“*[114]

Nichts spricht dafür, einzelnen Verfahrensbeteiligten, wie etwa dem gemeinsamen Vertreter, prozessuale Sonderrechte einzuräumen. Denn dieser vertritt gerade nicht die Interessen der übrigen Antragsteller. Außerdem kommt es immer wieder vor, dass gemeinsame Vertreter „plötzlich“ alle ihre vorherigen Einwendungen gegen die Höhe der Kompensation ohne Angabe von Gründen zurücknehmen, nachdem ihnen die Verfahrensbevollmächtigten des Antragsgegners die Unternehmensbewertung in einem Gespräch „erklärt“ haben. Es gibt sogar Fälle, in denen sich gemeinsame Vertreter weigern, in laufenden Vergleichsverhandlungen mit anderen Antragstellern in Kontakt zu treten oder sie selbst bei der Protokollierung des Vergleichs über den inhaltlichen Verlauf der Verhandlungen angemessen zu informieren.[115] Spruchverfahren und Verfahren beendende Vergleichsgespräche gehören aber nicht in „Hinter-

---

114 LG Berlin, richterlicher Hinweis vom 14. August 2012 im Spruchverfahren zu Az. 102 O 134/06 AktG (Beherrschungs- und Gewinnabführungsvertrag zwischen der Bayer Schering AG und der Schering AG).

115 So z. B. im Spruchverfahren vor dem LG Hannover, Az. 22 AktE 63/09 (Squeeze-out bei der LINOS AG), Beschluss der Hauptversammlung vom 26. August 2008.

zimmer“, zu dem nicht alle Zugang haben. Vielmehr verlangen auch die verfassungsrechtlichen Gewährleistungen an dieser Stelle umfassende Transparenz.

Die Justizgrundrechte, das Rechtsstaatsprinzip sowie der Anspruch auf rechtliches Gehör aus Art. 103 GG und Art. 6 Abs. 1 EMRK lassen kein, auch nur eingeschränktes „Geheimverfahren“ zu. Auch der Gleichbehandlungsgrundsatz verbietet, dass Antragsteller, der gemeinsame Vertreter und Hauptaktionäre jeweils unterschiedlichen Zugang zu den entscheidungsrelevanten Tatsachen haben.

Daher bietet es sich an, den Sachverständigen im Spruchverfahren mittels Beweisbeschluss damit zu beauftragen, die Unterlagen auszuwerten und darüber einen Bericht zu erstatten, welche vom Hauptaktionär bisher nicht vorgelegt wurden. Die Berichtspflichten dürfen dabei nicht so weit reduziert werden, dass die Auswertung der Informationen nicht mehr nachvollzogen und hinterfragt werden kann. Daher ist ein solcher Beweisbeschluss hinreichend detailliert abzufassen.

d Verfahrensförderungspflichten

Im Spruchverfahren gilt der Amtsermittlungsgrundsatz. Das Gericht hat die zur Feststellung der entscheidungserheblichen Tatsachen erforderlichen Ermittlungen von Amts wegen durchzuführen, § 12 FGG bzw. § 26 FamFG. Weil nur “erforderliche“ Ermittlungen vom Gericht vorzunehmen sind, lassen sich unstreitige Tatsachen der Entscheidung ohne weitere Prüfung zugrunde legen.

§§ 9 f. SpruchG statuieren dazu umfassende Verfahrensförderungspflichten. Sie verpflichten, in weitgehender Anlehnung an § 282 ZPO, die Beteiligten zu einer zügigen Verfahrensführung. Andernfalls ermöglichen § 10 Abs. 1 und 2 SpruchG nach dem Vorbild des § 296 ZPO die Zurückweisung verspäteten Sachvortrags, wenn die Verspätung nicht entschuldigt werden kann:

> *„Dies bedeutet zugleich, dass das Gericht den davon betroffenen Umständen, auch wenn sie für die Entscheidung des Gerichts relevant sein sollten, in Einschränkung des Amtsermittlungsgrundsatzes keine Beachtung mehr schenken muss. Absatz 3 stellt unmissverständlich klar, dass § 12 FGG insoweit nicht anzuwenden ist. Diese Regelung berechtigt das Gericht allerdings nicht, Ermittlungen zu Tatsachen zu unterlassen, die ein Beteiligter aus objektiven Gründen nicht vortragen kann.“*[116]

Legt der Antragsgegner die in § 7 Abs. 7 SpruchG genannten entscheidungserheblichen Unterlagen nicht vor, hat nach dem Willen des Gesetzgebers das Gericht die Regeln der Beweisvereitelung anzuwenden:

> *„Zur Verfahrensförderungspflicht gehört auch die rechtzeitige Vorlage von Unterlagen durch die Beteiligten. Geschieht dies nicht, hat das Gericht die Möglichkeit, die Grundsätze über die Beweisvereitelung anzuwenden, um eine Blockade des Verfahrens zu verhindern. Sollten entscheidungser-*

116 RegBegr. zum Spruchverfahrensgesetz, BT-Drucks 15/371, S. 16 li.Sp.

hebliche Tatsachen nicht feststellbar sein, könnte der Entscheidung eine entsprechende Schätzung der fehlenden Angaben zugrunde gelegt werden."[117]

Im Falle der Beweisvereitelung gelten dann nach §§ 427, 444 ZPO die Tatsachenbehauptungen der Antragsteller als bewiesen.

In der Praxis kommt es immer wieder vor, dass ein Hauptaktionär bewertungserhebliche Unterlagen weder dem gerichtlich bestellten Prüfer, noch dem Sachverständigen im Spruchverfahren vorlegt. Das gilt auch dann, wenn das Gericht im Beweisbeschluss die Vorlage bestimmter Unterlagen oder Sachverhalte ausdrücklich angeordnet hat. Dennoch wenden die Gerichte die Grundsätze zur Beschleunigung des Verfahrens (noch) nicht im gesetzlich möglichen und gebotenen Umfang an:
- Entgegen der in § 7 Abs. 2 S. 3 SpruchG enthaltenen eindeutigen Fristenregelung werden in vielen Fällen auch nach Ablauf der gesetzten Frist eingehende Erwiderungen des Hauptaktionärs verfahrensgegenständlich.
- Die Grundsätze über die Beweisvereitelung werden auch bei Nichtvorlage entscheidungserheblicher Unterlagen nicht zu Lasten der Partei angewandt, die Zugang zu den insoweit entscheidungserheblichen Unterlagen hat.

Durch eine konsequentere Anwendung der Vorschriften zur Verfahrensförderung ließen sich die Spruchverfahren deutlich beschleunigen. Gericht und Sachverständige haben dabei trotz des Amtsermittlungsgrundsatzes nicht die Funktion, vom Antragsgegner verweigerte Informationen zu generieren. Auch im Verfahrensrecht sind das strukturelle Informationsgefälle sowie die hohe Grundrechtsrelevanz eines Squeeze-out aus mehreren Gründen besonders zu berücksichtigen:
- Ein Spruchverfahren folgt immer einer kompensationspflichtigen Strukturmaßnahme, welche die gesellschaftsrechtliche Handlungs- und Bestimmungsinitiative des Hauptaktionärs legitimiert. Der Hauptaktionär bzw. die ihm nun gehörende Gesellschaft verfügen im Gegensatz zu den ausgeschlossenen Minderheitsaktionären über alle bewertungsrelevanten Informationen. Der Grundsatz der Waffengleichheit lässt deshalb eine weitere Privilegierung in Form reduzierter Darlegungslasten nicht zu.
- Daher dürfen etwaige Schwierigkeiten bei der Feststellung bewertungsrelevanter Tatsachen angesichts des strukturellen Informationsgefälles im Ergebnis die Minderheitsaktionäre nicht weiter wirtschaftlich benachteiligen. Schließlich erhöhen das Normgefüge und der Normzweck die Darlegungslasten des Hauptaktionärs bzw. Antragsgegners. Daher müssen etwaige Aufklärungsmängel in der Sphäre des Antragsgegners gegen ihn wirken, weil nur er uneingeschränkten Zugriff auf alle bewertungsrelevanten Informationen hat. Soweit er unter Ausschöpfung seiner Möglichkeiten den schlüssigen Sachvortrag der Antragsteller

117 RegBegr. zum Spruchverfahrensgesetz, BT-Drucks 15/371, S. 16 re.Sp.

innerhalb der Frist aus §7 Abs. 2 S. 3 SpruchG nicht erheblich bestreitet, steht dieser für den weiteren Verlauf des Verfahrens unstreitig fest.

- Außerdem ist es aus verfassungsrechtlichen Gründen problematisch, wenn eine Partei im streitigen Verfahren die Reichweite ihrer eigenen gerichtlichen Kontrolle durch die Tiefe und Struktur der Informationen regulieren kann, die sie selbst zur Verfügung stellt oder verweigert. Insoweit belegt die Studie, dass die dem Übertragungs- und Prüfungsbericht zugrunde liegenden Informationen die tatsächlichen Wertverhältnisse regelmäßig nicht zutreffend und vollständig wiedergeben. Anders ist die hohe Zahl von Korrekturen der Barabfindung nicht zu erklären. Deshalb kommt es entscheidend darauf an, die für das Spruchverfahren erforderliche Tatsachengrundlage zu schaffen und gegebenenfalls zu verbreitern.

Daher geht die Mitwirkungspflicht des Hauptaktionärs in einem Spruchverfahren weit über die einer Prozesspartei im Zivilprozess hinaus.[118]

e Beauftragung eines Sachverständigen

Wie sich aus den Gesetzgebungsmaterialien ergibt, sollen die gesteigerten Berichtspflichten und Darlegungslasten für den Antragsgegner dazu führen, dass im Spruchverfahren möglichst keine umfassende Neubewertung mehr stattfinden muss:

> *„Veränderung der Rolle des Sachverständigen im Spruchverfahren (nach Möglichkeit keine Erstellung flächendeckender Gesamtgutachten. sondern gezielte Beurteilung spezieller Einzelfragen).“*[119]

Die Angemessenheitsprüfung nach §327c Abs. 2 S. 2 AktG soll nach der Rechtsprechung des Bundesgerichtshofs

> *„eine Gewähr dafür bieten, dass es im Spruchverfahren im Regelfall nicht zu erheblichen Mehrbeträgen kommen wird“.*[120]

Die Studie zeigt jedoch, dass es in den meisten Spruchverfahren trotzdem zu teilweise nicht unerheblichen Erhöhungen der Barabfindung kommt. Das führt zu der Frage nach der Erforderlichkeit des nach §327c Abs. 2 S. 2, 3 AktG bestellten sachverständigen Prüfers. Denn nur in drei Fällen – das sind 0,65 Prozent aller wirksamen Beschlüsse – haben Prüfer der vom Hauptaktionär festgesetzten Barabfindung bzw. der ihr zugrunde liegenden Unternehmensbewertung erkennbar widersprochen. Zudem liegen vielen Prüfungsberichten schwerpunktmäßig Sach- und Rechtsauffas-

---

118 LG Hannover vom 1. Dezember 2010, Az. 23 AktE 24/09.

119 RegBegr. zum Spruchverfahrensgesetz, BT-Drucks 15/371, S. 12 li.Sp.

120 BGH vom 25. Juli 2005, Az. II ZR 327/03.

sungen zugrunde, die nicht dem strukturellen Standpunkt der Minderheitsaktionäre entsprechen.

Daher sehen in der Praxis viele Gerichte davon ab, vor allem bei wesentlichen Mängeln, den bisher tätigen sachverständigen Prüfer noch einmal zu beauftragen. Entsprechend wurden nur vier sachverständige Prüfer – das entspricht 3,96 Prozent aller bestellten Sachverständigen – auch als Sachverständige im Spruchverfahren bestellt. Schließlich fällt es jedem schwer, sich von den Ergebnissen seiner eigenen Arbeit zu distanzieren. Stattdessen beauftragen die Gerichte vor allem dann einen anderen Sachverständigen, wenn sich umfangreicher Prüfungsbedarf abzeichnet. Eine vorrangige Anhörung des sachverständigen Prüfers, was Hauptaktionäre häufig verlangen, kennt das Gesetz ohnehin nicht:

> *„Das Landgericht ist auch nicht gehalten, zunächst den sachverständigen Prüfer anzuhören. Ein solches Vorrangverhältnis sieht weder § 7 Abs. 6 SpruchG noch § 8 Abs. 2 SpruchG vor. § 7 Abs. 6 SpruchG bezieht sich auf die Vorbereitung der mündlichen Verhandlung und die Klärung von Vorfragen. § 8 Abs. 2 SpruchG sieht die Anhörung des Prüfers als sachverständigen Zeugen zur Aufklärung des Sachverhalts und in geeigneten Fällen zur Beantwortung von einzelnen Fragen, die sich aus der Antragsbegründung und -erwiderung ergeben, vor. Der angegriffene Beweisbeschluss bezieht sich demgegenüber nicht auf Vorfragen, sondern auf die Ermittlung des konkreten Unternehmenswerts, die sich angesichts der von der Antragstellerin vorgetragenen Bewertungsrügen zudem nicht nur auf einzelne Fragen beschränkt. Vor diesem Hintergrund ist nicht zu beanstanden, dass das Landgericht von der Anhörung des sachverständigen Prüfers abgesehen hat.“*[121]

Daraus ergeben sich für die gegenwärtige Praxis zwei Konsequenzen:
- Der Bestellungsbeschluss des sachverständigen Prüfers nach § 327c Abs. 2 S. 2 und 3 AktG sollte umfassende inhaltliche Auflagen für den Prüfungsbericht enthalten, in denen es nicht nur um Bewertungsfragen geht. Vielmehr gehören auch der formale Ablauf der Prüfung, wesentliche Prüfungshandlungen sowie die Handhabung von Auffassungsunterschieden in die Berichte. Eine zeitgleiche Tätigkeit des sachverständigen Prüfers mit den Bewertungsarbeiten des Hauptaktionärs verstärkt die Berichtspflicht zum Prüfungsablauf.[122]
- Überzeugt der Prüfungsbericht nicht, ist im Spruchverfahren ein anderer Sachverständiger zu beauftragen. Es widerspräche der Verfahrensförderungspflicht, dem sachverständigen Prüfer noch einmal die Gelegenheit zur Rechtfertigung seines nicht überzeugenden Prüfungsberichts zu geben. Schließlich ist nicht damit zu rechnen, dass er seinen fehlerhaften Bericht widerruft oder wesentlich umgestaltet.

---

121 OLG Düsseldorf vom 12. Dezember 2012, Az. I-26 W 19/12 (AktE).

122 Vgl. im Einzelnen Teil 5 § 14 VII 5 – Erteilung von Auflagen im Bestellungsbeschluss, ab S. 221.

Das Spruchverfahren hat sich in vielen Fällen für die Minderheitsaktionäre als erste und einzige Möglichkeit erwiesen, eine angemessene Barabfindung ermitteln und festsetzen zu lassen. Weil es dabei auf möglichst vollständige und richtige bewertungsrelevante Informationen ankommt, bestehen hohe Anforderungen an die Arbeit der sachverständigen Prüfer bzw. Sachverständigen im Spruchverfahren. Entspricht der nach § 327c Abs. 2 S. 2 bis 4 AktG bestellte sachverständige Prüfer im Prüfungsbericht nicht diesen Anforderungen, ist er im Spruchverfahren durch einen unabhängigen Sachverständigen zu ersetzen.

f Verfahrensbeendigung

Bislang fanden mehr als die Hälfte aller Spruchverfahren eine vergleichsweise Beendigung (aa). In der Praxis stellt sich häufig die Frage, ob ein Teilvergleich Sinn macht (bb). Ein Vergleichsschluss aufgrund Mehrheitsentscheidung ist jedoch nicht sachgerecht (cc). Jede Form der Verfahrensbeendigung wirkt dabei auch für und gegen die nicht am Verfahren beteiligten weiteren Aktionäre (dd).

aa Ausgangspunkt

§ 11 Abs. 2 S. 1 SpruchG verlangt vom Gericht, in jeder Lage des Spruchverfahrens auf eine gütliche Einigung der Verfahrensparteien bedacht zu sein. Daher fanden bislang 128 von 229 abgeschlossenen Spruchverfahren – das entspricht 55,90 Prozent – eine vergleichsweise Beendigung.

Das setzt jedoch voraus, dass das Gericht eine vorläufige Einschätzung zur Höhe der angemessenen Barabfindung treffen kann. Nur dann lassen sich den Verfahrensbeteiligten die Chancen und Risiken ihrer jeweiligen Rechtsposition glaubhaft vermitteln und ein Korridor für eine vergleichsweise Verfahrensbeendigung aufzeigen. Ohne eine solche erste Einschätzung der Sach- und Rechtslage besteht die Gefahr, dass das Gericht durch einen sachlich nicht gerechtfertigten Vergleichsdruck den Rechtsschutz der Beteiligten unzulässig beschneidet:

> *„Das Gericht soll an sich schon nicht unter allen Umständen und mit allen Mitteln auf einen Vergleich hinwirken; Rosenberg (Lehrbuch des deutschen Zivilprozeßrechts, 9. Aufl. § 58 II 6, S. 270) hebt zutreffend hervor, daß sich der Richter, der allzu sehr auf einen Vergleich drängt, dem Verdacht aussetzt, er scheue die Mühen der Findung und Abfassung des Urteils, und daß daher das Gericht bei seinen Vergleichsversuchen Takt und Vorsicht walten lassen müsse.“*[123]

Ein aus dem „Stehgreif“ vorgeschlagener Vergleich ist nicht zulässig. Denn das Gericht muss den Verfahrensbeteiligten im Falle eines Vergleichsvorschlags „*seine nach dem bisherigen Verlauf des Verfahrens gewonnene Rechtsansicht darlegen und*

123 BGH vom 6. Juli 1966, Az. Ib ZR 83/64.

ihnen das Risiko vor Augen führen, das ihnen nach seiner Auffassung bei Fortführung des Rechtsstreits droht".[124] Wegen der mitunter erheblichen wirtschaftlichen Auswirkungen fehlt den Beteiligten ohne eine belastbare und nachvollziehbare Ersteinschätzung des Gerichts die Entscheidungsgrundlage für einen Vergleich.

Unternehmensbewertungen können keinen exakten Wert liefern. In den meisten Spruchverfahren zeichnet sich jedoch schon relativ früh ein möglicher Bewertungskorridor ab. Daher soll nach § 11 Abs. 2 S. 1 SpruchG das Gericht schon in einem möglichst frühen Verfahrensstadium auf einen Vergleich hinwirken. Dazu stellt sich die Frage, ob bzw. welche zusätzliche Exaktheit und Gewissheit zum Beispiel ein weiteres Sachverständigengutachten schafft. Die Kosten/Nutzenrelation einer weiteren Verfahrensführung hängt dann auch davon ab, ob sich der zusätzliche wirtschaftliche, personelle und zeitliche Aufwand lohnt.

Es spricht einiges dafür, dass die Parteien innerhalb des vom Gericht aufgezeigten Bewertungskorridors nach einer einvernehmlichen Verfahrensbeendigung suchen. Lassen sich nicht alle Bewertungsfragen einer vergleichsweisen Klärung zuführen, lässt sich ein weiteres Sachverständigengutachten einvernehmlich gegebenenfalls auf die noch offenen Punkte beschränken. Schließlich macht es im Normalfall für beide Seiten Sinn, die Ungewissheit über den wirtschaftlichen Ausgang des Spruchverfahrens möglichst schnell zu beenden. Dazu bietet es sich an, dass mehrere Antragsteller auf der Grundlage der gerichtlichen Ersteinschätzung mit dem Antragsgegner die weiteren, auch rechtstechnischen Einzelheiten verhandeln.

Die Verhandlungsführung kann auch durch den gemeinsamen Vertreter erfolgen. Das setzt aber eine transparente und nachvollziehbare Verhandlungsführung voraus. Nicht hinnehmbar ist, wenn der gemeinsame Vertreter auf Anregung des Gerichts und damit auch für die übrigen Antragsteller mit den Anwälten des Antragsgegners intransparente „Geheimverhandlungen" unter Ausschluss der übrigen Antragsteller führt, um das Verfahren möglichst schnell und günstig zu beenden. Das mag zwar auch für das Gericht bequem sein. Die verfassungsrechtlichen Gewährleistungen zum Aktieneigentum verlangen aber im Interesse aller, auch der nicht am Spruchverfahren teilnehmenden Aktionäre, eine effektive Vertretung in den Vergleichsverhandlungen, um einen möglichst hohen Wertausgleich zu erzielen. Dazu genügt es nicht, wenn für die Aktenlage lediglich Verhandlungen suggeriert werden.

In der Praxis gibt es zwei rechtstechnische Wege zum Vergleichsschluss:

- Nach § 11 Abs. 4 S. 1 SpruchG, der § 278 Abs. 6 ZPO nachempfunden ist, schließen die Antragsteller den Vergleich durch eine schriftsätzliche Annahme des vom Gericht unterbreiteten Vorschlags.
- Alternativ findet ein Protokollierungstermin statt, in dem alle Antragsteller und der gemeinsame Vertreter die Annahme des Vergleichs erklären.

124 BGH vom 6. Juli 1966, Az. Ib ZR 83/64.

Das Gericht stellt dann nach § 11 Abs. 4 S. 2 SpruchG das Zustandekommen und den Inhalt des Vergleichs durch Beschluss fest. Durch diesen Beschluss treten auf der Grundlage von § 13 S. 2 SpruchG die Rechtswirkungen auch gegenüber den anderen, nicht am Spruchverfahren beteiligten Aktionären ein.

bb Teilvergleich

In der Praxis kommt es immer wieder vor, dass nicht alle Antragsteller vergleichsbereit sind. Hier gehen die Gerichte bisher uneinheitlich vor.

- In den meisten Fällen kommt es nur dann zu einem Vergleich, wenn sich alle Antragsteller und der gemeinsame Vertreter anschließen. Das Verfahren wird anderenfalls mit allen Antragstellern fortgeführt.
- In einzelnen – bisher elf – Fällen kam es zu einem Teilvergleich bzw. Teil-Verfahrensvergleich. Weil insoweit eine gesetzliche Regelung fehlt, machen Gerichte ihre Bereitschaft, einen Vergleich vorzuschlagen, dann meist von einem Quorum abhängig. Es besteht beispielsweise aus 75 Prozent aller Antragsteller und/oder 90 Prozent des von Antragstellern im Spruchverfahren vertretenen Grundkapitals. Mit den übrigen Antragstellern wird das Verfahren fortgeführt.

Auch wenn ein solches Quorum zustande kommt, bindet ein Teilvergleich nicht die übrigen Antragsteller. Schließlich gibt es keinen Vertrag zu Lasten Dritter. Weil alle Verfahren von Amts wegen miteinander verbunden werden, bleibt der gesamte Streitgegenstand auch bei einem Teilvergleich rechtshängig. Das ergibt sich auch aus dem hier bestehenden eingeschränkten Amtsermittlungsgrundsatz. Das Gericht hat von den weiteren, bewertungsrelevanten Sachverhalten Kenntnis erlangt. Es muss diesen weiteren, nicht vergleichsgegenständlichen Sach- und Rechtsfragen dann auch nachgehen.

Daher kann es durchaus vorkommen, dass auch nach einem Teilvergleich die Barabfindung noch einmal angehoben wird, z. B. auf der Grundlage eines weiteren Sachverständigengutachtens.[125] Soweit der Teilvergleich eine Meistbegünstigungsklausel enthält, bekommen alle Antragsteller diese Zuzahlung.[126] In jedem Fall erhalten die nicht am Verfahren beteiligten Aktionäre die Zuzahlung, weil jede andere Regelung einen unzulässigen Vertrag zu Lasten Dritter darstellen würde. Zudem treten über § 13 S. 2 SpruchG nur die Wirkungen einer Endentscheidung gegenüber den nicht am

125 So z. B. im Spruchverfahren betreffend Squeeze-out der MHM Mode Holding AG, LG Düsseldorf, Az. 33 O 132/06; nachdem zunächst die von der Hauptversammlung am 25. März 2002 beschlossene Barabfindung mit Teilvergleich von 266,86 Euro um 70,00 Euro auf 336,86 Euro angehoben wurde – veröffentlicht im Bundesanzeiger am 23. Dezember 2008 – hat das Gericht diese mit Beschluss vom 13. Dezember 2011 auf 367,99 Euro erhöht.

126 So z. B. in § 6 des Teilvergleichs betreffend den Squeeze-out der MHM Mode Holding AG, a.a.O Fußn. 123, Seite 75.

Spruchverfahren beteiligten Aktionären ein. Das gilt aber nur für die Höhe der Abfindung. Weitere Regelungen, wie zum Beispiel eine Verkürzung der Verjährungsfrist für die Zuzahlung, lassen sich in keinem Fall zum Nachteil von Dritten vereinbaren.

cc Kein Vergleich durch Mehrheitsentscheidung

Der gesetzliche Auftrag an das Gericht sowie die verfassungsrechtlichen Gewährleistungen, besonders der nicht am Verfahren beteiligten Minderheitsaktionäre, erlauben es nicht, dass das Gericht im wirtschaftlichen Ergebnis einem Mehrheitsvotum folgt. Entsprechendes gilt auch für einen Teilvergleich.

Zwar gibt es im Kapitalmarktrecht bzw. im übernahmerechtlichen Squeeze-out Mehrheitsentscheidungen. Jedoch kennt das Spruchverfahrensgesetz – richtigerweise – keine Verfahrensbeendigung durch Mehrheitsentscheidung. Vielmehr verlangt der Amtsermittlungsgrundsatz eine abschließende Prüfung aller konkreten Einwendungen gegen die Angemessenheit der Kompensation. Andernfalls könnte das Gericht auch keinen Vergleichsschluss vorschlagen. Außerdem würde ein Vergleich durch Mehrheitsentscheidung wie ein Vertrag zu Lasten Dritter vor allem die Rechtspositionen der nicht am Spruchverfahren beteiligten Minderheitsaktionäre verletzen.

Auch die divergierenden Interessenlagen der Verfahrensbeteiligten lassen keine Mehrheitsentscheidung zu:

- Zunächst bestünde für den Antragsgegner die Möglichkeit, sich über ihm nahe stehende Personen am Verfahren zu beteiligen. Soweit er sich damit noch keine Mehrheit schafft, vermögen sie die anderen Antragsteller zu beeinflussen.
- Die wirtschaftliche Interessenlage ist nicht homogen: Während es Aktionären mit großen Beteiligungen überwiegend auf die Höhe der Nachzahlung ankommt, stellen Aktionäre mit kleineren Beteiligungen auch auf die Höhe der Kostenerstattung ab. Dagegen besteht im Übernahmerecht eine homogene Entscheidungsgrundlage, weil es dort nur auf die Höhe des Kaufpreises ankommen kann. Jeder Aktionär trifft seine eigene Entscheidung, die keine Bindungswirkung für Dritte entfaltet.
- Daneben gibt es die nicht am Verfahren beteiligten Aktionäre, siehe §§ 6 Abs. 1 S. 1, 13 S. 2 SpruchG. Diesen kommt es ausschließlich auf die Höhe der Nachzahlung an, da hier kein gesetzlicher Kostenerstattungsanspruch besteht. Eine nicht sachgerechte Einigung würde diesen Aktionären gegenüber einen Vertrag zu Lasten Dritter darstellen.

Könnte ein Mehrheitsvotum ein Spruchverfahren beenden, entstünde jedenfalls für den Hauptaktionär die Möglichkeit, sich durch eine großzügige Kostenregelung die erforderliche Mehrheit zu erkaufen. Das unterliefe aber den hier bestehenden verfassungs- und aktienrechtlichen Gewährleistungsrahmen vor allem der nicht am Spruchverfahren beteiligten Minderheitsaktionäre. Schließlich verlangen die verfassungsrechtlichen Gewährleistungen zum Aktieneigentum bzw. das Rechtsstaatsprinzip und der Justizgewährleistungsanspruch eine umfassende Rechtsprüfung. Dieser verfassungsmäßige Auftrag besteht auch dann, wenn nur noch ein Antragsteller übrig bleibt.[127] Deshalb kann es bei Spruchverfahren keine Verfahren beendenden Mehrheitsentscheidungen geben.

dd Einbeziehung Dritter

Nach § 13 S. 2 SpruchG wirkt die rechtskräftige Entscheidung für und gegen alle anderen außenstehenden Aktionäre, welche von der Strukturmaßnahme betroffen sind. Dabei kommt es nicht auf die Art der Verfahrensbeendigung an.

Daher beziehen alle untersuchten Vergleiche ausdrücklich die übrigen Aktionäre, die nicht Antragsteller sind, in die Vergleichswirkungen mit ein. Das gilt allerdings nicht für Teilvergleiche, da es insoweit keine gesetzliche Regelung gibt. Die Einbeziehung Dritter erfolgt durch einen Vertrag zu Gunsten Dritter, §§ 328 ff. BGB. Bezieht bereits der Teilvergleich die nicht am Verfahren beteiligten Aktionäre ein, kommt es bei einer späteren, weiteren Anhebung nicht auf eine Meistbegünstigungsklausel an. Ihre Einbeziehung erfolgt letztlich nur durch einen Beschluss auf der Grundlage von § 13 S. 2 SpruchG. Ein Beschluss auf der Grundlage von § 11 Abs. 4 S. 2 SpruchG entfaltet Dritten gegenüber nur dann Rechtswirkungen, wenn alle Antragsteller am Vergleich teilnehmen und er damit das Spruchverfahren beendet.

Kommt es nicht zu einer gütlichen Einigung, entscheidet das Gericht durch Beschluss, § 327f S. 2 AktG, § 11 Abs. 1 SpruchG. Er entfaltet, insoweit abweichend vom Zivilprozess, auf der Grundlage von § 13 SpruchG Rechtswirkung nicht nur „inter partes", zwischen den am Verfahren Beteiligten. Stattdessen wirkt er „inter omnes", für alle von der kompensationspflichtigen Strukturmaßnahme betroffenen, außenstehenden Aktionäre.[128]

g Überlange Verfahrensdauer

Obwohl für Spruchverfahren bei den meisten Gerichten spezialisierte Kammern bestehen, sind diese bei der Unternehmensbewertung auf die Hilfe durch Sachverständige angewiesen. Die Erstellung solcher Gutachten zum Unternehmenswert beanspruchen häufig viel Zeit. Dabei spielt es keine Rolle, ob eine umfassende Neubewertung vorgenommen oder nur einige wesentliche Bewertungsfragen zu beantworten sind.

Das liegt häufig daran, dass die notwendige Zuarbeit durch den Hauptaktionär bzw. seine Berater ausbleibt. Solche Bewertungsarbeiten beanspruchen vor der

127 Nach dem Teilvergleich im Spruchverfahren betreffend die MHM Mode Holding AG (a.a.O Fußn. 123, Seite 75) wurde das Verfahren nur noch mit 2 von ursprünglich 22 Verfahrensbeteiligten fortgeführt.

128 Zur Inter omnes Wirkung von Entscheidungen siehe auch BT-Drucks. 15/371. S. 11, re.Sp. unten.

Hauptversammlung meist nur wenige Wochen oder Monate.[129] Dagegen dauern vergleichbare Arbeiten durch gerichtlich bestellte Sachverständige während des Spruchverfahrens meist Jahre. Dabei geht es im Spruchverfahren nach konkreten Einwendungen in der Antragsbegründung gemäß § 4 Abs. 2 S. 2 Nr. 4 SpruchG nur noch um einzelne Bewertungsfragen und nicht mehr um eine umfassende Neubewertung.

Eine lange Verfahrensdauer wirkt sich zunächst für alle Verfahrensbeteiligten nachteilig aus. Während die ehemaligen Aktionäre länger auf etwaige Nachbesserungen warten müssen, erhöhen sich die Zinszahlungen für den Hauptaktionär. Für ihn treten aber in der Praxis auch faktische Kostenvorteile ein:

- Ändert ein Minderheitsaktionär seine Bankverbindung oder kommt es zur Rechtsnachfolge, lässt sich der Erhöhungsbetrag oft nicht mehr an die bekannte Bankverbindung überweisen. Insbesondere bei kleineren Beteiligungen erfolgt häufig keine zeitaufwendige Suche nach neuen Bankverbindungen oder Adressen.
- Zudem stellt der gesetzliche Zinssatz in Höhe von fünf Prozentpunkten über dem jeweiligen Basiszinssatz[130] bzw. zwei vom Hundert über dem jeweiligen Basiszinssatz für den Zeitraum bis zum 31. August 2009,[131] insbesondere für bonitätsschwache Gesellschaften, eine günstige Refinanzierungsmöglichkeit dar.

Auch das Bundesverfassungsgericht hat sich bislang mehrfach mit der Frage befassen müssen, ob solche langen Verfahrensdauern noch mit dem Verfahrensgrundrecht auf effektiven Rechtsschutz vereinbar sind.[132] Danach soll eine Verfahrensdauer von sieben Jahren noch hinzunehmen sein:

> *„Die inzwischen siebenjährigen Verfahrensdauer eines beim Landgericht anhängigen aktienrechtlichen Spruchstellenverfahrens über die angemessene Abfindung von Aktionären, die infolge Eingliederung ihrer Aktiengesellschaft in eine andere Aktiengesellschaft aus jener ausgeschieden sind, ist derzeit verfassungsrechtlich noch hinnehmbar.“*[133]

Etwas anderes gilt aber nach 22 Jahren:

> *„Die Gerichte haben die Gesamtdauer des Verfahrens zu berücksichtigen und müssen sich mit zunehmender Dauer nachhaltig um eine Beschleunigung des Verfahrens bemühen. Dabei sind sämtliche Umstände des Einzelfalls zu berücksichtigen, insbesondere die Natur des Verfahrens und*

---

129 Im Durchschnitt (Median) vergehen zwischen Ankündigung der Strukturmaßnahme und Beschluss fassender Hauptversammlung nur 4 Monate und 3 Tage.

130 § 327b Abs. 2 1. HS AktG.

131 Art. 2 § 20 Abs. 5 des Gesetzes zur Umsetzung der Aktionärsrechterichtlinie vom 30. Juli 2009 zur Änderung des Einführungsgesetzes zum Aktiengesetz.

132 Siehe Art. 2 Abs. 1 i. V. m. Art. 20 Abs. 3 GG; vgl. etwa BVerfG vom 16. Mai 1995, Az. 1 BvR 1087/91: *„Aus der Gewährleistung effektiven Rechtsschutzes ergibt sich die Verpflichtung der Fachgerichte, Gerichtsverfahren in angemessener Zeit abzuschließen.“* (Zitat)

133 BVerfG vom 26. April 1999, Az. 1 BvR 467/99.

die Bedeutung der Sache für die Parteien, die Auswirkungen einer langen Verfahrensdauer auf die Beteiligten, die Schwierigkeit der Sachmaterie sowie das den Beteiligten zuzurechnende Verhalten. Es ist nicht mehr hinnehmbar, dass erst nach 22 Jahren erstinstanzlich über den Antrag im Spruchverfahren entschieden wurde."[134]

Die durchschnittliche Verfahrensdauer der in dieser Studie untersuchten Spruchverfahren betrug für die erste und zweite Instanz zusammen (unbereinigt um noch nicht beendete oder erst kurz vor dem Auswertungsstichtag eingeleitete Spruchverfahren) 4 Jahre, 7 Monate und 13 Tage. Vor dem Hintergrund der Entscheidungen des Bundesverfassungsgerichts erscheint das noch als hinnehmbar. Jedoch beträgt die durchschnittliche Verfahrensdauer streitiger Zivilverfahren für zwei Instanzen, nach Angaben des Statistischen Bundesamts,[135] nur 2 Jahre und 25 Tage.

In vielen Spruchverfahren vergehen oft schon mehrere Jahre, bis alle bewertungsrelevanten Informationen zur Verfügung stehen. Weil der Antragsgegner als einziger Verfahrensbeteiligter Zugang zu den bewertungsrelevanten Informationen hat, wäre es für ihn ohne weiteres möglich, sie zeitnah vorzulegen. Angesichts des hier bestehenden strukturellen Informationsgefälles sowie der hohen Grundrechtsrelevanz bietet es sich daher an, die Möglichkeiten zur Verfahrensbeschleunigung nach §§ 9, 10 SpruchG konsequent zu nutzen. Dazu gehört gegebenenfalls auch die Anwendung der Grundsätze zur Beweisvereitelung.

h Landesrechtliche Zuständigkeiten

Einige Bundesländer haben auf der Grundlage von § 71 Abs. 4 GVG Rechtsverordnungen erlassen und einzelnen Landgerichten und Oberlandesgerichten die Entscheidung in Spruchverfahren für mehrere Gerichtsbezirke übertragen. Diese Konzentration führt bei den Gerichten zu einer fachlichen Spezialisierung, was die Verfahren beschleunigt und die Kosten senkt. Denn nicht nur die große Anzahl von Antragstellern führt zu hohen Verwaltungskosten. Auch für die Gerichte ist es zeitaufwendig, den komplexen und von betriebswirtschaftlichen Zusammenhängen geprägten Streitgegenstand zu durchdringen.

Die folgenden Bundesländer haben durch Rechtsverordnungen Spezialzuständigkeiten begründet:

- Baden-Württemberg: Zuständig sind die Landgerichte Mannheim (für die Landgerichtsbezirke des OLG Karlsruhe) und Stuttgart (für die Landgerichtsbezirke

134 BVerfG vom 2. Dezember 2011, Az. 1 BvR 314/11.

135 Siehe Statistisches Bundesamt: Geschäftsanfall und -erledigung der Zivilprozesssachen vor den Amts-, Land- und Oberlandesgerichten nach Ländern sowie vor dem Bundesgerichtshof unter anderem nach Verfahrensgegenstand, Erledigungsart, Verfahrensdauer. Fachserie 10, Reihe 2.1. unter https://www.destatis.de/DE/Publikationen/Thematisch/Rechtspflege/GerichtePersonal/Zivilgerichte2100210127004.pdf?__blob=publicationFile [Stand: 15.10.2013].

des OLG Stuttgart), § 13 der Verordnung des Justizministeriums über Zuständigkeiten in der Justiz in der Fassung vom 31. Juli 2012.

- Bayern: Zuständig sind die Landgerichte München I (für die Landgerichtsbezirke des OLG München) und Nürnberg-Fürth (für die Landgerichtsbezirke der Oberlandesgerichte Nürnberg und Bamberg), § 26 der Verordnung über gerichtliche Zuständigkeiten im Bereich des Staatsministeriums der Justiz und für Verbraucherschutz in der Fassung vom 11. Juni 2012. Für Beschwerden nach § 12 SpruchG ist ausschließlich das OLG München zuständig, § 26 Abs. 2 der Verordnung.
- Hessen: Zuständig ist allein das Landgericht Frankfurt am Main, § 28 der Verordnung über gerichtliche Zuständigkeiten im Bereich des Ministeriums der Justiz in der Fassung vom 4. November 2011.
- Mecklenburg-Vorpommern: Zuständig ist allein das Landgericht Rostock, § 4 Abs. 1 Nr. 5 der Verordnung über die Konzentration von Zuständigkeiten der Gerichte in der Fassung vom 16. Januar 2008 i. V. m. § 95 Abs. 2, 71 Abs. 2 Nr. 4 Buchstabe e) GVG.
- Niedersachsen: Zuständig ist allein das Landgericht Hannover, § 2 Nr. 11 der Verordnung zur Regelung von Zuständigkeiten in der Gerichtsbarkeit und der Justizverwaltung in der Fassung vom 21. September 2012.
- Nordrhein-Westfalen: Zuständig sind die Landgerichte Düsseldorf (für die Bezirke der Landgerichte Düsseldorf, Duisburg, Kleve, Krefeld, Mönchengladbach und Wuppertal), Dortmund (für die Bezirke der Landgerichte Arnsberg, Bielefeld, Bochum, Detmold, Dortmund, Essen, Hagen, Münster, Paderborn und Siegen) und Köln (für die Bezirke der Landgerichte Aachen, Bonn und Köln), § 1 Nr. 1 der Verordnung über die gerichtliche Zuständigkeit zur Entscheidung in gesellschaftsrechtlichen Angelegenheiten und in Angelegenheiten der Versicherungsvereine auf Gegenseitigkeit in der Fassung vom 11. April 2011. Für Beschwerden nach § 12 SpruchG ist ausschließlich das OLG Düsseldorf zuständig, § 2 der Verordnung.
- Rheinland-Pfalz: Zuständig sind die Landgerichte Koblenz (für den Bezirk des OLG Koblenz) und Frankenthal (für den Bezirk des Pfälzischen OLG Zweibrücken), § 10 Abs. 1 der Landesverordnung über die gerichtliche Zuständigkeit in Zivilsachen und Angelegenheiten der freiwilligen Gerichtsbarkeit in der Fassung vom 6. März 2012.
- Die in Sachsen geltende sachlich beschränkte Zuständigkeit des Landgerichts Leipzig ist mit Wirkung zum 1. Januar 2013 außer Kraft gesetzt worden.[136]

Die positiven Erfahrungen aus diesen Bundesländern sprechen dafür, auch in den anderen Bundesländern solche Verordnungen zu erlassen.

---

136 Art. 5 des Gesetzes zur Änderung des Sächsischen Justizgesetzes und weiterer Gesetze vom 14. Dezember 2012, SächsGVBl 2012, 748 [750].

8 Unternehmensplanung

Die vom Hauptaktionär vorgelegte Planungsrechnung, aus der sich die zukünftigen finanziellen Überschüsse der Gesellschaft errechnen, stand bisher nicht im Mittelpunkt der Korrektur der Barabfindung im Spruchverfahren. Dabei lässt sich gerade hier durch zielgerichtete Planansätze und darauf abgestimmte Berechnungsparameter fast jeder gewünschte Unternehmenswert darstellen. Dieser Weg dürfte nach der geänderten Rechtsprechung zum Referenzzeitraum des Börsenkurses[137] vor allem dann zunehmend beschritten werden, wenn der Börsenwert deutlich unter dem eigentlichen Ertragswert liegt. Daher kommt der Planungsrechnung zukünftig ein wesentlich größerer Stellenwert zu.

Das Planungsermessen des Vorstands lässt sich im Spruchverfahren nicht ohne weiteres substituieren. Jedoch lassen sich die typischen Fehler wie Ermessensfehl- und -nichtgebrauch feststellen und beseitigen. Jedenfalls kann nicht hingenommen werden, dass ertragsstarke Unternehmen als Sanierungsfälle dargestellt werden, nur um eine möglichst geringe Abfindung zu generieren.

In den Spruchverfahren konnten bislang z. B.

- weit unter den einschlägigen Marktanalysen und den eigenen Verlautbarungen der Gesellschaften und Hauptaktionäre geplante Wachstumsraten,
- Fortschreibungen von unbereinigten einmaligen Sondereffekten der Vergangenheit in die Zukunft,
- methodische Inkonsistenzen bei den Planungsrechnungen,
- die Verwendung unzutreffender Devisenumrechnungskurse,
- die fehlerhafte Berechnung von Steuerbelastungen,
- die methodisch von den Vorgaben des IDW abweichende Diskontierung der finanziellen Überschüsse durch Verwendung fehlerhafter Formeln oder insbesondere
- Eingriffe von Hauptaktionären oder ihren Bewertungsgutachtern in die Planungshoheit des Vorstands der Gesellschaften durch interessenorientierte Planvorgaben

aufgedeckt werden. In den meisten Fällen führte allein die insoweit erforderliche Anpassung an die tatsächlichen Verhältnisse im Spruchverfahren zu einer Erhöhung der Barabfindung.

9 Vorgaben des Gesetzgebers

Die Erwartungen des Gesetzgebers, die als zu lang empfundene Verfahrensdauer in Spruchverfahren im Durchschnitt spürbar zu verkürzen und den effektiven Rechtsschutz der betroffenen Anteilsinhaber erheblich zu verbessern,[138] erfüllt die Praxis nicht. Insbesondere die nach § 327c Abs. 2 S. 2 und 3 AktG zu bestellenden sachver-

---

137 BGH vom 8. Oktober 2013, Az. II ZB 26/12.

138 RegBegr. zum Spruchverfahrensgesetz, BT-Drucks 15/371, S. 11 re.Sp.

ständigen Prüfer haben wenig dazu beigetragen, den grundrechtsrelevanten Schutz der Minderheitsaktionäre zu erhöhen und das Spruchverfahren zu verkürzen.

Daraus ergeben sich die folgenden, unter Teil 7[139] noch detailliert unterbreiteten, Vorschläge für die weitere Handhabung:

- Die Berichte der sachverständigen Prüfer nach § 327c Abs. 3 Nr. 4 AktG, welche eine gerichtliche Nachbegutachtung entbehrlich machen sollen, entsprechen in der Praxis nicht den Vorgaben des Gesetzgebers. Zudem zeigt der Ausgang der Spruchverfahren eine zu große Parteinähe zu den Hauptaktionären. Das spricht dafür, dem sachverständigen Prüfer im Bestellungsbeschluss weitere Auflagen zu erteilen, in seinem Bericht über den Verlauf der Prüfung zu berichten.[140] Darüber hinaus ist die Angemessenheitsprüfung grundsätzlich zu hinterfragen.
- §§ 4, 7, 9, 10 SpruchG regeln die Darlegungs- und Beweislasten und enthalten Verfahrensförderungspflichten. Danach findet der eingeschränkte Amtsermittlungsgrundsatz insbesondere dann keine Anwendung, wenn der Hauptaktionär in der Antragserwiderung nicht erheblich vorträgt. Dabei ist auch zu berücksichtigen, dass der Hauptaktionär als einziger Verfahrensbeteiligter über alle bewertungsrelevanten Informationen verfügt. Es widerspricht in einer solchen Situation dem Grundsatz der prozessualen Waffengleichheit, wenn ein Sachverständiger damit beauftragt würde, diese Informationen überhaupt erst zu ermitteln und dem Hauptaktionär dann auch noch die Möglichkeit eingeräumt würde, gegen die so aufgedeckten Bewertungsfehler vorzutragen. Zudem kann nicht davon ausgegangen werden, dass auf diese Weise alle Bewertungsfehler aufgedeckt werden. Daher würde es die Spruchverfahren wesentlich beschleunigen, wenn bereits nicht erheblicher Sachvortrag in der Antragserwiderung nach § 7 Abs. 2 SpruchG das Vorbringen der Antragsteller unstreitig stellt.

§ 3 Barabfindung und innerer Wert

Der Minderheitsaktionär hat nach dem Verlust seines Aktieneigentums aus § 327a Abs. 1 S. 1 AktG einen Anspruch auf eine angemessene Barabfindung. Das bedeutet eine entsprechende Teilhabe am inneren Wert der Gesellschaft. Der Anspruch folgt aus den verfassungsrechtlichen Gewährleistungen zum Aktieneigentum (I). Dabei kommt es auf den Unternehmenswert am Tag der Beschluss fassenden Hauptversammlung an, § 327b Abs. 1 S. 1 AktG (II). Der hier bestehende strukturelle Interessengegensatz kann in der Regel nur durch gerichtliche Hilfe nivelliert werden (III). Daher geht es in Spruchverfahren um eine umfassende Überprüfung der Unternehmensplanung, welche der Bewertung zugrunde liegt (IV).

139 Ab Seite 415.

140 Vgl. im Einzelnen Teil 5 § 14 VII 5 – Erteilung von Auflagen im Bestellungsbeschluss, ab S. 306.

I Eigentumsgarantie

Art. 14 Abs. 1 GG gewährleistet das Eigentum. Dieses beinhaltet bei Aktien nach der Rechtsprechung des Bundesverfassungsgerichts

- das in der Aktie verkörperte Anteilseigentum, das im Rahmen seiner gesellschaftsrechtlichen Ausgestaltung vor allem durch Privatnützigkeit und Verfügungsbefugnis gekennzeichnet ist;[141]
- hinzu kommt das Gebot effektiven Rechtsschutzes.[142]

Der Gesetzgeber sieht in den Regelungen zum Squeeze-out keine Enteignung im Sinne des Art. 14 Abs. 3 GG:

> *„Die Schaffung einer Ausschlussmöglichkeit von Minderheitsaktionären stellt keine Enteignung im Sinne des Art. 14 Abs. 3 GG dar, zumal ein möglicher Rechtsverlust nicht vom Staat oder von einem mit staatlichen Zwangsrechten beliehenen Unternehmer ausgeht. Der Gesetzgeber verleiht der Hauptversammlung auch keine Enteignungsbefugnis, sondern ermächtigt sie zu einer Umgestaltung der privatrechtlichen Beziehungen zwischen den Aktionären bei bestimmten Mehrheitsverhältnissen.*
>
> ...
>
> *Voraussetzung für die Zulässigkeit einer solchen gesetzgeberischen Wertung ist, dass neben wirksamen Rechtsbehelfen gegen den Missbrauch wirtschaftlicher Macht vor allem eine volle wirtschaftliche Entschädigung für den Verlust der Rechtsposition gewährt wird (vgl. BVerfGE 100, 289, 305 f.; BVerfG, ZIP 2000, 1670, 1672; BVerfGE 14, 263, 281 f.) Durch die in den neuen §§ 327 a Abs. 1 Satz 1 letzter Halbsatz und § 327 b vorgesehene Entschädigung wird sichergestellt, dass der ausscheidende Minderheitsaktionär eine Abfindung erhält, die dem Wert seiner gesellschaftsrechtlichen Beteiligung an dem Unternehmen entspricht."*[143]

Art. 14 Abs. 1 GG steht danach dem zwangsweisen Ausschluss aus einer Aktiengesellschaft nicht entgegen. Der Gesetzgeber kann es vielmehr aus gewichtigen Gründen des Gemeinwohls für angebracht halten, die Interessen der Minderheitsaktionäre an der Erhaltung ihrer Beteiligung hinter die Interessen des Hauptaktionärs an einer freien Entfaltung seiner unternehmerischen Initiative im Konzern zurücktreten zu lassen.[144] Voraussetzung für die Zulässigkeit einer solchen gesetzgeberischen Regelung ist allerdings, dass die berechtigten Interessen der zum Ausscheiden gezwungenen Minderheitsaktionäre gewahrt bleiben.

Dazu gehört neben wirksamen Rechtsbehelfen gegen einen Missbrauch wirtschaftlicher Macht vor allem eine Entschädigung für den Verlust der Rechtsposition. Verliert ein Minderheitsaktionär seine mitgliedschaftliche Stellung, muss er für den

---

141 BVerfG vom 27. April 1999, Az. 1 BvR 1613/94.

142 BVerfG vom 7. August 1962, Az. 1 BvL 16/60.

143 RegBegr. zum Wertpapiererwerbs- und Übernahmegesetz, BT-Drucks 14/7034, S. 32.

144 Vgl. BVerfG vom 27. April 1999, Az. 1 BvR 1613/94.

Verlust seiner Rechtsposition und die Beeinträchtigung seiner vermögensrechtlichen Stellung wirtschaftlich voll entschädigt werden.[145] Der ausscheidende Minderheitsaktionär hat daher Anspruch darauf, was seine gesellschaftliche Beteiligung an dem arbeitenden Unternehmen wert ist.[146]

Aus diesem Grund ist der Gesetzgeber von seiner Überlegung, beim aktienrechtlichen Squeeze-out die Höhe der Barabfindung an eine unwiderlegliche Vermutung zu binden, wieder abgerückt.[147] Ursprünglich sollte sie dann bestehen, wenn ein Hauptaktionär seine Stellung durch ein zuvor abgegebenes Kaufangebot erlangt hat, das mindestens 90 Prozent der Aktionäre angenommen haben.[148] Diese Berechnungsmethode hatte jedoch der Bundesrat in seiner Stellungnahme als „*verfassungsrechtlich problematisch*" angesehen, da der Aktionär Anspruch auf den „wahren Wert" der Aktie habe:

> *„Gegen diese Vorschrift bestehen Bedenken, soweit sie eine nicht widerlegliche Vermutung enthält. Die betroffenen Aktionäre werden damit im Ergebnis so gestellt, als ob sie das frühere Übernahmeangebot doch angenommen hätten. Die Regelung gilt daher auch, wenn die Aktionäre das frühere Angebot aus dem Grund abgelehnt hatten, weil sie die angebotene Gegenleistung für nicht dem wahren Wert der Gesellschaft angemessen gehalten hatten. Der verfassungsrechtlich nicht unproblematische Ausschluss von Minderheitsaktionären durch die Mehrheit wird durch diese Berechnungsvorschrift verschärft. ... Es kann auch nicht ausgeschlossen werden, dass im Einzelfall der wahre Wert der Beteiligung höher ist, als er sich im Übernahmeangebot widerspiegelt."*[149]

Vor dem Hintergrund der verfassungsrechtlichen Gewährleistungen stellt sich das Spruchverfahren daher als ein unverzichtbarer, wesentlicher Bestandteil im aktienrechtlichen Rechtsschutzsystem dar. Wie das Ergebnis dieser Studie zeigt, verlangt das Gebot der Waffengleichheit gerade hier eine effektive gerichtliche Kontrolle.

II Unternehmenswert

Die Analyse der Spruchverfahren zeigt, dass bei der Ermittlung der angemessenen Barabfindung ein situationsimmanenter Interessenkonflikt besteht (1). Ohne das Spruchverfahren laufen die Eigentumsrechte der Minderheitsaktionäre leer (2). Für

---

145 Vgl. z. B. BVerfG vom 27. April 1999, Az. 1 BvR 1613/94; vom 25. Juli 2003, Az. 1 BvR 234/01; vom 29. November 2006, Az. 1 BvR 704/03; vom 30. Mai 2007, Az. 1 BvR 1267/06; vom 20. Dezember 2010, Az. 1 BvR 2323/07; vom 26. April 2011, Az. 1 BvR 2658/10.

146 Vgl. BVerfG vom 27. April 1999, Az. 1 BvR 1613/94.

147 Gegenäußerung der Bundesregierung zur Stellungnahme des Bundesrates zum Wertpapiererwerbs- und Übernahmegesetz, BT-Drucks 14/7090, S. 2.

148 Entwurf des Wertpapiererwerbs- und Übernahmegesetzes, Art. 7 § 327b Abs. 1 S. 3, BT-Drucks 14/7034, S. 24 li.Sp.

149 Stellungnahme des Bundesrates zum Wertpapiererwerbs- und Übernahmegesetz, BT-Drucks 14/7034, S. 87.

die Ermittlung des Unternehmenswerts greifen mehrere verschiedene Methoden ineinander (3).

1 Situationsimmanenter Interessenkonflikt

Die Höhe der Barabfindung legt der Hauptaktionär fest. Sie muss die Verhältnisse der Gesellschaft im Zeitpunkt der Beschlussfassung durch die Hauptversammlung berücksichtigen, § 327b Abs. 1 S. 1, 2. HS AktG. Die Angemessenheit der Barabfindung ist dann durch einen oder mehrere vom Gericht ausgewählte und bestellte sachverständige Prüfer zu prüfen, § 327c Abs. 2 S. 2 AktG.

Diese Regelung legt nicht nur den Bewertungsstichtag fest. Sie begründet auch einen situationsimmanenten Interessenkonflikt, welcher letztlich auch das Spruchverfahren prägt. Der Hauptaktionär möchte, wie jeder andere Käufer auch, nur einen möglichst geringen Preis zahlen. Das birgt in dieser konkreten Situation die Gefahr, dass der Minderheitsaktionär keine angemessene Beteiligung am inneren Wert erhält. Schließlich vermag der Hauptaktionär durch den Umfang der Informationen, die er zur Verfügung stellt, zugleich die Reichweite seiner eigenen rechtlichen Kontrolle und damit auch die Höhe der Barabfindung zu regulieren.

Der Gesetzgeber hat zutreffend erkannt, dass diese systemimmanente Gefahr durch das bei allen kompensationspflichtigen Strukturmaßnahmen bestehende strukturelle Informationsgefälle noch verstärkt wird. Denn nur der Hauptaktionär hat Zugang zu allen bewertungsrelevanten Informationen. Das versetzt ihn in die Lage, den Verlauf des Spruchverfahrens und die Höhe der Barabfindung zu beeinflussen. Das verschärft die Darlegungslasten für den Hauptaktionär im Spruchverfahren.

Wie der Ausgang der Spruchverfahren zeigt, konkretisiert sich diese Gefahr immer wieder. Anders lässt es sich jedenfalls nicht erklären, dass die überwiegende Zahl der Spruchverfahren zu einer zum Teil signifikanten Anhebung der Barabfindung führt, obwohl die gerichtlich bestellten Prüfer den Ergebnissen der Hauptaktionäre zuvor zugestimmt hatten. Weil der Prüfer seinem gesetzlichen Auftrag meist nicht entspricht, bleiben die außenstehenden Aktionäre letztlich auf gerichtliche Hilfe im Spruchverfahren angewiesen.

2 Bedeutung des Spruchverfahrens

Daher stellt das Spruchverfahren meist die erste und einzige Gelegenheit dar, um mit gerichtlicher Hilfe eine angemessene Barabfindung zu erhalten. Könnte der Hauptaktionär die Höhe der Abfindung einseitig und ohne gerichtliche Kontrollmöglichkeit festsetzen, wären die Minderheitsaktionäre seiner Willkür schutzlos ausgesetzt.

Dabei ist auch die Komplexität des Spruchverfahrens zu berücksichtigen. Sie ergibt sich nicht nur aus den betriebswirtschaftlichen Fragen, die vielfach im Mittelpunkt des Verfahrens stehen. Auch der relevante Sachverhalt bleibt meist streitig oder sogar gänzlich unerkannt, weil der Antragsgegner seinen strukturellen Informationsvorsprung verteidigt.

Der Streitgegenstand des Spruchverfahrens lässt sich daher häufig erst in mehreren mündlichen Verhandlungen und aufgrund eines Beweisbeschlusses ermitteln und bewältigen. Auch die Beschwerdeinstanz steht immer wieder vor der Aufgabe, weitere Ermittlungen zum Sachverhalt anstellen zu müssen. Hierzu ist unter Umständen ein ergänzendes Sachverständigengutachten erforderlich. Das spricht gegen eine Beschränkung des Spruchverfahrens auf nur eine Instanz. Auch wäre es mit dem Gebot effektiven Rechtsschutzes nicht vereinbar, wenn das Verfahren angesichts des komplexen Verfahrensgegenstandes und der Höhe der betroffenen Vermögenswerte auf eine Instanz verkürzt würde. Das Spruchverfahren würde damit Bagatellsachen[150] gleichgestellt werden. Das wird, schon in Anbetracht der entzogenen Eigentumswerte in Höhe von bisher 11,22 Mrd. Euro, seiner volkswirtschaftlichen Bedeutung nicht gerecht.

3 Methoden zur Unternehmensbewertung

Die Rechtsprechung verlangt im Hinblick auf die verfassungsrechtlichen Gewährleistungen normalerweise mehrere Wertansätze (a). Zunächst ermittelt eine Unternehmensbewertung, meist nach dem Ertragswert- oder Discounted Cash Flow-Verfahren, den inneren Wert (b). Die Wertuntergrenze bestimmt sodann der Börsenkurs (c).

a Ausgangspunkt

Maßgebend ist der Grenzwert, zu dem die Minderheitsaktionäre aus der Gesellschaft ausscheiden können, ohne einen wirtschaftlichen Nachteil zu erleiden.[151] Der Schutz der Minderheitsaktionäre gebietet es sicherzustellen, dass sie jedenfalls nicht weniger erhalten als bei einer freien Deinvestition, z. B. durch einen Verkauf an der Börse zum Zeitpunkt des zwangsweisen Ausschlusses aus der Gesellschaft.[152] Das setzt allerdings voraus, dass sich der Referenzkurs an den Kapitalmärkten auf der Grundlage aller relevanten Informationen bildet.[153]

150 In Zivilsachen ist lediglich für Verfahren bis zu Streitwerten von 600,00 Euro nur eine Instanz vorgesehen, § 511 Abs. 2 Nr. 1 ZPO.

151 BGH vom 4. März 1998, Az. II ZB 5/97.

152 BVerfG vom 27. April 1999, Az. 1 BvR 1613/94.

153 Vgl. oben Fußn. 9 auf S. 4 und Fußn. 10 auf S. 4.

b Unternehmensbewertung

Die Höhe der Barabfindung ergibt sich aus dem Unternehmenswert, der auf die Anzahl der Aktien aufzuteilen ist.[154] Dazu ist ein objektivierter Unternehmenswert zu ermitteln, der aus Sicht eines objektiv-vernünftigen dritten Betrachters als angemessen gelten kann.[155] Besteht das Grundkapital aus Stamm- und Vorzugsaktien, kann das eine differenzierte Bewertung für jede Aktiengattung erfordern. Für die Stammaktie und die Vorzugsaktie ist dann jeweils ein gesonderter Wert zu ermitteln.

„Bewerten heißt vergleichen“.[156] Doch jeder Vergleich *„hinkt“*.[157] Das Institut der Wirtschaftsprüfer definiert den Unternehmenswert so:

> *„Der objektivierte Unternehmenswert stellt einen intersubjektiv nachprüfbaren Zukunftserfolgswert aus Sicht der Anteilseigner dar. Dieser ergibt sich bei Fortführung des Unternehmens auf Basis des bestehenden Unternehmenskonzepts und mit allen realistischen Zukunftserwartungen im Rahmen der Marktchancen, -risiken und finanziellen Möglichkeiten des Unternehmens sowie sonstigen Einflussfaktoren.“*[158]

Die Unternehmensbewertung erfolgt also zukunftsbezogen. Sie muss die Verhältnisse der Gesellschaft im Zeitpunkt der Beschlussfassung ihrer Hauptversammlung berücksichtigen, § 327b Abs. 1 S. 1 2. HS AktG. Die nach dem Bewertungsstichtag zu erwirtschaftenden Überschüsse sind zu schätzen. Eine solche Schätzung ist naturgemäß mit Unsicherheiten verbunden. Einen mathematisch exakten oder wahren Unternehmenswert gibt es daher nicht.[159] Er ist vielmehr regelmäßig nach § 287 ZPO zu schätzen.

Im Hinblick auf den methodischen Ansatz geht es in den meisten Spruchverfahren um folgende Sach- und Rechtsfragen:
- Wahl der Bewertungsmethode:
- fundamentalanalytische Methoden wie das Ertragswert- oder Discounted Cash-Flow (DCF) – Verfahren,
- marktorientierte Verfahren wie Vergleichswertberechnungen oder eine Orientierung am Börsenkurs oder
- Grenzwertberechnungen wie der Liquidationswert bzw. der Barwert einer zuvor anlässlich eines Unternehmensvertrages festgelegten Ausgleichszahlung oder das Net Asset Value (NAV) – Verfahren;

---

154 Quotaler Wertanteil; vgl. IDW S 1 (2008), Rdnr. 13.

155 OLG Düsseldorf vom 27. Mai 2009, Az. I-26 W 5/07 (AktE).

156 Moxter, Adolf: Grundsätze ordnungsmäßiger Unternehmensbewertung. 2., vollst. umgearb. Aufl., Wiesbaden 1983, S. 123.

157 Großfeld, Bernhard: Recht der Unternehmensbewertung, 6., neu bearbeitete Aufl., Köln 2011, Rdnr. 2

158 IDW S 1 (2008), Rdnr. 29.

159 Vgl. OLG München vom 17. Juli 2007, Az. 31 Wx 60/06.

- Höhe der zukünftigen finanziellen Überschüsse bzw. Plausibilität der zugrunde gelegten Planung sowie Abgrenzung der nicht betriebsnotwendigen Vermögenswerte;
- Höhe und Berechnung des Kapitalisierungszinssatzes, mit dem die zukünftig erwarteten finanziellen Überschüsse auf den Bewertungsstichtag diskontiert werden.

c Börsenkurs

Die von Art. 14 Abs. 1 GG geforderte volle Entschädigung darf nicht unter dem Verkehrswert liegen. Bei börsennotierten Unternehmen kann ein solcher nicht ohne Rücksicht auf den Börsenkurs festgesetzt werden.[160] Somit stellt der Börsenkurs lediglich eine Wertuntergrenze dar. Ist der Betrag des quotal auf die Aktie bezogenen Unternehmenswertes[161] höher als der Börsenkurs, ist der höhere Wert abzufinden.[162]

Ein kompensationsrelevanter Börsenkurs bildet sich aber nur dann, wenn die Finanzmärkte auch alle dafür notwendigen Informationen einpreisen können. Dazu zählen vor allem die Höhe der Abfindung und die weiteren nach § 327c Abs. 3 AktG vorzulegenden Informationen. Dabei handelt es sich vor allem um die Unternehmensbewertung des Hauptaktionärs nach § 327c Abs. 2 S. 1 AktG, die der Wertermittlung zugrunde liegt, und um den Prüfungsbericht.

In den Finanzwissenschaften ist dieser Zusammenhang längst anerkannt. Im Schrifttum erklärt die Effizienzmarkthypothese[163] den Zusammenhang zwischen Information und der anschließenden Preisbildung an den Finanzmärkten. Danach gilt ein Preis dann nicht als relevant, wenn der Referenzzeitraum zur Feststellung eines Börsenkurses auf einen Zeitraum vorverlegt wird, in dem die Informationen über die Abfindungshöhe sowie seine Berechnungsgrundlagen noch gar nicht bekannt gemacht sind.[164]

Daher verlangt die Effizienzmarkthypothese, dass der Referenzzeitraum frühestens mit der Bekanntgabe der Informationen zur Höhe der Abfindung beginnt. Dazu zählt insbesondere die Unternehmensbewertung, die der Wertermittlung zugrunde liegt. Der Referenzzeitraum müsste grundsätzlich sogar über die Hauptversammlung hinausgehen, weil auf ihr mit weiteren Informationen zur Höhe der Abfindung zu rechnen ist. Er wird jedoch durch den Gesetzeswortlaut, § 327b Abs. 1 S. 1, 2. HS AktG, begrenzt.

---

160 BVerfG vom 27. April 1999, Az. 1 BvR 1613/94.

161 Schätzwert gemäß fundamentalanalytischer Unternehmensbewertung.

162 BGH vom 12. März 2001, Az. II ZB 15/00.

163 Vgl. oben Fußn. 9 auf S. 4 und Fußn. 10 auf S. 4.

164 So aber BGH vom 19. Juli 2010, Az. II ZB 18/09.

III Ermittlung der Barabfindung

Im Mittelpunkt der Spruchverfahren steht die Ermittlung einer angemessenen Barabfindung. Dieser Streitgegenstand erweist sich aus mehreren Gründen als ausgesprochen komplex:

- Der situationsimmanente Interessenkonflikt zwischen Haupt- und Minderheitsaktionären prägt die Ermittlung der Barabfindung. Er lässt sich nur in einem gerichtlichen Verfahren überwinden.
- Angesichts der schwierigen Sach- und Rechtsfragen erstrecken sich Spruchverfahren meist über zwei Instanzen und mehrere Jahre.
- Auch die geänderte Rechtsprechung zum maßgeblichen Referenzzeitraum bei der Ermittlung des Börsenkurses[165] erhöht die Komplexität des Spruchverfahrens. Während früher die Kapitalmärkte die relevanten Informationen, wie die Höhe der Barabfindung sowie Bewertungsspielräume aus dem Übertragungsbericht und dem Prüfungsbericht einpreisen konnten, ist das jetzt nicht mehr möglich.[166] Daher ist zu beobachten, dass Bewertungsgutachter und sachverständige Prüfer immer häufiger versuchen, einen Unternehmenswert darzustellen, der auf oder knapp unter dem Niveau des ohnehin abzufindenden Börsenkurses liegt. Das erhöht die Anforderungen an das Spruchverfahren, in dem es nun vermehrt um Fragen zur Unternehmensplanung geht.
- Bewertungsziel ist die Bestimmung des Verkehrswertes eines Unternehmens. Das verlangt nach der Rechtsprechung eine Methodenvielfalt in der Unternehmensbewertung, die nach den interessenorientierten Empfehlungen des IDW nicht gewährleistet ist.[167]

IV Umfang der gerichtlichen Nachprüfung

Die Angemessenheit der Barabfindung im Zeitpunkt der Beschlussfassung unterliegt einer umfassenden gerichtlichen Überprüfung, siehe § 327f S. 2 AktG.[168] Trotz der eindeutigen gesetzlichen Regelung in §§ 243 Abs. 4 S. 2, 327b Abs. 1 S. 1, 327f S. 2 AktG und § 1 Nr. 3 SpruchG wird von Hauptaktionären, Bewertungsgutachtern und sachverständigen Prüfern immer wieder die Frage aufgeworfen, inwieweit die Gerichte an die Planungsrechnung der Gesellschaft, bzw. ihres Hauptaktionärs, gebunden sind.

---

165 BGH vom 19. Juli 2010, Az. II ZB 18/09.

166 Fama zeigt in der Effizienzmarkthypothese auf, dass sich (nur) vorhandene Informationen über Wertpapiere einpreisen; vgl. oben Fußn. 9 auf S. 4 und Fußn. 10 auf S. 4.

167 Siehe dazu Teil 6 § 17 – IDW-Standard S 1, ab S. 331.

168 Besonders ausführlich: OLG Düsseldorf vom 13. März 2008, Az. I-26 W 8/07 (AktE).

Bereits das aktienrechtliche Kompetenzgefüge (1) spricht nicht gegen eine umfassende gerichtliche Überprüfbarkeit der von der Hauptversammlung beschlossenen Barabfindung (2). Dabei geht es in den meisten Spruchverfahren immer wieder um die gleichen thematischen Schwerpunkte (3).

1 Kompetenzgefüge der Aktiengesellschaft

Die Leitung einer Aktiengesellschaft obliegt dem Vorstand, §76 AktG. Dazu gehört auch die Unternehmensplanung nebst Planungsrechnung. In einem eingeschränkten Umfang haben der Aufsichtsrat und die Hauptversammlung ein Mitsprache- und Entscheidungsrecht. Für sie besteht aber kein direktes Weisungs- und Zustimmungsrecht. Sie können daher nicht in die Unternehmensplanung und damit die Grundlagen der Unternehmensbewertung eingreifen.

Dagegen stellt die Höhe der Barabfindung nach §327b Abs. 1 S. 1 AktG keine Entscheidung dar, die in das Planungsermessen des Vorstands fällt. Er hat zwar mit den für die Unternehmensbewertung erforderlichen Unterlagen auch die Unternehmensplanung vorzulegen. Auf ihrer Grundlage nimmt jedoch nicht der Vorstand, sondern der Hauptaktionär die Unternehmensbewertung vor. Dem Hauptaktionär kommt dabei allerdings kein weitergehendes Planungsermessen zu.

Final entscheidet allerdings der Hauptaktionär als Käufer über den Kaufpreis, den er zu zahlen bereit ist. Denn die letzten maximal 5 Prozent der Aktien können zwangsweise übertragen werden. Damit ergibt sich die Höhe des Kaufpreises nicht aus Verhandlungen. Die von der Verfassung geschützten Rechte der Minderheitsaktionäre führen aber dazu, dass es auf die tatsächlichen Wertverhältnisse der Gesellschaft am Tag der Hauptversammlung ankommt. Etwaige anlassbezogene Planungsrechnungen oder gar vom Hauptaktionär und seinen Beratern erstellte bzw. modifizierte Planungsrechnungen sind nicht verwendbar. Denn diese bergen die Gefahr, dass Unternehmenswerte systematisch zu gering angesetzt werden.[169] Kommt es dennoch dazu, sind sie im Spruchverfahren durch die turnusgemäßen Planungsrechnungen der Gesellschaft zu ersetzen.

2 Prüfungstiefe

Die Minderheitsaktionäre haben einen Anspruch auf die Abfindung, die den Unternehmenswert bzw. Zukunftserfolgswert der Gesellschaft beim Squeeze-out reflektiert. Die verfassungsrechtlichen Gewährleistungen zum Aktieneigentum, die Vorgaben des Gesetzgebers, vor allem in §327b Abs. 1 S. 1 AktG, sowie das aktienrechtliche Kompetenzgefüge führen zu einer nahezu uneingeschränkten Überprüfbarkeit der Planungsrechnung des Vorstands im Spruchverfahren. Das gilt jedenfalls im Hinblick

169 Vgl. OLG Frankfurt am Main vom 5. März 2012, Az. 21 W 11/11.

auf die Richtigkeit und Vollständigkeit der vorgelegten Planungsrechnung, nicht jedoch auf die unternehmerische Zweckmäßigkeit.

Die Entscheidung über die herzustellenden Produkte sowie die Einkaufs- und Vertriebsstrategien liegen in der Kompetenz der Organe der Gesellschaft. Der Vorstand erstellt sie, §§ 76 Abs. 1, 77 Abs. 1 AktG. Er hat dem Aufsichtsrat nach § 90 Abs. 1 S. 1 AktG über die Unternehmensplanung dann umfassend zu berichten.[170] Dazu legt Ziff. 4.1.2. des Deutschen Corporate Governance-Kodex zumindest börsennotierten Gesellschaften eine mittel- und langfristige Planung nahe.

Diese Planungsrechnungen des Vorstands stehen aber nicht zur Disposition des Hauptaktionärs bzw. seiner Berater. Dennoch zeigt sich in der Praxis immer wieder, dass Hauptaktionäre mit nicht zutreffenden bzw. interessenorientierten Planungsannahmen arbeiten, um einen möglichst geringen Unternehmenswert darzustellen. Weil die Planungsrechnung des Vorstands aber der Unternehmensbewertung und damit dem Eingriff in das Eigentum der Minderheitsaktionäre zugrunde liegt, ist sie im Spruchverfahren umfassend auf sachliche und rechnerische Richtigkeit zu überprüfen. Daher hat die Rechtsprechung damit begonnen, wesentliche Teile, wie zum Beispiel Planungsannahmen oder verwendete Wechselkurse, einer genauen Prüfung zu unterwerfen.

Zwar verfolgt der Hauptaktionär mit dem Squeeze-out seine eigenen wirtschaftlichen Interessen. Auch hat sich die Aktiengesellschaft ihnen schon wegen der hier bestehenden Mehrheitsverhältnisse unterzuordnen. Solange kein Unternehmensvertrag besteht, hat der Hauptaktionär gegenüber dem Vorstand aber trotz seiner Beteiligungshöhe kein Weisungsrecht. Daher ändern die Beteiligungsverhältnisse auch nichts an dem gesetzlichen und verfassungsrechtlichen Gewährleistungsrahmen für die Minderheitsaktionäre.

Umgekehrt kann die geschäftliche Ausrichtung der Gesellschaft von den Minderheitsaktionären im Spruchverfahren nicht durch eine andere, als gewinnbringender erscheinende Unternehmensstrategie ersetzt werden. Das gilt auch dann, wenn der vorgelegten Planungsrechnung letztlich unternehmerische Fehlentscheidungen zugrunde liegen. Auch dann kommt es im Spruchverfahren ausschließlich auf die Planungsrechnung des Vorstandes an.

Der Hauptaktionär darf aber den Unternehmenswert nicht interessengerecht herunterrechnen lassen. Dennoch fällt immer wieder auf, dass Hauptaktionäre die erworbene Gesellschaft gegenüber ihren eigenen Aktionären in der Finanzmarktkommunikation wesentlich besser darstellen als im Übertragungsbericht für die Minderheitsaktionäre der Zielgesellschaft. Alleine diese Diskrepanz zeigt, welche Spielräume in der Unternehmensbewertung ausgenutzt werden. Daher verlagern sich die Schwerpunkte des Spruchverfahrens immer mehr von technischen Komponenten, wie dem Kapitalisierungszins, hin zur Planungsrechnung.

170 Regierungsentwurf KonTraG, BT-Drucks. 13/9712, S. 15.

Die vom Vorstand beschlossene Unternehmensplanung ist hinzunehmen, sofern sie nicht offensichtlich jeder kaufmännischen Vernunft widerspricht.[171] Sie lässt sich lediglich dahingehend plausibilisieren, ob der Erwerb des Unternehmens bzw. die angekündigten Integrationsmaßnahmen wirtschaftlich als vertretbar erscheinen. Dabei kommt es nicht nur auf die besondere Situation der Gesellschaft an, sondern auch auf die volkswirtschaftlichen und branchenbezogenen Rahmendaten.

In der Praxis geht es immer wieder um die Frage, ob jede Planung des Vorstands, die nicht von vornherein als unplausibel erscheint, hinzunehmen ist[172] oder ob die Prognosen über den auf der Unternehmensstrategie aufbauenden, anzunehmenden wirtschaftlichen Erfolg voll überprüfbar sind.[173]

Für Ersteres spricht, dass jede Planung auf Annahmen beruht und auch ein Gericht eine solche Planung nicht durch eine eigene, letztlich ebenfalls auf nur vertretbaren Annahmen beruhende Planung ersetzen kann. Diese Auffassung berücksichtigt jedoch nicht, dass nach der Rechtsprechung des Bundesverfassungsgerichts dem Minderheitsaktionär eine volle Entschädigung für den Verlust seiner Rechtsposition zu gewähren ist und die Bestimmung der angemessenen Barabfindung, § 327f S. 2 AktG, ohnehin dem Schätzungsermessen des Gerichts, § 287 Abs. 2 ZPO, unterliegt. Zudem zählen Einflussnahmen des Hauptaktionärs in Form von Planvorgaben auf die Planungshoheit des Vorstands der Gesellschaft zu den am besten gehüteten Geheimnissen. Daher ist gerade auf diesem Gebiet eine umfassende Prüfung geboten.

3 Thematische Schwerpunkte

Viele Planungsrechnungen enthalten Modifikationen, die im Ergebnis zu einer mitunter wesentlich geringeren Abfindung führen. Deshalb unterstehen die folgenden, nur beispielhaft zusammengestellten Bewertungsfragen, voll umfänglich gerichtlicher Überprüfung:

- Die anzunehmenden Produktions-, Herstellungs-, Vertriebs- und Finanzierungskosten sind anhand der früheren Strukturen des Unternehmens und von Vergleichen mit anderen Betrieben der relevanten Branche(n) nachzuvollziehen bzw. können geschätzt werden. Marktpreise und Umrechnungskurse müssen zutreffend abgeleitet bzw. für die Zukunft nachvollziehbar prognostiziert werden. Die Annahmen sind auf ihre sachliche Richtigkeit vollumfänglich überprüfbar.
- Gleiches gilt für Umsatz-, EBT-, EBIT- und EBITA-Margen. Dem Unternehmen ist insoweit auch zumutbar, die wirtschaftlichsten Entscheidungen zu treffen und damit zumindest zu versuchen, den maximal möglichen Umsatz, den maximalen Ertrag und den maximalen Unternehmenswert zu erreichen.

---

171 Vgl. z. B. LG Hamburg vom 16. September 2011, Az. 417 HKO 19/07.

172 So im Ergebnis OLG Stuttgart vom 14. Februar 2008, Az. 20 W 9/06.

173 So LG Hamburg vom 16. September 2011, Az. 417 HKO 19/07.

- Vergangenheitswerte sind, soweit sie als Grundlage für zukünftige Planungsannahmen dienen, um einmalige und nicht wiederkehrende Geschäftsvorgänge zu bereinigen. Insbesondere im Zuge der Finanzkrise war zu beobachten, dass hierdurch verminderte Ergebnisse ohne Anpassung in die Zukunft fortgeschrieben wurden.
- Ergebnisentwicklungen sind, auch soweit der technische Bewertungsstichtag[174] zeitlich vorverlegt ist, bis zum Berichtsstichtag[175] vollständig zu berücksichtigen. Besondere Entwicklungen sind gegebenenfalls durch eine Nachtragsrechnung auf den Bewertungsstichtag zu erfassen. Auch die weitere Entwicklung der Gesellschaft unmittelbar nach dem Bewertungsstichtag kann zur Prüfung der Plausibilität der Planungsrechnung herangezogen werden.
- Abweichungen von allgemeinen Wirtschafts- und Branchenerwartungen sind zu erläutern. Beruft sich ein Hauptaktionär für seine Annahmen auf Marktstudien, müssen seine Annahmen diesen Studien entsprechen.
- Forschungs- und Entwicklungsprojekte, welche sich zum Bewertungsstichtag bereits hinreichend konkretisiert haben, sind in der Planungsrechnung vollständig zu erfassen. Dabei ist der vielfach zu beobachtenden Praxis der Planung von Umsatzrückgängen nach Ablauf von Produktlebenszyklen eine Absage zu erteilen. Denn die Annahme zeitlich unbefristeter Lebenserwartungen der Unternehmen basiert auf der Neu- und Weiterentwicklung von Produkten.
- Die angewandten Berechnungsmethoden müssen zutreffend, insbesondere frei von Rechenfehlern sein. Zudem müssen sie im Einklang mit gesetzlichen, etwa steuerrechtlichen, Vorschriften und betriebswirtschaftlich anerkannten Methoden stehen.

174 Planungsrechnungen erfolgen regelmäßig nicht unmittelbar zum Bewertungsstichtag, sondern auf den Beginn des ersten Detailplanungsjahres. Dieses fällt üblicherweise mit dem Jahr der Beschluss fassenden Hauptversammlung zusammen. Die zukünftigen finanziellen Überschüsse werden bis zu diesem technischen Bewertungsstichtag diskontiert und dann wieder bis zum Bewertungsstichtag aufgezinst.

175 Übertragungsbericht, Bewertungsgutachten und Prüfungsbericht werden zeitlich vor der Beschluss fassenden Hauptversammlung erstellt, siehe §§ 327b Abs. 1 S. 1, 327c AktG.

Teil 2 Tatsächlicher Untersuchungsrahmen

Bei dem ausgewerteten Datenmaterial (§ 4) handelt es sich nicht nur um eine Stichprobe. Vielmehr wird versucht, alle bekannt gewordenen Squeeze-out-Beschlüsse und nachfolgenden Spruchverfahren (§ 5) zu erfassen.

§ 4 Zugrunde liegendes Datenmaterial

Für den gesamten Untersuchungszeitraum (I) wurden für bis zu 125 Kriterien Einzeldaten erhoben und analysiert (II). Sie stammen ausschließlich aus öffentlich zugänglichen Quellen (III). Insbesondere die erhobenen Daten zu Verfahrensdauern sind durch einzelne Ausreißer gekennzeichnet, welche die Auswertungen verzerren. Zum Zwecke der Bereinigung werden daher verschiedene mathematisch-statistische Modelle angewandt (IV).

I Untersuchungszeitraum

Der Untersuchungszeitraum beginnt am 1. Januar 2002 mit dem Inkrafttreten der Regelungen zum aktienrechtlichen Squeeze-out, §§ 327a ff. AktG. Er enthält die bis zum 31. Dezember 2013 von einer Hauptversammlung beschlossenen Squeeze-out-Verfahren. Für alle diese Verfahren erfasst die Studie die Daten und Verfahrensstände, die hier bis zum 31. Dezember 2013 bekannt geworden sind.

Der ausgewertete Datenbestand wird weiterhin wie folgt laufend aktualisiert und in den aktuell betriebenen Spruchverfahren genutzt:

- Der Verfahrensablauf und die rechtliche Entwicklung der Spruchverfahren werden verfolgt.
- Auch die Daten zum verschmelzungsrechtlichen Squeeze-out werden erfasst und ausgewertet.
- Der Zusammenhang zwischen dem Börsenkurs und dem öffentlichen Übernahmeangebot wird auch weiterhin beobachtet. Dabei zeichnet sich im Ergebnis keine Annäherung einer rein kapitalmarkttechnischen Unternehmensbewertung an die Unternehmenswerte aus dem Ertragswertverfahren ab.
- Weitere Fragen wirft die geänderte Rechtsprechung[176] zu dem für den Börsenkurs maßgeblichen Referenzzeitraum auf. Insbesondere bedürfen Art und Umfang der vom Bundesgerichtshof geforderten Hochrechnung an die Verhältnisse zum gesetzlich normierten Bewertungsstichtag einer Klärung. Es zeigt sich aber bereits jetzt, dass der Ertragswert von den Hauptaktionären sowie den sie beratenden

176 Vgl. BGH vom 19. Juli 2010, Az. II ZB 18/09.

Rechtsanwälten und Wirtschaftsprüfern regelmäßig knapp unter dem ohnehin abzufindenden Börsenwert angegeben wird. Damit rückt die Planungsrechnung zunehmend in den Mittelpunkt des Spruchverfahrens. Denn das von den Hauptaktionären angestrebte Ergebnis lässt sich in vielen Fällen nicht mehr nur über einen „interessengerechten" Kapitalisierungszinssatz herbeirechnen.
- In den Spruchverfahren nach den weiteren kompensationspflichtigen Strukturmaßnahmen wie z. B. einem Unternehmensvertrag oder einer Verschmelzung zeichnen sich keine abweichenden oder zusätzlichen Erkenntnisse ab.

II Erhobene Daten

Im Gegensatz zu anderen Studien handelt es sich hier nicht um eine Stichprobe. Ihr Ziel ist vielmehr die vollständige Erfassung und Analyse aller Spruchverfahren nach einem aktien- oder verschmelzungsrechtlichen Squeeze-out gemäß §§ 327f AktG, 62 Abs. 5 UmwG. Dazu werden für jeden Einzelfall, soweit öffentlich zugänglich, im Wesentlichen die folgenden Daten erhoben, dokumentiert und analysiert:
- Daten zur Gesellschaft:
  - Name und Sitz der Gesellschaft
  - Branche
  - Name und Sitz des Hauptaktionärs
  - Höhe des Grundkapitals der Gesellschaft
  - Form und Nennbetrag der ausgegebenen Aktien
  - Gesamtanzahl der Aktien
  - Anzahl der vom Hauptaktionär gehaltenen Aktien
  - Anzahl der von den übrigen Aktionären gehaltenen Aktien
- Daten zur Durchführung des Squeeze-out:
  - Datum des ersten Verlangens zur Übertragung der Aktien der übrigen Aktionäre
  - Datum der Ad-hoc-Mitteilung
  - Datum der beschlussfassenden Hauptversammlung
  - Datum der Eintragung des Beschlusses in das Handelsregister
  - Datum der Bekanntmachung der Eintragung des Beschlusses im Handelsregister
- Daten zur Barabfindung:
  - Höhe der vom Hauptaktionär festgelegten Barabfindung
  - Höhe der vom gerichtlich bestellten Prüfer als angemessen beurteilten Barabfindung
  - Höhe der von der Hauptversammlung beschlossenen Barabfindung
  - Art der Wertermittlung (Bewertungsmethode)
  - Vom Hauptaktionär beauftragter Bewertungsgutachter (Gesellschaft und Gutachter)

  - Vom Gericht bestellter sachverständiger Prüfer (Gesellschaft und Prüfer)
  - Einzelne Bewertungsparameter zum Börsenkurs (Dauer und Ende des Referenzzeitraums; durchschnittlicher gewichteter Börsenkurs); Begründung im Falle der Nichtberücksichtigung als Wertuntergrenze
  - Einzelne Bewertungsparameter zum Kapitalisierungszinssatz (Basiszins vor und nach persönlicher Ertragsteuerbelastung; Art und Höhe der Bemessung des Risikozuschlags sowie einzelner Berechnungsparameter wie Marktrisikoprämie, Beta-Faktor, Verschuldungsgrad; Wachstumsabschlag)
- Daten zum Spruchverfahren (getrennt nach Instanzen):
  - Einleitung eines Spruchverfahrens
  - Zuständiges Gericht, Besetzung und Akten- bzw. Geschäftszeichen
  - Namen und Anzahl der Antragsteller
  - Verfahrensbevollmächtigte des Hauptaktionärs und der Antragsteller (Kanzlei, verantwortlicher Anwalt)
  - Inhalt von Beweisbeschlüssen
  - Gerichtlich bestellte Sachverständige (Gesellschaft und Sachverständiger; Ergebnis der Begutachtung)
  - Kapitalisierungszins einschließlich vergleichender Untersuchungen zu von der Deutschen Bundesbank und dem Deutschen Aktieninstitut e. V. veröffentlichter Daten zu Basiszinssatz und Renditen aus Aktieninvestitionen
  - Eingelegte Rechtsmittel
  - Verfahrensbeendigung: Rücknahme/Vergleich/Teilvergleich/Entscheidung und Datum
  - Ergebnis Landgericht/Beschwerdegericht(e)/Bundesgerichtshof
- Sonstige Daten:
  - Beschlussmängelklagen: Ausgang/Anhebung der Barabfindung bei Vergleich
  - Vorangegangene Übernahmeangebote und aktienrechtliche Strukturmaßnahmen (Vergleich Kaufpreis/Abfindung)

Naturgemäß erhebt eine solche Sammlung keine Gewähr für die Vollständigkeit und Richtigkeit aller erfassten Daten. Das gilt auch deshalb, weil nur Daten aus öffentlich zugänglichen Informationsquellen verwendet werden. Daher wird darum gebeten, uns auf etwa nicht erfasste Verfahren oder Fehler hinzuweisen. Bitte wenden Sie sich dazu an die im Vorwort genannte Anschrift.

III Ausgewertete Informationsquellen

Damit sich die Ergebnisse dieser Studie objektiv nachvollziehen lassen, liegen der Studie ausschließlich öffentlich zugängliche Daten zugrunde. Sie stammen vor allem aus den folgenden Informationsquellen:

- Die nach § 327c Abs. 3 AktG zur Vorbereitung der Hauptversammlung zu erstellenden bzw. nach § 7 Abs. 3 SpruchG dem Spruchverfahren zugrunde zu legenden Unterlagen:
  - Entwurf des Übertragungsbeschlusses
  - Jahresabschlüsse und Lageberichte für die letzten drei Geschäftsjahre
  - Bericht des Hauptaktionärs (Übertragungsbericht)
  - Bericht des gerichtlich bestellten sachverständigen Prüfers
- Entscheidung des Landgerichts, soweit ergangen und vorhanden
- Entscheidung des Oberlandesgerichts, soweit ergangen und vorhanden
- Entscheidung des Bundesgerichtshofs, soweit ergangen und vorhanden
- Ad-hoc-Mitteilungen nach § 15 WpHG, vor allem zum Verlangen nach § 327a Abs. 1 S. 1 AktG, falls vorhanden
- Bekanntmachungen im Handelsregister
- Bekanntmachungen im Bundesanzeiger bzw. dem elektronischen Bundesanzeiger
- Veröffentlichungen auf den Homepages der betroffenen Gesellschaften
- Angaben in „Hoppenstedt Aktienführer“[177]
- Berichterstattung der einschlägigen Wirtschaftspresse
- Recherchen im Internet

IV Statistische Auswertungsmodelle

Einzelne Ergebnisse der Studie werden durch „Ausreißer“ verzerrt. Insbesondere die statistische Güte der erhobenen Daten zu Verfahrensdauern leidet unter einzelnen, weit über- oder unterdurchschnittlichen, Ergebnissen.

Neben den arithmetischen Mittelwerten, also den Quotienten aus der Summe der beobachteten Werte, werden daher ergänzend auch weitere Mittelwerte dargestellt. Dabei handelt es sich im Einzelnen um

- Median- bzw. Zentralwerte; das sind derjenigen Werte, welche an der mittleren Stelle einer Zahlenreihe stehen, wenn man die Werte der Größe nach sortiert. Diese Art der Auswertung wird insbesondere bei der Auswertung von Zeiträumen und Zinssätzen eingesetzt;
- Geometrische Mittelwerte; hierbei handelt es sich um die n-te Wurzel aus dem Produkt der beobachteten Daten, wobei n die Anzahl der beobachteten Daten ist. Diese Form der Mittelwertberechnung wird insbesondere bei Steigerungs- bzw. Wachstumsraten angewandt.
- Gestutzte und winsorisierte Mittelwerte; diese Form der Mittelwertberechnung basiert auf dem arithmetischen Mittel. Kann man davon ausgehen, dass die Daten

177 Hoppenstedt Firmeninformationen GmbH: Aktienführer. Darmstadt (Jahrgangsbände).

durch „Ausreißer“, das heißt einige wenige zu hohe oder zu niedrige Werte, kontaminiert sind, so kann man die Daten entweder durch Stutzen oder durch Winsorisieren bereinigen und den gestutzten oder winsorisierten Mittelwert berechnen. In beiden Fällen werden die Beobachtungswerte zuerst nach aufsteigender Größe sortiert. Beim Stutzen wird sodann eine gleiche Anzahl von Werten am Anfang und am Ende der Folge abgeschnitten und von den übrig bleibenden Werten der Mittelwert berechnet. Hingegen werden beim Winsorisieren die „Ausreißer“ am Anfang und Ende der Folge durch den nächstgrößeren (bzw. -kleineren) Wert der restlichen Daten ersetzt.
Solche „Ausreißer“ sind insbesondere bei der Erhebung von Daten zu Verfahrensdauern und sonstigen Zeiträumen zu beobachten. Im Rahmen dieser Studie werden daher entsprechend den Literaturempfehlungen[178] ergänzend um 20 Prozent gestutzte Mittelwerte[179] dargestellt.

Auf weitere Formen der Mittelwertberechnung, etwa Modalwerte, wurde verzichtet, um die Studie nicht zu überfrachten. Vom arithmetischen Mittel abweichende Mittelwerte werden immer gesondert gekennzeichnet.

§ 5 Anzahl der Squeeze-out-Verfahren

In insgesamt 477 Fällen hat eine Gesellschaft im Bundesanzeiger zu einer Hauptversammlung eingeladen, um einen Squeeze-out zu beschließen. Davon betrafen elf Fälle – das entspricht etwa zwei Prozent – einen verschmelzungsrechtlichen Squeeze-out i. S. d. § 62 Abs. 5 UmwG.
In 462 Fällen gelangte der Übertragungsbeschluss zur Eintragung in das Handelsregister (I), in 15 Fällen dagegen nicht (II):

178 Vgl. R.K. Kowalchuk, H.J. Keselman, R.R. Wilcox, J. Algina: Multiple comparison procedures, trimmed means and transformed statistics. In: Journal of Modern Applied Statistical Methods. 5, 2006, S. 44-65; R.R. Wilcox, H.J. Keselman: Power analysis when comparing trimmed means. In: Journal of Modern Applied Statistical Methods. 1, 2001, S. 24-31.

179 D. h. abschneiden von jeweils 10 Prozent am Anfang und am Ende der Datenfolge.

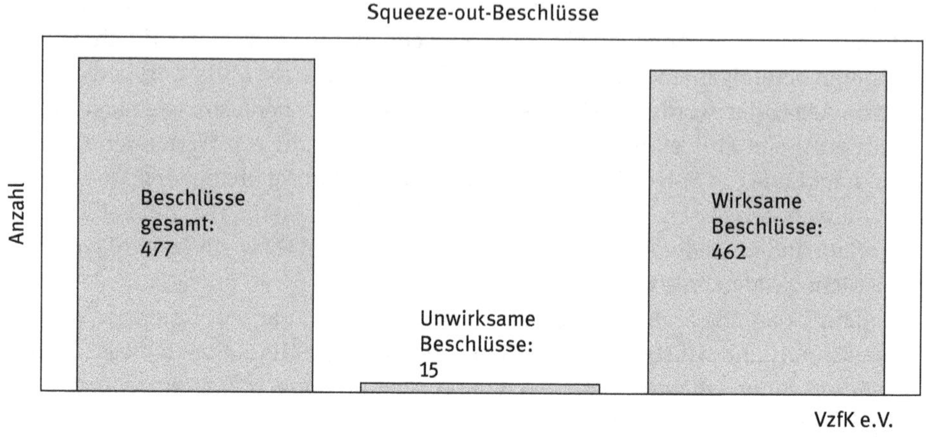

Abb. 4: Anzahl wirksamer und unwirksamer Squeeze-out-Beschlüsse

I Liste der Squeeze-out-Beschlüsse

Der Aufstellung der Gesellschaften (1) folgt eine Aufschlüsselung nach Branchen (2), nach Jahren (3) sowie Angaben zum Wert der übertragenen Aktien (4).

1 Gesellschaften

Diese Studie analysiert für den Untersuchungszeitraum die 462 Squeeze-out-Beschlüsse, die mit Eintragung in das Handelsregister wirksam wurden, sowie die anschließenden Spruchverfahren. Dabei handelt es sich um die folgenden, in alphabetischer Reihenfolge dargestellten Gesellschaften:

Lfd. Nr.	Gesellschaft
1	A. Friedrich Flender AG
2	A. Moksel AG
3	Aachener Straßenbahn und Energieversorgungs AG
4	Aachener und Münchener Lebensversicherung AG
5	Aachener und Münchener Versicherung AG
6	ABB Asea Brown Boveri AG
7	ABN AMRO Holding (Deutschland) AG
8	accaris financial planning AG
9	ACTRIS AG
10	Aditron AG
11	Aesculap AG
12	AG für Haus- und Grundbesitz
13	AG Kühnle, Kopp & Kausch
14	AGAB AG für Anlagen und Beteiligungen

Lfd. Nr.	Gesellschaft	
15	AGIMA AG für Anlagen und Beteiligungen	
16	AIRE GmbH & Co.KGaA	***
17	Aktiengesellschaft für Vermögensanlagen (Communalbank für Sachsen)	
18	Aktiengesellschaft Kunstmühle Aichach	
19	Aktivbank AG	
20	Alcatel SEL AG	
21	Allgäuer Alpenwasser AG	
22	Allgemeine Privatkundenbank AG	
23	Allianz Lebensversicherung AG	
24	Allweiler AG	
25	ALTANA AG	
26	Alte Leipziger Versicherung AG	
27	Andreae-Noris Zahn AG	
28	Anneliese Zementwerke AG	
29	ANTERRA Vermögensverwaltungs-AG	
30	APCOA Parking AG	
31	aqua signal AG	
32	ARBOmedia AG	
33	Armstrong DLW AG	
34	ATB Antriebstechnik AG	
35	Auerbräu AG	
36	Autania AG	
37	AVA Allgemeine Handelsgesellschaft der Verbraucher AG	
38	AVECS Corporation AG	
39	Avinci AG	
40	AWD Holding AG	
41	AXA Konzern AG	
42	AXA Lebensversicherung AG	
43	AXA Versicherung AG	
44	Baden-Württembergische Bank AG	
45	Badische Gas- und Elektrizitätsversogung AG	
46	Barmag AG	
47	Bausparkasse Mainz AG	
48	Bau-Verein zu Hamburg Aktien-Gesellschaft	
49	Bayerische BrauHolding AG	
50	Bayerische Hypo- und Vereinsbank AG	
51	Bayerische Immobilien AG	
52	BBG Beteiligungs-AG	
53	Bekaert Deutsche Holding AG	
54	Berliner Kindl Brauerei AG	
55	Berlin-Hannoversche Hypothekenbank AG	
56	Beru AG	
57	BHW Bank AG	
58	BHW Holding AG	
59	Bibliographisches Institut AG	
60	Blaue Quellen Mineral- und Heilbrunnen AG	
61	Blohm & Voss Holding AG	
62	Brain Force Finanzial Solutions AG	

Lfd. Nr.	Gesellschaft
63	BRAINPOOL TV AG
64	Brau & Brunnen AG
65	BRAUEREIGESELLSCHAFT vorm. Meyer & Söhne AG
66	Brauhaus zur Garde AG
67	Braunschweiger Kohlen-Bergwerke AG
68	Braunschweigische Maschinenbauanstalt AG
69	Bremer Wollkämmerei AG
70	Bristol-Myers Squibb GmbH & Co.KGaA
71	Buckau – Walther AG
72	Buderus AG
73	burgbad AG
74	Bürgerverein 1864 AG
75	BVA-Bayerische Warenhandelsgesellschaft der Verbraucher AG
76	CAA AG
77	Carl Schenck AG
78	Celanese AG
79	Central Krankenversicherung AG
80	Christian Adalbert Kupferberg & Compagnie KGaA
81	CinemaxX AG
82	Citicorp Deutschland AG
83	Cluss-Wulle AG
84	CMG Grundstücksverwaltungs- und Beteiligungs-AG
85	Comarch Software und Beratungs AG
86	COMPUTEC MEDIA AG
87	ComputerLinks AG
88	Concept! AG
89	Consors Discount -Broker AG
90	Constantin Film AG
91	Contigas Deutsche Energie-AG
92	ContiTech AG
93	Converium Rückversicherung (Deutschland) AG
94	COREALCREDIT Bank AG
95	D+S europe AG
96	Dachziegelwerke Idunahall AG
97	Damp Holding AG
98	DBV-Winterthur Holding AG
99	Debitel AG
100	Degussa AG
101	Delta Lloyd Lebensversicherung AG
102	DEPFA Deutsche Pfandbriefbank AG
103	Der Grüne Punkt – Duales System Deutschland AG
104	Derby Cycle AG
105	Deutsche Annington Heimbau AG
106	Deutsche Ärzteversicherung AG
107	Deutsche Bank Lübeck AG (vormals Handelsbank Lübeck)
108	Deutsche Bank Saar AG
109	Deutsche Bausparkasse Badenia AG
110	Deutscher Eisenhandel AG

Lfd. Nr.	Gesellschaft
111	Deutscher Ring Lebensversicherungs-AG
112	DeveloGen AG
113	DGAG Deutsche Grundvermögen AG
114	DIBAG Industriebau AG
115	Didier-Werke AG
116	DIH Deutsche Immobilien Holding AG
117	DIS Deutscher Industrie Service AG
118	DMS Deutsche Maklerservice AG
119	Dom-Brauerei AG
120	Dortmunder Actien Brauerei AG
121	Douglas Holding AG
122	Dr. Neuhaus Computer KGaA
123	Dr. Scheller Cosmetics AG
124	Drei Mohren AG
125	Dresdner Bank AG
126	DSL Holding AG i.L.
127	DUEWAG AG i.A.
128	Dyckerhoff AG
129	E.ON Bayern AG
130	EBV AG
131	Edelstahlwerk Witten AG
132	Edscha AG
133	eff-eff Fritz Fuss GmbH & Co KGaA
134	Elektra Beckum AG
135	Elsdorfer Feinkost AG
136	Elster Group SE
137	Energiedienst AG
138	ENTITEC AG
139	Entrium Direct Bankers AG
140	Epcos AG
141	Equitrust AG
142	ERFAG AG zur Errichtung und Finanzierung von Anlagegütern Schwelm
143	ERGO Versicherungsgruppe AG
144	Erlau AG
145	ersol Solar Energy AG
146	eteleon e-solutions AG
147	Eternit AG
148	Euler Hermes Kreditversicherungs AG
149	EURAG-Holding-AG
150	Eurohypo AG
151	F. Reichelt AG
152	FAG Kugelfischer Georg Schäfer AG
153	Felten & Guilleaume AG
154	FMH Facility Management Hessisches Handwerk AG
155	Ford Werke AG
156	Francono Rhein-Main AG
157	FranconoWest AG
158	Franke Aquarotter AG

Lfd. Nr.	Gesellschaft	
159	FRANKENLUK AG	
160	Frankfurter Sparkasse AG	
161	Fränkisches Überlandwerk AG	
162	Friatec AG	
163	Frogster Interactive Pictures AG	
164	FXdirekt Bank AG	
165	G. Kromschröder AG	
166	GAH Beteiligungs AG	
167	GARANT SCHUH + MODE AG	***
168	GARDENA Holding AG	
169	Gasanstalt Kaiserslautern AG	
170	Gauss Interprise AG	
171	GBH Grundstücks- und Baugesellschaft AG	
172	GBW AG	
173	GE Frankona Rückversicherungs-Beteiligungs-AG	
174	GEA AG	
175	Gebrüder Bernard AG	
176	Gemeinnützige Baugesellschaft Kaiserslautern AG	
177	GENEART AG	
178	Generali Deutschland Holding AG	
179	GeneScan Europe AG	
180	Gerling Konzern Allgemeine Versicherung AG	
181	Gerresheimer Glas AG	
182	Gilde Brauerei AG	
183	GL AG	
184	Glunz AG	
185	GNL Gasnetz Leipzig AG	
186	Goldschmidt AG	
187	Graphit Kropfmühl AG	***
188	H.I.S. sportswear AG	
189	HAG GF AG	
190	Hageda AG	
191	Hagen Batterie AG	
192	Hamburger Hochbahn AG	
193	Hamburg-Mannheimer Sachversicherungs-AG	
194	Hannoversche Portland-Cementfabrik AG	
195	Hansa Metallwerke AG	
196	Hansen Sicherheitstechnik AG	
197	Hapag – Lloyd AG	
198	Harpen AG	
199	Haus und Heim Wohnungsbau-AG	
200	HBW Abwicklungs AG i.L.	
201	Heidelblume Molkerei Elsdorf-Rotenburg AG	
202	Heiler Software AG	
203	Heinrich Industrie AG	
204	Hilgers AG	
205	Hirschbrauerei AG	
206	Hoechst AG	

Lfd. Nr.	Gesellschaft	
207	Holcim (Deutschland) AG	
208	Holsten-Brauerei AG	
209	Horten AG	
210	hotel.de AG	
211	Hüttenwerke Kayser AG	
212	HVB Real Estate Bank AG	
213	Hymer AG	
214	Hypo Real Estate Holding AG	
215	ICN Immobilien Consult Nürnberg GmbH & Co. KG	
216	IHB Investitions- und Handels- AG	
217	IKON AG Präzisionstechnik	
218	Industriebaugesellschaft Centrum am Bülowplatz AG	
219	Infincon AG	
220	Infinigate AG	
221	INFO Gesellschaft für Informationssysteme AG	***
222	Infor Global Solutions Deutschland AG	
223	ING BHF-Bank AG	
224	Ingenium Pharmaceuticals AG	
225	Ingram Macrotron AG	
226	INKA AG für Beteiligungen	
227	Interhansa Reederei AG	
228	Interhyp AG	
229	INTERNOLIX AG	
230	Invensys Metering Systems AG	
231	itelligence AG	
232	IVG Deutschland Immobilien AG	
233	iXOS Software AG	
234	Jado AG	
235	Jagenberg AG	
236	Jerini AG	
237	Jil Sander AG	
238	Jobpilot AG	
239	John Deere-Lanz Verwaltungs-AG	
240	Joseph Vögele AG	
241	Kali-Chemie AG	
242	Kammgarnspinnerei zu Leipzig AG	
243	Kamps AG	
244	Karlsruher Lebensversicherung AG	
245	Kaufhalle AG	
246	KBC Bank Deutschland AG	
247	Kempinski AG	
248	Kennametal Hertel AG	
249	Keramag Keramische Werke AG	
250	Kiekert AG	
251	Klinik Rose AG	
252	Klöckner-Werke AG	
253	KM Europe Metal AG	
254	Knürr AG	

Lfd. Nr.	Gesellschaft	
255	Koepp AG	
256	Kolbenschmidt Pierburg AG	
257	Kölnische Rückversicherungs-Gesellschaft AG	
258	Kölnische Verwaltungs AG für Versicherungswerte	
259	Komatsu Hanomag AG	
260	Königsbacher Brauerei AG vorm. Jos. Thillmann	
261	Konrad Hornschuch AG	
262	Kötitzer Ledertuch- und Wachstuch-Werke AG	
263	Krefelder Hotel AG	
264	KSR Kuebler Niveau-Messtechnik AG	***
265	La mer Cosmetics AG	
266	Lambda Physik AG	
267	Landesbank Berlin Holding AG	
268	Leica Camera AG	
269	LHA Internationale Lebensmittelhandelsagentur Krause AG	
270	LHS AG	
271	Lindenmaier Präzision AG	
272	Lindner Holding KGaA	
273	LINOS AG	
274	living-e AG	
275	lohndirekt/aktiengesellschaft	
276	Löwenbräu AG	
277	MacroSystem Digital Video AG	
278	Maihak AG	
279	Mainzer Aktien-Bierbrauerei AG	
280	MAN Roland Druckmaschinen AG	
281	manager-lounge AG	
282	Mannheimer AG Holding	***
283	Marner GZG Saaten AG	
284	Maschinenfabrik Esslingen AG	
285	Massa AG	
286	MCS Modulare Computer und Software Systems AG	***
287	Mech. Baumwoll-Spinnerei & Weberei Bayreuth AG	
288	MEZ AG	
289	mg vermögensverwaltungs-AG	
290	MHM Mode Holding AG	
291	Michael Weinig AG	
292	Microlog Logistics AG	
293	MIK International AG	
294	Minick (Germany) AG	
295	MIS AG	
296	Möbel Walther AG	
297	MONACHIA Grundstücks-AG	
298	Mondi Consumer Packaging International AG	
299	Morphochem Aktiengesellschaft für kombinatorische Chemie	
300	Motorenwerke Mannheim AG	
301	MSH International Service AG	
302	MTD Products AG	

Lfd. Nr.	Gesellschaft	
303	Mummert Consulting AG	
304	MVS Miete Vertrieb Service AG	
305	NB Beteiligungs AG	
306	Neckarwerke Stuttgart AG	
307	Nestlé Deutschland AG	
308	net-m privatbank 1891 AG	
309	Nexans Deutschland AG	
310	NFZ Norddeutsche Fleischzentrale AG	
311	Novasoft AG	
312	O & K Orenstein & Koppel AG	
313	OpenPictures AG	
314	Operator Telekommunikation International AG	
315	OSSACUR AG	
316	Otavi Minen AG	
317	Otto Reichelt AG	
318	Otto Stumpf AG	
319	P/S Kunststoffwerke AG	
320	Patria Versicherung AG	
321	PC-Ware Information Technologies AG	
322	P-D INTERGLAS TECHNOLOGIES AG	
323	Phonet Telecom AG	
324	PICNIC Grundstücksverwaltung AG	
325	Pirelli Deutschland AG	
326	PKV Vermögensverwaltungs AG	
327	Praktiker Bau- und Heimwerkermärkte AG	
328	PressWatch AG	
329	Primion Technology AG	
330	pro ALPHA Software AG	***
331	PROCON MultiMedia AG	***
332	PSB AG für Programmierung und Systemberatung	
333	Quante AG	
334	Radeberger Gruppe AG	
335	Rapunzel Naturkost AG	
336	Rathgeber AG	
337	Real AG	
338	Real Garant Versicherung AG	
339	Reckitt Benckiser Deutschland AG	
340	Regentalbahn AG	
341	RENERCO Renewable Energy Concepts AG	
342	REpower Systems AG	
343	Revell AG	
344	Rheinhold & Mahla AG	
345	Rheinisch-Westfälische Kalkwerke AG	
346	rhenag Rheinische Energie AG	
347	ricardo.de AG	
348	Rieter Ingolstadt Spinnereimaschinen AG	
349	RSE Grundbesitz und Beteiligungs-AG	
350	Rücker AG	***

Lfd. Nr.	Gesellschaft
351	RÜTGERS AG
352	RWE DEA AG
353	SAI Automotive AG
354	Salamander AG
355	Sanierungs- und Gewerbebau-AG
356	SAP SI AG
357	Sappi Alfeld AG
358	Sappi Ehingen AG
359	SCA Hygiene Products SE
360	Scheidemandel AG
361	Schering AG
362	Schleicher & Co. International AG
363	Schmalbach-Lubeca AG
364	SchmidtBank AG
365	Schoeller Eitorf AG
366	Scholz & Friends AG
367	SCHOTT DESAG AG
368	Schott Zwiesel AG
369	Schramm Holding AG
370	Schwarz Pharma AG
371	SCOR DEUTSCHLAND Rückversicherungs-AG
372	Shigo Asia AG
373	SinnLeffers AG
374	Softlution AG
375	Solarparc AG
376	Solenhofer Aktien-Verein AG
377	SPAR Handels – AG
378	Stadtwerke Achim AG
379	Stahlwerke Bochum AG
380	StattAuto CarSharing AG
381	Steffen AG
382	Steigenberger Hotels AG
383	Stelcon AG
384	StepStone Deutschland AG
385	Stinnes AG
386	Stollwerck AG
387	Stowe Woodward AG
388	Stuttgart Consult Unternehmens- und Finanzberatungs AG
389	Stuttgarter Baugesellschaft von 1872 AG
390	Süd-Chemie AG
391	SuSE Linux AG
392	Systematics AG
393	TA Triumph-Adler AG
394	Tarkett AG
395	TDS Informationstechnologies AG
396	Tech Data Germany AG
397	Techem AG
398	Tecis Holding AG

Lfd. Nr.	Gesellschaft
399	telegate Media AG
400	Tempelhofer Feld AG
401	Terex Material Handling & Port Solutions AG
402	Terrain-Gesellschaft am Teltow-Kanal Rudow-Johannisthal AG
403	Teutoburger Wald-Eisenbahn AG
404	TEUTONIA Zementwerk AG
405	Texas Instruments Berlin AG
406	The NewGen Hotels AG
407	Thüga AG
408	Thüga Beteiligungen AG
409	Thuringia Versicherungs – AG
410	TIAG Tabbert Industrie AG
411	Tracom Holding AG
412	Tradition Wertpapierhandelsbank AG
413	Triumph International Holding AG
414	UBAG Unternehmer Beteiligungen AG i.A.
415	Uetersener Eisenbahn AG
416	Unilog Integrata AG
417	Universitätsdruckerei H. Stürtz AG
418	USU AG
419	Utimaco Safeware AG
420	Vattenfall Europe AG
421	VEM Aktienbank AG
422	Ventegis Capital AG
423	Vereins – und Westbank AG
424	Vereinte Versicherung AG
425	Verlag und Druck G.J. Manz AG
426	Versatel AG
427	Verseidag AG
428	VERWA Agrarproduktions- und Verwaltungs- AG
429	Vfw AG
430	Victoria Versicherung AG
431	VIVA Media AG
432	Vodafone AG
433	Volksfürsorge Holding AG
434	VTG – Lehnkering AG
435	W. Jacobsen AG
436	W.E.T. Automotive Systems AG
437	W.O.M. World of Medicine AG
438	Walter AG
439	WaveLight AG
440	Wayss & Freytag AG
441	Wayss & Freytag Ingenieurbau AG
442	Wayss & Freytag Schlüsselfertigbau AG
443	WEDECO Water Technology AG
444	Wella AG
445	WERBAS AG
446	WERU AG

Lfd. Nr.	Gesellschaft	
447	Westfalenbank AG	
448	Winkler + Dünnebier AG	
449	Winter AG	
450	Wohnbau Rhein-Main AG	
451	Wupper AG i.L.	
452	Württembergische Hypothekenbank AG	
453	Württembergische Leinenindustrie AG	***
454	Württembergische und Badische Versicherungs AG	
455	Würzburger Hofbräu AG	
456	Wüstenrot Bausparkasse AG	
457	YTONG Deutschland AG	
458	Zanders Feinpapiere AG	
459	ZKZ Verwaltungsaktiensgesellschaft	
460	Zuckerfabrik Jülich AG	
461	Zürich Agrippina Lebensversicherung AG	
462	Zürich Agrippina Versicherung AG	

*** Verschmelzungsrechtlicher Squeeze-out

2 Aufschlüsselung nach Branchen

Zum Zwecke der weiteren Analyse wurden diese Gesellschaften den 18 Sektoren der Deutschen Börse zugeordnet.[180] Hierzu wurden die wirtschaftlichen Tätigkeitsschwerpunkte der Gesellschaften anhand ihrer Eigendarstellung in den (Konzern-) Jahresabschlüssen und im Internet ermittelt.

Die Gesellschaften, welche einen wirksamen Squeeze-out-Beschluss gefasst haben, verteilen sich auf diese Sektoren wie folgt:

180 Unter: http://deutsche-boerse.com/dbg/dispatch/de/binary/gdb_content_pool/imported_files/public_files/10_downloads/33_going_being_public/10_products/334_sectorindices/Infoblatt_index sectors.pdf.

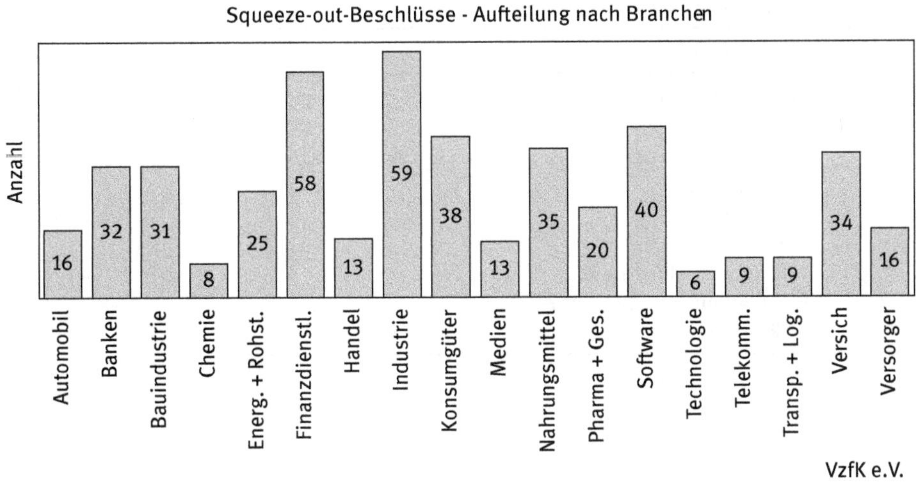

Abb. 5: Aufteilung der Squeeze-out-Beschlüsse nach Branchen

a Automobilbranche

Dieser Sektor umfasst die Subsektoren

- Autoteile und -zubehör (Hersteller von Teilen und Zubehör für Automobile und Motorräder, inklusive Reifen und Batterien) sowie
- Automobilhersteller (Unternehmen, die hauptsächlich Personenfahrzeuge, Kleinlastwagen und Motorräder herstellen)

zusammen. Zu dieser Branche zählen danach die folgenden 16 Gesellschaften – das entspricht 3,46 Prozent aller wirksamen Beschlüsse:[181]

Tab. 2: Liste der Gesellschaften im Sektor Automobilbranche

VzfK e. V.	**Sektor: Automobilbranche**
Nr.	**Gesellschaft**
1	A. Friedrich Flender AG
56	Beru AG
92	ContiTech AG
132	Edscha AG
155	Ford Werke AG
191	Hagen Batterie AG
250	Kiekert AG

181 Die laufenden Nummern entsprechen der Nummerierung in der Gesamtaufstellung der Gesellschaften, vgl. Teil 2 § 5 I 1 – Gesellschaften, ab S. 88.

VzfK e. V.	Sektor: Automobilbranche
Nr.	**Gesellschaft**
256	Kolbenschmidt Pierburg AG
271	Lindenmaier Präzision AG
325	Pirelli Deutschland AG
347	ricardo.de AG
350	Rücker AG
353	SAI Automotive AG
410	TIAG Tabbert Industrie AG
436	W.E.T. Automotive Systems AG
445	WERBAS AG

b Banken

Dieser Sektor umfasst die Subsektoren

- Kreditbanken (Kredit- und Universalbanken, die nicht aufgrund ihres Schwerpunkts unter Hypothekenbanken oder Finanzdienstleistern eingeordnet sind) sowie
- Hypothekenbanken (Spezialbanken, die ausschließlich oder vorwiegend langfristige Kredite gegen Grundpfandrechte oder Kommunaldarlehen gewähren).

Diesem Sektor gehören die folgenden 32 Gesellschaften – das entspricht 6,93 Prozent – an:

Tab. 3: Liste der Gesellschaften im Sektor Banken

VzfK e. V.	Sektor: Banken
Nr.	**Gesellschaft**
7	ABN AMRO Holding (Deutschland) AG
19	Aktivbank AG
22	Allgemeine Privatkundenbank AG
44	Baden-Württembergische Bank AG
47	Bausparkasse Mainz AG
50	Bayerische Hypo- und Vereinsbank AG
55	Berlin-Hannoversche Hypothekenbank AG
57	BHW Bank AG
94	COREALCREDIT Bank AG
102	DEPFA Deutsche Pfandbriefbank AG
107	Deutsche Bank Lübeck AG (vormals Handelsbank Lübeck)
108	Deutsche Bank Saar AG
109	Deutsche Bausparkasse Badenia AG
125	Dresdner Bank AG
126	DSL Holding AG i.L.

VzfK e. V.	Sektor: Banken
Nr.	**Gesellschaft**
139	Entrium Direct Bankers AG
150	Eurohypo AG
160	Frankfurter Sparkasse AG
164	FXdirekt Bank AG
212	HVB Real Estate Bank AG
214	Hypo Real Estate Holding AG
216	IHB Investitions- und Handels- AG
223	ING BHF-Bank AG
228	Interhyp AG
246	KBC Bank Deutschland AG
267	Landesbank Berlin Holding AG
308	net-m privatbank 1891 AG
364	SchmidtBank AG
421	VEM Aktienbank AG
423	Vereins – und Westbank AG
447	Westfalenbank AG
452	Württembergische Hypothekenbank AG

c Bauindustrie

Dieser Sektor umfasst die Subsektoren

- Baumaterialien (Hersteller von Grundbaukomponenten für die Bauindustrie wie Zement, Bodenbeläge, Türen, Fenster u. ä.) sowie
- Bau- und Ingenieurswesen (Unternehmen, die in der Entwicklung und dem Bau von Gebäuden und Infrastruktur (Straßenbau) tätig sind (außer Fertighäuser))

und damit die folgenden 31 Gesellschaften – das entspricht 6,71 Prozent:

Tab. 4: Liste der Gesellschaften im Sektor Bauindustrie

VzfK e. V.	Sektor: Bauindustrie
Nr.	**Gesellschaft**
28	Anneliese Zementwerke AG
51	Bayerische Immobilien AG
72	Buderus AG
73	burgbad AG
96	Dachziegelwerke Idunahall AG
115	Didier-Werke AG
116	DIH Deutsche Immobilien Holding AG
147	Eternit AG
158	Franke Aquarotter AG
194	Hannoversche Portland-Cementfabrik AG
195	Hansa Metallwerke AG

VzfK e. V.	Sektor: Bauindustrie
Nr.	**Gesellschaft**
207	Holcim (Deutschland) AG
217	IKON AG Präzisionstechnik
218	Industriebaugesellschaft Centrum am Bülowplatz AG
249	Keramag Keramische Werke AG
254	Knürr AG
255	Koepp AG
272	Lindner Holding KGaA
293	MIK International AG
355	Sanierungs- und Gewerbebau-AG
367	SCHOTT DESAG AG
383	Stelcon AG
394	Tarkett AG
404	TEUTONIA Zementwerk AG
427	Verseidag AG
440	Wayss & Freytag AG
441	Wayss & Freytag Ingenieurbau AG
442	Wayss & Freytag Schlüsselfertigbau AG
446	WERU AG
451	Wupper AG i.L.
457	YTONG Deutschland AG

d Chemie

In diesen Sektor gehören die Subsektoren

- Chemieprodukte, Zwischenerzeugnisse (Unternehmen, die vorwiegend einfache, normierte chemische Produkte herstellen),
- Industriegase (Hersteller von Industriegasen) sowie
- Spezial-Chemieprodukte (Unternehmen, die vorwiegend nicht normierte, chemische Spezialprodukte herstellen).

Diesem Sektor wurden die folgenden acht Gesellschaften – das entspricht 1,73 Prozent – zugeordnet:

Tab. 5: Liste der Gesellschaften im Sektor Chemie

VzfK e. V.	Sektor: Chemie
Nr.	**Gesellschaft**
78	Celanese AG
100	Degussa AG
186	Goldschmidt AG
351	RÜTGERS AG

VzfK e. V.	Sektor: Chemie
Nr.	**Gesellschaft**
360	Scheidemandel AG
369	Schramm Holding AG
390	Süd-Chemie AG
443	WEDECO Water Technology AG

e Energie & Rohstoffe

Hier werden die Subsektoren

- Forst- und Papierprodukte (Hersteller von Holz und Holzprodukten in Rohform, sowie Produzenten von Papier),
- Bergbau (Unternehmen, die Rohstoffe (Eisenerz, Mineralstoffe, Aluminium, Kohle, Diamanten etc.) aus der Erde abbauen),
- Öl & Erdgas (Unternehmen, die Öl und Gas fördern und nicht der Industriegruppe ‚Öl und Gas, Distribution' angehören) sowie
- Stahl & Metalle (Unternehmen, die Stahl und Stahlzwischenprodukte herstellen, sowie Erzeuger von Eisen, Nicht-Eisen- und Edelmetallen)

und damit die folgenden 25 Gesellschaften – das entspricht 5,41 Prozent – zusammengefasst:

Tab. 6: Liste der Gesellschaften im Sektor Energie & Rohstoffe

VzfK e. V.	Sektor: Energie & Rohstoffe
Nr.	**Gesellschaft**
53	Bekaert Deutsche Holding AG
67	Braunschweiger Kohlen-Bergwerke AG
110	Deutscher Eisenhandel AG
128	Dyckerhoff AG
130	EBV AG
131	Edelstahlwerk Witten AG
153	Felten & Guilleaume AG
159	FRANKENLUK AG
184	Glunz AG
187	Graphit Kropfmühl AG
204	Hilgers AG
211	Hüttenwerk e Kayser AG
241	Kali-Chemie AG
252	Klöckner-Werke AG
253	KM Europe Metal AG
309	Nexans Deutschland AG
316	Otavi Minen AG
345	Rheinisch-Westfälische Kalkwerke AG

VzfK e. V.	Sektor: Energie & Rohstoffe
Nr.	**Gesellschaft**
352	RWE DEA AG
357	Sappi Alfeld AG
358	Sappi Ehingen AG
359	SCA Hygiene Products SE
376	Solenhofer Aktien-Verein AG
379	Stahlwerke Bochum AG
458	Zanders Feinpapiere AG

f Finanzdienstleistungen

Hier werden die Subsektoren
- Allgemeine Finanzdienstleister (Finanzdienstleister, die keine Universalbank sind, aber eine Palette von Finanzdienstleistungen vertreiben),
- Immobilien (Gesellschaften, die direkt oder indirekt in Immobilien investieren),
- Private Equity & Venture Capital (Beteiligungsunternehmen, die in diversifizierte Geschäftsfelder investieren) sowie
- Wertpapierhandel (Unternehmen, die im Wertpapiergeschäft tätig sind wie Broker, Online-Banken, Börsen u. a.)

zusammengefasst. Diesem gehören die folgenden 58 Gesellschaften – das entspricht 12,55 Prozent – an:

Tab. 7: Liste der Gesellschaften im Sektor Finanzdienstleistungen

VzfK e. V.	Sektor: Finanzdienstleistungen
Nr.	**Gesellschaft**
9	ACTRIS AG
12	AG für Haus- und Grundbesitz
14	AGAB AG für Anlagen und Beteiligungen
15	AGIMA AG für Immobilien-Anlage
16	AIRE GmbH & Co.KGaA
17	Aktiengesellschaft für Vermögensanlagen (Communalbank für Sachsen)
29	ANTERRA Vermögensverwaltungs-AG
40	AWD Holding AG
48	Bau-Verein zu Hamburg Aktien-Gesellschaft
52	BBG Beteiligungs-AG
58	BHW Holding AG
74	Bürgerverein 1864 AG
82	Citicorp Deutschland AG
84	CMG Grundstücksverwaltungs- und Beteiligungs-AG
89	Consors Discount -Broker AG
105	Deutsche Annington Heimbau AG

VzfK e. V.	Sektor: Finanzdienstleistungen
Nr.	**Gesellschaft**
113	DGAG Deutsche Grundvermögen AG
114	DIBAG Industriebau AG
141	Equltrust AG
142	ERFAG AG zur Errichtung und Finanzierung von Anlagegütern Schwelm
148	Euler Hermes Kreditversicherungs AG
154	FMH Facility Management Hessisches Handwerk AG
156	Francono Rhein-Main AG
171	GBH Grundstücks- und Baugesellschaft AG
172	GBW AG
176	Gemeinnützige Baugesellschaft Kaiserslautern AG
199	Haus und Heim Wohnungsbau-AG
209	Horten AG
215	ICN Immobilien Consult Nürnberg GmbH & Co. KG
226	INKA AG für Beteiligungen
232	IVG Deutschland Immobilien AG
245	Kaufhalle AG
258	Kölnische Verwaltungs AG für Versicherungswerte
284	Maschinenfabrik Esslingen AG
289	mg vermögensverwaltungs-AG
297	MONACHIA Grundstücks-AG
303	Mummert Consulting AG
304	MVS Miete Vertrieb Service AG
305	NB Beteiligungs AG
324	PICNIC Grundstücksverwaltung AG
326	PKV Vermögensverwaltungs AG
336	Rathgeber AG
349	RSE Grundbesitz und Beteiligungs-AG
388	Stuttgart Consult Unternehmens- und Finanzberatungs AG
389	Stuttgarter Baugesellschaft von 1872 AG
398	Tecis Holding AG
400	Tempelhofer Feld AG
402	Terrain-Gesellschaft am Teltow-Kanal Rudow-Johannisthal AG
411	Tracom Holding AG
412	Tradition Wertpapierhandelsbank AG
414	UBAG Unternehmer Beteiligungen AG i.A.
415	Uetersener Eisenbahn AG
422	Ventegis Capital AG
435	W. Jacobsen AG
450	Wohnbau Rhein-Main AG
453	Württembergische Leinenindustrie AG
456	Wüstenrot Bausparkasse AG
459	ZKZ Verwaltungsaktiensgesellschaft

g Handel

Zu dieser Branche gehören die Subsektoren

- Versandhandel (Unternehmen des Einzelhandels, die ihre Güter vorwiegend über Versand anbieten und nicht zur Branche ‚Retail, Internet' gehören),
- Lebensmittel- und Drogeriemärkte, Apotheken (Besitzer und Betreiber von Lebensmittelgeschäften, Apotheken und Drogerien (Groß- und Einzelhandel)),
- Internethandel (Unternehmen des Einzelhandels, die ihre Güter oder Services vorwiegend über das Internet vertreiben),
- Kaufhäuser (Unternehmen des Einzelhandels mit einem breitgefächerten Produktangebot) sowie
- Spezialisierter Einzelhandel (Unternehmen des Einzelhandels mit einem sehr speziellen Produktangebot (z. B. Mode und Elektronik)).

Zu diesem Sektor zählen die folgenden 13 Gesellschaften – das entspricht 2,81 Prozent:

Tab. 8: Liste der Gesellschaften im Sektor Handel

VzfK e. V.	Sektor: Handel
Nr.	**Gesellschaft**
37	AVA Allgemeine Handelsgesellschaft der Verbraucher AG
75	BVA-Bayerische Warenhandelsgesellschaft der Verbraucher AG
121	Douglas Holding AG
188	H.I.S. sportswear AG
210	hotel.de AG
243	Kamps AG
285	Massa AG
317	Otto Reichelt AG
327	Praktiker Bau- und Heimwerkermärkte AG
337	Real AG
373	SinnLeffers AG
377	SPAR Handels – AG
385	Stinnes AG

h Industrie

Diese Branche umfasst die folgenden 59 Unternehmen – das entspricht 12,77 Prozent aller wirksamen Squeeze-out – der Subsektoren

- High-Tech Industrieanlagen (Unternehmen, die hoch entwickelte Technologien zur Erstellung industrieller High-Tech-Produkte einsetzen oder im Anlagenbau für solche Produkte tätig sind. Beispiele hierfür sind Hersteller von Lasern, Robotern, optischen Speichermedien),

- Container & Verpackungen (Unternehmen, die sich auf Verpackungen aller Art spezialisiert haben),
- Großmaschinenbau (Hersteller von Großmaschinen, die nicht nur für den Einsatz an einem festen Ort bestimmt sind. Hierzu gehören Lastkraftwagen, Schiffe, landwirtschaftliche Maschinen u. ä.),
- Industriemaschinenbau (Hersteller von Industriemaschinen und -komponenten. Hierzu gehören u. a. Hersteller von Werkzeugmaschinen, Kompressoren, Druckmaschinen u. ä.),
- Allgemeine Industrieunternehmen (Unternehmen, die in mehreren verschiedenen industriellen Bereichen tätig sind. Hierzu gehören auch Beteiligungsunternehmen, die in unterschiedlichen Branchen investieren),
- Erneuerbare Energien (Unternehmen, die im Bereich der Entwicklung von Anlagen für alternative und/oder erneuerbare Energien (Solartechnik, Windkraftanlagen etc.) tätig sind sowie
- Industrieprodukte & Dienstleistungen (Hersteller von sonstigen Produkten und Dienstleistungen zum Einsatz in der Industrie (z. B. Marktforschung, Personaldienstleistungen, industrieller Großhandel oder Entsorgung):

Tab. 9: Liste der Gesellschaften im Sektor Industrie

VzfK e. V.	**Sektor: Industrie**
Nr.	**Gesellschaft**
6	ABB Asea Brown Boveri AG
10	Aditron AG
13	AG Kühnle, Kopp & Kausch
24	Allweiler AG
25	ALTANA AG
34	ATB Antriebstechnik AG
36	Autania AG
46	Barmag AG
61	Blohm & Voss Holding AG
68	Braunschweigische Maschinenbauanstalt AG
71	Buckau – Walther AG
77	Carl Schenck AG
95	D+S europe AG
103	Der Grüne Punkt – Duales System Deutschland AG
117	DIS Deutscher Industrie Service AG
127	DUEWAG AG i.A.
134	Elektra Beckum AG
145	ersol Solar Energy AG
149	EURAG-Holding-AG
152	FAG Kugelfischer Georg Schäfer AG
157	FranconoWest AG
162	Friatec AG
165	G. Kromschröder AG

VzfK e. V.	Sektor: Industrie
Nr.	**Gesellschaft**
174	GEA AG
181	Gerresheimer Glas AG
196	Hansen Sicherheitstechnik AG
198	Harpen AG
203	Heinrich Industrie AG
225	Ingram Macrotron AG
230	Invensys Metering Systems AG
235	Jagenberg AG
238	Jobpilot AG
239	John Deere-Lanz Verwaltungs-AG
240	Joseph Vögele AG
248	Kennametal Hertel AG
259	Komatsu Hanomag AG
264	KSR Kuebler Niveau-Messtechnik AG
266	Lambda Physik AG
273	LINOS AG
275	lohndirekt/aktiengesellschaft
278	Maihak AG
280	MAN Roland Druckmaschinen AG
281	manager-lounge AG
287	Mech. Baumwoll-Spinnerei & Weberei Bayreuth AG
291	Michael Weinig AG
298	Mondi Consumer Packaging International AG
300	Motorenwerke Mannheim AG
312	O & K Orenstein & Koppel AG
341	RENERCO Renewable Energy Concepts AG
342	REpower Systems AG
344	Rheinhold & Mahla AG
348	Rieter Ingolstadt Spinnereimaschinen AG
363	Schmalbach-Lubeca AG
375	Solarparc AG
384	StepStone Deutschland AG
387	Stowe Woodward AG
401	Terex Material Handling & Port Solutions AG
438	Walter AG
448	Winkler + Dünnebier AG

i Konsumgüter

Zu dieser Branche gehören die folgenden 38 Unternehmen – das entspricht 8,23 Prozent – der Subsektoren

– Kleidung & Schuhe (Unternehmen, die hauptsächlich Textilien und Schuhe herstellen oder Pflegedienstleistungen für diese Produkte anbieten),

- Unterhaltungselektronik (Unternehmen, die hauptsächlich Unterhaltungselektronik (TV, Video- und Camcorder, HIFI etc.) herstellen. Ausgeschlossen sind Firmen, die vorwiegend Computer- und Telekommunikationsprodukte erzeugen),
- Eigenheimbau & Möbel (Hersteller von Fertighäusern, Heimwerkerbedarf und Einrichtungsgegenständen wie Möbel und Lampen),
- Haushaltsgeräte und –waren (Hersteller von Haushalts- und Gartenartikeln (Besteck, Geschirr, Reinigungsmittel) und Haushaltsgeräten (Küchenmaschinen),
- Freizeitgüter & Dienstleistungen (Hersteller von Freizeitartikeln (Sportausstattung, Spielzeug, Fahrräder) sowie Restaurant-, Hotel- und Casinobetreiber) sowie
- Kosmetika (Hersteller von Kosmetik- und Körperpflegeprodukten):

Tab. 10: Liste der Gesellschaften im Sektor Konsumgüter

VzfK e. V.	**Sektor: Konsumgüter**
Nr.	**Gesellschaft**
31	aqua signal AG
33	Armstrong DLW AG
69	Bremer Wollkämmerei AG
81	CinemaxX AG
104	Derby Cycle AG
123	Dr. Scheller Cosmetics AG
124	Drei Mohren AG
133	eff-eff Fritz Fuss GmbH & Co KGaA
144	Erlau AG
167	GARANT SCHUH + MODE AG
168	GARDENA Holding AG
213	Hymer AG
234	Jado AG
237	Jil Sander AG
242	Kammgarnspinnerei zu Leipzig AG
247	Kempinski AG
261	Konrad Hornschuch AG
262	Kotitzer Ledertuch- und Wachstuch-Werke AG
263	Krefelder Hotel AG
265	La mer Cosmetics AG
268	Leica Camera AG
288	MEZ AG
290	MHM Mode Holding AG
296	Möbel Walther AG
302	MTD Products AG
319	P/S Kunststoffwerke AG
339	Reckitt Benckiser Deutschland AG
343	Revell AG
354	Salamander AG
365	Schoeller Eitorf AG
368	Schott Zwiesel AG

VzfK e. V.	Sektor: Konsumgüter
Nr.	**Gesellschaft**
372	Shigo Asia AG
380	StattAuto CarSharing AG
381	Steffen AG
382	Steigenberger Hotels AG
406	The NewGen Hotels AG
413	Triumph International Holding AG
444	Wella AG

j Medien

Diese Branche umfasst Unternehmen der Subsektoren

- Werbung (Unternehmen, die Werbe-, Marketing- und/oder PR-Dienste anbieten),
- Rundfunk & Fernsehen (Anbieter von Kabel und Satellitenübertragungsdiensten, sowie von Radio- und Fernsehprogrammen),
- Film & Unterhaltung (Unternehmen, die in der Herstellung von oder dem Handel mit Unterhaltungsprodukten und -diensten tätig sind, einschließlich Unternehmen, die Spielfilme und Fernsehshows produzieren, vertreiben und ausstrahlen, Musik-Produzenten und -vertreiber, Theater und Sportmannschaften) sowie
- Verlags- und Druckereiwesen (Herausgeber von Zeitungen, Zeitschriften und Büchern, und Anbieter von Informationen in gedruckter oder elektronischer Form, sowie Dienstleister in diesem Gebiet (einschließlich Bildungseinrichtungen)):

Dazu zählen die folgenden 13 Gesellschaften – das entspricht 2,81 Prozent:

Tab. 11: Liste der Gesellschaften im Sektor Medien

VzfK e. V.	Sektor: Medien
Nr.	**Gesellschaft**
59	Bibliographisches Institut AG
63	BRAINPOOL TV AG
86	COMPUTEC MEDIA AG
90	Constantin Film AG
277	MacroSystem Digital Video AG
313	OpenPictures AG
328	PressWatch AG
331	PROCON MultiMedia AG
366	Scholz & Friends AG
399	telegate Media AG
417	Universitätsdruckerei H. Stürtz AG
425	Verlag und Druck G.J. Manz AG
431	VIVA Media AG

k Nahrungsmittel

Dieser Sektor enthält die folgenden 35 Unternehmen – das entspricht 7,58 Prozent – der Subsektoren

- Getränke (Unternehmen, die Getränke aller Art herstellen) sowie
- Nahrungsmittel, Tabak (Hersteller von Nahrungsmitteln und Tabakwaren jeder Art):

Tab. 12: Liste der Gesellschaften im Sektor Nahrungsmittel

VzfK e. V.	Sektor: Nahrungsmittel
Nr.	**Gesellschaft**
2	A. Moksel AG
18	Aktiengesellschaft Kunstmühle Aichach
21	Allgäuer Alpenwasser AG
35	Auerbräu AG
49	Bayerische BrauHolding AG
54	Berliner Kindl Brauerei AG
60	Blaue Quellen Mineral- und Heilbrunnen AG
64	Brau & Brunnen AG
65	BRAUEREIGESELLSCHAFT vorm. Meyer & Söhne AG
66	Brauhaus zur Garde AG
80	Christian Adalbert Kupferberg & Compagnie KGaA
83	Cluss-Wulle AG
119	Dom-Brauerei AG
120	Dortmunder Actien Brauerei AG
135	Elsdorfer Feinkost AG
175	Gebrüder Bernard AG
182	Gilde Brauerei AG
189	HAG GF AG
200	HBW Abwicklungs AG i.L.
201	Heidelblume Molkerei Elsdorf-Rotenburg AG
205	Hirschbrauerei AG
208	Holsten-Brauerei AG
260	Königsbacher Brauerei AG vorm. Jos. Thillmann
269	LHA Internationale Lebensmittelhandelsagentur Krause AG
276	Löwenbräu AG
279	Mainzer Aktien-Bierbrauerei AG
283	Marner GZG Saaten AG
307	Nestlé Deutschland AG
310	NFZ Norddeutsche Fleischzentrale AG
334	Radeberger Gruppe AG
335	Rapunzel Naturkost AG
386	Stollwerck AG
428	VERWA Agrarproduktions- und Verwaltungs- AG
455	Würzburger Hofbräu AG
460	Zuckerfabrik Jülich AG

l Pharma & Gesundheit

Hierunter zählen die folgenden 20 Unternehmen – das entspricht 4,33 Prozent – der Subsektoren

- Pharmazeutika (Unternehmen, die in der Erforschung, Entwicklung oder Herstellung von Pharmazeutika tätig sind. Hierzu gehören auch veterinärmedizinische Präparate),
- Gesundheitswesen (Besitzer und Betreiber von Einrichtungen des Gesundheitswesens wie Krankenhäuser und Pflegeheime sowie Dienstleister im Bereich Gesundheit (z. B. Dialyse) und Anbieter von medizinischen Hilfsprodukten (z. B. Spritzen und Tupfer)),
- Biotechnologie (Unternehmen, die hauptsächlich in der Entwicklung, Herstellung, Vermarktung oder Lizenzierung von Produkten tätig sind, die auf biotechnologischer Forschung beruhen) sowie
- Medizintechnik (Hersteller von technologischen Produkten und Apparaten für den Gesundheitsbereich, wie Herzschrittmacher, Dialysegeräte, UV-Therapie-Systeme):

Tab. 13: Liste der Gesellschaften im Sektor Pharma & Gesundheit

VzfK e. V.	Sektor: Pharma & Gesundheit
Nr.	**Gesellschaft**
11	Aesculap AG
27	Andreae-Noris Zahn AG
70	Bristol-Myers Squibb GmbH & Co.KGaA
97	Damp Holding AG
112	DeveloGen AG
151	F. Reichelt AG
177	GENEART AG
179	GeneScan Europe AG
190	Hageda AG
206	Hoechst AG
224	Ingenium Pharmaceuticals AG
236	Jerini AG
251	Klinik Rose AG
299	Morphochem Aktiengesellschaft für kombinatorische Chemie
315	OSSACUR AG
318	Otto Stumpf AG
361	Schering AG
370	Schwarz Pharma AG
437	W.O.M. World of Medicine AG
439	WaveLight AG

m Software

Diese Aufstellung enthält die folgenden 40 Unternehmen – das entspricht 8,66 Prozent – der Subsektoren

- Internet (Unternehmen, die Internet-Infrastruktur (Internet-Zugang, -Portale, -Software etc.) bereitstellen und entwickeln),
- IT-Dienstleistungen (Unternehmen, die in den Bereichen IT- Beratung, IT-Betrieb, Systemintegration u. ä. tätig sind) sowie
- Software (Unternehmen, die hauptsächlich Standard- oder Spezialsoftware entwickeln):

Tab. 14: Liste der Gesellschaften im Sektor Software

VzfK e. V.	Sektor: Software
Nr.	**Gesellschaft**
32	ARBOmedia AG
38	AVECS Corporation AG
39	Avinci AG
62	Brain Force Finanzial Solutions AG
76	CAA AG
85	Comarch Software und Beratungs AG
87	ComputerLinks AG
88	Concept! AG
138	ENTITEC AG
163	Frogster Interactive Pictures AG
170	Gauss Interprise AG
202	Heiler Software AG
219	Infincon AG
220	Infinigate AG
221	INFO Gesellschaft für Informationssysteme AG
222	Infor Global Solutions Deutschland AG
229	INTERNOLIX AG
231	itelligence AG
233	iXOS Software AG
270	LHS AG
274	living-e AG
286	MCS Modulare Computer und Software Systems AG
292	Microlog Logistics AG
295	MIS AG
301	MSH International Service AG
311	Novasoft AG
321	PC-Ware Information Technologies AG
330	pro ALPHA Software AG
332	PSB AG für Programmierung und Systemberatung
356	SAP SI AG
362	Schleicher & Co. International AG
374	Softlution AG

VzfK e. V.	Sektor: Software
Nr.	**Gesellschaft**
391	SuSE Linux AG
392	Systematics AG
395	TDS Informationstechnologies AG
396	Tech Data Germany AG
416	Unilog Integrata AG
418	USU AG
419	Utimaco Safeware AG
449	Winter AG

n Technologie

Diese Branche umfasst die folgenden sechs Unternehmen – das entspricht 1,30 Prozent – der Subsektoren

- Kommunikationstechnologie (Unternehmen, die im Bereich der Telekommunikation Technologien und/oder Produkte entwickeln (z. B. Endgeräte und Netzwerkkomponenten)),
- Elektronische Komponenten & Hardware (Unternehmen, die elektronische Bauelemente (Leiterplatten, integrierte Schaltkreise, Smart Cards) oder Computerhardware PCs, Monitore etc.) produzieren) sowie
- Halbleiterprodukte (Hersteller und Entwickler von Halbleitern und ähnlichen Produkten):

Tab. 15: Liste der Gesellschaften im Sektor Technologie

VzfK e. V.	Sektor: Technologie
Nr.	**Gesellschaft**
122	Dr. Neuhaus Computer KGaA
140	Epcos AG
322	P-D INTERGLAS TECHNOLOGIES AG
329	Primion Technology AG
393	TA Triumph-Adler AG
405	Texas Instruments Berlin AG

o Telekommunikation

Dieser Sektor umfasst die folgenden neun Unternehmen – das entspricht 1,95 Prozent – der Subsektoren

- Festnetz-Telekommunikation (Unternehmen, die vorwiegend im Festnetzbereich Orts- und Ferngespräche anbieten),

- Mobilfunk-Telekommunikation (Unternehmen, die vorwiegend drahtlose und mobile Telekommunikationsdienste anbieten) sowie
- Telekommunikations-Dienstleistungen (Unternehmen, die Neben- und Spezialdienstleistungen im Telekommunikationsbereich anbieten):

Tab. 16: Liste der Gesellschaften im Sektor Telekommunikation

VzfK e. V.	Sektor: Telekommunikation
Nr.	**Gesellschaft**
20	Alcatel SEL AG
99	Debitel AG
146	eteleon e-solutions AG
294	Minick (Germany) AG
314	Operator Telekommunikation International AG
323	Phonet Telecom AG
333	Quante AG
426	Versatel AG
432	Vodafone AG

p Transport & Logistik

Diese Branche umfasst die folgenden neun Unternehmen – das entspricht 1,95 Prozent – der Subsektoren

- Fluggesellschaften (Unternehmen, die vorwiegend im Passagierflugverkehr tätig sind),
- Logistik (Unternehmen, die im industriellen Transport via Land, Luft und Wasser tätig sind) sowie
- Transport-Dienstleistungen (Unternehmen, die Infrastruktur- und Spezialdienstleistungen im Transportbereich anbieten. Hierzu gehören Flughafen-, Straßen- und Schienennetzbetreiber, Tourismus-Unternehmen u. a.):

Tab. 17: Liste der Gesellschaften im Sektor Transport & Logistik

VzfK e. V.	Sektor: Transport & Logistik
Nr.	**Gesellschaft**
3	Aachener Straßenbahn und Energieversorgungs AG
30	APCOA Parking AG
192	Hamburger Hochbahn AG
197	Hapag – Lloyd AG
227	Interhansa Reederei AG
340	Regentalbahn AG
403	Teutoburger Wald-Eisenbahn AG

VzfK e. V.	Sektor: Transport & Logistik
Nr.	**Gesellschaft**
429	Vfw AG
434	VTG – Lehnkering AG

q Versicherungen

Hierunter werden die folgenden 34 Unternehmen – das entspricht 7,36 Prozent – der beiden Subsektoren

- Versicherungen (Unternehmen, die hauptsächlich Lebens-, Unfall-, Kranken-, Hausratversicherungen etc. abschließen) sowie
- Rückversicherungen (Unternehmen, die hauptsachlich Rückversicherungen abschließen)

erfasst:

Tab. 18: Liste der Gesellschaften im Sektor Versicherungen

VzfK e. V.	Sektor: Versicherungen
Nr.	**Gesellschaft**
4	Aachener und Münchener Lebensversicherung AG
5	Aachener und Münchener Versicherung AG
8	accaris financial planning AG
23	Allianz Lebensversicherung AG
26	Alte Leipziger Versicherung AG
41	AXA Konzern AG
42	AXA Lebensversicherung AG
43	AXA Versicherung AG
79	Central Krankenversicherung AG
93	Converium Rückversicherung (Deutschland) AG
98	DBV-Winterthur Holding AG
101	Delta Lloyd Lebensversicherung AG
106	Deutsche Ärzteversicherung AG
111	Deutscher Ring Lebensversicherungs-AG
118	DMS Deutsche Maklerservice AG
143	ERGO Versicherungsgruppe AG
173	GE Frankona Rückversicherungs-Beteiligungs-AG
178	Generali Deutschland Holding AG
180	Gerling Konzern Allgemeine Versicherung AG
183	GL AG
193	Hamburg-Mannheimer Sachversicherungs-AG
244	Karlsruher Lebensversicherung AG
257	Kölnische Rückversicherungs-Gesellschaft AG
282	Mannheimer AG Holding
320	Patria Versicherung AG

VzfK e. V.	Sektor: Versicherungen
Nr.	**Gesellschaft**
338	Real Garant Versicherung AG
371	SCOR DEUTSCHLAND Rückversicherungs-AG
409	Thuringia Versicherungs – AG
424	Vereinte Versicherung AG
429	Victoria Versicherung AG
433	Volksfürsorge Holding AG
454	Württembergische und Badische Versicherungs AG
461	Zürich Agrippina Lebensversicherung AG
462	Zürich Agrippina Versicherung AG

r Versorger

In dieser Branche werden 16 Unternehmen – das entspricht 3,46 Prozent – der Subsektoren

- Elektrizitätsversorgung (Unternehmen, die Strom erzeugen und/oder vertreiben. Hierzu gehören auch Betreiber von Kernkraftwerken),
- Wasserversorgung (Unternehmen, die Wasser an den Endverbraucher vertreiben. Hierzu gehören auch Klärwerksbetreiber),
- Öl- und Gasversorgung (Unternehmen, die vorwiegend Energie in Form von Öl und Gas vertreiben) sowie
- Allgemeine Energieversorgung (Unternehmen, die in verschiedenen Branchen der Energieversorgung tätig sind)

ausgewiesen:

Tab. 19: Liste der Gesellschaften im Sektor Versorger

VzfK e. V.	Sektor: Versorger
Nr.	**Gesellschaft**
45	Badische Gas- und Elektrizitätsversogung AG
91	Contigas Deutsche Energie-AG
129	E.ON Bayern AG
136	Elster Group SE
137	Energiedienst AG
161	Fränkisches Überlandwerk AG
166	GAH Beteiligungs AG
169	Gasanstalt Kaiserslautern AG
185	GNL Gasnetz Leipzig AG
306	Neckarwerke Stuttgart AG
346	rhenag Rheinische Energie AG
378	Stadtwerke Achim AG
397	Techem AG

VzfK e. V.	Sektor: Versorger
Nr.	**Gesellschaft**
407	Thüga AG
408	Thüga Beteiligungen AG
420	Vattenfall Europe AG

3 Aufschlüsselung nach Jahren

Die wirksamen Squeeze-out-Beschlüsse verteilen sich nach dem Tag der Hauptversammlung auf die Jahre 2002 bis 2013 wie folgt:

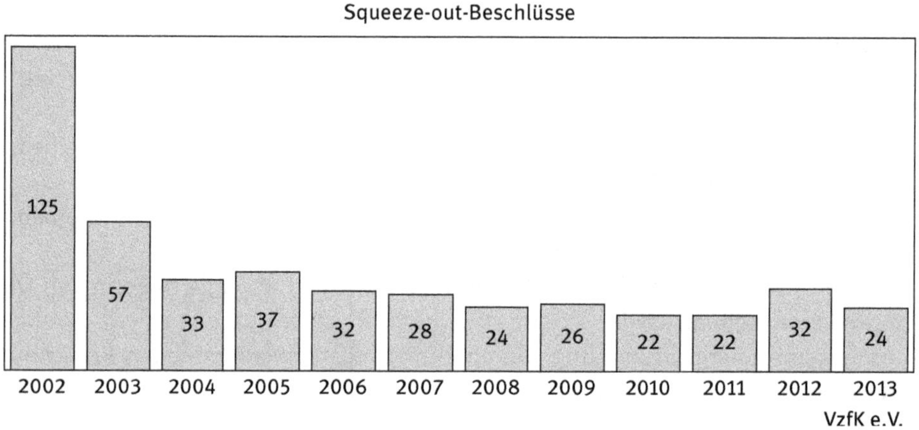

Abb. 6: Wirksame Squeeze-out-Beschlüsse, aufgeteilt nach den Jahren der Beschluss fassenden Hauptversammlungen 2002 bis 2013

Diese Zahlen bestätigen den Bedarf der Praxis für einen Squeeze-out. Im ersten Jahr nach dem Inkrafttreten der Regelungen zum Ausschluss von Minderheitsaktionären, am 1. Januar 2002, kam es zu 125 Ausschlussverfahren, der absoluten Höchstzahl. Nach dem Abbau des „Rückstaus" pendelte sich die Ausschlussaktivität seit 2004 in einem Korridor zwischen 22 und 37 Squeeze-out-Verfahren ein.

Vielfach hat nicht eine ordentliche, sondern eine außerordentliche Hauptversammlung den Squeeze-out-Beschluss nach § 327a Abs. 1 S. 1 AktG gefasst.

Die im Jahr 2002 gefassten Squeeze-out-Beschlüsse verteilen sich auf den Jahresverlauf wie folgt:

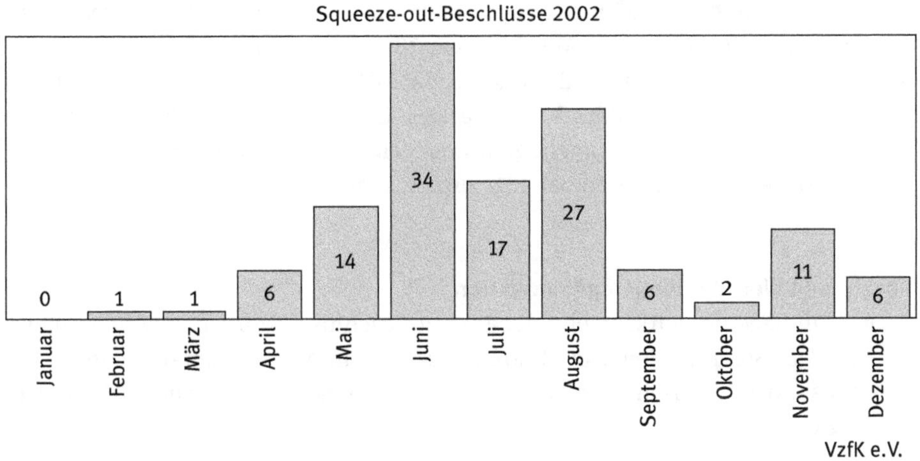

Abb. 7: Im Jahr 2002 wirksam gefasste Squeeze-out-Beschlüsse, aufgeteilt nach Monaten

Die Verteilung der Beschlussfassungen auf die Monate im Jahresverlauf zeigt für alle Jahre des Untersuchungszeitraums die folgende Tabelle:

Tab. 20: Wirksame Squeeze-out-Beschlüsse der Jahre 2002 bis 2013, aufgeteilt nach Monaten

VzfK e. V.	**Squeeze-out-Beschlüsse**												
Jahr	**Monat**												
	Jan	**Feb**	**Mrz**	**Apr**	**Mai**	**Jun**	**Jul**	**Aug**	**Sep**	**Okt**	**Nov**	**Dez**	**Summe**
2002	0	1	1	6	14	34	17	27	6	2	11	6	125
2003	0	2	1	5	12	7	5	9	1	2	6	7	57
2004	1	0	0	1	4	4	3	5	1	1	2	11	33
2005	5	2	0	0	6	4	4	6	2	1	2	5	37
2006	0	2	2	2	5	2	6	4	4	0	1	4	32
2007	3	1	0	1	1	4	1	5	1	1	4	6	28
2008	2	1	2	0	2	2	2	4	2	1	2	4	24
2009	0	2	0	2	4	1	5	4	0	2	1	5	26
2010	0	1	1	2	3	3	2	3	0	0	5	2	22
2011	0	1	2	0	3	2	2	4	1	1	4	2	22
2012	0	3	1	3	3	2	1	7	0	2	4	6	32
2013	0	0	0	3	3	2	2	5	2	2	3	2	24
Summe	11	16	10	25	60	67	50	83	20	15	45	60	462

Die erste Gesellschaft, die auf ihrer Hauptversammlung einen Squeeze-out-Beschluss gefasst hat, war die KM Europe Metal AG am 28. Februar 2002. Der erste wirksam durchgeführte Squeeze-out-Beschluss betraf die MHM Mode Holding AG. Das Handelsregister hat den am 25. März 2002 gefassten Übertragungsbeschluss am 17. Mai 2002 in das Handelsregister eingetragen. Das sich anschließende Spruchverfahren kam dann aber erst am 13. Dezember 2011 zum Abschluss.

4 Anzahl und Wert der übertragenen Aktien

Auf der Grundlage der wirksamen Squeeze-out-Beschlüsse wurden insgesamt mehr als 411,45 Mio. Stück Aktien von Minderheitsaktionären auf Hauptaktionäre übertragen. Diese Anzahl verteilt sich nach dem Jahr der Beschluss fassenden Hauptversammlung wie folgt:

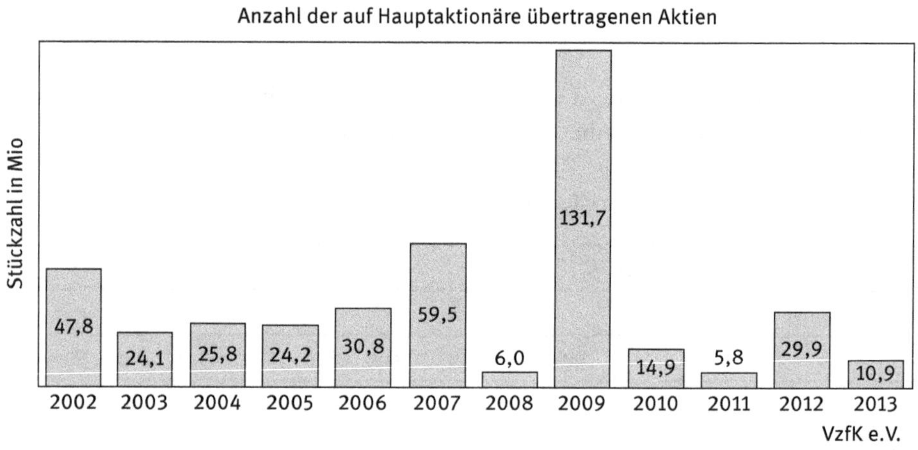

Abb. 8: Anzahl der auf Hauptaktionäre übertragenen Aktien, aufgeteilt nach den Jahren der beschlussfassenden Hauptversammlungen 2002 bis 2013

Die übertragenen Aktien hatten auf der Grundlage der von den Hauptversammlungen beschlossenen Barabfindungen einen Wert von mehr als 11,22 Mrd. Euro. Dieser Betrag errechnet sich aus der Multiplikation der Anzahl der Aktien im Streubesitz mit der von der Hauptversammlung beschlossenen Barabfindung. Er enthält nicht die Anhebungen im Ergebnis von Spruchverfahren bzw. konsensualen Beendigungen von Beschlussmängelklagen.

Der Gesamtbetrag verteilt sich auf die Jahre 2002 bis 2013 wie folgt:

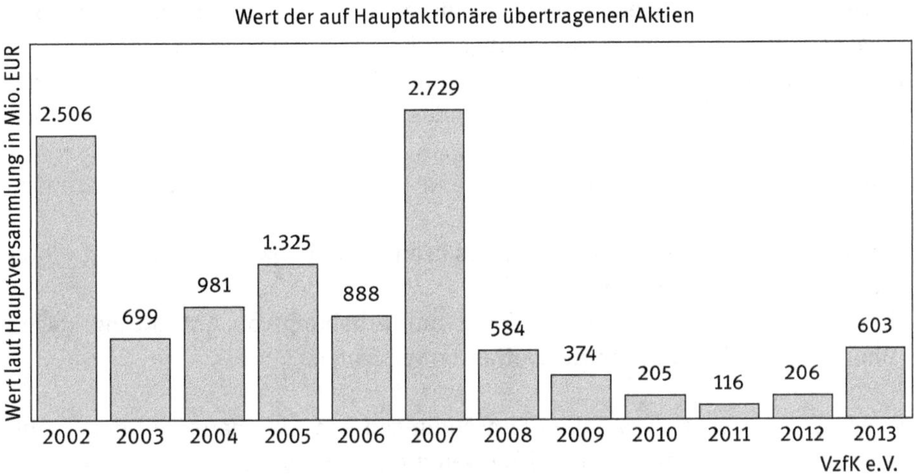

Abb. 9: Wert der auf Hauptaktionäre übertragenen Aktien, aufgeteilt nach den Jahren der beschlussfassenden Hauptversammlungen 2002 bis 2013

In absoluten Zahlen stellt sich das wie folgt dar:

Tab. 21: Anzahl und Wert der auf Hauptaktionäre übertragenen Aktien, aufgeteilt nach den Jahren der beschlussfassenden Hauptversammlungen 2002 bis 2013

VzfK e. V.	Squeeze-out-Beschlüsse		auf Hauptaktionäre übertragene Aktien			
Jahr	**Anzahl**	**entspricht**	**Aktien (Stück)**	**entspricht**	**Wert**	**entspricht**
2002	125	27,06 %	47.844.104	11,63 %	2.505.680.161,86 EUR	22,34 %
2003	57	12,34 %	24.053.400	5,85 %	699.248.896,39 EUR	6,23 %
2004	33	7,14 %	25.832.794	6,28 %	981.108.534,63 EUR	8,75 %
2005	37	8,01 %	24.174.638	5,88 %	1.325.027.678,15 EUR	11,81 %
2006	32	6,93 %	30.810.264	7,49 %	887.998.167,95 EUR	7,92 %
2007	28	6,06 %	59.496.578	14,46 %	2.729.143.616,94 EUR	24,33 %
2008	24	5,19 %	6.033.799	1,47 %	583.794.778,96 EUR	5,20 %
2009	26	5,63 %	131.689.427	32,01 %	373.998.534,87 EUR	3,33 %
2010	22	4,76 %	14.919.679	3,63 %	205.360.166,03 EUR	1,83 %
2011	22	4,76 %	5.780.590	1,40 %	115.600.726,22 EUR	1,03 %
2012	32	6,93 %	29.871.373	7,26 %	205.902.606,73 EUR	1,84 %
2013	24	5,19 %	10.942.972	2,66 %	603.264.840,98 EUR	5,38 %
Summe	462	100,00 %	411.449.618	100,00 %	11.216.128.709,71 EUR	100,00 %

Hauptversammlungen haben in 23 Fällen die von den Hauptaktionären im Übertragungsbericht angebotene Barabfindung erhöht. Insgesamt wurden dadurch die ursprünglich angebotenen Barabfindungen um 43,71 Mio. Euro erhöht, welche in die Werte laut vorstehender Tabelle bereits eingeflossen sind. Diese Änderungen beruhen im Wesentlichen auf

- Anpassungen von Börsenkursen auf veränderte Verhältnisse zum Bewertungsstichtag,
- Anpassungen von Kapitalisierungszinssätzen an zum Bewertungsstichtag veränderte Kapitalmarktverhältnisse und
- freiwilligen Zahlungen, wenn Aktionäre auf Erhebung von Anfechtungsklagen und/oder Einleitung von Spruchverfahren verzichten.

Dagegen führten nur in zwei Fällen Einwendungen von Aktionären auf der Hauptversammlung und nur in einem Fall Einwendungen von sachverständigen Prüfern zu Anhebungen der ursprünglich von den Hauptaktionären festgesetzten Barabfindungen.

Soweit sich im Einzelfall aus den vorliegenden Unterlagen die Anzahl der durch Squeeze-out übertragenen Aktien nicht ermitteln ließ, sind die darauf basierenden Werte in dieser Studie nicht erfasst. Insoweit weist die Studie also Mindestwerte aus.

II Nicht vollzogene Squeeze-out

In 15 Fällen hat die Hauptversammlung keinen wirksamen Übertragungsbeschluss gefasst bzw. wurde dieser nicht in das Handelsregister eingetragen:

- Einmal hat eine Gesellschaft die Hauptversammlung wieder abgesagt, weil der Hauptaktionär sein Verlangen zurückgezogen hatte (1).
- In zwei Fällen hat die Hauptversammlung keinen Übertragungsbeschluss gefasst (2).
- In acht Fällen haben Gerichte den Übertragungsbeschluss für nichtig erklärt (3).
- Einmal hat der Hauptaktionär davon Abstand genommen, den Übertragungsbeschluss weiter zu verfolgen (4) und
- in einem weiteren Fall kam es zur Insolvenz des Hauptaktionärs (5).
- Einmal hat eine spätere Hauptversammlung den Beschluss wieder aufgehoben (6).

1 Absage der Hauptversammlung

Die Glunz AG hat ihre für den 15. April 2005 einberufene Hauptversammlung wieder abgesagt. Damit sollte den Minderheitsaktionären die Gelegenheit gegeben werden, zusätzlich zu den bereits vorliegenden Unterlagen nach § 327c Abs. 3 AktG auch den geprüften Jahresabschluss und Lagebericht für das Jahr 2004 zur Kenntnis zu nehmen, um sich von der Angemessenheit des Barabfindungsangebotes zu überzeugen.[182] Die Hauptversammlung hat dann am 31. Mai 2005 den Übertragungsbeschluss gefasst.

2 Keine Beschlussfassung

In zwei Fällen hat die Hauptversammlung keinen Übertragungsbeschluss gefasst:
- Wickrather Bauelemente AG, Hauptversammlung am 29. Juli 2004 und
- Trierer Bürgerverein 1864 AG, Hauptversammlung am 2. Februar 2005.

3 Nichtige Beschlussfassungen

In neun Fällen haben Gerichte in Beschlussmängelkontrollklagen die Nichtigkeit der Übertragungsbeschlüsse festgestellt:
- PKV Vermögensverwaltung AG, Hauptversammlung am 1. März 2002,
- AlliedSignal Chemical Holding AG, Hauptversammlung am 25. Juni 2002,
- Bürgerverein 1864 AG, Hauptversammlung am 19. August 2002,
- Trierer Bürgerverein 1864 AG, Hauptversammlung am 19. August 2002,
- Bayerische Immobilien AG, Hauptversammlung am 21. Mai 2003,
- Microlog Logistics AG, Hauptversammlung am 3. Juni 2003,
- Softlution AG, Hauptversammlung am 15. November 2002,
- Leica Camera AG, Hauptversammlung am 20. November 2007 und
- Hanfwerke Oberachern AG, Hauptversammlung am 18. Dezember 2007.

4 Keine Durchführung des Beschlusses

Die NB Beteiligungs AG hat zwar auf ihrer Hauptversammlung am 25. Juni 2003 einen Übertragungsbeschluss gefasst. Weil gegen diesen Beschluss eine Nichtigkeits- und Anfechtungsklage erhoben wurde, hat die Gesellschaft diesen Beschluss nicht weiter verfolgt. Stattdessen hat die nächste Hauptversammlung am 11. November 2003 den weiteren, später eingetragenen, Squeeze-out-Beschluss gefasst.

5 Insolvenz des Hauptaktionärs

Bei der Qimonda AG hat die Insolvenz des Hauptaktionärs dazu geführt, dass die Gesellschaft den auf der Hauptversammlung am 28. November 2008 gefassten Squeeze-out-Beschluss nicht durchgeführt hat.

182 Vgl. Bekanntmachung im elektronischen Bundesanzeiger vom 8. April 2005.

6 Aufhebung des Beschlusses

Die Hauptversammlung der Isar-Klinik II AG vom 31. März 2014 hat den am 30. Dezember 2013 gefassten Übertragungsbeschluss wieder aufgehoben. Stattdessen wurde auf dieser Hauptversammlung ein neuer Beschluss gefasst und die Barabfindung von 38,80 EUR auf 34,65 EUR reduziert.

Teil 3 Datenanalysen zum Rechtsschutzsystem

Wie bereits zuvor[183] in Grundzügen aufgezeigt, ist das Spruchverfahren Bestandteil des dualen Rechtsschutzsystems im Aktienrecht. Ein Squeeze-out folgt oft einem Übernahmeangebot oder einer anderen Strukturmaßnahme, meist einem Unternehmensvertrag (§ 6). Der Squeeze-out-Beschluss einer Hauptversammlung wurde in zahlreichen Fällen einer gerichtlichen Beschlussmängelkontrolle unterworfen (§ 7). In fast allen Fällen kam es zu einem Spruchverfahren (§ 8).

§ 6 Vorangegangene Übernahmeangebote und Strukturmaßnahmen

Der Squeeze-out schließt oft eine Unternehmensübernahme ab. Schließlich macht eine Börsennotierung zum Beispiel nach einem Eigentümerwechsel in vielen Fällen keinen Sinn mehr, wie bereits oben aufgezeigt wurde.[184] Denn ohne eine konzern- oder umwandlungsrechtliche Rechtsgrundlage lässt sich nur in engen Grenzen Leitungsmacht ausüben (I). Bei den hier untersuchten 462 wirksamen Squeeze-out-Beschlüssen ging in 139 Fällen ein Übernahme- oder Kaufangebot (II) und in 100 Fällen ein Unternehmensvertrag (III) voraus. Beim übernahmerechtlichen Squeeze-out bemisst sich die Abfindung durch einen Markttest nach § 39a Abs. 3 S. 3 WpÜG, für den es jedoch an einer empirischen Tatsachengrundlage fehlt (IV).

I Leitungsmacht ohne Beherrschungsvertrag

Schon die Gesetzgebungsmaterialien stellen darauf ab, dass ein Squeeze-out die Durchführung von Umstrukturierungen und weiteren Konzernierungsmaßnahmen vereinfachen soll. Schließlich bestehen schon allein aufgrund der Beteiligungshöhe bereits vor einem Squeeze-out faktische Konzernverhältnisse. Für den Hauptaktionär bzw. das herrschende Unternehmen bedeutet das, unmittelbar oder mittelbar herrschenden Einfluss ausüben zu können, aber nur innerhalb der Grenzen von §§ 311 ff. AktG.

Solange die Hauptversammlung keine aktien- oder umwandlungsrechtliche Strukturmaßnahme beschlossen hat, bestehen, zumindest in der Theorie, haftungsrechtliche Grenzen. So darf der Hauptaktionär die abhängige Gesellschaft vor allem zu keinen für sie nachteiligen Geschäften veranlassen. Treten Nachteile ein, sind sie auf der Grundlage der §§ 317 f. AktG auszugleichen. Im Hinblick auf diese Risiken hat

183 Siehe Teil 1 § 2 – Rechtsschutzsystem bei Strukturmaßnahmen, ab S. 25.
184 Siehe Teil 1 § 1 I – Gesetzliche Grundlagen; Ausgangspunkt, ab S. 13.

der Vorstand der abhängigen Gesellschaft nach § 312 AktG einen jährlichen Abhängigkeitsbericht zu erstellen.

Dennoch ist es in den letzten Jahrzehnten, soweit nachvollziehbar, nur in Ausnahmefällen zu solchen Ausgleichszahlungen gekommen. Das dürfte auch daran liegen, dass die einschlägige Fach- und Kommentarliteratur nur vereinzelt und dann manchmal nur in Vorauflagen Kriterien dafür anbietet, ab wann für eine weitere Konzernintegration eine umwandlungs- oder konzernrechtliche Rechtsgrundlage zwingend erforderlich ist.

Auch das Bundesverfassungsgericht hat sich z. B. in dem Verfahren Ed. Züblin/ Strabag nicht mit der Frage auseinandergesetzt, ab wann aus verfassungsrechtlichen Gründen ein Kontrahierungszwang besteht[185]. In diesem Verfahren ging es um die Verschmelzung der Ed. Züblin AG und der Strabag AG in Deutschland sowie die vollständige Integration beider Gesellschaften in den Konzern des Hauptaktionärs, der Strabag SE in Wien. Dabei hielt der Hauptaktionär zum Zeitpunkt der Verschmelzung und Vollintegration noch nicht einmal 75 Prozent der Aktien der integrierten Gesellschaften. Zudem hatte die Hauptversammlung keine umwandlungs- oder konzernrechtliche Strukturmaßnahme beschlossen.

II Übernahmeangebote

Den hier untersuchten 462 wirksamen Squeeze-out-Beschlüssen gingen in mindestens 139 Fällen freiwillige Übernahme- oder Kaufangebote bzw. Pflichtangebote auf der Grundlage des Wertpapiererwerbs- und Übernahmegesetzes voraus. Dabei handelte es sich um 99 freiwillige und 40 Pflichtangebote:

---

185 Vgl. BVerfG vom 7. September 2011, Az. 1 BvR 1460/10.

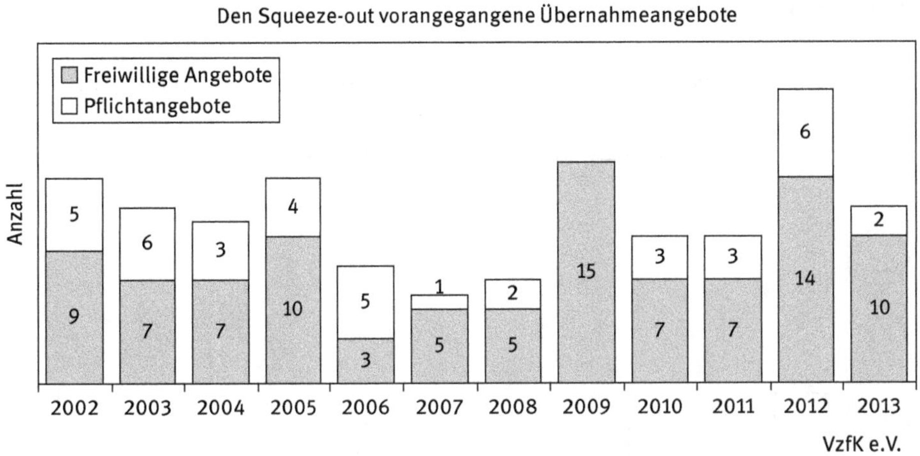

Abb. 10: Den Squeeze-out vorangegangene Übernahmeangebote (freiwillige und Pflichtangebote)

Zwischen dem Übernahmeangebot und dem Squeeze-out-Verlangen vergingen durchschnittlich[186]

- 1 Jahr, 9 Monate und 12 Tage (arithmetisches Mittel) bzw.
- 1 Jahr, 4 Monate und 20 Tage (um 20 Prozent gestutztes Mittel) bzw.
- 11 Monate und 19 Tage im Median.

186 Zu den statistischen Auswertungsmethoden siehe oben Teil 2 § 4 IV- Statistische Auswertungsmodelle, ab S. 86.

III Unternehmensvertrag

In 100 Fällen kam es nach einem Unternehmensvertrag zu einem Squeeze-out:

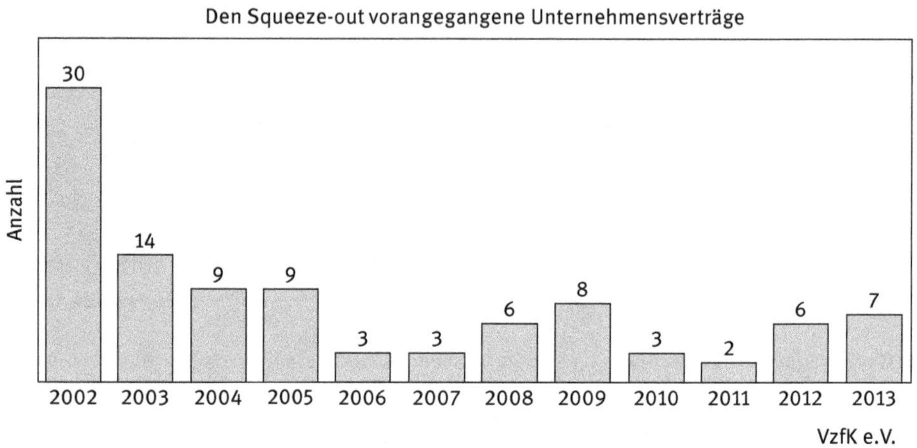

Abb. 11: Den Squeeze-out vorangegangene Unternehmensverträge

Dieser Zusammenhang zeigt die praktische Bedeutung des Squeeze-out. Zwar lassen sich auf der Grundlage eines Unternehmensvertrages auch nachteilige Weisungen erteilen. Das Integrationsinteresse verlangt jedoch aus den bereits oben[187] diskutierten Gründen den Ausschluss der übrigen Aktionäre.

Um die Komplexität zu reduzieren, unterscheidet die Studie nicht danach, ob vor dem Squeeze-out ein

- Beherrschungsvertrag,
- Gewinnabführungsvertrag oder
- Beherrschungs- und Gewinnabführungsvertrag

beschlossen worden ist. Es wird auch nicht gesondert dargestellt, ob der Unternehmensvertrag auf der gleichen Hauptversammlung wie der Squeeze-out oder einer anderen Hauptversammlung beschlossen wurde.

IV Übernahmerechtlicher Squeeze-out

Der übernahmerechtliche Squeeze-out setzt nach § 39a Abs. 1 WpÜG voraus, dass dem Bieter auf der Grundlage eines Übernahme- oder Pflichtangebots mindestens 95 Prozent des stimmberechtigten Grundkapitals gehören. Die im Rahmen des Angebots

187 Siehe Teil 1 § 1 I – Gesetzliche Grundlagen Ausgangspunkt, ab S. 13.

gewährte Abfindung gilt als eine angemessene Abfindung, wenn der Bieter auf Grund des Angebots Aktien in Höhe von mindestens 90 Prozent des vom Angebot betroffenen Grundkapitals erworben hat, § 39a Abs. 3 S. 3 WpÜG.

Für eine solche unwiderlegliche Vermutung fehlt jedoch die rechtliche Grundlage (3). Der durch einen sogenannten „Markttest" gebildete Preis entspricht nicht dem nach der Verfassung geschuldeten inneren Wert des Anteils an der Gesellschaft, weil der Preisbildung nicht die dafür erforderlichen Informationen zugrunde liegen (1). Außerdem fehlt eine empirisch belegbare Tatsachengrundlage für die Vermutungsregel (2).

1 Markt und Informationen

Die verfassungsrechtlichen Gewährleistungen zum Squeeze-out verlangen, dass der Aktionär eine angemessene Beteiligung am inneren Wert der Gesellschaft erhält.[188] Das setzt eine fundamentalanalytische Unternehmensbewertung voraus. Die Praxis wendet in den meisten Fällen das Ertragswert- oder Discounted Cash Flow-Verfahren an.

Wie die Effizienzmarkthypothese von Fama zeigt,[189] reflektiert ein kompensationsrelevanter Börsenwert nur dann den inneren Wert, wenn alle Marktteilnehmer und nicht nur der Hauptaktionär über die bewertungsrelevanten Informationen verfügen. Das ist jedenfalls dann nicht der Fall, wenn die außenstehenden Aktionäre weder die Höhe der Abfindung, noch den durch eine Unternehmensbewertung ermittelten und geprüften inneren Wert des Unternehmens kennen. Auf diese Informationen kommt es aber an, weil das verfassungsrechtlich geschützte Aktieneigentum eine angemessene Teilhabe an diesem inneren Wert gewährleistet.

Andernfalls besteht entgegen § 131 Abs. 4 S. 1 AktG eine Informationsasymmetrie. Der Hauptaktionär verfügt über einen strukturellen Informationsvorsprung. Denn er kennt durch seine Repräsentanten in Vorstand und Aufsichtsrat die Unternehmensplanung. Darüber hinaus verfügt er über alle bewertungsrelevanten Informationen, die ihm nach § 327b Abs. 1 S. 2 AktG zu erteilen sind. Dieser Informationsvorsprung besteht auch dann, wenn zuvor Kaufverhandlungen mit Gründungsaktionären bzw. (ehemaligen) Organmitgliedern geführt wurden, welche die Planungsrechnungen der Gesellschaft naturgemäß ebenfalls kennen und in die Verhandlungen einfließen lassen.

Mittels dieser Informationen überzeugt sich der Hauptaktionär von der Werthaltigkeit des Investments, bevor er die für einen Squeeze-out erforderlichen weiteren Aktien erwirbt. Ein solcher Erwerb wird dann wirtschaftlich besonders interessant,

---

188 Vgl. die Ausführungen in Teil 1 § 3 I Barabfindung und innerer Wert; Eigentumsgarantie, ab S. 71.

189 Vgl. oben Fußn. 9 auf S. 4 und Fußn. 10 auf S. 4.

wenn zumindest ein Teil der Aktien, z. B. auf der Grundlage eines öffentlichen Übernahmeangebots, schon unter dem inneren Wert erworben werden konnten.

Bei einer Preisfindung für das Übernahmeangebot auf Grundlage von § 31 WpÜG geht es dagegen nicht um den inneren Wert der Gesellschaft. Vielmehr sollen alle Aktionäre die Gelegenheit erhalten, ihre Aktien zum Durchschnittspreis zu verkaufen. Das mit diesem Wertermittlungsmechanismus verbundene Regelungsziel entspricht aber nicht den Vorgaben des Bundesverfassungsgerichts zum Aktieneigentum. Daher eignet sich dieser Regelungsmechanismus auch nicht zur Wertermittlung beim Squeeze-out.

2 Empirische Daten zur „Gegenleistung"

Empirisch belegbare Daten weisen zudem keine Korrelation zwischen der Gegenleistung eines Übernahmeangebots und der angemessenen Barabfindung bei kompensationspflichtigen Strukturmaßnahmen auf. Das zeigt ein Vergleich zwischen der Gegenleistung bei Übernahmeangeboten und der angemessenen Barabfindung beim Squeeze-out (a). Noch deutlicher wird der Unterschied bei einem Vergleich zwischen der Gegenleistung und der angemessenen Barabfindung nach einer gerichtlichen Entscheidung im Spruchverfahren (b). Das Ergebnis überrascht nicht, da dem Markttest keine Informationen zum inneren Wert des Unternehmens zugrunde liegen. Wie die Effizienzmarkthypothese zeigt, hängt die Preisfindung jedoch von der Verfügbarkeit zutreffender Informationen ab[190] (c).

a Vergleich: „Gegenleistung" und beschlossene Barabfindung

Bereits die von den Hauptversammlungen mit Stimmen der Hauptaktionäre beschlossenen Barabfindungen in Squeeze-out-Verfahren liegen im Durchschnitt deutlich über der Gegenleistung in den zuvor abgegebenen Kaufangeboten.

In 84 von 139 Fällen – das entspricht 60,43 Prozent – lagen die von den Hauptversammlungen beschlossenen Barabfindungen über den zuvor abgegebenen Kaufangeboten. Nur in 24 Fällen – das entspricht 17,27 Prozent – lagen sie auf gleicher Höhe und in weiteren 31 Fällen – das entspricht 22,30 Prozent – lagen sie darunter:

190 Vgl. oben Fußn. 9 auf S. 4 und Fußn. 10 auf S. 4.

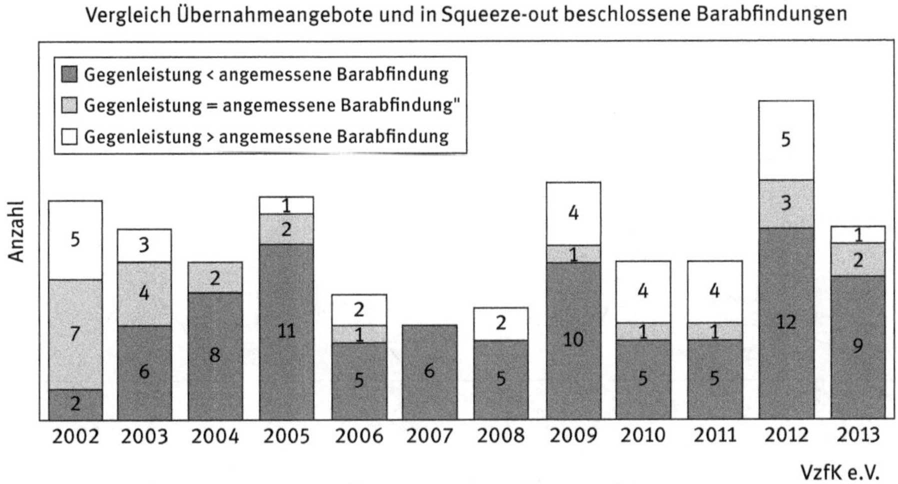

Abb. 12: Den Squeeze-out vorangegangene Übernahmeangebote – Vergleich Angebote und beschlossene Barabfindungen

Tab. 22: Den Squeeze-out vorangegangene Übernahmeangebote – Tabellarischer Vergleich Angebote und beschlossene Barabfindungen

Vzfk e. V.	Vergleich Übernahmeangebote und in Squeeze-out beschlossene Barabfindungen												
	2002	**2003**	**2004**	**2005**	**2006**	**2007**	**2008**	**2009**	**2010**	**2011**	**2012**	**2013**	**Summe**
Angebot > Barabfindung HV	5	3	0	1	2	0	2	4	4	4	5	1	31
entspricht	35,71 %	23,08 %	0,00 %	7,14 %	25,00 %	0,00 %	28,57 %	26,67 %	40,00 %	40,00 %	25,00 %	8,33 %	22,30 %
Angebot = Barabfindung HV	7	4	2	2	1	0	0	1	1	1	3	2	24
entspricht	50,00 %	30,77 %	20,00 %	14,29 %	12,50 %	0,00 %	0,00 %	6,67 %	10,00 %	10,00 %	15,00 %	16,67 %	17,27 %
Angebot < Barabfindung HV	2	6	8	11	5	6	5	10	5	5	12	9	84
entspricht	14,29 %	46,15 %	80,00 %	78,57 %	62,50 %	100,00 %	71,43 %	66,67 %	50,00 %	50,00 %	60,00 %	75,00 %	60,43 %
Summe	14	13	10	14	8	6	7	15	10	10	20	12	139

Grundlegende Veränderungen in der Kapitalstruktur zwischen dem Ende des Angebotszeitraums und der Beschluss fassenden Hauptversammlung wurden hierbei berücksichtigt.

Durchschnittlich betrugen die Differenzen je Gesellschaft bereits 16,82 Prozent, wertmäßig sogar 242,70 Mio. Euro:

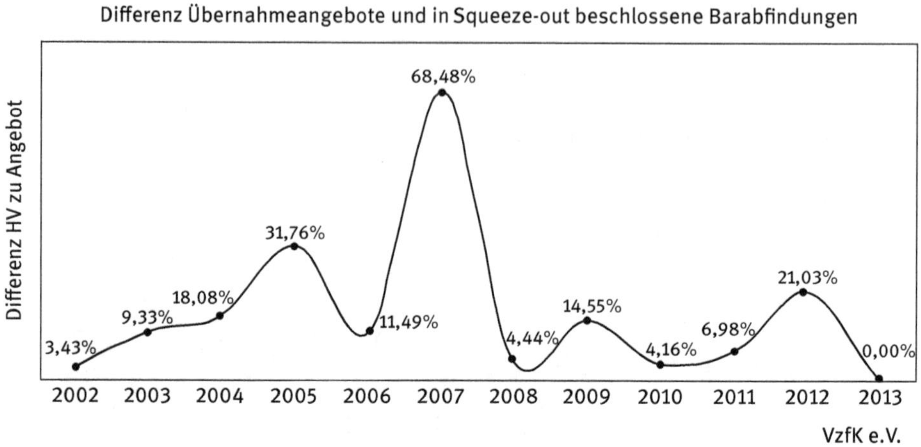

Abb. 13: Den Squeeze-out vorangegangene Übernahmeangebote – Prozentuale Differenzen zwischen Angeboten und beschlossenen Barabfindungen

Die größte Abweichung nach oben betrug 151,54 Prozent im Falle der Tarkett AG,[191] nach unten 90,00 Prozent im Falle der GL AG.[192] Hierbei ist zu berücksichtigen, dass der Hauptaktionär der GL AG mit seinem Übernahmeangebot das Ziel verfolgt hatte, eine Strukturmaßnahme gegen den Willen der übrigen Aktionäre durchzusetzen.

Entsprechend zeigt sich das Bild, wenn die Abweichungen getrennt nach Erhöhungen und Verminderungen der in den Hauptversammlungen beschlossenen Barabfindungen dargestellt werden:

191 Siehe Liste der Gesellschaften – Teil 2 § 5 I 1, ab S. 88; lfd. Nr. 389.

192 Siehe Liste der Gesellschaften – Teil 2 § 5 I 1, ab S. 88; lfd. Nr. 180.

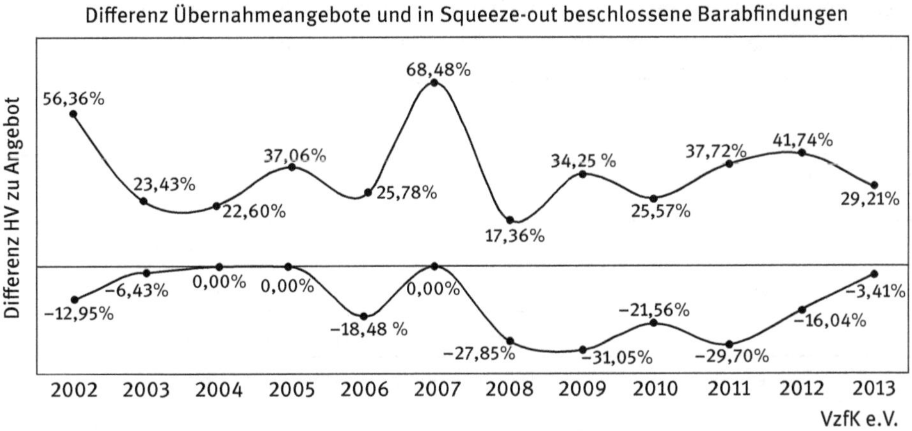

Abb. 14: Den Squeeze-out vorangegangene Übernahmeangebote – Prozentuale Differenzen zwischen Angeboten und beschlossenen Barabfindungen, getrennt nach Erhöhungen und Verminderungen

Stellt man auf den Wert der Differenzen zwischen Angeboten und in Hauptversammlungen beschlossenen Barabfindungen ab, zeigt sich ein noch deutlicheres Bild. Denn auf die Gesamtzahl der zum Zeitpunkt des Squeeze-out den Minderheitsaktionären gehörenden Aktien errechnet sich eine Differenz gegenüber den Übernahmeangeboten in Höhe von 242,70 Mio. Euro. Um diesen Betrag unterschreiten die Angebotspreise, also der „Markttest", den von den Hauptaktionären als angemessenen beurteilten „wahren" Wert der Beteiligungen an den Gesellschaften:

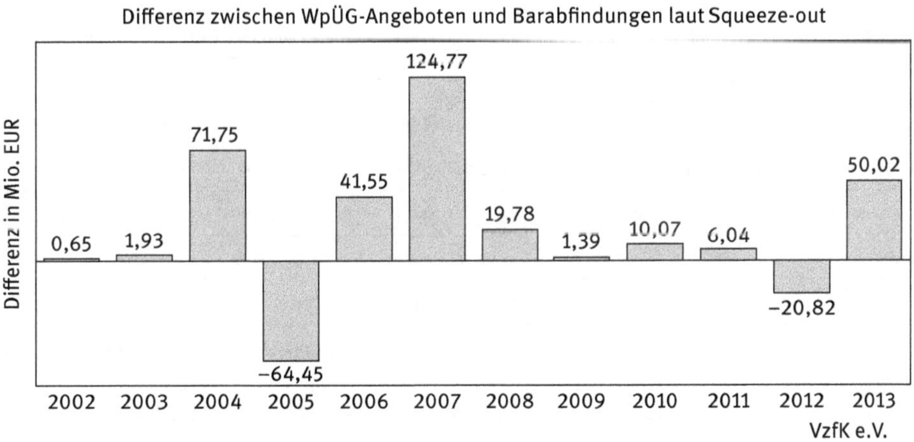

Abb. 15: Den Squeeze-out vorangegangene Übernahmeangebote – Wertmäßige Differenzen zwischen Angeboten und beschlossenen Barabfindungen

In den folgenden 21 Fällen – das entspricht 15,11 Prozent aller Übernahmeangebote – lagen die in Squeeze-out beschlossenen Barabfindungen um mindestens 50 Prozent über den Preisen beim Übernahmeangebot:

Tab. 23: Einzelnachweis der Gesellschaften, bei denen die Barabfindung im Squeeze-out die Übernahmeangebote um mindestens 50 Prozent übersteigen

VzfK e. V.	Differenzen zwischen Übernahmeangeboten und in Squeeze-out beschlossenen Barabfindungen				
Zielgesellschaft	**Hauptaktionär**	**Barabfindung**		**Differenz**	
		laut Angebot	**laut Squeeze-out**	**Betrag**	**entspricht**
Tarkett AG	Tarkett S.A.	18.753.613,50 EUR	7.455.565,00 EUR	11.298.048,50 EUR	151,54 %
Kolbenschmidt Pierburg AG	Rheinmetall Berlin Verwaltungsgesellschaft mbH	24.635.669,76 EUR	10.052.640,00 EUR	14.583.029,76 EUR	145,07 %
Leica Camera AG	Lisa Germany Holding GmbH	12.130.669,92 EUR	5.024.300,00 EUR	7.106.369,92 EUR	141,44 %
A. Moksel AG	VION N.V.	12.099.681,72 EUR	5.192.642,70 EUR	6.907.039,02 EUR	133,02 %
Walter AG	Sandvik Holding GmbH	12.740.549,50 EUR	5.484.342,50 EUR	7.256.207,00 EUR	132,31 %
Schwarz Pharma AG	UCB SP GmGH	21.958.694,80 EUR	9.852.250,00 EUR	12.106.444,80 EUR	122,88 %
GARANT SCHUH + MODE AG	ANWR GARANT International AG (AGI)	3.305.190,67 EUR	1.510.157,38 EUR	1.795.033,29 EUR	118,86 %
DIS Deutscher Industrie Service AG	Adecco Germany Holding GmbH	21.815.667,00 EUR	10.521.715,50 EUR	11.293.951,50 EUR	107,34 %
Celanese AG	Celanese Europe Holding GmbH & Co.KG	66.067.346,73 EUR	32.052.377,50 EUR	34.014.969,23 EUR	106,12 %
ATB Antriebstechnik AG	A-TEC Industries AG	1.425.872,00 EUR	700.205,00 EUR	725.667,00 EUR	103,64 %
INKA AG für Beteiligungen	INKA Holding GmbH & Co. KG	1.837.533,20 EUR	941.520,00 EUR	896.013,20 EUR	95,17 %
Möbel Walther AG	Kurt Krieger	6.229.626,72 EUR	3.243.734,20 EUR	2.985.892,52 EUR	92,05 %
Dr. Scheller Cosmetics AG	Kalina International S.A.	1.062.961,62 EUR	564.404,40 EUR	498.557,22 EUR	88,33 %
W.E.T. Automotive Systems AG	Gentherm Europe GmbH	1.460.971,20 EUR	811.200,00 EUR	649.771,20 EUR	80,10 %
Winkler + Dünnebier AG	Körber AG	3.492.566,16 EUR	2.098.122,00 EUR	1.394.444,16 EUR	66,46 %
W.O.M. World of Medicine AG	ATON GmbH	3.684.475,20 EUR	2.317.280,00 EUR	1.367.195,20 EUR	59,00 %
hotel.de AG	Hotel Reservation Service Robert Ragge GmbH	5.169.738,75 EUR	3.326.614,50 EUR	1.843.124,25 EUR	55,41 %
TDS Informationstechnologies AG	Fujitsu Services Overseas Limited	6.061.210,56 EUR	3.928.562,40 EUR	2.132.648,16 EUR	54,29 %
LHS AG	E/LHS Acquisition GmbH	847.283,89 EUR	562.522,50 EUR	284.761,39 EUR	50,62 %
Autania AG	Autania Holding AG	2.417.191,44 EUR	1.606.701,21 EUR	810.490,23 EUR	50,44 %
WERBAS AG	Summit Development S.A./N.V.	463.716,00 EUR	309.144,00 EUR	154.572,00 EUR	50,00 %

In weiteren 33 Fällen – das entspricht 23,74 Prozent aller Übernahmeangebote – lagen die im Squeeze-out beschlossenen Barabfindungen um mindestens 10 Prozent über dem zuvor angebotenen Übernahmepreis:

Tab. 24: Einzelnachweis der Gesellschaften, bei denen die Barabfindung im Squeeze-out die Übernahmeangebote zwischen 10 Prozent und 50 Prozent übersteigen

VzfK e. V.	Differenzen zwischen Übernahmeangeboten und in Squeeze-out beschlossenen Barabfindungen				
Zielgesellschaft	**Hauptaktionär**	**Barabfindung**		**Differenz**	
		laut Angebot	**laut Squeeze-out**	**Betrag**	**entspricht**
Rathgeber AG	F. X. Meiller Beteiligungs-GmbH	193.900,00 EUR	130.900,00 EUR	63.000,00 EUR	48,13 %
PSB AG für Programmierung und Systemberatung	Bechtle Aktiengesellschaft	568.464,96 EUR	392.044,80 EUR	176.420,16 EUR	45,00 %
Terex Material Handling & Port Solutions AG	Terex Industrie Holding AG	52.114.708,80 EUR	35.975.348,75 EUR	16.139.360,05 EUR	44,86 %
Allweiler AG	Constellation Verwaltungs GmbH & Co. Beteiligungen KG	1.842.831,00 EUR	1.281.463,44 EUR	561.367,56 EUR	43,81 %
LINOS AG	Optco Akquisitions GmbH	5.745.302,34 EUR	4.001.952,00 EUR	1.743.350,34 EUR	43,56 %
TEUTONIA Zementwerk AG	HeidelbergCement AG	6.593.426,75 EUR	4.626.870,00 EUR	1.966.556,75 EUR	42,50 %
PC-Ware Information Technologies AG	PERUNI Holding GmbH	11.833.088,40 EUR	8.376.060,00 EUR	3.457.028,40 EUR	41,27 %
PROCON MultiMedia AG	MHG Media Hold ing AG	3.244.035,34 EUR	2.317.168,10 EUR	926.867,24 EUR	40,00 %
WaveLight AG	Alcon Inc.	6.566.860,30 EUR	4.920.225,00 EUR	1.646.635,30 EUR	33,47 %
iXOS Software AG	2016091 Ontario Inc.	10.004.338,08 EUR	7.579.044,00 EUR	2.425.294,08 EUR	32,00 %
INFO Gesellschaft für Informationssysteme AG	INFO Gesellschaft für Informationssysteme Holding AG	5.807.804,98 EUR	4.418.982,05 EUR	1.388.822,93 EUR	31,43 %
Schleicher & Co. International AG	Martin Yale Industries Inc.	435.996,75 EUR	332.188,00 EUR	103.808,75 EUR	31,25 %
COMPUTEC MEDIA AG	Marquard Media International AG	2.380.582,71 EUR	1.848.892,52 EUR	531.690,19 EUR	28,76 %
Scholz & Friends AG	COMARCO Holding GmbH	1.385.656,80 EUR	1.102.227,00 EUR	283.429,80 EUR	25,71 %
Hymer AG	Erwin Hymer Vermögensverwaltungs AG	4.047.459,06 EUR	3.241.101,50 EUR	806.357,56 EUR	24,88 %
Stinnes AG	DB Sechste Vermögensverwaltungsgesellschaft mbH	8.902.861,26 EUR	7.220.621,75 EUR	1.682.239,51 EUR	23,30 %
Edscha AG	EdCar Beteiligungs GmbH & Co. KG	4.999.767,50 EUR	4.076.733,50 EUR	923.034,00 EUR	22,64 %
Jerini AG	Shire Deutschland Investments GmbH	5.392.986,00 EUR	4.476.250,00 EUR	916.736,00 EUR	20,48 %
GBH Grundstücks- und Baugesellschaft AG	GBH Aquisition GmbH	9.005.958,00 EUR	7.597.333,80 EUR	1.408.624,20 EUR	18,54 %

VzfK e. V.	Differenzen zwischen Übernahmeangeboten und in Squeeze-out beschlossenen Barabfindungen				
Zielgesellschaft	Hauptaktionär	Barabfindung		Differenz	
		laut Angebot	laut Squeeze-out	Betrag	entspricht
Quante AG	Erste SuSe Verwaltungs GmbH	1.541.853,44 EUR	1.310.976,00 EUR	230.877,44 EUR	17,61 %
Würzburger Hofbräu AG	Kulmbacher Brauerei Aktien-Gesellschaft	1.569.713,40 EUR	1.345.125,00 EUR	224.588,40 EUR	16,70 %
Buderus AG	Robert Bosch GmbH	60.967.304,00 EUR	52.270.497,40 EUR	8.696.806,60 EUR	16,64 %
Dyckerhoff AG	Buzzi Unicem SpA	65.320.514,28 EUR	56.197.536,00 EUR	9.122.978,28 EUR	16,23 %
Schering AG	Bayer Schering GmbH	714.408.143,96 EUR	620.722.372,00 EUR	93.685.771,96 EUR	15,09 %
AG Kühnle, Kopp & Kausch	TurboGroup GmbH	2.011.269,60 EUR	1.755.171,20 EUR	256.098,40 EUR	14,59 %
Francono Rhein-Main AG	Grainger FRM GmbH	1.480.866,60 EUR	1.299.387,85 EUR	181.478,75 EUR	13,97 %
Gauss Interprise AG	201609 Ontario Inc.	575.337,60 EUR	508.214,88 EUR	67.122,72 EUR	13,21 %
Derby Cycle AG	Pon Holding Germany GmbH	5.752.409,64 EUR	5.103.532,00 EUR	648.877,64 EUR	12,71 %
Regentalbahn AG	Arriva Deutschland GmbH	2.591.568,00 EUR	2.305.800,00 EUR	285.768,00 EUR	12,39 %
Andreae-Noris Zahn AG	Alliance Healthcare Deutschland Holding GmbH	12.384.865,40 EUR	11.130.161,60 EUR	1.254.703,80 EUR	11,27 %
Brau & Brunnen AG	RB Brauholding GmbH	13.181.705,79 EUR	11.914.320,00 EUR	1.267.385,79 EUR	10,64 %
Novasoft AG	Ciber Holding GmbH	3.649.492,97 EUR	3.302.368,96 EUR	347.124,01 EUR	10,51 %
Hoechst AG	Sanofi-Aventis S.A.	604.653.847,00 EUR	548.255.160,74 EUR	56.398.686,26 EUR	10,29 %

Außerdem wurden die angemessenen Barabfindungen in 30 Fällen – das entspricht 21,58 Prozent aller Übernahmeangebote – zumindest gegenüber dem Angebotspreis erhöht:

Tab. 25: Einzelnachweis der Gesellschaften, bei denen die Barabfindung im Squeeze-out die Übernahmeangebote bis zu 10 Prozent übersteigen

VzfK e. V.	Differenzen zwischen Übernahmeangeboten und in Squeeze-out beschlossenen Barabfindungen				
Zielgesellschaft	Hauptaktionär	Barabfindung		Differenz	
		laut Angebot	laut Squeeze-out	Betrag	entspricht
Generali Deutschland Holding AG	Generali Beteiligungs-GmbH	228.085.505,70 EUR	207.408.180,00 EUR	20.677.325,70 EUR	9,97 %
FAG Kugelfischer Georg Schäfer AG	INA Vermögensverwaltungsgesellschaft mbH & Co.	28.270.704,00 EUR	25.914.812,00 EUR	2.355.892,00 EUR	9,09 %
Beru AG	BorgWarner Germany GmbH	23.023.910,80 EUR	21.176.100,00 EUR	1.847.810,80 EUR	8,73 %
Utimaco Safeware AG	Sophos Holdings GmbH	11.795.584,00 EUR	10.874.054,00 EUR	921.530,00 EUR	8,47 %

VzfK e. V.	Differenzen zwischen Übernahmeangeboten und in Squeeze-out beschlossenen Barabfindungen				
Zielgesellschaft	**Hauptaktionär**	**Barabfindung**		**Differenz**	
		laut Angebot	**laut Squeeze-out**	**Betrag**	**entspricht**
Lambda Physik AG	Coherent Holding GmbH	6.624.973,50 EUR	6.115.868,75 EUR	509.104,75 EUR	8,32 %
ALTANA AG	SKion GmbH	101.399.679,75 EUR	94.576.650,00 EUR	6.823.029,75 EUR	7,21 %
Debitel AG	debitel Konzernfinanzierungs GmbH Telco Holding S.à r.l.	52.465.500,00 EUR	48.950.000,00 EUR	3.515.500,00 EUR	7,18 %
LHA Internationale Lebensmittelhandelsagentur Krause AG	LHA Holding A. u. R. Krause GbR	451.455,00 EUR	421.358,00 EUR	30.097,00 EUR	7,14 %
APCOA Parking AG	Parking Holdings GmbH	3.191.457,50 EUR	2.985.906,00 EUR	205.551,50 EUR	6,88 %
ComputerLinks AG	CSS Computer Security Solutions Erwerbs GmbH	5.763.544,94 EUR	5.401.145,50 EUR	362.399,44 EUR	6,71 %
Interhyp AG	ING Direct N.V.	1.694.324,97 EUR	1.591.616,00 EUR	102.708,97 EUR	6,45 %
GENEART AG	Applied Biosystems Deutschland GmbH	2.958.748,40 EUR	2.786.492,50 EUR	172.255,90 EUR	6,18 %
G. Kromschröder AG	Elster Group GmbH	18.886.563,19 EUR	17.832.551,99 EUR	1.054.011,20 EUR	5,91 %
AXA Konzern AG	AXA Paris S.A.	132.737.164,00 EUR	127.567.380,00 EUR	5.169.784,00 EUR	4,05 %
Allianz Lebensversicherung AG	Allianz Deutschland AG	408.309.194,16 EUR	393.634.500,00 EUR	14.674.694,16 EUR	3,73 %
Heinrich Industrie AG	Littlefuse Holding GmbH	1.407.330,00 EUR	1.368.000,00 EUR	39.330,00 EUR	2,88 %
CinemaxX AG	Vue Beteiligungs GmbH	5.351.418,12 EUR	5.228.866,56 EUR	122.551,56 EUR	2,34 %
REpower Systems AG	AE-Rotor B.V.	62.019.430,77 EUR	60.816.140,00 EUR	1.203.290,77 EUR	1,98 %
Gilde Brauerei AG	Interbrew Deutschland Holding GmbH	5.258.145,26 EUR	5.156.873,42 EUR	101.271,84 EUR	1,96 %
ersol Solar Energy AG	Robert Bosch GmbH	32.290.950,62 EUR	31.734.806,00 EUR	556.144,62 EUR	1,75 %
Epcos AG	TDK Germany GmbH	50.523.636,84 EUR	49.715.927,10 EUR	807.709,74 EUR	1,62 %
Degussa AG	Evonik Industries AG (RAG Projektgesellschaft mbH)	216.926.654,58 EUR	213.570.546,00 EUR	3.356.108,58 EUR	1,57 %
Rücker AG	ATON Engineering AG	13.542.522,99 EUR	13.350.608,00 EUR	191.914,99 EUR	1,44 %
Bau-Verein zu Hamburg Aktien-Gesellschaft	TAG Immobilien AG	4.088.061,25 EUR	4.043.137,50 EUR	44.923,75 EUR	1,11 %
MIS AG	Systems Union group plc.	1.800.641,55 EUR	1.781.050,00 EUR	19.591,55 EUR	1,10 %
Mannheimer Holding AG	deutsche internetversicherungs-aktiengesellschaft	15.864.603,85 EUR	15.737.006,50 EUR	127.597,35 EUR	0,81 %
ricardo.de AG	Tradus ltd.	2.742.337,20 EUR	2.722.888,00 EUR	19.449,20 EUR	0,71 %
VEM Aktienbank AG	Computershare Deutschland GmbH & Co.KG	1.977.475,36 EUR	1.964.900,00 EUR	12.575,36 EUR	0,64 %
Graphit Kropfmühl AG	AMG Mining AG	5.891.697,84 EUR	5.860.319,75 EUR	31.378,09 EUR	0,54 %
BHW Holding AG	Deutsche Postbank AG	39.262.111,09 EUR	39.080.221,76 EUR	181.889,33 EUR	0,47 %

In den nachfolgenden 31 Fällen – das entspricht 22,30 Prozent von allen Übernahmeangeboten – lagen die von den Hauptversammlungen beschlossenen Barabfindungen dagegen unter den angebotenen Übernahmepreisen:

Tab. 26: Einzelnachweis der Gesellschaften, bei denen die Barabfindung im Squeeze-out die Übernahmeangebote unterschreiten

VzfK e. V.	Differenzen zwischen Übernahmeangeboten und in Squeeze-out beschlossenen Barabfindungen				
Zielgesellschaft	**Hauptaktionär**	**Barabfindung**		**Differenz**	
		laut Angebot	**laut Squeeze-out**	**Betrag**	**entspricht**
Techem AG	MEIF II Energie Betei ligungen GmbH & Co.KG	25.225.004,00 EUR	25.284.000,00 EUR	-58.996,00 EUR	-0,23 %
Versatel AG	VictorianFibre Holding GmbH	4.356.006,12 EUR	4.375.111,41 EUR	-19.105,29 EUR	-0,44 %
Süd-Chemie AG	Clariant AG	20.110.618,26 EUR	20.290.435,38 EUR	-179.817,12 EUR	-0,89 %
SAP SI AG	SAP AG	48.664.707,08 EUR	49.253.746,80 EUR	-589.039,72 EUR	-1,20 %
MONACHIA Grundstücks-AG	Bayerische Städte- und Wohnungsbau GmbH	8.867.043,00 EUR	9.014.670,00 EUR	-147.627,00 EUR	-1,64 %
Energiedienst AG	Kraftwerk Laufenburg AG	15.063.600,00 EUR	15.314.660,00 EUR	-251.060,00 EUR	-1,64 %
Baden-Württembergische Bank AG	Landesbank Baden-Württemberg	15.879.440,00 EUR	16.184.492,40 EUR	-305.052,40 EUR	-1,88 %
burgbad AG	ECZACIBASI Yapi Gerecleri San. Ve Tic. A.S., Istanbul	3.448.072,32 EUR	3.526.955,52 EUR	-78.883,20 EUR	-2,24 %
Kamps AG	Finba Bakery Europe AG	29.512.667,78 EUR	30.387.837,50 EUR	-875.169,72 EUR	-2,88 %
Heiler Software AG	Informatica Deutschland AG	1.748.259,60 EUR	1.809.962,88 EUR	-61.703,28 EUR	-3,41 %
Constantin Film AG	Highlight Communications AG	4.878.130,32 EUR	5.063.410,78 EUR	-185.280,46 EUR	-3,66 %
Klöckner-Werke AG	Salzgitter Mannesmann GmbH	32.772.896,29 EUR	34.305.195,00 EUR	-1.532.298,71 EUR	-4,47 %
Consors Discount -Broker AG	BNP Paribas S.A.	27.691.060,50 EUR	29.222.906,40 EUR	-1.531.845,90 EUR	-5,24 %
Hypo Real Estate Holding AG	Finanzmarktstabilisierungsfonds-FMS „SoFFin“	158.291.718,00 EUR	169.250.375,40 EUR	-10.958.657,40 EUR	-6,47 %
Wella AG	Procter & Gamble Holding GmbH & Co Operations oHG	1.087.055.043,84 EUR	1.172.459.245,00 EUR	-85.404.201,16 EUR	-7,28 %
Solarparc AG	SolarWorld AG	2.576.991,41 EUR	2.837.990,54 EUR	-260.999,13 EUR	-9,20 %
ARBOmedia AG	Goldbach Media AG	795.736,00 EUR	917.436,80 EUR	-121.700,80 EUR	-13,27 %
Comarch Software und Beratungs AG	Comarch AG	916.388,00 EUR	1.071.708,00 EUR	-155.320,00 EUR	-14,49 %
Friatec AG	GPS Holding Germany GmbH	2.920.725,12 EUR	3.417.418,20 EUR	-496.693,08 EUR	-14,53 %
Schramm Holding AG	Salvador AG	759.500,00 EUR	893.172,00 EUR	-133.672,00 EUR	-14,97 %

VzfK e. V.	Differenzen zwischen Übernahmeangeboten und in Squeeze-out beschlossenen Barabfindungen				
Zielgesellschaft	**Hauptaktionär**	**Barabfindung**		**Differenz**	
		laut Angebot	**laut Squeeze-out**	**Betrag**	**entspricht**
Otto Reichelt AG	EDEKA Minden-Hannover Beteiligungsgesellschaft mbH	1.718.489,94 EUR	2.060.356,50 EUR	-341.866,56 EUR	-16,59 %
GeneScan Europe AG	Eurofins Ventures B.V.	2.205.900,00 EUR	2.696.100,00 EUR	-490.200,00 EUR	-18,18 %
HBW Abwicklungs AG i.L.	InBev Germany Holding GmbH	408.030,00 EUR	525.775,80 EUR	-117.745,80 EUR	-22,39 %
D+S europe AG	Pyramus S.à.r .l.	19.557.928,11 EUR	25.760.189,00 EUR	-6.202.260,89 EUR	-24,08 %
Micrologic Logistics AG	Logwin AG (Thiel Logistics AG)	1.445.776,40 EUR	2.250.501,00 EUR	-804.724,60 EUR	-35,76 %
Christian Adalbert Kupferberg & Compagnie KG aA	A. Racke GmbH & Co. KG	237.662,24 EUR	393.600,00 EUR	-155.937,76 EUR	-39,62 %
Landesbank Berlin Holding AG	Erwerbsgesellschaft der S-Finanzgruppe mbH & Co.KG	53.173.987,46 EUR	90.302.956,26 EUR	-37.128.968,80 EUR	-41,12 %
UBAG Unternehmer Beteiligungen AG i.A.	VTC Industrieholding GmbH	795.435,00 EUR	1.786.240,00 EUR	-990.805,00 EUR	-55,47 %
Winter AG	Trüb AG, Schweiz	310.041,60 EUR	723.430,40 EUR	-413.388,80 EUR	-57,14 %
ANTERRA Vermögensverwaltungs-AG	LEI Anterra Germany Holding GmbH	365.730,75 EUR	2.699.441,25 EUR	-2.333.710,50 EUR	-86,45 %
GL AG	PBB Beteiligungen GmbH	13.400,00 EUR	134.000,00 EUR	-120.600,00 EUR	-90,00 %

b Vergleich: „Gegenleistung“ und angemessene Barabfindung im Ergebnis nach Spruchverfahren

Noch deutlicher werden die Abweichungen im Vergleich zwischen den von Hauptaktionären angebotenen Gegenleistungen und den von Gerichten in Squeeze-out-Verfahren als angemessen beurteilten Barabfindungen.

Denn die von den Gerichten als angemessen beurteilten Barabfindungen lagen sogar in 105 von 139 Fällen – das entspricht 75,54 Prozent – über den zuvor abgegebenen Kaufangeboten. Nur in zwölf Fällen – das entspricht 8,63 Prozent – lagen sie auf gleicher Höhe und in weiteren 22 Fällen – das entspricht 15,83 Prozent – lagen sie darunter:

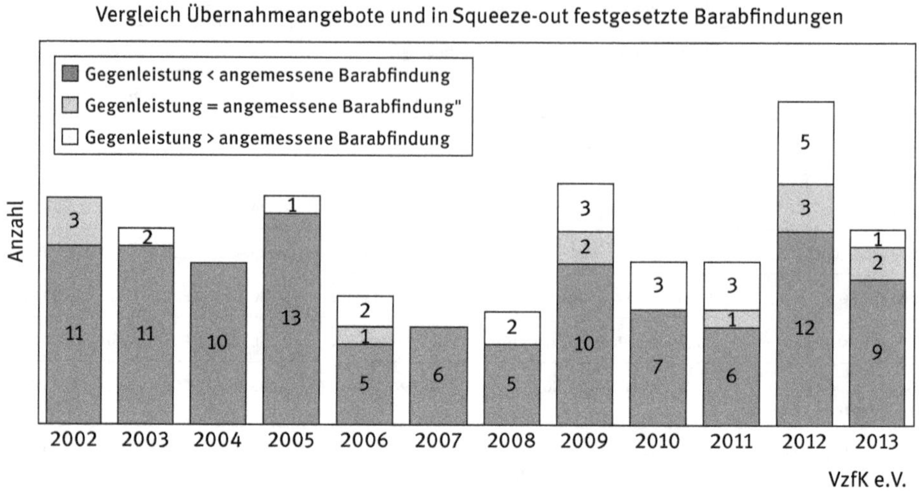

Abb. 16: Den Squeeze-out vorangegangene Übernahmeangebote – Vergleich Angebote und von Gerichten festgesetzte Barabfindungen

Tab. 27: Den Squeeze-out vorangegangene Übernahmeangebote – Tabellarischer Vergleich Angebote und von Gerichten festgesetzte Barabfindungen

VzfK e. V.	Vergleich Übernahmeangebote und in Squeeze-out festgesetzte Barabfindungen												
	2002	**2003**	**2004**	**2005**	**2006**	**2007**	**2008**	**2009**	**2010**	**2011**	**2012**	**2013**	**Summe**
Angebot > Barabfindung SpV	0	2	0	1	2	0	2	3	3	3	5	1	22
entspricht	0,00 %	15,38 %	0,00 %	7,14 %	25,00 %	0,00 %	28,57 %	20,00 %	30,00 %	30,00 %	25,00 %	8,33 %	15,83 %
Angebot = Barabfindung SpV	3	0	0	0	1	0	0	2	0	1	3	2	12
entspricht	21,43 %	0,00 %	0,00 %	0,00 %	12,50 %	0,00 %	0,00 %	13,33 %	0,00 %	10,00 %	15,00 %	16,67 %	8,63 %
Angebot < Barabfindung SpV	11	11	10	13	5	6	5	10	7	6	12	9	105
entspricht	78,57 %	84,62 %	100,00 %	92,86 %	62,50 %	100,00 %	71,43 %	66,67 %	70,00 %	60,00 %	60,00 %	75,00 %	75,54 %
Summe	14	13	10	14	8	6	7	15	10	10	20	12	139

Durchschnittlich betrugen die Differenzen je Gesellschaft 29,13 Prozent, wertmäßig sogar 454,55 Mio. Euro:

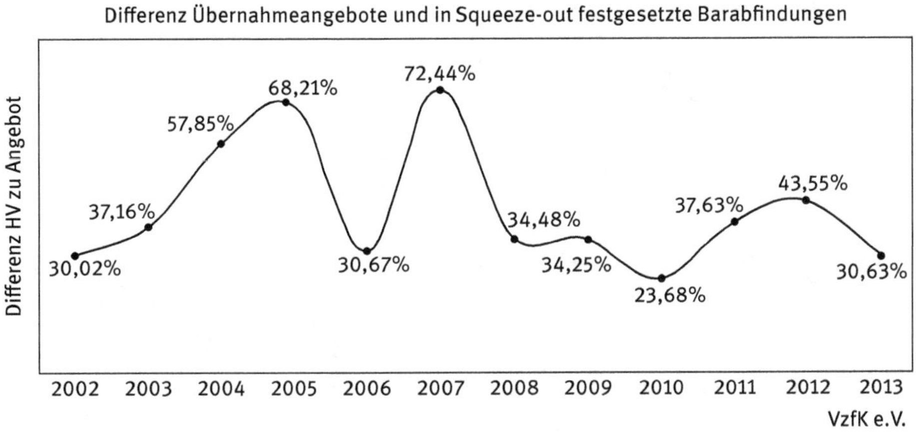

Abb. 17: Den Squeeze-out vorangegangene Übernahmeangebote – Prozentuale Differenzen zwischen Angeboten und von Gerichten festgesetzten Barabfindungen

Die größten Abweichungen waren, wie bereits im Vergleich zu den von Hauptaktionären festgesetzten Barabfindungen, bei der Tarkett AG[193] – Abweichung nunmehr nach oben um 224,92 Prozent – und der GL AG[194] – Abweichung immer noch nach unten in Höhe von 90,00 Prozent – zu verzeichnen.

Getrennt nach Erhöhungen und Verminderungen der von Gerichten festgesetzten Barabfindungen stellen sich die Abweichungen wie folgt dar:

193 Siehe Liste der Gesellschaften – Teil 2 § 5 I 1, ab S. 88; lfd. Nr. 389.

194 Siehe Liste der Gesellschaften – Teil 2 § 5 I 1, ab S. 88; lfd. Nr. 180.

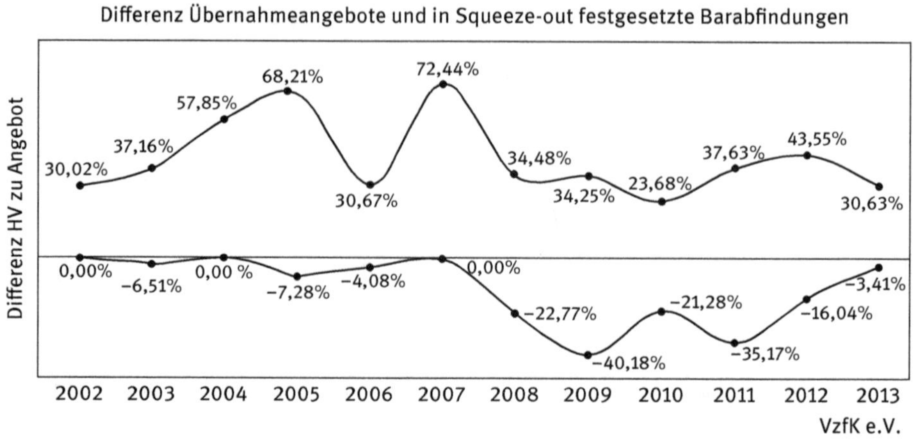

Abb. 18: Den Squeeze-out vorangegangene Übernahmeangebote – Prozentuale Differenzen zwischen Angeboten und von Gerichten festgesetzten Barabfindungen, getrennt nach Erhöhungen und Verminderungen

Die Wertedifferenzen zwischen Angeboten und von Gerichten als angemessen beurteilten Barabfindungen haben sich deutlich erhöht. Betrugen die Differenzen zwischen Angeboten und von Hauptaktionären als angemessen beurteilten Barabfindungen bereits 242,70 Mio. Euro, betragen sie nach den gerichtlich in Spruchverfahren bestimmten Barabfindungen insgesamt 454,55 Mio. Euro:

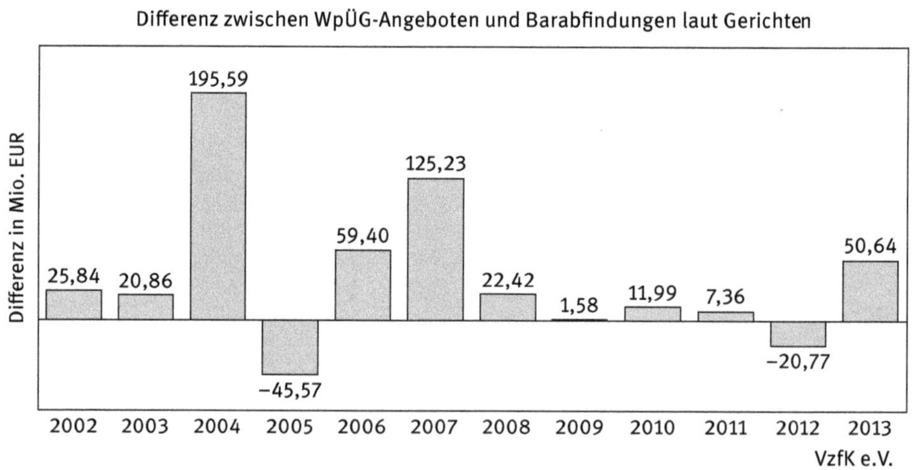

Abb. 19: Den Squeeze-out vorangegangene Übernahmeangebote – Wertmäßige Differenzen zwischen Angeboten und von Gerichten als angemessen beurteilten Barabfindungen

Entsprechend lag der innere Wert der Aktien bereits in 33 Fällen – das sind 23,74 Prozent aller Übernahmeangebote – um mindestens 50 Prozent über der allgemeinen Einschätzung der Marktteilnehmer auf Grundlage der von der Gesellschaft und ihren Organen im Übernahmeangebot publizierten Informationen:

Tab. 28: Einzelnachweis der Gesellschaften, bei denen die Barabfindung laut gerichtlicher Beurteilung die Übernahmeangebote um mindestens 50 Prozent übersteigen

VzfK e. V.	Differenzen zwischen Übernahmeangeboten und in Squeeze-out beschlossenen Barabfindungen				
Zielgesellschaft	**Hauptaktionär**	**Barabfindung**		**Differenz**	
		laut Angebot	**laut Squeeze-out**	**Betrag**	**entspricht**
Tarkett AG	Tarkett S.A.	24.224.851,20 EUR	7.455.565,00 EUR	16.769.286,20 EUR	224,92 %
Scholz & Friends AG	COMARCO Holding GmbH	2.834.298,00 EUR	1.102.227,00 EUR	1.732.071,00 EUR	157,14 %
A. Moksel AG	VION N.V.	13.055.787,36 EUR	5.192.642,70 EUR	7.863.144,66 EUR	151,43 %
AG Kühnle, Kopp & Kausch	TurboGroup GmbH	4.404.240,00 EUR	1.755.171,20 EUR	2.649.068,80 EUR	150,93 %
INKA AG für Beteiligungen	INKA Holding GmbH & Co. KG	2.353.800,00 EUR	941.520,00 EUR	1.412.280,00 EUR	150,00 %
Kolbenschmidt Pierburg AG	Rheinmetall Berlin Verwaltungsgesellschaft mbH	24.635.669,76 EUR	10.052.640,00 EUR	14.583.029,76 EUR	145,07 %
Leica Camera AG	Lisa Germany Holding GmbH	12.130.669,92 EUR	5.024.300,00 EUR	7.106.369,92 EUR	141,44 %
Walter AG	Sandvik Holding GmbH	12.740.549,50 EUR	5.484.342,50 EUR	7.256.207,00 EUR	132,31 %
Schwarz Pharma AG	UCB SP GmGH	21.958.694,80 EUR	9.852.250,00 EUR	12.106.444,80 EUR	122,88 %
GARANT SCHUH + MODE AG	ANWR GARANT International AG (AGI)	3.305.190,67 EUR	1.510.157,38 EUR	1.795.033,29 EUR	118,86 %
DIS Deutscher Industrie Service AG	Adecco Germany Holding GmbH	21.815.667,00 EUR	10.521.715,50 EUR	11.293.951,50 EUR	107,34 %
Celanese AG	Celanese Europe Holding GmbH & Co.KG	66.067.346,73 EUR	32.052.377,50 EUR	34.014.969,23 EUR	106,12 %
ATB Antriebstechnik AG	A-TEC Industries AG	1.425.872,00 EUR	700.205,00 EUR	725.667,00 EUR	103,64 %
PSB AG für Programmierung und Systemberatung	Bechtle Aktiengesellschaft	796.341,00 EUR	392.044,80 EUR	404.296,20 EUR	103,13 %
Möbel Walther AG	Kurt Krieger	6.229.626,72 EUR	3.243.734,20 EUR	2.985.892,52 EUR	92,05 %
Dr. Scheller Cosmetics AG	Kalina International S.A.	1.062.961,62 EUR	564.404,40 EUR	498.557,22 EUR	88,33 %
Rathgeber AG	F. X. Meiller Beteiligungs-GmbH	239.120,00 EUR	130.900,00 EUR	108.220,00 EUR	82,67 %
W.E.T. Automotive Systems AG	Gentherm Europe GmbH	1.460.971,20 EUR	811.200,00 EUR	649.771,20 EUR	80,10 %
Stinnes AG	DB Sechste Vermögensverwaltungsgesellschaft mbH	12.736.956,29 EUR	7.220.621,75 EUR	5.516.334,54 EUR	76,40 %
TEUTONIA Zementwerk AG	HeidelbergCement AG	8.157.965,96 EUR	4.626.870,00 EUR	3.531.095,96 EUR	76,32 %

VzfK e. V.	Differenzen zwischen Übernahmeangeboten und in Squeeze-out beschlossenen Barabfindungen				
Zielgesellschaft	Hauptaktionär	Barabfindung		Differenz	
		laut Angebot	laut Squeeze-out	Betrag	entspricht
Lambda Physik AG	Coherent Holding GmbH	10.578.800,00 EUR	6.115.868,75 EUR	4.462.931,25 EUR	72,97 %
Schleicher & Co. International AG	Mar tin Yale Industries Inc.	568.871,95 EUR	332.188,00 EUR	236.683,95 EUR	71,25 %
Edscha AG	EdCar Beteiligungs GmbH & Co. KG	6.922.755,00 EUR	4.076.733,50 EUR	2.846.021,50 EUR	69,81 %
Winkler + Dünnebier AG	Körber AG	3.492.566,16 EUR	2.098.122,00 EUR	1.394.444,16 EUR	66,46 %
Buderus AG	Robert Bosch GmbH	84.094.186,00 EUR	52.156.287,70 EUR	31.937.898,30 EUR	61,23 %
W.O.M. World of Medicine AG	ATON GmbH	3.684.475,20 EUR	2.317.280,00 EUR	1.367.195,20 EUR	59,00 %
hotel.de AG	Hotel Reservation Service Robert Ragge GmbH	5.169.738,75 EUR	3.326.614,50 EUR	1.843.124,25 EUR	55,41 %
TDS Informationstechnologies AG	Fujitsu Services Overseas Limited	6.061.210,56 EUR	3.928.562,40 EUR	2.132.648,16 EUR	54,29 %
LINOS AG	Optco Akquisitions GmbH	6.112.981,68 EUR	4.001.952,00 EUR	2.111.029,68 EUR	52,75 %
Jobpilo t AG	Adecco SA	5.288.800,00 EUR	3.503.830,00 EUR	1.784.970,00 EUR	50,94 %
LHS AG	E/LHS Acquisition GmbH	847.283,89 EUR	562.522,50 EUR	284.761,39 EUR	50,62 %
Autania AG	Autania Holding AG	2.417.191,44 EUR	1.606.701,21 EUR	810.490,23 EUR	50,44 %
WERBAS AG	Summit Development S.A./N.V.	463.716,00 EUR	309.144,00 EUR	154.572,00 EUR	50,00 %

In weiteren 45 Fällen – das entspricht 32,37 Prozent aller Übernahmeangebote – lagen die von Gerichten als angemessen beurteilten Barabfindungen um mindestens 10 Prozent über dem zuvor angebotenen Übernahmepreis:

Tab. 29: Einzelnachweis der Gesellschaften, bei denen die Barabfindung laut gerichtlicher Beurteilung die Übernahmeangebote zwischen 10 Prozent und 50 Prozent übersteigen

VzfK e. V.	Differenzen zwischen Übernahmeangeboten und von Gerichten als angemessen beurteilten Barabfindungen				
Zielgesellschaft	Hauptaktionär	Barabfindung		Differenz	
		laut Angebot	laut Squeeze-out	Betrag	entspricht
G. Kromschröder AG	Elster Group GmbH	26.462.268,69 EUR	17.832.551,99 EUR	8.629.716,70 EUR	48,39 %
Allweiler AG	Constellation Verwaltungs GmbH & Co. Beteiligungen KG	1.901.314,50 EUR	1.281.463,44 EUR	619.851,06 EUR	48,37 %
WEDECO Water Technology AG	ITT Industries German Holding GmbH	13.757.811,75 EUR	9.327.330,00 EUR	4.430.481,75 EUR	47,50 %
Terex Material Handling & Port Solutions AG	Terex Industrie Holding AG	52.114.708,80 EUR	35.975.348,75 EUR	16.139.360,05 EUR	44,86 %

VzfK e. V.	Differenzen zwischen Übernahmeangeboten und von Gerichten als angemessen beurteilten Barabfindungen				
Zielgesellschaft	**Hauptaktionär**	**Barabfindung**		**Differenz**	
		laut Angebot	**laut Squeeze-out**	**Betrag**	**entspricht**
VTG – Lehnker ing AG	VTG Vereinigte Tanklager und Transportmittel GmbH	10.388.763,00 EUR	7.233.657,20 EUR	3.155.105,80 EUR	43,62 %
Energiedienst AG	Kraftwerk Laufenburg AG	21.822.637,32 EUR	15.314.660,00 EUR	6.507.977,32 EUR	42,50 %
PC-Ware Information Technologies AG	PERUNI Holding GmbH	11.833.088,40 EUR	8.376.060,00 EUR	3.457.028,40 EUR	41,27 %
MIS AG	Systems Union group plc.	2.511.280,50 EUR	1.781.050,00 EUR	730.230,50 EUR	41,00 %
FAG Kugelfischer Georg Schäfer AG	INA Vermögensverwaltungsgesellschaft mbH & Co.	36.398.531,40 EUR	25.914.812,00 EUR	10.483.719,40 EUR	40,45 %
PROCON MultiMedia AG	MHG Media Holding AG	3.244.035,34 EUR	2.317.168,10 EUR	926.867,24 EUR	40,00 %
iXOS Software AG	2016091 Ontario Inc.	10.526.450,00 EUR	7.579.044,00 EUR	2.947.406,00 EUR	38,89 %
Heinrich Industrie AG	Littlefuse Holding GmbH	1.852.500,00 EUR	1.368.000,00 EUR	484.500,00 EUR	35,42 %
Stollwerck AG	Van Houten Beteleiligungs AG & Co KG	4.247.830,00 EUR	3.172.430,00 EUR	1.075.400,00 EUR	33,90 %
Regentalbahn AG	Arriva Deutschland GmbH	3.080.700,00 EUR	2.305.800,00 EUR	774.900,00 EUR	33,61 %
WaveLight AG	Alcon Inc.	6.566.860,30 EUR	4.920.225,00 EUR	1.646.635,30 EUR	33,47 %
Debitel AG	debitel Konzernfinanzierungs GmbH Telco Holding S.à r.l.	64.525.000,00 EUR	48.950.000,00 EUR	15.575.000,00 EUR	31,82 %
INFO Gesellschaft für Informationssysteme AG	INFO Gesellschaft für Informationssysteme Holding AG	5.807.804,98 EUR	4.418.982,05 EUR	1.388.822,93 EUR	31,43 %
Quante AG	Erste SuSe Verwaltungs GmbH	1.711.552,00 EUR	1.310.976,00 EUR	400.576,00 EUR	30,56 %
ComputerLinks AG	CSS Computer Security Solutions Erwerbs GmbH	6.969.220,00 EUR	5.401.145,50 EUR	1.568.074,50 EUR	29,03 %
COMPUTEC MEDIA AG	Marquard Media International AG	2.380.582,71 EUR	1.848.892,52 EUR	531.690,19 EUR	28,76 %
Gauss Interprise AG	201609 Ontario Inc.	647.254,80 EUR	508.214,88 EUR	139.039,92 EUR	27,36 %
Novasoft AG	Ciber Holding GmbH	4.174.869,85 EUR	3.302.368,96 EUR	872.500,89 EUR	26,42 %
Hymer AG	Erwin Hymer Vermögensverwaltungs AG	4.047.459,06 EUR	3.241.101,50 EUR	806.357,56 EUR	24,88 %
GBH Grundstücks- und Baugesellschaft AG	GBH Aquisition GmbH	9.467.802,00 EUR	7.597.333,80 EUR	1.870.468,20 EUR	24,62 %
Hoechst AG	Sanofi-Aventis S.A.	682.777.264,40 EUR	548.255.160,74 EUR	134.522.103,66 EUR	24,54 %
Würzburg er Hofbräu AG	Kulmbacher Brauerei Aktien-Gesellschaft	1.660.137,45 EUR	1.345.125,00 EUR	315.012,45 EUR	23,42 %
MONACHIA Grundstücks-AG	Bayerische Städte- und Wohnungsbau GmbH	10.993.500,00 EUR	9.014.670,00 EUR	1.978.830,00 EUR	21,95 %
HVB Real Estate Bank AG	DIA Vermögensverwaltungs-GmbH	41.006.122,96 EUR	33.743.283,00 EUR	7.262.839,96 EUR	21,52 %

VzfK e. V.	Differenzen zwischen Übernahmeangeboten und von Gerichten als angemessen beurteilten Barabfindungen				
Zielgesellschaft	Hauptaktionär	Barabfindung		Differenz	
		laut Angebot	laut Squeeze-out	Betrag	entspricht
Rheinhold & Mahla AG	Bilfinger Berger AG	1.836.292,50 EUR	1.515.670,00 EUR	320.622,50 EUR	21,15 %
Jerini AG	Shire Deutschland Investments GmbH	5.392.986,00 EUR	4.476.250,00 EUR	916.736,00 EUR	20,48 %
Interhyp AG	ING Direct N.V.	1.913.669,55 EUR	1.591.616,00 EUR	322.053,55 EUR	20,23 %
Otto Reichelt AG	EDEKA Minden-Hannover Beteiligungsgesellschaft mbH	2.460.218,28 EUR	2.060.356,50 EUR	399.861,78 EUR	19,41 %
Baden-Württembergische Bank AG	Landesbank Baden-Württemberg	19.055.328,00 EUR	16.184.492,40 EUR	2.870.835,60 EUR	17,74 %
Dyckerhoff AG	Buzzi Unicem SpA	65.320.514,28 EUR	56.197.536,00 EUR	9.122.978,28 EUR	16,23 %
Kaufhalle AG	ADAGIO Grundstücksverwaltungsgesellschaft mbH	5.971.840,00 EUR	5.141.561,60 EUR	830.278,40 EUR	16,15 %
Jado AG	AS Deutschland GmbH	289.473,80 EUR	250.000,10 EUR	39.473,70 EUR	15,79 %
Schering AG	Bayer Schering GmbH	714.408.143,96 EUR	620.722.372,00 EUR	93.685.771,96 EUR	15,09 %
CinemaxX AG	Vue Beteiligungs GmbH	5.964.175,92 EUR	5.228.866,56 EUR	735.309,36 EUR	14,06 %
Francono Rhein-Main AG	Grainger FRM GmbH	1.480.866,60 EUR	1.299.387,85 EUR	181.478,75 EUR	13,97 %
Derby Cycle AG	Pon Holding Germany GmbH	5.752.409,64 EUR	5.103.532,00 EUR	648.877,64 EUR	12,71 %
BHW Holding AG	Deutsche Postbank AG	43.913.281,10 EUR	39.080.221,76 EUR	4.833.059,34 EUR	12,37 %
TA Triumph-Adler AG	Kyocera Mita Corp .	5.391.541,20 EUR	4.809.356,00 EUR	582.185,20 EUR	12,11 %
Andreae-Noris Zahn AG	Alliance Healthcare Deutschland Hold ing GmbH	12.384.865,40 EUR	11.130.161,60 EUR	1.254.703,80 EUR	11,27 %
VIVA Media AG	Viacom Holdings Germany LLC	7.440.062,00 EUR	6.722.627,45 EUR	717.434,55 EUR	10,67 %
Brau & Brunnen AG	RB Brauholding GmbH	13.191.441,89 EUR	11.923.120,00 EUR	1.268.321,89 EUR	10,64 %

Ferner wurden die angemessenen Barabfindungen in 27 Fällen – das entspricht 19,42 Prozent aller Übernahmeangebote – zumindest gegenüber dem Angebotspreis erhöht:

Tab. 30: Einzelnachweis der Gesellschaften, bei denen die Barabfindung laut gerichtlicher Beurteilung die Übernahmeangebote bis zu 10 Prozent übersteigen

VzfK e. V.	Differenzen zwischen Übernahmeangeboten und von Gerichten als angemessen beurteilten Barabfindungen				
Zielgesellschaft	**Hauptaktionär**	**Barabfindung**		**Differenz**	
		laut Angebot	**laut Squeeze-out**	**Betrag**	**entspricht**
Generali Deutschland Holding AG	Generali Beteiligungs-GmbH	228.085.505,70 EUR	207.408.180,00 EUR	20.677.325,70 EUR	9,97 %
Beru AG	BorgWarner Germany GmbH	23.023.910,80 EUR	21.176.100,00 EUR	1.847.810,80 EUR	8,73 %
Utimaco Safeware AG	Sophos Holdings GmbH	11.795.584,00 EUR	10.874.054,00 EUR	921.530,00 EUR	8,47 %
Degussa AG	Evonik Industries AG (RAG Projektgesellschaft mbH)	229.384.936,43 EUR	213.570.546,00 EUR	15.814.390,43 EUR	7,40 %
ALTANA AG	SKion GmbH	101.399.679,75 EUR	94.576.650,00 EUR	6.823.029,75 EUR	7,21 %
LHA Internationale Lebensmittelhandelsagentur Krause AG	LHA Holding A. u. R. Krause GbR	451.455,00 EUR	421.358,00 EUR	30.097,00 EUR	7,14 %
APCOA Parking AG	Parking Holdings GmbH	3.191.457,50 EUR	2.985.906,00 EUR	205.551,50 EUR	6,88 %
GENEART AG	Applied Biosystems Deutschland GmbH	2.958.748,40 EUR	2.786.492,50 EUR	172.255,90 EUR	6,18 %
Teutoburger Wald-Eisenbahn AG	Captra in Deutschland GmbH	420.000,00 EUR	400.000,00 EUR	20.000,00 EUR	5,00 %
AXA Konzern AG	AXA Paris S.A.	132.737.164,00 EUR	127.567.380,00 EUR	5.169.784,00 EUR	4,05 %
Allianz Lebensversicherung AG	Allianz Deutschland AG	408.309.194,16 EUR	393.634.500,00 EUR	14.674.694,16 EUR	3,73 %
HBW Abwicklungs AG i.L.	InBev Germany Holding GmbH	544.040,00 EUR	525.775,80 EUR	18.264,20 EUR	3,47 %
Tecis Holding AG	AWD Holding AG	8.563.620,00 EUR	8.300.124,00 EUR	263.496,00 EUR	3,17 %
Holsten-Brauerei AG	Carlsberg Deutschland GmbH	9.961.146,00 EUR	9.705.732,00 EUR	255.414,00 EUR	2,63 %
REpower Systems AG	AE-Rotor B.V.	62.019.430,77 EUR	60.816.140,00 EUR	1.203.290,77 EUR	1,98 %
Gilde Brauerei AG	Interbrew Deutschland Holding GmbH	5.258.145,26 EUR	5.156.873,42 EUR	101.271,84 EUR	1,96 %
ersol Sola r Energy AG	Robert Bosch GmbH	32.290.950,62 EUR	31.734.806,00 EUR	556.144,62 EUR	1,75 %
CAA AG	Harman Becker Automotive Systems (Becker Division) GmbH	2.160.855,48 EUR	2.124.707,34 EUR	36.148,14 EUR	1,70 %
Consors Discount -Broker AG	BNP Paribas S.A.	29.717.810,46 EUR	29.222.906,40 EUR	494.904,06 EUR	1,69 %
Epcos AG	TDK Germany GmbH	50.523.636,84 EUR	49.715.927,10 EUR	807.709,74 EUR	1,62 %
Rücker AG	ATON Engineering AG	13.542.522,99 EUR	13.350.608,00 EUR	191.914,99 EUR	1,44 %
Concept! AG	OglivyOne worldwide GmbH	421.971,04 EUR	417.064,40 EUR	4.906,64 EUR	1,18 %
Bau-Verein zu Hamburg Aktien-Gesellschaft	TAG Immobilien AG	4.088.061,25 EUR	4.043.137,50 EUR	44.923,75 EUR	1,11 %

VzfK e. V.	Differenzen zwischen Übernahmeangeboten und von Gerichten als angemessen beurteilten Barabfindungen				
Zielgesellschaft	Hauptaktionär	Barabfindung		Differenz	
		laut Angebot	laut Squeeze-out	Betrag	entspricht
Mannheimer Holding AG	deutsche internetversicherungs-aktiengesellschaft	15.864.603,85 EUR	15.737.006,50 EUR	127.597,35 EUR	0,81 %
ricardo.de AG	Tradus ltd.	2.742.337,20 EUR	2.722.888,00 EUR	19.449,20 EUR	0,71 %
VEM Aktienbank AG	Computershare Deutschland GmbH & Co.KG	1.977.475,36 EUR	1.964.900,00 EUR	12.575,36 EUR	0,64 %
Graphit Kropfmühl AG	AMG Mining AG	5.891.697,84 EUR	5.860.319,75 EUR	31.378,09 EUR	0,54 %

Dagegen lagen in nur noch 22 Fällen – das entspricht 15,83 Prozent von allen Übernahmeangeboten – die von Gerichten als angemessen beurteilten Barabfindungen unter den angebotenen Übernahmepreisen:

Tab. 31: Einzelnachweis der Gesellschaften, bei denen die Barabfindung laut gerichtlicher Beurteilung die Übernahmeangebote unterschreiten

VzfK e. V.	Differenzen zwischen Übernahmeangeboten und von Gerichten als angemessen beurteilten Barabfindungen				
Zielgesellschaft	Hauptaktionär	Barabfindung		Differenz	
		laut Angebot	laut Squeeze-out	Betrag	entspricht
Techem AG	MEIF II Energie Beteiligungen GmbH & Co.KG	25.225.004,00 EUR	25.284.000,00 EUR	-58.996,00 EUR	-0,23 %
Versatel AG	VictorianFibre Holding GmbH	4.356.006,12 EUR	4.375.111,41 EUR	-19.105,29 EUR	-0,44 %
Süd-Chemie AG	Clariant AG	20.110.618,26 EUR	20.290.435,38 EUR	-179.817,12 EUR	-0,89 %
SAP SI AG	SAP AG	48.664.707,08 EUR	49.253.746,80 EUR	-589.039,72 EUR	-1,20 %
burgbad AG	ECZACIBASI Yapi Gerecleri San. Ve Tic. A.S., Istanbul	3.448.072,32 EUR	3.526.955,52 EUR	-78.883,20 EUR	-2,24 %
Kamps AG	Finba Bakery Europe AG	29.512.667,78 EUR	30.387.837,50 EUR	-875.169,72 EUR	-2,88 %
Heiler Software AG	Informatica Deutschland AG	1.748.259,60 EUR	1.809.962,88 EUR	-61.703,28 EUR	-3,41 %
Klöckner-Werke AG	Salzgitter Mannesmann GmbH	32.772.896,29 EUR	34.305.195,00 EUR	-1.532.298,71 EUR	-4,47 %
Hypo Real Estate Holding AG	Finanzmarktstabilisierungs-fonds-FMS „SoFFin“	158.291.718,00 EUR	169.250.375,40 EUR	-10.958.657,40 EUR	-6,47 %
Microlog Logistics AG	Logwin AG (Thiel Logistics AG)	2.093.647,90 EUR	2.250.501,00 EUR	-156.853,10 EUR	-6,97 %
Wella AG	Procter & Gamble Holding GmbH & Co Operations oHG	1.087.055.043,84 EUR	1.172.459.245,00 EUR	-85.404.201,16 EUR	-7,28 %
Solarparc AG	SolarW orld AG	2.576.991,41 EUR	2.837.990,54 EUR	-260.999,13 EUR	-9,20 %
Friatec AG	GPS Holding Germany GmbH	3.070.723,60 EUR	3.417.418,20 EUR	-346.694,60 EUR	-10,14 %

VzfK e. V.	Differenzen zwischen Übernahmeangeboten und von Gerichten als angemessen beurteilten Barabfindungen				
Zielgesellschaft	Hauptaktionär	Barabfindung		Differenz	
		laut Angebot	laut Squeeze-out	Betrag	entspricht
Comarch Software und Beratungs AG	Comarch AG	916.388,00 EUR	1.071.708,00 EUR	-155.320,00 EUR	-14,49 %
Schramm Holding AG	Salvador AG	759.500,00 EUR	893.172,00 EUR	-133.672,00 EUR	-14,97 %
GeneScan Europe AG	Eurofins Ventures B.V.	2.205.900,00 EUR	2.696.100,00 EUR	-490.200,00 EUR	-18,18 %
D+S europe AG	Pyramus S.à.r .l.	19.557.928,11 EUR	25.760.189,00 EUR	-6.202.260,89 EUR	-24,08 %
Landesbank Berlin Holding AG	Erwerbsgesellschaft der S-Finanzgruppe mbH & Co.KG	53.173.987,46 EUR	90.302.956,26 EUR	-37.128.968,80 EUR	-41,12 %
UBAG Unternehmer Beteiligungen AG i.A.	VTC Industrieholding GmbH	976.850,00 EUR	1.786.240,00 EUR	-809.390,00 EUR	-45,31 %
Winter AG	Trüb AG, Schweiz	310.041,60 EUR	723.430,40 EUR	-413.388,80 EUR	-57,14 %
ANTERRA Vermögensverwaltungs-AG	LEI Anterra Germany Holding GmbH	365.730,75 EUR	2.699.441,25 EUR	-2.333.710,50 EUR	-86,45 %
GL AG	PBB Beteiligungen GmbH	13.400,00 EUR	134.000,00 EUR	-120.600,00 EUR	-90,00 %

Die Analyse zeigt auf, dass kein Zusammenhang zwischen den für Unternehmensanteile gezahlten Preisen laut „Markttest" und fundamentalanalytisch ermittelten Unternehmenswerten besteht. Die Gegenleistung eines öffentlichen Übernahmeangebots wird auf der Grundlage von §§ 31 WpÜG, 5 ff. WpÜG-AngV bestimmt. Danach kommt es zunächst auf den durchschnittlichen Börsenkurs in einem Zeitraum von drei Monaten vor der Veröffentlichung der Angebotsunterlage gemäß § 10 WpÜG an. Voraussetzung ist, dass die Aktien im regulierten Markt einer deutschen Börse gehandelt werden, § 9 Abs. 1 S. 1 WpHG. Für Aktien im unregulierten Markt und im Freiverkehr existieren hingegen keine Preise. Sofern Aktien eines Unternehmens sowohl im regulierten Markt als auch im Freiverkehr gehandelt werden, werden die Transaktionen im Freiverkehr in der Berechnung des Mindestpreises durch die BaFin nicht mit berücksichtigt.

Diese Filtration von Daten kann zu erheblichen Abweichungen zwischen den im übernahmerechtlichen Squeeze-out zu zahlenden Preisen laut „Markttest" und in Squeeze-out-Verfahren als Wertuntergrenze zu beachtenden gewichteten Durchschnittskursen führen. Im Falle des Ausschluss der Minderheitsaktionäre der Solarparc AG[195] lag der als Wertuntergrenze zu berücksichtigende durchschnittliche gewichtete Börsenkurs um 4,25 Prozent über dem von der BaFin festgestellten Mindestpreis auf Basis der nach § 9 WpHG zugänglichen Meldungen der Handelsteilnehmer.

195 Siehe Liste der Gesellschaften – Teil 2 § 5 I 1, ab S. 88; lfd. Nr. 370.

Doch mehr noch als diese Abweichung lässt die hier ermittelte Differenz in Höhe von 454,55 Mio. Euro – bzw. 29,13 Prozent – zwischen Angebotspreis und von Gerichten als angemessen beurteilten Barabfindungen Rückschlüsse auf die mangelnde Eignung des Börsenkurses als alleiniges Wertmerkmal zu.

c Zusammenhang zwischen Information und Preis

Weil die Kaufangebote fast ausnahmslos auf durchschnittlichen Börsenkursen beruhen, belegt diese Studie die fehlende Tatsachengrundlage für die in § 39a Abs. 3 S. 3 WpÜG normierte Annahme der Angemessenheit des Angebotspreises. Stattdessen liefert sie einen weiteren Beweis für die Effizienzmarkthypothese von Fama.[196] Denn es zeigt sich, dass ohne vollständige Informationen zum inneren Wert am Kapitalmarkt kein zutreffender Preis gebildet wird, der den verfassungsrechtlichen Gewährleistungen entspricht. Dementsprechend bildet der Börsenkurs auch in Spruchverfahren lediglich die den außenstehenden Aktionären zu gewährende Wertuntergrenze. Er ersetzt jedoch nicht die von der Eigentumsgarantie gewährleistete Bestimmung des inneren Anteilswertes an der Gesellschaft.

Dass der Börsenkurs dem wahren Wert entsprechen kann, aber auch darüber oder darunter liegen kann, hat der Bundesgerichtshof schon früh festgestellt.[197] Aus diesem Grund hat er sich bis zur DAT/Altana-Entscheidung des Bundesverfassungsgerichts[198] geweigert, die Abfindung nach dem Börsenkurs zu bemessen:

> *„Die Abfindung der durch Mehrheitsumwandlung zum Ausscheiden gezwungenen Aktionäre bemißt sich nach den Grundsätzen, die Rechtsprechung und Schrifttum zur Abfindung eines aus einer Personengesellschaft ausscheidenden Gesellschafters entwickelt haben. Der Börsenkurs ist nicht maßgebend.“*[199]

Stattdessen wurde allein das dem Aktieneigentum innewohnende mitgliedschaftliche Herrschafts- und Vermögensrecht über den fundamentalanalytisch festgestellten Unternehmenswert abgefunden.

Erst durch die Rechtsprechung des Bundesverfassungsgerichts wurde die zweite Komponente, nämlich die Verkehrsfähigkeit der Aktie, in die Bewertungsgrundlage aufgenommen, weswegen der Börsenkurs nicht (mehr) unbeachtet bleiben durfte:

> *„Charakteristikum des Aktieneigentums ist zum einen, daß es mitgliedschaftliche Herrschafts- und Vermögensrechte vermittelt. Dabei steht die Vermögenskomponente vielfach im Vordergrund. Das trifft insbesondere für die Kleinaktionäre zu, die auf die Unternehmenspolitik regelmäßig keinen*

196 Vgl. oben Fußn. 9 auf S. 4 und Fußn. 10 auf S. 4.
197 BGH vom 30. März 1967, Az. II ZR 141/64.
198 BVerfG vom 27. April 1999, Az. 1 BvR 1613/94.
199 BGH vom 30. März 1967, Az. II ZR 141/64.

relevanten Einfluß nehmen können und die Aktie vorwiegend als Kapitalanlage betrachten (vgl. BGHZ 120, 141 <151>). Zum anderen ermöglicht das Aktieneigentum eine Sphäre individueller Freiheit in finanzieller Hinsicht. Dieser Freiraum fußt auf der besonders ausgeprägten Verkehrsfähigkeit von Aktien. Darin unterscheidet sich die Beteiligung an einer Aktiengesellschaft von anderen Unternehmensbeteiligungen. Vor allem trifft das auf Beteiligungen an börsennotierten Aktiengesellschaften zu, die es dem Gesellschafter, jedenfalls in Zeiten eines funktionierenden Kapitalmarktes, praktisch jederzeit erlauben, sein Kapital nach freiem Belieben zu investieren oder zu deinvestieren. Die Aktie ist aus der Sicht des Kleinaktionärs gerade deshalb so attraktiv, weil er sein Kapital nicht auf längere Sicht bindet, sondern sie fast ständig wieder veräußern kann."[200]

Ein Abstellen allein auf den Börsenkurs als zweiter Komponente zur Bestimmung der den Minderheitsaktionären zu gewährenden Barabfindung widerspricht aber ebenfalls der Verfassung (aa). Denn danach ist der Verlust des in der Aktie verkörperten Eigentumsanteils am Unternehmen auszugleichen, Art. 14 Abs. 1 GG. Zum von der Verfassung geschützten Eigentum gehören aber untrennbar auch die mitgliedschaftlichen Herrschafts- und Vermögensrechte der Aktionäre. Diese sind jedoch über eine Fundamentalwertanalyse zu bewerten. Der jeweils höhere Wert ist den Minderheitsaktionären abzufinden.[201] Der Börsenkurs funktioniert aber nur dann zur Plausibilitätskontrolle (bb), wenn ihm die erforderlichen Informationen zugrunde liegen (cc).

aa Börsenkurs kein Wertindikator für vollen Wertausgleich

Der Börsenkurs eignet sich nicht als alleiniger Indikator, um den „vollen" Wertausgleich bzw. inneren Wert zu ermitteln. Das ergibt sich aus den Überlegungen zur Kapitalmarkteffizienz ((a)) und der Asymmetrie der bewertungsrelevanten Informationen ((b)). Daher müssen Wege gefunden werden, die relevanten Informationen einzupreisen ((c)). Darüber hinaus sprechen weitere Gründe gegen ein alleiniges Abstellen auf den Börsenwert ((d)).

(a) Kapitalmarkteffizienz

Der Börsenkurs reflektiert den „vollen" quotalen Anteilswert einer Beteiligung an einem Unternehmen nur dann, wenn der Kapitalmarkt vollständig effizient funktioniert.

Davon kann aber nach der von Eugene Fama entwickelten Effizienzmarkthypothese[202] nur dann ausgegangen werden, wenn alle vorhandenen Informationen im Kurs eines Wertpapiers bereits eingepreist sind und somit kein Marktteilnehmer in

---

200 BVerfG vom 27. April 1999, Az. 1 BvR 1613/94.

201 BGH vom 12. März 2001, Az. II ZB 15/00.

202 Vgl. oben Fußn. 9 auf S. 4 und Fußn. 10 auf S. 4.

der Lage ist, durch technische Analyse, Fundamentalanalyse, Insiderhandel oder anderweitig zu dauerhaft überdurchschnittlichen Gewinnen zu kommen.

Die Effizienzmarkthypothese geht davon aus, dass alle Marktteilnehmer, also Käufer ebenso wie Verkäufer, vollständig rational und auf der Basis gleicher Informationen agieren und die Summe dieser Informationen jederzeit bereits in den Kursen verarbeitet ist. Demnach wäre kein Teilnehmer in der Lage, den Markt auf Dauer zu schlagen. Dem halten Kritiker entgegen:

> *„Für den zwanglosen und ehrlichen Beobachter sollte aufgrund der Volatilitätsargumente wie den hier dargestellten klar sein, dass die Effizienzmarkthypothese falsch sein muss ... Das Scheitern des Modells der Effizienzmarkthypothese ist so dramatisch, dass es unmöglich erscheint, das Scheitern solchen Dingen wie Datenfehlern, Problemen des Preisindex oder Änderungen im Steuerrecht zuzuschreiben.“*[203]

Während also nach der Theorie von Fama *„ein Affe, der mit verbundenen Augen Pfeile auf den Kursteil einer Zeitung wirft, das Portfolio nicht schlechter managen wird als ein jeder Bankberater“*[204], sollen nach Shiller Kursprognosen sehr wohl möglich sein. Bemerkenswert an diesen sich widersprechenden Beurteilungen ist, dass beide Wissenschaftler den Wirtschaftsnobelpreis im Jahr 2013 erhalten haben.

Soweit die Kernaussage der Effizienzmarkthypothese dahingehend unterscheidet, ob

- eine schwache Effizienz vorliegt, bei der nur angenommen wird, dass aus den Kursverläufen der Vergangenheit nicht auf Kurse in Gegenwart und Zukunft geschlossen werden kann. Danach müssten Informationen aus der vergangenen Marktentwicklung eingepreist sein. Die beste Schätzung des zukünftigen Kurses wäre dann der aktuelle Kurs, weil eine bessere Prognose z. B. durch technische Analyse nicht möglich ist;
- oder eine mittelstarke Effizienz vorliegt, bei der alle marktrelevanten öffentlich zugänglichen Informationen zusätzlich zu den Kursverläufen der Vergangenheit bereits im Kurs enthalten sind. Eine Fundamentalanalyse wäre demnach sinnlos, weil alle öffentlich verfügbaren Informationen sowieso schon eingepreist sind;
- oder sogar eine starke Effizienz vorliegt, bei der neben allen marktrelevanten öffentlichen- auch Insider-Informationen bereits im Kurs enthalten sind. Die

---

203 Zitat Robert James Shiller: *„It should be obvious to the most casual and unsophisticated observer by volatility arguments like those made here that the efficient markets model must be wrong ... The failure of the efficient markets model is thus so dramatic that it would seem impossible to attribute the failure to such things as data errors, price index problems, or changes in tax law.“* (in: Schulz, Ann-Christine: Die Rolle der Finanzanalysten bei der Verbreitung von Managementkonzepten: Eine Analyse am Beispiel von Kernkompetenzen und Downsizing in den 1990er Jahren in den USA. 1. Aufl., Wiesbaden 2011, S. 55).

204 Zitat Burton Malkiel.

unmittelbare Folge dieser Annahme wäre die Nichtvorhersagbarkeit von Aktienkursen,

kann eine Entscheidung hierzu dahinstehen.

(b) Asymmetrie der bewertungsrelevanten Informationen

Die verfassungsrechtlichen Gewährleistungen zur Ermittlung des inneren Wertes lassen es nicht zu, nur auf den Börsenkurs vor Bekanntmachung der fundamentalen Unternehmensbewertung abzustellen. Schließlich verfügt der Hauptaktionär, im Gegensatz zu den außenstehenden Aktionären, über die notwendigen Informationen, um die Rentabilität der von ihm geplanten Strukturmaßnahme bzw. Investition beurteilen zu können. Diese Informationsasymmetrie versetzt den Hauptaktionär dazu in die Lage, den inneren Wert besser zu bestimmen als die übrigen Marktteilnehmer. Damit kann er auch erkennen, ob der kompensationsrelevante Börsenkurs über oder unter dem fundamentalanalytischen inneren Wert liegt.

Diesen Informationsvorsprung können die Minderheitsaktionäre auch nicht über ein Verlangen nach § 131 Abs. 4 AktG abbauen. Denn insoweit privilegiert z. B. § 327b Abs. 1 S. 2 AktG den Hauptaktionär. Entsendet er Vertreter in den Vorstand oder Aufsichtsrat, vergrößert das seinen Informationsvorsprung noch weiter.

Auf dieser Informationsgrundlage kann der Hauptaktionär z. B. dann eine Strukturmaßnahme ankündigen bzw. durchführen, wenn der Börsenkurs für ihn günstig ist. Zudem lässt sich der Börsenkurs durch eine interessenorientierte Informationspolitik, etwa über die Lage der Gesellschaft oder die künftige Unternehmensentwicklung, beeinflussen.

(c) Einpreisung der bewertungsrelevanten Informationen

Die zuvor beschriebene Informationsasymmetrie führt dazu, dass Minderheitsgesellschafter erst mit Ankündigung der Strukturmaßnahme, insbesondere erst mit Bekanntmachung der Unternehmensbewertung die Grundlage zur eigenständigen Bewertung ihres Investments erhalten.

Die Kapitalmarkteffizienz, welche zur Bestimmung des Grenzwertes erforderlich ist, zu dem die Minderheitsaktionäre aus der Gesellschaft ausgeschlossen werden dürfen, wird somit nicht vor Bekanntmachung der Unternehmensbewertung erreicht. Denn erst dann können sich die außenstehenden Aktionäre ein Bild über die Lage der Gesellschaft und ihren vollen Wert machen.

Auch können erst ab diesem Zeitpunkt die möglichen Erfolgsaussichten eines Spruchverfahrens eingepreist werden. Nur so lässt sich jedenfalls erklären, dass bei vielen Gesellschaften der Börsenwert am Tag vor der Hauptversammlung über dem inneren Wert liegt.

Daher ist der Ausschluss der Minderheitsgesellschafter von einer durch diese Informationen beeinflussten Preisfindung im Wege der Vorverlagerung des maßgeblichen Referenzzeitraums nicht sachgerecht. Schließlich benötigen sie für eventuelle Deinvestitionsentscheidungen Informationen über den inneren Wert, welche nur eine fundamentalanalytische Unternehmensbewertung, z. B. nach dem Ertragswertverfahren, liefern kann. Außerdem verlangen auch Regelungen wie §§ 293f Abs. 1, 327b Abs. 3 AktG, § 63 Abs. 1 UmwG die Vorlage der erforderlichen Informationen. Erst mit ihrer Veröffentlichung entsteht die notwendige mindestens mittelstarke Kapitalmarkteffizienz:

> *„Der Börsenkurs entspricht dem Preis, zu dem auf einem organisierten Kapitalmarkt Unternehmensanteile gehandelt werden. Kapitalmärkte sind jedoch in der Regel nicht hinreichend vollkommen und informationseffizient, sodass nicht mit Sicherheit davon ausgegangen werden kann, dass der Börsenkurs den wahren Wert des Unternehmensanteils widerspiegelt. Auch die deutsche Rechtsprechung hat sich nicht dahingehend entwickelt, dass die Höhe der Abfindungen von ausscheidenden Minderheitsaktionären ausschließlich anhand der Börsenkurse bemessen wird. Vielmehr ist der Börsenkurs lediglich unter bestimmten Voraussetzungen als Mindestgröße für die Abfindung zu beachten.“*[205]

Daher ist als Wertuntergrenze nur ein Börsenkurs verfassungskonform, welcher eine solche Fundamentalanalyse einpreist. Dass dabei auch spekulative Überlegungen von Marktteilnehmern, zum Beispiel zu einem möglichen Ausgang eines Spruchverfahrens, den Börsenkurs beeinflussen können, entspricht dem Wesen der Börse als einem Ort der Spekulation. Das ist auch im Interesse des Ausgleichs der Informationsasymmetrie hinzunehmen.

(d) Weitere Gründe gegen ein alleiniges Abstellen auf den Börsenkurs

Darüber hinaus sprechen weitere Gründe, wie z. B. die Irrationalität von Börsenentscheidungen ((aa)), das handelbare Aktienvolumen vor einem Squeeze-out ((bb)), der jeweils individuelle Anlagehorizont der Aktionäre ((cc)) und die Preisallokation der Minderheitsaktionäre ((dd)) gegen den Börsenkurs als Wertindikator für einen vollen Wertausgleich.

(aa) Irrationalität von Börsenentscheidungen

Gegen die notwendige Kapitalmarkteffizienz des Börsenkurses spricht auch die fehlende Rationalität der Marktteilnehmer. Dies kann einerseits an der fehlenden Fundamentalanalyse liegen, welche die Abfindungsphantasie der Kapitalanleger unter Umständen antreibt. Sie kann aber auch ganz allgemein darin begründet sein, dass

---

205 IDW Eingabe vom 6. Dezember 2012: Best-Practice-Empfehlungen zur Unternehmensbewertung. WPg 2012 Nr. 7, S. 358 [359].

Marktteilnehmer entweder zu optimistischen oder pessimistischen Entscheidungsfindungen neigen oder schlicht einem „Herdentrieb“ folgen.

(bb) Handelbares Aktienvolumen

Schließlich führt auch die für eine aktienrechtliche Strukturmaßnahme gesetzlich erforderliche Einschränkung des frei handelbaren Aktienbestands, vgl. § 327a Abs. 1 S. 1 AktG, und der dadurch eingeschränkte Handel der Aktien dazu, dass die Preisbildung unter Umständen willkürlich oder zufällig erfolgt, ohne dass dadurch die Deinvestitionsmöglichkeit des einzelnen Aktionärs eingeschränkt sein muss.

Aus alledem folgt, dass der Börsenkurs dem wahren Wert entsprechen kann, aber auch darüber oder darunter liegen kann: „*Price is what you pay; value is what you get.*“[206] Daher ist der Börsenkurs als Wertuntergrenze zu beachten, weil er die mit dem Eigentum verbundene Freiheit absichert, die Aktie „*fast jederzeit veräußern zu können*“.[207]

Hierbei ist allerdings mit der Effizienzmarkthypothese auf einen Referenzzeitraum abzustellen, in welchem die Bewertungsgrundlagen in ihrem Kern allen Marktteilnehmern bekannt gemacht worden sind. Dabei kommt es auf den Zeitraum nach Veröffentlichung des Bewertungsgutachtens an. Denn nur so kann die Informationsasymmetrie zwischen Haupt- und Minderheitsaktionären abgebaut werden.

Zur Bestimmung des dem Aktieneigentum innewohnenden Herrschafts- und Vermögensrechts ist dagegen auf den Fundamentalwert der Gesellschaft abzustellen.

(cc) Typische Haltedauer

Ein Abstellen allein auf den Börsenkurs zur Bestimmung der nach der Verfassung geforderten Kompensation für den Entzug der mit der Aktie verbundenen Eigentumsrechte ließe auch die Anlagestrategien der Aktionäre außer Betracht.

Würde typisierend, wie der Bundesgerichtshof vor der Änderung der Rechtsprechung durch die DAT/Altana-Entscheidung,[208] allein auf eine unendliche Haltedauer abgestellt werden, entspricht das nicht dem Anlagehorizont eines spekulativen Anlegers. Denn für diesen kann der Börsenkurs als geeignete Approximation des von ihm zugrunde gelegten Verkäufergrenzpreises dienen.

Umgekehrt würde ein alleiniges Abstellen auf den Börsenkurs die ebenso bestehende Möglichkeit ausblenden, dass der Minderheitsaktionär die Investition in die Aktie auch als Daueranlage im Unternehmen geplant hat:

---

206 Buffet, Warren Edward in Bericht des Vorsitzenden der Berkshire Hathaway Inc. 2008.
207 BVerfG vom 27. April 1999, Az. 1 BvR 1613/94.
208 BGH vom 12. März 2001, Az. II ZB 15/00.

„Vernachlässigt man diese Möglichkeit, dann würde kurzfristig orientierten Aktionären ein größeres rechtliches Schutzbedürfnis zugestanden als langfristig orientierten Anlegern. Für das verfassungsrechtliche Prinzip der vollen Kompensation kann es jedoch keinen Unterschied machen, ob ein Anleger kurzfristig, d. h. an Kurssteigerungen interessiert, oder langfristig, d. h. an Dividenden orientiert, investiert. Aus diesem Grund muss zusätzlich der Wert der Aktie unter der Annahme einer dauerhaften Anlage ermittelt werden."[209]

(dd) Preisallokation der Minderheitsaktionäre

Schließlich ließe ein (alleiniges) Abstellen auf den Börsenkurs die vom Eigentumsschutz umfasste Preisallokation der Minderheitsaktionäre unberücksichtigt.

Der Börsenkurs spiegelt das Ergebnis von Angebot und Nachfrage nach Aktien der jeweiligen Gesellschaft wider. Er basiert auf den sich ständig verändernden subjektiven Wertvorstellungen der Kapitalmarktteilnehmer. Der Börsenkurs bildet dabei aber nur die geringste subjektive Bewertung innerhalb des Anteilsinhaberkreises ab:

„Denn nur wer seinem Anteil subjektiv einen höheren Wert zumisst, als am Markt dafür zu erzielen ist, verbleibt – Rationalverhalten unterstellt – in der Gesellschaft. Gäbe es einen Anteilsinhaber innerhalb der Gesellschaft, der seinem Anteil einen geringeren Wert zumäße als r[210]*, so würde er ihn am Markt verkaufen und den Erlös für ein alternatives Investment verwenden. Umgekehrt wird ein potentieller Käufer am Markt nur bereit sein, den herrschenden Preis r für angebotene Anteile zu zahlen, wenn er ihnen selbst einen subjektiv höheren Wert zumisst."*[211]

Zudem werden nur die Erwartungen der Investoren berücksichtigt, die im jeweils relevanten Zeitraum tatsächlich Aktien gekauft oder verkauft haben. Diese Kapitalmarktteilnehmer weisen für sich jeweils einen Grenzpreis auf, der über oder unter dem Börsenkurs liegt. Denn nur, wenn Käufer und Verkäufer den Wert einer Aktie unterschiedlich einschätzen, kann es überhaupt zu einem Handel kommen.

Verkauft ein Minderheitsaktionär seine Aktien vor der Ankündigung der Strukturmaßnahme nicht, liegt sein Grenzpreis über dem Börsenkurs. Wird ihm nun ein Börsenkurs aufgezwungen, welcher darunter liegt, wird in seine verfassungsrechtlich geschützte Dispositionsfreiheit über sein Eigentum eingegriffen. Das aber setzt nach der Rechtsprechung des Bundesverfassungsgerichts[212] den vollen Wertausgleich der verlorenen Rechtsposition voraus.

---

209 Ruthardt, Frederik; Hachmeister, Dirk: Ermittlung der angemessenen Barabfindung beim Squeeze Out. NZG 2014, S. 41 [44].

210 r = Referenzkurs [Anm. d. Verf.].

211 Riethmüller, Tobias C.: Minderheitenschutz und allokative Steuerung im System von Konzern- und Übernahmerecht. Köln 2013, S. 146.

212 BVerfG vom 7. August 1962, Az. 1 BvL 16/60 [Feldmühle].

bb Plausibilitätskontrolle

Daher dient die vom Bundesverfassungsgericht geforderte „Plausibilitätskontrolle“[213] nicht dem Schutz des Hauptaktionärs, sondern allein dem Schutz der Minderheitsaktionäre. Die mit dieser Studie nachgewiesene Differenz zwischen Börsenkurs und Ertragswert bestätigt diese Rechtsprechung des Bundesverfassungsgerichts, wonach der Börsenkurs als Wertuntergrenze nicht unberücksichtigt bleiben darf. Eine andere Beurteilung folgt weder aus der Rechtsprechung noch den Richtlinien des IDW.

Denn auch das IDW stellt klar, dass (Börsen-)Preis und Unternehmenswert nicht notwendig übereinstimmen:

> *„Der Preis für Unternehmen und Unternehmensanteile bildet sich auf freien Kapitalmärkten aus Angebot und Nachfrage. Er wird wesentlich von der Nutzenschätzung (Grenznutzen) der jeweiligen Käufer und Verkäufer bestimmt und kann je nach dem mengenmäßigen Verhältnis zwischen Angebot und Nachfrage sowie den Einflussmöglichkeiten der Unternehmenseigner auf die Unternehmenspolitik (Alleineigentum, qualifizierte oder einfache Mehrheit, Sperrminorität oder Streubesitz) mehr oder weniger stark von dem Wert des gesamten Unternehmens oder dem quotalen Anteil am Unternehmensgesamtwert abweichen.“*[214]

Daher führt das IDW in Anlehnung an die Rechtsprechung des Bundesverfassungsgerichts aus, dass der Börsenkurs (nur) als Wertuntergrenze zu Gunsten der außenstehenden Aktionäre zu beachten ist:

> *„Bei einigen speziellen Unternehmensbewertungsanlässen (z. B. Abfindung und Ausgleich gemäß §§ 304, 305 AktG, § 320b AktG sowie § 327a f. AktG) ist der Verkehrswert von börsennotierten Aktien nach der höchstrichterlichen Rechtsprechung nicht ohne Rücksicht auf den Börsenkurs zu ermitteln. Grundsätzlich ist das Ertragswertverfahren auch in diesen Bewertungsanlässen höchstrichterlich anerkannt. Sofern in diesen Fällen der Ertragswert aber unter dem Börsenkurs liegt, ist der Börsenkurs als Mindestgröße heranzuziehen.“*[215]

Auch das IDW stellt damit nur dann auf den Börsenkurs ab, wenn dieser den Ertragswert über-, nicht jedoch wenn er ihn unterschreitet.

cc Zwischenergebnis

Der Börsenwert stellt (nur) die Wertuntergrenze der den Minderheitsaktionären zu gewährenden Kompensation dar. Schließlich entspricht der Börsenwert lediglich dem Ausgleich der in der Aktie verkörperten, von Art. 14 Abs. 1 GG geschützten Verkehrsfähigkeit.

---

213 BVerfG, vom 27. April 1999, Az. 1 BvR 1613/94.
214 IDW S 1 (2008), Rdnr. 13.
215 IDW S 1 (2008), Rdnr. 16.

Dagegen ist der ebenfalls von der Verfassung geforderte „volle" Wertausgleich für den Verlust der mitgliedschaftlichen Herrschafts- und Vermögensrechte über den Fundamentalwert zu bestimmen.

Weil aber beide Rechtsgüter, nämlich
- die Verkehrsfähigkeit der Aktie und
- die in der Aktie verkörperten mitgliedschaftlichen Herrschafts- und Vermögensrechte

gleichermaßen zu beachten sind, ist dem ausgeschlossenen Minderheitsaktionär im Wege der Meistbegünstigung der jeweils höhere Wert, Börsen- oder Fundamentalwert, auszugleichen.[216]

3 Rechtsnatur von unwiderleglichen Vermutungen

Offen ist noch immer, ob die Vermutung der Angemessenheit des Börsenpreises gemäß § 39a Abs. 3 S. 3 WpÜG widerleglich oder unwiderleglich ist.

Unwiderlegliche Vermutungen wirken wie Fiktionen und kommen deshalb nur selten vor, siehe z. B. §§ 892, 893, 1138, 1155, 1566 BGB oder §§ 39, 267, 547, 755 ZPO. In diesen Fällen basieren Vermutungen auf eindeutigen Tatsachenverläufen, die zumindest teilweise von den Beteiligten abhängen. Der Gesetzgeber geht davon aus, dass die ausgesprochene Gleichstellung von Vermutungsbasis und Inhalt der Vermutung in aller Regel auch der Lebenswirklichkeit entspricht. Das vereinfacht die Überwindung von tatsächlich bestehenden Unklarheiten.[217] Typisierungen sind aber nach ständiger Rechtsprechung des Bundesverfassungsgerichts nur in engen Grenzen zulässig. Insbesondere müssen sie „hinreichend realitätsgerecht" sein.[218]

Der Vergleich zwischen dem Preis eines öffentlichen Angebots und einer kompensationspflichtigen Strukturmaßnahme zeigt jedoch, dass es einen solchen „hinreichend realitätsgerechten" Zusammenhang nicht gibt. Denn der Börsenkurs bildet sich auf völlig unterschiedlichen Informationsgrundlagen: Während sich die Angebotsunterlage eines öffentlichen Übernahmeangebots nach § 11 WpÜG im Wesentlichen auf technische Angaben beschränkt, liegen bei kompensationspflichtigen Strukturmaßnahmen immer Unternehmensbewertungen und damit Informationen zum inneren Wert vor. Daher können die Kapitalmärkte nur im zweiten Fall die verfassungsrechtlich gebotenen Wertangaben zum inneren Wert einpreisen:

> *„Die Abfindung muß so bemessen sein, daß die Minderheitsaktionäre den Gegenwert ihrer Gesellschaftsbeteiligung erhalten. Dementsprechend gehen Judikatur und Literatur davon aus, daß die Entschädigung nur dann als „volle" bezeichnet werden kann, wenn sie den „wirklichen" oder „wahren" Wert der Unternehmensbeteiligung an dem arbeitenden Unternehmen unter Einschluß*

216 BGH vom 12. März 2001, Az. II ZB 15/00.

217 Prütting, Hanns: Gegenwartsprobleme der Beweislast, Köln 1983, § 7 Abs. 1, § 11 Abs. 3 m. w. N.

218 BVerfG vom 6. Juli 2010, Az. 2 BvL 13/09.

der stillen Reserven und des inneren Geschäftswerts widerspiegelt (vgl. etwa BGHZ 71, 40 <51>; Krieger, in: Münchener Handbuch des Gesellschaftsrechts, Bd. 4, 1988, § 70 Rn. 80).“[219]

Zur Wertfindung lässt sich nur ein Börsenkurs heranziehen, der diese wertaufdeckenden Informationen zum inneren Wert einpreist. Weil das Übernahmeangebot nach § 11 WpÜG aber nicht auf diesen Informationen basiert, entspricht ein auf dieser Grundlage durchgeführter Markttest auch nicht den hier bestehenden verfassungsmäßigen Gewährleistungen.

Damit gibt es auch keinen typisierbaren Lebenssachverhalt, der als Vermutungsbasis dem § 39a Abs. 3 S. 3 WpÜG zugrunde gelegt werden könnte. Vielmehr zeigen die empirischen Daten genau das Gegenteil: Es besteht kein Zusammenhang zwischen Angebotspreis und wahrem Wert der Beteiligung. Hinzu kommt, dass kein sachlicher Bedarf für eine solche Vermutungsregel besteht. Die Praxis der Spruchverfahren zeigt, dass es ohne weiteres möglich ist, durch eine Unternehmensbewertung den inneren Wert zu ermitteln. Angesichts der hier bestehenden Komplexität und der Abhängigkeit des Börsenkurses von wertrelevanten Informationen gibt es dazu auch keine Alternative.

Die Vermutungsregel in § 39a Abs. 3 S. 3 WpÜG verletzt somit den Schutzbereich des Aktieneigentums gleich mehrfach: Die ausgeschiedenen Aktionäre erhalten weder eine angemessene Teilhabe am inneren Wert, noch wird ihnen effektiver Rechtsschutz gewährt, um etwa nach Bewertungsrügen eine angemessene Barabfindung zu ermitteln.

Die Rechtsprechung hat die rechtliche Beurteilung der Vermutungsregel noch nicht abgeschlossen.[220] Soweit zum Teil angenommen wird, dass es sich bei § 39a Abs. 3 S. 3 WpÜG um eine unwiderlegliche Vermutung handelt, erfolgen solche Wertungen im Zivilrecht sonst nur als rechtliche, nicht jedoch als tatsächliche bzw. wertmäßige Fiktion:

- So gilt etwa nach § 892 Abs. 1 BGB der Inhalt des Grundbuchs zugunsten desjenigen, der ein Recht an einem Grundstück erwirbt, als richtig. Der Vertrauensschutz wird hier durch eine unwiderlegliche Vermutung begründet, die allein auf dem Rechtsschein der Eintragung beruht, der, etwa auch im Unterschied zu beweglichen Sachen, durch das Veranlassungsprinzip nicht eingeschränkt wird. Das kommt in der Norm in der Weise zum Ausdruck, dass die Vermutung der Richtigkeit und Vollständigkeit (positive und negative Publizität) allein an die Eintragung im Grundbuch anknüpft.
- Eine vergleichbare Regelung findet sich in § 2366 Abs. 1 BGB für den durch den Erbschein veranlassten Rechtsschein.

219 BVerfG vom 27. April 1999, Az. 1 BvR 1613/94.

220 Vgl. zum Meinungsstand LG Frankfurt am Main vom 15. November 2011, Az. 3-5 O 53/11.

- Eine ähnliche Konstruktion hat auch die unwiderlegliche Vermutung aus § 78 Abs. 2 S. 3 AktG, wonach unter der eingetragen Adresse ein Vertreter der Gesellschaft erreicht werden kann, siehe auch § 35 Abs. 2 S. 3 GmbHG, § 16 Abs. 1 GmbHG und § 9 Abs. 1 S. 2 VerbrKrG.

Eine wirtschaftliche Beurteilung ist mit einem solchen Rechtsschein aber nicht verbunden. Das zeigt den wesentlichen Mangel des § 39a Abs. 3 S. 3 WpÜG auf. Verkäufer und Käufer haben keinen gemeinsamen Rechtsakt gesetzt, aus dem sich die Höhe des Preises ergibt. Das ist hier bereits aus tatsächlichen Gründen nicht möglich, da nur der Hauptaktionär als Käufer die bewertungsrelevanten Tatsachen kennt. Eine gemeinsame Entscheidungsgrundlage kommt so jedenfalls nicht zustande.

Daher kann es im Bereich der grundrechtsrelevanten Gewährleistungen keine tatsächliche oder rechtstechnische Grundlage für eine nicht widerlegbare Vermutung bei der Wertermittlung geben. Das gilt besonders dann, wenn wie hier aufgrund eines strukturellen Informationsgefälles eine Informationsasymmetrie besteht. Die vorhandene Vermutungsbasis reflektiert schon wegen der fehlenden bewertungsrelevanten Informationen nicht den inneren Wert.

Außerdem geht es hier nicht um die Typisierung eindeutiger und einfacher Tatsachenzusammenhänge. Angesichts ihrer Komplexität liegt eine Unternehmensbewertung ohnehin weit über den Sachverhaltsstrukturen, die den bereits kodifizierten, widerlegbaren Vermutungen sonst zugrunde liegen.

§ 7 Beschlussmängelkontrollklagen gegen Squeeze-out-Beschlüsse

Vor dem Systemwechsel in der aktienrechtlichen Beschlussmängelkontrolle begann der Rechtsschutz bei einem Squeeze-out häufig mit einer Anfechtungs- bzw. Nichtigkeitsklage. Dem begegneten die Gesellschaften in vielen Fällen mit einem Freigabeverfahren zur Überwindung der Registersperre (I). Soweit solche Beschlussmängelklagen eine vergleichsweise Erledigung gefunden haben, kam es dabei meistens unter, zumindest teilweiser, Vorwegnahme des Spruchverfahrens zu einer Anhebung der Barabfindung und/oder zur Preisgabe von bewertungsrelevanten Informationen (II). Das hat die Komplexität des Spruchverfahrens reduziert. Mit dem Wegfall dieses Korrektivs steigen die Anforderungen an das Spruchverfahren.

I Statistik

Im Berichtszeitraum wurden 187 Übertragungsbeschlüsse – das entspricht 40,48 Prozent aller hier untersuchten, wirksamen Squeeze-out-Beschlüsse – einer gerichtlichen Kontrolle durch Anfechtungs- und Nichtigkeitsklagen zugeführt. Für die einzelnen Jahre stellt sich das wie folgt dar:

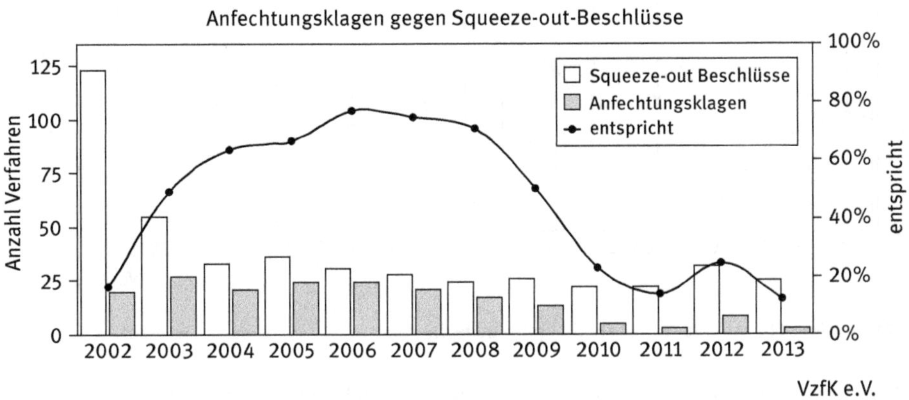

Abb. 20: Anfechtungsklagen gegen Squeeze-out-Beschlüsse

Tab. 32: Tabelle – Anfechtungsklagen gegen Squeeze-out-Beschlüsse

VzfK e. V.	Anfechtungsklagen gegen Squeeze-out-Beschlüsse												
	2002	**2003**	**2004**	**2005**	**2006**	**2007**	**2008**	**2009**	**2010**	**2011**	**2012**	**2013**	**Summe**
Squeeze-out Beschlüsse	125	57	33	37	32	28	24	26	22	22	32	24	462
Anfechtungs-klagen	20	28	21	24	24	21	17	13	5	3	8	3	187
entspricht	16,00 %	49,12 %	63,64 %	64,86 %	75,00 %	75,00 %	70,83 %	50,00 %	22,73 %	13,64 %	25,00 %	12,50 %	40,48 %

Dabei ging es meist um formelle und materielle Rechtsfragen, die aber auch immer wieder im Zusammenhang mit Bewertungsfragen standen.

In 95 Fällen – das entspricht 50,80 Prozent aller Anfechtungsklagen – begegneten die verklagten Gesellschaften den Anfechtungsklagen mit Freigabeverfahren nach § 246a AktG:

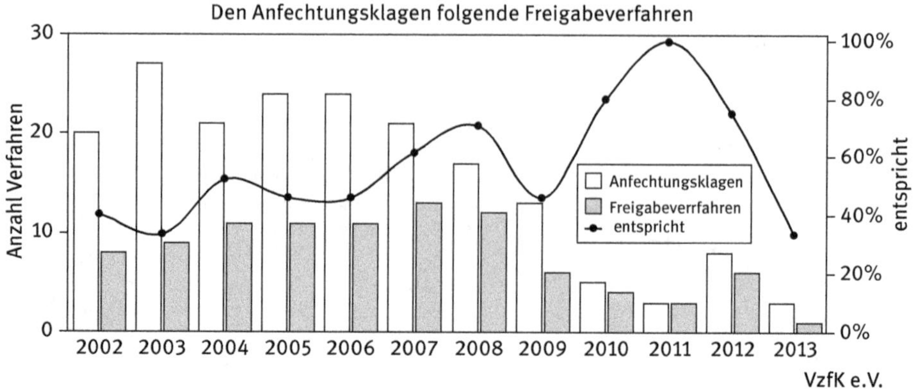

Abb. 21: Auf Anfechtungsklagen folgende Freigabeverfahren

Tab. 33: Tabellarische Darstellung der auf Anfechtungsklagen folgenden Freigabeverfahren

VzfK e. V.	Den Anfechtungsklagen folgende Freigabeverfahren												
	2002	2003	2004	2005	2006	2007	2008	2009	2010	2011	2012	2013	Summe
Anfechtungs-klagen	20	28	21	24	24	21	17	13	5	3	8	3	187
Freigabever-fahren	8	9	11	11	11	13	12	6	4	3	6	1	95
entspricht	40,00 %	32,14 %	52,38 %	45,83 %	45,83 %	61,90 %	70,59 %	46,15 %	80,00 %	100,00 %	75,00 %	33,33 %	50,80 %

Den vorstehenden Abbildungen ist zu entnehmen, dass mit dem Systemwechsel in der Beschlussmängelkontrolle die Anzahl der Anfechtungsklagen insgesamt und relativ gesunken, dagegen die Anzahl der Freigabeverfahren relativ gestiegen ist.

Während bis zum Jahr 2009 noch durchschnittlich gegen 46,41 Prozent aller wirksamen Squeeze-out-Beschlüsse Anfechtungsklagen erhoben wurden, haben sich diese seit 2010 auf nur noch 19,00 Prozent aller wirksamen Beschlüsse reduziert. Dagegen sind die Freigabeverfahren von durchschnittlich 48,21 Prozent aller mit Anfechtungsklagen angegriffenen, wirksamen Squeeze-out-Beschlüsse bis zum Jahr 2009 auf durchschnittlich 73,68 Prozent seit 2010 gestiegen.

II Erhöhung der Barabfindung

Von den 187 erhobenen Beschlussmängelkontrollklagen fanden bis zum 31. Dezember 2013 insgesamt 71 Verfahren – das entspricht 37,97 Prozent – eine konsensuale Beendigung mit Erhöhung der Barabfindung (1). In einem weiteren Fall wurde die von der Hauptversammlung beschlossene Barabfindung im Vergleich bestätigt. Das führte zu einer Anhebung der von den Hauptaktionären angebotenen Barabfindungen um rund 356,01 Mio. Euro (2).

1 Gesamtzahl der Erhöhungen von Barabfindungen

Die Beschlussmängelklagen führten in 71 Fällen zu einer Erhöhung der vom Hauptaktionär festgelegten Barabfindung. Diese hohe Quote lässt sich nur durch schwere Rechtsverletzungen oder gravierende Fehlbewertungen erklären:

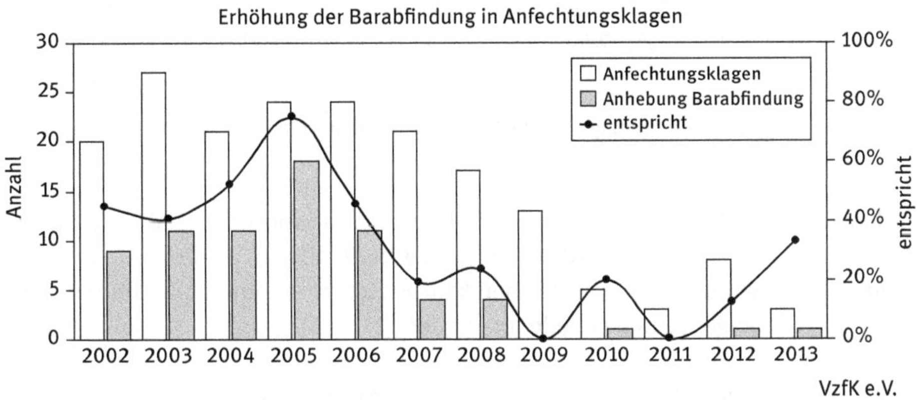

Abb. 22: Erhöhung der Barabfindung in Anfechtungsklagen

Tab. 34: Erhöhung der Barabfindung in Anfechtungsklagen

VzfK e. V.	**Erhöhung Barabfindung in Anfechtungsklagen**												
	2002	**2003**	**2004**	**2005**	**2006**	**2007**	**2008**	**2009**	**2010**	**2011**	**2012**	**2013**	**Summe**
Anfechtungsklagen	20	28	21	24	24	21	17	13	5	3	8	3	187
Erhöhung Barabfindung	9	11	11	18	11	4	4	0	1	0	1	1	71
entspricht	45,00 %	39,29 %	52,38 %	75,00 %	45,83 %	19,05 %	23,53 %	0,00 %	20,00 %	0,00 %	12,50 %	33,33 %	37,97 %

Zwischen den Beschlussmängelkontrollklagen und der Vorwegnahme von Bewertungsfragen aus dem Spruchverfahren besteht ein enger Zusammenhang. Von den bis zum 31. Dezember 2013 in Anfechtungsverfahren abgeschlossenen Vergleichen wirken sich

- 24 unmittelbar abfindungserhöhend aus, wobei die nachfolgenden Spruchverfahren in der Mehrzahl noch nicht beendet sind.
- In den übrigen 47 Fällen wurden die konsensual getroffenen Vereinbarungen in nachfolgenden Spruchverfahren bestätigt oder sogar noch weiter erhöht:

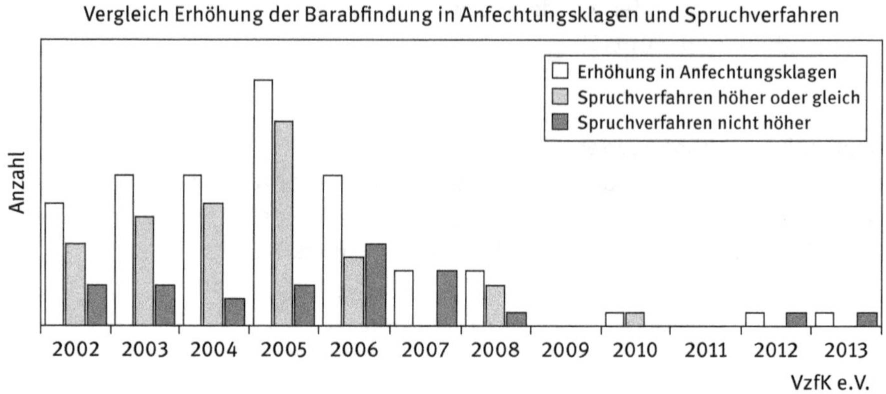

Abb. 23: Erhöhung der Barabfindung in Anfechtungsklagen und deren Behandlung in Spruchverfahren

Von den 24 Vergleichen, welche sich unmittelbar abfindungserhöhend auswirkten, unterlagen zum 31. Dezember 2013 noch 20 der gerichtlichen Kontrolle in Spruchverfahren. Nach lediglich vier Vergleichen kam es zu keiner weiteren Erhöhung, weil danach kein Spruchverfahren eingeleitet wurde:

Tab. 35: Tabellarische Darstellung der Erhöhung von Barabfindungen in Anfechtungsklagen und deren Behandlung in Spruchverfahren

VzfK e. V.	Erhöhung Barabfindung in Anfechtungsklagen und deren Behandlung in Spruchverfahren												
	2002	**2003**	**2004**	**2005**	**2006**	**2007**	**2008**	**2009**	**2010**	**2011**	**2012**	**2013**	**Summe**
Erhöhung in Anfechtungsklagen	9	11	11	18	11	4	4	0	1	0	1	1	71
Spruchverfahren höher oder gleich	6	8	9	15	5	0	3	0	1	0	0	0	47
entspricht	66,67 %	72,73 %	81,82 %	83,33 %	45,45 %	0,00 %	75,00 %	0,00 %	100,00 %	0,00 %	0,00 %	0,00 %	66,20 %
Spruchverfahren nicht höher	3	3	2	3	6	4	1	0	0	0	1	1	24
entspricht	33,33 %	27,27 %	18,18 %	16,67 %	54,55 %	100,00 %	25,00 %	0,00 %	0,00 %	0,00 %	100,00 %	100,00 %	33,80 %
davon kein Spruchverfahren eingeleitet	1	1	0	0	0	1	0	0	0	0	0	1	4
entspricht	33,33 %	33,33 %	0,00 %	0,00 %	0,00 %	25,00 %	0,00 %	0,00 %	0,00 %	0,00 %	0,00 %	100,00 %	16,67 %
davon Spruchverfahren noch offen	2	2	2	3	6	3	1	0	0	0	1	0	20
entspricht	66,67 %	66,67 %	100,00 %	100,00 %	100,00 %	75,00 %	100,00 %	0,00 %	0,00 %	0,00 %	100,00 %	0,00 %	83,33 %

2 Wert der Erhöhungen

Die vergleichsweise Erledigung von Beschlussmängelklagen hat die Komplexität von Spruchverfahren reduziert. Die Addition der einzelnen Verfahren (b) ergibt Nachzahlungen in Höhe von zusammen rund 356,01 Mio. Euro. Davon wirken sich aufgrund nachfolgender Änderungen in Spruchverfahren nur 178,21 Mio. Euro unmittelbar zum 31. Dezember 2013 abfindungserhöhend aus (a). Eine weitere Entlastung des Spruchverfahrens erfolgte durch vorweggenommene Regelungen im Hinblick auf dessen Durchführung (c).

a Übersicht

Die vergleichsweisen Erledigungen von Anfechtungsklagen führten zu durchschnittlichen Erhöhungen der von den Hauptversammlungen beschlossenen Barabfindungen um 19,35 Prozent:

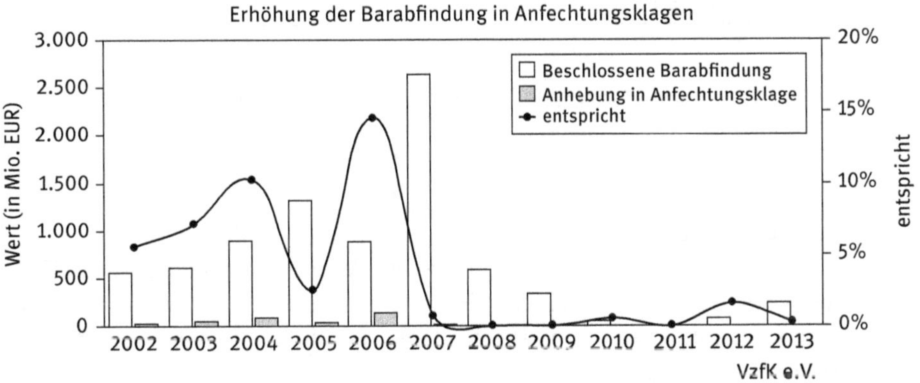

Abb. 24: Erhöhung der Barabfindung in Anfechtungsklagen (Wert)

In absoluten Zahlen stellt sich das, unter Einschluss auch der Verfahren, die nicht zu Erhöhungen der Barabfindung geführt haben, wie folgt dar:

Tab. 36: Tabellarische Darstellung der Erhöhung von Barabfindungen in Anfechtungsklagen (Wert)

VzfK e. V.	**Barabfindung**		
Kalenderjahr	**Beschlossene Barabfindung**	**Erhöhung in Anfechtungsklage**	**entspricht**
2002	585.979.263,05 EUR	30.733.662,17 EUR	5,24 %
2003	615.307.928,43 EUR	43.715.844,23 EUR	7,10 %
2004	914.446.656,35 EUR	95.897.818,63 EUR	10,49 %

VzfK e. V.	Barabfindung		
Kalenderjahr	Beschlossene Barabfindung	Erhöhung in Anfechtungsklage	entspricht
2005	1.316.276.870,88 EUR	32.812.509,68 EUR	2,49 %
2006	885.363.676,72 EUR	132.709.286,51 EUR	14,99 %
2007	2.727.003.384,58 EUR	17.564.340,83 EUR	0,64 %
2008	582.045.277,26 EUR	501.801,04 EUR	0,09 %
2009	340.346.675,65 EUR	0,00 EUR	0,00 %
2010	45.581.792,85 EUR	219.471,36 EUR	0,48 %
2011	6.366.700,34 EUR	0,00 EUR	0,00 %
2012	79.380.997,50 EUR	1.237.665,51 EUR	1,56 %
2013	233.497.643,22 EUR	612.757,80 EUR	0,26 %
Summen	8.331.596.866,83 EUR	356.005.157,76 EUR	4,27 %

Bezogen auf alle Anfechtungsklagen beträgt die durchschnittliche Erhöhung 4,27 Prozent.

b Aufstellung der Verfahren

Die folgende Aufstellung enthält alle Squeeze-out-Verfahren, in denen es im Zuge einer Beschlussmängelklage zu einer Erhöhung der von der Hauptversammlung beschlossenen Barabfindung kam. Die weiteren Erhöhungen in anschließenden Spruchverfahren sind gesondert ausgewiesen:

Tab. 37: Verfahren mit Erhöhung der Barabfindung in Anfechtungsklagen

VzfK e. V. Zielgesellschaft	Barabfindung		
	laut HV	laut Anfechtungsklage	
		Betrag	Erhöhung
AG Kühnle, Kopp & Kausch	2.011.269,60 EUR	2.487.580,00 EUR	23,68 %
Armstrong DLW AG	1.065.085,80 EUR	1.287.189,00 EUR	20,85 %
AVA Allgemeine Handelsgesellschaft der Verbraucher AG	70.413.638,68 EUR	73.800.702,50 EUR	4,81 %
AXA Versicherung AG	5.051.183,38 EUR	5.561.127,46 EUR	10,10 %
Baden-Württembergische Bank AG	15.879.440,00 EUR	19.055.328,00 EUR	20,00 %
Bayerische Immobilien AG	7.710.328,24 EUR	9.046.414,00 EUR	17,33 %

VzfK e. V. Zielgesellschaft	Barabfindung		
	laut HV	laut Anfechtungsklage	
		Betrag	Erhöhung
Brain Force Finanzial Solutions AG	680.277,64 EUR	862.103,00 EUR	26,73 %
CinemaxX AG	5.351.418,12 EUR	5.964.175,92 EUR	11,45 %
Citicorp Deutschland AG	520.275,00 EUR	594.600,00 EUR	14,29 %
Contigas Deutsche Energie-AG	28.629.150,00 EUR	44.245.050,00 EUR	54,55 %
COREALCREDIT Bank AG	606.977,28 EUR	698.880,00 EUR	15,14 %
Degussa AG	216.926.654,58 EUR	229.384.936,43 EUR	5,74 %
DEPFA Deutsche Pfandbriefbank AG	45.206.318,85 EUR	51.134.085,00 EUR	13,11 %
DGAG Deutsche Grundvermögen AG	1.786.400,00 EUR	2.201.100,00 EUR	23,21 %
Didier-Werke AG	5.474.617,68 EUR	5.678.316,00 EUR	3,72 %
DIH Deutsche Immobilien Holding AG	2.066.781,24 EUR	3.304.446,75 EUR	59,88 %
Dr. Neuhaus Computer KGaA	174,60 EUR	250,00 EUR	43,18 %
eff-eff Fritz Fuss GmbH & Co KGaA	2.585.017,35 EUR	2.773.910,67 EUR	7,31 %
Energiedienst AG	15.063.600,00 EUR	15.590.826,00 EUR	3,50 %
Entrium Direct Bankers AG	2.114.940,90 EUR	3.070.075,50 EUR	45,16 %
Equitrust AG	2.105.922,72 EUR	2.305.369,44 EUR	9,47 %
FAG Kugelfischer Georg Schäfer AG	28.270.704,00 EUR	32.511.309,60 EUR	15,00 %
Felten & Guilleaume AG	3.683.680,00 EUR	4.391.010,00 EUR	19,20 %
G. Kromschröder AG	18.886.563,19 EUR	20.421.467,00 EUR	8,13 %
Gauss Interprise AG	575.337,60 EUR	647.254,80 EUR	12,50 %
GBH Grundstücks- und Baugesellschaft AG	9.005.958,00 EUR	9.467.802,00 EUR	5,13 %
GE Frankona Rückversicherungs-Beteiligungs-AG	25,60 EUR	27,65 EUR	8,01 %
Gerling Konzern Allgemeine Versicherung AG	55.573.433,19 EUR	81.277.416,00 EUR	46,25 %
Glunz AG	1.681.981,32 EUR	2.181.964,00 EUR	29,73 %
Heinrich Industrie AG	1.407.330,00 EUR	1.596.000,00 EUR	13,41 %
Hoechst AG	604.653.847,00 EUR	682.777.264,40 EUR	12,92 %
Holsten-Brauerei AG	9.705.732,00 EUR	9.961.146,00 EUR	2,63 %
Hüttenwerke Kayser AG	897.673,84 EUR	949.343,00 EUR	5,76 %
INKA AG für Beteiligungen	1.837.533,20 EUR	2.181.188,00 EUR	18,70 %

VzfK e. V. Zielgesellschaft	Barabfindung		
	laut HV	laut Anfechtungsklage	
		Betrag	Erhöhung
Interhansa Reederei AG	35.737,74 EUR	39.015,00 EUR	9,17 %
Jil Sander AG	1.300.251,78 EUR	1.345.320,00 EUR	3,47 %
Karlsruher Lebensversicherung AG	8.177.432,16 EUR	9.695.512,08 EUR	18,56 %
Kaufhalle AG	5.141.561,60 EUR	5.971.840,00 EUR	16,15 %
Kennametal Hertel AG	3.234.132,73 EUR	3.445.252,73 EUR	6,53 %
Kölnische Rückversicherungs-Gesellschaft AG	149.029.691,90 EUR	165.714.211,47 EUR	11,20 %
Kölnische Verwaltungs AG für Versicherungswerte	4.712.959,08 EUR	5.302.214,56 EUR	12,50 %
Königsbacher Brauerei AG vorm. Jos. Thillmann	278,90 EUR	803,90 EUR	188,24 %
Lambda Physik AG	6.624.973,50 EUR	9.917.625,00 EUR	49,70 %
Massa AG	3.274.688,00 EUR	3.533.216,00 EUR	7,89 %
Microlog Logistics AG	1.445.776,40 EUR	1.500.334,00 EUR	3,77 %
MIS AG	1.800.641,55 EUR	2.226.312,50 EUR	23,64 %
MONACHIA Grundstücks-AG	8.867.043,00 EUR	10.993.500,00 EUR	23,98 %
MTD Products AG	267.920,00 EUR	362.480,00 EUR	35,29 %
NFZ Norddeutsche Fleischzentrale AG	210.984,62 EUR	227.981,60 EUR	8,06 %
Otto Reichelt AG	1.718.489,94 EUR	2.121.404,10 EUR	23,45 %
PSB AG für Programmierung und Systemberatung	568.464,96 EUR	796.341,00 EUR	40,09 %
Radeberger Gruppe AG	45.012.357,12 EUR	47.544.576,00 EUR	5,63 %
Regentalbahn AG	2.591.568,00 EUR	3.080.700,00 EUR	18,87 %
Salamander AG	19.456.202,04 EUR	22.274.824,00 EUR	14,49 %
Scholz & Friends AG	1.385.656,80 EUR	2.519.376,00 EUR	81,82 %
SPAR Handels – AG	11.935.669,98 EUR	15.224.371,00 EUR	27,55 %
Steigenberger Hotels AG	1.058.902,08 EUR	1.278.373,44 EUR	20,73 %
Stelcon AG	411.700,00 EUR	514.625,00 EUR	25,00 %
Stinnes AG	8.902.861,26 EUR	11.464.804,00 EUR	28,78 %
Stollwerck AG	3.172.430,00 EUR	4.247.830,00 EUR	33,90 %
Tarkett AG	18.753.613,50 EUR	22.940.200,00 EUR	22,32 %

VzfK e. V. Zielgesellschaft	**Barabfindung**		
	laut HV	**laut Anfechtungsklage**	
		Betrag	**Erhöhung**
Thüga AG	186.798.585,60 EUR	219.228.895,60 EUR	17,36 %
UBAG Unternehmer Beteiligungen AG i.A.	795.435,00 EUR	907.075,00 EUR	14,04 %
Vattenfall Europe AG	276.043.995,50 EUR	367.886.550,00 EUR	33,27 %
Vereins – und Westbank AG	69.702.250,00 EUR	74.302.598,50 EUR	6,60 %
VIVA Media AG	6.722.627,45 EUR	7.254.060,45 EUR	7,91 %
Vodafone AG	430.616.745,02 EUR	451.563.638,22 EUR	4,86 %
W. Jacobsen AG	831.168,00 EUR	864.000,00 EUR	3,95 %
WERU AG	654.231,88 EUR	680.041,88 EUR	3,95 %
Württembergische Hypothekenbank AG	24.970.288,00 EUR	25.854.192,00 EUR	3,54 %

Diese Aufstellung widerlegt die immer wieder von Hauptaktionären aufgestellte Behauptung, dass mit Vergleichen in Anfechtungsklagen lediglich „Lästigkeitswerte" abgegolten würden. Insbesondere die Höhe der Nachzahlungen lässt sich nur damit begründen, dass die auch ohne ein weiteres Beweisverfahren erkennbaren Bewertungsmängel reguliert wurden. Schließlich kam es in den nachfolgenden Spruchverfahren zu weiteren, teilweise ganz erheblichen Erhöhungen:

Tab. 38: Verfahren mit Anhebung der Barabfindung in Anfechtungsklagen und deren Behandlung in Spruchverfahren

VzfK e. V. Zielgesellschaft	**Barabfindung**		
	laut HV	**laut Anfechtungsklage oder Spruchverfahren**	
		Betrag	**Erhöhung**
AG Kühnle, Kopp & Kausch	2.011.269,60 EUR	4.404.240,00 EUR	118,98 %
Armstrong DLW AG	1.065.085,80 EUR	1.337.667,00 EUR	25,59 %
AVA Allgemeine Handelsgesellschaft der Verbraucher AG	70.413.638,68 EUR	73.800.702,50 EUR	4,81 %
AXA Versicherung AG	5.051.183,38 EUR	6.806.997,50 EUR	34,76 %
Baden-Württembergische Bank AG	15.879.440,00 EUR	19.055.328,00 EUR	20,00 %
Bayerische Immobilien AG	7.710.328,24 EUR	9.046.414,00 EUR	17,33 %
Brain Force Financial Solutions AG	680.277,64 EUR	1.275.128,71 EUR	87,44 %

VzfK e. V. Zielgesellschaft	Barabfindung		
	laut HV	laut Anfechtungsklage oder Spruchverfahren	
		Betrag	Erhöhung
CinemaxX AG	5.351.418,12 EUR	5.964.175,92 EUR	11,45 %
Citicorp Deutschland AG	520.275,00 EUR	594.600,00 EUR	14,29 %
Contigas Deutsche Energie-AG	28.629.150,00 EUR	48.227.104,50 EUR	68,45 %
COREALCREDIT Bank AG	606.977,28 EUR	698.880,00 EUR	15,14 %
Degussa AG	216.926.654,58 EUR	229.384.936,43 EUR	5,74 %
DEPFA Deutsche Pfandbriefbank AG	45.206.318,85 EUR	52.150.453,85 EUR	15,36 %
DGAG Deutsche Grundvermögen AG	1.786.400,00 EUR	2.201.100,00 EUR	23,21 %
Didier-Werke AG	5.474.617,68 EUR	5.678.316,00 EUR	3,72 %
DIH Deutsche Immobilien Holding AG	2.066.781,24 EUR	3.304.446,75 EUR	59,88 %
Dr. Neuhaus Computer KGaA	174,60 EUR	250,00 EUR	43,18 %
eff-eff Fritz Fuss GmbH & Co KGaA	2.585.017,35 EUR	3.741.069,00 EUR	44,72 %
Energiedienst AG	15.063.600,00 EUR	21.822.637,32 EUR	44,87 %
Entrium Direct Bankers AG	2.114.940,90 EUR	3.070.075,50 EUR	45,16 %
Equitrust AG	2.105.922,72 EUR	2.305.369,44 EUR	9,47 %
FAG Kugelfischer Georg Schäfer AG	28.270.704,00 EUR	36.398.531,40 EUR	28,75 %
Felten & Guilleaume AG	3.683.680,00 EUR	4.391.010,00 EUR	19,20 %
G. Kromschröder AG	18.886.563,19 EUR	26.462.268,69 EUR	40,11 %
Gauss Interprise AG	575.337,60 EUR	647.254,80 EUR	12,50 %
GBH Grundstücks- und Baugesellschaft AG	9.005.958,00 EUR	9.467.802,00 EUR	5,13 %
GE Frankona Rückversicherungs-Beteiligungs-AG	25,60 EUR	40,36 EUR	57,66 %
Gerling Konzern Allgemeine Versicherung AG	55.573.433,19 EUR	81.277.416,00 EUR	46,25 %
Glunz AG	1.681.981,32 EUR	2.362.241,52 EUR	40,44 %
Heinrich Industrie AG	1.407.330,00 EUR	1.852.500,00 EUR	31,63 %
Hoechst AG	604.653.847,00 EUR	682.777.264,40 EUR	12,92 %
Holsten-Brauerei AG	9.705.732,00 EUR	9.961.146,00 EUR	2,63 %
Hüttenwerke Kayser AG	897.673,84 EUR	1.431.796,00 EUR	59,50 %
INKA AG für Beteiligungen	1.837.533,20 EUR	2.353.800,00 EUR	28,10 %
Interhansa Reederei AG	35.737,74 EUR	39.015,00 EUR	9,17 %

VzfK e. V. Zielgesellschaft	Barabfindung		
	laut HV	laut Anfechtungsklage oder Spruchverfahren	
		Betrag	Erhöhung
Jil Sander AG	1.300.251,78 EUR	1.345.320,00 EUR	3,47 %
Karlsruher Lebensversicherung AG	8.177.432,16 EUR	10.527.600,00 EUR	28,74 %
Kaufhalle AG	5.141.561,60 EUR	5.971.840,00 EUR	16,15 %
Kennametal Hertel AG	3.234.132,73 EUR	3.667.365,52 EUR	13,40 %
Kölnische Rückversicherungs-Gesellschaft AG	149.029.691,90 EUR	165.714.211,47 EUR	11,20 %
Kölnische Verwaltungs AG für Versicherungswerte	4.712.959,08 EUR	5.302.214,56 EUR	12,50 %
Königsbacher Brauerei AG vorm. Jos. Thillmann	278,90 EUR	803,90 EUR	188,24 %
Lambda Physik AG	6.624.973,50 EUR	10.578.800,00 EUR	59,68 %
Massa AG	3.274.688,00 EUR	3.748.656,00 EUR	14,47 %
Microlog Logistics AG	1.445.776,40 EUR	2.093.647,90 EUR	44,81 %
MIS AG	1.800.641,55 EUR	2.511.280,50 EUR	39,47 %
MONACHIA Grundstücks-AG	8.867.043,00 EUR	10.993.500,00 EUR	23,98 %
MTD Products AG	267.920,00 EUR	403.456,00 EUR	50,59 %
NFZ Norddeutsche Fleischzentrale AG	210.984,62 EUR	265.905,20 EUR	26,03 %
Otto Reichelt AG	1.718.489,94 EUR	2.460.218,28 EUR	43,16 %
PSB AG für Programmierung und Systemberatung	568.464,96 EUR	796.341,00 EUR	40,09 %
Radeberger Gruppe AG	45.012.357,12 EUR	47.544.576,00 EUR	5,63 %
Regentalbahn AG	2.591.568,00 EUR	3.080.700,00 EUR	18,87 %
Salamander AG	19.456.202,04 EUR	22.274.824,00 EUR	14,49 %
Scholz & Friends AG	1.385.656,80 EUR	2.834.298,00 EUR	104,55 %
SPAR Handels – AG	11.935.669,98 EUR	15.224.371,00 EUR	27,55 %
Steigenberger Hotels AG	1.058.902,08 EUR	1.597.071,36 EUR	50,82 %
Stelcon AG	411.700,00 EUR	518.742,00 EUR	26,00 %
Stinnes AG	8.902.861,26 EUR	12.736.956,29 EUR	43,07 %
Stollwerck AG	3.172.430,00 EUR	4.247.830,00 EUR	33,90 %
Tarkett AG	18.753.613,50 EUR	24.224.851,20 EUR	29,17 %
Thüga AG	186.798.585,60 EUR	234.382.695,00 EUR	25,47 %

VzfK e. V. Zielgesellschaft	Barabfindung		
	laut HV	laut Anfechtungsklage oder Spruchverfahren	
		Betrag	Erhöhung
UBAG Unternehmer Beteiligungen AG i.A.	795.435,00 EUR	976.850,00 EUR	22,81 %
Vattenfall Europe AG	276.043.995,50 EUR	367.886.550,00 EUR	33,27 %
Vereins – und Westbank AG	69.702.250,00 EUR	74.302.598,50 EUR	6,60 %
VIVA Media AG	6.722.627,45 EUR	7.440.062,00 EUR	10,67 %
Vodafone AG	430.616.745,02 EUR	451.563.638,22 EUR	4,86 %
W. Jacobsen AG	831.168,00 EUR	1.209.600,00 EUR	45,53 %
WERU AG	654.231,88 EUR	680.041,88 EUR	3,95 %
Württembergische Hypothekenbank AG	24.970.288,00 EUR	25.854.192,00 EUR	3,54 %

Anzahl und Höhe der Anhebung der Barabfindung in Anfechtungsklagen sowie in den nachfolgenden Spruchverfahren zeigen stattdessen die Erforderlichkeit eines effektiven aktienrechtlichen Rechtsschutzes. Insbesondere die weitere Anhebung der Barabfindung im nachfolgenden Spruchverfahren bestätigt für jeden Einzelfall, dass die Anfechtung des Hauptversammlungsbeschlusses sachgerecht und geboten war.

c Auswirkung auf Spruchverfahren

Die im elektronischen Bundesanzeiger nach § 248a i. V. m. § 149 Abs. 2, 3 AktG bekannt gemachten Vergleichsabschlüsse haben auch Einfluss auf nachfolgende Spruchverfahren.

Denn die Ergebnisse von 47 der 71 der Vergleichsabschlüsse wurden in nachfolgenden Spruchverfahren bestätigt oder sogar noch weiter erhöht. Nur 24 Erhöhungen aus Beschlussmängelklagen wirken sich daher bislang unmittelbar aus, weil entweder Spruchverfahren nicht eingeleitet wurden – vier Fälle – oder nachfolgende Spruchverfahren noch nicht abgeschlossen sind – 20 Fälle. Das stellt sich in Zahlen wie folgt dar:

Tab. 39: Erhöhung der Barabfindung in Anfechtungsklagen – nur soweit nicht nachfolgend in Spruchverfahren bereits bestätigt oder noch weiter erhöht

VzfK e. V.	Barabfindung		
Kalenderjahr	**Beschlossene Barabfindung**	**Erhöhung in Anfechtungsklage**	**entspricht**
2002	431.137.298,92 EUR	21.021.743,20 EUR	4,88 %
2003	21.021.176,20 EUR	4.006.241,80 EUR	0,93 %
2004	11.394.008,24 EUR	2.043.415,76 EUR	0,47 %
2005	12.872.637,60 EUR	816.463,20 EUR	0,19 %
2006	556.017.196,95 EUR	130.819.331,36 EUR	30,34 %
2007	159.857.787,64 EUR	17.564.340,83 EUR	4,07 %
2008	606.977,28 EUR	91.902,72 EUR	0,02 %
2009	0,00 EUR	0,00 EUR	0,00 %
2010	0,00 EUR	0,00 EUR	0,00 %
2011	0,00 EUR	0,00 EUR	0,00 %
2012	2.066.781,24 EUR	1.237.665,51 EUR	0,29 %
2013	5.351.418,12 EUR	612.757,80 EUR	0,14 %
Summen	1.200.325.282,19 EUR	178.213.862,18 EUR	14,85 %

Darüber hinaus regeln Vergleichsabschlüsse in Beschlussmängelklagen häufig auch Einzelheiten im Hinblick auf ein eventuell nachfolgendes Spruchverfahren. Das beginnt bereits damit, dass sich die Gesellschaft bzw. ihr Hauptaktionär dazu verpflichten, bestimmte Informationen zur Verfügung zu stellen oder diese in einem nachfolgenden Spruchverfahren offenzulegen. Vielfach regeln die Vergleiche auch konfliktträchtige Einzelfragen, wie z. B. gemeinsame Vorschläge an das Gericht für die Bestellung von Sachverständigen oder für bestimmte Beweisfragen.

Mit dem Systemwechsel in der aktienrechtlichen Beschlusskontrolle durch § 246a AktG entfällt diese Möglichkeit, die Komplexität des Spruchverfahrens zu reduzieren. Diese Entwicklung begann schon mit der Einführung von § 243 Abs. 4 S. 2 AktG zum 1. November 2005 durch das UMAG. Danach berechtigen bewertungsrelevante Informationsmängel nicht mehr zur Anfechtung entsprechender Hauptversammlungsbeschlüsse. Bereits diese Regelung hat die Kontrolltiefe der Anfechtungsklagen mit dem Ergebnis reduziert, dass bewertungsrelevante Informationsmängel bei einer vergleichsweisen Beendigung kaum noch Berücksichtigung finden.

Die konsensualen Ergebnisse der Anfechtungsklagen haben in der Praxis immer wieder die Komplexität des Spruchverfahrens reduziert. Der Einschnitt in den Rechtsschutz der Minderheitsaktionäre an dieser Stelle führt dazu, dass vergleichsweise

Erledigungen keine Entlastung der Gerichte im Spruchverfahren mehr bewirken können. Soweit etwaige Fehlbewertungen auch nicht mehr mit einer Anfechtungsklage angegangen werden konnten, steigen auch insoweit die Anforderungen an das Spruchverfahren.[221]

§ 8 Daten zum Spruchverfahren

Die vom Hauptaktionär vorgeschlagene und vom sachverständigen Prüfer bestätigte „angemessene Barabfindung" war bzw. ist in mindestens 397 von 462 wirksamen Squeeze-out-Verfahren Gegenstand eines Spruchverfahrens (I). In den meisten Fällen führten die Spruchverfahren zu einer Anhebung der Barabfindung, was Teil 4 noch im Einzelnen darstellt. Bis zum 31. Dezember 2013 war die erste Instanz in 256 Spruchverfahren beendet (II). Fast allen erstinstanzlichen Entscheidungen folgte ein Beschwerdeverfahren (III). Besonders gelagerte Einzelfälle wurden dem Bundesgerichtshof vorgelegt (IV). Dabei ergibt sich die Zuständigkeit der Gerichte in einigen Bundesländern aus besonderen landesrechtlichen Konzentrationsverordnungen (V).

I Anzahl von Spruchverfahren

In mindestens 397 Fällen haben Aktionäre die gerichtliche Nachprüfung der Barabfindung beantragt. Bei insgesamt 462 wirksam gefassten Übertragungsbeschlüssen entspricht das einer Quote von 85,93 Prozent. Dies stellt sich im Einzelnen wie folgt dar:

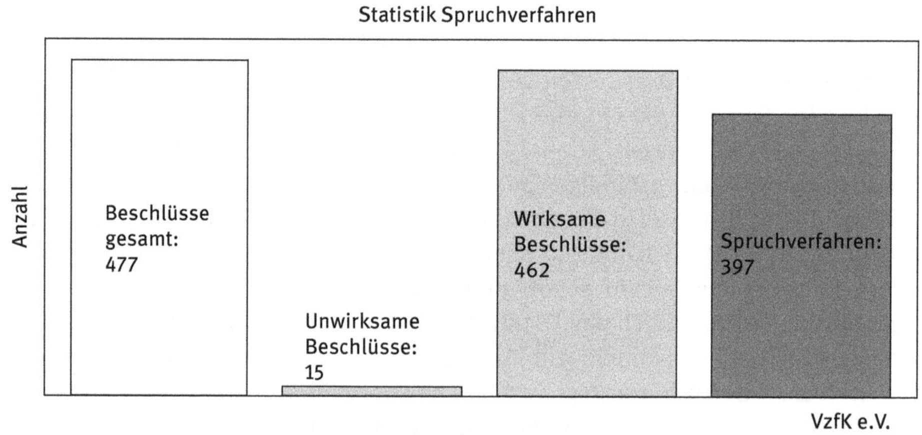

Abb. 25: Anzahl der Squeeze-out-Beschlüsse und Spruchverfahren

221 Siehe dazu Teil 1 § 2 III 3 – Systemwechsel in der Beschlusskontrolle, ab S. 33.

Die Spruchverfahren verteilen sich nach dem Jahr der beschlussfassenden Hauptversammlung wie folgt:

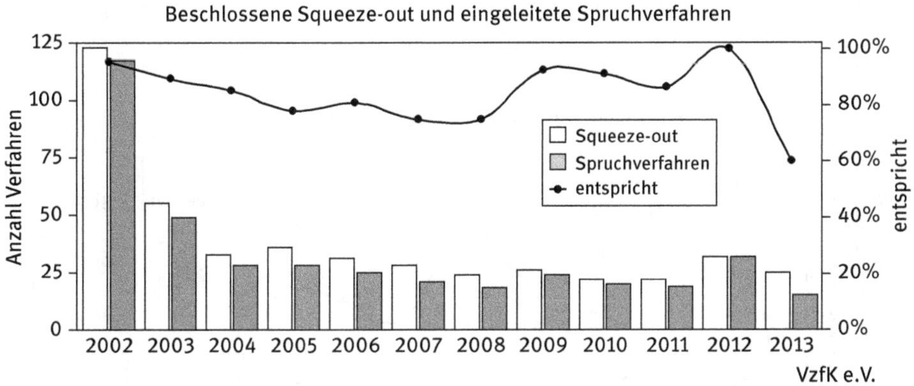

Abb. 26: Spruchverfahren nach Squeeze-out-Beschlüssen

In absoluten Zahlen stellt sich das wie folgt dar:

Tab. 40: Tabellarische Darstellung der Spruchverfahren nach Squeeze-out-Beschlüssen

VzfK e. V.	Statistik Spruchverfahren												
	2002	2003	2004	2005	2006	2007	2008	2009	2010	2011	2012	2013	Summe
Squeeze-out-Beschlüsse	125	57	33	37	32	28	24	26	22	22	32	24	462
Spruchverfahren	118	50	27	28	25	21	18	24	20	19	32	15	397
entspricht	94,40 %	87,72 %	81,82 %	75,68 %	78,13 %	75,00 %	75,00 %	92,31 %	90,91 %	86,36 %	100,00 %	62,50 %	85,93 %
Kein Spruchverfahren	7	7	6	9	7	7	6	2	2	3	0	9	65
entspricht	5,60 %	12,28 %	18,18 %	24,32 %	21,88 %	25,00 %	25,00 %	7,69 %	9,09 %	13,64 %	0,00 %	37,50 %	14,07 %

II Erstinstanzliche Spruchverfahren

Bis zum 31. Dezember 2013 kam es in fast zwei Dritteln aller Spruchverfahren zum Abschluss der ersten Instanz (1). Dabei halten sich vergleichsweise Erledigungen und gerichtliche Entscheidungen in etwa die Waage (2).

1 Anzahl der eingeleiteten und abgeschlossenen Spruchverfahren

256 von 397 Spruchverfahren – das entspricht 64,48 Prozent aller Spruchverfahren – sind bis zum 31. Dezember 2013 in erster Instanz abgeschlossen worden. Weitere vier Verfahren sind nach Rückverweis durch die Beschwerdeinstanz erstinstanzlich wieder anhängig geworden und bis zum 31. Dezember 2013 noch nicht abgeschlossen:

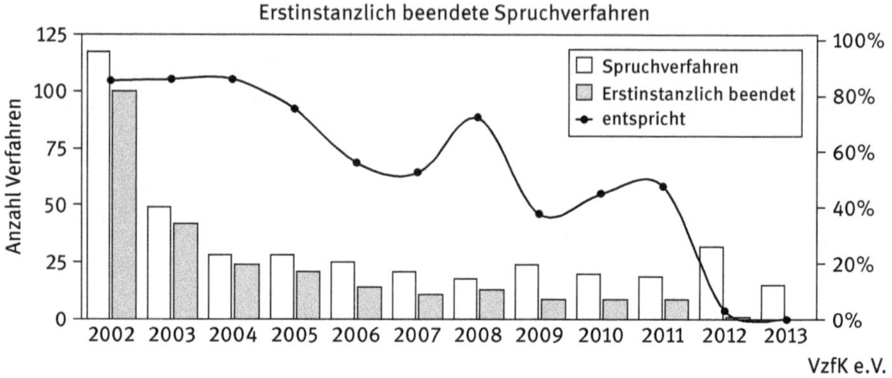

Abb. 27: Erstinstanzlich beendete Spruchverfahren

In absoluten Zahlen stellt sich das so dar:

Tab. 41: Tabellarische Darstellung der erstinstanzlich beendeten Spruchverfahren

VzfK e. V.	Erstinstanzlich beendete Spruchverfahren												
	2002	2003	2004	2005	2006	2007	2008	2009	2010	2011	2012	2013	Summe
Spruchverfahren	118	50	27	28	25	21	18	24	20	19	32	15	397
Erstinstanzlich beendet	101	43	23	21	14	11	13	10	10	9	1	0	256
entspricht	85,59 %	86,00 %	85,19 %	75,00 %	56,00 %	52,38 %	72,22 %	41,67 %	50,00 %	47,37 %	3,13 %	0,00 %	64,48 %
an LG zurück verwiesen	3	0	1	0	0	0	0	0	0	0	0	0	4
entspricht	2,54 %	0,00 %	3,70 %	0,00 %	0,00 %	0,00 %	0,00 %	0,00 %	0,00 %	0,00 %	0,00 %	0,00 %	1,01 %
Noch nicht beendet	17	7	4	7	11	10	5	14	10	10	31	15	141
entspricht	14,41 %	14,00 %	14,81 %	25,00 %	44,00 %	47,62 %	27,78 %	58,33 %	50,00 %	52,63 %	96,88 %	100,00 %	35,52 %

Aufgrund der langen Einlassungsfristen kamen nur wenige der in den letzten Jahren eingeleiteten Spruchverfahren zu einem Abschluss. Das wirkt sich insbesondere auf die Analyse der Verfahrensdauern verzerrend aus.

2 Art der Verfahrensbeendigung

Von den 256 bis zum 31. Dezember 2013 abgeschlossenen Spruchverfahren sind 141 Verfahren – das entspricht 55,08 Prozent – mit einer gerichtlichen Entscheidung durch Beschluss nach § 11 Abs. 1 SpruchG beendet worden. Weitere 115 Verfahren – das entspricht 44,92 Prozent – fanden einen vergleichsweisen Abschluss, § 11 Abs. 2 bis 4 SpruchG:

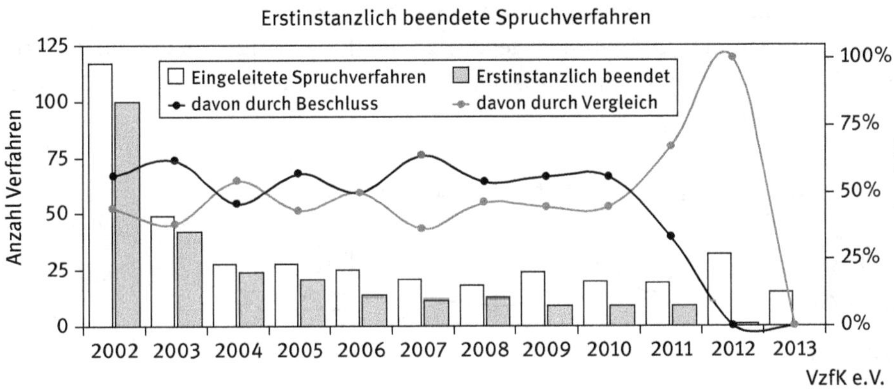

Abb. 28: Erstinstanzlich durch Beschluss und Vergleich beendete Spruchverfahren

Dem liegen folgende Einzelwerte zugrunde:

Tab. 42: Tabellarische Darstellung der erstinstanzlich durch Beschluss und Vergleich beendeten Spruchverfahren

VzfK e. V.	Erstinstanzlich beendete Spruchverfahren												
	2002	**2003**	**2004**	**2005**	**2006**	**2007**	**2008**	**2009**	**2010**	**2011**	**2012**	**2013**	**Summe**
Spruchverfahren	118	50	27	28	25	21	18	24	20	19	32	15	397
Erstinstanzlich beendet	101	43	23	21	14	11	13	10	10	9	1	0	256
entspricht	85,59 %	86,00 %	85,19 %	75,00 %	56,00 %	52,38 %	72,22 %	41,67 %	50,00 %	47,37 %	3,13 %	0,00 %	64,48 %
davon durch Beschluss	56	27	10	12	7	7	7	6	6	3	0	0	141
entspricht	55,45 %	62,79 %	43,48 %	57,14 %	50,00 %	63,64 %	53,85 %	60,00 %	60,00 %	33,33 %	0,00 %	0,00 %	55,08 %
davon durch Vergleich	45	16	13	9	7	4	6	4	4	6	1	0	115
entspricht	44,55 %	37,21 %	56,52 %	42,86 %	50,00 %	36,36 %	46,15 %	40,00 %	40,00 %	66,67 %	100,00 %	0,00 %	44,92 %

III Beschwerdeverfahren

Gegen die überwiegende Anzahl erstinstanzlicher Beschlüsse hat mindestens eine Partei nach § 12 SpruchG Beschwerde eingelegt (1). Davon kamen bis zum 31. Dezember 2013 drei Viertel zum Abschluss (2).

1 Anzahl der eingelegten und abgeschlossenen Beschwerden

Bis zum 31. Dezember 2013 wurden gegen 122 der 145 streitigen erstinstanzlichen Entscheidungen[222] – das entspricht 84,14 Prozent – Beschwerden nach § 12 Abs. 1 SpruchG eingelegt:

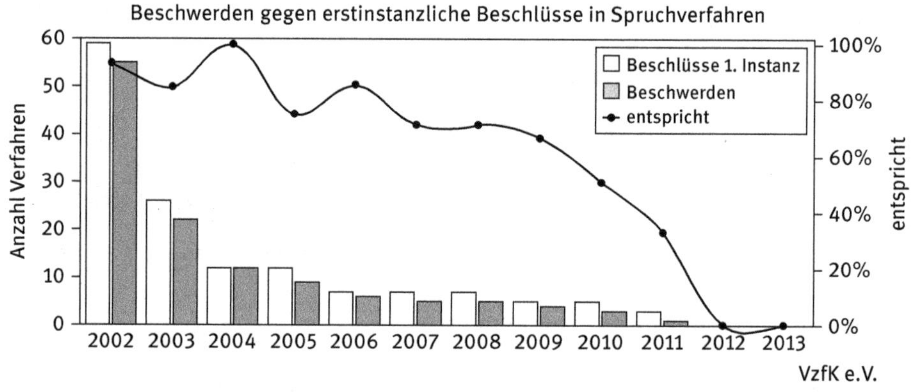

Abb. 29: Beschwerden gegen erstinstanzliche Beschlüsse in Spruchverfahren

222 Einschließlich solcher Entscheidungen, welche vom Beschwerdegericht aufgehoben und zur erneuten Entscheidung an die Ausgangsinstanz zurückverwiesen wurden.

Tab. 43: Tabellarische Darstellung der Beschwerden gegen erstinstanzliche Beschlüsse in Spruchverfahren

VzfK e. V.	Beschwerden gegen erstinstanzliche Beschlüsse in Spruchverfahren												
	2002	**2003**	**2004**	**2005**	**2006**	**2007**	**2008**	**2009**	**2010**	**2011**	**2012**	**2013**	**Summe**
Beschluss 1. Instanz	59	27	11	12	7	7	7	6	6	3	0	0	145
Beschwerden	55	23	11	9	6	5	5	4	3	1	0	0	122
Beschwerde-quote	93,22 %	85,19 %	100,00 %	75,00 %	85,71 %	71,43 %	71,43 %	66,67 %	50,00 %	33,33 %	0,00 %	0,00 %	84,14 %
Keine Beschwerde	4	4	0	3	1	2	2	2	3	2	0	0	23
entspricht	6,78 %	14,81 %	0,00 %	25,00 %	14,29 %	28,57 %	28,57 %	33,33 %	50,00 %	66,67 %	0,00 %	0,00 %	15,86 %

Davon fanden bis zum 31. Dezember 2013 insgesamt 95 einen Abschluss, was 77,87 Prozent entspricht. 27 Beschwerdeverfahren waren dagegen noch nicht beendet:

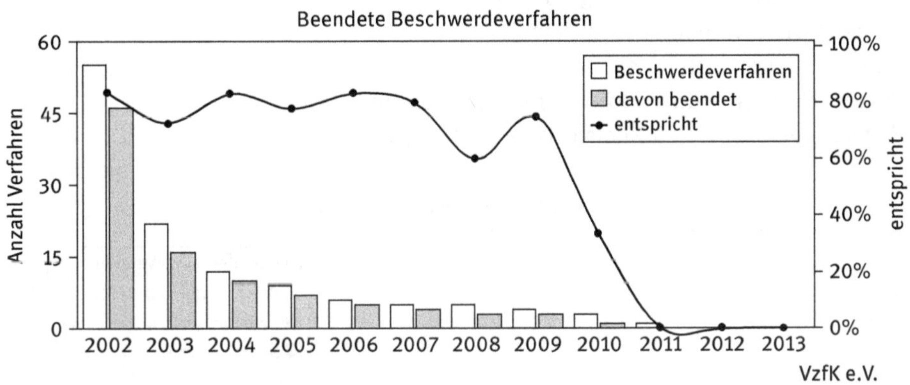

Abb. 30: Beendete Beschwerdeverfahren

Das stellt sich in absoluten Zahlen wie folgt dar:

Tab. 44: Tabellarische Darstellung der beendeten Beschwerdeverfahren

VzfK e. V.	Beendete Beschwerdeverfahren												
	2002	**2003**	**2004**	**2005**	**2006**	**2007**	**2008**	**2009**	**2010**	**2011**	**2012**	**2013**	**Summe**
Beschwerdeverfahren	55	23	11	9	6	5	5	4	3	1	0	0	122
davon beendet	46	16	10	7	5	4	3	3	1	0	0	0	95
entspricht	83,64 %	69,57 %	90,91 %	77,78 %	83,33 %	80,00 %	60,00 %	75,00 %	33,33 %	0,00 %	0,00 %	0,00 %	77,87 %
Noch nicht beendet	9	7	1	2	1	1	2	1	2	1	0	0	27
entspricht	16,36 %	30,43 %	9,09 %	22,22 %	16,67 %	20,00 %	40,00 %	25,00 %	66,67 %	100,00 %	0,00 %	0,00 %	22,13 %

2 Art der Verfahrensbeendigung

Die zweitinstanzliche Erledigung erfolgte

- in neun Verfahren durch Vergleich,
- in 73 Verfahren durch Beschluss,
- in acht Verfahren durch Rücknahme der Beschwerden und
- in weiteren fünf durch Rückverweis an die erste Instanz:

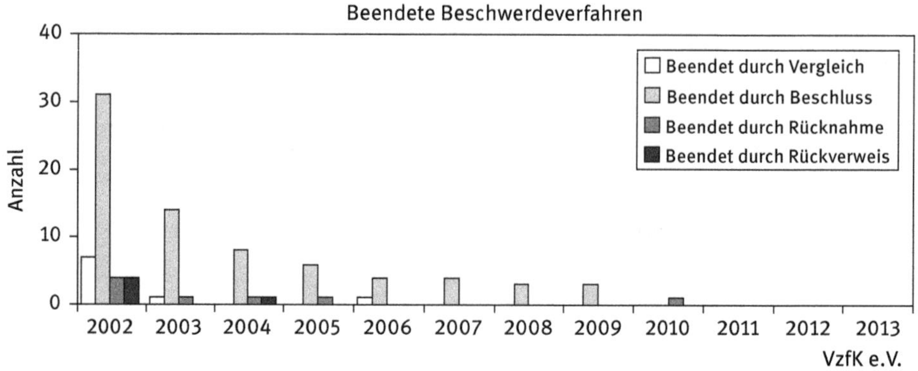

Abb. 31: Beendete Beschwerdeverfahren und Art der Beendigung

Das stellt sich in absoluten Zahlen wie folgt dar:

Tab. 45: Tabellarische Darstellung der beendeten Beschwerdeverfahren und deren Art der Beendigung

VzfK e. V.	Beendete Beschwerdeverfahren												
	2002	2003	2004	2005	2006	2007	2008	2009	2010	2011	2012	2013	Summe
Beschwerdeverfahren	55	23	11	9	6	5	5	4	3	1	0	0	122
davon beendet	46	16	10	7	5	4	3	3	1	0	0	0	95
entspricht	83,64 %	69,57 %	90,91 %	77,78 %	83,33 %	80,00 %	60,00 %	75,00 %	33,33 %	0,00 %	0,00 %	0,00 %	77,87 %
davon durch Vergleich	7	1	0	0	1	0	0	0	0	0	0	0	9
entspricht	15,22 %	6,25 %	0,00 %	0,00 %	20,00 %	0,00 %	0,00 %	0,00 %	0,00 %	0,00 %	0,00 %	0,00 %	9,47 %
davon durch Beschluss	31	14	8	6	4	4	3	3	0	0	0	0	73
entspricht	67,39 %	87,50 %	80,00 %	85,71 %	80,00 %	100,00 %	100,00 %	100,00 %	0,00 %	0,00 %	0,00 %	0,00 %	76,84 %
davon durch Rücknahme	4	1	1	1	0	0	0	0	1	0	0	0	8
entspricht	8,70 %	6,25 %	10,00 %	14,29 %	0,00 %	0,00 %	0,00 %	0,00 %	100,00 %	0,00 %	0,00 %	0,00 %	8,42 %
davon durch Rückverweis	4	0	1	0	0	0	0	0	0	0	0	0	5
entspricht	8,70 %	0,00 %	10,00 %	0,00 %	0,00 %	0,00 %	0,00 %	0,00 %	0,00 %	0,00 %	0,00 %	0,00 %	5,26 %
noch nicht beendet	9	7	1	2	1	1	2	1	2	1	0	0	27
entspricht	16,36 %	30,43 %	9,09 %	22,22 %	16,67 %	20,00 %	40,00 %	25,00 %	66,67 %	100,00 %	0,00 %	0,00 %	22,13 %

IV Spruchverfahren vor dem Bundesgerichtshof

Ein Spruchverfahren gelangt nur dann zum Bundesgerichtshof, wenn ein Oberlandesgericht bzw. das Kammergericht eine Rechtsbeschwerde zugelassen hat. Die Rechtsbeschwerde muss immer zugelassen werden, wenn die Rechtssache grundsätzliche Bedeutung hat oder die Fortbildung des Rechts oder die Sicherung einer einheitlichen Rechtsprechung eine Entscheidung des Bundesgerichtshofs erfordert, § 70 Abs. 2 S. 1 FamFG. Dazu kam es bislang in fünf Verfahren.

Soweit ersichtlich, ging es nur in zwei Spruchverfahren um inhaltliche Fragen:

- Stollwerck AG – Hauptversammlung vom 30. April 2003. Beschluss des Bundesgerichtshofs vom 19. Juli 2010 – Az. II ZB 18/09.[223]
- MAN Roland Druckmaschinen AG – Hauptversammlung vom 22. Mai 2003. Beschluss des Bundesgerichtshofs vom 28. Juni 2011 – Az. II ZB 10/10.[224]

In weiteren Verfahren vor dem Bundesgerichtshof ging es ausschließlich um Verfahrensfragen:

- Deutsche Bausparkasse Badenia AG – Hauptversammlung vom 17. Juni 2002. Beschlüsse des Bundesgerichtshofs vom 13. März 2006 – Az. II ZB 25/04 und II ZB 26/04.[225]
- Maschinenfabrik Esslingen AG – Hauptversammlung vom 18. Dezember 2002. Beschluss des Bundesgerichtshofs vom 6. Juni 2011 – Az. II ZB 7/07.[226]
- Schering AG – Hauptversammlung vom 17. Januar 2007. Beschluss des Bundesgerichtshofs vom 13. Dezember 2011 – Az. II ZB 12/11.[227]

V Zuständige Gerichte

Zahlreiche Bundesländer haben von der Möglichkeit Gebrauch gemacht, bestimmten Landgerichten und Oberlandesgerichten die Zuständigkeit für Spruchverfahren durch Rechtsverordnung zuzuweisen (1). In einigen Bundesländern finden besonders viele erstinstanzliche Spruchverfahren (2) bzw. Beschwerdeverfahren statt (3).

1 Landesrechtliche Zuständigkeitsverordnungen

In den Spruchverfahren geht es schwerpunktmäßig um Unternehmensbewertungen und andere betriebswirtschaftliche Fragen. Das erfordert auch deshalb einen

223 Mit dieser Entscheidung hat der Bundesgerichtshof seine bisherige Rechtsprechung zum Referenzzeitraum für die Berechnung des als Wertuntergrenze zu beachtenden Börsenkurses geändert. Bis dahin war nach dem Beschluss des Bundesgerichtshofs vom 12. März 2001, Az. II ZB 15/00 (DAT/Altana) ein dreimonatiger Referenzzeitraum zugrunde zu legen, der am gesetzlichen Bewertungsstichtag, dem Tag der Beschluss fassenden Hauptversammlung, endete. Nunmehr ist grundsätzlich auf einen nach Umsatz gewichteten Durchschnittskurs innerhalb einer dreimonatigen Referenzperiode vor der Bekanntgabe der Strukturmaßnahme abzustellen. Das entspricht nicht der von Fama entwickelten Effizienzmarkthypothese.

224 Die Vorlage betraf die Rechtsfrage des Referenzzeitraums für die Berechnung des Börsenkurses. Aufgrund des Beschlusses vom 19. Juli 2010 („Stollwerck-Entscheidung") sind die Voraussetzungen für eine Vorlage an den Bundesgerichtshof entfallen und die Rechtssache wurde an das zuständige OLG Frankfurt am Main zur Entscheidung in eigener Zuständigkeit zurückgegeben.

225 Entscheidung zur Rechtzeitigkeit bei Antragstellung vor dem örtlich unzuständigen Gericht.

226 Entscheidung zur Kostentragungslast bei Rücknahme der Beschwerde.

227 Entscheidung zur Erstattung außergerichtlicher Kosten des Hauptaktionärs in Spruchverfahren.

hohen Spezialisierungsgrad bei den Gerichten. Schließlich werden die Interessen des Antragsgegners bzw. Hauptaktionärs meist von hochqualifizierten Wirtschaftsprüfern und Rechtsanwälten vertreten. Sie prägen häufig auch im FAUB, dem IDW und dem Handelsrechtsausschuss des Deutschen Anwaltvereins die Bewertungsstandards.

Daher haben zahlreiche Bundesländer auf der Grundlage von § 71 Abs. 4 GVG i. V. m. Abs. 2 Nr. 4 Buchstabe e) GVG Rechtsverordnungen erlassen und einzelnen Landgerichten die Entscheidung in Spruchverfahren für die Bezirke mehrerer Landgerichte übertragen. Entsprechendes gilt für die Zuständigkeiten der Oberlandesgerichte in Beschwerden nach § 12 Abs. 1 SpruchG. Für die weiteren Einzelheiten wird auf die obigen Ausführungen verwiesen.[228]

2 Verteilung der erstinstanzlichen Spruchverfahren nach Bundesländern

Die meisten Spruchverfahren fanden in Nordrhein-Westfalen, Bayern, Baden-Württemberg, Hessen, Hamburg, Niedersachsen und Berlin statt. In Mecklenburg-Vorpommern und Sachsen-Anhalt wurden bislang noch keine Spruchverfahren durchgeführt.

228 Siehe Teil 1 § 2 IV 7 h – Landesrechtliche Zuständigkeiten, ab S. 67.

Das lässt sich wie folgt darstellen:

Spruchverfahren nach Bundesländern

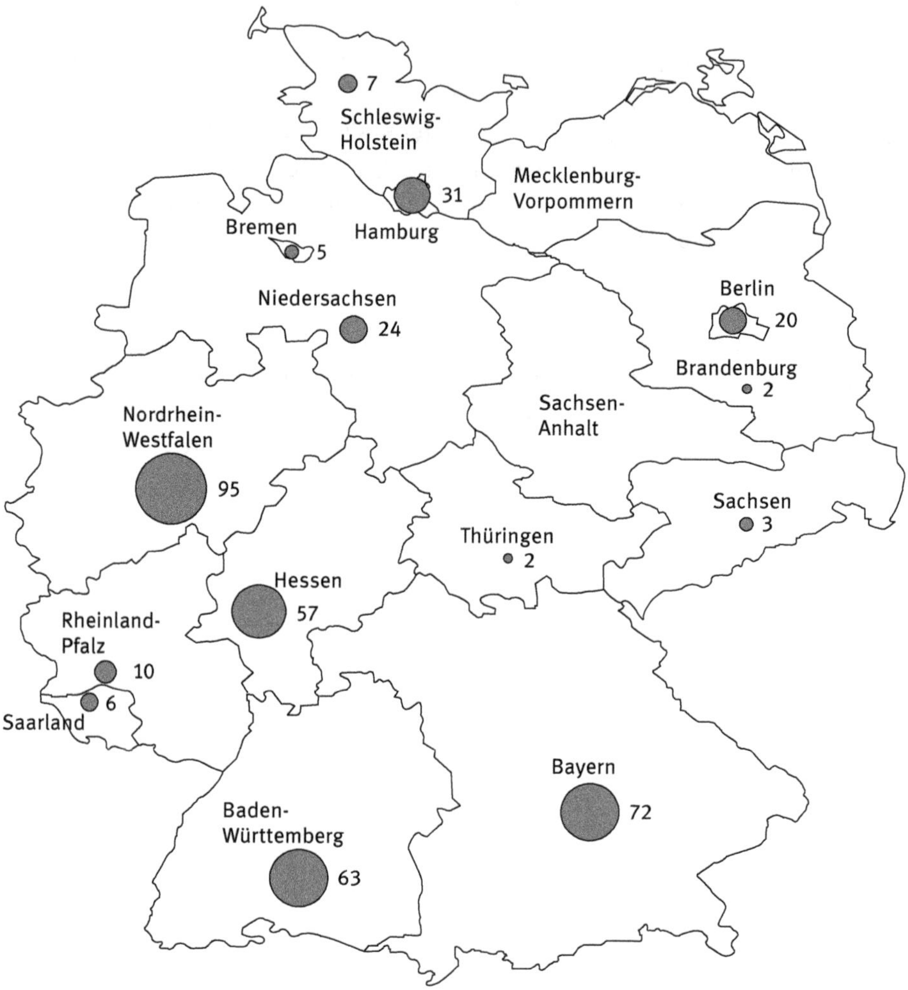

VzfK e.V.

Abb. 32: Verteilung der erstinstanzlichen Spruchverfahren nach Bundesländern

In den Bundesländern mit den meisten Spruchverfahren führten die Verfahren ausschließlich oder in der überwiegenden Mehrzahl die folgenden Landgerichte durch:

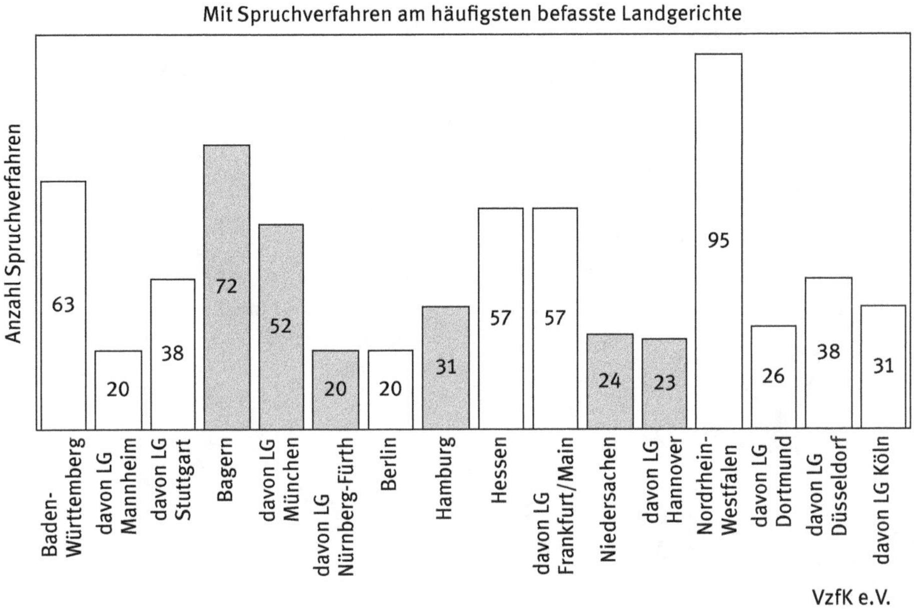

Abb. 33: Mit Spruchverfahren am häufigsten befasste Landgerichte

3 Verteilung der Beschwerdeverfahren nach Bundesländern

Die erstinstanzlichen Relationen gelten in etwa auch für die Beschwerdeverfahren, wobei in Brandenburg und Thüringen (noch) keine Beschwerdeverfahren durchgeführt wurden:

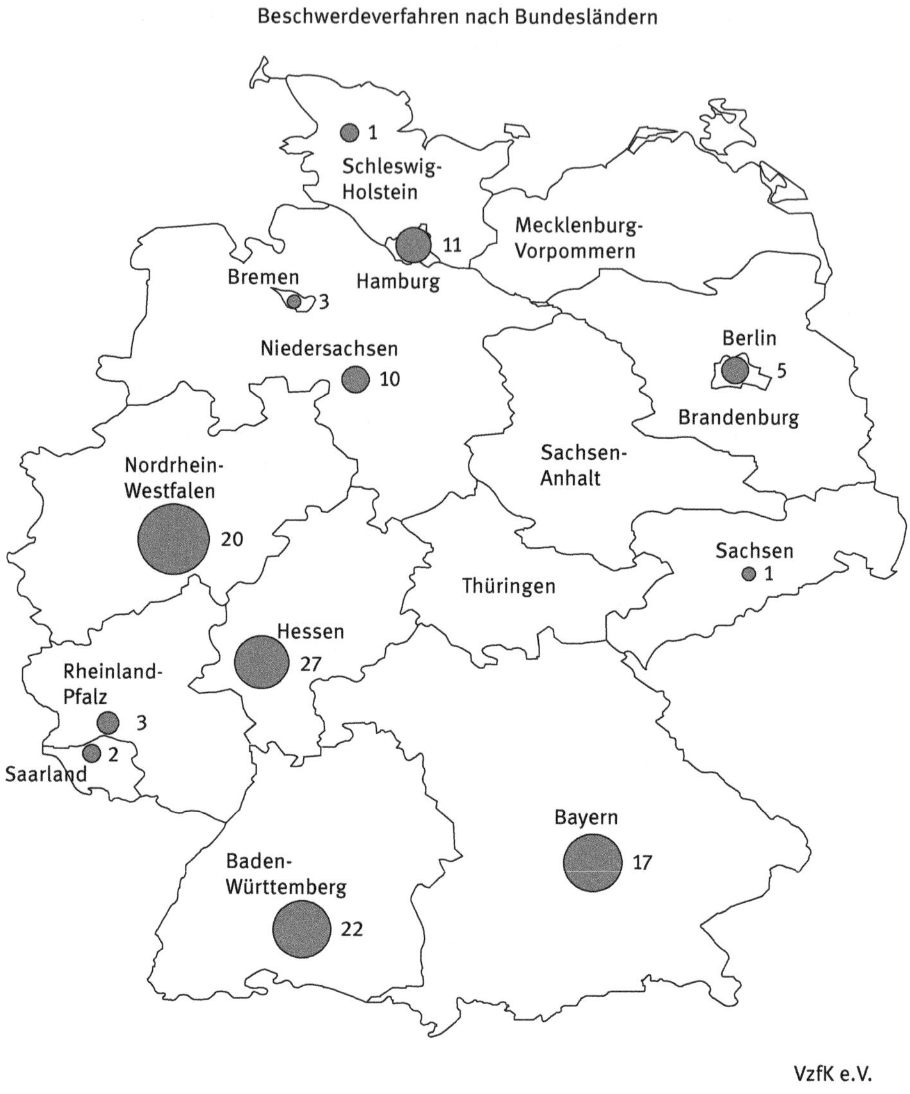

Abb. 34: Verteilung der Beschwerdeverfahren nach Bundesländern

Auch hier konzentrieren sich die Beschwerdeverfahren auf nur wenige Gerichte:

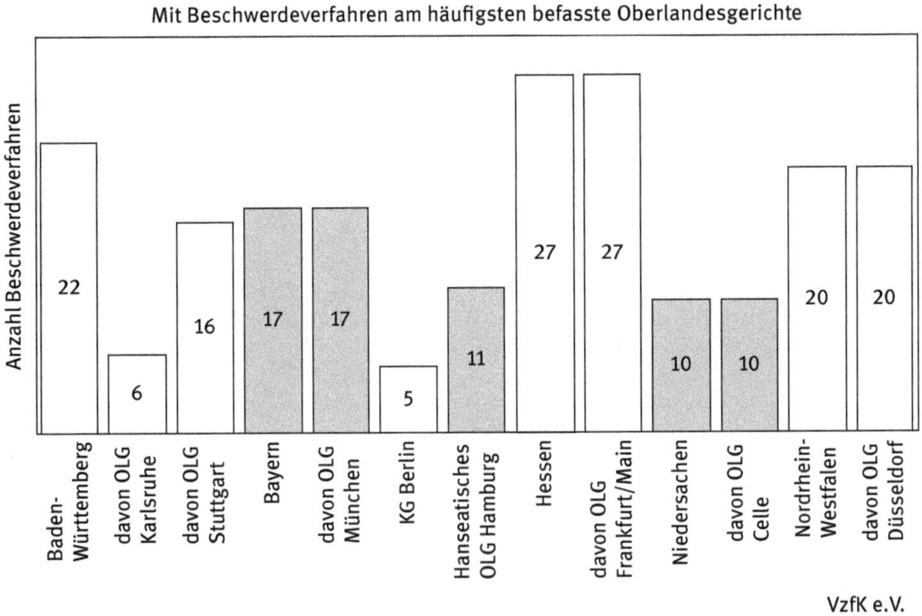

Abb. 35: Mit Beschwerdeverfahren am häufigsten befasste Oberlandesgerichte

Teil 4 Datenanalysen zum Ausgang der Spruchverfahren

Der Wert der übertragenen Aktien liegt auf der Grundlage der beschlossenen Abfindungswerte bei 11,22 Mrd. Euro.[229] Die meisten Spruchverfahren, nämlich 193, führen zu einer nicht ganz unerheblichen Anhebung der Barabfindung (§ 9). Die Erhöhungen machen insgesamt bis zum 31. Dezember 2013 bereits 608,58 Mio. Euro aus (§ 10). Dieses Ergebnis unterstreicht die Bedeutung des Spruchverfahrens im aktienrechtlichen Rechtsschutzsystem. Schließlich liegt die Erfolgsquote in Spruchverfahren deutlich über der von Leistungsklagen vor der ordentlichen Gerichtsbarkeit (§ 11).

§ 9 Erhöhung der Barabfindung in Spruchverfahren – Anzahl

Die meisten Spruchverfahren heben die von den Hauptaktionären festgelegten und von sachverständigen Prüfern als „angemessen" beurteilten Barabfindungen an (III). Das gilt vor allem für die erstinstanzlichen Verfahren (I), welche in Beschwerdeverfahren überwiegend bestätigt werden (II).

I Erstinstanzliche Entscheidungen der Landgerichte

193 der 256 erstinstanzlich beendeten Spruchverfahren – das entspricht 75,39 Prozent – führten zu einer Anhebung der Barabfindung:

229 Vgl. oben Teil 2 § 5 I 4 – Anzahl und Wert der übertragenen Aktien, ab S. 120.

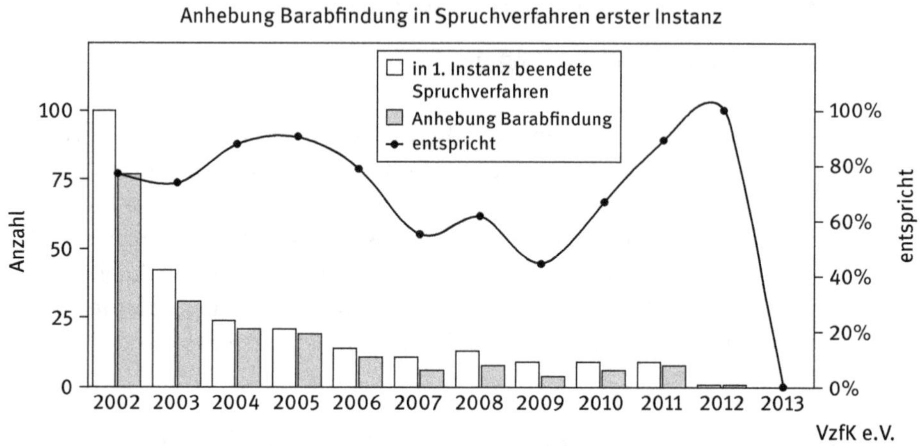

Abb. 36: Anzahl Anhebungen der Barabfindung in Spruchverfahren der ersten Instanz

Die Zahlen stellen sich in einer Tabelle wie folgt dar:

Tab. 46: Tabellarische Darstellung der Anhebungen der Barabfindung in Spruchverfahren der ersten Instanz

VzfK e.V.	Anhebung Barabfindung in Spruchverfahren erster Instanz												
	2002	**2003**	**2004**	**2005**	**2006**	**2007**	**2008**	**2009**	**2010**	**2011**	**2012**	**2013**	**Summe**
Spruchverfahren gesamt	118	50	27	28	25	21	18	24	20	19	32	15	397
davon 1. Instanz beendet	101	43	23	21	14	11	13	10	10	9	1	0	256
entspricht	85,59 %	86,00 %	85,19 %	75,00 %	56,00 %	52,38 %	72,22 %	41,67 %	50,00 %	47,37 %	3,13 %	0,00 %	64,48 %
Anhebung Barabfindung	78	32	20	19	11	6	8	4	6	8	1	0	193
entspricht: von allen Spruchverfahren	66,10 %	64,00 %	74,07 %	67,86 %	44,00 %	28,57	44,44 %	16,67 %	30,00	42,11 %	3,13 %	0,00 %	48,61 %
entspricht: von in 1. Instanz beendeten Spruchverfahren	77,23 %	74,42 %	86,96 %	90,48 %	78,57 %	54,55 %	61,54 %	40,00 %	60,00	88,89 %	100,00 %	0,00 %	75,39 %

II Entscheidungen der Beschwerdegerichte

Die Beschwerdegerichte bestätigen im Wesentlichen die Entscheidungen der Landgerichte (1). Jedoch kommt es auch zu Anhebungen (2) oder Herabsetzungen (3) der erstinstanzlich festgesetzten Barabfindungen.

1 Ausgangspunkt

In den meisten Fällen sehen die Beschwerdegerichte davon ab, die erstinstanzlichen Entscheidungen aufzuheben:

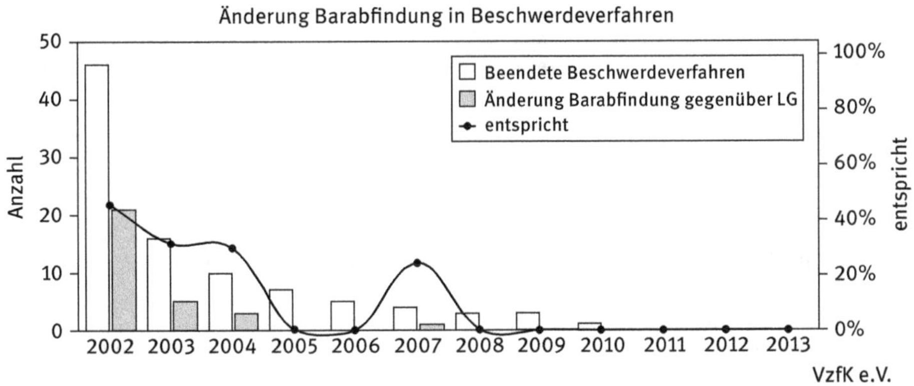

Abb. 37: Änderung der Barabfindung in Beschwerdeverfahren

Das stellt sich in Zahlen wie folgt dar:

Tab. 47: Tabellarische Darstellung der Änderungen der Barabfindung in Beschwerdeverfahren

VzfK e. V.	Veränderung Barabfindung in Spruchverfahren zweiter Instanz											
	2002	2003	2004	2005	2006	2007	2008	2009	2010	2011	2012	2013	Summe
Beschwerdeverfahren gesamt	55	23	11	9	6	5	5	4	3	1	0	0	122
davon beendet	46	16	10	7	5	4	3	3	1	0	0	0	95
entspricht	83,64 %	69,57 %	90,91 %	77,78 %	83,33 %	80,00 %	60,00 %	75,00 %	33,33 %	0,00 %	0,00 %	0,00 %	77,87 %
ohne Änderung der Barabfindung	21	11	6	7	5	3	3	3	1	0	0	0	60

VzfK e. V.	Veränderung Barabfindung in Spruchverfahren zweiter Instanz												
	2002	**2003**	**2004**	**2005**	**2006**	**2007**	**2008**	**2009**	**2010**	**2011**	**2012**	**2013**	**Summe**
von allen Beschwerdeverfahren	38,18 %	47,83 %	54,55 %	77,78 %	83,33 %	60,00 %	60,00 %	75,00 %	33,33 %	0,00 %	0,00 %	0,00 %	49,18 %
entspricht von den beendeten Beschwerdeverfahren	45,65 %	68,75 %	60,00 %	100,00 %	100,00 %	75,00 %	100,00 %	100,00 %	100,00 %	0,00 %	0,00 %	0,00 %	63,16 %
Erhöhung der Barabfindung	14	1	0	0	0	0	0	0	0	0	0	0	15
von allen Beschwerdeverfahren	25,45 %	4,35 %	0,00 %	0,00 %	0,00 %	0,00 %	0,00 %	0,00 %	0,00 %	0,00 %	0,00 %	0,00 %	12,30 %
entspricht von den beendeten Beschwerdeverfahren	30,43 %	6,25 %	0,00 %	0,00 %	0,00 %	0,00 %	0,00 %	0,00 %	0,00 %	0,00 %	0,00 %	0,00 %	15,79 %
Verminderung der Barabfindung	7	4	3	0	0	1	0	0	0	0	0	0	15
von allen Beschwerdeverfahren	12,73 %	17,39 %	27,27 %	0,00 %	0,00 %	20,00 %	0,00 %	0,00 %	0,00 %	0,00 %	0,00 %	0,00 %	12,30 %
entspricht von den beendeten Beschwerdeverfahren	15,22 %	25,00 %	30,00 %	0,00 %	0,00 %	25,00 %	0,00 %	0,00 %	0,00 %	0,00 %	0,00 %	0,00 %	15,79 %
Rückverweis an LG	4	0	1	0	0	0	0	0	0	0	0	0	5
von allen Beschwerdeverfahren	7,27 %	0,00 %	9,09 %	0,00 %	0,00 %	0,00 %	0,00 %	0,00 %	0,00 %	0,00 %	0,00 %	0,00 %	4,10 %
entspricht von den beendeten Beschwerdeverfahren	8,70 %	0,00 %	10,00 %	0,00 %	0,00 %	0,00 %	0,00 %	0,00 %	0,00 %	0,00 %	0,00 %	0,00 %	5,26 %

2 Anhebung der Barabfindung im Beschwerdeverfahren

15 der bis zum Berichtsstichtag abgeschlossenen Beschwerdeverfahren führten überhaupt erst oder, gegenüber der Entscheidung des Landgerichts, zu einer weiteren Anhebung der Barabfindung:

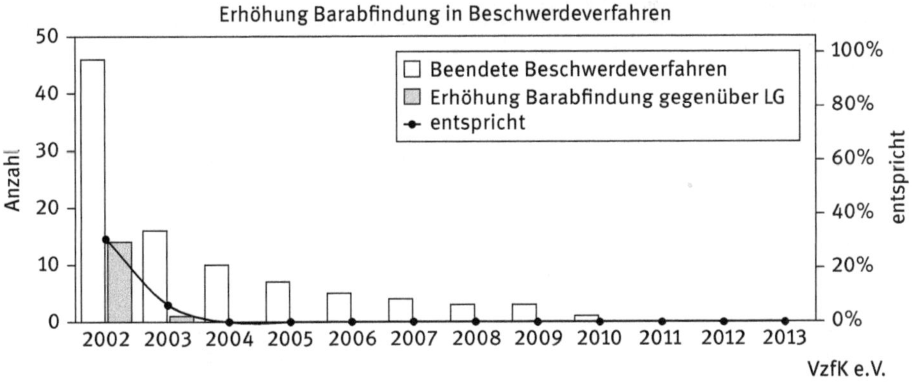

Abb. 38: Erhöhung der Barabfindung im Beschwerdeverfahren gegenüber erster Instanz

In acht Fällen haben die Beschwerdegerichte die bereits erstinstanzlich angehobene Barabfindung noch weiter erhöht. In den übrigen sieben Fällen erfolgte eine Anhebung der Barabfindung überhaupt erst in der Beschwerdeinstanz:

Tab. 48: Tabellarische Darstellung der Erhöhung der Barabfindung im Beschwerdeverfahren gegenüber erster Instanz

VzfK e. V.	Erhöhung Barabfindung in Beschwerdeverfahren gegenüber erster Instanz												
	2002	2003	2004	2005	2006	2007	2008	2009	2010	2011	2012	2013	Summe
Beendete Beschwerdeverfahren	46	16	10	7	5	4	3	3	1	0	0	0	95
davon mit Erhöhung	14	1	0	0	0	0	0	0	0	0	0	0	15
entspricht	30,43 %	6,25 %	0,00 %	0,00 %	0,00 %	0,00 %	0,00 %	0,00 %	0,00 %	0,00 %	0,00 %	0,00 %	15,79 %

VzfK e. V.		Erhöhung Barabfindung in Beschwerdeverfahren gegenüber erster Instanz												
		2002	**2003**	**2004**	**2005**	**2006**	**2007**	**2008**	**2009**	**2010**	**2011**	**2012**	**2013**	**Summe**
	Weitere Erhöhung	7	1	0	0	0	0	0	0	0	0	0	0	8
	entspricht von beendeten Verfahren	15,22 %	6,25 %	0,00 %	0,00 %	0,00 %	0,00 %	0,00 %	0,00 %	0,00 %	0,00 %	0,00 %	0,00 %	8,42 %
gegenüber 1. Instanz	entspricht von Erhöhungen	50,00 %	100,00 %	0,00 %	0,00 %	0,00 %	0,00 %	0,00 %	0,00 %	0,00 %	0,00 %	0,00 %	0,00 %	53,33 %
	Erstmalige Erhöhung	7	0	0	0	0	0	0	0	0	0	0	0	7
	entspricht von beendeten Verfahren	15,22 %	0,00 %	0,00 %	0,00 %	0,00 %	0,00 %	0,00 %	0,00 %	0,00 %	0,00 %	0,00 %	0,00 %	7,37 %
	entspricht von Erhöhungen	50,00 %	0,00 %	0,00 %	0,00 %	0,00 %	0,00 %	0,00 %	0,00 %	0,00 %	0,00 %	0,00 %	0,00 %	46,67 %

3 Herabsetzung der Barabfindung im Beschwerdeverfahren

In weiteren 15 Fällen haben die Beschwerdegerichte die vom Landgericht beschlossene Anhebung dagegen wieder herabgesetzt:

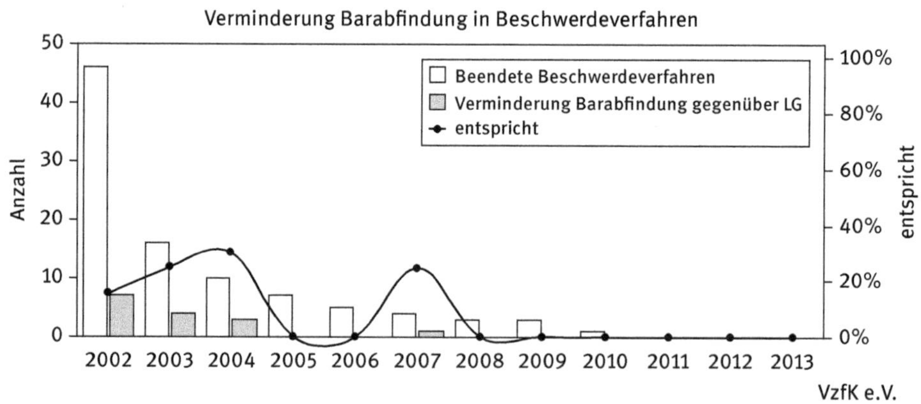

Abb. 39: Verminderung der Barabfindung im Beschwerdeverfahren gegenüber erster Instanz

Dabei blieb es in neun Fällen immer noch bei einer Anhebung gegenüber der vom Hauptaktionär festgesetzten und von der Hauptversammlung beschlossenen Barabfindung. Nur in sechs Fällen setzten die Beschwerdegerichte die Barabfindungen wieder auf die von den Hauptversammlungen beschlossenen Beträge herab:

Tab. 49: Tabellarische Darstellung der Verminderung der Barabfindung im Beschwerdeverfahren gegenüber erster Instanz

	VzfK e. V.	**Verminderung Barabfindung in Beschwerdeverfahren gegenüber erster Instanz**												
		2002	**2003**	**2004**	**2005**	**2006**	**2007**	**2008**	**2009**	**2010**	**2011**	**2012**	**2013**	**Summe**
	Beendete Beschwerdeverfahren	46	16	10	7	5	4	3	3	1	0	0	0	95
	davon mit Verminderung	7	4	3	0	0	1	0	0	0	0	0	0	15
	entspricht	15,22 %	25,00 %	30,00 %	0,00 %	0,00 %	25,00 %	0,00 %	0,00 %	0,00 %	0,00 %	0,00 %	0,00 %	15,79 %
	Erhöhung gegenüber HV	5	2	2	0	0	0	0	0	0	0	0	0	9
	entspricht von beendeten Verfahren	10,87 %	12,50 %	20,00 %	0,00 %	0,00 %	0,00 %	0,00 %	0,00 %	0,00 %	0,00 %	0,00 %	0,00 %	9,47 %
	entspricht von Verminderungen	71,43 %	50,00 %	66,67 %	0,00 %	0,00 %	0,00 %	0,00 %	0,00 %	0,00 %	0,00 %	0,00 %	0,00 %	60,00 %
gegenüber 1. Instanz	Keine Erhöhung gegenüber HV	2	2	1	0	0	1	0	0	0	0	0	0	6
	entspricht von beendeten Verfahren	4,35 %	12,50 %	10,00 %	0,00 %	0,00 %	25,00 %	0,00 %	0,00 %	0,00 %	0,00 %	0,00 %	0,00 %	6,32 %
	entspricht von Verminderungen	28,57 %	50,00 %	33,33 %	0,00 %	0,00 %	100,00 %	0,00 %	0,00 %	0,00 %	0,00 %	0,00 %	0,00 %	40,00 %

Die Wertuntergrenze bildet in jedem Fall die von der Hauptversammlung beschlossene Barabfindung. Dieser Beschluss lässt sich nur durch eine Anfechtungs- oder Nichtigkeitsklage beseitigen. Es gibt keine Rechtsgrundlage für den Hauptaktionär, sich von der von ihm ermittelten und mit seinen Stimmen beschlossenen Zahlungsverpflichtung wieder zu lösen.

III Ausgang aller Spruchverfahren

Die Analyse der Daten zeigt, dass in 193 der 229 bis zum 31. Dezember 2013 erst- und zweitinstanzlich abgeschlossenen Spruchverfahren – das entspricht 84,28 Prozent – die Barabfindung von Gerichten nachträglich erhöht wurde:

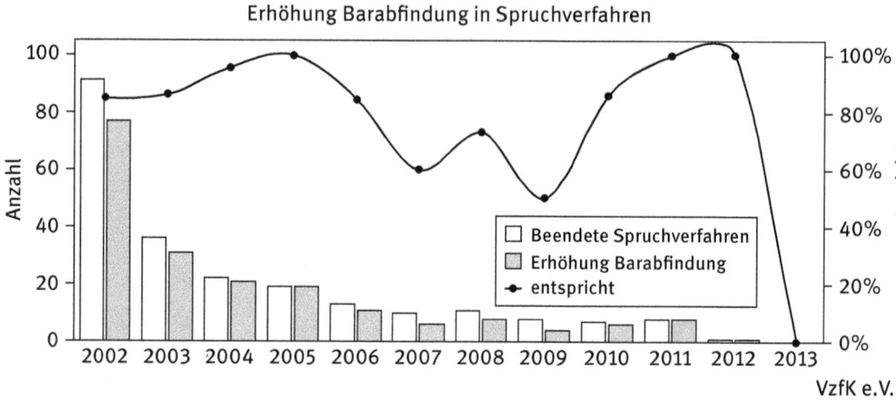

Abb. 40: Anhebungen der Barabfindung in Spruchverfahren – erst- und zweitinstanzlich

Dem liegen die folgenden Zahlen zugrunde:

Tab. 50: Tabellarische Darstellung der Anhebungen der Barabfindung in Spruchverfahren – erst- und zweitinstanzlich

VzfK e. V.	Erhöhung Barabfindung in Spruchverfahren												
	2002	2003	2004	2005	2006	2007	2008	2009	2010	2011	2012	2013	Summe
Beendete Spruchverfahren	92	36	22	19	13	10	11	9	8	8	1	0	229
davon mit Erhöhung Barabfindung	78	32	20	19	11	6	8	4	6	8	1	0	193
entspricht	84,78 %	88,89 %	90,91 %	100,00 %	84,62 %	60,00 %	72,73 %	44,44 %	75,00 %	100,00 %	100,00 %	0,00 %	84,28 %

§ 10 Erhöhung der Barabfindungen – Wert

Die Gerichte haben die von den Hauptaktionären festgesetzten Barabfindungen bis zum 31. Dezember 2013 bereits um 608,58 Mio. Euro auf gesamt 11,82 Mrd. Euro erhöht (III und IV). Während ein Teil auf vergleichsweise Erledigungen von Beschlussmängelklagen zurückzuführen ist (I), stammt der andere Teil aus den insgesamt 229 bereits abgeschlossenen Spruchverfahren (II). Weil aber 168 Spruchverfahren zum 31. Dezember 2013 noch offen sind, wird sich diese Relation noch weiter zu Gunsten der Spruchverfahren verschieben.

Die Bedeutung des Spruchverfahrens dürfte mit dem am 1. September 2009 eingetretenen Systemwechsel im Beschlussmängelkontrollrecht noch zunehmen. Während in den Jahren 2002 bis 2009 im Durchschnitt 44,68 Prozent aller Squeeze-out-Beschlüsse einer gerichtlichen Beschlussmängelkontrolle unterlagen, waren es in den Jahren 2010 bis 2013 im Durchschnitt nur noch 18,81 Prozent aller Beschlüsse.

I Erhöhung der Barabfindungen in Beschlussmängelklagen

Auf der Grundlage von Vergleichsabschlüssen in Anfechtungsklagen kam es zu Erhöhungen der angebotenen Barabfindungen um gesamt 356,01 Mio. Euro. Aufgrund nachfolgender Spruchverfahren wirken sich hier insgesamt nur noch 178,21 Mio. Euro unmittelbar aus. Die darüber hinausgehenden 177,79 Mio. Euro werden als Ergebnis aus Spruchverfahren ausgewiesen.

Die Erhöhungen resultieren aus insgesamt 71 Vergleichsabschlüssen. Die Ergebnisse von 47 dieser Vergleichsabschlüsse wurden in nachfolgenden Spruchverfahren bestätigt oder sogar noch weiter erhöht. Nur 24 Erhöhungen aus Beschlussmängelklagen wirken sich daher bislang unmittelbar aus, weil entweder Spruchverfahren nicht eingeleitet wurden – vier Fälle – oder nachfolgende Spruchverfahren noch nicht abgeschlossen sind – 20 Fälle.[230]

II Erhöhung der Barabfindungen in Spruchverfahren

Die Gerichte haben in Spruchverfahren, soweit diese bis zum 31. Dezember 2013 zumindest erstinstanzlich beendet waren, die von den Hauptaktionären festgelegten Barabfindungen sogar um 430,36 Mio. Euro erhöht. Das entspricht einer durchschnittlichen Erhöhung um 17,58 Prozent:

---

230 Für weitere Einzelheiten siehe Teil 3 § 7 II 2 c – Beschlussmängelkontrollklagen gegen Squeeze-out-Beschlüsse; Erhöhung der Barabfindung; Auswirkung auf Spruchverfahren, ab S. 172.

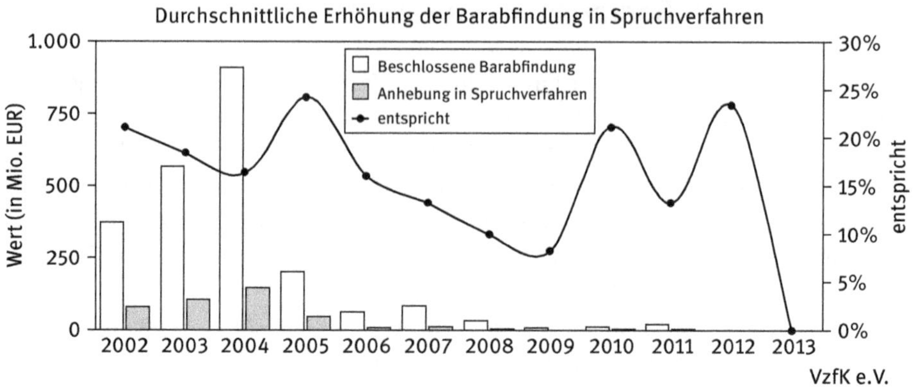

Abb. 41: Durchschnittliche Erhöhung der Barabfindung in Spruchverfahren

Unter Einbezug aller, auch der zum 31. Dezember 2013 noch nicht abgeschlossenen Verfahren, beträgt die durchschnittliche Erhöhung 4,30 Prozent:

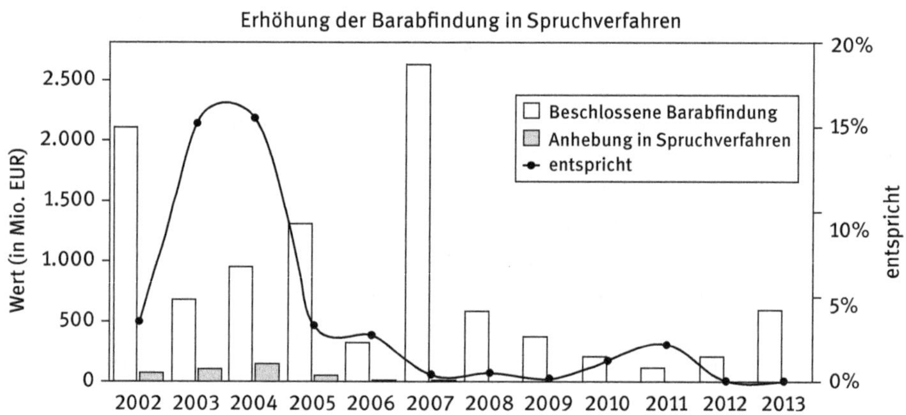

Abb. 42: Erhöhung der Barabfindung in Spruchverfahren (gesamt)

Die Gesamtbeträge setzen sich wie folgt zusammen:

Tab. 51: Tabellarische Darstellung der Erhöhung der Barabfindung in Spruchverfahren (gesamt)

VzfK e. V. Kalenderjahr	Barabfindung		
	Beschlossene Barabfindung	Erhöhung in Spruchverfahren	entspricht
2002	2.068.635.862,94 EUR	93.498.936,68 EUR	4,52 %
2003	678.227.720,19 EUR	103.894.699,54 EUR	5,02 %
2004	969.714.526,39 EUR	152.854.049,36 EUR	7,39 %
2005	1.312.155.040,55 EUR	48.364.766,96 EUR	2,34 %
2006	331.980.971,00 EUR	11.118.888,42 EUR	0,54 %
2007	2.569.285.829,30 EUR	11.076.993,56 EUR	0,54 %
2008	583.187.801,68 EUR	3.257.692,79 EUR	0,16 %
2009	373.998.534,87 EUR	706.130,66 EUR	0,03 %
2010	205.360.166,03 EUR	2.666.611,30 EUR	0,13 %
2011	115.600.726,22 EUR	2.878.467,58 EUR	0,14 %
2012	203.835.825,49 EUR	45.220,00 EUR	0,00 %
2013	597.913.422,86 EUR	0,00 EUR	0,00 %
Summen	10.009.896.427,52 EUR	430.362.456,85 EUR	4,30 %

III Gesamtbetrag

Insgesamt wurden die von den Hauptaktionären festgelegten Barabfindungen bis zum 31. Dezember 2013 bereits um 608,58 Mio. Euro erhöht.

Soweit die Barabfindung nachträglich in Gerichtsverfahren – also Anfechtungsklagen, Freigabe- oder Spruchverfahren – bis zum Auswertungsstichtag der Studie erhöht wurde, betrug die durchschnittliche Erhöhung 16,68 Prozent:

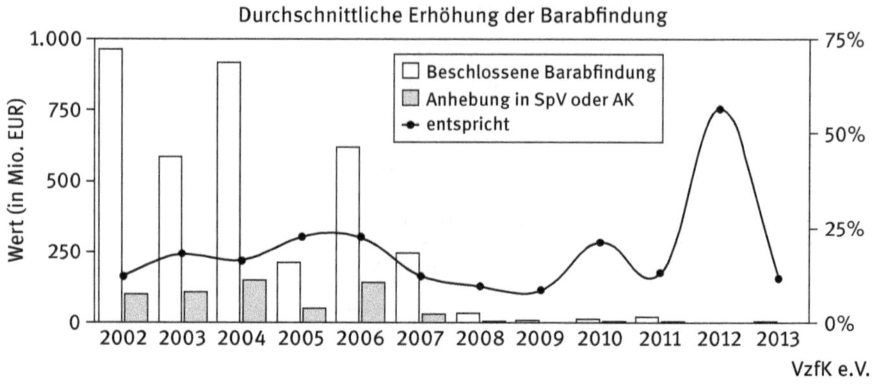

Abb. 43: Durchschnittliche Erhöhung der Barabfindung in Spruchverfahren und/oder Anfechtungsklagen

Unter Einschluss aller, auch noch nicht abgeschlossener Verfahren errechnet sich eine durchschnittliche Erhöhung der Barabfindung um 5,43 Prozent:

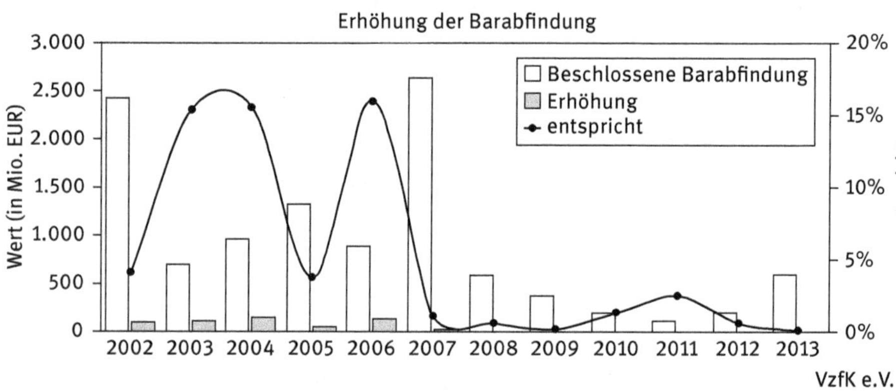

Abb. 44: Erhöhung der Barabfindung (gesamt)

Der Gesamtbetrag setzt sich, verteilt nach Jahren der Beschlussfassung, wie folgt zusammen:

Tab. 52: Tabellarische Darstellung der Erhöhung der Barabfindung (gesamt)

VzfK e. V.	Barabfindung			
Kalender-jahr	Beschlossene Barabfindung	Erhöhung Barabfindung		Barabfindung inklusive Erhöhung
		Betrag	ent-spricht	
2002	2.505.680.161,86 EUR	114.520.679,88 EUR	4,57 %	2.620.200.841,74 EUR
2003	699.248.896,39 EUR	107.900.941,34 EUR	15,43 %	807.149.837,73 EUR
2004	981.108.534,63 EUR	154.897.465,12 EUR	15,79 %	1.136.005.999,75 EUR
2005	1.325.027.678,15 EUR	49.181.230,16 EUR	3,71 %	1.374.208.908,31 EUR
2006	887.998.167,95 EUR	141.938.219,78 EUR	15,98 %	1.029.936.387,73 EUR
2007	2.729.143.616,94 EUR	28.641.334,39 EUR	1,05 %	2.757.784.951,33 EUR
2008	583.794.778,96 EUR	3.349.595,51 EUR	0,57 %	587.144.374,47 EUR
2009	373.998.534,87 EUR	706.130,66 EUR	0,19 %	374.704.665,53 EUR
2010	205.360.166,03 EUR	2.666.611,30 EUR	1,30 %	208.026.777,33 EUR
2011	115.600.726,22 EUR	2.878.467,58 EUR	2,49 %	118.479.193,80 EUR
2012	205.902.606,73 EUR	1.282.885,51 EUR	0,62 %	207.185.492,24 EUR
2013	603.264.840,98 EUR	612.757,80 EUR	0,10 %	603.877.598,78 EUR
Summen	11.216.128.709,71 EUR	608.576.319,03 EUR	5,43 %	11.824.705.028,74 EUR

Die durchschnittliche Erhöhungsquote wird dabei dadurch verzerrt, dass zum 31. Dezember 2013 eine Vielzahl von Spruchverfahren, nämlich 168, noch nicht abgeschlossen sind. Die nachfolgende Tabelle stellt daher die Erhöhungen nur aus den bereits abgeschlossenen Spruchverfahren und Anfechtungsklagen dar:

Tab. 53: Erhöhung der Barabfindung aus abgeschlossenen Verfahren

VzfK e. V.	Barabfindung bei abgeschlossenen Verfahren			
Kalender-jahr	Beschlossene Barabfindung	Erhöhung Barabfindung		Barabfindung inklusive Erhöhung
		Betrag	ent-spricht	
2002	2.263.402.939,81 EUR	114.520.679,88 EUR	5,06 %	2.377.923.619,69 EUR
2003	673.338.687,29 EUR	107.900.941,34 EUR	16,02 %	781.239.628,63 EUR
2004	981.089.322,68 EUR	154.897.465,12 EUR	15,79 %	1.135.986.787,80 EUR
2005	1.317.708.436,88 EUR	49.181.230,16 EUR	3,73 %	1.366.889.667,04 EUR

VzfK e. V.	Barabfindung bei abgeschlossenen Verfahren			
Kalender-jahr	Beschlossene Barabfindung	Erhöhung Barabfindung		Barabfindung inklusive Erhöhung
		Betrag	ent-spricht	
2006	887.837.537,83 EUR	141.938.219,78 EUR	15,99 %	1.029.775.757,61 EUR
2007	2.728.613.115,78 EUR	28.641.334,39 EUR	1,05 %	2.757.254.450,17 EUR
2008	582.045.277,26 EUR	3.349.595,51 EUR	0,58 %	585.394.872,77 EUR
2009	347.201.024,96 EUR	706.130,66 EUR	0,20 %	347.907.155,62 EUR
2010	74.044.574,67 EUR	2.666.611,30 EUR	3,60 %	76.711.185,97 EUR
2011	28.963.975,63 EUR	2.878.467,58 EUR	9,94 %	31.842.443,21 EUR
2012	79.574.897,50 EUR	1.282.885,51 EUR	1,61 %	80.857.783,01 EUR
2013	233.497.643,22 EUR	612.757,80 EUR	0,26 %	234.110.401,02 EUR
Summen	10.197.317.433,51 EUR	608.576.319,03 EUR	5,97 %	10.805.893.752,54 EUR

Der absolute Erhöhungsbetrag sinkt im Laufe der Jahre ab, weil von den zuletzt beschlossenen Squeeze-out aufgrund der langen Verfahrensdauern vergleichsweise wenige Spruchverfahren abgeschlossen wurden. Daraus ergibt sich aber nicht, dass die Erforderlichkeit von Spruchverfahren zurückgeht. Weil mit dem Systemwechsel im Beschlussmängelkontrollrecht die Komplexität der Spruchverfahren zugenommen hat, ist vielmehr davon auszugehen, dass die Erhöhungsquote eher noch zunehmen wird.

Die Angaben zur prozentualen Erhöhung stellen ohnehin nur einen Durchschnittswert dar. Zwar wurde in 37 Verfahren die Barabfindung um weniger als zehn Prozent erhöht. Jedoch haben Gerichte die vom Hauptaktionär angebotene und beschlossene Barabfindung in 14 Verfahren um mindestens 100 Prozent, in weiteren 26 Verfahren um mindestens 50 Prozent und in 140 um mindestens zehn Prozent angehoben. Das stellt sich im Einzelnen wie folgt dar:

Tab. 54: Anzahl Anfechtungsklagen und Spruchverfahren mit Anhebung der Barabfindung – gestaffelt nach Prozent der Anhebung

	VzfK e. V.	Erhöhung Barabfindung in Spruchverfahren												
		2002	**2003**	**2004**	**2005**	**2006**	**2007**	**2008**	**2009**	**2010**	**2011**	**2012**	**2013**	**Summe**
	Anhebung Barabfindung gesamt	81	35	22	22	17	10	9	4	6	8	2	1	217
	um mindestens 100 Prozent	9	1	3	1	0	0	0	0	0	0	0	0	14
	entspricht	11,11 %	2,86 %	13,64 %	4,55 %	0,00 %	0,00 %	0,00 %	0,00 %	0,00 %	0,00 %	0,00 %	0,00 %	6,45 %
	um weniger als 100 Prozent, aber mehr als 50 Prozent	14	3	1	2	2	0	1	0	2	0	1	0	26
	entspricht	17,28 %	8,57 %	4,55 %	9,09 %	11,76 %	0,00 %	11,11 %	0,00 %	33,33 %	0,00 %	50,00 %	0,00 %	11,98 %
davon	um mindestens 50 Prozent gesamt	23	4	4	3	2	0	1	0	2	0	1	0	40
	entspricht	28,40 %	11,43 %	18,18 %	13,64 %	11,76 %	0,00 %	11,11 %	0,00 %	33,33 %	0,00 %	50,00 %	0,00 %	18,43 %
	um weniger als 50 Prozent, aber mehr als 10 Prozent	47	25	17	16	10	6	4	3	4	6	1	1	140
	entspricht	58,02 %	71,43 %	77,27 %	72,73 %	58,82 %	60,00 %	44,44 %	75,00 %	66,67 %	75,00 %	50,00 %	100,00 %	64,52 %
	um weniger als 10 Prozent	11	6	1	3	5	4	4	1	0	2	0	0	37
	entspricht	13,58 %	17,14 %	4,55 %	13,64 %	29,41 %	40,00 %	44,44 %	25,00 %	0,00 %	25,00 %	0,00 %	0,00 %	17,05 %

Bei den 14 Verfahren mit Erhöhung der Barabfindung um mindestens 100 Prozent handelt es sich um den Ausschluss der Minderheitsaktionäre folgender Gesellschaften:

Tab. 55: Verfahren mit Erhöhung der Barabfindung um mindestens 100 Prozent

VzfK e. V.	Erhöhung der Barabfindung um mindestens 100 %
Zielgesellschaft	**Erhöhung um**
Schott Zwiesel AG	725,81 %
Nexans Deutschland AG	564,96 %
Verlag und Druck G.J. Manz AG	400,00 %
Aachener Straßenbahn und Energieversorgungs AG	266,97 %
StepStone Deutschland AG	266,40 %
Wupper AG i.L.	243,07 %
Königsbacher Brauerei AG vorm. Jos. Thillmann	188,24 %
BBG Beteiligungs-AG	177,78 %
AGIMA AG für Immobilien-Anlagen	155,38 %
Hamburg-Mannheimer Sachversicherungs-AG	121,15 %
AG Kühnle, Kopp & Kausch	118,98 %
Dachziegelwerke Idunahall AG	106,77 %
Scholz & Friends AG	104,55 %
Hirschbrauerei AG	100,00 %

Bei den folgenden 25 Gesellschaften wurde die Barabfindung zwischen 50 und 100 Prozent erhöht:

Tab. 56: Verfahren mit Erhöhung der Barabfindung zwischen 50 und 100 Prozent

VzfK e. V.	Erhöhung der Barabfindung zwischen 50 % und 100 %
Zielgesellschaft	**Erhöhung um**
Komatsu Hanomag AG	95,26 %
Dom-Brauerei AG	93,33 %
FRANKENLUK AG	90,79 %
Brain Force Financial Solutions AG	87,44 %
Motorenwerke Mannheim AG	85,71 %
PICNIC Grundstücksverwaltung AG	82,45 %
Operator Telekommunikation International AG	73,85 %
Allgemeine Privatkundenbank AG	73,37 %

VzfK e. V.	**Erhöhung der Barabfindung zwischen 50 % und 100 %**
Zielgesellschaft	**Erhöhung um**
Contigas Deutsche Energie-AG	68,45 %
Christian Adalbert Kupferberg & Compagnie KGaA	65,61 %
Deutscher Eisenhandel AG	65,32 %
Bekaert Deutsche Holding AG	65,00 %
Buckau – Walther AG	60,48 %
DIH Deutsche Immobilien Holding AG	59,88 %
Lambda Physik AG	59,68 %
Hüttenwerke Kayser AG	59,50 %
Ingram Macrotron AG	58,25 %
GE Frankona Rückversicherungs-Beteiligungs-AG	57,66 %
Patria Versicherung AG	55,65 %
Wayss & Freytag Ingenieurbau AG	53,62 %
Wayss & Freytag Schlüsselfertigbau AG	53,51 %
Wayss & Freytag AG	53,42 %
Tech Data Germany AG	51,77 %
Jobpilot AG	50,94 %
Steigenberger Hotels AG	50,82 %
MTD Products AG	50,59 %

Die empirischen Daten zeigen, dass es immer wieder zu ganz signifikanten Anpassungen der von Hauptaktionären festgelegten und von sachverständigen Prüfern für angemessen beurteilten Barabfindungen kommt. Das wirft unter anderem die nachfolgend[231] noch erörterte Frage auf, welchen Sinn eigentlich die Angemessenheitsprüfung durch einen oder mehrere sachverständige Prüfer nach § 327c Abs. 2 S. 2, 3 AktG noch hat.

Die Studie zeigt ferner, dass die zum Abschluss einer Beschlussmängelkontrollklage konsensual vereinbarten Erhöhungen einer Überprüfung im Spruchverfahren standhalten. Häufig kommt es im Spruchverfahren sogar noch zu weiteren Erhöhungen:

231 Vgl. Teil 5 § 14 II 3 – Ursachenforschung der Fehlbewertung, ab S. 269.

- In 33 Spruchverfahren haben die Gerichte die zuvor in Anfechtungsverfahren bereits angehobene Barabfindung immer noch nicht als angemessen beurteilt und eine noch höhere Abfindung festgesetzt.
- In 20 Fällen standen die Spruchverfahren am 31. Dezember 2013 noch vor einem erstinstanzlichen Abschluss.
- Nur in 14 Fällen wurde die im Anfechtungsprozess konsensual erhöhte Barabfindung in Spruchverfahren als angemessen bestätigt.

In vier Fällen blieb es bei der in der vergleichsweisen Erledigung einer Anfechtungsklage vereinbarten Erhöhung der Barabfindung, weil sich – bis zum 31. Dezember 2013 – (noch) kein Spruchverfahren anschloss.[232] Das betraf diese Gesellschaften:

Tab. 57: Liste der Gesellschaften mit Erhöhung der Barabfindung in Beschlussmängelklagen, denen sich (noch) kein Spruchverfahren anschloss

VzfK e. V. Nr.	**Liste der Gesellschaften mit Erhöhung Barabfindung in AK ohne SpV Gesellschaft**
81	CinemaxX AG
122	Dr . Neuhaus Computer KGaA
227	Interhansa Reederei AG
260	Königsbacher Brauerei AG vorm. Jos. Thillmann

Die vielfach von den Hauptaktionären und ihren Beratern aufgestellte Behauptung, dass es bei der vergleichsweisen Erledigung von Beschlussmängelkontrollklagen allein um „Lästigkeitswerte“ gehe, die abgefunden würden, hält somit keiner ernsthaften Prüfung stand. Vielmehr zeigt der Ausgang der Spruchverfahren, dass die vergleichsweisen Erledigungen in Anfechtungsklagen lediglich offensichtliche Fehlbewertungen korrigieren. Sie nehmen den Ausgang der Spruchverfahren – zumindest teilweise – vorweg.

IV Darstellung der Verfahren mit Erhöhung der Barabfindung

Bis zum 31. Dezember 2013 kamen 256 Spruchverfahren zumindest erstinstanzlich und insgesamt 229 Spruchverfahren rechtskräftig zum Abschluss. Darüber hinaus

232 Die Höhe der Barabfindung für die ausgeschlossenen Minderheitsaktionäre der CinemaxX AG ist nunmehr Gegenstand eines vor dem LG Hamburg anhängigen Spruchverfahrens.

hat die vergleichsweise Beendigung von 71 Anfechtungsklagen die Barabfindungen erhöht.

In insgesamt 217 Fällen kam es zu einer Erhöhung der von den Hauptaktionären festgelegten angemessenen Barabfindung. Das betrifft rund 107,63 Mio. Stück Aktien. Die Gesamtsumme der von den Gerichten als erforderlich beurteilten Erhöhungen liegt bis zum 31. Dezember 2013 bereits bei 608,58 Mio. Euro. Das ergibt sich aus den folgenden Verfahren:

Tab. 58: Verfahren, in denen die Barabfindung erhöht wurde

VzfK e. V.	**Liste der Gesellschaften mit Erhöhung Barabfindung in Anfechtungsklage oder Spruchverfahren**			
Gesellschaft		**Barabfindung laut HV**	**Erhöhung**	
			Betrag	**entspricht**
A. Friedrich Flender AG		11.447.200,00 EUR	2.217.895,00 EUR	19,38 %
A. Moksel AG		12.099.681,72 EUR	956.105,64 EUR	7,90 %
Aachener Straßenbahn und Energieversorgungs AG		31.697,20 EUR	84.622,80 EUR	266,97 %
ABN AMRO Holding (Deutschland) AG		109.590,00 EUR	30.910,00 EUR	28,21 %
accaris financial planning AG		19.760,00 EUR	2.128,00 EUR	10,77 %
Aditron AG		9.853.574,50 EUR	3.696.020,02 EUR	37,51 %
AG Kühnle, Kopp & Kausch		2.011.269,60 EUR	2.392.970,40 EUR	118,98 %
AGIMA AG für Immobilien-Anlagen	***	27,41 EUR	42,59 EUR	155,38 %
Allgemeine Privatkundenbank AG		324.947,70 EUR	238.423,50 EUR	73,37 %
Allweiler AG		1.842.831,00 EUR	58.483,50 EUR	3,17 %
Anneliese Zementwerke AG		772.640,00 EUR	270.845,44 EUR	35,05 %
aqua signal AG		272.480,00 EUR	34.060,00 EUR	12,50 %
ARBOmedia AG		795.736,00 EUR	121.700,80 EUR	15,29 %
Armstrong DLW AG		1.065.085,80 EUR	272.581,20 EUR	25,59 %
AVA Allgemeine Handelsgesellschaft der Verbraucher AG		70.413.638,68 EUR	3.387.063,82 EUR	4,81 %
AXA Versicherung AG		5.051.183,38 EUR	1.755.814,12 EUR	34,76 %
Baden-Württembergische Bank AG		15.879.440,00 EUR	3.175.888,00 EUR	20,00 %
Barmag AG		1.179.405,60 EUR	456.266,40 EUR	38,69 %
Bayerische Immobilien AG		7.710.328,24 EUR	1.336.085,76 EUR	17,33 %

VzfK e. V.	Liste der Gesellschaften mit Erhöhung Barabfindung in Anfechtungsklage oder Spruchverfahren			
Gesellschaft		**Barabfindung laut HV**	**Erhöhung**	
			Betrag	**entspricht**
BBG Beteiligungs-AG		368.820,00 EUR	655.680,00 EUR	177,78 %
Bekaert Deutsche Holding AG		16.840,00 EUR	10.946,00 EUR	65,00 %
BHW Holding AG		39.262.111,09 EUR	4.651.170,01 EUR	11,85 %
Blaue Quellen Mineral- und Heilbrunnen AG		9.182.472,00 EUR	1.106.436,50 EUR	12,05 %
Blohm & Voss Holding AG	***	2.203,52 EUR	375,00 EUR	17,02 %
Brain Force Finanzial Solutions AG		680.277,64 EUR	594.851,07 EUR	87,44 %
BRAINPOOL TV AG		1.596.254,00 EUR	120.797,60 EUR	7,57 %
Brauhaus zur Garde AG	***	294,00 EUR	53,68 EUR	18,26 %
Braunschweiger Kohlen-Bergwerke AG		557.869,95 EUR	110.380,05 EUR	19,79 %
Buckau – Walther AG		248.053,60 EUR	150.026,40 EUR	60,48 %
Buderus AG		60.834.092,00 EUR	23.260.094,00 EUR	38,24 %
BVA-Bayerische Warenhandelsgesellschaft der Verbraucher AG	***	500,00 EUR	144,17 EUR	28,83 %
CAA AG		2.124.707,34 EUR	36.148,14 EUR	1,70 %
Christian Adalbert Kupferberg & Compagnie KGaA		237.662,24 EUR	155.937,76 EUR	65,61 %
CinemaxX AG		5.351.418,12 EUR	612.757,80 EUR	11,45 %
Citicorp Deutschland AG		520.275,00 EUR	74.325,00 EUR	14,29 %
ComputerLinks AG		5.763.544,94 EUR	1.205.675,06 EUR	20,92 %
Concept! AG		417.064,40 EUR	4.906,64 EUR	1,18 %
Consors Discount -Broker AG		27.691.060,50 EUR	2.026.749,96 EUR	7,32 %
Constantin Film AG		4.878.130,32 EUR	185.280,46 EUR	3,80 %
Contigas Deutsche Energie-AG		28.629.150,00 EUR	19.597.954,50 EUR	68,45 %
ContiTech AG		69.364.740,38 EUR	9.777.551,00 EUR	14,10 %
Converium Rückversicherung (Deutschland) AG		2.359.531,40 EUR	478.668,60 EUR	20,29 %
COREALCREDIT Bank AG		606.977,28 EUR	91.902,72 EUR	15,14 %
Dachziegelwerke Idunahall AG		75.588,80 EUR	80.707,20 EUR	106,77 %
Debitel AG		52.465.500,00 EUR	12.059.500,00 EUR	22,99 %
Degussa AG		216.926.654,58 EUR	12.458.281,85 EUR	5,74 %

VzfK e. V.	Liste der Gesellschaften mit Erhöhung Barabfindung in Anfechtungsklage oder Spruchverfahren			
Gesellschaft		**Barabfindung laut HV**	**Erhöhung**	
			Betrag	**entspricht**
DEPFA Deutsche Pfandbriefbank AG		45.206.318,85 EUR	6.944.135,00 EUR	15,36 %
Deutsche Bank Lübeck AG (vormals Handelsbank Lübeck)		16.101.400,00 EUR	3.949.400,00 EUR	24,53 %
Deutscher Eisenhandel AG		42.434,70 EUR	27.720,00 EUR	65,32 %
DGAG Deutsche Grundvermögen AG		1.786.400,00 EUR	414.700,00 EUR	23,21 %
Didier-Werke AG		5.474.617,68 EUR	203.698,32 EUR	3,72 %
DIH Deutsche Immobilien Holding AG		2.066.781,24 EUR	1.237.665,51 EUR	59,88 %
Dom-Brauerei AG		116.187,60 EUR	108.441,76 EUR	93,33 %
Dortmunder Actien Brauerei AG		1.362.022,20 EUR	182.021,40 EUR	13,36 %
Dr. Neuhaus Computer KGaA	***	174,60 EUR	75,40 EUR	43,18 %
E.ON Bayern AG		247.860.346,05 EUR	31.157.237,53 EUR	12,57 %
Edelstahlwerk Witten AG		1.649.350,20 EUR	19.212,00 EUR	1,16 %
Edscha AG		4.999.767,50 EUR	1.922.987,50 EUR	38,46 %
eff-eff Fritz Fuss GmbH & Co KGaA		2.585.017,35 EUR	1.156.051,65 EUR	44,72 %
Energiedienst AG		15.063.600,00 EUR	6.759.037,32 EUR	44,87 %
Entrium Direct Bankers AG		2.114.940,90 EUR	955.134,60 EUR	45,16 %
Equitrust AG		2.105.922,72 EUR	199.446,72 EUR	9,47 %
EURAG-Holding-AG		338.217,60 EUR	12.642,00 EUR	3,74 %
FAG Kugelfischer Georg Schäfer AG		28.270.704,00 EUR	8.127.827,40 EUR	28,75 %
Felten & Guilleaume AG		3.683.680,00 EUR	707.330,00 EUR	19,20 %
Ford Werke AG		4.608.000,00 EUR	705.600,00 EUR	15,31 %
FrancoWest AG		776.928,81 EUR	87.623,55 EUR	11,28 %
Franke Aquarotter AG		480.440,27 EUR	57.950,00 EUR	12,06 %
FRANKENLUK AG	***	76,00 EUR	69,00 EUR	90,79 %
Fränkisches Überlandwerk AG		17.855.970,00 EUR	2.846.133,40 EUR	15,94 %
Friatec AG		2.920.725,12 EUR	149.998,48 EUR	5,14 %
G. Kromschröder AG		18.886.563,19 EUR	7.575.705,50 EUR	40,11 %
GAH Beteiligungs AG		740.132,00 EUR	245.687,72 EUR	33,20 %
Gauss Interprise AG		575.337,60 EUR	71.917,20 EUR	12,50 %

VzfK e. V.	Liste der Gesellschaften mit Erhöhung Barabfindung in Anfechtungsklage oder Spruchverfahren		
Gesellschaft	**Barabfindung laut HV**	**Erhöhung**	
		Betrag	**entspricht**
GBH Grundstücks- und Baugesellschaft AG	9.005.958,00 EUR	461.844,00 EUR	5,13 %
GE Frankona Rückversicherungs-Beteiligungs-AG ***	25,60 EUR	14,76 EUR	57,66 %
GEA AG	36.279.446,59 EUR	6.923.238,41 EUR	19,08 %
Gebrüder Bernard AG	397.440,00 EUR	154.339,20 EUR	38,83 %
Gerling Konzern Allgemeine Versicherung AG	55.573.433,19 EUR	25.703.982,81 EUR	46,25 %
Glunz AG	1.681.981,32 EUR	680.260,20 EUR	40,44 %
Goldschmidt AG	23.024.898,00 EUR	5.767.632,00 EUR	25,05 %
H.I.S. sportswear AG	3.874.619,28 EUR	1.085.360,22 EUR	28,01 %
Hamburger Hochbahn AG	1.932.021,00 EUR	73.907,47 EUR	3,83 %
Hamburg-Mannheimer Sachversicherungs-AG	101.696,32 EUR	123.203,68 EUR	121,15 %
Hannoversche Portland-Cementfabrik AG	258.750,00 EUR	104.760,00 EUR	40,49 %
Hansa Metallwerke AG	233.910,00 EUR	25.990,00 EUR	11,11 %
Hapag – Lloyd AG	24.284.519,79 EUR	2.786.750,00 EUR	11,48 %
HBW Abwicklungs AG i.L.	408.030,00 EUR	136.010,00 EUR	33,33 %
Heinrich Industrie AG	1.407.330,00 EUR	445.170,00 EUR	31,63 %
Hilgers AG	436.224,00 EUR	177.216,00 EUR	40,63 %
Hirschbrauerei AG ***	75,00 EUR	75,00 EUR	100,00 %
Hoechst AG	604.653.847,00 EUR	78.123.417,40 EUR	12,92 %
Holsten-Brauerei AG	9.705.732,00 EUR	255.414,00 EUR	2,63 %
Horten AG	8.455.000,00 EUR	2.216.100,00 EUR	26,21 %
Hüttenwerke Kayser AG	897.673,84 EUR	534.122,16 EUR	59,50 %
HVB Real Estate Bank AG	33.743.283,00 EUR	7.262.839,96 EUR	21,52 %
ICN Immobilien Consult Nürnberg GmbH & Co. KG	1.781.339,40 EUR	15.073,20 EUR	0,85 %
IKON AG Präzisionstechnik	530.530,00 EUR	215.710,00 EUR	40,66 %
Infinigate AG	441.044,44 EUR	96.130,00 EUR	21,80 %
Infor Global Solutions Deutschland AG	3.262.512,60 EUR	471.825,00 EUR	14,46 %

VzfK e. V.	Liste der Gesellschaften mit Erhöhung Barabfindung in Anfechtungsklage oder Spruchverfahren		
Gesellschaft	**Barabfindung laut HV**	**Erhöhung**	
		Betrag	**entspricht**
ING BHF-Bank AG	98.684.701,64 EUR	8.230.449,36 EUR	8,34 %
Ingram Macrotron AG	5.844.204,00 EUR	3.404.134,35 EUR	58,25 %
INKA AG für Beteiligungen	1.837.533,20 EUR	516.266,80 EUR	28,10 %
Interhansa Reederei AG	35.737,74 EUR	3.277,26 EUR	9,17 %
Interhyp AG	1.694.324,97 EUR	219.344,58 EUR	12,95 %
IVG Deutschland Immobilien AG	3.667.723,50 EUR	224.763,00 EUR	6,13 %
iXOS Software AG	10.004.338,08 EUR	522.111,92 EUR	5,22 %
Jado AG	250.000,10 EUR	39.473,70 EUR	15,79 %
Jil Sander AG	1.300.251,78 EUR	45.068,22 EUR	3,47 %
Jobpilot AG	3.503.830,00 EUR	1.784.970,00 EUR	50,94 %
Joseph Vögele AG	662.433,75 EUR	177.086,25 EUR	26,73 %
Karlsruher Lebensversicherung AG	8.177.432,16 EUR	2.350.167,84 EUR	28,74 %
Kaufhalle AG	5.141.561,60 EUR	830.278,40 EUR	16,15 %
KBC Bank Deutschland AG	491.716,55 EUR	172.238,60 EUR	35,03 %
Kempinski AG	2.406.602,90 EUR	368.831,58 EUR	15,33 %
Kennametal Hertel AG	3.234.132,73 EUR	433.232,79 EUR	13,40 %
Kiekert AG	16.188.357,65 EUR	2.511.770,00 EUR	15,52 %
KM Europe Metal AG	2.976.293,99 EUR	934.559,01 EUR	31,40 %
Kölnische Rückversicherungs-Gesellschaft AG	149.029.691,90 EUR	16.684.519,57 EUR	11,20 %
Kölnische Verwaltungs AG für Versicherungswerte	4.712.959,08 EUR	589.255,48 EUR	12,50 %
Komatsu Hanomag AG	704.004,00 EUR	670.624,50 EUR	95,26 %
Königsbacher Brauerei AG vorm. Jos. Thillmann ***	278,90 EUR	525,00 EUR	188,24 %
Konrad Hornschuch AG	472.460,50 EUR	216.725,00 EUR	45,87 %
Krefelder Hotel AG	196.227,20 EUR	31.142,80 EUR	15,87 %
Lambda Physik AG	6.624.973,50 EUR	3.953.826,50 EUR	59,68 %
LINOS AG	5.745.302,34 EUR	367.679,34 EUR	6,40 %
living-e AG	50.925,00 EUR	6.790,00 EUR	13,33 %

VzfK e. V.	Liste der Gesellschaften mit Erhöhung Barabfindung in Anfechtungsklage oder Spruchverfahren			
Gesellschaft		**Barabfindung laut HV**	**Erhöhung**	
			Betrag	**entspricht**
Löwenbräu AG		900.000,00 EUR	240.000,00 EUR	26,67 %
Mainzer Aktien-Bierbrauerei AG		9.131.645,51 EUR	699.008,44 EUR	7,65 %
Massa AG		3.274.688,00 EUR	473.968,00 EUR	14,47 %
MHM Mode Holding AG		2.238.421,68 EUR	848.278,44 EUR	37,90 %
Microlog Logistics AG		1.445.776,40 EUR	647.871,50 EUR	44,81 %
MIS AG		1.800.641,55 EUR	710.638,95 EUR	39,47 %
MONACHIA Grundstücks-AG		8.867.043,00 EUR	2.126.457,00 EUR	23,98 %
Motorenwerke Mannheim AG	***	35,00 EUR	30,00 EUR	85,71 %
MSH International Service AG		4.649.429,28 EUR	950.248,32 EUR	20,44 %
MTD Products AG		267.920,00 EUR	135.536,00 EUR	50,59 %
NB Beteiligungs AG		5.497.540,00 EUR	585.222,00 EUR	10,65 %
Nestlé Deutschland AG		66.174.784,42 EUR	7.983.779,58 EUR	12,06 %
Nexans Deutschland AG		19.791,72 EUR	111.814,56 EUR	564,96 %
NFZ Norddeutsche Fleischzentrale AG		210.984,62 EUR	54.920,58 EUR	26,03 %
Novasoft AG		3.649.492,97 EUR	525.376,88 EUR	14,40 %
Operator Telekommunikation International AG		19.481,15 EUR	14.386,08 EUR	73,85 %
Otavi Minen AG		995.829,16 EUR	405.518,06 EUR	40,72 %
Otto Reichelt AG		1.718.489,94 EUR	741.728,34 EUR	43,16 %
Otto Stumpf AG		13.062.816,00 EUR	1.043.350,56 EUR	7,99 %
Patria Versicherung AG		128.489,50 EUR	71.510,50 EUR	55,65 %
P-D INTERGLAS TECHNOLOGIES AG		2.215.111,11 EUR	230.056,05 EUR	10,39 %
PICNIC Grundstücksverwaltung AG		302.250,00 EUR	249.210,00 EUR	82,45 %
PSB AG für Programmierung und System-beratung		568.464,96 EUR	227.876,04 EUR	40,09 %
Quante AG		1.541.853,44 EUR	169.698,56 EUR	11,01 %
Radeberger Gruppe AG		45.012.357,12 EUR	2.532.218,88 EUR	5,63 %
Rathgeber AG		193.900,00 EUR	45.220,00 EUR	23,32 %
Real AG		422.352,00 EUR	42.235,20 EUR	10,00 %

VzfK e. V.		Liste der Gesellschaften mit Erhöhung Barabfindung in Anfechtungsklage oder Spruchverfahren		
Gesellschaft		**Barabfindung laut HV**	**Erhöhung**	
			Betrag	**entspricht**
Reckitt Benckiser Deutschland AG		1.450.954,24 EUR	534.965,76 EUR	36,87 %
Regentalbahn AG		2.591.568,00 EUR	489.132,00 EUR	18,87 %
Revell AG	***	156,99 EUR	53,01 EUR	33,77 %
Rheinhold & Mahla AG		1.515.670,00 EUR	320.622,50 EUR	21,15 %
Rieter Ingolstadt Spinnereimaschinen AG		1.444.760,28 EUR	280.170,00 EUR	19,39 %
RWE DEA AG		21.288.912,00 EUR	7.634.520,30 EUR	35,86 %
SAI Automotive AG		21.896.784,00 EUR	2.141.018,88 EUR	9,78 %
Salamander AG		19.456.202,04 EUR	2.818.621,96 EUR	14,49 %
Sanierungs- und Gewerbebau-AG	***	380,88 EUR	50,00 EUR	13,13 %
Sappi Alfeld AG		1.149.659,68 EUR	198.440,32 EUR	17,26 %
Scheidemandel AG		39.900,00 EUR	16.800,00 EUR	42,11 %
Schleicher & Co. International AG		435.996,75 EUR	132.875,20 EUR	30,48 %
Schoeller Eitorf AG		158.004,00 EUR	35.910,00 EUR	22,73 %
Scholz & Friends AG		1.385.656,80 EUR	1.448.641,20 EUR	104,55 %
SCHOTT DESAG AG		1.767.330,00 EUR	330.030,00 EUR	18,67 %
Schott Zwiesel AG	***	155,00 EUR	1.125,00 EUR	725,81 %
SCOR DEUTSCHLAND Rückversicherungs-AG	***	150,00 EUR	20,00 EUR	13,33 %
SinnLeffers AG		1.632.323,70 EUR	310.918,80 EUR	19,05 %
SPAR Handels – AG		11.935.669,98 EUR	3.288.701,02 EUR	27,55 %
Stahlwerke Bochum AG		2.914.500,00 EUR	275.500,00 EUR	9,45 %
Steffen AG		449.136,00 EUR	74.856,00 EUR	16,67 %
Steigenberger Hotels AG		1.058.902,08 EUR	538.169,28 EUR	50,82 %
Stelcon AG		411.700,00 EUR	107.042,00 EUR	26,00 %
StepStone Deutschland AG		26.005,00 EUR	69.277,32 EUR	266,40 %
Stinnes AG		8.902.861,26 EUR	3.834.095,03 EUR	43,07 %
Stollwerck AG		3.172.430,00 EUR	1.075.400,00 EUR	33,90 %
Stuttgarter Baugesellschaft von 1872 AG		20.403,30 EUR	9.596,70 EUR	47,04 %
TA Triumph-Adler AG		4.809.356,00 EUR	582.185,20 EUR	12,11 %

VzfK e. V.	Liste der Gesellschaften mit Erhöhung Barabfindung in Anfechtungsklage oder Spruchverfahren			
Gesellschaft		**Barabfindung laut HV**	**Erhöhung**	
			Betrag	**entspricht**
Tarkett AG		18.753.613,50 EUR	5.471.237,70 EUR	29,17 %
Tech Data Germany AG		296.296,00 EUR	153.384,00 EUR	51,77 %
Tecis Holding AG		8.300.124,00 EUR	263.496,00 EUR	3,17 %
Tempelhofer Feld AG		491.750,00 EUR	70.250,00 EUR	14,29 %
Teutoburger Wald-Eisenbahn AG		400.000,00 EUR	20.000,00 EUR	5,00 %
TEUTONIA Zementwerk AG		6.593.426,75 EUR	1.564.539,21 EUR	23,73 %
Thüga AG		186.798.585,60 EUR	47.584.109,40 EUR	25,47 %
Thüga Beteiligungen AG		728.428,31 EUR	113.650,00 EUR	15,60 %
Thuringia Versicherungs – AG		5.583.701,00 EUR	847.063,00 EUR	15,17 %
Triumph International Holding AG		5.895.631,62 EUR	1.445.575,01 EUR	24,52 %
UBAG Unternehmer Beteiligungen AG i.A.		795.435,00 EUR	181.415,00 EUR	22,81 %
Universitätsdruckerei H. Stürtz AG		1.123.450,00 EUR	449.380,00 EUR	40,00 %
Vattenfall Europe AG		276.043.995,50 EUR	91.842.554,50 EUR	33,27 %
Vereins – und Westbank AG		69.702.250,00 EUR	4.600.348,50 EUR	6,60 %
Vereinte Versicherung AG		3.317,61 EUR	657,39 EUR	19,82 %
Verlag und Druck G.J. Manz AG		2.640,00 EUR	10.560,00 EUR	400,00 %
Victoria Versicherung AG		41.249.754,00 EUR	9.060.246,00 EUR	21,96 %
VIVA Media AG		6.722.627,45 EUR	717.434,55 EUR	10,67 %
Vodafone AG		430.616.745,02 EUR	20.946.893,20 EUR	4,86 %
VTG – Lehnkering AG		7.233.657,20 EUR	3.155.105,80 EUR	43,62 %
W. Jacobsen AG		831.168,00 EUR	378.432,00 EUR	45,53 %
Wayss & Freytag AG	***	3,07 EUR	1,64 EUR	53,42 %
Wayss & Freytag Ingenieurbau AG	***	6,21 EUR	3,33 EUR	53,62 %
Wayss & Freytag Schlüsselfertigbau AG	***	5,70 EUR	3,05 EUR	53,51 %
WEDECO Water Technology AG		9.327.330,00 EUR	4.430.481,75 EUR	47,50 %
WERU AG		654.231,88 EUR	25.810,00 EUR	3,95 %
Westfalenbank AG		464.031,03 EUR	160.515,00 EUR	34,59 %
Wohnbau Rhein-Main AG	***	862,66 EUR	140,78 EUR	16,32 %
Wupper AG i.L.		33.435,00 EUR	81.269,34 EUR	243,07 %

VzfK e. V.	Liste der Gesellschaften mit Erhöhung Barabfindung in Anfechtungsklage oder Spruchverfahren			
Gesellschaft		**Barabfindung laut HV**	**Erhöhung**	
			Betrag	**entspricht**
Württembergische Hypothekenbank AG		24.970.288,00 EUR	883.904,00 EUR	3,54 %
Württembergische und Badische Versicherungs AG		967.850,00 EUR	279.187,50 EUR	28,85 %
Würzburger Hofbräu AG		1.569.713,40 EUR	90.424,05 EUR	5,76 %
Wüstenrot Bausparkasse AG		1.016.064,00 EUR	70.560,00 EUR	6,94 %
YTONG Deutschland AG	***	639,11 EUR	280,89 EUR	43,95 %
Zanders Feinpapiere AG		1.546.264,72 EUR	312.356,00 EUR	20,20 %

*** Genaue Anzahl der Aktien im Freefloat unbekannt: Diese Verfahren werden statistisch mit einer Aktie erfasst und berechnet.

§ 11 Vergleich der Erfolgsquoten in Spruchverfahren und zivilrechtlichen Leistungsklagen

Der Vergleich zwischen den Erfolgsquoten in Spruchverfahren (I) und dem Ausgang von zivilrechtlichen Klagen in der ordentlichen Gerichtsbarkeit (II) führt zu dem Ergebnis, dass die Antragsteller in Spruchverfahren deutlich erfolgreicher als die Kläger in zivilrechtlichen Leistungsklagen sind (III). Das zeigt, dass die verfassungsrechtlichen Gewährleistungen zum Aktieneigentum der Minderheitsaktionäre ohne gerichtliche Hilfe ins Leere laufen würden (IV).

I Erfolgsquote in Spruchverfahren

Wie bereits im Einzelnen in § 10 dargestellt, fanden bis zum 31. Dezember 2013 von den 397 eingeleiteten Spruchverfahren
- 256 einen erstinstanzlichen und davon
- 229 einen rechtskräftigen Abschluss.

In 193 Spruchverfahren kam es zu einer Anhebung der angemessenen Barabfindung. Das entspricht Erfolgsquoten von
- 75,39 Prozent bezogen auf erstinstanzlich beendete Verfahren bzw.
- 84,28 Prozent bezogen auf erst- und zweitinstanzlich beendete Verfahren.

II Ausgang von zivilrechtlichen Klagen

Die durchschnittliche Erfolgsquote erstinstanzlicher Zivilprozesse vor Landgerichten betrug dagegen lediglich 55,98 Prozent. Diese Quote ergibt sich aus den Verfahren, in denen die Beklagten ganz oder überwiegend die Kosten des Verfahrens zu tragen haben, mithin die Kläger ganz oder überwiegend obsiegt haben.

Die Daten zum Ausgang der zivilrechtlichen Klagen enthalten die Veröffentlichungen des Statistischen Bundesamts.[233]. Es hat für die Jahre 2007 bis 2012 die Kostenentscheidung in Verfahren vor der ordentlichen Gerichtsbarkeit im Zivilrecht ausgewertet. Die statistische Erfassung stellt darauf ab, ob Kläger oder Beklagter das Verfahren ganz oder überwiegend verloren bzw. gewonnen haben oder ob es eine Kostenaufhebung gab.

Daraus ergibt sich das folgende Gesamtbild:

Tab. 59: Erfolgsquoten in allgemeinen Zivilprozessen

VzfK e. V.	Erfolgsquoten in Zivilprozessen allgemein						
	2007	**2008**	**2009**	**2010**	**2011**	**2012**	**Mittelwert**
Anzahl erledigte Verfahren	377.779	363.132	359.525	369.089	370.603	356.445	366.096
davon mit Kostenentscheidung	227.027	219.315	218.006	229.227	226.826	215.730	222.689
Erfolg oder überwiegender Erfolg der Kläger	134.049	127.229	125.823	124.677	121.178	114.981	124.656
Erfolgsquote	59,05 %	58,01 %	57,72 %	54,39 %	53,42 %	53,30 %	55,98 %

III Vergleich der Verfahrensarten

Die durchschnittliche Erfolgsquote in Spruchverfahren liegt damit deutlich über der durchschnittlichen Erfolgsquote in streitigen Zivilverfahren vor der ordentlichen Gerichtsbarkeit. Das zeigt die Gegenüberstellung von

– Spruchverfahren, in denen es zu einer Anhebung der angemessenen Barabfindung kam und

233 Siehe Statistisches Bundesamt: Geschäftsanfall und -erledigung der Zivilprozesssachen vor den Amts-, Land- und Oberlandesgerichten nach Ländern sowie vor dem Bundesgerichtshof unter anderem nach Verfahrensgegenstand, Erledigungsart, Verfahrensdauer. Fachserie 10, Reihe 2.1. unter https://www.destatis.de/DE/Publikationen/Thematisch/Rechtspflege/GerichtePersonal/Zivilgerichte2100210127004.pdf?__blob=publicationFile [Stand: 15.10.2013].

- zivilrechtlichen Leistungsklagen, bei denen der Beklagte unterlegen war, weil er ganz oder überwiegend die Kosten zu tragen hatte:

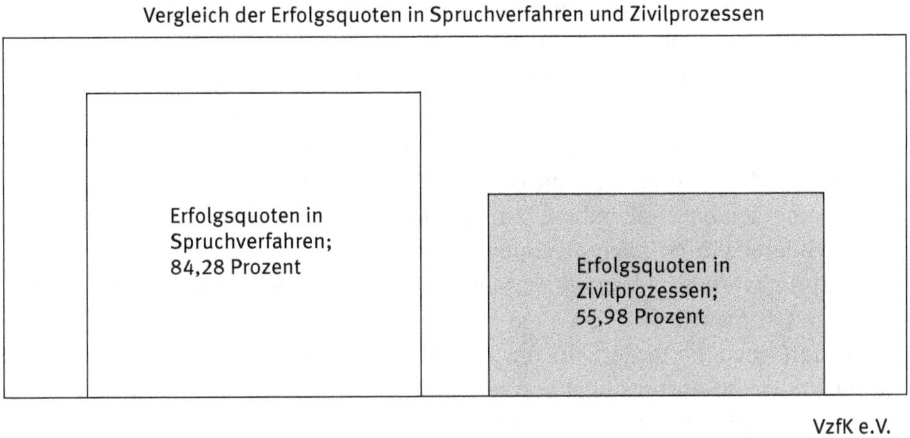

Abb. 45: Vergleich der Erfolgsquoten in Spruchverfahren und allgemeinen Zivilprozessen

IV Rechtsschutzbedürfnis

Dieser Vergleich zeigt zunächst, dass Minderheitsaktionäre auf gerichtliche Hilfe angewiesen sind. Aufgrund des situationsimmanenten Interessengegensatzes zwischen Haupt- und Minderheitsaktionären überrascht ein solches Ergebnis nicht. Kein Käufer zahlt freiwillig einen höheren Preis als unbedingt nötig. Das gilt vor allem dann, wenn er den Preis zunächst einseitig selbst bestimmen kann. Hinzu kommt, dass der Hauptaktionär als Käufer durch die Preisgabe von Informationen über das Bewertungsobjekt die Reichweite der gerichtlichen Überprüfbarkeit auch im Spruchverfahren selbst regulieren kann.

Aus der hohen Erfolgsquote folgt allerdings nicht, dass das Spruchverfahren die Interessen der Minderheitsaktionäre im erforderlichen Umfang wahrt. Das zeigen vor allem die folgenden Punkte, die dem Rechtsgrundsatz der Waffengleichheit nicht entsprechen:

- Die bestehende Informationsasymmetrie bzw. der strukturelle Informationsvorsprung lässt sich nur in einem eingeschränkten Umfang beseitigen. Letztlich entscheidet der Hauptaktionär, welche bewertungsrelevanten Unterlagen und Informationen er zur Verfügung stellt. Damit bestimmt er zugleich die Reichweite der eigenen gerichtlichen Kontrolle.
- Das Ungleichgewicht der Parteien nivellieren auch die Kostenregelungen in § 15 SpruchG nicht. Weder der gemeinsame Vertreter noch die Antragsteller verfügen auch nur im Ansatz über die Mittel, die dem Hauptaktionär zur Abwehr einer

Inanspruchnahme zur Verfügung stehen. Zudem führt der hohe Spezialisierungsgrad dieser Verfahren dazu, dass hinreichend qualifizierte Berater mit entsprechenden Stundensätzen beauftragt werden müssen. Der verfassungsrechtlich geschützte Justizgewährleistungsanspruch verlangt aber zum Zwecke der prozessualen Waffengleichheit einen angemessenen Kostenausgleich. Denn eine effektive Rechtsverfolgung darf nicht an den Verfahrenskosten scheitern.[234]
- Auch die Berichte der sachverständigen Prüfer sind nicht geeignet, dieses Ungleichgewicht aufzuheben. Das folgt bereits daraus, dass nur in drei Fällen sachverständige Prüfer die vom Hauptaktionär festgelegte Barabfindung nicht als angemessen beurteilt haben. Dennoch haben die Gerichte bis zum 31. Dezember 2013 bereits in 217 nachfolgenden Verfahren die Abfindung angehoben.
- Beim Spruchverfahren handelt es sich zwar um ein streitiges Verfahren der freiwilligen Gerichtsbarkeit, bei dem das Gericht die entscheidungserheblichen Tatsachen, soweit erforderlich, von Amts wegen zu ermitteln hat. Das setzt aber voraus, dass die Antragsteller erst einmal mit konkreten Einwendungen gemäß § 3 Abs. 2 S. 2 Ziff. 4 SpruchG den weiteren Ermittlungsbedarf aufzeigen müssen. Das gelingt angesichts der komplexen Materie und lückenhafter Übertragungs- und Prüfberichte häufig nicht im gebotenen Umfang.

Die meisten Verfahren sind daher davon geprägt, dass der Hauptaktionär seinen Informationsvorsprung über die bewertungsrelevanten Tatsachen zu verteidigen weiß. Schließlich ist es für ihn auch unter wirtschaftlichen Aspekten günstiger, entsprechende Berater anstelle einer wesentlich höheren Abfindung zu bezahlen. Dazu werden in Spruchverfahren stets mit hohem finanziellem Aufwand interessenorientierte und zielgerichtete Bewertungsgutachten bzw. Schriftsätze erstellt. Sie rücken die mit dem finanziellen Engagement in der Gesellschaft verbundenen Risiken in den Vordergrund und vernachlässigen die langfristigen Ertragspotenziale.

Selbst wenn Minderheitsaktionäre zu einem ähnlich hohen finanziellen Aufwand bereit und in der Lage wären, fehlt ihnen immer noch der Zugang zu allen bewertungsrelevanten Tatsachen. Denn anders als Gesellschafter einer GmbH, vgl. § 51a GmbHG, oder Kommanditgesellschaft, vgl. § 166 Abs. 1 HGB, haben Aktionäre keinen Anspruch auf Einsichtnahme in die Bücher und Papiere der Gesellschaft. Ihnen steht nur das eingeschränkte Auskunftsrecht aus § 131 AktG zu. Das ist jedoch ein stumpfes Schwert, weil es keinen Zugang zu den bewertungsrelevanten Informationen gewährt. Damit regulieren der Hauptaktionär bzw. „seine Gesellschaft" auch an dieser Stelle durch die Preisgabe von Informationen die Reichweite der eigenen gerichtlichen Überprüfung. Das ist unter verfassungsrechtlichen Gesichtspunkten äußerst bedenklich.

234 Vgl. BVerfG vom 12. September 2005, Az. 2 BvR 277/05; BVerfG vom 24. März 2011, Az. 1 BvR 2493/10 m. w. N.

Dieses strukturelle Ungleichgewicht vergrößert zugleich den Spielraum der Hauptaktionäre. Daher ist effektiver Rechtsschutz für die Minderheitsaktionäre in Spruchverfahren durch die Gerichte zu gewährleisten. Insofern hat auch das Bundesverfassungsgericht immer wieder auf den hier geltenden Grundsatz der Waffengleichheit und des fairen Verfahrens hingewiesen.[235] Das ergibt sich auch aus dem Justizgewährleistungsanspruch. Außerdem darf der Zugang zum Gericht nicht an unüberwindbaren wirtschaftlichen Hürden scheitern. Das ist aber dann der Fall, wenn der Kostenerstattungsanspruch, wie hier, mit der sachwidrigen Kappungsgrenze in Höhe von 7,5 Mio. Euro bei großen Anhebungen den „Schädiger" bzw. „unehrlichen Kaufmann" privilegiert. Dabei trifft die Kappungsgrenze allein die Minderheitsaktionäre. Denn für Verfahrensbevollmächtigte der Hauptaktionäre verbleibt es bei dem Streitwert, der sich aus der Erhöhung der Barabfindung errechnet.

Die Gerichte müssen nach dem Gesetz bei der Ermittlung der entscheidungserheblichen Tatsachen von Amts wegen den strukturellen Informationsvorsprung der Hauptaktionäre abbauen und allen Verfahrensbeteiligten gleiche Chancen durch gleiche Informationen einräumen. Schließlich ist es ohne weiteres möglich, die Darlegungslasten des Antragsgegners in § 7 SpruchG unter Berücksichtigung seines Informationsvorsprungs anzuheben und gegebenenfalls gegen ihn zu schätzen. Denn *„nur ein effektiver Rechtsschutz ist ein guter Rechtsschutz*"![236]

235 Vgl. BVerfG vom 12. September 2005, Az. 2 BvR 277/05; BVerfG vom 24. März 2011, Az. 1 BvR 2493/10.

236 Aus der Rede des Parlamentarischen Staatssekretärs Dr. Max Stadler MdB beim Weltkongress für Prozessrecht am 26. Juli 2011 in Heidelberg: Effektiver Rechtsschutz als Garant des modernen Rechtsstaates.

Teil 5 Datenanalysen zum Ablauf von Squeeze-out-Verfahren

Dieser Teil der Studie wertet die Daten zum rechtstechnischen Ablauf von Squeeze-out-Verfahren aus. Dabei handelt es sich um den zeitlichen Ablauf (§ 12), den Übertragungsbericht mit dem Bewertungsgutachten (§ 13), die Tätigkeit des sachverständigen Prüfers (§ 14) und die Verfahrensbeteiligten (§ 15).

§ 12 Zeitlicher Ablauf des Squeeze-out

Ein Squeeze-out besteht aus drei Phasen: Die erste Phase beginnt mit dem Verlangen des Hauptaktionärs nach § 327a Abs. 1 S. 1 AktG, die Aktien der übrigen Aktionäre (Minderheitsaktionäre) auf ihn zu übertragen. Sie endet mit der Hauptversammlung, die den Squeeze-out beschließt (I). Dann folgt die zweite Phase bis zur Eintragung des Squeeze-out in das Handelsregister (II). Danach kommt es in vielen Fällen zu einem Spruchverfahren zur Bestimmung der angemessenen Barabfindung, der dritten Phase (III).

I Zeitraum zwischen Verlangen und Hauptversammlung

Der Squeeze-out beginnt mit dem Verlangen des Hauptaktionärs nach § 327a Abs. 1 S. 1 AktG (1). Die in den Zeitraum bis zur Hauptversammlung (2) fallenden umfangreichen Tätigkeiten lassen sich zeitlich vor allem wegen § 327b Abs. 1 S. 2 AktG nicht vorziehen (3). Dabei handelt es sich im Wesentlichen um die Ermittlung der Barabfindung auf der Grundlage einer Unternehmensbewertung durch den Hauptaktionär bzw. seinen Bewertungsgutachter und die Prüfung der Angemessenheit der festgelegten Kompensation durch einen sachverständigen Prüfer (4). Außerdem führt die Kursentwicklung in diesem Zeitraum gegebenenfalls zu einer Anpassung des als Wertuntergrenze zu beachtenden Börsenkurses (5).

1 Gesetzliche Grundlage

Das Squeeze-out-Verfahren beginnt formal mit dem an die Gesellschaft gerichteten Verlangen des Hauptaktionärs, durch einen Hauptversammlungsbeschluss die Aktien der Minderheitsaktionäre auf ihn gegen eine angemessene Barabfindung zu übertragen. Das setzt lediglich voraus, dass dem Hauptaktionär bereits mindestens Aktien in Höhe von 95 Prozent des Grundkapitals gehören, § 327a Abs. 1 S. 1 AktG. Mit dem Verlangen entsteht zugleich die Rechtsgrundlage für die Übermittlung der bewertungsrelevanten Informationen an den Hauptaktionär, § 327b Abs. 1 S. 2 AktG.

Das stellt eine Ausnahme zum auskunftsrechtlichen Gleichbehandlungsgrundsatz aus § 131 Abs. 4 S. 1 AktG dar.

Die Vorbereitung eines Squeeze-out beginnt hingegen oft schon wesentlich früher. Bereits die Due-Diligence beim Kauf der ersten Aktien oder bei Aufstockung der Beteiligung berücksichtigt in der Regel auch die Möglichkeit eines Squeeze-out. Daher reflektieren auch fast alle Übernahmeangebote die Option eines Squeeze-out, siehe § 11 Abs. 2 S. 3 Nr. 2 WpÜG.

Die schleichende Kapitalmarktinformation beginnt häufig noch früher. Erste für Kapitalmarktteilnehmer erkennbare, dem Squeeze-out vorausgehende Integrationsmaßnahmen können z. B. Personalentscheidungen sein. Der Hauptaktionär entsendet meist eigene Vertraute nicht nur in den Vorstand und Aufsichtsrat. Er nimmt auch Einfluss auf die Auswahl leitender Mitarbeiter.

Entsendet er auch Berater, stellt sich bei deren Vergütung die Frage nach der Angemessenheit der Gegenleistungen. Sie muss einem Drittvergleich standhalten und darf nicht nur dazu dienen, den Abfluss von Liquidität zu legitimieren. Bislang sind aber keine Verfahren bekannt geworden, in denen es an dieser Stelle um die Verletzung des auskunftsrechtlichen Gleichbehandlungsgrundsatzes aus § 131 Abs. 4 S. 1 AktG oder der konzernrechtlichen Grenzen aus §§ 311 ff. AktG geht.

Häufig erledigen die Berater auch Aufgaben, die im Zusammenhang mit der Vorbereitung und der Durchführung des Squeeze-out stehen. Diese dürfen aber nicht zu Lasten der übrigen Aktionäre gehen. Immer wieder verfolgen auch bilanzielle Korrektur- und Integrationsmaßnahmen das Ziel, den inneren Wert der Gesellschaft niedriger erscheinen zu lassen bzw. ihn in der Unternehmensbewertung zu verbergen. Das erfolgt oft durch eine Änderung der Bilanzpolitik, insbesondere der Bewertungsmethoden oder dem Ausweis von Bilanzposten.

Vielfach ist auch schon eine erste Abstimmung der Geschäftstätigkeit mit den anderen Betätigungsfeldern der Obergesellschaften erkennbar. Dazu zählt auch die Verlagerung von Geschäftschancen auf andere Unternehmen des Hauptaktionärs sowie die Abschmelzung von Vermögenswerten und die Veräußerung von Vermögensgegenständen unterhalb des Verkehrswerts, z. B. an den Hauptaktionär oder seine Konzernunternehmen.

Die gesetzlich gebotenen Kapitalmarktinformationen stellen die Gesellschaft im Vorfeld eines Squeeze-out oft nicht mehr nur positiv dar. Denn für eine Aktiengesellschaft kommt es im Vorfeld eines Squeeze-out nicht mehr darauf an, Investoren langfristig von der eigenen Aktie zu überzeugen. Stattdessen werden häufig unternehmerische Risiken in den Vordergrund gestellt, um einen möglichst niedrigen Börsenkurs zu erzeugen. Flankierend lässt sich dann im oder vor dem für den Börsenkurs maßgeblichen Referenzzeitraum immer wieder eine interessenorientierte „Kurspflege“ beobachten.

Die Minderheitsaktionäre und die übrigen Kapitalmarktteilnehmer erfahren vom anstehenden Squeeze-out offiziell erst durch eine Ad-hoc-Mitteilung. Denn bei dem Verlangen nach § 327a Abs. 1 S. 1 AktG handelt es sich um eine Insiderinformation nach § 13 Abs. 1 S. 1 WpHG. Schließlich ist sie dazu geeignet, den Börsen- oder Marktpreis erheblich zu verändern.

2 Länge des Zeitraums

Zwischen der Veröffentlichung des Verlangens nach § 327a Abs. 1 S. 1 AktG und der den Squeeze-out beschließenden Hauptversammlung liegen im Durchschnitt[237] weniger als vier Monate, nämlich

- 4 Monate und 14 Tage im arithmetischen Mittel,
- 4 Monate und 3 Tage im Median bzw.
- 4 Monate und 4 Tage im gestutzten Mittel.

Für die Squeeze-out-Beschlüsse der einzelnen Jahre stellt sich das wie folgt dar:

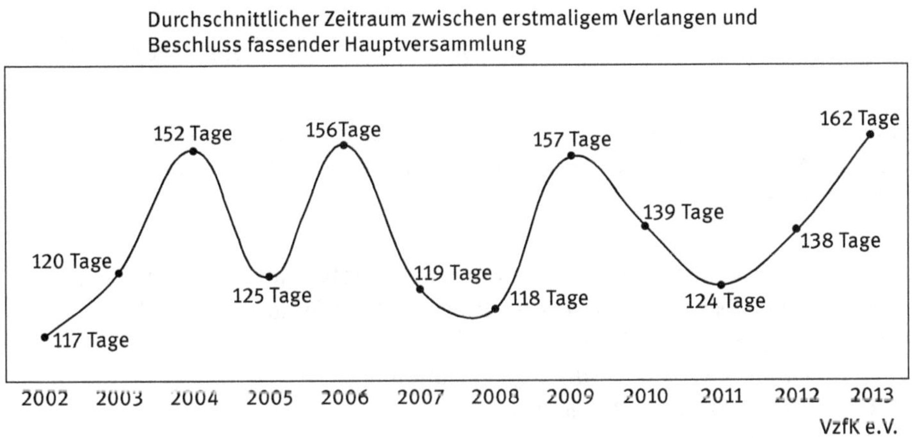

Abb. 46: Durchschnittlicher Zeitraum zwischen erstmaligem Verlangen des Hauptaktionärs zum Ausschluss der Minderheitsaktionäre und der den Squeeze-out-Beschluss fassenden Hauptversammlung

Auf diesen Zeitraum kommt es im Hinblick auf eine mögliche Anpassung des Börsenkurses als Wertuntergrenze an.[238]

237 Bezüglich der statistischen Auswertungsmodelle wird auf die Erläuterungen in Teil 2 § 4 IV – Statistische Auswertungsmodelle, ab S. 86 verwiesen.

238 Siehe dazu unten, Teil 5 § 12 II 5 – Referenzzeitraum für den Börsenkurs als Wertuntergrenze, ab S. 221.

Hierin enthalten ist noch die 30tägige Einberufungsfrist des § 123 Abs. 1 AktG,[239] vor der die Bewertungsarbeiten abgeschlossen sein müssen. Bereinigt um diese Frist stellt sich der Zeitablauf wie folgt dar:

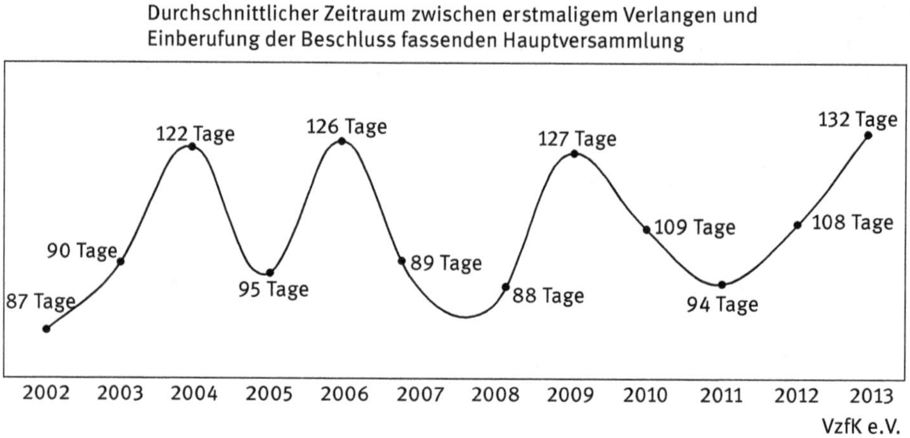

Abb. 47: Durchschnittlicher Zeitraum zwischen erstmaligem Verlangen des Hauptaktionärs zum Ausschluss der Minderheitsaktionäre und Einberufung der den Squeeze-out-Beschluss fassenden Hauptversammlung

Benötigt der Hauptaktionär in Vorbereitung der Hauptversammlung zur vollständigen Unternehmensbewertung und Festlegung der Barabfindung im Durchschnitt nur wenig mehr als drei Monate,[240] nämlich
- 3 Monate und 14 Tage im arithmetischen Mittel,
- 3 Monate und 3 Tage im Median bzw.
- 3 Monate und 4 Tage im gestutzten Mittel,

stellt sich die Frage, warum er im Spruchverfahren für die Antragserwiderung häufig länger als die vom Gesetz vorgesehene Höchstgrenze von drei Monaten, § 7 Abs. 2 S. 3 SpruchG, braucht. Entsprechendes gilt dann, wenn dem Sachverständigen im Spruchverfahren auf der Grundlage eines Beweisbeschlusses einzelne Bewertungsangaben zur Verfügung gestellt werden müssen. Diese Aufgabe ist bei weitem nicht so komplex und umfangreich wie die Erstellung bzw. zeitgleiche Prüfung einer vollständigen Unternehmensbewertung.

239 Bzw. die einmonatige Einberufungsfrist gemäß § 123 Abs. 1 AktG in der Fassung des Gesetzes bis 31. Oktober 2005.

240 Unter Abzug der Einberufungsfrist des § 123 Abs. 1 AktG.

Diese Frage erlangt Bedeutung für die Erörterung von Möglichkeiten zur Verfahrensbeschleunigung unter Anwendung der bereits bestehenden Rechtsvorschriften.[241]

3 Auszuführende Tätigkeiten

§ 327c AktG regelt die Vorbereitung einer Squeeze-out-Hauptversammlung. Dabei geht es vor allem um Informationen über die Wertverhältnisse. Diese Vorbereitungen müssen wegen der Einladungsfrist nach § 123 Abs. 1 AktG spätestens 30 Tage vor der Hauptversammlung abgeschlossen sein.

Damit brauchen der Hauptaktionär bzw. „seine Gesellschaft" im Durchschnitt weniger als vier Monate, um

- eine umfassende Unternehmensbewertung durchzuführen,
- den Übertragungsbericht zu erstellen, § 327c Abs. 2 S. 1, Abs. 3 Nr. 3 AktG,
- die Bestellung des sachverständigen Prüfers beim Landgericht zu beantragen, § 327c Abs. 2 S. 3 AktG,
- die Angemessenheit der Barabfindung vom sachverständigen Prüfer prüfen und einen Prüfungsbericht erstatten zu lassen, § 327c Abs. 2 S. 2 bis 4, Abs. 3 Nr. 4 AktG,
- den Übertragungsbeschluss zu entwerfen und
- die Jahresabschlüsse und Lageberichte für die letzten drei Jahre sowie den Übertragungs- und Prüfungsbericht auszulegen bzw. im erforderlichen Umfang zu drucken und zu versenden.

Daher ist nicht nachvollziehbar, warum sich viele Antragsgegner im Spruchverfahren außerstande sehen, innerhalb der gesetzlichen Erwiderungsfrist gemäß § 7 Abs. 2 S. 3 SpruchG, mithin von höchstens drei Monaten, eine Erwiderung zu erstellen. Schließlich geht es dabei nur noch um die Erwiderung auf konkrete Einwendungen in den Antragsbegründungen nach § 4 Abs. 2 S. 2 Ziff. 4 SpruchG und nicht um eine vollständige Neubewertung. Eigentlich müsste das nach einem kurzen Rückgriff auf die vorhandenen Bewertungsunterlagen schnell möglich sein.

4 Unternehmensbewertung und Erstellung der Berichte

Wie bereits zuvor erörtert, entsteht erst mit dem Verlangen des Hauptaktionärs nach § 327a Abs. 1 S. 1 AktG die Rechtsgrundlage für die Übermittlung von bewertungsrelevanten Informationen (a), was die allgemeinen aktienrechtlichen Informations-

241 Siehe dazu oben, Teil 1 § 2 IV 7 d – Verfahrensförderungspflichten, ab S. 57 und unten, Teil 5 § 12 I 4 c – Zeitvorgabe für das Spruchverfahren, ab S. 227.

pflichten modifiziert (b). Dieser Zeitrahmen schafft aber auch eine Zeitvorgabe für das Spruchverfahren, die jedoch bislang kaum Beachtung findet (c).

a Bewertungsrelevante Informationen

Das Verlangen des Hauptaktionärs, einen Squeeze-out durchzuführen, schafft nach § 327b Abs. 1 S. 2 AktG die rechtliche Grundlage für die Weiterleitung aller bewertungsrelevanten Informationen vom Vorstand an den Hauptaktionär. § 327b Abs. 1 S. 2 AktG ist lex specialis gegenüber § 93 Abs. 1 S. 3 AktG und dispensiert den Vorstand von der sonst geltenden Verschwiegenheitspflicht.[242] Das umfasst vor allem die Unternehmensplanung und die darauf aufbauenden Planungsrechnungen sowie sämtliche Unterlagen des Rechnungs- und Kostenwesens.

Wie bereits oben[243] aufgezeigt, steht die Unternehmensplanung nicht zur Disposition des Hauptaktionärs und seiner Berater. Sie haben nicht den Spielraum, die Unternehmensplanung zu modifizieren bzw. die Planzahlen nach oben oder unten zu verändern. Auch auf die unternehmerischen Zielsetzungen, die der Hauptaktionär mit dieser Investition verfolgt, kommt es an dieser Stelle nicht an. Das gilt sinngemäß auch für die Minderheitsaktionäre. Sie können im Spruchverfahren keine Anpassung an andere, ihnen günstiger erscheinende Zielsetzungen verlangen.

Stattdessen haben die Minderheitsaktionäre einen Anspruch auf eine angemessene Teilhabe an dem inneren Wert des Unternehmens. Maßgeblich sind die Verhältnisse am Tag der Hauptversammlung, § 327b Abs. 1 S. 1 AktG. Nach der vom Bundesgerichtshof entwickelten „Wurzeltheorie“[244] kommt es darauf an, ob einzelne bewertungsrelevante Vorgänge am Tag der Hauptversammlung schon in der Wurzel angelegt waren. Das bedeutet aber auch, dass der Hauptaktionär und der von ihm beauftragte Bewertungsgutachter die Unternehmensplanung nicht so verändern dürfen, dass sich daraus ein niedrigerer Unternehmenswert ergibt.

b Aktienrechtliche Informationspflichten

Die aktienrechtlichen Informationspflichten entspringen dem Gleichbehandlungsanspruch aus § 53a AktG. Alle Aktionäre haben auf der Grundlage von § 131 Abs. 4 S. 1 AktG einen Anspruch auf die gleichen Informationen. Das gilt besonders für kursrelevante Informationen, vgl. §§ 13 ff., 37b, 37c WpHG.

Etwas anderes gilt aber für die Informationen, die der Hauptaktionär auf der Grundlage von § 327b Abs. 1 S. 2 AktG erhält. Sie begründen keinen aktienrechtlichen

---

242 Vgl. Hüffer: Aktiengesetz. 11. Aufl., München 2014, § 327b Rdnr. 7.

243 Vgl. Teil 1 § 3 IV 1 – Kompetenzgefüge der Aktiengesellschaft, ab S. 78.

244 Vgl. BGH vom 17. Januar 1973, Az. IV ZR 142/70.

Nachinformationsanspruch aus §131 Abs. 4 S. 1 AktG.[245] Schließlich werden diese Informationen für die vom Hauptaktionär nach §327c Abs. 3 AktG vorzulegenden Berichte benötigt, die dem hier bestehenden besonderen Informationsanspruch der Minderheitsaktionäre entsprechen.

Daraus ergibt sich allerdings, dass immer dann ein Berichtsmangel vorliegt, wenn die Übertragungsberichte nicht alle relevanten Informationen enthalten. Das führt nicht nur zur Anfechtbarkeit des Hauptversammlungsbeschlusses. Vielmehr sind die fehlenden Informationen mit der Antragserwiderung oder auf der Grundlage eines Beweisbeschlusses in das Spruchverfahren einzuführen.

c Zeitvorgabe für das Spruchverfahren

Während die Vorbereitung der Squeeze-out-Hauptversammlung, einschließlich der Unternehmensbewertung und der Erstellung der Berichte also verhältnismäßig schnell gehen, dauert die Bearbeitung von einzelnen Bewertungsfragen im Spruchverfahren meist wesentlich länger. Das gilt nicht nur für die Antragserwiderung durch den Antragsgegner, sondern auch für die Übermittlung von Informationen an den Sachverständigen und die Tätigkeit des Sachverständigen selbst im Spruchverfahren.

Das steht im Widerspruch zu den hier bestehenden Verfahrensförderungspflichten. Es mag zwar durchaus sein, dass der komplexe Streitgegenstand von Spruchverfahren eine längere Verfahrensdauer erfordert. In der Praxis zeigt sich aber immer wieder, dass schon durch konsequente Anwendung des bestehenden Verfahrensrechts eine Beschleunigung erreicht werden kann. Denn die hier geltenden Darlegungs- und Beweislasten sind insbesondere vor dem Hintergrund der sich nach §§9 f. SpruchG ergebenden Verfahrensförderungspflichten der Minderheitsaktionäre (aa) bzw. Hauptaktionäre (bb) zu beurteilen.

aa Verfahrensförderungspflichten der Minderheitsaktionäre

Das hier bestehende strukturelle Informationsgefälle wirkt sich auf die Darlegungs- und Beweislasten aus. Die Antragsteller verfügen regelmäßig nur über die in §327c Abs. 3 AktG genannten Unterlagen, um die Unangemessenheit der Kompensation zu erkennen und darzulegen.

Dennoch müssen die Minderheitsaktionäre innerhalb von drei Monaten ihren Antrag bei Gericht einreichen und konkrete Einwendungen gegen die Höhe der Barabfindung bzw. den zugrunde liegenden Unternehmenswert vorbringen, §4 Abs. 2 S. 2 Nr. 4 SpruchG. Allerdings beschränkt sich die Pflicht zur Erhebung von Einwendun-

245 Vgl. LG Saarbrücken vom 14. September 2005, Az. 7 I O 7/04; LG Saarbrücken vom 28. Juli 2004, Az. 7 I O 24/04; OLG Düsseldorf vom 16. Januar 2004, Az. 16 W 63/03.

gen nur auf solche Bewertungsannahmen, zu denen in den Berichten, die der Hauptaktionär vorzulegen hat, Angaben enthalten sind.

bb Verfahrensförderungspflichten der Hauptaktionäre

Für die Antragserwiderung sieht § 7 Abs. 2 S. 3 SpruchG eine Frist vor, die drei Monate nicht überschreiten soll. Dabei geht es aber nicht um eine vollständige Unternehmensbewertung, sondern „nur" um die von den Antragstellern aufgeworfenen Bewertungsfragen.

Nachdem die vollständige Unternehmensbewertung mit der anschließenden Berichterstellung vor der Hauptversammlung im Durchschnitt weniger als vier Monate, nämlich drei Monate und drei Tage dauert, gibt es keinen sachlichen Grund, wesentlich über die vom Gesetz vorgeschlagene Mindestdauer ((a)) von einem Monat hinauszugehen ((b)). In der Praxis wird der vom Gesetzgeber vorgegebene Höchstrahmen von drei Monaten häufig überschritten.

(a) Rechtlicher Rahmen

Im streitigen Zivilprozess hat der Beklagte innerhalb der gesetzten Frist umfassend und unter Beweisantritt zu erwidern, § 277 Abs. 1 ZPO. Andernfalls lässt sich nach § 296 Abs. 1 ZPO ein verspätetes Vorbringen zurückweisen.

Diesem Vorbild sind die §§ 9 f. SpruchG nachempfunden.[246] Dabei ist aber als Besonderheit zu berücksichtigen, dass der Hauptaktionär im Gegensatz zu den Minderheitsaktionären Zugang zu allen bewertungsrelevanten Informationen hat, § 327b Abs. 1 S. 2 AktG. Das steigert seine Darlegungslasten. Er hat daher im Spruchverfahren auch unter Auswertung dieser weitergehenden bzw. schon vorhandenen Informationen umfassend vorzutragen.

(b) Rechtsfolge bei Verletzung

Erwidert der Hauptaktionär auf die Antragsschriften der Minderheitsaktionäre nicht oder nicht substantiiert und unter Ausnutzung seines strukturellen Informationsvorsprungs, stehen hinreichend konkrete Einwendungen, wie im streitigen Zivilprozess, als unstreitig fest. Ein einfaches Bestreiten oder ein schlichtes In-Abrede-Stellen genügt insoweit nicht.

Schon jetzt sind Gerichte gehalten, von dem Normengefüge der §§ 9 f. SpruchG zur Verfahrensförderungspflicht der Parteien Gebrauch zu machen, um eine Blockade des Verfahrens zu verhindern:

246 RegBegr. zum Spruchverfahrensgesetz, BT-Drucks 15/371, S. 16 li.Sp.

> *„Zur Verfahrensförderungspflicht gehört auch die rechtzeitige Vorlage von Unterlagen durch die Beteiligten. Geschieht dies nicht, hat das Gericht die Möglichkeit, die Grundsätze über die Beweisvereitelung anzuwenden, um eine Blockade des Verfahrens zu verhindern. Sollten entscheidungserhebliche Tatsachen nicht feststellbar sein, könnte der Entscheidung eine entsprechende Schätzung der fehlenden Angaben zugrunde gelegt werden.“*[247]

Ergänzend kommt in Betracht, analog den Regelungen zur Beweislastumkehr im Falle fehlerhafter Anlageberatung[248] die Beweislast bei konkreten Einwendungen gegen die Angemessenheit der Barabfindung oder die seiner Berechnung zugrunde liegende Unternehmensbewertung umzukehren. Der Hauptaktionär hat dann darzulegen und gegebenenfalls zu beweisen, dass die von ihm behaupteten Tatsachen, welche in die Berechnung der Barabfindung eingeflossen sind, zutreffen.[249]

Denn es ist nicht Aufgabe des Gerichts oder eines als Beweismittel bestellten Sachverständigen, erst die notwendigen weiteren Informationen zu ermitteln und auszuwerten. Die Einlassungen des Hauptaktionärs sind daher nur dann erheblich, wenn er im Rahmen seiner Möglichkeiten umfassend vorträgt. Andernfalls gilt das Vorbringen der Antragssteller als unstreitig. Gegebenenfalls ist unter Berücksichtigung der Darlegungs- und Beweislast nach § 287 ZPO der Unternehmenswert zu schätzen.

Empirischen Untersuchungen, insbesondere Zeitreihen von Bundes- und Landesbehörden bzw. -einrichtungen, wie etwa

- dem Statistischen Bundesamt,
- den Statistischen Landesämtern,
- der Deutschen Bundesbank,
- der Bundesanstalt für Finanzdienstleistungsaufsicht oder
- des Sachverständigenrats zur Begutachtung der gesamtwirtschaftlichen Entwicklung

ist dabei, entsprechend der Rechtsprechung zu § 611a BGB a. F., eine Indizwirkung zuzuerkennen.[250]

Legt der Antragsgegner trotz Aufforderung durch das Gericht den übrigen Antragstellern, dem Gericht oder einem vom Gericht bestellten Sachverständigen bewertungserhebliche Unterlagen nicht vor, sind entsprechend den anerkannten Regeln zur Beweisvereitelung die jeweiligen Behauptungen der Antragsteller als zugestanden anzusehen.

Fristverlängerungen für Hauptaktionäre zur Antragserwiderung kommen danach nur unter sehr eingeschränkten Voraussetzungen in Betracht.

---

247 RegBegr. zum Spruchverfahrensgesetz, BT-Drucks 15/371, S. 16 re.Sp.
248 Vgl. BGH vom 11. Juli 2012, Az. IV ZR 164/11; BGH vom 8. Mai 2012, Az. XI ZR 262/10.
249 Siehe ergänzend Teil 7 § 22 I 1 – Verfahrensdauer, ab S. 415.
250 Vgl. BAG vom 21. Juni 2012, Az. 8 AZR 364/11.

cc Zeitvorgabe für Sachverständige

Die für den Hauptaktionär dargestellte Zeitvorgabe, die sich aus der vollständigen Unternehmensbewertung mit der anschließenden Berichterstellung vor der Hauptversammlung mit im Durchschnitt weniger als vier Monaten, nämlich drei Monate und drei Tage, ableitet, gilt auch für die Begutachtung durch Sachverständige.

Denn dieser hat auf der Grundlage eines Beweisbeschlusses eine gezielte Beurteilung spezieller Einzelfragen vorzunehmen.[251] Während nach altem Recht im Spruchverfahren eine vollständige Neubewertung der Gesellschaft anstand, hat das Spruchverfahrensgesetz den Umfang der Begutachtung zunächst auf die konkreten Einwendungen der Antragsteller nach § 4 Abs. 2 S. 2 Nr. 4 SpruchG reduziert. Dann ist aber nicht nachvollziehbar, warum mehr Zeit für die sachverständige Beurteilung von Einzelfragen aufgewendet wird als für die vollständige Unternehmensbewertung und die Prüfung der angemessenen Barabfindung zusammen. Verzögert oder blockiert der Hauptaktionär den Zugang zu den von dem Sachverständigen verlangten Unterlagen, hat die Schätzung des Unternehmenswertes auf der Grundlage der konkreten Einwendungen der Minderheitsaktionäre zu erfolgen.[252]

Die Beauftragung eines Sachverständigen kommt ohnehin nur dann in Betracht, wenn es auch unter Berücksichtigung der hier geltenden Darlegungs- und Beweislasten noch keine Grundlage für eine Schätzung gibt. Das setzt voraus, dass es

- um eine Plausibilisierung oder
- Nachvollziehung der allen Verfahrensbeteiligten vorliegenden Daten geht oder
- auch nach der Antragserwiderung kein schlüssiges Gesamtbild über die relevanten Wertverhältnisse besteht oder
- unter genauen gerichtlichen Vorgaben Berechnungen durchzuführen sind.

Eine erneute Beauftragung des nach § 327c Abs. 2 S. 3 AktG bestellten sachverständigen Prüfers kommt dabei immer dann nicht mehr in Betracht, wenn sein Bericht wesentliche Mängel aufweist. Seine weitere Tätigkeit kann aber dann Sinn machen, wenn es nur um erneute Berechnungen auf der Grundlage von gerichtlichen Weisungen geht. Das ist zum Beispiel dann der Fall, wenn nur eine erneute Berechnung auf Basis eines vom Gericht abweichend beurteilten Kapitalisierungszinssatzes ansteht.

Etwas anderes gilt allerdings, wenn nach dem Vortrag der Verfahrensbeteiligten die Unternehmensbewertung selbst, in Gänze oder in Teilen, zu plausibilisieren ist. Lässt der vorliegende Prüfungsbericht die erforderliche kritische Distanz zum Hauptaktionär vermissen, kommt eine weitere Beauftragung des sachverständigen Prüfers nicht in Betracht.

---

251 RegBegr. zum Spruchverfahrensgesetz, BT-Drucks 15/371, S. 12 li.Sp.

252 Siehe zuvor Teil 5 § 12 I 4 c bb (b) – Verfahrensförderungspflichten der Hauptaktionäre, ab S. 228.

Eine erneute Beauftragung kommt auch dann nicht in Betracht, wenn der Prüfungsbericht bereits in sich unschlüssig ist und auch die Antragserwiderung nicht dazu geeignet ist, die Lücken zu beseitigen. In diesen Fällen ist ein anderer Sachverständiger auf der Grundlage eines detaillierten Beweisbeschlusses, gegebenenfalls umfassend, zu beauftragen.

5 Referenzzeitraum für den Börsenkurs als Wertuntergrenze

Der Börsenkurs der Gesellschaft ist bei der Festlegung der angemessenen Barabfindung als Wertuntergrenze zu beachten.[253] Um Kursausschläge auszugleichen und missbräuchlichen Einflussnahmen vorzubeugen, ist dabei nicht der Börsenkurs am Tag der Hauptversammlung, sondern ein über einen regelmäßig dreimonatigen Zeitraum gebildeter Durchschnittskurs maßgeblich.

Hierzu stellt die Rechtsprechung auf einen Zeitraum vor Bekanntgabe der Strukturmaßnahme ab. Liegt zwischen dieser und der Beschluss fassenden Hauptversammlung ein längerer Zeitraum, ist der Börsenkurs anzugleichen (a). Als längerer Zeitraum kann nur ein über dem Durchschnitt liegender Zeitraum angesehen werden. Nach empirischen Erkenntnissen (b) liegt dieser Durchschnitt bei weniger als vier Monaten (c).

a Vorgaben der Rechtsprechung

Der Bundesgerichtshof ermittelt den als Wertuntergrenze zu berücksichtigenden Börsenkurs aufgrund eines nach Umsatz gewichteten Durchschnittskurses innerhalb einer dreimonatigen Referenzperiode vor der Bekanntgabe der Strukturmaßnahme.[254] Gegenwärtig ist mit der Rechtsprechung des OLG Frankfurt am Main auf die früheste, den Kurs beeinflussende Information abzustellen.[255] Dabei dürfte es sich regelmäßig um die Bekanntgabe des Verlangens nach § 327a Abs. 1 S. 1 AktG handeln. Dies müsste als Ad-hoc Mitteilung nach § 15 Abs. 1 WpHG erfolgen, da es sich um eine Insiderinformation im Sinne des § 13 WpHG handelt. In der Praxis wird aber auch immer wieder auf eine andere Form der gesetzlichen Kapitalmarktinformation bzw. eine einfache Mitteilung über die Presse oder die Homepage der Gesellschaft abgestellt.

Zum Zeitpunkt der Bekanntgabe der Strukturmaßnahme müssen die rechtlichen Voraussetzungen für deren Durchführung vorliegen. Abzulehnen ist daher für Squeeze-out-Fälle die weitergehende Auffassung des OLG Frankfurt am Main, wonach der Referenzzeitraum schon enden kann, bevor dem Hauptaktionär die erforderli-

253 Vgl. BVerfG vom 27. April 1999, Az. 1 BvR 1613/94.
254 Vgl. BGH vom 19. Juli 2010, Az. II ZB 18/09.
255 OLG Frankfurt am Main vom 29. April 2011, Az. 21 W 13/11.

chen 95 Prozent des Grundkapitals gehören.[256] Denn in diesem Fall liegt nach dem Wortlaut des § 327a Abs. 1 S. 1 AktG die wesentliche Voraussetzung für einen Squeeze-out noch gar nicht vor: Nur ein Hauptaktionär, *„dem Aktien der Gesellschaft in Höhe von 95 vom Hundert des Grundkapitals gehören"*, kann die Übertragung der Aktien der übrigen Aktionäre verlangen.

Vergeht zwischen der Bekanntgabe des Verlangens nach § 327a Abs. 1 S. 1 AktG und der den Squeeze-out beschließenden Hauptversammlung ein längerer Zeitraum, verlangt der Bundesgerichtshof eine Anpassung des Börsenkurses:

> *„Wenn zwischen der Bekanntgabe der Strukturmaßnahme und dem Tag der Hauptversammlung ein längerer Zeitraum verstreicht und die Entwicklung der Börsenkurse eine Anpassung geboten erscheinen lässt, ist der Börsenwert entsprechend der allgemeinen oder branchentypischen Wertentwicklung unter Berücksichtigung der seitherigen Kursentwicklung hochzurechnen."*[257]

Der Bundesgerichtshof hat keine verbindliche Vorgabe erteilt, ab wann ein „längerer Zeitraum" anzunehmen ist. Die bisher dazu veröffentlichte Rechtsprechung der Instanzgerichte[258] versteht darunter einen über einen *„normalen oder üblichen"* hinausgehenden Zeitraum. Als solchen beurteilt sie, allerdings ohne jede empirische Grundlage, eine Zeitspanne von bis zu sechs Monaten. Dazu heißt es beim OLG Stuttgart:[259]

> *„Nicht geboten ist die Berücksichtigung nachträglicher Entwicklungen dagegen in den Fällen, in denen die Maßnahme innerhalb eines normalen oder üblichen Fahrplans durchgeführt wurde. Als normal oder üblich wird man angesichts des Aufwands für Bewertung, Prüfung und Vorbereitung der Hauptversammlung jedenfalls noch einen Zeitraum bis zu sechs Monaten ansehen müssen."*

Ähnlich auch das OLG Frankfurt:[260]

> *„Zugleich ist zu berücksichtigen, dass erfahrungsgemäß je nach Komplexität der unternehmerischen Maßnahme stets ein nicht unerheblicher Zeitraum nach der erstmaligen Bekanntgabe benötigt wird, um eine Beschlussfassung der Hauptversammlung herbeiführen zu können. Zu denken ist unter anderem an die Durchführung der erforderlichen Unternehmensbewertung, die Bestellung des sachverständigen Prüfers, die Erstellung der notwendigen Dokumentation der Maßnahme, die Beschlussfassung durch die Verwaltungsorgane und die Einberufung der Hauptversammlung unter Beachtung der dafür vorgesehenen Mindestfristen (vgl. § 123 Abs. 1 AktG). Hierfür sind bereits im Normalfall mindestens drei bis sechs Monate zu veranschlagen."*

---

256 OLG Frankfurt am Main vom 21. Dezember 2010, Az. 5 W 15/10.

257 BGH vom 19. Juli 2010, Az. II ZB 18/09.

258 Vgl. OLG Stuttgart vom 19. Januar 2011, Az. 20 W 3/09; OLG Stuttgart vom 4. Mai 2011, Az. 20 W 11/08; OLG Stuttgart vom 8. Juli 2011, Az. 20 W 14/08; OLG Frankfurt am Main vom 29. April 2011, Az. 21 W 13/11.

259 OLG Stuttgart vom 8. Juli 2011, Az. 20 W 14/08.

260 OLG Frankfurt am Main vom 29. April 2011, Az. 21 W 13/11.

Für die Annahmen der Gerichte, dass im „Normalfall" für die vorbereitenden Maßnahmen zur Übertragung der Aktien der Minderheitsaktionäre auf den Hauptaktionär durch Beschluss der Hauptversammlung mindestens sechs Monate vergehen, besteht keine empirische Grundlage. Vielmehr ergibt sich aus den bekannt gemachten Daten eine Zeitspanne von durchschnittlich weniger als vier Monaten.

b Empirische Erkenntnisse

Insgesamt gibt es nur 54 Fälle, in denen zwischen Bekanntmachung der Strukturmaßnahme und der den Beschluss fassenden Hauptversammlung ein längerer Zeitraum als sechs Monate verstrichen ist. Nur in sechs Fällen lag zwischen dem Verlangen nach § 327a Abs. 1 AktG und der einen Squeeze-out beschließenden Hauptversammlung ein Zeitraum von mehr als einem Jahr.

Empirische Daten zeigen stattdessen, dass zwischen der erstmaligen Bekanntgabe des Verlangens nach § 327a Abs. 1 S. 1 AktG und dem Tag der Squeeze-out-Hauptversammlung im „Normalfall" nicht mehr als vier Monate vergehen. Nur 17,09 Prozent aller untersuchten Fälle weisen Vorbereitungszeiträume von mehr als sechs Monaten aus:

Durchschnittlicher Zeitraum zwischen erstmaligem Verlangen und Beschluss fassender Hauptversammlung

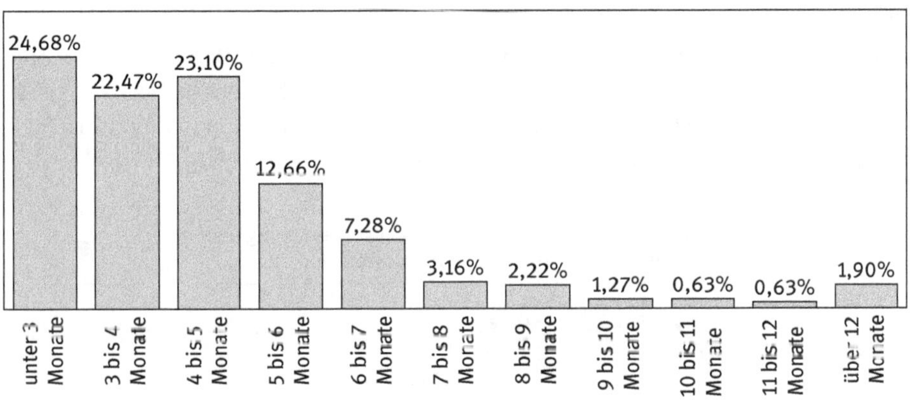

VzfK e.V.

Abb. 48: Durchschnittlicher Zeitraum zwischen erstmaligem Verlangen des Hauptaktionärs zum Ausschluss der Minderheitsaktionäre und der den Squeeze-out-Beschluss fassenden Hauptversammlung – aufgeteilt nach Zeiträumen

Damit ist jeder über vier Monate hinausgehende Zeitraum als „überdurchschnittlich langer Zeitraum" zu qualifizieren, der eine Anpassung des Börsenkurses an die allgemeine oder branchentypische Wertentwicklung erforderlich macht.

c Zwischenergebnis

Die empirischen Daten zeigen, wann eine Anpassung des Börsenkurses im Spruchverfahren nach der Rechtsprechung des Bundesgerichtshofs stattzufinden hat. Das ist dann der Fall, wenn zwischen dem Zeitpunkt der erstmaligen Bekanntgabe des Verlangens des Hauptaktionärs nach § 327a Abs. 1 S. 1 AktG und der Beschluss fassenden Hauptversammlung

- ein überdurchschnittlich langer Zeitraum von mehr als vier Monaten vergeht und
- die weitere Entwicklung der Börsenkurse eine Anpassung als geboten erscheinen lassen.

II Zeitraum zwischen Hauptversammlung und Eintragung im Handelsregister

Die Registersperre einer Anfechtungs- und Nichtigkeitsklage führt dazu, dass der Übertragungsbeschluss frühestens nach Ablauf der Anfechtungsfrist eingetragen werden kann. Das zum 1. September 2009 in § 246a AktG geänderte Freigabeverfahren hat diesen Zeitraum verkürzt. Daher sind die für diesen Zeitraum ermittelten Daten (1) im Hinblick auf die überlangen Verfahren nach dem alten Rechtsstand zu bereinigen (2) und für den neuen Rechtsstand gesondert zu ermitteln (3).

1 Ausgangspunkt

Zwischen dem Tag der Hauptversammlung, die den Squeeze-out-Beschluss fasst, und der Bekanntmachung der Eintragung des Übertragungsbeschlusses in das Handelsregister vergehen im Durchschnitt aller ausgewerteten Verfahren 5 Monate und 17 Tage im arithmetischen Mittel bzw. 4 Monate im gestutzten Mittel:

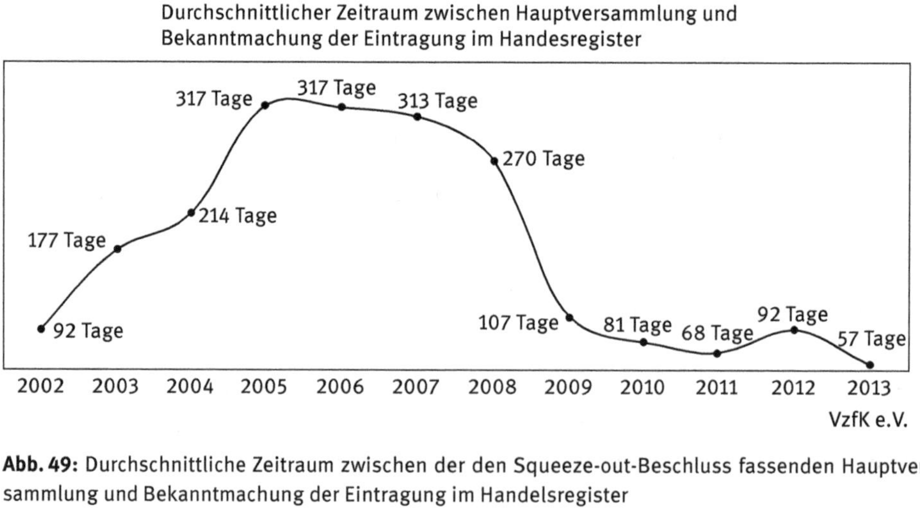

Abb. 49: Durchschnittliche Zeitraum zwischen der den Squeeze-out-Beschluss fassenden Hauptversammlung und Bekanntmachung der Eintragung im Handelsregister

2 Bereinigung

Einzelne, besonders langwierige Verfahren, sowie solche, bei denen zwischen der Beschluss fassenden Hauptversammlung und der Eintragung im Handelsregister weniger als die Ein-Monats-Anfechtungsfrist des § 246 Abs. 1 AktG verstrichen sind, verzerren diese Statistik. Deshalb liegt der Median der Zeiträume zwischen Beschluss fassender Hauptversammlung und Eintragung im Handelsregister weit unterhalb des arithmetischen Mittels.

Die Verzerrung lösen vor allem die Verfahren aus, bei denen atypisch lange Zeiträume zwischen dem Tag der Hauptversammlung und der Bekanntmachung der Eintragung im Handelsregister liegen. Dies sind insbesondere Zeiträume von mehr als zwei Jahren, von denen elf Verfahren betroffen waren:

Tab. 60: Verfahren mit Zeiträumen von mehr als zwei Jahren zwischen der den Squeeze-out-Beschluss fassenden Hauptversammlung und Bekanntmachung der Eintragung im Handelsregister

VzfK e. V.	**Squeeze-out-Verfahren mit Zeiträumen von mehr als 2 Jahren zwischen Hauptversammlung und Bekanntmachung der Eintragung des Beschlusses im Handelsregister**
Gesellschaft	**Zeitraum**
Lindner Holding KGaA	5 Jahre, 1 Monat und 24 Tage
PSB AG für Programmierung und Systemberatung	3 Jahre, 2 Monate und 23 Tage
Möbel Walther AG	2 Jahre, 11 Monate und 28 Tage
Quante AG	2 Jahre, 7 Monate und 5 Tage
Interhansa Reederei AG	2 Jahre, 5 Monate und 4 Tage
Friatec AG	2 Jahre, 4 Monate und 3 Tage
Knürr AG	2 Jahre und 4 Monate
Vattenfall Europe AG	2 Jahre, 2 Monate und 1 Tag
Softlution AG	2 Jahre, 1 Monat und 12 Tage
KBC Bank Deutschland AG	2 Jahre und 26 Tage
Franke Aquarotter AG	2 Jahre und 21 Tage

Besonders lange dauerte es bis zur Eintragung des Squeeze-out bei der Lindner Holding KGaA. Der am 25. Februar 2005 gefasste Übertragungsbeschluss wurde erst nach mehr als fünf Jahren, am 25. März 2010, als eingetragen bekannt gemacht. Nachdem zunächst das LG Landshut[261] und nachfolgend das OLG München[262] die Nichtigkeit des Beschlusses festgestellt hatten, entschied schließlich der Bundesgerichtshof[263] anders und verwies das Verfahren wieder an das OLG München zurück.

261 LG Landshut vom 1. Februar 2006, Az. 1 HKO 766/05.

262 OLG München vom 23.11.2006, Az. 23 U 2306/06.

263 BGH vom 16. März 2009, Az. II ZR 302/06 (zur Beschaffung der gemäß § 327a Abs. 1 S. 1 AktG erforderlichen Kapitalmehrheit durch ein Wertpapierdarlehen).

Bei weiteren 44 Squeeze-out-Verfahren vergingen nach Anfechtungs- und Nichtigkeitsklagen mehr als ein Jahr zwischen dem Tag der Hauptversammlung und der Bekanntmachung der Eintragung des Übertragungsbeschlusses. Das spricht für die Notwendigkeit einer Bereinigung der statistischen Analyse um solche „überlangen" Verfahren, bei denen mehr als ein Jahr zwischen der Hauptversammlung und der Eintragung des Übertragungsbeschlusses vergehen. Zugleich sind auch solche atypischen Verfahren zu bereinigen, bei denen zwischen Beschluss fassender Hauptversammlung und Bekanntmachung der Eintragung trotz §§ 327e Abs. 2, 319 Abs. 5 und 6 AktG weniger als die Anfechtungsfrist des § 246 Abs. 1 AktG liegt.

Besonders schnell kam es zur Eintragung des Squeeze-out bei der Hypo Real Estate Holding AG. Der am 5. Oktober 2009 gefasste Beschluss wurde bereits am 13. Oktober 2009 im Handelsregister eingetragen und die Eintragung am Folgetag bekannt gemacht. Das lag an den Sonderbestimmungen im Gesetz zur Beschleunigung und Vereinfachung des Erwerbs von Anteilen an sowie Risikopositionen von Unternehmen des Finanzsektors durch den Fonds „Finanzmarktstabilisierungsfonds – FMS" (Finanzmarktstabilisierungsbeschleunigungsgesetz – FMStBG). Nach § 12 Abs. 4 S. 2 i. V. m. § 7c S. 2 war der Beschluss *„unverzüglich in das Handelsregister einzutragen"*.

Die Vornahme solcher Bereinigungen erfolgt durch Abstellen auf den Median der Zeiträume zwischen der den Squeeze-out-Beschluss fassenden Hauptversammlung und der Eintragung in das Handelsregister. Daraus folgt eine durchschnittliche Dauer von zwei Monaten und zehn Tagen.

Das zeigt, dass auch das Freigabeverfahren in der alten Fassung des § 246a AktG durchaus dazu in der Lage war, die Registersperre zügig zu überwinden. Damit erweist es sich weder als erforderlich noch verhältnismäßig, zur Verkürzung des Zeitraums zwischen dem Übertragungsbeschluss und seiner Eintragung in das Handelsregister die Prüfungstiefe zu reduzieren und das Verfahren auf eine Instanz vor dem Oberlandesgericht zu beschränken.

Die lange Dauer einiger Verfahren lässt sich meist auf den Ausgang der Freigabeverfahren zurückführen, in denen der Übertragungsbeschluss einer gerichtlichen Prüfung nicht standhielt. Die zum 1. September 2009 geänderte Abwägungsklausel in § 246a Abs. 2 Nr. 3 AktG dürfte dagegen in den meisten Fällen dazu führen, dass es trotz schwerer Rechtsverletzungen zu einer Eintragung kommt. Die verfassungsrechtlichen Gewährleistungen lassen es aber nicht zu, das Gebot rechtskonformen Verhaltens ohne weiteres der Beschleunigungsmaxime zu opfern. Nur in seltenen Ausnahmefällen wird der Freigabeantrag zurückgewiesen. So hat das Hanseatische Oberlandesgericht in Bremen ausgeführt:

> *„Die Einschätzung eines gerichtlich bestellten Sachverständigen dahingehend, dass eine Barabfindung unangemessen ist, spricht für einen von vorneherein nicht verfassungsgemäßen Squeeze out. Obwohl § 327c Abs. 2 Satz 2 AktG keine ausdrückliche positive Bestätigung der Barabfindung durch den Sachverständigen voraussetzt, bestehen erhebliche Zweifel, ob ein am Wortlaut der Bestim-*

> *mung orientiertes Verständnis den Anforderungen der Eigentumsgarantie gemäß Art. 14 Abs. 1 GG gerecht wird. Die Auffassung, dass ein Squeeze-out-Beschluss der Anfechtung unterliegt, wenn der sachverständige Prüfer die Angemessenheit der Barabfindung ausdrücklich verneint hat, ist zumindest vertretbar und eine hierauf gestützte Anfechtungsklage nicht offensichtlich unbegründet.*"[264]

Wie bereits oben[265] aufgezeigt, sprechen die verfassungsrechtlichen Gewährleistungen insbesondere zum Aktieneigentum und Justizgewährleistungsanspruch nicht für den Systemwechsel.

3 Daten nach Systemwechsel in der Beschlussmängelkontrolle

Mit dem zum 1. September 2009 eingetretenen Systemwechsel in der aktienrechtlichen Beschlussmängelkontrolle kam es zu einer Verkürzung der Klageverfahren. Das in § 246a AktG normierte Freigabeverfahren findet nur noch in einer Instanz vor dem Oberlandesgericht statt.

Das beschleunigt zwar seit 2009 die Eintragung des Übertragungsbeschlusses:

- Durchschnittlicher Zeitraum vor dem Systemwechsel:
- Arithmetisches Mittel: 6 Monate und 17 Tage,
- Gestutztes Mittel: 5 Monate,
- Median: 2 Monate und 24 Tage.
- Durchschnittlicher Zeitraum nach dem Systemwechsel:
- Arithmetisches Mittel: 2 Monate und 18 Tage,
- Gestutztes Mittel: 2 Monate und 3 Tage,
- Median: 1 Monat und 23 Tage.

Zugleich nimmt damit allerdings die Komplexität des Spruchverfahrens zu. Deshalb ist zu erwarten, dass die Spruchverfahren in der Zukunft noch länger dauern werden.

III Verfahrensdauer von Spruchverfahren

Auch die Analyse der Verfahrensdauern von Spruchverfahren unterliegt verzerrenden Faktoren (1). Um die Ergebnisse der Studie dennoch nicht zu verfälschen, werden diese Faktoren jedoch nur in einer gesonderten Auswertung dargestellt (4). Die Daten zu den Verfahrensdauern von Spruchverfahren werden in dieser Studie nach dem Stand des Spruchverfahrens wie folgt zusammengefasst:

- noch laufende Spruchverfahren – ausdifferenziert nach erst- und zweitinstanzlichen Verfahren (2),

---

264 Hanseatisches Oberlandesgericht Bremen vom 16. August 2012, Az. 2 U 51/12 (AktG).

265 Siehe Teil 1 § 2 III 2 – Systemwechsel in der Beschlusskontrolle, ab S. 29.

- erstinstanzlich beendete Spruchverfahren – ausdifferenziert nach der Art der Verfahrensbeendigung (3 b) und
- zweitinstanzlich beendete Spruchverfahren – ausdifferenziert nach der Art der Verfahrensbeendigung (3 c).

Die gegenwärtige Praxis des Spruchverfahrens erreicht jedenfalls nicht das Ziel des Gesetzgebers, die Verfahrensdauer deutlich zu verkürzen (5).

1 Verzerrende Faktoren

Bis zum 31. Dezember 2013 sind insgesamt 168 von 397 Spruchverfahren noch nicht rechtskräftig abgeschlossen.

Aus dieser Grundgesamtheit ergibt sich kein zutreffendes Gesamtbild. Einzelne Faktoren verzerren die Analyse der Verfahrensdauer und den Verlauf von Spruchverfahren, weshalb sie nicht mit den typischen Verfahrensabläufen vergleichbar sind. Schließlich

- bestehen in beiden Instanzen Einlassungsfristen für die Verfahrensbeteiligten, die angesichts des komplexen Verfahrensgegenstands in der Praxis weit länger als von § 7 Abs. 2 S. 3 SpruchG vorgesehen sind;
- benötigen einzelne Gerichte deutlich mehr Zeit, um sich im erforderlichen Umfang einzuarbeiten. Daher wäre es grundsätzlich geboten, für jedes mit Spruchverfahren befasste Gericht eine gesonderte Analyse vorzunehmen;
- beanspruchen Zwischenstreite über die Zulässigkeit einzelner Anträge sowie Inhalt und Umfang der nach § 7 Abs. 7 SpruchG vorzulegenden Unterlagen mitunter viel Zeit und
- dauert die Erstellung von Sachverständigengutachten nicht selten mehrere Jahre.

Daher bietet es sich eigentlich an, in die hier auszuwertende Grundgesamtheit keine Verfahren einzubeziehen, die aufgrund der Kürze der Verfahrensdauer noch nicht entscheidungsreif sein können. Das betrifft vor allem Spruchverfahren,

- die erst nach dem 31. Dezember 2010 erstinstanzlich eingeleitet wurden, noch nicht abgeschlossen sind und damit eine Verfahrensdauer von weniger als drei Jahren aufweisen;
- bei denen die Beschwerden erst nach dem 31. Dezember 2012 eingelegt wurden und die in der zweiten Instanz noch kein Jahr dauern.

Um die Aussagekraft der Studie zu erhöhen, werden dennoch zunächst die tatsächlichen Verfahrensdauern dargestellt. Erst danach folgt eine hypothetische Ermittlung bereinigter Werte.

2 Noch laufende Verfahren

Einem zusammenfassenden Überblick (a) folgen die Auswertungen zur ersten Instanz (b) und zur Beschwerdeinstanz (c).

a Zusammenfassung

Bis zum 31. Dezember 2013 sind 168 von gesamt 397 Spruchverfahren noch nicht abgeschlossen. Im Durchschnitt dauern diese Verfahren bereits rund fünf Jahre:

Tab. 61: Durchschnittliche Verfahrensdauer von zum 31. Dezember 2013 noch anhängigen Spruchverfahren (unbereinigt)

VzfK e. V.	**Durchschnittliche Verfahrensdauer von Spruchverfahren**	
Zum 31.12.2013 noch nicht rechtskräftig abgeschlossene Spruchverfahren (unbereinigt)	**Durchschnittliche Verfahrensdauer**	**Anzahl**
Arithmetisches Mittel	5 Jahre, 1 Monat und 11 Tage	
Gestutztes Mittel (20 %)	4 Jahre, 11 Monate und 4 Tage	168
Median	4 Jahre, 4 Monate und 22 Tage	

58 dieser Verfahren weisen zum 31. Dezember 2013 eine deutlich unterdurchschnittliche Verfahrensdauer von weniger als drei Jahren aus und bedürfen daher der Bereinigung.

b Eingangsinstanz

Von den 397 Spruchverfahren sind bis zum 31. Dezember 2013 erstinstanzlich 141 Verfahren noch nicht abgeschlossen. Diese Verfahren dauern bereits im Durchschnitt:

Tab. 62: Durchschnittliche Verfahrensdauer von zum 31. Dezember 2013 erstinstanzlich noch anhängigen Spruchverfahren (unbereinigt)

VzfK e. V.	**Durchschnittliche Verfahrensdauer von Spruchverfahren**	
Zum 31.12.2013 noch nicht erstinstanzlich abgeschlossene Spruchverfahren (unbereinigt)	**Durchschnittliche Verfahrensdauer**	**Anzahl**
Arithmetisches Mittel	4 Jahre, 5 Monate und 20 Tage	
Gestutztes Mittel (20 %)	4 Jahre, 1 Monat und 19 Tage	141
Median	3 Jahre, 10 Monate und 27 Tage	

57 dieser Verfahren wurden erst nach dem 31. Dezember 2010 eingeleitet. Sie wären zu bereinigen, weil es innerhalb der ersten Jahre nur in besonders gelagerten Einzelfällen zu einer Entscheidung kommt.

c Beschwerdeinstanz

Von den 122 Beschwerdeverfahren laufen am 31. Dezember 2013 noch 27 Verfahren. Diese Verfahren dauern in der ersten und zweiten Instanz zusammen im Durchschnitt bereits mehr als acht Jahre:

Tab. 63: Durchschnittliche Verfahrensdauer von zum 31. Dezember 2013 noch anhängigen Beschwerdeverfahren (gesamt – unbereinigt)

VzfK e. V.	**Durchschnittliche Verfahrensdauer von Spruchverfahren**	
Zum 31.12.2013 noch nicht rechtskräftig abgeschlossene Spruchverfahren (unbereinigt; Gesamtdauer)	**Durchschnittliche Verfahrensdauer**	**Anzahl**
Arithmetisches Mittel	8 Jahre, 5 Monate und 14 Tage	
Gestutztes Mittel (20 %)	8 Jahre, 8 Monate und 14 Tage	27
Median	10 Jahre und 23 Tage	

Die Beschwerden dauern allein in der zweiten Instanz im Durchschnitt bereits:

Tab. 64: Durchschnittliche Verfahrensdauer von zum 31. Dezember 2013 noch anhängigen Beschwerdeverfahren (nur zweite Instanz – unbereinigt)

VzfK e. V.	**Durchschnittliche Verfahrensdauer von Spruchverfahren**	
Zum 31.12.2013 noch nicht rechtskräftig abgeschlossene Spruchverfahren (unbereinigt; nur Beschwerdeinstanz)	**Durchschnittliche Verfahrensdauer**	**Anzahl**
Arithmetisches Mittel	2 Jahre, 11 Monate und 15 Tage	
Gestutztes Mittel (20 %)	2 Jahre, 8 Monate und 15 Tage	27
Median	1 Jahr, 6 Monate und 27 Tage	

Hiervon wurden zehn Beschwerden erst nach dem 31. Dezember 2012 eingelegt. Weil es innerhalb des ersten Jahres im Normalfall zu keinem Abschluss kommt, wären sie zu bereinigen.

3 Beendete Verfahren

Einem zusammenfassenden Überblick (a) folgen die Daten für die Eingangsinstanz (b) und die Beschwerdeinstanz (c).

a Zusammenfassung

Bis zum 31. Dezember 2013 sind 229 von gesamt 397 Spruchverfahren abgeschlossen. Deren durchschnittliche Verfahrensdauer stellt sich wie folgt dar:

Tab. 65: Durchschnittliche Verfahrensdauer von zum 31. Dezember 2013 abgeschlossenen Spruchverfahren

VzfK e. V.	**Durchschnittliche Verfahrensdauer von Spruchverfahren**	
Zum 31.12.2013 rechtskräftig abgeschlossene Spruchverfahren	**Durchschnittliche Verfahrensdauer**	**Anzahl**
Arithmetisches Mittel	4 Jahre, 3 Monate und 3 Tage	
Gestutztes Mittel (20 %)	4 Jahre und 5 Tage	229
Median	3 Jahre, 5 Monate und 14 Tage	

b Eingangsinstanz

Soweit die Spruchverfahren erstinstanzlich beendet sind, dauerten diese im Durchschnitt immer noch weit länger als drei Jahre:

Tab. 66: Durchschnittliche Verfahrensdauer von zum 31. Dezember 2013 erstinstanzlich beendeten Spruchverfahren

VzfK e. V.	**Durchschnittliche Verfahrensdauer von Spruchverfahren**	
Zum 31.12.2013 erstinstanzlich abgeschlossene Spruchverfahren	**Durchschnittliche Verfahrensdauer**	**Anzahl**
Arithmetisches Mittel	4 Jahre, 8 Monate und 12 Tage	
Gestutztes Mittel (20 %)	4 Jahre, 5 Monate und 6 Tage	256
Median	3 Jahre, 8 Monate und 12 Tage	

Dabei zeigt sich deutlich der Zeitvorteil im Falle einer konsensualen Verfahrensbeendigung gegenüber streitigen Entscheidungen. Dieser beträgt rund vier Jahre:

Tab. 67: Durchschnittliche Verfahrensdauer von zum 31. Dezember 2013 erstinstanzlich beendeten Spruchverfahren – aufgeteilt nach Art der Beendigung (Vergleich/Beschluss)

VzfK e. V.	**Durchschnittliche Verfahrensdauer von Spruchverfahren**		
Zum 31.12.2013 erstinstanzlich abgeschlossene Spruchverfahren		**Durchschnittliche Verfahrensdauer**	**Anzahl**
Vergleich	Arithmetisches Mittel	2 Jahre, 9 Monate und 29 Tage	115
	Gestutztes Mittel (20 %)	2 Jahre, 6 Monate und 6 Tage	
	Median	2 Jahre, 2 Monate und 16 Tage	
Beschluss	Arithmetisches Mittel	6 Jahre, 2 Monate und 21 Tage	141
	Gestutztes Mittel (20 %)	6 Jahre, 1 Monat und 24 Tage	
	Median	6 Jahre, 1 Monat und 9 Tage	
Differenz	Arithmetisches Mittel	3 Jahre, 4 Monate und 22 Tage	256
	Gestutztes Mittel (20 %)	3 Jahre, 7 Monate und 18 Tage	
	Median	3 Jahre, 10 Monate und 23 Tage	

c Beschwerdeinstanz

Von den 122 Beschwerdeverfahren gelangten bis zum 31. Dezember 2013 insgesamt 95 Verfahren zum Abschluss. Die durchschnittliche Dauer der Beschwerdeverfahren lag bei rund zwei Jahren, was zusammen mit der ersten Instanz eine Verfahrensdauer von insgesamt mehr als fünf Jahren ergibt:

Tab. 68: Durchschnittliche Verfahrensdauer von zum 31. Dezember 2013 auch zweitinstanzlich beendeten Spruchverfahren – mit Aufteilung der Verfahrensdauern nach Instanzen

VzfK e. V.	**Durchschnittliche Verfahrensdauer von Spruchverfahren**		
Zum 31.12.2013 abgeschlossene Beschwerdeverfahren		**Durchschnittliche Verfahrensdauer**	**Anzahl**
nur OLG	Arithmetisches Mittel	5 Jahre, 11 Monate und 13 Tage	95
	Gestutztes Mittel (20 %)	5 Jahre, 11 Monate und 5 Tage	
	Median	6 Jahre und 19 Tage	
Gesamt	Arithmetisches Mittel	2 Jahre, 1 Monat und 8 Tage	
	Gestutztes Mittel (20 %)	1 Jahr, 11 Monate und 2 Tage	
	Median	1 Jahr, 8 Monate und 8 Tage	

Die in erster Instanz noch zu beobachtende Verfahrensbeschleunigung durch Vergleichsabschlüsse lässt sich für das Beschwerdeverfahren so nicht feststellen:

Tab. 69: Durchschnittliche Verfahrensdauer von zum 31. Dezember 2013 auch zweitinstanzlich beendeten Spruchverfahren – aufgeteilt nach Art der Beendigung (Vergleich/Beschluss)

VzfK e. V.	**Durchschnittliche Verfahrensdauer von Spruchverfahren**		
Zum 31.12.2013 abgeschlossene Beschwerdeverfahren		**Durchschnittliche Verfahrensdauer**	**Anzahl**
Vergleich	Arithmetisches Mittel	2 Jahre, 3 Monate und 7 Tage	9
	Gestutztes Mittel (20 %)	2 Jahre, 3 Monate und 7 Tage	
	Median	1 Jahr, 6 Monate und 17 Tage	
kein Vergleich	Arithmetisches Mittel	2 Jahre, 1 Monat und 2 Tage	86
	Gestutztes Mittel	1 Jahr, 10 Monate und 27 Tage	
	Median	1 Jahr, 8 Monate und 13 Tage	
Differenz	Arithmetisches Mittel	2 Monate und 5 Tage	95
	Gestutztes Mittel (20 %)	4 Monate und 10 Tage	
	Median	1 Monat und 26 Tage	

Das liegt daran, dass die Beschwerdegerichte eindeutige Verfahren schnell mit einer gerichtlichen Entscheidung beenden. Etwas anderes gilt für Verfahren mit komplexen Sach- und Rechtsfragen, die z. B. eine weitere Beweiserhebung erfordern. Erst dann schlagen die Gerichte häufig eine vergleichsweise Beendigung vor. Schließlich zeichnet sich meist schon sehr früh die Bandbreite ab, in der ein möglicher Unternehmenswert am Ende einer Beweisaufnahme liegen kann. Daher stellt sich entsprechend früh die Frage, ob der zu erwartende weitere Zeit- und Kostenaufwand in einer sinnvollen Relation zum dadurch erzielbaren zusätzlichen Erkenntnisgewinn steht. Bei solchen Verfahren spricht vieles dafür, sie mit einem sinnvollen Vergleich abzukürzen.

4 Berücksichtigung von verzerrenden Faktoren

Die Statistik aller zum 31. Dezember 2013 noch nicht beendeten Spruchverfahren wird durch solche Verfahren verfälscht, die erst kurz vor dem Stichtag eingeleitet wurden.[266] Denn diese Verfahren können schon wegen der langen Einlassungsfristen aus §§ 4, 7 ff. SpruchG noch nicht beendet sein.

266 Siehe Teil 5 § 12 III 1 – Verzerrende Faktoren, ab S. 238.

Für eine bessere Vergleichbarkeit stellt die folgende Aufstellung die Dauer von bereinigten und nicht bereinigten Verfahren gegenüber. Dabei handelt es sich um die Verfahren, welche

- erstinstanzlich noch anhängig sind und erst nach dem 31. Dezember 2010 eingeleitet wurden:

Tab. 70: Durchschnittliche Verfahrensdauer von zum 31. Dezember 2013 erstinstanzlich noch anhängigen Spruchverfahren (bereinigt und unbereinigt)

VzfK e. V.	**Durchschnittliche Verfahrensdauer von Spruchverfahren**		
Zum 31.12.2013 erstinstanzlich noch nicht abgeschlossene Spruchverfahren		**Durchschnittliche Verfahrensdauer**	**Anzahl**
alle	Arithmetisches Mittel	4 Jahre, 5 Monate und 20 Tage	141
	Gestutztes Mittel (20 %)	4 Jahre, 1 Monat und 19 Tage	
	Median	3 Jahre, 10 Monate und 27 Tage	
bereinigt	Arithmetisches Mittel	6 Jahre, 8 Monate und 23 Tage	84
	Gestutztes Mittel (20 %)	6 Jahre, 6 Monate und 24 Tage	
	Median	5 Jahre und 11 Monate	
Differenz	Arithmetisches Mittel	2 Jahre, 3 Monate und 3 Tage	57
	Gestutztes Mittel (20 %)	2 Jahre, 5 Monate und 5 Tage	
	Median	2 Jahre und 3 Tage	

- zweitinstanzlich noch anhängig sind und die Beschwerden erst nach dem 31. Dezember 2012 eingelegt wurden:

Tab. 71: Durchschnittliche Verfahrensdauer von zum 31. Dezember 2013 noch anhängigen Beschwerdeverfahren (Gesamtdauer – bereinigt und unbereinigt)

VzfK e. V.	**Durchschnittliche Verfahrensdauer von Spruchverfahren**		
Zum 31.12.2013 noch nicht abgeschlossene Beschwerdeverfahren		**Durchschnittliche Verfahrensdauer**	**Anzahl**
alle	Arithmetisches Mittel	8 Jahre, 5 Monate und 14 Tage	27
	Gestutztes Mittel (20 %)	8 Jahre, 8 Monate und 14 Tage	
	Median	10 Jahre und 23 Tage	
bereinigt	Arithmetisches Mittel	9 Jahre, 7 Monate und 23 Tage	17
	Gestutztes Mittel (20 %)	9 Jahre, 11 Monate und 10 Tage	
	Median	10 Jahre und 8 Monate	

	Arithmetisches Mittel	1 Jahr, 2 Monate und 9 Tage	
Differenz	Gestutztes Mittel (20 %)	1 Jahr, 2 Monate und 25 Tage	10
	Median	7 Monate und 7 Tage	

Weitere verzerrende Faktoren bleiben einer späteren Analyse vorbehalten.

5 Vorgabe des Gesetzgebers

Das Spruchverfahrensgesetz bezweckt, die als übermäßig lang kritisierten Verfahrensdauern deutlich zu verkürzen:

> *„In der Praxis hat sich gezeigt. dass diese Verfahren übermäßig lange dauern. So wird eine durchschnittliche Verfahrensdauer von fünf Jahren genannt. In einzelnen Fällen dauerten Spruchverfahren sogar noch erheblich länger.*
>
> ...
>
> *Ziel des Entwurfes ist es, durch verbesserte Verfahrensstrukturen auf der Grundlage der bewährten Teile der bisherigen Regelung ein gestrafftes und erheblich verkürztes Gerichtsverfahren zu ermöglichen.“*[267]

Die Studie zeigt jedoch, dass dieses Ziel nicht erreicht wurde. Die durchschnittliche Verfahrensdauer der Spruchverfahren beträgt – unbereinigt um verzerrende Faktoren – immer noch fast 5 Jahre:

Tab. 72: Durchschnittliche Verfahrensdauer von Spruchverfahren (unbereinigt)

VzfK e. V.	**Durchschnittliche Verfahrensdauer von Spruchverfahren**	
Zum 31.12.2013 noch anhängige und rechtskräftig abgeschlossene Spruchverfahren	**Durchschnittliche Verfahrensdauer**	**Anzahl**
Arithmetisches Mittel	4 Jahre, 7 Monate und 13 Tage	
Gestutztes Mittel (20 %)	4 Jahre, 4 Monate und 2 Tage	397
Median	3 Jahre, 8 Monate und 28 Tage	

Zwar erfüllen 34,73 Prozent aller Spruchverfahren – nach Bereinigung – die Zeitvorgabe des Gesetzgebers einer Verfahrensdauer von weniger als fünf Jahren, 65,27 Prozent aber nicht. 41 Verfahren – das entspricht 17,15 Prozent – dauern bzw. dauerten sogar länger als zehn Jahre:

267 RegBegr. zum Spruchverfahrensgesetz, BT-Drucks 15/371, S. 1.

Tab. 73: Durchschnittliche Verfahrensdauer von Spruchverfahren – mit Aufteilung nach Jahren

VzfK e. V.	**Durchschnittliche Verfahrensdauer von Spruchverfahren**		
Bezeichnung		**Anzahl**	**entspricht**
Spruchverfahren gesamt (bereinigt)		241	60,71 %
davon mit einer Verfahrensdauer von unter 5 Jahren		83	34,73 %
davon mit einer Verfahrensdauer von 5 bis 6 Jahren		32	13,39 %
davon mit einer Verfahrensdauer von 6 bis 7 Jahren		30	12,55 %
davon mit einer Verfahrensdauer von 7 bis 8 Jahren		21	8,79 %
davon mit einer Verfahrensdauer von 8 bis 9 Jahren		23	9,62 %
davon mit einer Verfahrensdauer von 9 bis 10 Jahren		11	4,60 %
davon mit einer Verfahrensdauer von über 10 Jahren		41	17,15 %

Bei den 41 Spruchverfahren mit einer Dauer von mehr als zehn Jahren handelt es sich um die folgenden Verfahren:

Tab. 74: Spruchverfahren mit einer Verfahrensdauer von mehr als zehn Jahren

VzfK e. V.	**Durchschnittliche Verfahrensdauer von Spruchverfahren**		
Zum 31.12.2013 noch anhängige und rechtskräftig abgeschlossene Spruchverfahren mit Verfahrensdauern größer als 10 Jahre			
Gesellschaft	**Durchschnittliche Verfahrensdauer**	**LG**	**OLG**
Cluss-Wulle AG	11 Jahre, 8 Monate und 15 Tage	LG Stuttgart	
Dresdner Bank AG	11 Jahre, 7 Monate und 21 Tage	LG Frankfurt/Main	OLG Frankfurt/Main
EBV AG	11 Jahre, 7 Monate und 21 Tage	LG Köln	
Aachener und Münchener Lebensversicherung AG	11 Jahre, 6 Monate und 29 Tage	LG Köln	
Vodafone AG	11 Jahre, 6 Monate und 7 Tage	LG Düsseldorf	
Verseidag AG	11 Jahre, 5 Monate und 27 Tage	LG Düsseldorf	
Aachener und Münchener Versicherung AG	11 Jahre, 5 Monate und 23 Tage	LG Köln	
Zürich Agrippina Lebensversicherung AG	11 Jahre, 5 Monate und 19 Tage	LG Frankfurt/Main	OLG Frankfurt/Main

VzfK e. V. **Durchschnittliche Verfahrensdauer von Spruchverfahren**

Zum 31.12.2013 noch anhängige und rechtskräftig abgeschlossene Spruchverfahren mit Verfahrensdauern größer als 10 Jahre

Gesellschaft	Durchschnittliche Verfahrensdauer	LG	OLG
Deutscher Ring Lebensversicherungs-AG	11 Jahre, 5 Monate und 13 Tage	LG Hamburg	
Blaue Quellen Mineral- und Heilbrunnen AG	11 Jahre, 5 Monate und 5 Tage	LG Koblenz	OLG Zweibrücken
Bayerische BrauHolding AG	11 Jahre, 4 Monate und 29 Tage	LG München	
Braunschweigische Maschinenbauanstalt AG	11 Jahre, 4 Monate und 17 Tage	LG Hannover	
Kempinski AG	11 Jahre, 3 Monate und 22 Tage	LG Berlin	KG Berlin
Deutsche Bank Saar AG	11 Jahre, 3 Monate und 17 Tage	LG Saarbrücken	OLG Saarbrücken
Praktiker Bau- und Heimwerkermärkte AG	11 Jahre, 3 Monate und 16 Tage	LG Saarbrücken	OLG Saarbrücken
ABB Asea Brown Boveri AG	11 Jahre, 3 Monate und 9 Tage	LG Mannheim	
Schmalbach-Lubeca AG	11 Jahre, 3 Monate und 6 Tage	LG Düsseldorf	
Alte Leipziger Versicherung AG	11 Jahre und 3 Monate	LG Frankfurt/Main	OLG Frankfurt/Main
Horten AG	11 Jahre, 2 Monate und 22 Tage	LG Düsseldorf	OLG Düsseldorf
Solenhofer Aktien-Verein AG	11 Jahre, 2 Monate und 20 Tage	LG München	
Salamander AG	11 Jahre und 1 Monat	LG Stuttgart	OLG Stuttgart
Dortmunder Actien Brauerei AG	10 Jahre, 10 Monate und 8 Tage	LG Dortmund	OLG Düsseldorf
Nestlé Deutschland AG	10 Jahre, 10 Monate und 6 Tage	LG Frankfurt/Main	
Energiedienst AG	10 Jahre, 9 Monate und 21 Tage	LG Mannheim	
Stinnes AG	10 Jahre, 9 Monate und 16 Tage	LG Düsseldorf	OLG Düsseldorf

VzfK e. V. **Durchschnittliche Verfahrensdauer von Spruchverfahren**

Zum 31.12.2013 noch anhängige und rechtskräftig abgeschlossene Spruchverfahren mit Verfahrensdauern größer als 10 Jahre

Gesellschaft	Durchschnittliche Verfahrensdauer	LG	OLG
Gerresheimer Glas AG	10 Jahre, 8 Monate und 16 Tage	LG Düsseldorf	
Citicorp Deutschland AG	10 Jahre, 8 Monate und 15 Tage	LG Düsseldorf	
Deutsche Bausparkasse Badenia AG	10 Jahre, 8 Monate und 4 Tage	LG Karlsruhe	
Aditron AG	10 Jahre und 8 Monate	LG Düsseldorf	OLG Düsseldorf
RÜTGERS AG	10 Jahre, 7 Monate und 11 Tage	LG Dortmund	
Volksfürsorge Holding AG	10 Jahre, 5 Monate und 22 Tage	LG Hamburg	
BRAINPOOL TV AG	10 Jahre, 4 Monate und 16 Tage	LG Köln	OLG Düsseldorf
PKV Vermögensverwaltungs AG	10 Jahre, 2 Monate und 29 Tage	LG Hamburg	
Gilde Brauerei AG	10 Jahre, 2 Monate und 7 Tage	LG Hannover	OLG Celle
Sappi Ehingen AG	10 Jahre, 2 Monate und 7 Tage	LG Stuttgart	OLG Stuttgart
Michael Weinig AG	10 Jahre, 2 Monate und 3 Tage	LG Mosbach	OLG Karlsruhe
Victoria Versicherung AG	10 Jahre, 1 Monat und 8 Tage	LG Düsseldorf	OLG Düsseldorf
USU AG	10 Jahre, 1 Monat und 7 Tage	LG Stuttgart	OLG Stuttgart
NB Beteiligungs AG	10 Jahre und 23 Tage	LG Frankfurt/Main	OLG Frankfurt/Main
SchmidtBank AG	10 Jahre und 13 Tage	LG Nürnberg-Fürth	
ING BHF-Bank AG	10 Jahre und 6 Tage	LG Frankfurt/Main	

Zwar stellen Spruchverfahren aufgrund der zu behandelnden Sach- und Rechtsfragen eine komplexe Verfahrensart dar. Schließlich verlangen die verfassungsmäßigen Gewährleistungen zum Aktieneigentum vollen Wertausgleich für den Entzug der Rechtsposition. Wegen der mitunter erheblichen wertmäßigen Auswirkungen stellen sich viele Gerichte auch den aufgeworfenen Sach- und Rechtsfragen in sehr gründlicher Weise. Das führt angesichts der mangelnden Qualität der von Hauptaktionär und sachverständigem Prüfer vorgelegten Berichte häufig zu umfassenden Neubewertungen. Dennoch dauern Spruchverfahren deutlich länger als streitige Zivilverfahren vor der ordentlichen Gerichtsbarkeit:[268]

Tab. 75: Vergleich der Verfahrensdauer von Spruchverfahren und allgemeinen Zivilprozessen

VzfK e. V.	**Vergleich der durchschnittlichen Verfahrensdauer von Spruchverfahren und streitigen Zivilverfahren**	
Bezeichnung	**Durchschnittliche Verfahrensdauer**	**Anzahl**
Spruchverfahren 1. Instanz (arithmetisches Mittel; unbereinigt)	3 Jahre, 10 Monate und 29 Tage	397
Streitige Zivilverfahren 1. Instanz vor dem Landgericht	7 Monate und 23 Tage	313.796
Differenz	3 Jahre, 3 Monate und 6 Tage	313.399
Spruchverfahren 1. und 2. Instanz (gesamt; arithmetisches Mittel; unbereinigt)	6 Jahre, 6 Monate und 3 Tage	122
Streitige Zivilverfahren 1. und 2. Instanz (gesamt; LG und OLG)	2 Jahre und 25 Tage	45.037
Differenz	4 Jahre, 5 Monate und 8 Tage	44.915

Daher besteht kein sachlicher Grund, von den bereits bestehenden gesetzlichen Möglichkeiten zur Verfahrensbeschleunigung keinen Gebrauch zu machen. Weil sich das Spruchverfahren so auf wesentliche Fragen reduzieren lässt, bedeutet eine gezielte Anwendung der Vorschriften zur Verfahrensförderung zugleich eine Reduzierung der Komplexität. Zudem stellt es eine auch unter verfassungsrechtlichen Gesichtspunkten nicht zulässige Privilegierung des Hauptaktionärs dar, wenn die bestehenden gesetzlichen Möglichkeiten zur Verkürzung des Spruchverfahrens nicht genutzt

268 Quelle: Statistisches Bundesamt: Geschäftsanfall und -erledigung der Zivilprozesssachen vor den Amts-, Land- und Oberlandesgerichten nach Ländern sowie vor dem Bundesgerichtshof unter anderem nach Verfahrensgegenstand, Erledigungsart, Verfahrensdauer. Fachserie 10, Reihe 2.1. unter https://www.destatis.de/DE/Publikationen/Thematisch/Rechtspflege/GerichtePersonal/Zivilgerichte2100210127004.pdf?__blob=publicationFile [Stand: 15.10.2013].

werden. In der Praxis hat sich jedenfalls immer wieder gezeigt, dass nur so das vom Gesetzgeber vorgegebene Ziel einer Verfahrensbeschleunigung erreicht werden kann.

Dennoch schrecken Gerichte meist davor zurück, die Vorschriften zur Verfahrensförderung, obgleich sie geltendes Recht darstellen, auch anzuwenden. Stattdessen schätzen die Gerichte im wirtschaftlichen Ergebnis selbst dann zu Lasten der Antragsteller, wenn der Antragsgegner seiner Verfahrensförderungspflicht nach §§ 9 f. SpruchG nicht nachgekommen ist.

In fast allen Verfahren liegt die lange Dauer des Verfahrens daran, dass die Antragsgegner für die Erwiderungen

- mehrfach Fristverlängerungen beantragen,
- den Sachverständigen erst mit Verzögerung die Informationen zur Verfügung stellen und
- die Gerichte nicht die Regeln zur Beweislastvereitelung anwenden.

Decken vom Gericht bestellte Sachverständige Bewertungsfehler auf, werden die Verfahren oftmals durch die Hauptaktionäre bzw. ihre Berater weiter verzögert. Sie ziehen dann die Tätigkeit der Sachverständigen in Zweifel und verlangen vereinzelt sogar deren Abberufung.

Aufgrund ihrer Komplexität eignen sich Spruchverfahren auch nicht für eine Begrenzung auf nur eine Instanz. Eine signifikante Verkürzung der Verfahrensdauer ist stattdessen nur durch Verschärfung der Verfahrensförderungspflichten der Beteiligten und deren konsequente Umsetzung durch die Gerichte möglich.

§ 13 Übertragungsbericht und Bewertungsgutachten

Der Hauptaktionär hat der Hauptversammlung einen schriftlichen Bericht zu erstatten, in dem er die Voraussetzungen für die Übertragung darlegt und die Angemessenheit der Barabfindung erläutert und begründet, § 327c Abs. 2 S. 1 AktG (I). Mit der Unternehmensbewertung beauftragt er meist einen Wirtschaftsprüfer, der insoweit beratend tätig wird (II). Aufgrund des situationsimmanenten Interessenkonflikts zwischen Hauptaktionär und Minderheitsaktionären überrascht es nicht, dass die Bewertungsgutachten immer wieder zu hohen Fehlbewertungen führen (III).

I Form und Inhalt des Übertragungsberichts

Form und Inhalt des Übertragungsberichts ergeben sich aus dem Gesetz (1). Unter engen Voraussetzungen können bestimmte Angaben entfallen (2).

1 Gesetzlicher Rahmen

Anders als beim Bericht über den Unternehmensvertrag nach § 293a AktG oder Verschmelzungsbericht nach § 8 Abs. 1 UmwG handelt es sich bei dem Übertragungsbericht zur Vorbereitung des Squeeze-out nicht um den Bericht des Vorstands bzw. des Vertretungsorgans eines an der Verschmelzung beteiligten Rechtsträgers. Vielmehr erstattet der Hauptaktionär diesen Bericht, § 327c Abs. 2 S. 1 AktG. Das gilt auch dann, wenn er aufgrund der Mehrheitsverhältnisse bereits in den Organen der Gesellschaft vertreten ist. Dabei verfolgt der Hauptaktionär in der Praxis, unabhängig von den Vorstellungen des Gesetzgebers, das eigene wirtschaftliche Interesse, eine möglichst geringe Abfindung zu zahlen.

Der Übertragungsbericht enthält die folgenden Mindestangaben:

- Darlegung der Übertragungsvoraussetzungen, z. B. zum Erreichen der Beteiligung in der Höhe von 95 Prozent des Grundkapitals nach § 327a Abs. 1 S. 1 AktG.
- Erläuterung und Begründung der Angemessenheit der angebotenen Barabfindung. Dies erfolgt meist durch eine Unternehmensbewertung nach dem Ertragswert- oder Discounted Cash Flow-Verfahren. Damit beauftragt der Hauptaktionär in der Regel einen externen Berater. Die Wahl fällt zumeist auf Wirtschaftsprüfungsgesellschaften, die auch im FAUB vertreten sind und dort die anzuwendenden Bewertungsmaßstäbe prägen.
- In den Bericht brauchen Tatsachen nicht aufgenommen zu werden, deren Bekanntwerden geeignet sind, der Gesellschaft oder dem Hauptaktionär einen nicht unerheblichen Nachteil zuzufügen. In diesem Falle sind in dem Bericht die Gründe, aus denen die Tatsachen nicht aufgenommen worden sind, darzulegen, §§ 327c Abs. 2 S. 4 i. V. m. 293a Abs. 2 AktG. Andernfalls liegt ein Berichtsmangel vor.

Zwar nimmt der Umfang der Übertragungsberichte stetig zu. Damit einher geht aber nicht im gleichen Maße die Berichtsqualität. Viel Volumen generieren in fast allen Berichten gebräuchliche, identische Textbausteine zu den rechtlichen Voraussetzungen. Dazu gehören vor allem die Gründe für den Ausschluss der Minderheitsaktionäre und die steuerliche Behandlung der Barabfindung. Im Hinblick auf die Höhe der Barabfindung macht sich der Hauptaktionär dann den Bericht des von ihm beauftragten Bewertungsgutachters zu eigen, der zunächst meist ausführlich die allgemeinen betriebswirtschaftlichen Grundlagen der Bewertungsverfahren darstellt.

2 Geheimhaltung

Immer wieder wird nach § 327c Abs. 2 S. 4 i. V. m. § 293a Abs. 2 S. 1 AktG von der Möglichkeit Gebrauch gemacht, bestimmte Tatsachen nicht in den Bericht aufzunehmen. Das ist aber nur in dem oben[269] dargestellten Umfang zulässig.

II Bewertungsgutachten

Im Mittelpunkt des Übertragungsberichts steht das Bewertungsgutachten, das mehrere Funktionen hat (1). Dabei handelt es sich im Normalfall um eine vollständige Unternehmensbewertung (2). Den lukrativen Markt für solche Unternehmensbewertungen teilen sich einige wenige Wirtschaftsprüfungsgesellschaften auf (3). Dabei sind die meisten Bewertungsgutachter zugleich auch im FAUB und damit in dem Gremium vertreten, welches die Grundsätze für die Unternehmensbewertung entwickelt und festschreibt (4).

1 Funktionen

Das Bewertungsgutachten steht im Mittelpunkt des Übertragungsberichts und hat mehrere Funktionen:

- Es informiert die Minderheitsaktionäre über den inneren Wert der Gesellschaft, um die Angemessenheit der Kompensation zu beurteilen. Dabei kommt es neben einer Fundamentalwertanalyse, z. B. in Form des Ertragswert- oder Discounted Cash Flow-Verfahrens, auch auf den Börsenwert sowie in besonders gelagerten Einzelfällen auch auf den Liquidations- und Substanzwert an. Wird der nach der Rechtsprechung mindestens abzufindende Börsenkurs unterschritten, sind die dafür maßgebenden Gründe darzulegen.[270]
- Zusammen mit der Höhe der Barabfindung handelt es sich bei diesem Teil des Berichts um die Informationen, die die Kapitalmärkte nach der Effizienzmarkthypothese zur Preisbildung benötigen.[271]
- Der Übertragungsbericht bildet zugleich auch die Grundlage für das Spruchverfahren, § 4 Abs. 2 S. 2 Nr. 4, 7 Abs. 3 SpruchG. So muss zum Beispiel der Antrag konkrete Einwendungen gegen die Unternehmensbewertung beinhalten.

---

269 Siehe Teil 1 § 2 IV 7 c – Spruchverfahren; Vorlagepflicht von Unterlagen, ab S. 50.

270 Vgl. für alle: Hüffer: Aktiengesetz. 11. Aufl., München 2014, § 327c Rdnr. 3.

271 Vgl. oben Fußn. 10, Seite 4 und Ausführungen Teil 3 § 6 IV 2 c – Zusammenhang zwischen Information und Preis, ab S. 150.

2 Unternehmensbewertung

Die Barabfindung ergibt sich im Normalfall aus einer Unternehmensbewertung, für welche das IDW das Ertragswert- oder Discounted Cash Flow-Verfahren empfiehlt.

Sie folgt meist dem IDW S 1. Dabei handelt es sich um „Grundsätze zur Durchführung von Unternehmensbewertungen", die das Institut der Wirtschaftsprüfer erstellt hat und laufend weiterentwickelt. Dagegen herrscht in der Praxis der Unternehmensbewertung eine Methodenvielfalt, weswegen Gerichte zunehmend die Empfehlungen des IDW in Zweifel ziehen.[272]

Nach den Empfehlungen des IDW wird der Unternehmenswert durch Diskontierung der den Unternehmenseignern künftig zufließenden finanziellen Überschüsse ermittelt, wobei diese üblicherweise aus den für die Zukunft geplanten Jahresergebnissen abgeleitet werden.[273]

3 Tätige Bewertungsgutachter

In fast allen Fällen haben Wirtschaftsprüfungsgesellschaften die Unternehmensbewertung erstellt (a). Der situationsimmanente Interessenkonflikt zwischen dem Hauptaktionär und den Minderheitsaktionären setzt sich bei den beauftragten Wirtschaftsprüfern fort (b), was zugleich berufsrechtliche Fragen aufwirft (c).

a Mandatierung

In der Praxis nehmen die Hauptaktionäre die Unternehmensbewertung nach §§ 327b Abs. 1 S. 1, 327c Abs. 2 S. 1 AktG nicht selbst vor. Vielmehr beauftragen sie damit im Normalfall einen Wirtschaftsprüfer bzw. eine Wirtschaftsprüfungsgesellschaft und machen sich deren Ergebnisse im Übertragungsbericht inhaltlich zu eigen. Dabei sehen sich die Wirtschaftsprüfer aufgrund der Auftragsbeziehung dazu veranlasst, zugunsten des Hauptaktionärs eine möglichst niedrige Barabfindung darzustellen.

b Situationsimmanenter Interessenkonflikt

Damit überträgt sich der situationsimmanente Interessenkonflikt zwischen Hauptaktionär und Minderheitsaktionären auch auf die Bewertungsgutachter. Dabei tritt dann meist in den Hintergrund, dass ihre Berufsgrundsätze sie zu einer unabhängigen und unparteiischen Tätigkeit verpflichten, § 43 Abs. 1 WPO.

Dieser situationsimmanente Interessenkonflikt verschärft sich bei den Bewertungsgutachtern noch dadurch, dass

272 Siehe dazu im Einzelnen Teil 6 § 17 I – IDW-Standard S 1; Funktion, ab S. 331.
273 IDW S 1 2008, Rdnr. 102.

- sich die Bewertungsarbeiten zahlenmäßig auf nur wenige Wirtschaftsprüfer bzw. Wirtschaftsprüfungsgesellschaften beschränken und
- diese die Interessen ihrer Auftraggeber auch in dem für den Erlass von Bewertungsrichtlinien zuständigen Gremium, dem FAUB, offen vertreten. Entsprechend haben die, regelmäßig auf Empfehlungen des FAUB zurückzuführenden, Änderungen der Fassung des IDW S 1 im Ergebnis zu teilweise deutlichen Minderungen der Unternehmenswerte geführt.

Die Studie zeigt, dass sich die Mandate auf wenige Wirtschaftsprüfer bzw. Wirtschaftsprüfungsgesellschaften konzentrieren. Die Anteile am Gesamtmarkt stellen sich in Prozent wie folgt dar:

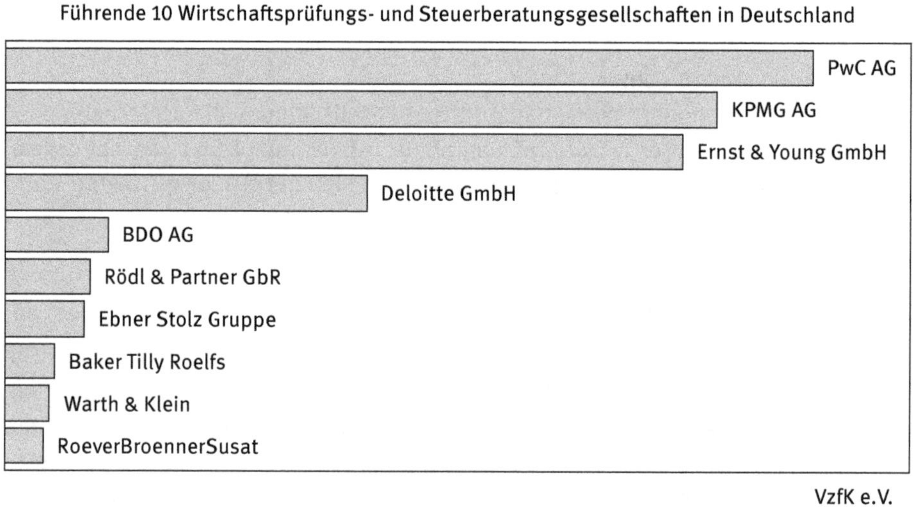

Abb. 50: Führende 10 Wirtschaftsprüfungsgesellschaften in Deutschland[274]

Dem liegen nach Erhebung der Lündendonk GmbH folgende Werte zugrunde:

274 Quelle: Lünendonk GmbH: Lünendonk®-Liste 2014: „Führende Wirtschaftsprüfungs- und Steuerberatungs-Gesellschaften in Deutschland". Unter http://luenendonk-shop.de/out/pictures/0/lue_wp_liste_pi_f300614 %281 %29_fl.pdf [Stand 30. Juni 2014].

Tab. 76: Führende 10 Wirtschaftsprüfungsgesellschaften in Deutschland

VzfK e. V.	**Führende 10 Wirtschaftsprüfungs- und Steuerberatungsgesellschaften in Deutschland**		
Unternehmen	**Rang**	**Umsatz**	**entspricht**
PwC AG	1	1.515,0 Mio. EUR	27,23 %
KPMG AG	2	1.334,3 Mio. EUR	23,99 %
Ernst & Young GmbH	3	1.271,9 Mio. EUR	22,86 %
Deloitte GmbH	4	682,4 Mio. EUR	12,27 %
BDO AG	5	195,0 Mio. EUR	3,51 %
Rödl & Partner GbR	6	160,9 Mio. EUR	2,89 %
Ebner Stolz Gruppe	7	150,4 Mio. EUR	2,70 %
Baker Tilly Roelfs Gruppe	8	94,5 Mio. EUR	1,70 %
Warth & Klein Grant Thornton AG	9	83,6 Mio. EUR	1,50 %
RBS RoeverBroennerSusat GmbH & Co. KG	10	74,8 Mio. EUR	1,34 %

Auf diese 10 Gesellschaften verteilen sich auch 54,11 Prozent der insgesamt 462 Unternehmensbewertungen nach einem wirksamen Squeeze-out:

Tab. 77: Anzahl der Bewertungen durch die in Deutschland führenden 10 Wirtschaftsprüfungsgesellschaften

VzfK e. V.	**Bewertungen durch führende 10 Wirtschaftsprüfungs- und Steuerberatungsgesellschaften in Deutschland**		
Unternehmen	**durchgeführte Bewertungen**		
	Anzahl	**entspricht Anteil an**	
		Top 10	**Gesamt**
PwC AG	66	26,40 %	14,29 %
KPMG AG	59	23,60 %	12,77 %
Ernst & Young GmbH	45	18,00 %	9,74 %
Deloitte GmbH	12	4,80 %	2,60 %
BDO AG	21	8,40 %	4,55 %
Rödl & Partner GbR	2	0,80 %	0,43 %
Ebner Stolz Gruppe	8	3,20 %	1,73 %
Baker Tilly Roelfs Gruppe	4	1,60 %	0,87 %
Warth & Klein Grant Thornton AG	18	7,20 %	3,90 %
RBS RoeverBroennerSusat GmbH & Co. KG	15	6,00 %	3,25 %

VzfK e. V.	Bewertungen durch führende 10 Wirtschaftsprüfungs- und Steuerberatungsgesellschaften in Deutschland		
Unternehmen	**durchgeführte Bewertungen**		
	Anzahl	**entspricht Anteil an**	
		Top 10	**Gesamt**
Summe	250	100,00 %	54,11 %
Übrige Bewertungen	212		45,89 %
Gesamt	462		100,00 %

Die von diesen Wirtschaftsprüfungsgesellschaften bewerteten Unternehmen machen den größten Teil des Abfindungsvolumens aus. Denn von den auf der Grundlage des Übertragungsbeschlusses übertragenen Aktien mit einem Abfindungswert in Höhe von insgesamt rund 11,22 Mrd. Euro entfallen rund 8,70 Mrd. Euro – das entspricht 77,58 Prozent – auf die zuvor genannten zehn größten deutschen Wirtschaftsprüfungsgesellschaften:

Tab. 78: Wert der durch die in Deutschland führenden 10 Wirtschaftsprüfungsgesellschaften bewerteten Anteile

VzfK e. V.	Bewertungen durch führende 10 Wirtschaftsprüfungs- und Steuerberatungsgesellschaften in Deutschland		
Unternehmen	**Abfindungsvolumen**		
	Wert	**entspricht Anteil an**	
		Top 10	**Gesamt**
PwC AG	2.022.092.707,12 EUR	23,24 %	18,03 %
KPMG AG	1.910.333.991,55 EUR	21,95 %	17,03 %
Ernst & Young GmbH	2.659.890.962,43 EUR	30,57 %	23,71 %
Deloitte GmbH	89.130.281,90 EUR	1,02 %	0,79 %
BDO AG	1.271.311.064,00 EUR	14,61 %	11,33 %
Rödl & Partner GbR	23.991.809,80 EUR	0,28 %	0,21 %
Ebner Stolz Gruppe	227.088.106,26 EUR	2,61 %	2,02 %
Baker Tilly Roelfs Gruppe	2.572.895,58 EUR	0,03 %	0,02 %
Warth & Klein Grant Thornton AG	141.515.728,96 EUR	1,63 %	1,26 %
RBS RoeverBroennerSusat GmbH & Co. KG	353.552.032,61 EUR	4,06 %	3,15 %
Summe	8.701.479.580,21 EUR	100,00 %	77,58 %
Übrige Bewertungen	2.514.649.129,50 EUR		22,42 %
Gesamt	11.216.128.709,71 EUR		100,00 %

c Berufsrechtliche Fragestellungen

Wie der nächste Abschnitt zeigt, handelt es sich dabei im Wesentlichen auch um die Gesellschaften, deren Vertreter im FAUB den Bewertungsstandard IDW S 1 fachlich prägen. Daher stellt sich besonders bei diesen Wirtschaftsprüfern die Frage nach dem Umgang mit widerstreitenden Interessen i. S. d. § 3 S. 1 BS WP/vBP. Zudem kann die Besorgnis der Befangenheit nach § 49 WPO zur Versagung der Tätigkeit führen.

Der Gesetzgeber verlangt im Interesse der Minderheitsaktionäre eine Offenlegung des inneren Wertes, um die Angemessenheit der angebotenen Barabfindung beurteilen zu können. Chancen und Risiken müssen sich ausgewogen gegenüberstehen. Insbesondere das (bilanzielle) Vorsichtsprinzip aus § 252 Abs. 1 Nr. 1 HGB ist nicht anwendbar:

> *„In der Funktion als neutraler Gutachter oder Schiedsgutachter hat der Wirtschaftsprüfer das Gebot der Unparteilichkeit zu beachten. Das für die handelsrechtliche Bilanzierung verbindliche Vorsichtsprinzip bringt eine ungleiche Gewichtung der z. T. gegenläufigen Interessen von Gläubigern (Kapitalerhaltung durch Ausschüttungssperren) und Unternehmenseignern (Ausschüttung erwirtschafteter Gewinne) zugunsten des Gläubigerschutzes zum Ausdruck und darf deshalb nicht berücksichtigt werden.*
> *Die ungewisse künftige Entwicklung darf nicht in einer Weise in den ermittelten Unternehmenswert einfließen, die eine der beteiligten Parteien – das wären bei „vorsichtiger Schätzung“ der künftigen finanziellen Überschüsse der Verkäufer bzw. die abzufindenden Gesellschafter – einseitig benachteiligt.“*[275]

Zur Offenlegung des inneren Wertes der Beteiligung an der Gesellschaft kommt es dennoch bei den meisten Unternehmensbewertungen nicht, wie diese Studie belegt.

Die Annahme des Bewertungsauftrages ist vor allem dann problematisch, wenn zum Beispiel der Abschlussprüfer als zusätzliches Mandat die Unternehmensbewertung erstellen soll. Denn die Bestellung des Abschlussprüfers erfolgt durch die Hauptversammlung mehrheitlich mit den Stimmen des Hauptaktionärs, § 119 Abs. 1 Nr. 4 AktG. Der sich daraus ergebende Interessenkonflikt, gegenüber den ausgeschlossenen Minderheitsaktionären einen ausgewogenen Unternehmenswert bzw. den wahren Wert der Beteiligung zu ermitteln, ist somit im Kern bereits angelegt.

Gerade nach einem Eigentümerwechsel lassen die neuen Eigentümer die Abschlüsse aller Konzerngesellschaften meist von nur einem Wirtschaftsprüfer bestätigen. Bewährt sich ein langjähriger Abschlussprüfer nicht im Sinne einer interessenorientierten Unternehmensbewertung, dürfte er kaum noch von dem neuen Hauptaktionär beauftragt werden. Kam es hingegen schon zu einem Wechsel des Wirtschaftsprüfers, zum Beispiel bei einer Konsolidierung, §§ 316, 317 Abs. 3 HGB, stellt sich diese Frage ohnehin nicht mehr.

---

275 IDW S 1 2008, Rdnr. 64.

Das alles führt eigentlich dazu, dass der vom Gericht nach § 327c Abs. 2 S. 2 und 3 AktG bestellte sachverständige Prüfer die vom Hauptaktionär vorgelegte Unternehmensbewertung besonders gewissenhaft prüfen müsste. Wie noch gezeigt wird, folgen die Prüfungsberichte dennoch fast immer den Vorschlägen des Hauptaktionärs bzw. den Unternehmensbewertungen der von ihm beauftragten Wirtschaftsprüfer einschließlich deren Rechtsauffassungen.

4 Erstellung der Bewertungsgrundsätze

Noch gibt es keine gesetzlichen Vorgaben für die Durchführung von Unternehmensbewertungen bei kompensationspflichtigen Strukturmaßnahmen. In der Praxis der Spruchverfahren dominieren die vom FAUB entwickelten Bewertungsstandards. Maßgeblich ist danach der Standard IDW S 1 (Grundsätze zur Durchführung von Unternehmensbewertungen) in der aktuellen Fassung vom 2. April 2008.[276] Auf der Grundlage von berufsrechtlichen Grundsätzen sind sie von allen Wirtschaftsprüfern zu beachten, die Mitglied des IDW e. V. sind. Jedoch entbinden auch die IDW-Standards die mit Bewertungsarbeiten betrauten Wirtschaftsprüfer nicht von ihrer beruflichen Eigenverantwortung. Dazu heißt es in § 4 Abs. 9 der Satzung des IDW:

> *„Jedes Mitglied hat im Rahmen seiner beruflichen Eigenverantwortlichkeit die von den Fachausschüssen des IDW abgegebenen IDW Fachgutachten, IDW Prüfungsstandards, IDW Stellungnahmen zur Rechnungslegung und IDW Standards, welche die Berufsauffassung der Wirtschaftsprüfer zu fachlichen Fragen der Rechnungslegung und Prüfung sowie zu sonstigen Gegenständen und Inhalten der beruflichen Tätigkeit darlegen oder zu ihrer Entwicklung beitragen, zu beachten. Das Mitglied hat deshalb sorgfältig zu prüfen, ob die in einem IDW Fachgutachten, einem IDW Prüfungsstandard, einer IDW Stellungnahme zur Rechnungslegung oder einem IDW Standard aufgestellten Grundsätze bei seiner Tätigkeit und in dem von ihm zu beurteilenden Fall anzuwenden sind. Abweichungen von diesen Grundsätzen sind schriftlich und an geeigneter Stelle (z. B. im Prüfungsbericht) hervorzuheben und ausführlich zu begründen."*

Schließlich handelt es sich bei den IDW-Standards nicht um gesetzliche Regelungen, sondern um nicht rechtsverbindliche Empfehlungen eines Interessenverbandes. Sie binden weder die Gerichte im Spruchverfahren noch können sich der Hauptaktionär oder seine Berater unter Berufung auf die Standards von ihrer gesetzlichen Pflicht zur Bestimmung einer angemessenen Barabfindung, § 327f S. 2 AktG, befreien. Dennoch nimmt der FAUB für sich allein die Kompetenz bezüglich aller Fragen zur Unternehmensbewertung in Anspruch.

276 Vorhergehende Fassungen: IDW S 1 in der Fassung vom 28. Juni 2000; IDW S 1 in der Fassung vom 18. Oktober 2005.

Bezeichnenderweise sind sieben der zuvor genannten zehn größten deutschen Wirtschaftsprüfungsgesellschaften, die 54,11 Prozent aller Unternehmensbewertungen erstellt haben, im FAUB vertreten. Er setzt sich wie folgt zusammen:

Tab. 79: Liste der Mitglieder des FAUB[277]

VzfK e. V.	**Fachausschuss für Unternehmensbewertung und Betriebswirtschaft (FAUB)**
Mitglieder	
Name	**Gesellschaft/Organisation**
WP StB Dr. Marc Castedello	KPMG
WP StB Dipl.-Ök. Manfred Bögle	Deloitte & Touche
CEFA Dr. Thoralf Erb	RBS RoeverBroennerSusat
WP CFA Dr. Lars Franken	IVC Independent Valuation & Consulting AG
WP StB Dipl.-Kffr. Susann Ihlau	MAZARS
WP StB Prof. Dr. Martin Jonas	Warth & Klein Grant Thornton
WP StB Dr. Torsten Kohl	Flick Gocke Schaumburg Partnerschaft
WP StB Dipl.-Kfm. Andreas Mackenstedt	PricewaterhouseCoopers
WP StB Dr. Matthias Popp	Ebner Stolz Mönning Bachem
WP StB Dr. Sven Schieszl	Ernst & Young
Prof. Dr. Wolfgang Schultze	Hochschullehrer
WP StB Dr. Eberhard Weber	

Damit besteht im Grundsatz die Möglichkeit, dem strukturellen Standpunkt der Hauptaktionäre auch in den relevanten Bewertungsgrundsätzen Geltung zu verschaffen. Daher überrascht es nicht, dass das IDW besonders die Interessen der Hauptaktionäre vertritt.

So hat sich das IDW z. B. lange gegen die Berücksichtigung von Börsenkursen als Wertuntergrenze bei der Ermittlung angemessener Barabfindungen ausgesprochen. Das sollte dem Hauptaktionär einen größtmöglichen Bewertungsspielraum, auch unterhalb der Börsenkurse, ermöglichen:

> *„Das Institut der Wirtschaftsprüfer (IDW) hat in seiner Stellungnahme unter anderem darauf hingewiesen, daß aus betriebswirtschaftlicher Sicht die Begriffe „Anteilswert" und „Unternehmenswert" zu unterscheiden seien. Der Anteilswert richte sich nach der subjektiven Einschätzung des*

277 Quelle: Institut der Wirtschaftsprüfer e. V. (IDW). Unter http://www.idw.de/idw/portal/d611006 [Stand: 3. Juli 2014].

> *Anteilseigners über den Wert der Beteiligung an einem Unternehmen unter Berücksichtigung seiner persönlichen Verhältnisse und Ziele. Der Wert eines Unternehmens werde unter der Voraussetzung ausschließlich finanzieller Ziele grundsätzlich durch dessen Eigenschaft bestimmt, Einnahmeüberschüsse zu erwirtschaften. Unter dieser Prämisse bilde nach den Erkenntnissen der betriebswirtschaftlichen Investitionsrechnung der Barwert der künftigen Erträge den theoretisch richtigen Wert des Unternehmens. Der Ertragswert entspreche diesem Barwert in Form einer praktisch durchführbaren Näherungslösung. Bei dem Ertragswertverfahren werde von den individuellen persönlichen Präferenzen und Verhältnissen der Unternehmenseigner abstrahiert und auf typisierende Annahmen abgestellt.*
> *Der Börsenkurs entspreche dagegen allenfalls zufällig dem subjektiven Anteilswert der beteiligten Aktionäre."*[278]

Die umfassende Berücksichtigung des strukturellen Standpunkts der Hauptaktionäre zeigt sich auch bei der „Weiterentwicklung" der Bewertungsgrundsätze. So hat der IDW-Standard S 1 in der Fassung 2005 gegenüber der Fassung von 2000 quasi „über Nacht"[279] eine drastische Reduzierung der Unternehmenswerte und damit der angemessenen Barabfindungen ermöglicht:

> *„Insgesamt führt die Anwendung der verschiedenen Standards zu Unternehmenswerten, die bis zu ca. 30 % differieren."*[280]

Schließlich werden auch veränderte Rahmenbedingungen immer wieder zum Anlass genommen, den strukturellen Interessen der Hauptaktionäre zu entsprechen. So hätte etwa das Absinken des Zinsniveaus als Folge der weltweiten Finanz- und Wirtschaftskrise nach dem Jahr 2008 zu einem Anstieg der Unternehmenswerte führen müssen. Schließlich sank der Diskontierungsfaktor, mit welchem die zukünftigen finanziellen Überschüsse auf den Bewertungsstichtag abgezinst werden. Um dem jedoch entgegenzuwirken, hat der FAUB am 10. Januar 2012 die Empfehlung herausgegeben, die gesunkenen Basiszinssätze durch eine Erhöhung des Risikozuschlags zu kompensieren[281], obwohl auch der FAUB anerkennen musste:

> *„Die im historischen Vergleich derzeit niedrigen Renditen deutscher Staatsanleihen haben sich an einem funktionierenden Markt gebildet und führen zu entsprechend niedrigen Basiszinssätzen."*[282]

278 BVerfG vom 27. April 1999, Az. 1 BvR 1613/94.

279 OLG Düsseldorf vom 29. Februar 2012, Az. 26 W 2/10.

280 OLG Düsseldorf vom 29. Februar 2012, Az. 26 W 2/10.

281 Verlautbarung des FAUB vom 10. Januar 2012: Auswirkungen der aktuellen Kapitalmarktsituation auf die Ermittlung des Kapitalisierungszinssatzes. WPg 2012 Nr. 4, S. 169; Verlautbarung des FAUB vom 20. September 2012: Hinweise des IDW zum Kapitalisierungszinssatz in der Unternehmensbewertung. WPg 2012 Nr. 21, S. 1125.

282 Verlautbarung des FAUB vom 10. Januar 2012: Auswirkungen der aktuellen Kapitalmarktsituation auf die Ermittlung des Kapitalisierungszinssatzes. WPg 2012 Nr. 4, S. 169.

Entsprechend heftig kritisiert die Literatur die wechselnden Empfehlungen des IDW und seines Fachausschusses für Unternehmensbewertung und Betriebswirtschaft, dem FAUB:

> *„Der Wechsel deutet auf die „Beweglichkeit" der Annahmen zur Unternehmensbewertung und auf ihre begrenzte „Planbarkeit". Die „Halbwertzeit" der Standards verkürzt sich!"*[283]

Auch die Rechtsprechung vermag sich, vor allem im Hinblick auf eine Rückwirkung, dem sprunghaften Paradigmenwechsel des IDW nicht mehr ohne weiteres anzuschließen:

> *„Es ist auch wenig plausibel, wenn durch die rückwirkende Anwendung eines Standards, gewissermaßen „über Nacht" und flächendeckend 20 % oder 30 % der Unternehmenswerte rückwirkend „vernichtet" werden, obwohl zuvor noch alle am Markt Beteiligten von den weit höheren Werten ausgegangen waren."*[284]

Damit steht das Spruchverfahren auch vor der Aufgabe, die vom IDW vorgegebenen Bewertungsschritte umfassend auf ihre empirischen bzw. tatsächlichen und rechtlichen Grundlagen zu prüfen. Da viele sachverständige Prüfer ebenfalls dem FAUB angehören, ist insoweit jedenfalls nicht immer mit der eigentlich gebotenen Unabhängigkeit, Gewissenhaftigkeit und Unparteilichkeit zu rechnen.

III Unterbewertungen in Bewertungsgutachten

Nach einer zusammenfassenden Einführung (1) folgen Angaben zur Anzahl von Fehlbewertungen (2) und deren wirtschaftliche Auswirkungen. Diese Daten werden nach den hier beteiligten zehn führenden Wirtschaftsprüfungsgesellschaften Deutschlands aufgeschlüsselt (3). Abschließend folgen Überlegungen zur Rechtsqualität des Bewertungsgutachtens (4).

1 Einführung

Der strukturimmanente Interessenkonflikt der Bewertungsgutachter erklärt wohl die hohe Anzahl von Fehlbewertungen. Immerhin wurden in Gerichtsverfahren die von den Bewertungsgutachtern berechneten Barabfindungen bis zum 31. Dezember 2013 bereits in 217 Fällen nachträglich erhöht.

---

283 Großfeld, Bernhard: Recht der Unternehmensbewertung, 6., neu bearbeitete Aufl., Köln 2011, Rdnr. 678.

284 OLG Düsseldorf vom 29. Februar 2012, Az. 26 W 2/10.

Den ausgeschiedenen Minderheitsaktionären wären anderenfalls durch die Fehlbewertungen der Bewertungsgutachter Vermögenswerte in Höhe von 608,58 Mio. Euro unberechtigt entzogen worden.

Dabei muss davon ausgegangen werden, dass die Anhebung in vielen Spruchverfahren weitgehend nur auf eine Anpassung des Kapitalisierungszinssatzes zurückzuführen ist und Unterbewertungen in den Planungsrechnungen unentdeckt geblieben sind.

2 Anzahl der Fehlbewertungen

Zwar liegt die Anzahl der Fehlbewertungen durch die zehn führenden deutschen Wirtschaftsprüfungsgesellschaften nicht wesentlich über dem Durchschnitt aller Bewertungsgutachter:

Tab. 80: Anzahl der Unterbewertungen in Bewertungsgutachten mit Aufteilung nach den führenden 10 deutschen Wirtschaftsprüfungsgesellschaften und übrigen Bewertungsgutachtern

VzfK e. V.	Bewertungen durch führende 10 Wirtschaftsprüfungs- und Steuerberatungsgesellschaften in Deutschland		
Unternehmen	**Anzahl Bewertungen**		
	Gesamtzahl	**Erhöhungen**	**entspricht**
PwC AG	66	31	46,97 %
KPMG AG	59	31	52,54 %
Ernst & Young GmbH	45	19	42,22 %
Deloitte GmbH	12	8	66,67 %
BDO AG	21	17	80,95 %
Rödl & Partner GbR	2	0	0,00 %
Ebner Stolz Gruppe	8	2	25,00 %
Baker Tilly Roelfs Gruppe	4	1	25,00 %
Warth & Klein Grant Thornton AG	18	10	55,56 %
RBS RoeverBroennerSusat GmbH & Co. KG	15	5	33,33 %
Summe	250	124	49,60 %
Übrige Bewertungen	212	93	43,87 %
Gesamt	462	217	46,97 %

3 Wirtschaftliche Auswirkungen der Fehlbewertungen

Sieht man sich die in Spruchverfahren erhöhten Barabfindungen aber im Einzelnen an, zeichnen sich die zehn führenden deutschen Wirtschaftsprüfungsgesellschaften durch überdurchschnittlich hohe Unterbewertungen aus. Denn während die durchschnittliche Erhöhung der Barabfindung bei ihnen 18,53 Prozent betrug, lag sie bei allen übrigen Bewertungsgutachtern bei „nur" 11,43 Prozent:

Tab. 81: Quotale Anhebung der Barabfindung – mit Aufteilung nach führenden 10 deutschen Wirtschaftsprüfungsgesellschaften und übrigen Bewertungsgutachtern

VzfK e. V.	Bewertungen durch führende 10 Wirtschaftsprüfungs- und Steuerberatungsgesellschaften in Deutschland		
Unternehmen	**Durchschnittliche Anhebung der Barabfindung**		
	Wert der Anteile	**Erhöhung**	**entspricht**
PwC AG	363.844.721,93 EUR	76.975.333,52 EUR	21,16 %
KPMG AG	680.167.053,76 EUR	70.106.812,58 EUR	10,31 %
Ernst & Young GmbH	220.160.749,91 EUR	40.236.378,39 EUR	18,28 %
Deloitte GmbH	52.982.981,28 EUR	11.824.028,34 EUR	22,32 %
BDO AG	1.253.015.479,16 EUR	259.763.174,15 EUR	20,73 %
Rödl & Partner GbR	0,00 EUR	0,00 EUR	0,00 %
Ebner Stolz Gruppe	7.888.252,28 EUR	1.241.823,20 EUR	15,74 %
Baker Tilly Roelfs Gruppe	568.464,96 EUR	227.876,04 EUR	40,09 %
Warth & Klein Grant Thornton AG	57.993.010,92 EUR	12.341.793,59 EUR	21,28 %
RBS RoeverBroennerSusat GmbH & Co. KG	64.349.630,38 EUR	27.691.887,95 EUR	43,03 %
Summe	2.700.970.344,58 EUR	500.409.107,76 EUR	18,53 %
Übrige Bewertungen	946.695.778,51 EUR	108.167.211,27 EUR	11,43 %
Gesamt	3.647.666.123,09 EUR	608.576.319,03 EUR	16,68 %

Die Fehlbewertungen verteilen sich auf die einzelnen Wirtschaftsprüfungsgesellschaften wie folgt:

Tab. 82: Anzahl der Unterbewertungen in Bewertungsgutachten – mit Aufteilung nach den führenden 10 deutschen Wirtschaftsprüfungsgesellschaften und übrigen Bewertungsgutachtern und quotaler Höhe der Unterbewertungen

VzfK e. V.	**Bewertungen durch führende 10 Wirtschaftsprüfungs- und Steuerberatungsgesellschaften in Deutschland**						
Unternehmen	**Anzahl Bewertungen**						
	Gesamtzahl	**davon mit Anhebung der Barabfindung**					
		Gesamt	**entspricht**	**davon Anhebungen um**			
				bis 10 %	**10 bis 50 %**	**50 bis 100 %**	**über 100 %**
PwC AG	66	31	46,97 %	6	23	2	0
KPMG AG	59	31	52,54 %	8	20	2	1
Ernst & Young GmbH	45	19	42,22 %	3	14	2	0
Deloitte GmbH	12	8	66,67 %	2	4	2	0
BDO AG	21	17	80,95 %	2	12	2	1
Rödl & Partner GbR	2	0	0,00 %	0	0	0	0
Ebner Stolz Gruppe	8	2	25,00 %	1	1	0	0
Baker Tilly Roelfs Gruppe	4	1	25,00 %	0	1	0	0
Warth & Klein Grant Thornton AG	18	10	55,56 %	4	5	1	0
RBS RoeverBroennerSusat GmbH & Co. KG	15	5	33,33 %	2	3	0	0
Summe	250	124	49,60 %	28	83	11	2
Übrige Bewertungen	212	93	43,87 %	9	57	15	12
Gesamt	462	217	46,97 %	37	140	26	14

4 Rechtsqualität von Bewertungsgutachten

Zwar erteilen Wirtschaftsprüfer in Bewertungsgutachten nicht den gesetzlich vorgeschriebenen Bestätigungsvermerk nach § 32 WPO. Jedoch erweckt die Schlussbemerkung, die regelmäßig von zwei Wirtschaftsprüfern unterzeichnet wird, den Anschein der Ermittlung eines objektiv zutreffenden Unternehmenswertes.

Die bewertungstechnische Einkleidung eines unangemessen niedrigen Unternehmenswerts zeigt genau die Parteinähe, welche bei der EU entsprechende berufspolitische Fragen zur Unabhängigkeit der Wirtschaftsprüfer aufgeworfen hat.[285] Denn auch Wirtschaftsprüfer handeln, vor allem wenn sie als Bewertungsgutachter im Auftrag eines Hauptaktionärs einen Unternehmenswert bestimmen, wie ein Rechtsanwalt zumindest im Ergebnis als Interessenvertreter. Wie der nächste Abschnitt zeigt, gilt das auch für die sachverständigen Prüfer.

Diese empirischen Erkenntnisse lassen es nicht zu, den Bewertungsgutachtern einen Vertrauensvorschuss zu gewähren und die gerichtliche Prüfungstiefe zu reduzieren.[286]

§ 14 Prüfung der Barabfindung auf Angemessenheit

Nach dem Willen des Gesetzgebers soll die Tätigkeit des sachverständigen Prüfers die Komplexität des Spruchverfahrens reduzieren (I). Dieses Ziel hat die Praxis nicht erreicht (II). Die ausgewerteten Prüfungsberichte folgen inhaltlich fast immer dem zeitgleich erstellten Bericht des Hauptaktionärs, ohne die gebotene kritische Distanz erkennen zu lassen (III). Wie bei den Bewertungsgutachtern konzentriert sich die Tätigkeit auf einige wenige Wirtschaftsprüfer bzw. Wirtschaftsprüfungsgesellschaften (IV). Besonders signifikante Unterbewertungen sind beim Zusammenwirken zwischen einzelnen sachverständigen Prüfern mit einzelnen Bewertungsgutachtern zu verzeichnen (V). Außerdem propagieren sachverständige Prüfer immer wieder Bewertungsansätze, die sich wirtschaftlich nachteilig für die Minderheitsaktionäre auswirken, deren Interessen sie nach dem Gesetz zu schützen haben (VI). Daraus ergeben sich vielfältige Vorschläge für die Praxis (VII).

I Zweck der sachverständigen Prüfung

§ 327c Abs. 2 S. 2 AktG verlangt, die Angemessenheit der Barabfindung durch einen oder mehrere sachverständige Prüfer zu prüfen. Für die mündliche Verhandlung soll sein persönliches Erscheinen angeordnet werden, wenn seine Anhörung zur Aufklärung des Sachverhalts nicht als entbehrlich erscheinen sollte, § 8 Abs. 2 S. 1 SpruchG. Ein Vorrangverhältnis zur Anhörung des sachverständigen Prüfers im Spruchverfah-

285 Siehe z. B. Financial Times Deutschland vom 30. Juli 2012 Seite 3: Wirtschaftsprüfer beleben umstrittenes Geschäftsmodell.

286 So aber LG Frankenthal im Spruchverfahren betreffend den Squeeze-out der Gasanstalt Kaiserslautern AG, Az. 2 HK O 120/10 AktG. Das Gericht hatte in der mündlichen Verhandlung am 21. November 2011 erklärt, dass dem Bewertungsgutachter ein Vertrauensvorschuss entgegenzubringen sei, weil dieser dem Berufsstand der Wirtschaftsprüfer – PwC – angehöre.

ren gegenüber der Beweiserhebung durch das Gutachten eines anderen Sachverständigen ergibt sich aus dem Gesetz aber nicht. Dazu heißt es beim OLG Düsseldorf:[287]

> *„Das Landgericht ist auch nicht gehalten, zunächst den sachverständigen Prüfer anzuhören. Ein solches Vorrangverhältnis sieht weder § 7 Abs. 6 SpruchG noch § 8 Abs. 2 SpruchG vor. § 7 Abs. 6 SpruchG bezieht sich auf die Vorbereitung der mündlichen Verhandlung und die Klärung von Vorfragen. § 8 Abs. 2 SpruchG sieht die Anhörung des Prüfers als sachverständigen Zeugen zur Aufklärung des Sachverhalts und in geeigneten Fällen zur Beantwortung von einzelnen Fragen, die sich aus der Antragsbegründung und -erwiderung ergeben, vor. Der angegriffene Beweisbeschluss bezieht sich demgegenüber nicht auf Vorfragen, sondern auf die Ermittlung des konkreten Unternehmenswerts, die sich angesichts der von der Antragstellerin vorgetragenen Bewertungsrügen zudem nicht nur auf einzelne Fragen beschränkt. Vor diesem Hintergrund ist nicht zu beanstanden, dass das Landgericht von der Anhörung des sachverständigen Prüfers abgesehen hat. Dem steht auch nicht entgegen, dass es insgesamt drei Gutachten gibt, die ähnliche Unternehmenswerte festgestellt haben. Denn die Antragstellerin rügt gerade die ungeprüfte Übernahme der Bewertungsansätze im C.-Gutachten durch den sachverständigen Prüfer.“*

Wie sich aus den Gesetzgebungsmaterialien ergibt, bezwecken die Prüfung der Barabfindung und die Erstellung des Prüfungsberichts den Schutz der Interessen von Minderheitsaktionären:

> *„Wie beim Abschluss von Unternehmensverträgen, bei der Eingliederung und bei Umwandlungsvorgängen sollen die Interessen der Minderheitsaktionäre durch einen Bericht, der hier vom Hauptaktionär zu erstellen ist, und zusätzlich durch eine Prüfung unabhängiger Sachverständiger geschützt werden.“*[288]

Die Angemessenheitsprüfung nach § 327c Abs. 2 S. 2 AktG soll nach der Rechtsprechung

> *„eine Gewähr dafür bieten, dass es im Spruchverfahren im Regelfall nicht zu erheblichen Mehrbeträgen kommen wird“.*[289]

Zu diesem Zweck ist die Barabfindung vom sachverständigen Prüfer eigenständig zu ermitteln:

> *„Die Höhe der Abfindung wird nicht vom Hauptaktionär, sondern von einem unabhängigen und vom Gericht bestellten Gutachter ermittelt. Der Gesetzgeber hat damit weitgehend dafür Sorge getragen, dass bereits frühzeitig eine objektive Feststellung des Wertes der Beteiligung an der Gesellschaft erfolgt. Damit ist zwar nicht ausgeschlossen, dass im Einzelfall Fehleinschätzungen erfolgen, die im nachfolgenden Spruchverfahren korrigiert werden müssen. Im Regelfall dürfte*

---

287 OLG Düsseldorf vom 12. Dezember 2012, Az. I-26 W 19/12 (AktE).

288 RegBegr. zu § 327c Abs. 2 AktG, BT-Drucks 14/7034, Seite 73.

289 BGH vom 25. Juli 2005, Az. II ZR 327/03.

indes die Gefahr eher gering sein, dass die vom Sachverständigen ermittelte Abfindung signifikant hinter dem Wert der gehaltenen Beteiligung an der Gesellschaft zurückbleibt."[290]

Die empirischen Daten zeigen jedoch, dass die vom Gesetzgeber angenommene Objektivität nicht besteht. Der Gesetzgeber hat verkannt, dass vor allem angesichts der hier bestehenden wirtschaftlichen Relevanz auch Wirtschaftsprüfer, letztlich wie Rechtsanwälte, als Interessenvertreter agieren. Naturgemäß steht auch dem sachverständigen Prüfer der Hauptaktionär näher als die verfassungsrechtlichen Rechtspositionen von Minderheitsaktionären. Schließlich erhält er sein Honorar und gegebenenfalls einen Folgeauftrag von Hauptaktionären und nicht von Kleinaktionären. Die hier entstehende Parteinähe und damit verbundene widerstreitende Interessen bei dem sachverständigen Prüfer lassen sich nach derzeit geltender Rechtslage nur durch die Gerichte in jedem Einzelfall korrigieren.

II Die Abfindungsprüfung in der Praxis

Die Studie belegt, dass zwischen (Gesetzes-)Anspruch und Wirklichkeit eine Lücke klafft (1). Nur in drei Ausnahmefällen haben sachverständige Prüfer erkennbar den Bewertungsansätzen von Hauptaktionären widersprochen (2). Das verlangt eine Auseinandersetzung mit den Ursachen für die Fehlbewertungen (3).

1 Ergebnisübersicht

Obwohl zum 31. Dezember 2013 erst 229 Spruchverfahren abgeschlossen waren, kam es bereits in

- 217 aller 462 untersuchten Squeeze-out – das entspricht einer Quote von 46,97 Prozent – bzw.
- 193 von 256 mindestens erstinstanzlich beendeten Spruchverfahren – das entspricht einer Quote von 75,39 Prozent – bzw.
- 193 von 229 erst- und zweitinstanzlich beendeten Spruchverfahren – das entspricht einer Quote von 84,28 Prozent –

zu Anhebungen der von den Hauptaktionären festgelegten Barabfindungen. Dabei liegt der Gesamtbetrag der Erhöhungen bis zum 31. Dezember 2013 bereits bei 608,58 Mio. Euro.

290 BVerfG vom 30. Mai 2007, Az. 1 BvR 390/04.

2 Einwendungen von sachverständigen Prüfern

Zuvor jedoch haben die sachverständigen Prüfer, bis auf drei Ausnahmen, in allen Fällen die von dem jeweiligen Hauptaktionär festgelegte Barabfindung als angemessen beurteilt. Bei diesen drei Ausnahmefällen handelt es sich um:

Tab. 83: Squeeze-out-Verfahren, in denen sachverständige Prüfer die Barabfindung nicht als angemessen beurteilt haben

VzfK e. V.	**Einwendungen von sachverständigen Prüfern gegen Barabfindung**
Gesellschaft	**sachverständiger Prüfer**
DIH Deutsche Immobilien Holding AG	Graf Kanitz, Schüppen und Partner
Dom-Brauerei AG	Baker Tilly Roelfs Gruppe
Glunz AG	PwC AG

- Im Fall des Squeeze-out der Minderheitsaktionäre der DIH Deutsche Immobilien Holding AG hat die Hauptversammlung am 28. Februar 2012 zunächst die vom Hauptaktionär festgelegte Barabfindung beschlossen. Hiergegen erhoben Aktionäre Anfechtungsklage. Den dagegen gerichteten Freigabeantrag hat das Hanseatische Oberlandesgericht Bremen zurückgewiesen.[291] Zur Begründung hat das Gericht ausgeführt:

  „Die Einschätzung eines gerichtlich bestellten Sachverständigen dahingehend, dass eine Barabfindung unangemessen ist, spricht für einen von vorneherein nicht verfassungsgemäßen Squeeze out."

  Die Anfechtungsklagen wurden daraufhin mit einem Vergleich beendet, der die Barabfindung bereits um rund 60 Prozent angehoben hat. Weil auch dieser Betrag noch am unteren Rand der vom sachverständigen Prüfer genannten Wertspanne liegt, ist vor dem LG Bremen ein Spruchverfahren anhängig.
- Beim Squeeze-out der Minderheitsaktionäre der Dom-Brauerei AG hat die Hauptversammlung am 2. Februar 2010 die vom Hauptaktionär festgelegte Barabfindung beschlossen. Erst das zuständige Gericht hat im Spruchverfahren die Barabfindung auf den vom sachverständigen Prüfer als angemessen beurteilten Wert angehoben.[292]
- Im Fall des Ausschlusses der Minderheitsaktionäre der Glunz AG hat sich der Hauptaktionär dem Ergebnis des Prüfers angeschlossen. Die Hauptversammlung hat am 31. Mai 2005 die so erhöhte Barabfindung beschlossen.

291 Hanseatisches Oberlandesgericht Bremen vom 16. August 2012, Az. 2 U 51/12 (AktG).

292 LG Köln vom 21. September 2011, Az. 91 O 57/10.

Die Ausnahmefälle stellen jedoch wirtschaftlich betrachtet unbedeutende Verfahren dar:

Tab. 84: Squeeze-out-Verfahren, in denen sachverständige Prüfer die Barabfindung nicht als angemessen beurteilt haben – mit Darstellung der Abfindungswerte

VzfK e. V.	Einwendungen von sachverständigen Prüfern gegen Barabfindung			
Gesellschaft	**Anzahl betroffener Aktien**	**Barabfindung laut HV**	**Erhöhung Barabfindung**	
			Betrag	**entspricht**
DIH Deutsche Immobilien Holding AG	1.201.617 Stück	2.066.781,24 EUR	1.237.665,51 EUR	59,88 %
Dom-Brauerei AG	96.823 Stück	116.187,60 EUR	108.441,76 EUR	93,33 %
Glunz AG	94.868 Stück	1.681.981,32 EUR	680.260,20 EUR	40,44 %

Der Gesamtbetrag der durch diese drei Fälle ausgelösten Erhöhungen der Barabfindungen beläuft sich auf gerade einmal 0,33 Prozent aller Erhöhungsbeträge!

3 Ursachenforschung der Fehlbewertung

Wie die übrigen Fälle zeigen, hat sich die Erwartung des Gesetzgebers nicht erfüllt, dass mit der Prüfung der Abfindung und dem Prüfungsbericht umfangreiche Neubewertungen durch einen weiteren Sachverständigen entbehrlich werden.[293] Vielmehr stellt sich das Spruchverfahren nach wie vor als die einzige Gelegenheit dar, um mit gerichtlicher Hilfe die tatsächlichen Wertverhältnisse zu ermitteln. Dazu ist in der Regel ein umfassender Beweisbeschluss und die Beauftragung eines anderen Sachverständigen zum Zwecke der Neubewertung der Gesellschaftsanteile, gegebenenfalls nach klaren Einzelvorgaben, erforderlich.

Der sachverständige Prüfer ist nicht dazu in der Lage, den situationsimmanenten Interessenkonflikt zwischen dem Hauptaktionär und den Minderheitsaktionären aufzulösen. Denn er befindet sich in demselben Zielkonflikt. Einerseits ist er verpflichtet, der gerichtlichen Bestellung zu entsprechen und gewissenhaft, sorgfältig und kritisch die vom Hauptaktionär festgelegte Barabfindung auf ihre Angemessenheit hin zu prüfen:

> *„In der Funktion als neutraler Gutachter wird der Wirtschaftsprüfer als Sachverständiger tätig, der mit nachvollziehbarer Methodik einen von den individuellen Wertvorstellungen betroffener*

293 RegBegr. zum Spruchverfahrensgesetz, BT-Drucks 15/371, S. 14 re.Sp.

> *Parteien unabhängigen Wert des Unternehmens – den objektivierten Unternehmenswert – ermittelt.“*[294]

Andererseits ist er daran interessiert, von diesem Hauptaktionär oder der betroffenen Gesellschaft weitere Prüfungs- und Beratungsaufträge zu erhalten.[295] Zwar wird der sachverständige Prüfer vom Gericht ausgewählt und bestellt, er kann aber vom Hauptaktionär vorgeschlagen werden, § 327c Abs. 2 S. 3 AktG. Eine allzu kritische Beurteilung führt daher im Zweifel dazu, dass ein Prüfer von Hauptaktionären nicht mehr vorgeschlagen wird und keine weiteren Folgeaufträge erhält.

Die Ergebnisse der Studie überraschen insoweit nicht. Insbesondere die zunehmende Abhängigkeit der Wirtschaftsprüfer von lukrativen Beratungsaufträgen reduziert den Spielraum der Prüfer gegenüber den Hauptaktionären. So titelt das Manager Magazin:[296]

> *„Wirtschaftsprüfer*
>
> *Ruinöser Preiskampf, mangelhafte Beratung, Kapitulation vor dem Kunden – die Branche gefährdet ihr Geschäft.“*

Im September 2012 teilte zum Beispiel die ThyssenKrupp AG mit, dass der bisherige Abschlussprüfer KPMG durch PricewaterhouseCoopers ersetzt werden soll.[297] Der neue Prüfer hat den bisherigen um rund die Hälfte unterboten. Dies führt bei KPMG zu einem Honorarverlust von 22 Mio. Euro.[298] Solche Entwicklungen reduzieren den Spielraum und die Bereitschaft, eigenständig und kritisch die Wertverhältnisse zu überprüfen:

> *„Wegen des harschen Wettbewerbs gehen die Prüfer nicht nur beim Preis sehr weit, um den Wünschen des Kunden zu folgen. Den Verantwortlichen ist klar, dass sie kein wichtiges Mandat verlieren dürfen.“*[299]

---

294 IDW S 1 2008, Rdnr. 12.

295 Siehe z. B. Financial Times Deutschland vom 30. Juli 2012, Seite 3: Wirtschaftsprüfer beleben umstrittenes Geschäftsmodell.

296 Manager Magazin Nr. 10/2010: Billig abgestempelt – Wirtschaftsprüfer – Ruinöser Preiskampf, mangelhafte Beratung, Kapitulation vor dem Kunden – die Branche gefährdet ihr Geschäft, S. 80.

297 Pressemitteilung der ThyssenKrupp AG vom 7. September 2012: Aufsichtsrat von ThyssenKrupp empfiehlt PricewaterhouseCoopers (PwC) als Abschlussprüfer. Unter http://www.thyssenkrupp.com/de/presse/art_detail.html&device=printer&eid=TKBase_1347008763225_1607508559.

298 Manager Magazin Nr. 11/2012: Die Leidgeprüften; KPMG: Die einstige Ikone der Wirtschaftsprüfer verliert Kunden und Partner. Was geht da schief? S. 10.

299 Manager Magazin Nr. 10/2010: Billig abgestempelt – Wirtschaftsprüfer – Ruinöser Preiskampf, mangelhafte Beratung, Kapitulation vor dem Kunden – die Branche gefährdet ihr Geschäft, S. 82.

Prüfungsmandate dienen daher immer häufiger nur als „Türöffner“ für hochdotierte Consulting-Mandate. Diese erbringen oft das vierfache Honorar.[300] Hierzu zählen auch die im Rahmen aktienrechtlicher Strukturmaßnahmen zu erstellenden Bewertungsgutachten.

Die wirtschaftlichen Rahmenbedingungen für die Wirtschaftsprüfer führen dazu, die Funktion des sachverständigen Prüfers neu zu beurteilen. Dabei stellt sich nicht nur die Frage, ob neben der vom Hauptaktionär zu erstellenden Unternehmensbewertung noch ein weiterer Prüfungsbericht geboten ist, wenn dem Prüfer ohnehin der für eine gewissenhafte und kritische Prüfung erforderliche Spielraum fehlt. Stattdessen hat sich immer wieder gezeigt, dass gerade hier die Minderheitsaktionäre auf gerichtliche Hilfe angewiesen sind. Daher spricht einiges dafür, neben dem Kapitalisierungszins auch Fragen der Unternehmensbewertung, insbesondere zur Planungsrechnung, in den Mittelpunkt des Spruchverfahrens zu rücken. Zu den dafür erforderlichen Informationen hat jedoch allenfalls ein vom Gericht im Rahmen eines Beweisbeschlusses bestellter Sachverständiger Zugang. Daher bietet es sich neben einer umfassenden Neubewertung an, insbesondere die von den Antragstellern aufgeworfenen Bewertungsfragen zum Gegenstand eines umfassenden Beweisbeschlusses zu machen.

III Fehlende Distanz zischen sachverständigen Prüfern und Bewertungsgutachtern

Die Prüfung der Angemessenheit der Barabfindung erfolgt fast immer zeitgleich mit der Bewertung des Unternehmens durch den Hauptaktionär bzw. den von ihm beauftragten Bewertungsgutachtern. Dies führt bereits dazu, dass die notwendige kritische Distanz des sachverständigen Prüfers verloren geht (1). Dem kann nur durch Auflagen im Bestellungsbeschluss begegnet werden (2).

1 Zeitgleiche Tätigkeit von sachverständigen Prüfern und Bewertungsgutachtern

Das Verlangen des Hauptaktionärs nach § 327a Abs. 1 S. 1 AktG, ihm durch Beschluss der Hauptversammlung die Aktien der Minderheitsaktionäre zu übertragen, leitet das Squeeze-out-Verfahren ein. Erst danach erhält er auf der Grundlage von § 327b Abs. 1 S. 2 AktG Zugang zu den bewertungsrelevanten Unterlagen und bestellt das Gericht den sachverständigen Prüfer, § 327c Abs. 2 S. 3 AktG.

Der sachverständige Prüfer schließt seinen Prüfungsbericht meist zeitgleich oder nur wenige Tage nach Vorlage der Unternehmensbewertung durch den Hauptaktionär ab.

---

300 Vgl. Zeit online: Bilanzskandale Ansichten eines Wirtschaftsprüfers. Unter: http://www.zeit.de/2002/36/200236_wirtschaftspruef_xml [Stand: 7. Mai 2013].

In Beschlussmängelklagen ging es daher lange darum, ob es sich bei einer zeitgleichen Tätigkeit überhaupt um eine Prüfung im Sinne des § 327c Abs. 2 S. 2 AktG handeln kann. Schließlich setzt der Begriff „Prüfung" nach seinem Wortsinn voraus, dass eine in sich abgeschlossene Leistung vorliegt. Eine zeitgleiche Tätigkeit schließt das jedoch aus. Die Rechtsprechung hält diese Vorgehensweise dennoch grundsätzlich für zulässig:

> *„Im Rahmen der Prüfung der Angemessenheit der Barabfindung gemäß § 327c Abs. 2 Satz 2 AktG ist eine – vor Abschluss der Unternehmensbewertung und der Berichterstattung des Hauptaktionärs einsetzende – sog. Parallelprüfung durch den gerichtlich bestellten Prüfer zulässig."*[301]

Erstmalig im Fall der DIH Deutsche Immobilien Holding AG hat ein sachverständiger Prüfer ausführlich über die Wechselwirkung aus zeitgleicher Bewertung und sachverständiger Prüfung wie folgt berichtet:

> *„Wie sich aus meinen obigen Ausführungen zu den Diskussionen des nachhaltigen Ergebnisses und des Betafaktors ergibt, habe ich jedoch die Handhabung der Parallelprüfung im konkreten Fall als unglücklich wahrgenommen. Soweit es mir gelang, den Bewertungsgutachter zu Korrekturen seiner Position zu veranlassen, konnte hierbei der Eindruck entstehen, dass „Korrekturen" beschränkt auf die Argumentation oder in Verbindung mit gegenläufigen Veränderungen anderer Parameter erfolgten, um ein im Wesentlichen unverändertes Bewertungsergebnis zu erzielen."*[302]

Das verdeutlicht die Problematik der zeitgleichen Tätigkeit von Bewertungsgutachtern und sachverständigen Prüfern. Sie manifestiert sich in den nachfolgend noch dargestellten Fehlbewertungen bei Zusammenwirken bestimmter Bewertungsgutachter und Prüfer.[303]

2 Auflagen im Bestellungsbeschluss

Vor dem Hintergrund der hier zu beachtenden Vorgaben der Verfassung und des Gesetzgebers besteht daher weiterhin Präzisierungsbedarf. Zunächst stellt sich die Frage, was unter einer sogenannten „Parallelprüfung" zu verstehen ist. Die vom Hauptaktionär selbst vorgenommene bzw. in Auftrag gegebene Wertermittlung stellt nämlich keine Prüfung dar. Diese ist vielmehr Gegenstand der Prüfung. Damit trifft der Begriff „Parallelprüfung" nicht den Kern der relevanten Tätigkeiten, weil nicht zeitgleich zwei Prüfungen stattfinden.

Die bisher ausgewerteten Prüfungsberichte enthalten nur in wenigen Fällen einen gesonderten Abschnitt, in dem über den Prüfungsverlauf und die einzelnen

---

301 BGH vom 18. September 2006, Az. II ZR 225/04.

302 Bericht des sachverständigen Prüfers zur Höhe der angemessenen Barabfindung für die Aktien der ausgeschiedenen Minderheitsaktionäre der Deutsche Immobilien Holding AG vom 17. Januar 2012.

303 Siehe dazu Teil 5 § 14 V – Konstellationen bei signifikanten Fehlbewertungen, ab S. 291.

Prüfungshandlungen berichtet wird. Stattdessen finden sich in den Berichten nur die in den §§ 327c Abs. 2 S. 4, 293e Abs. 1 AktG vorgeschriebenen Angaben,
- nach welchen Methoden die Barabfindung ermittelt worden ist und
- aus welchen Gründen die Anwendung dieser Methoden angemessen ist.

Bereits die weitere gesetzliche Pflichtangabe aus § 293e Abs. 1 S. 3 Nr. 3 AktG enthält oft Mängel. Danach ist im Prüfbericht anzugeben, welche Abfindung sich bei der Anwendung verschiedener Methoden, sofern mehrere angewandt worden sind, jeweils ergeben würde. Zugleich ist anzugeben, welches Gewicht den verschiedenen Methoden bei der Bestimmung der vorgeschlagenen Abfindung und der ihr zugrunde liegenden Werte beigemessen worden ist. In der überwiegenden Anzahl wird der Unternehmenswert nur nach dem Ertragswertverfahren ermittelt und wird ergänzend der nach der Rechtsprechung zwingend als Mindestwert zu beachtende Börsenwert angegeben. Daneben werden zum Teil im Rahmen der Ertragswertmethode alternative Unternehmenswerte benannt, welche sich bei der Auswahl unterschiedlicher Parameter des Kapitalisierungszinssatzes ergeben würden. Diese Berechnungen, welche ohne jeden Aufwand auf „Knopfdruck" generierbar sind, lassen jedoch in der Regel nicht einmal erkennen, welchen Parametern nach Auffassung des Prüfers der Vorrang einzuräumen ist. Zum Beispiel werden Liquidationswerte nur in besonders gelagerten Einzelfällen, Substanzwerte überhaupt nicht ermittelt. Vom IDW abweichende Bewertungsmethoden werden nicht einmal dargestellt, erst recht nicht angewandt.

Schließlich enden die Prüfungsberichte unisono mit der Feststellung, dass *„keine besonderen Schwierigkeiten bei der Bewertung der Unternehmen"* aufgetreten seien, vgl. § 293e Abs. 1 S. 3 Nr. 3 AktG. Wie wenig glaubhaft diese Erklärung ist, zeigt der Ausgang der Spruchverfahren. Denn bei einer Unternehmensbewertung handelt es sich immer um eine komplexe Aufgabenstellung, bei der mehrere Bewertungsansätze vertretbar sein können.

Um die vom Gesetzgeber geforderten Transparenz zu erhöhen –

> *„Jeder Minderheitsaktionär muss in die Lage versetzt werden, die Berechnung des Schwellenwertes als wesentliche Voraussetzung des Squeeze-out und die der Festlegung der Barabfindung zugrunde liegenden Überlegungen nachzuvollziehen."*[304]

– sind dem Prüfer daher vom Gericht schon bei seiner Bestellung weitere inhaltliche Auflagen für den Prüfungsbericht zu erteilen. Solche, möglichen Auflagen, werden nachfolgend noch erörtert.[305]

---

304 RegBegr. zu § 327c Abs. 2 AktG, BT-Drucks 14/7034, Seite 73.

305 Siehe Teil 5 § 14 VII 5 – Erteilung von Auflagen im Bestellungsbeschluss, ab S. 306.

IV Tätige sachverständige Prüfer

Obwohl in Deutschland am 31. Dezember 2013 insgesamt 14.390 Wirtschaftsprüfer und weitere 2.821 Wirtschaftsprüfungsgesellschaften zugelassen waren,[306] verteilen sich die sachverständigen Prüfungen nach § 327c Abs. 2 S. 2 AktG nur auf wenige Marktteilnehmer (1). Diese Spezialisierung setzt sich innerhalb der Wirtschaftsprüfungsgesellschaften fort, da immer wieder dieselben Berufsträger tätig werden (2). Auch hier kommt es zu erheblichen Unterbewertungen, die sich einigen wenigen Personen zuordnen lassen (3).

1 Bestellte Wirtschaftsprüfungsgesellschaften

Zwar haben die Landgerichte bei den 462 Squeeze-out-Verfahren, die in dieser Studie untersucht werden, mehr als 80 verschiedene Wirtschaftsprüfer bzw. Wirtschaftsprüfungsgesellschaften bestellt. Allerdings entfallen 253 Prüfungen – das entspricht 54,76 Prozent – auf die oben genannten zehn führenden deutschen Wirtschaftsprüfungsgesellschaften:

Tab. 85: Anzahl der sachverständigen Prüfungen durch die in Deutschland führenden 10 Wirtschaftsprüfungsgesellschaften

VzfK e. V.	Prüfungen durch führende 10 Wirtschaftsprüfungs- und Steuerberatungsgesellschaften in Deutschland		
Unternehmen	**durchgeführte Prüfungen**		
	Anzahl	**entspricht Anteil an**	
		Top 10	**Gesamt**
PwC AG	22	8,70 %	4,76 %
KPMG AG	20	7,91 %	4,33 %
Ernst & Young GmbH	22	8,70 %	4,76 %
Deloitte GmbH	18	7,11 %	3,90 %
BDO AG	23	9,09 %	4,98 %
Rödl & Partner GbR	3	1,19 %	0,65 %
Ebner Stolz Gruppe	30	11,86 %	6,49 %
Baker Tilly Roelfs Gruppe	27	10,67 %	5,84 %

306 Quelle: Wirtschaftsprüferkammer Körperschaft des öffentlichen Rechts: Mitgliederstatistik der WPK. Unter http://www.wpk.de/uploads/tx_templavoila/WPK-Statistiken_Januar_2014_01.pdf [Stand: 1. Januar 2014].

VzfK e. V.	Prüfungen durch führende 10 Wirtschaftsprüfungs- und Steuerberatungsgesellschaften in Deutschland		
Unternehmen	durchgeführte Prüfungen		
	Anzahl	entspricht Anteil an	
		Top 10	Gesamt
Warth & Klein Grant Thornton AG	37	14,62 %	8,01 %
RBS RoeverBroennerSusat GmbH & Co. KG	51	20,16 %	11,04 %
Summe	253	100,00 %	54,76 %
Übrige Prüfungen	209		45,24 %
Gesamt	462		100,00 %

2 Tätige Berufsträger

Die nachfolgenden Aufstellungen umfassen die sachverständigen Prüfer, die als Links- oder Rechtsunterzeichner die Verantwortung für einen Prüfungsbericht übernommen haben. Auch hier zeigt sich ein hoher Spezialisierungsgrad. Für die einzelnen Gesellschaften stellt sich das wie folgt dar:[307]

a Baker Tilly Roelfs Gruppe

Für die 27 Prüfungen der Baker Tilly Roelfs Gruppe zeichneten 2 Berufsträger besonders verantwortlich:

Tab. 86: Überwiegend tätige Berufsträger bei sachverständiger Prüfung durch Baker Tilly Roelfs Gruppe

VzfK e. V.	Prüfungen durch Baker Tilly Roelfs Gruppe	
Sachverständiger Prüfer Berufsträger	durchgeführte Prüfungen	
	Anzahl	entspricht
WP Jochen Breithaupt	11	20,37 %
WP Michael Wahlscheidt	18	33,33 %
Andere Berufsträger	25	46,30 %
Gesamt	54	100,00 %

307 Beachte: In den Tabellen der beteiligten Berufsträger werden jeweils Links- und Rechtsunterzeichner aufgenommen; dadurch wird in Summe die doppelte Anzahl der durchgeführten Prüfungen je Gesellschaft ausgewiesen.

Anzumerken ist, dass der Wirtschaftsprüfer Dipl.-Kfm. Michael Wahlscheidt bis 2006 als Vorstand der Stüttgen & Haeb AG Wirtschaftsprüfungsgesellschaft auch dort für Prüfungen verantwortlich zeichnete.

b BDO AG

Die 23 Prüfungen, welche von der BDO AG durchgeführt wurden, verteilen sich hauptverantwortlich auf die folgenden Berufsträger:

Tab. 87: Überwiegend tätige Berufsträger bei sachverständiger Prüfung durch BDO AG

VzfK e. V. Prüfungen durch BDO AG		
Sachverständiger Prüfer Berufsträger	**durchgeführte Prüfungen**	
	Anzahl	**entspricht**
CPA Nils Frowein	6	13,04 %
WP StB RA Jan Heyland	10	21,74 %
WP StB Kai Niclas Rauscher	3	6,52 %
WP StB RA Dr. Dirk Rosenbaum	4	8,70 %
WP StB Dr. Hanns-Christoph Rosien	2	4,35 %
Andere Berufsträger	21	45,65 %
Gesamt	46	100,00 %

c Deloitte GmbH

Die von der Deloitte GmbH durchgeführten 18 Prüfungen verteilen sich mehrheitlich auf die folgenden Berufsträger:

Tab. 88: Überwiegend tätige Berufsträger bei sachverständiger Prüfung durch Deloitte GmbH

VzfK e. V. Prüfungen durch Deloitte GmbH		
Sachverständiger Prüfer Berufsträger	**durchgeführte Prüfungen**	
	Anzahl	**entspricht**
WP StB Michael Bukowski	6	16,67 %
WP Michael Lauff	4	11,11 %
Andere Berufsträger	26	72,22 %
Gesamt	36	100,00 %

d Ebner Stolz Gruppe

Die von der Ebner Stolz Gruppe durchgeführten 30 Prüfungen verteilen sich wie folgt:

Tab. 89: Überwiegend tätige Berufsträger bei sachverständiger Prüfung durch die Ebner Stolz Gruppe

VzfK e. V.	**Prüfungen durch Ebner Stolz Gruppe**	
Sachverständiger Prüfer Berufsträger	**durchgeführte Prüfungen**	
	Anzahl	**entspricht**
WP Andreas Gienger	4	6,67 %
WP StB Dr. Matthias Popp	17	28,33 %
WP Dr. Wolfgang Russ	9	15,00 %
WP Alexander Sobanski	3	5,00 %
Andere Berufsträger	27	45,00 %
Gesamt	60	100,00 %

e Ernst & Young GmbH

Die 22 Prüfungen, die von der Ernst & Young GmbH durchgeführt wurden, verteilen sich dagegen im Wesentlichen gleichmäßig auf die dort tätigen Berufsträger:

Tab. 90: Überwiegend tätige Berufsträger bei sachverständiger Prüfung durch Ernst & Young GmbH

VzfK e. V.	**Prüfungen durch Ernst & Young GmbH**	
Sachverständiger Prüfer Berufsträger	**durchgeführte Prüfungen**	
	Anzahl	**entspricht**
WP Nikolaus Devin	3	6,82 %
WP Andreas Faulmann	5	11,36 %
WP Heinrich Lind	3	6,82 %
Andere Berufsträger	33	75,00 %
Gesamt	44	100,00 %

f KPMG AG

Die 20 von der KPMG AG durchgeführten Prüfungen verteilen sich wie folgt:

Tab. 91: Überwiegend tätige Berufsträger bei sachverständiger Prüfung durch KPMG AG

VzfK e. V.	**Prüfungen durch KPMG AG**	
Sachverständiger Prüfer Berufsträger	**durchgeführte Prüfungen**	
	Anzahl	**entspricht**
WP StB Dr. Marc Castedello	2	5,00 %
WP Gertraud Dirscherl	3	7,50 %
WP StB Gernot Zeidler	7	17,50 %
Andere Berufsträger	28	70,00 %
Gesamt	40	100,00 %

g PwC AG

Auch die 22 von PricewaterhouseCoopers durchgeführten Prüfungen verteilen sich relativ gleichmäßig auf die dortigen Berufsträger:

Tab. 92: Überwiegend tätige Berufsträger bei sachverständiger Prüfung durch PwC AG

VzfK e. V.	**Prüfungen durch PwC AG**	
Sachverständiger Prüfer Berufsträger	**durchgeführte Prüfungen**	
	Anzahl	**entspricht**
WP Andreas Grün	7	15,91 %
WP Dr. Karl-Heinz Maul	4	9,09 %
Andere Berufsträger	33	75,00 %
Gesamt	44	100,00 %

h RBS RoeverBroennerSusat GmbH & Co. KG

Aus den 51 Prüfungen durch die RBS RoeverBroennerSusat GmbH & Co. KG stechen zwei Berufsträger durch besonders viele Prüfungen hervor:

Tab. 93: Überwiegend tätige Berufsträger bei sachverständiger Prüfung durch RBS RoeverBroenner-Susat GmbH & Co. KG

VzfK e. V.	**Prüfungen durch RBS RoeverBroennerSusat GmbH & Co. KG**	
Sachverständiger Prüfer Berufsträger	**durchgeführte Prüfungen**	
	Anzahl	**entspricht**
WP Dr. Peter Bartels	28	27,45 %
WP Dr. Jörg Schlüter	19	18,63 %
Andere Berufsträger	55	53,92 %
Gesamt	102	100,00 %

i Rödl & Partner GbR

Aufgrund nur drei durchgeführter Prüfungen unterbleibt an dieser Stelle auch eine detaillierte Aufstellung der von Rödl & Partner GbR eingesetzten Berufsträger.

j Warth & Klein Grant Thornton AG

Schließlich verteilen sich die 37 von Warth & Klein Grant Thornton AG durchgeführten Prüfungen im Wesentlichen wie folgt:

Tab. 94: Überwiegend tätige Berufsträger bei sachverständiger Prüfung durch Warth & Klein Grant Thornton AG

VzfK e. V.	**Prüfungen durch Warth & Klein Grant Thornton AG**	
Sachverständiger Prüfer Berufsträger	**durchgeführte Prüfungen**	
	Anzahl	**entspricht**
WP StB Bernhard Flintrop	4	5,41 %
WP StB Michael Häger	6	8,11 %
WP StB Prof. Dr. Martin Jonas	23	31,08 %
WP StB Prof. Dr. Friedhelm Sahner	7	9,46 %
WP Dr. Heike Wieland-Blöse	9	12,16 %
Andere Berufsträger	25	33,78 %
Gesamt	74	100,00 %

3 Unterbewertungen in Berichten der sachverständigen Prüfer

Diese Studie objektiviert die Kritik an der Tätigkeit von Wirtschaftsprüfern (a) mit empirischen Daten. Dabei unterscheidet sie zwischen den eingeschalteten Prüfungsgesellschaften (b) und den dort tätigen Wirtschaftsprüfern (c).

a Ausgangspunkt

Wie bereits zuvor ausgeführt, wurden die von den Hauptaktionären festgelegten Barabfindungen bis zum 31. Dezember 2013 nachträglich um 608,58 Mio. Euro erhöht, obwohl sie zuvor von sachverständigen Prüfern für angemessen beurteilt wurden. Dieses Ergebnis wird auch in der Praxis teilweise heftig kritisiert:

> *„Wertgutachten für börsennotierte Aktiengesellschaften, wie sie regelmäßig im Rahmen des Squeeze-out-Verfahrens erstellt werden, weisen teilweise erhebliche methodische Schwächen auf, die unangemessen niedrige Unternehmenswerte zur Folge haben und entsprechend Minderheitsaktionäre benachteiligen."*[308]

Die Kritik an der Tätigkeit von Wirtschaftsprüfern ist nicht neu:

- Nach Aufdeckung des Betrugs bei der FlowTex Technologie GmbH & Co. KG musste sich der Wirtschaftsprüfer KPMG zur Zahlung von Schadensersatz in Höhe von 100 Mio. Euro verpflichten.
- Aufgrund der Verwicklung in Bilanzfälschungen des Enron-Konzerns wurde der Wirtschaftsprüfungskonzern Arthur Andersen vollständig zerschlagen.
- Im Zuge des Fast-Zusammenbruchs der Bankgesellschaft Berlin standen gegen den Abschlussprüfer BDO AG schwere Vorwürfe im Raum. Die BDO AG verpflichtete sich daraufhin zur Zahlung von Schadensersatz in Höhe von 12 Mio. Euro.
- Die KPMG fühlte sich als Abschlussprüfer der Siemens AG von der Gesellschaft falsch informiert, weshalb Schmiergeldzahlungen nicht aufgedeckt wurden. Die Siemens AG hielt jedoch dem Prüfer vor, die Unregelmäßigkeiten gekannt zu haben. KPMG wurde vor die Tür gesetzt und durch Ernst & Young ersetzt.
- PricewaterhouseCoopers übersah als Abschlussprüfer der FMS Wertmanagement[309] einen Bilanzfehler in Höhe von 55,5 Mrd. Euro. Da die Abwicklungsgesellschaft in Staatsbesitz ist, wurde durch diesen Fehler die Staatsverschuldung um 2,6 Prozentpunkte zu hoch ausgewiesen und die falschen Werte an die EU-Statistikbehörde Eurostat gemeldet. Der Abschlussprüfer beruft sich auf seine Verschwiegenheitspflicht und verweigert jede Stellungnahme.

---

308 Gleißner, Werner: Anlegerschutz Gründe für zu niedrige Wertansätze in Bewertungsgutachten bei Squeeze-out". In AGReport 2006, R 256-260 [256].

309 „Bad Bank" der Hypo Real Estate Holding AG.

- Schließlich warf die weltweite Finanz- und Wirtschaftskrise ein bezeichnendes Bild auf die gesamte Wirtschaftsprüferbranche, welche die Risiken in den Bilanzen nicht erkannt, zumindest aber nicht darüber berichtet hatte.
- Die Subprime-Krise beruhte unter anderem auf irrealen Wertsteigerungen, die mehr dem Wunschdenken der Auftraggeber als dem tatsächlichen Wirtschaftsleben entsprachen. Auch diese Fehlentwicklung ließen Wirtschaftsprüfer kritiklos zu.

Daher kommt der frühere Präsident der Deutschen Bundesbank, Ernst Welteke, zu dem Schluss:

> *„Wirtschaftsprüfungsgesellschaften erkennen die Probleme eines Unternehmens oft als Letzte; auf sie ist also kein Verlass!“*[310]

b Unterbewertungen je Prüfungsgesellschaft

Der Gesamtbetrag der Erhöhungen von 608,58 Mio. Euro verteilt sich zu 63,62 Prozent auf die oben dargestellten zehn größten deutschen Wirtschaftsprüfungsgesellschaften:

Tab. 95: Erhöhung der Barabfindung – mit Aufteilung nach den führenden 10 deutschen Wirtschaftsprüfungsgesellschaften und übrigen sachverständigen Prüfern

VzfK e. V.	Prüfungen durch führende 10 Wirtschaftsprüfungs- und Steuerberatungsgesellschaften in Deutschland	
Unternehmen	**Quotale Erhöhung der Barabfindung**	
	Wert	**entspricht**
PwC AG	25.691.697,19 EUR	4,22 %
KPMG AG	107.376.286,25 EUR	17,64 %
Ernst & Young GmbH	32.398.379,04 EUR	5,32 %
Deloitte GmbH	30.692.756,87 EUR	5,04 %
BDO AG	32.693.459,80 EUR	5,37 %
Rödl & Partner GbR	1.080.085,92 EUR	0,18 %
Ebner Stolz Gruppe	18.355.041,64 EUR	3,02 %
Baker Tilly Roelfs Gruppe	13.319.094,06 EUR	2,19 %
Warth & Klein Grant Thornton AG	52.498.492,42 EUR	8,63 %

310 In Süddeutsche Zeitung vom 22. April 2004.

VzfK e. V.	**Prüfungen durch führende 10 Wirtschaftsprüfungs- und Steuerberatungsgesellschaften in Deutschland**	
Unternehmen	**Quotale Erhöhung der Barabfindung**	
	Wert	**entspricht**
RBS RoeverBroennerSusat GmbH & Co. KG	73.089.623,13 EUR	12,01 %
Summe	387.194.916,32 EUR	63,62 %
Übrige Bewertungen	221.381.402,71 EUR	36,38 %
Gesamt	608.576.319,03 EUR	100,00 %

Der Übersicht ist auch zu entnehmen, dass alle vorstehenden Wirtschaftsprüfungsgesellschaften Fehlbeurteilungen abgeliefert haben.

Die durchschnittliche Erhöhung der Barabfindung bei den führenden zehn deutschen Wirtschaftsprüfungsgesellschaften liegt mit 16,67 Prozent etwa gleichauf mit der von anderen sachverständigen Prüfern in Höhe von 16,70 Prozent:

Tab. 96: Durchschnittliche Erhöhung der Barabfindung – mit Aufteilung nach den führenden 10 deutschen Wirtschaftsprüfungsgesellschaften und übrigen sachverständigen Prüfern

VzfK e. V.	**Prüfungen durch führende 10 Wirtschaftsprüfungs- und Steuerberatungsgesellschaften in Deutschland**		
Unternehmen	**Durchschnittliche Anhebung der Barabfindung**		
	Wert der Anteile	**Erhöhung**	**entspricht**
PwC AG	133.878.963,23 EUR	25.691.697,19 EUR	19,19 %
KPMG AG	698.426.599,26 EUR	107.376.286,25 EUR	15,37 %
Ernst & Young GmbH	133.272.240,94 EUR	32.398.379,04 EUR	24,31 %
Deloitte GmbH	148.182.800,13 EUR	30.692.756,87 EUR	20,71 %
BDO AG	210.648.485,10 EUR	32.693.459,80 EUR	15,52 %
Rödl & Partner GbR	19.451.340,52 EUR	1.080.085,92 EUR	5,55 %
Ebner Stolz Gruppe	79.749.560,09 EUR	18.355.041,64 EUR	23,02 %
Baker Tilly Roelfs Gruppe	99.462.870,05 EUR	13.319.094,06 EUR	13,39 %
Warth & Klein Grant Thornton AG	427.432.189,62 EUR	52.498.492,42 EUR	12,28 %
RBS RoeverBroennerSusat GmbH & Co. KG	371.508.307,29 EUR	73.089.623,13 EUR	19,67 %
Summe	2.322.013.356,23 EUR	387.194.916,32 EUR	16,67 %
Übrige Bewertungen	1.325.652.766,86 EUR	221.381.402,71 EUR	16,70 %
Gesamt	3.647.666.123,09 EUR	608.576.319,03 EUR	16,68 %

Dennoch zeugen Unterbewertungen in Höhe von durchschnittlich fast 20 Prozent von systematischen Fehlbeurteilungen der verantwortlichen sachverständigen Prüfer.

Der von der Verfassung geforderte Schutz des Eigentums der Minderheitsaktionäre bleibt dabei auf der Strecke. Daher überrascht es nicht, dass gerade die Wirtschaftsprüfungsgesellschaften die größten Fehlbewertungen zu verantworten haben, deren Kerngeschäft auch die Prüfung der Jahresabschlüsse der großen deutschen börsennotierten Aktiengesellschaften darstellt. Bezeichnenderweise prägen diese Gesellschaften auch die Facharbeit im FAUB, der mit dem IDW S 1 zugleich Grundsätze der Unternehmensbewertung erstellt.

An den oben[311] dargestellten 40 Verfahren mit Erhöhungen der Barabfindung bis 31. Dezember 2013 um mehr als 50 Prozent waren neun der zehn führenden deutschen Wirtschaftsprüfungsgesellschaften in insgesamt 16 Fällen als sachverständiger Prüfung wie folgt beteiligt:

Tab. 97: Verfahren mit Anhebung der Barabfindung um mindestens 50 Prozent unter Beteiligung der führenden 10 deutschen Wirtschaftsprüfungsgesellschaften als sachverständiger Prüfer[312]

VzfK e. V.	**Prüfungen durch führende 10 Wirtschaftsprüfungs- und Steuerberatungsgesellschaften in Deutschland**	
Anhebung der Barabfindung um mindestens 50 %		
Unternehmen	**sachverständiger Prüfer**	**Erhöhung**
Wupper AG i.L.	KPMG AG	243,07 %
AG Kühnle, Kopp & Kausch	Deloitte GmbH	118,98 %
Scholz & Friends AG	RBS RoeverBroennerSusat GmbH & Co. KG	104,55 %
Komatsu Hanomag AG	BDO AG	95,26 %
Allgemeine Privatkundenbank AG	RBS RoeverBroennerSusat GmbH & Co. KG	73,37 %
Contigas Deutsche Energie-AG	Warth & Klein Grant Thornton AG	68,45 %
Christian Adalbert Kupferberg & Compagnie KGaA	RBS RoeverBroennerSusat GmbH & Co. KG	65,61 %
Lambda Physik AG	PwC AG	59,68 %
Hüttenwerke Kayser AG	RBS RoeverBroennerSusat GmbH & Co. KG	59,50 %
Ingram Macrotron AG	Ebner Stolz Gruppe	58,25 %

311 Siehe Teil 4 § 10 III – Erhöhung der Barabfindungen – Wert, ab S. 199.

312 Die Erhöhung um mehr als 50 Prozent bei der von der Baker Tilly Roelfs Gruppe geprüften Dom-Brauerei AG ist auf die Feststellungen des sachverständigen Prüfers selbst zurückzuführen. Diese stellt damit keine Unterbewertung durch den sachverständigen Prüfer dar und wird aus diesem Grund in der Tabelle nicht ausgewiesen.

VzfK e. V.	Prüfungen durch führende 10 Wirtschaftsprüfungs- und Steuerberatungsgesellschaften in Deutschland	
Anhebung der Barabfindung um mindestens 50 %		
Unternehmen	**sachverständiger Prüfer**	**Erhöhung**
GE Frankona Rückversicherungs-Beteiligungs-AG	RBS RoeverBroennerSusat GmbH & Co. KG	57,66 %
Wayss & Freytag Ingenieurbau AG	Ernst & Young GmbH	53,62 %
Wayss & Freytag Schlüsselfertigbau AG	Ernst & Young GmbH	53,51 %
Wayss & Freytag AG	Ernst & Young GmbH	53,42 %
Tech Data Germany AG	Deloitte GmbH	51,77 %
Jobpilot AG	PwC AG	50,94 %

Insgesamt verteilen sich die Erhöhungen der Barabfindung wie folgt:

Tab. 98: Anzahl der Unterbewertungen in Berichten sachverständiger Prüfer – mit Aufteilung nach den führenden 10 deutschen Wirtschaftsprüfungsgesellschaften und übrigen sachverständigen Prüfern und quotaler Höhe der Unterbewertungen

VzfK e. V.	Prüfungen durch führende 10 Wirtschaftsprüfungs- und Steuerberatungsgesellschaften in Deutschland						
Unternehmen	**Anzahl Prüfungen**						
	Gesamtzahl	**davon mit Anhebung der Barabfindung**					
		Gesamt	**entspricht**	**davon Anhebungen um**			
				bis 10 %	**10 bis 50 %**	**50 bis 100 %**	**über 100 %**
PwC AG	22	16	72,73 %	1	13	2	0
KPMG AG	20	13	65,00 %	2	10	0	1
Ernst & Young GmbH	22	14	63,64 %	2	9	3	0
Deloitte GmbH	18	12	66,67 %	1	9	1	1
BDO AG	23	16	69,57 %	5	10	1	0
Rödl & Partner GbR	3	3	100,00 %	2	1	0	0
Ebner Stolz Gruppe	30	10	33,33 %	3	6	1	0
Baker Tilly Roelfs Gruppe	27	8	29,63 %	3	4	1	0
Warth & Klein Grant Thornton AG	37	18	48,65 %	6	11	1	0
RBS RoeverBroennerSusat GmbH & Co. KG	51	24	47,06 %	3	16	4	1
Summe	253	134	52,96 %	28	89	14	3
Übrige Bewertungen	209	83	39,71 %	9	51	12	11
Gesamt	462	217	46,97 %	37	140	26	14

c Unterbewertungen je Berufsträger

Zwar eröffnen Unternehmensbewertungen mannigfaltige Beurteilungsspielräume. Jedoch belegt jede einzelne Erhöhung der zuvor von sachverständigen Prüfern als angemessen beurteilten Barabfindung, dass die Prüfer ihrer gesetzlichen Pflicht nicht nachgekommen sind. Denn diese besteht darin, die Interessen der Minderheitsaktionäre zu schützen. Davon kann aber bei einer Fehlbewertungsquote von 52,96 Prozent keine Rede sein.

Den oben[313] genannten Berufsträgern lassen sich diese Unterbewertungen im Einzelnen wie folgt zuzuordnen.

aa Baker Tilly Roelfs Gruppe

Von den Ergebnissen der 27 durch die Baker Tilly Roelfs Gruppe durchgeführten Prüfungen wurden acht – das entspricht 29,63 Prozent –nachträglich von Gerichten korrigiert. Das ist im Wesentlichen den folgenden Berufsträgern zuzurechnen:

Tab. 99: Anzahl und Wert der Anhebung von Barabfindungen durch die überwiegend tätigen Berufsträger bei sachverständiger Prüfung durch Baker Tilly Roelfs Gruppe

VzfK e. V.	Prüfungen durch Baker Tilly Roelfs Gruppe			
Sachverständiger Prüfer Berufsträger	durchgeführte Prüfungen			Wert
	Anzahl	Erhöhung	entspricht	
WP Jochen Breithaupt	11	4	36,36 %	10.445.441,31 EUR
WP Michael Wahlscheidt	18	6	33,33 %	11.674.072,33 EUR
Andere Berufsträger	25	6	24,00 %	4.518.674,48 EUR
Gesamt	54	16	29,63 %	26.638.188,12 EUR

Nicht eingerechnet wurde die Erhöhung der Barabfindung für die ausgeschlossenen Minderheitsaktionäre der Dom-Brauerei AG. Denn die dort vom Gericht beschlossene Erhöhung der Barabfindung geht gerade auf den Einwand der Prüfer von Roelfs zurück.

bb BDO AG

Die insgesamt 16 Fehlbewertungen durch die BDO AG – das entspricht 69,57 Prozent aller von der BDO AG durchgeführten sachverständigen Prüfungen – lassen sich den einzelnen Berufsträgern wie folgt zuordnen:

313 Siehe Teil 5 § 14 IV 2 – Tätige Berufsträger, ab S. 275.

Tab. 100: Anzahl und Wert der Anhebung von Barabfindungen durch die überwiegend tätigen Berufsträger bei sachverständiger Prüfung durch BDO AG

VzfK e. V.	**Prüfungen durch BDO AG**			
Sachverständiger Prüfer Berufsträger	**durchgeführte Prüfungen**			**Wert**
	Anzahl	**Erhöhung**	**entspricht**	
CPA Nils Frowein	6	5	83,33 %	9.443.626,86 EUR
WP StB RA Jan Heyland	10	8	80,00 %	19.051.965,74 EUR
WP StB Kai Niclas Rauscher	3	3	100,00 %	8.020.904,06 EUR
WP StB RA Dr. Dirk Rosenbaum	4	3	75,00 %	8.020.904,06 EUR
WP StB Dr. Hanns-Christoph Rosien	2	1	50,00 %	525.376,88 EUR
Andere Berufsträger	21	12	57,14 %	20.324.142,00 EUR
Gesamt	46	32	69,57 %	65.386.919,60 EUR

cc Deloitte GmbH

Die zwölf Fehlbewertungen durch die Deloitte GmbH – das entspricht einer Fehlbeurteilungsquote von 66,67 Prozent – verteilen sich auf die oben genannten Berufsträger wie folgt:

Tab. 101: Anzahl und Wert der Anhebung von Barabfindungen durch die überwiegend tätigen Berufsträger bei sachverständiger Prüfung durch Deloitte GmbH

VzfK e. V.	**Prüfungen durch Deloitte GmbH**			
Sachverständiger Prüfer Berufsträger	**durchgeführte Prüfungen**			**Wert**
	Anzahl	**Erhöhung**	**entspricht**	
WP StB Michael Bukowski	6	4	66,67 %	7.761.809,01 EUR
WP Michael Lauff	4	2	50,00 %	4.152.286,42 EUR
Andere Berufsträger	26	18	69,23 %	49.471.418,31 EUR
Gesamt	36	24	66,67 %	61.385.513,74 EUR

dd Ebner Stolz Gruppe

Die zehn festgestellten Unterbewertungen bei sachverständiger Prüfung durch die Ebner Stolz Gruppe – das entspricht 33,33 Prozent – verteilen sich im Wesentlichen auf die folgenden Berufsträger:

Tab. 102: Anzahl und Wert der Anhebung von Barabfindungen durch die überwiegend tätigen Berufsträger bei sachverständiger Prüfung durch die Ebner Stolz Gruppe

VzfK e. V.	**Ebner Stolz Gruppe**			
Sachverständiger Prüfer Berufsträger	**durchgeführte Prüfungen**			**Wert**
	Anzahl	**Erhöhung**	**entspricht**	
WP Andreas Gienger	4	1	25,00 %	70.560,00 EUR
WP StB Dr. Matthias Popp	17	5	29,41 %	5.439.407,48 EUR
WP Dr. Wolfgang Russ	9	5	55,56 %	5.188.956,93 EUR
WP Alexander Sobanski	3	0	0,00 %	0,00 EUR
Andere Berufsträger	27	9	33,33 %	26.011.158,87 EUR
Gesamt	60	20	33,33 %	36.710.083,28 EUR

ee Ernst & Young GmbH

Trotz sachverständiger Prüfung durch die Ernst & Young GmbH wurde die Barabfindung in 14 Fällen – das entspricht 63,64 Prozent – nachträglich angehoben:

Tab. 103: Anzahl und Wert der Anhebung von Barabfindungen durch die überwiegend tätigen Berufsträger bei sachverständiger Prüfung durch Ernst & Young

VzfK e. V.	**Prüfungen durch Ernst & Young GmbH**			
Sachverständiger Prüfer Berufsträger	**durchgeführte Prüfungen**			**Wert**
	Anzahl	**Erhöhung**	**entspricht**	
WP Nikolaus Devin	3	3	100,00 %	8,02 EUR
WP Andreas Faulmann	5	3	60,00 %	10.680.898,70 EUR
WP Heinrich Lind	3	2	66,67 %	2.690.068,00 EUR
Andere Berufsträger	33	20	60,61 %	51.425.783,36 EUR
Gesamt	44	28	63,64 %	64.796.758,08 EUR

ff KPMG AG

Sachverständige Prüfungen durch die KPMG AG zogen in 13 Fällen – das entspricht 65,00 Prozent – Erhöhungen nach sich. Diese verteilen sich auf die oben genannten Berufsträger wie folgt:

Tab. 104: Anzahl und Wert der Anhebung von Barabfindungen durch die überwiegend tätigen Berufsträger bei sachverständiger Prüfung durch KPMG AG

VzfK e. V.	**Prüfungen durch KPMG AG**			
Sachverständiger Prüfer Berufsträger	**durchgeführte Prüfungen**			**Wert**
	Anzahl	**Erhöhung**	**entspricht**	
WP StB Dr. Marc Castedello	2	1	50,00 %	121.700,80 EUR
WP Gertraud Dirscherl	3	3	100,00 %	854.692,60 EUR
WP StB Gernot Zeidler	7	6	85,71 %	105.880.942,84 EUR
Andere Berufsträger	28	16	57,14 %	107.895.236,26 EUR
Gesamt	40	26	65,00 %	214.752.572,50 EUR

gg PwC AG

16 von 22 durch die PwC AG als angemessen beurteilte Barabfindungen – das entspricht 72,73 Prozent – wurden nachträglich von Gerichten angehoben. Den oben angeführten Berufsträger ist dieses Ergebnis wie folgt zuzuordnen:

Tab. 105: Anzahl und Wert der Anhebung von Barabfindungen durch die überwiegend tätigen Berufsträger bei sachverständiger Prüfung durch PwC AG

VzfK e. V.	**Prüfungen durch PwC AG**			
Sachverständiger Prüfer Berufsträger	**durchgeführte Prüfungen**			**Wert**
	Anzahl	**Erhöhung**	**entspricht**	
WP Andreas Grün	7	4	57,14 %	5.279.960,15 EUR
WP Dr. Karl-Heinz Maul	4	3	75,00 %	4.567.585,44 EUR
Andere Berufsträger	33	25	75,76 %	41.535.848,79 EUR
Gesamt	44	32	72,73 %	51.383.394,38 EUR

hh RBS RoeverBroennerSusat GmbH & Co. KG

Zwar weisen sachverständige Prüfungen durch die RBS RoeverBroennerSusat GmbH & Co. KG mit 24 nachträglichen Erhöhungen die höchste Anzahl von Fehlbewertungen aus, jedoch entspricht dies (nur) 47,06 Prozent. Die folgenden Berufsträger zeichnen sich dabei durch besonders zahlreiche Fehlurteile aus:

Tab. 106: Anzahl und Wert der Anhebung von Barabfindungen durch die überwiegend tätigen Berufsträger bei sachverständiger Prüfung durch RBS RoeverBroennerSusat GmbH & Co. KG

VzfK e. V.	Prüfungen durch RBS RoeverBroennerSusat GmbH & Co. KG			
Sachverständiger Prüfer Berufsträger	durchgeführte Prüfungen			Wert
	Anzahl	Erhöhung	entspricht	
WP Dr. Peter Bartels	28	13	46,43 %	61.747.717,39 EUR
WP Dr. Jörg Schlüter	19	8	42,11 %	52.869.299,92 EUR
Andere Berufsträger	55	27	49,09 %	31.562.228,95 EUR
Gesamt	102	48	47,06 %	146.179.246,26 EUR

ii Rödl & Partner GbR

Die Rödl & Partner GbR hat nur in drei Fällen die Angemessenheit von Barabfindungen nach Squeeze-out geprüft, weswegen von einer Einzeldarstellung je Berufsträger abgesehen wird. Jedoch hatten auch diese Prüfungsergebnisse ausnahmslos keinen Bestand in nachfolgenden Gerichtsverfahren.

jj Warth & Klein Grant Thornton AG

Schließlich lassen sich die insgesamt 18 Fehlbewertungen durch die Warth & Klein Grant Thornton AG – das entspricht 48,65 Prozent – den einzelnen Berufsträgern wie folgt zuordnen:

Tab. 107: Anzahl und Wert der Anhebung von Barabfindungen durch die überwiegend tätigen Berufsträger bei sachverständiger Prüfung durch Warth & Klein Grant Thornton AG

VzfK e. V.	Prüfungen durch Warth & Klein Grant Thornton AG			
Sachverständiger Prüfer Berufsträger	durchgeführte Prüfungen			Wert
	Anzahl	Erhöhung	entspricht	
WP StB Bernhard Flintrop	4	2	50,00 %	7.719.182,77 EUR
WP StB Michael Häger	6	3	50,00 %	3.091.888,44 EUR
WP StB Prof. Dr. Martin Jonas	23	8	34,78 %	22.127.647,94 EUR
WP StB Prof. Dr. Friedhelm Sahner	7	7	100,00 %	38.560.998,61 EUR
WP Dr. Heike Wieland-Blöse	9	3	33,33 %	2.676.452,58 EUR
Andere Berufsträger	25	13	52,00 %	30.820.814,50 EUR
Gesamt	74	36	48,65 %	104.996.984,84 EUR

d Sachverständige Prüfer mit überdurchschnittlichen Fehlbewertungen

18 der vorbenannten sachverständigen Prüfer fallen auch dadurch auf, dass im Falle der Erhöhung der Barabfindung diese im Durchschnitt mehr als 20 Prozent betragen:

Tab. 108: Sachverständige Prüfer mit durchschnittlichen Erhöhungen der Barabfindung um mehr als 20 Prozent

VzfK e. V.	**Prüfungen durch führende 10 Wirtschaftsprüfungs- und Steuerberatungsgesellschaften in Deutschland**	
Sachverständiger Prüfer Berufsträger	**Gesellschaft**	**Durchschnittliche Erhöhung**
WP Dr. Peter Bartels	RBS RoeverBroennerSusat GmbH & Co. KG	32,04 %
WP Jochen Breithaupt	Baker Tilly Roelfs Gruppe	33,29 %
WP StB Michael Bukowski	Deloitte GmbH	20,36 %
WP Nikolaus Devin	Ernst & Young GmbH	53,52 %
WP Gertraud Dirscherl	KPMG AG	29,75 %
WP Andreas Faulmann	Ebner Stolz Gruppe	26,07 %
WP StB Bernhard Flintrop	Warth & Klein Grant Thornton AG	37,53 %
WP Andreas Grün	PwC AG	32,88 %
WP StB Michael Häger	Warth & Klein Grant Thornton AG	32,50 %
WP Michael Lauff	Deloitte GmbH	38,10 %
WP Heinrich Lind	Ebner Stolz Gruppe	20,34 %
WP Dr. Karl-Heinz Maul	PwC AG	33,84 %
WP StB Kai Niclas Rauscher	BDO AG	20,19 %
WP StB RA Dr. Dirk Rosenbaum	BDO AG	20,19 %
WP StB Prof. Dr. Friedhelm Sahner	Warth & Klein Grant Thornton AG	25,78 %
WP Dr. Jörg Schlüter	RBS RoeverBroennerSusat GmbH & Co. KG	37,08 %
WP Dr. Heike Wieland-Blöse	Warth & Klein Grant Thornton AG	20,63 %
WP StB Gernot Zeidler	KPMG AG	22,28 %

e Zwischenergebnis

Das Ziel des Gesetzgebers,

> *„dem Eindruck der Parteinähe der Prüfer von vornherein entgegenzuwirken und damit die Akzeptanz der Prüfungsergebnisse vor allem auch für die außenstehenden Aktionäre zu erhöhen“,*[314]

erreichen solche eklatanten Fehlbewertungen sicher nicht. Vielmehr werfen sie die Frage nach dem Sinn der Tätigkeit der sachverständigen Prüfer auf. Es spricht jedenfalls vieles dagegen, Prüfer mit nachweisbar besonders vielen oder gravierenden Fehlbewertungen erneut nach § 327c Abs. 2 S. 2 und 3 AktG zu bestellen.

V Konstellationen bei signifikanten Fehlbewertungen

Bei der Analyse fällt auf, dass einige Konstellationen zwischen Wirtschaftsprüfern, welche die Barabfindung nach § 327a Abs. 1 S. 1 AktG als Bewertungsgutachter ermittelt haben, und bestimmten sachverständigen Prüfern nach § 327c Abs. 2 S. 2 und 3 AktG besonders häufig vorkommen.

- So haben Bewertungsgutachten von PricewaterhouseCoopers, KPMG und Ernst & Young besonders häufig Prüfer von RBS RoeverBroennerSusat – bzw. der Vorläufergesellschaft Susat & Partner –, Warth & Klein Grant Thornton sowie der Baker Tilly Roelfs Gruppe geprüft.
- Ebenso auffällig sind die häufigen Prüfungen von Bewertungsgutachten der PricewaterhouseCoopers durch KPMG sowie
- von Bewertungsgutachten der KPMG durch die Ebner Stolz Gruppe:

314 RegBegr. zum Spruchverfahrensgesetz, BT-Drucks 15/371, S. 18 re.Sp.

Tab. 109: Anzahl Zusammenwirken zwischen sachverständigen Prüfern und Bewertungsgutachtern der führenden 10 deutschen Wirtschaftsprüfungsgesellschaften

VzfK e. V.		**Bewertungsgutachter**									
Anzahl gemeinsamer Bewertungen und Prüfungen durch führende 10 Wirtschaftsprüfungs- und Steuerberatungsgesellschaften in Deutschland		**PwC AG**	**KPMG AG**	**Ernst & Young GmbH**	**Deloitte GmbH**	**BDO AG**	**Rödl & Partner GbR**	**Ebner Stolz Gruppe**	**Baker Tilly Roelfs Gruppe**	**Warth & Klein Grant Thornton AG**	**RBS RoeverBroennerSusat GmbH & Co. KG**
sachverständiger Prüfer	PwC AG	X	5	5	1	1	0	0	0	1	1
	KPMG AG	7	X	2	0	2	0	0	0	1	2
	Ernst & Young GmbH	3	3	X	2	2	0	0	0	1	0
	Deloitte GmbH	4	1	1	X	1	2	0	0	1	2
	BDO AG	3	3	4	1	X	0	2	0	3	0
	Rödl & Partner GbR	0	0	0	1	0	X	0	0	2	0
	Ebner Stolz Gruppe	3	6	1	3	1	0	X	1	1	3
	Baker Tilly Roelfs Gruppe	4	6	6	0	0	0	0	X	2	1
	Warth & Klein Grant Thornton AG	11	5	7	2	4	1	1	0	X	0
	RBS RoeverBroennerSusat GmbH & Co. KG	11	13	10	0	1	0	1	1	0	X

Insgesamt haben die zehn führenden deutschen Wirtschaftsprüfungsgesellschaften wechselseitig Anteile im Wert von 6,71 Mrd. Euro – das entspricht 59,83 Prozent aller übertragenen Anteile – geprüft:

Tab. 110: Wert der geprüften Anteile bei Zusammenwirken von sachverständigen Prüfern und Bewertungsgutachtern der führenden 10 deutschen Wirtschaftsprüfungsgesellschaften

	VzfK e .V.	**Bewertungsgutachter**				
	Anzahl gemeinsamer Bewertungen und Prüfungen durch führende 10 Wirtschaftsprüfungs- und Steuerberatungsgesellschaften in Deutschland	**PwC AG**	**KPMG AG**	**Ernst & Young GmbH**	**Deloitte GmbH**	**BDO AG**
sachverständiger Prüfer	PwC AG	XXXX	46.568.035,93 EUR	16.239.254,58 EUR	1.410.600,00 EUR	464.031,03 EUR
	KPMG AG	82.962.998,78 EUR	XXXX	3.263.274,20 EUR	0,00 EUR	608.528.466,28 EUR
	Ernst & Young GmbH	60.600.726,57 EUR	53.628.671,00 EUR	XXXX	4.920.382,73 EUR	39.295.088,60 EUR
	Deloitte GmbH	51.077.483,49 EUR	1.179.405,60 EUR	11.100.205,20 EUR	XXXX	48.570.713,23 EUR
	BDO AG	10.465.063,29 EUR	68.563.921,75 EUR	122.908.564,90 EUR	704.004,00 EUR	XXXX
	Rödl & Partner GbR	0,00 EUR	0,00 EUR	60.600.726,57 EUR	51.077.483,49 EUR	10.465.063,29 EUR
	Ebner Stolz Gruppe	1.111.628.681,74 EUR	757.936.915,86 EUR	8.350.865,10 EUR	11.413.060,00 EUR	1.569.713,40 EUR
	Baker Tilly Roelfs Gruppe	10.820.457,76 EUR	49.283.928,57 EUR	121.944.598,05 EUR	0,00 EUR	0,00 EUR
	Warth & Klein Grant Thornton AG	426.596.837,82 EUR	242.816.394,58 EUR	1.762.095.082,02 EUR	35.958.674,12 EUR	99.732.093,94 EUR
	RBS RoeverBroennerSusat GmbH & Co. KG	67.562.442,92 EUR	165.247.965,65 EUR	124.120.752,75 EUR	0,00 EUR	186.798.585,60 EUR

VzfK e .V.		Bewertungsgutachter				
Anzahl gemeinsamer Bewertungen und Prüfungen durch führende 10 Wirtschaftsprüfungs- und Steuerberatungsgesellschaften in Deutschland		**Rödl & Partner GbR**	**Ebner Stolz Gruppe**	**Baker Tilly Roelfs Gruppe**	**Warth & Klein Grant Thornton AG**	**RBS RoeverBroenner-Susat GmbH & Co.**
sachverständiger Prüfer	PwC AG	0,00 EUR	0,00 EUR	0,00 EUR	1.800.641,55 EUR	2.014.394,12 EUR
	KPMG AG	0,00 EUR	0,00 EUR	0,00 EUR	5.957.289,00 EUR	7.248.491,24 EUR
	Ernst & Young GmbH	0,00 EUR	0,00 EUR	0,00 EUR	14.196.262,08 EUR	0,00 EUR
	Deloitte GmbH	0,00 EUR	0,00 EUR	568.464,96 EUR	6.955.073,75 EUR	0,00 EUR
	BDO AG	0,00 EUR	8.691.567,64 EUR	0,00 EUR	25.533.254,31 EUR	0,00 EUR
	Rödl & Partner GbR	XXXX	0,00 EUR	0,00 EUR	9.447.002,44 EUR	0,00 EUR
	Ebner Stolz Gruppe	0,00 EUR	XXXX	1.062.961,62 EUR	2.215.111,11 EUR	25.037.631,00 EUR
	Baker Tilly Roelfs Gruppe	0,00 EUR	0,00 EUR	XXXX	31.116.701,84 EUR	776.928,81 EUR
	Warth & Klein Grant Thornton AG	22.466.909,80 EUR	1.245.573,78 EUR	0,00 EUR	XXXX	0,00 EUR
	RBS RoeverBroennerSusat GmbH & Co. KG	0,00 EUR	5.763.544,94 EUR	78.189,00 EUR	0,00 EUR	XXXX

Wertmäßig halten sich die Erhöhungen der Barabfindungen in Relation zum Umfang der geprüften Anteile. Denn von dem Gesamtbetrag der Erhöhungen entfallen 375,06 Mio. Euro – das entspricht 61,63 Prozent – auf die wechselseitigen Prüfungen der führenden zehn Wirtschaftsprüfungsgesellschaften in Deutschland. Jedoch heben sich die Erhöhungen der Barabfindungen nach Bewertungsgutachten der BDO und Prüfung durch KPMG, Warth & Klein Grant Thornton und RBS RoeverBroennerSusat sowie die von KPMG geprüften Bewertungsgutachten von PricewaterhouseCoopers ab:

Tab. 111: Wert der Anhebungen der Barabfindung bei Zusammenwirken von sachverständigen Prüfern und Bewertungsgutachtern der führenden 10 deutschen Wirtschaftsprüfungsgesellschaften

VzfK e .V.	Bewertungsgutachter				
Anzahl gemeinsamer Bewertungen und Prüfungen durch führende 10 Wirtschaftsprüfungs- und Steuerberatungsgesellschaften in Deutschland	**PwC AG**	**KPMG AG**	**Ernst & Young GmbH**	**Deloitte GmbH**	**BDO AG**
sachverständiger Prüfer: PwC AG	XXXX	5.460.814,00 EUR	5.447.501,46 EUR	0,00 EUR	160.515,00 EUR
KPMG AG	26.937.448,72 EUR	XXXX	58.483,50 EUR	0,00 EUR	79.208.777,62 EUR
Ernst & Young GmbH	12.059.500,00 EUR	7.755.317,90 EUR	XXXX	433.232,79 EUR	7.262.839,96 EUR
Deloitte GmbH	9.893.289,82 EUR	456.266,40 EUR	0,00 EUR	XXXX	9.060.246,00 EUR
BDO AG	837.732,88 EUR	8.153.478,14 EUR	13.683.310,50 EUR	670.624,50 EUR	XXXX
Rödl & Partner GbR	0,00 EUR	0,00 EUR	12.059.500,00 EUR	9.893.289,82 EUR	837.732,88 EUR
Ebner Stolz Gruppe	0,00 EUR	4.868.476,83 EUR	0,00 EUR	3.986.319,55 EUR	90.424,05 EUR
Baker Tilly Roelfs Gruppe	1.445.575,01 EUR	1.515.175,56 EUR	9.962.831,46 EUR	0,00 EUR	0,00 EUR
Warth & Klein Grant Thornton AG	7.421.829,84 EUR	12.795.010,65 EUR	6.674.091,75 EUR	224.763,00 EUR	23.162.234,32 EUR
RBS RoeverBroennerSusat GmbH & Co. KG	10.700.804,47 EUR	10.864.497,44 EUR	2.195.700,00 EUR	0,00 EUR	47.584.109,40 EUR

VzfK e .V.	Bewertungsgutachter				
Anzahl gemeinsamer Bewertungen und Prüfungen durch führende 10 Wirtschaftsprüfungs- und Steuerberatungsgesellschaften in Deutschland	**Rödl & Partner GbR**	**Ebner Stolz Gruppe**	**Baker Tilly Roelfs Gruppe**	**Warth & Klein Grant Thornton AG**	**RBS RoeverBroennerSusat GmbH & Co. KG**
sachverständiger Prüfer: PwC AG	0,00 EUR	0,00 EUR	0,00 EUR	710.638,95 EUR	0,00 EUR
KPMG AG	0,00 EUR	0,00 EUR	0,00 EUR	0,00 EUR	73.907,47 EUR
Ernst & Young GmbH	0,00 EUR	0,00 EUR	0,00 EUR	0,00 EUR	0,00 EUR
Deloitte GmbH	0,00 EUR	0,00 EUR	227.876,04 EUR	1.564.539,21 EUR	0,00 EUR
BDO AG	0,00 EUR	36.148,14 EUR	0,00 EUR	7.580.612,14 EUR	0,00 EUR
Rödl & Partner GbR	XXXX	0,00 EUR	0,00 EUR	9.447.002,44 EUR	0,00 EUR
Ebner Stolz Gruppe	0,00 EUR	XXXX	0,00 EUR	230.056,05 EUR	70.560,00 EUR
Baker Tilly Roelfs Gruppe	0,00 EUR	0,00 EUR	XXXX	0,00 EUR	87.623,55 EUR
Warth & Klein Grant Thornton AG	0,00 EUR	0,00 EUR	0,00 EUR	XXXX	0,00 EUR
RBS RoeverBroennerSusat GmbH & Co. KG	0,00 EUR	1.205.675,06 EUR	0,00 EUR	0,00 EUR	XXXX

Diese Daten vermögen natürlich keinen Anfangsverdacht eines kollusiven Zusammenwirkens zu begründen. Dennoch hat der Gesetzgeber die Gefahren erkannt, die sich aus einer besonders häufigen Zusammenarbeit ergeben können. Daher enthält z. B. § 319a Abs. 1 S. 1 HGB mehrere Ausschlussgründe für Abschlussprüfer. Ihnen liegt der Grundgedanke zugrunde, dass bei einer vertieften Zusammenarbeit, wie zum Beispiel in Beratungsmandaten, die für eine Prüfung erforderliche kritische Distanz verloren gehen kann. Hierzu sieht § 319a Abs. 1 S. 1 Nr. 4 HGB beispielsweise einen regelmäßigen Wechsel des Wirtschaftsprüfers vor.

Eine gesetzliche Regulierung ist an dieser Stelle für Spruchverfahren jedoch nicht geboten. Schließlich besteht für die Gerichte bei der Auswahl und Bestellung des sachverständigen Prüfers ein Ermessen, § 327c Abs. 2 S. 3 AktG. Dabei lässt sich nicht nur die erforderliche Sachkunde und Erfahrung berücksichtigen. Auch die Ergebnisse aus vorangegangenen Prüfungen, wie sie z. B. diese Studie dokumentiert, lassen sich der Bestellungsentscheidung zugrunde legen.

So kann etwa das Gericht fragen, ob, wann und wie oft der vom Hauptaktionär beauftragte Bewertungsgutachter von einem bestimmten sachverständigen Prüfer in den letzten drei oder fünf Jahren geprüft wurde. Schließlich hat das Gericht nach §§ 327c Abs. 2 S. 4, 293d Abs. 1 S. 1 AktG i. V. m. §§ 319, 319a HGB ohnehin den sachverständigen Prüfer nach einer die Tätigkeit ausschließenden Vorbefassung zu befragen. Damit könnten Konstellationen vermieden werden, bei denen die für eine sachliche Prüfung erforderliche Distanz möglicherweise nicht (mehr) besteht.

Außerdem stellt sich die Frage, ob Wirtschaftsprüfer, die dem FAUB angehören bzw. als Jahresabschlussprüfer der großen deutschen börsennotierten Gesellschaften tätig sind, als sachverständige Prüfer grundsätzlich geeignet sind. Denn ihnen fehlt aufgrund der Vorbefassung die notwendige Distanz, einzelne Bewertungsschritte nach IDW S 1 kritisch auf ihre empirischen Grundlagen zu hinterfragen.

VI Interessengerechte Sach- und Rechtsauffassungen

Zwar hat der Gesetzgeber die Prüfung der vom Hauptaktionär ermittelten Barabfindung und die Erstellung des Prüfungsberichts im Interesse der Minderheitsaktionäre angeordnet (1). Die Praxis sieht jedoch anders aus (2). Das zeigt auch die Wahl der thematischen Schwerpunkte in den Prüfungsberichten (3).

1 Vorgaben des Gesetzgebers

Die Prüfung der Angemessenheit der Barabfindung bezweckt nach den Vorgaben des Gesetzgebers ausschließlich den Schutz der Minderheitsaktionäre. Das ergibt sich aus der Regierungsbegründung zu § 327c Abs. 2 AktG:

„Wie beim Abschluss von Unternehmensverträgen, bei der Eingliederung und bei Umwandlungsvorgängen sollen die Interessen der Minderheitsaktionäre durch einen Bericht, der hier vom Hauptaktionär zu erstellen ist, und zusätzlich durch eine Prüfung unabhängiger Sachverständiger geschützt werden (Absatz 2). Jeder Minderheitsaktionär muss in die Lage versetzt werden, die Berechnung des Schwellenwertes als wesentliche Voraussetzung des Squeeze-out und die der Festlegung der Barabfindung zugrunde liegenden Überlegungen nachzuvollziehen.“[315]

Dieser klare Gesetzesauftrag sollte eigentlich dazu führen, dass sachverständige Prüfer

- die Bewertungsansätze des Hauptaktionärs kritisch hinterfragen und
- Sach- und Rechtsauffassungen vertreten, die dem strukturellen Standpunkt der Minderheitsaktionäre entsprechen und ihn gegebenenfalls sogar verbessern.

2 Handhabung in der Praxis

In der Praxis besteht jedoch eine gegenteilige Entwicklung, wie die thematischen Schwerpunkte in den Prüfungsberichten zeigen. Die sachverständigen Prüfer setzen sich weder mit den Bewertungsansätzen des Hauptaktionärs kritisch auseinander noch vertreten sie die Sach- und Rechtsauffassungen, die strukturell dem Standpunkt der Minderheitsaktionäre entsprechen. Auch die Bewertungsvorgaben des IDW S 1 werden überhaupt nicht hinterfragt, obwohl bislang jede Neufassung zu niedrigeren Unternehmenswerten geführt hat. Zudem verlangen die Gerichte zunehmend die Bewertung auch nach marktüblichen Methoden.

Stattdessen vertreten die Prüfer mehr oder weniger deutlich den strukturellen Standpunkt der Hauptaktionäre. Die dabei auftretenden wesentlichen Mängel in der Arbeit des sachverständigen Prüfers lassen sich wie folgt zusammenfassen:

- Bereits der Ausgang der Spruchverfahren wirft die Frage nach der Erforderlichkeit der sachverständigen Prüfung auf. Wie bereits zuvor dargestellt, haben sachverständige Prüfer nur in drei Fällen die vom Hauptaktionär festgelegte Barabfindung als nicht angemessen beurteilt. Dennoch haben die Gerichte bereits in 217 Fällen (Stichtag 31. Dezember 2013) die Barabfindung nachträglich angehoben.
- Die Berufssatzung für Wirtschaftsprüfer und vereidigte Buchprüfer nennt in § 3 das Verbot der Vertretung widerstreitender Interessen. Daraus folgt die Frage, ob Angehörige des FAUB überhaupt als sachverständige Prüfer nach § 327c Abs. 2 S. 2 und 3 AktG in Betracht kommen können. Denn die Neufassungen des IDW S 1 führen regelmäßig zu niedrigeren Unternehmenswerten und damit zu niedrigeren Abfindungen.[316] Weil es sich bei dem IDW S 1 nicht um ein Gesetz, sondern nur um Empfehlungen eines Berufsverbandes handelt, hätten die wesentlichen

315 RegBegr. zu § 327c Abs. 2 AktG, BT-Drucks 14/7034, Seite 73.
316 Vgl. OLG Düsseldorf vom 29. Februar 2012, Az. 26 W 2/10.

Änderungen von den sachverständigen Prüfern nicht ohne weiteres übernommen werden dürfen. Das gilt allein schon im Hinblick auf die fehlenden empirischen Grundlagen wesentlicher Annahmen. Jedoch kann von Angehörigen des FAUB nicht ernsthaft verlangt werden, als sachverständige Prüfer ihre eigenen Empfehlungen zu hinterfragen. Wirtschaftsprüfer mittelständischer Unternehmen dürften an dieser Stelle deutlich unbefangener sein.

- Zahlreiche Prüfungsberichte entsprechen nicht der gesetzlichen Pflicht zur Unparteilichkeit aus § 43 Abs. 1 S. 2 WPO. Dazu verlangt § 20 Abs. 1 S. 2 BS WP/vBP, den Sachverhalt vollständig zu erfassen, unter Abwägung der wesentlichen Gesichtspunkte fachlich zu beurteilen und bei der Berichterstattung alle wesentlichen Gesichtspunkte vollständig wiederzugeben. In der Begründung von § 20 BS WP/vBP heißt es dazu:

> *„Für die nach Absatz 1 Satz 2 erforderliche Darstellung aller wesentlichen Gesichtspunkte ist eine vollständige Auswertung aller für und gegen ein Ergebnis sprechenden Umstände erforderlich. Kritische Aspekte dürfen dabei nicht unterschlagen werden."*

Trotz dieser klaren Regelung enthalten zahlreiche Prüfungsberichte nur Tatsachen, welche die von den Hauptaktionären festgelegten Barabfindungen als angemessen erscheinen lassen. Das gilt zum Beispiel für die Prüfungsergebnisse zur Validität der übertragenen Aktien, welche Einfluss sowohl auf den als Mindestwert abzufindenden Börsenkurs als auch auf das unternehmenseigene Risiko haben können. Sie werden im Prüfungsbericht oft nicht offengelegt, da sie geeignet sind, die vom Hauptaktionär festgesetzte Barabfindung zu widerlegen. Der Durchschnittsaktionär als Adressat des Prüfungsberichts vermag diese Lücke jedoch im Normalfall nicht zu erkennen.

- Vom IDW abweichende Bewertungsmethoden werden in keinem Fall angewandt. Das wiegt deswegen besonders schwer, weil nach dem Gesetz der Verkehrswert der Anteile der Minderheitsaktionäre zu bestimmen ist. Dieser Verkehrswert wird am Markt jedoch durch eine Vielzahl verschiedener Methoden bestimmt.
- Bei der Wertermittlung nach dem Ertragswert- oder Discounted Cash Flow-Verfahren werden zur Diskontierung der geplanten zukünftigen finanziellen Überschüsse auf den Bewertungsstichtag Zinsdaten, insbesondere zur Marktrisikoprämie, verwendet, deren Herleitung den sachverständigen Prüfern unbekannt ist und die niemals Gegenstand eines gerichtlichen Beweisbeschlusses waren. Diese Zinssätze weisen nach Auffassung der neueren Rechtsprechung diametrale Widersprüche zu den am Finanzmarkt beobachtbaren Daten aus.[317]

317 Vgl. LG Hannover im Spruchverfahren zu Az. 23 AktE 191/09.

3 Thematische Schwerpunkte in den Prüfungsberichten

Viele sachverständige Prüfer forcieren zudem in ihren Prüfungsberichten eine Rechtsentwicklung, die nicht dem strukturellen Standpunkt der Minderheitsaktionäre entspricht. Dabei fällt auf, dass der Übertragungsbericht des Hauptaktionärs insoweit zwar schon den Sachverhalt darlegt, sich mit weiteren Rechtsausführungen aber noch zurückhält. Die sachverständigen Prüfer vertreten demgegenüber ganz offen Rechtsauffassungen, welche allein den strukturellen Interessen der Hauptaktionäre entsprechen. Dies gilt sinngemäß auch für die „Weiterentwicklung" der Bewertungsstandards. Besonders auffällig war die Hinwirkung in Prüfungsberichten auf die Änderung der höchstrichterlichen Rechtsprechung zum maßgeblichen Referenzzeitraum des als Wertuntergrenze zu berücksichtigenden Börsenkurses.

- Zunächst nahm der Bundesgerichtshof einen Zeitraum an, der die drei Monate bis zum gesetzlichen Bewertungsstichtag umfasste.[318] Das ist nach § 327b Abs. 1 S. 1 AktG der Tag der den Squeeze-out-Beschluss fassenden Hauptversammlung. Dem standen die Hauptaktionäre und ihre Beratungsgesellschaften stets ablehnend gegenüber, obwohl das Bundesverfassungsgericht ihren Argumenten zutreffend entgegengetreten war.[319] Obwohl im Schrifttum vergleichsweise wenige Autoren eine Veränderung verlangten, bildeten hier viele sachverständige Prüfer den thematischen und quantitativen Schwerpunkt ihrer Prüfungsberichte. Damit gelang es den sachverständigen Prüfern, stellvertretend für die Berater der Hauptaktionäre, diese höchstrichterlich bereits entschiedene Frage immer mehr zu einem Schwerpunkt im Spruchverfahren zu machen. Auf diese Weise entstand für Oberlandesgerichte der Spielraum, diese Rechtsfrage dem Bundesgerichtshof erneut zur Entscheidung vorzulegen. Der Bundesgerichtshof gab dann seine Rechtsprechung explizit auf.[320] Nun endet der Referenzzeitraum mit dem Tag der erstmaligen Bekanntmachung der Strukturmaßnahme. Wie der Vergleich der „Marktpreise" und der angemessenen Barabfindung in dieser Studie[321] sowie die Effizienzmarkthypothese von Fama[322] zeigen, reflektiert der Markt in diesem Zeitraum jedoch noch nicht die kursrelevanten Informationen zum inneren Wert der Gesellschaft und der Höhe der Abfindung. Denn die Höhe der Abfindung sowie seine Berechnungsgrundlagen machen erst später den Übertragungs- und Prüfungsbericht bekannt.
- Diese Arbeitsweise lässt sich auch anhand von anderen Beispielen und ohne Anspruch auf Vollständigkeit aufzeigen:

---

318 BGH vom 12. März 2001, Az. II ZB 15/00 (DAT/Altana).
319 BVerfG vom 27. April 1999, Az. 1 BvR 1613/94.
320 BGH vom 19. Juli 2010, Az. II ZB 18/09 (Stollwerck).
321 Vgl. Teil 3 § 6 IV 2 – Empirische Daten zur „Gegenleistung", ab S. 130.
322 Vgl. oben Fußn. 9 auf S. 4 und Fußn. 10 auf S. 4.

- In neueren Verfahren zeigt sich das Bestreben, das allgemein gesunkene Zinsniveau durch einen pauschalen Aufschlag auf den risikofreien Basiszins wieder auszugleichen, um damit den Unternehmenswert zu mindern. Ersatzweise soll die Kompensation über eine Erhöhung des Risikozuschlags vorgenommen werden.
- Ferner werden Zuschläge auf den Kapitalisierungszinssatz für Länderrisiken bei Auslandsgeschäften angenommen, obwohl es auch hierfür keine empirische oder fachliche Grundlage gibt bzw. diese sogar in den Wirtschaftswissenschaften als modelltheoretisch unzulässig angesehen werden.[323]
- Von den Überschüssen in der Phase der ewigen Rente werden Abschläge für eine „wachstumsbedingte Thesaurierung" auch dann vorgenommen, wenn nach dem vorgelegten Unternehmenskonzept die Ausschüttung aller Überschüsse an die Aktionäre gar nicht geplant ist und auch keine Verschuldungslage der Gesellschaft vorliegt. Das durch technischen Fortschritt oder Effektivitätssteigerung erzielbare Wirtschaftswachstum bleibt völlig unberücksichtigt.
- Nicht zur Ausschüttung vorgesehene Wertbeiträge, welche den thesaurierungsbedingten Anstieg der Aktienkurse abbilden sollen, werden auch dann um fiktive persönliche Ertragsteuern der Aktionäre gemindert, wenn ein solcher Abzug gesetzlich ausgeschlossen ist.[324]

Diese Beispiele lassen sich beliebig fortsetzen. Alle diese Sach- und Rechtsfragen mindern im wirtschaftlichen Ergebnis die Unternehmenswerte und damit die niedrigeren Barabfindungen. Die Intention des Gesetzgebers, die Interessen der übrigen Aktionäre zu schützen, wird auf diese Weise auf den Kopf gestellt. Denn Gesetzgeber und Rechtsprechung gingen davon aus, dass nur in Einzelfällen Fehleinschätzungen durch sachverständige Prüfer erfolgen würden:

> *„Im Regelfall dürfte indes die Gefahr eher gering sein, dass die vom Sachverständigen ermittelte Abfindung signifikant hinter dem Wert der gehaltenen Beteiligung an der Gesellschaft zurückbleibt."*[325]

Diese Studie hingegen zeigt jedoch genau das Gegenteil: Die Fehleinschätzungen überwiegen. Zudem treiben die Prüfungsberichte, fast noch deutlicher als die im Auftrag der Hauptaktionäre erstellten Bewertungsgutachten, eine Rechtsentwicklung voran, die sich im wirtschaftlichen Ergebnis gegen die Minderheitsaktionäre wendet.

---

323 Kruschwitz/Löffler/Mandl: Damodarans Country Risk Premium – und was davon zu halten ist. In WPg Nr. 4 2011, S. 167-176; Ernst/Gleißner: Damodarans Länderrisikoprämie – Eine Ergänzung zur Kritik von Kruschwitz/Löffler/Mandl aus realwissenschaftlicher Perspektive. In WPg Nr. 23 2012, S. 1252-1264.

324 Vgl. §§ 20 Abs. 2 S. 1 Nr. 1 S. 1, 52a Abs. 10 S. 1 EStG.

325 BVerfG vom 30. Mai 2007, Az. 1 BvR 390/04.

Die Tätigkeit der sachverständigen Prüfer entschärft also nicht den bestehenden, situationsimmanenten Interessenkonflikt zwischen dem Hauptaktionär und den Minderheitsaktionären, sondern verstärkt diesen vielfach noch. Damit bleiben die außenstehenden Aktionäre auf die Hilfe unabhängiger Gerichte angewiesen, um im Schutzbereich des Aktieneigentums einen angemessenen Wertausgleich zu erhalten.

VII Vorschläge für die Praxis

Diese Praxis (1) wirft zwangsläufig die Frage nach dem Sinn der Tätigkeit sachverständiger Prüfer (2) auf. Schon jetzt bietet das Verfahrensrecht viele Möglichkeiten, um das Spruchverfahren zu beschleunigen und die inhaltlichen Schwerpunkte zu verlagern (3). Zudem spricht einiges dafür, die Auswahlkriterien für sachverständige Prüfer zu modifizieren (4). In jedem Fall sollte der Bestellungsbeschluss inhaltliche und formelle Auflagen enthalten, die auch den Ablauf der „Parallelprüfung" abdecken (5).

1 Bestandsaufnahme

Der Ausgang der Spruchverfahren führt zu der Frage, ob die Rechte der Minderheitsaktionäre, auch vor dem Hintergrund der hier zu beachtenden verfassungsrechtlichen Gewährleistungen zum Aktieneigentum, durch den gerichtlich bestellten sachverständigen Prüfer gewahrt werden. Dabei geht es auch um die Qualität und Funktion der sachverständigen Prüfung. Schließlich kommt es in den meisten Spruchverfahren zu einer Erhöhung der Barabfindung, obwohl die sachverständigen Prüfer, abgesehen von drei Fällen, die vom Hauptaktionär festgesetzte Abfindung als angemessen bestätigt haben. Denn in

- 217 aller 462 untersuchten Squeeze-out – das entspricht einer Quote von 46,97 Prozent – bzw.
- 193 von 256 mindestens erstinstanzlich beendeten Spruchverfahren – das entspricht einer Quote von 75,39 Prozent – bzw.
- 193 von 229 erst- und zweitinstanzlich beendeten Spruchverfahren – das entspricht einer Quote von 84,28 Prozent –

kam es bereits zu Erhöhungen der den Minderheitsaktionären zu gewährenden angemessenen Barabfindung. Diese Ergebnisse belegen den hier bestehenden Handlungsbedarf.

2 Erforderlichkeit der Abfindungsprüfung

In der Praxis beschränkt sich die Funktion des Prüfungsberichts häufig auf eine formale Beschlussvorlage. Wie der Ausgang der Spruchverfahren und ihre thematischen Schwerpunkte zeigen, hat sich die Prüfung der Angemessenheit der Barabfindung nicht als geeignet erwiesen, die Interessen der Minderheitsaktionäre zu schützen. Damit hat sie ein wesentliches Ziel des Gesetzgebers nicht erreicht. Das spricht dafür, die gesetzliche Pflichtprüfung aufzugeben und, soweit erforderlich, durch eine umfassende Beweiserhebung im Spruchverfahren zu ersetzen. Nicht eindeutig feststellbare Sachverhalte sind dabei zu Lasten des insoweit darlegungs- und beweispflichtigen Hauptaktionärs von Gerichten in ihren Schätzungen zu berücksichtigen.

Vielmehr sollte statt einer Prüfung durch einen sachverständigen Prüfer überlegt werden, wirtschaftliche Anreize für die Festlegung einer angemessenen Barabfindung zu schaffen. Damit können Vorteile für beide Seiten verbunden sein. Dazu gibt es schon die folgenden Vorschläge:

- Für die Hauptaktionäre tritt mit der Abschaffung der Prüfung bei der Vorbereitung der Hauptversammlung keine zeitliche Verzögerung ein. Im Gegenteil: Sie kann noch schneller vorbereitet und der Ausschluss der übrigen Aktionäre entsprechend früher vollzogen werden.
- Dadurch verringert sich für die Minderheitsaktionäre auch die Gefahr, von allgemein positiven Entwicklungen der Börsenkurse ausgeschlossen zu werden.
- Finanziell werden die Hauptaktionäre entlastet, weil die Kosten für den sachverständigen Prüfer entfallen. Der Hauptaktionär hat es selber in der Hand, in welcher Höhe stattdessen Kosten für ein Beweisverfahren im Spruchverfahren anfallen. Legt er eine realitätsnahe Unternehmensbewertung vor, fallen gar keine Kosten an. Bei einer erkennbar unplausiblen Unternehmensbewertung sind sie naturgemäß höher,[326] weil dann eine vollständige Neubewertung erforderlich wird.
- Eine angemessene Verzinsung der gerichtlich festgesetzten Erhöhung schafft ebenfalls einen weiteren wirtschaftlichen Anreiz für eine zutreffende Unternehmensbewertung.
- Die lange Dauer der Spruchverfahren darf auch nicht mehr automatisch zu Einsparungen beim Hauptaktionär führen. Wie eine Untersuchung der Schutzgemeinschaft für Kapitalanleger e. V. zeigt,[327] entspricht nicht jeder Hauptaktionär seiner Nachzahlungspflicht bzw. nur verspätet. Daher sind klare Fälligkeitsregeln und eine Hinterlegungspflicht bis zum Ablauf der Verjährung erforderlich.
- Auch für die Minderheitsaktionäre entsteht mit der Abschaffung der Prüfung ebenfalls kein wesentlicher Nachteil. Weil die Prüfungsberichte nicht den Schutz

---

326 Das LG Potsdam hat mit Beschluss vom 12. Dezember 2012 im Verfahren 52 O 97/10 – Squeeze-out der Möbel Walther AG – angesichts einer nicht haltbaren Unternehmensbewertung Stundensätze in der Höhe von Euro 400 für verantwortliche Prüfer, Euro 350 und Euro 300 für fachliche Mitarbeiter und Euro 80 für Schreibkräfte für angemessen gehalten. Das Bewertungsgutachten war von Warth & Klein Grant Thornton erstellt und von der BDO geprüft worden.

327 Pressemitteilung der Schutzgemeinschaft der Kapitalanleger e. V.: SdK kritisiert den zunehmenden Trend, Nachbesserungsansprüche von Aktionären nicht auszuzahlen. Unter http://www.sdk.org/print.php?type=pm&id=661 [Stand: 7. Januar 2013].

ihrer Interessen verfolgen und damit den Intentionen des Gesetzgebers zuwider laufen, helfen sie ihnen, zumindest in der gegenwärtigen Praxis, ohnehin nicht.

3 Handhabung des Verfahrensrechts

Eine andere Handhabung der verfahrensrechtlichen Regelungen könnte, zumindest teilweise, die situationsimmanenten Nachteile der Minderheitsaktionäre ausgleichen und zugleich eine Verfahrensbeschleunigung bewirken. Hierzu zählen:

- Erweiterter Gebrauch des gerichtlichen Auswahlermessens bei der Bestellung sachverständiger Prüfer;[328]
- Inhaltliche Auflagen für den Prüfungsbericht;[329]
- Restriktiver Umgang mit Anträgen auf Fristverlängerung: Das Gericht setzt dem Hauptaktionär im Spruchverfahren zunächst für die Erwiderung auf die konkreten Einwendungen der Minderheitsaktionäre eine Frist von einem bis höchstens drei Monaten, § 7 Abs. 2 S. 3 SpruchG. Eine wesentliche Verlängerung kommt im Normalfall nicht in Betracht. Schließlich benötigt der Hauptaktionär vor der Hauptversammlung im Durchschnitt[330] auch nur 3 Monate und 3 Tage für eine umfassende Unternehmensbewertung. Da es im Spruchverfahren immer nur um Einzelfragen geht, kann auch die Antragserwiderung bei weitem nicht so lange dauern wie eine umfassende Unternehmensbewertung. Zudem verfügt der Antragsgegner über einen strukturellen Informationsvorsprung, was eine Erwiderung zusätzlich beschleunigt.
- Kommt der Antragsgegner, vor allem auf der Grundlage eines Beweisbeschlusses, seinen Beibringungs- oder Darlegungslasten nicht nach, hat das Gericht zu seinem Nachteil zu schätzen, § 287 ZPO. Fehlen wesentliche Tatsachen, gelten die Regeln zur Beweisvereitelung.
- Entspricht eine Partei nicht ihren Verfahrensförderungspflichten, ist das weitere Vorbringen im Normalfall nicht mehr zu berücksichtigen, §§ 9 f. SpruchG.
- Ein gesetzlicher Vorrang für eine Anhörung des sachverständigen Prüfers besteht nicht.[331] Von seiner Anhörung ist ganz Abstand zu nehmen, wenn der Prüfungsbericht zum Beispiel nicht plausibel ist, Auflagen aus dem Bestellungsbeschluss nicht erfüllt werden oder sich bereits aus den Antragsschriften ein erheblicher weiterer Ermittlungs- und Prüfungsbedarf ergibt.
- Stattdessen ist im Fall konkreter Einwendungen gegen die Unternehmensbewertung eine umfassende Beweiserhebung durch Einholung eines Sachverstän-

---

328 Siehe dazu unten Teil 5 § 14 VII 4 c – Anforderungen an die Bestellung sachverständiger Prüfer, ab S. 305.
329 Siehe dazu unten Teil 5 § 14 VII 5 – Erteilung von Auflagen im Bestellungsbeschluss, ab. 306.
330 Median.
331 OLG Düsseldorf vom 12. Dezember 2012, Az. I-26 W 19/12 (AktE).

digengutachtens anzuordnen. Legt der Hauptaktionär diesem nicht alle bewertungserheblichen Unterlagen vor, sind daraus resultierende Lücken im Wege der Schätzung oder nach den Regeln der Beweisvereitelung zu schließen. Dem kann sich der Hauptaktionär auch nicht mit dem Argument entziehen, dass die Personen, welche seinerzeit die Bewertung vorgenommen haben, nicht mehr zur Verfügung stehen. Da fast jede aktienrechtliche Strukturmaßnahme der gerichtlichen Kontrolle unterliegt, sind hierfür in jedem Fall Vorkehrungen, etwa in Form einer detaillierten Dokumentation, zu treffen. Schließlich betragen die gesetzlichen Aufbewahrungsfristen für Bewertungsunterlagen zehn Jahre. Hierzu zählen auch alle zu ihrem Verständnis erforderlichen Arbeitsanweisungen und sonstigen Organisationsunterlagen.

4 Auswahlkriterien

Wie bereits zuvor aufgezeigt, befindet sich der sachverständige Prüfer in einem situationsimmanenten Interessenkonflikt (a). Das gilt vor allem für die großen Wirtschaftsprüfungsgesellschaften (b). Dieser situationsimmanente Interessenkonflikt lässt sich regulativ nicht auflösen. Vielmehr obliegt es dem Gericht, diesem Konflikt durch sachgerechte Ausübung seines Auswahlermessens entgegen zu wirken (c).

a Situationsimmanenter Interessenkonflikt

Für den sachverständigen Prüfer besteht ein situationsimmanenter Interessenkonflikt, der verschiedene Ursachen hat:

- Bei der Prüfung und Erstellung seines Berichts steht der sachverständige Prüfer in ständigem Kontakt zum Hauptaktionär und seinen Beratern. Das sind neben dem Bewertungsgutachter meist auch die Rechtsanwälte, welche die Hauptversammlung vorbereiten. Außerdem bezahlt der Hauptaktionär sein Honorar. Daher empfindet der sachverständige Prüfer einen Hauptaktionär eher als seinen Mandanten, als die Minderheitsaktionäre, deren Interessen er nach dem Gesetz zu schützen hat. Zu ihnen hat er keinen Kontakt; von ihnen erhält er auch keine weiteren Aufträge.
- Vor allem die großen Wirtschaftsprüfungsgesellschaften haben sich bereits im Rahmen ihrer Mitarbeit im FAUB fachlich festgelegt. Als mittelbare Folgewirkung der Facharbeit aus den letzten Jahren lässt sich festhalten, dass die Unternehmenswerte ständig reduziert wurden. Daher besteht in der Praxis naturgemäß keine Bereitschaft, die Ergebnisse dieser Facharbeit z. B. im Hinblick auf die empirischen Grundlagen der einzelnen Bewertungsschritte zu hinterfragen.
- Hinzu kommt die wirtschaftliche Abhängigkeit der sachverständigen Prüfer von Consultingaufträgen der Hauptaktionäre bzw. der zu prüfenden Gesellschaften.

Dazu werden sogar eigens weitere Gesellschaften erworben.[332] Um keine Aufträge zu verspielen, ist keine der großen deutschen Wirtschaftsprüfungsgesellschaften bereit, einen Prüfungsbericht im Ergebnis so auszugestalten, dass der Hauptaktionär eine höhere Barabfindung zahlen muss.

Bei der Bestellung eines Wirtschaftsprüfers zum sachverständigen Prüfer hat das Gericht somit zu prüfen, ob und in welchem Umfang ein Prüfer von diesem situationsimmanenten Interessenkonflikt betroffen ist. Es spricht einiges dafür, bei der Auswahl der sachverständigen Prüfer, vor allem aber bei der Auswahl von Sachverständigen im Spruchverfahren keine Angehörigen von Wirtschaftsprüfungsgesellschaften zu berücksichtigen, die dem FAUB angehören oder die typischerweise die Jahresabschlüsse börsennotierter Aktiengesellschaften prüfen.

b Wesentliche Marktteilnehmer

Besonders bei den großen Wirtschaftsprüfungsgesellschaften besteht die Gefahr, dass dieser situationsimmanente Interessenkonflikt einer unabhängigen und objektiven Arbeitsweise entgegensteht. Sie sind besonders abhängig von Großaufträgen im Prüfungsbereich, die oft genug auf Anschlussaufträge, z. B. für das Consulting, zielen. Der Auftrag des Gesetzgebers, im Interesse der Minderheitsaktionäre die vom Hauptaktionär festgelegte Barabfindung zu überprüfen, spielt dann, wie die Daten der Studie zeigen, im Ergebnis keine Rolle mehr.

c Anforderungen an die Bestellung sachverständiger Prüfer

Daher sollten nur solche Wirtschaftsprüfungsgesellschaften zu sachverständigen Prüfern bestellt werden, die diesem situationsimmanenten Interessenkonflikt nicht unterliegen. Damit dürften vor allem die zuvor genannten zehn größten deutschen Wirtschaftsprüfungsgesellschaften ausscheiden, von denen sieben im FAUB vertreten sind und die besonders häufig von börsennotierten Gesellschaften zum Abschlussprüfer gewählt werden. Schließlich kann bei solchen Gesellschaften nicht ohne weiteres davon ausgegangen werden, dass sie die empirischen Grundlagen für die einzelnen Bewertungsschritte des IDW S 1 kritisch hinterfragen. Insbesondere bei Änderungen der Bewertungsgrundsätze durch das IDW werden deren empirische Grundlagen nicht hinterfragt.

Der situationsimmanente Interessenkonflikt besteht bei mittelständischen Wirtschaftsprüfungsgesellschaften nicht bzw. zumindest nicht in dem hier beschriebenen

---

332 Manager Magazin: Consulting-Professor Dietmar Fink über neue Trends in der Beraterzunft und den Großangriff der Wirtschaftsprüfer. Unter www.manager-magazin.de/unternehmen/artikel/0,2828,875740,00.html [Stand: 10. Januar 2013].

Umfang. Denn sie sind meist mit den Sichtweisen beider Seiten vertraut. Auf der einen Seite kennen Sie den Standpunkt und die Interessen der zu prüfenden Gesellschaft. Auf der anderen Seite sind sie auch in der Lage, die Interessen der ausscheidenden Minderheitsaktionäre zu verstehen. Sie sind in ihrer Beurteilung nicht voreingenommen und auch in ihrem Geschäftsmodell und ihrer Mandantenstruktur nicht abhängig von Großaufträgen börsennotierter Gesellschaften bzw. ihrer sonstigen Berater. Da sie vielmehr über eine völlig andere, meist mittelständisch geprägte Mandantenstruktur verfügen, sind sie insofern unabhängiger. Sie müssen nicht mit Mandatsverlusten und wirtschaftlichen Einbußen rechnen, wenn sie als sachverständiger Prüfer im Ergebnis nicht einseitig den Vorstellungen des Hauptaktionärs folgen.

Das spricht dafür, zumindest bei kleinen und mittelgroßen Gesellschaften, zu sachverständigen Prüfern nur noch mittelständische Wirtschaftsprüfungsgesellschaften zu bestellen. Soweit sie weder im FAUB vertreten sind noch laufend mit den anderen großen Wirtschaftsprüfungsgesellschaften zusammenarbeiten, sind sie in ihrer Beurteilung nicht voreingenommen. Sie sind auch in ihrem Geschäftsmodell und ihrer Mandantenstruktur nicht abhängig von Großaufträgen börsennotierter Gesellschaften bzw. ihrer sonstigen Berater. Da sie vielmehr über eine völlig andere, meist mittelständisch geprägte Mandantenstruktur verfügen, sind sie insofern unabhängiger. Sie müssen nicht mit Mandatsverlusten und wirtschaftlichen Einbußen rechnen, wenn sie als sachverständiger Prüfer im Ergebnis nicht einseitig den Vorstellungen des Hauptaktionärs folgen.

5 Erteilung von Auflagen im Bestellungsbeschluss

Viele Gerichte sind bereits dazu übergegangen, dem sachverständigen Prüfer im Bestellungsbeschluss formelle und inhaltliche Auflagen zu erteilen. Dabei handelt es sich vor allem um Fragen der Unternehmensbewertung. Im Hinblick auf die zeitgleichen Tätigkeiten von Bewertungsgutachtern und sachverständigen Prüfern (Parallelprüfung) bieten sich weitere verfahrenstechnische Auflagen an. Schließlich haben Prüfungsberichte auch über das darin bestehende Gefahrenpotenzial aus den Eigeninteressen der Wirtschaftsprüfer und der Selbstprüfung zu berichten, siehe §§ 23, 23a BS WP/vBP.

Insbesondere folgende Punkte bieten sich für Auflagen im Bestellungsbeschluss an, die vor allem den Prüfungsverlauf betreffen:
- Umstände und Rahmen einer ersten Anfrage/Kontaktaufnahme, insbesondere durch wen und wie der Erstkontakt im Hinblick auf den konkreten Auftrag zustande kam;
- Ablauf der Prüfung, und zwar in zeitlicher und sachlicher Hinsicht wie z. B. Umfang des in die Prüfung einbezogenen Personals, dessen Benennung unter

Angabe der jeweiligen beruflichen Qualifikation und der personellen und sachlichen Unterstützung durch den Hauptaktionär.[333]

- Inhalt, Datum, Teilnehmer und Ergebnisse der wesentlichen Besprechungen vor und während der Tätigkeiten, beim Abschlussgespräch und nach Abschluss der Prüfung mit dem Hauptaktionär bzw. seinen Beratern, besonders bei zeitgleichen Tätigkeiten (Parallelprüfung). Daraus lassen sich gegebenenfalls zeitliche und inhaltliche Vorgaben für einen Beweisbeschluss bzw. einen anderen gerichtlichen Sachverständigen ableiten. Denn während für die sachverständige Prüfung vor der Hauptversammlung meist nur wenige Wochen zur Verfügung stehen, benötigen Sachverständige im Spruchverfahren häufig Jahre, um die im Beweisbeschluss aufgeworfenen Einzelfragen zu bearbeiten oder auch nur die dafür erforderlichen Informationen zu gewinnen;
- die zeitgleiche Erstellung der Unternehmensbewertung durch den Hauptaktionär bzw. die von ihm beauftragten Wirtschaftsprüfer und des Prüfungsberichts wirft die Frage auf, ob es überhaupt zu einer Prüfung kommt. Es besteht jedenfalls die Gefahr, dass gemeinsam und zeitgleich eine Unternehmensbewertung erstellt wird, die in zwei Berichten wiedergegeben wird. Das stellt aber keine Prüfung dar. Daher ist zur Plausibilisierung der Parallelprüfung im Prüfungsbericht darzustellen, welche Bestandteile der Unternehmensbewertung und in welcher zeitlichen Abfolge dem sachverständigen Prüfer vorgelegt wurden und in welchem Umfang er Änderungen herbeigeführt hat;
- Art und Umfang der Darstellung einzelner Prüfungsfelder;
- Zeitpunkt, Art und Umfang der dem Prüfer übergebenen Unterlagen und Teilbewertungsergebnisse unter Angabe, wer und wann diese erstellt bzw. beschlossen wurden;
- Bericht über die etwaige Nichtoffenlegung vom Prüfer verlangter Informationen durch den Hauptaktionär;
- Benennung der Quellen, welche den Planungsrechnungen zugrunde liegen unter genauer Angabe der Art der Planung – turnusgemäße oder aus Anlass der Strukturmaßnahme erfolgte Planung – sowie des Datums der Verabschiedung durch den Vorstand der Gesellschaft; zudem sind etwaige Änderungen an diesen Planungen aus Anlass der Strukturmaßnahme dem Grunde und der Höhe nach genau zu bezeichnen;
- Benennung der Quellen, aus denen der Prüfer die für die Ermittlung des Unternehmenswerts benutzten Parameter (z. B. Marktstudien, Vergleichsindikatoren, Informationsdienstleister, Basiszins, Marktrisikoprämie/Überrenditen, Beta-Faktor, Peer Group, Wachstumsabschlag) abgeleitet hat und warum gerade diese Werte anderen, ebenfalls in Betracht kommenden gegenüber vorzugswürdig sind;

333 Z. B. Angabe der vom Hauptaktionär bzw. der Gesellschaft benannten Auskunftspersonen.

- Aufzählung der Bewertungs-, Sach- und Rechtsfragen, zu denen divergierende Auffassungen zwischen dem Hauptaktionär und dem Prüfer bestanden haben oder noch bestehen;
- Bericht über die Aspekte, die zu einer Beilegung solcher Meinungsverschiedenheiten geführt haben;
- bei der Prüfung zu beachtende Rechtsauffassungen des Gerichts;
- dem Gericht zu übergebende Unterlagen (z. B. Arbeitspapiere, Bewertungsmodell in Form elektronischer Tabellenkalkulation).

Diese weiteren Angaben informieren die Minderheitsaktionäre und das Gericht im Spruchverfahren. Vor allem die weiteren Angaben zum zeitlichen Ablauf und den konkreten Prüfungshandlungen dürften angesichts der Komplexität der Materie weitere Ansatzpunkte schaffen, um die Prüfungstiefe zu intensivieren.

Die Erteilung von Auflagen an den Prüfer liegt im Ermessen des Gerichts. Dabei kommt es auch auf die besonderen Umstände des einzelnen Bewertungsfalls an. Jedoch muss der Prüfungsbericht den gesetzlichen Anforderungen genügen, wonach gemäß § 20 BS WP/vBP die vollständige Auswertung aller für und gegen ein Ergebnis sprechenden Umstände erforderlich ist:

> *„Kritische Aspekte dürfen dabei nicht unterschlagen werden."*[334]

Der Bericht des sachverständigen Prüfers darf sich nicht nur auf die Prüfung oder gar nur Plausibilisierung der Bewertungsarbeiten des Hauptaktionärs bzw. seiner Berater beschränken. Vielmehr hat der sachverständige Prüfer selbständig die Höhe der Barabfindung zu ermitteln:

> *„Die Höhe der Abfindung wird nicht vom Hauptaktionär, sondern von einem unabhängigen und vom Gericht bestellten Gutachter ermittelt."*[335]

Daher muss sein Bericht ein eigenständiges Gutachten darstellen, das die Parteinähe zur Gesellschaft und zum Hauptaktionär vermeidet und Distanz zu dessen Bericht zeigt:

> *„Es ist selbstverständlich, dass die Absicht des Gesetzgebers in die Praxis der Spruchverfahren nur umgesetzt werden kann, wenn der Bericht des sachverständigen Prüfers gegenüber dem Bericht des Hauptaktionärs ein eigenständiges Gutachten darstellt, das die Parteinähe zur Gesellschaft und zum Hauptaktionär vermeidet und Distanz zu dessen Bericht zeigt. Dabei ist zu beachten, dass der sachverständige Prüfer zwar gerichtlich bestellt wird, seinen Prüfungsbericht aber nicht dem Gericht, sondern der Gesellschaft bzw. deren Hauptaktionär erstattet.*
> *Das verlangt eigenständige Arbeit, nicht nur die Überprüfung der Arbeit eines anderen.*

---

334 Begründung zu § 20 BS WP/vBP.

335 BVerfG vom 30. Mai 2007, Az. 1 BvR 390/04.

> *Aufgabe des sachverständigen Prüfers ist es, nicht nur den Bericht des Hauptaktionärs auf Plausibilität zu überprüfen; ihm obliegt vielmehr die eigene Prüfung der Angemessenheit der im Unternehmensvertrag vereinbarten Abfindung und des Ausgleichs. Geschuldet ist damit eine eigenständige Untersuchung und Darstellung, nicht die Überprüfung der Tätigkeit eines anderen Wirtschaftsprüfers.*“[336]

Soweit die Gerichte bereits dazu übergegangen sind, dem sachverständigen Prüfer Auflagen zu erteilen, hat das in der Praxis zwar zu umfangreicheren Prüfungsberichten geführt. Dennoch haben die Prüfer auch weiterhin, abgesehen von den bereits benannten drei Ausnahmen, keine Einwände gegen die von den Hauptaktionären festgesetzten Barabfindungen erhoben. Trotzdem sollte der Bestellungsbeschluss Auflagen im vorgenannten Sinne, insbesondere zum Ablauf der Prüfung enthalten, um den Aussagegehalt des Prüfungsberichts besser beurteilen zu können. Weicht der gerichtlich bestellte sachverständige Prüfer belastbaren Angaben aus, ist von seiner Anhörung im Spruchverfahren abzusehen. Vielmehr ist dann gegebenenfalls ein anderer Wirtschaftsprüfer als Sachverständiger mit einer umfassenden Unternehmensbewertung zu beauftragen.

§ 15 Verfahrensbeteiligte in Spruchverfahren

Soweit die Rubren der Beschlüsse vorliegen bzw. sich nachvollziehen lassen, bildet diese Studie auch Daten zu den Antragstellern (I), gemeinsamen Vertretern (II) und Verfahrensbevollmächtigten der Hauptaktionäre (IV) ab. Weitere Besonderheiten bestehen bei der Beweisführung durch Sachverständige nach Beweisbeschluss im Spruchverfahren (III). Seit mehreren Jahren beteiligen sich die VzfK und ihre Mitglieder erfolgreich an Spruchverfahren (V).

I Antragsteller

In den meisten Spruchverfahren gibt es im Durchschnitt mehr als 20 Antragsteller. Besonders viele Antragsteller nehmen an Verfahren mit einer hohen medialen Wahrnehmung und einer großen Anzahl von Aktien im Streubesitz teil. Das gilt zum Beispiel für den Squeeze-out bei der

- Bayerischen Hypo- und Vereinsbank AG mit 302 Antragstellern und
- Hypo Real Estate Holding AG mit 272 Antragstellern.

336 LG Frankfurt am Main vom 14. November 2006, Az. 3-5 O 73/04.

Allerdings beteiligen sich die meisten Antragsteller nach der Antragstellung nicht mehr aktiv am Spruchverfahren. Auch an mündlichen Verhandlungen nehmen nur noch wenige Antragsteller teil.

Vor dem Hintergrund eines Abfindungsvolumens in der Höhe von rund 11,22 Mrd. Euro, bzw. 11,82 Mrd. Euro einschließlich nachträglichen Erhöhungen, mag diese Passivität der Anleger zunächst überraschen. Sie ist jedoch in der Regel auf die Komplexität der aufgeworfenen Sach- und Rechtsfragen zur Unternehmensbewertung zurückzuführen. Zwar stellen die Gerichte in der Praxis meist nur geringe Anforderungen an konkrete Einwendungen im Sinne des § 4 Abs. 2 S. 2 Nr. 4 SpruchG. Die weiterführenden Schriftsätze und Stellungnahmen auf Erwiderungen der Hauptaktionäre stellen dann aber vor allem betriebs- und volkswirtschaftliche Anforderungen, denen viele Antragsteller nicht mehr gewachsen sind. Auch die Gerichte bedienen sich hier oft der Zuarbeit durch Sachverständige.

II Gemeinsamer Vertreter

Der gemeinsame Vertreter steht auf der Seite der Minderheitsaktionäre, § 6 SpruchG (1). Daraus ergeben sich vielschichtige Anforderungen (2). Die verfassungsrechtlichen Gewährleistungen zur kostenmäßigen Waffengleichheit werfen die Frage auf, ob er eine angemessene finanzielle Ausstattung erhält (3). In der Praxis besteht ein uneinheitliches Bild zur Qualität der Arbeit gemeinsamer Vertreter (4).

1 Gesetzlicher Auftrag

Das Gericht bestellt zur Wahrung der Rechte der Antragsberechtigten, die nicht selbst Antragsteller sind, einen gemeinsamen Vertreter, § 6 Abs. 1 S. 1 SpruchG.

Davon kann nur abgesehen werden, wenn die Wahrung der Rechte der Antragsberechtigten auf andere Weise sichergestellt ist, § 6 Abs. 1 S. 3 SpruchG. Dieser Regelungsbestandteil hat in der Praxis bislang keine Bedeutung erlangt. Die Anwendung dieser Vorschrift kommt etwa in Betracht, wenn sämtliche nicht antragstellenden Minderheitsaktionäre die Wahrung ihrer Interessen einem Antragsteller zum Zwecke der Durchführung eines Musterverfahrens übertragen haben.[337]

Der gemeinsame Vertreter ist gesetzlicher Vertreter der Antragsberechtigten, die selbst keinen (zulässigen) Antrag gestellt haben. Ihm obliegt eine *„Schutz- und Sachwalterposition"*[338] der Interessen der außenstehenden Aktionäre. Nach ganz überwiegender Auffassung ist er weder an Weisungen gebunden noch auskunfts-

337 Leuering in Simon: Spruchverfahrensgesetz Kommentar. München 2007, § 6 Rdnr. 8.
338 OLG Celle vom 19. April 2007, Az. 9 W 53/06.

oder rechenschaftspflichtig.[339] Das gilt aber dann nicht mehr, wenn er als Beauftragter auch für die übrigen Antragsteller mit dem Hauptaktionär Vergleichsgespräche zur Beendigung des Spruchverfahrens führt oder ihm Sonderrechte, etwa in Form von Einsichtnahme in Unterlagen, eingeräumt werden.

Daher muss der gemeinsame Vertreter die erforderliche Sachkunde besitzen:

> *„Mit der Amtsermittlung wird außerdem der Zweck verfolgt, die Tatsachenfeststellung durch einen unabhängigen Sachverständigen zu konzentrieren und die Kosten zu begrenzen. In einem solchen Verfahren bestehen daher zwangsläufig engere Grenzen für die Erstattungsfähigkeit von Privatgutachten als in dem vom Beibringungsgrundsatz beherrschten Zivilprozess. Vor diesem Hintergrund sieht die herrschende Meinung Auslagen eines Antragstellers für im Rahmen des Spruchverfahrens eingeholte Privatgutachten in der Regel nicht als erstattungsfähig an (OLG Düsseldorf, WM 1992, 418; Krieger in: Lutter, UmwG, 4. A., 2009, Rdnr. 18 zu § 15 SpruchG; Hüffer, Rdnr. 6 zu § 15; Rosskopf in: KK-SpruchG, Rdnr. 51 zu § 15; Drescher in: Spindler/Stilz, Rdnr. 20 zu § 15 SpruchG; Kubis in: MünchKommAktG, 3. A., 2010, Rdnr. 23 zu § 15 SpruchG; Kowalski EWiR § 306 AktG 1/97, S. 148 zu OLG Zweibrücken, DB 1997, 218). Dies muss erst recht für den gemeinsamen Vertreter der nicht antragstellenden Aktionäre gelten, der aufgrund seiner Sachkunde vom Gericht ausgewählt und bestellt wird. Seine originäre Aufgabe ist es, vorgelegte Unterlagen und eingeholte Sachverständigengutachten kritisch zu würdigen und dabei offen gebliebene Fragen im Rahmen einer Anhörung des gerichtlich bestellten Sachverständigen zu klären. Diese Aufgabe sollte er erfüllen können, ohne einen Gutachter zu seiner Unterstützung heranzuziehen (s. a.: Drescher in: Spindler/Stilz, AktG, 2. A., 2010, Rdnr. 17 zu § 6 SpruchG; Krieger/Mennicke in: Lutter, UmwG, Rdnr. 14 zu § 6 SpruchG ; Leuering in: Simon, SpruchG, Rdnr. 46 zu § 6; Emmerich/Habersack, Aktien- und GmbH-Konzernrecht, 6. A., 2011, Rdnr. 22 zu § 6 SpruchG; Kubis, a. a. O., Rdnr. 17 zu § 6 SpruchG; großzügiger wohl: Hüffer, AktG, 9. A., 2010, Rdnr. 7 zu § 6 SpruchG;).“*[340]

Zwar besteht in Spruchverfahren ein eingeschränkter Amtsermittlungsgrundsatz. Dennoch haben die Parteien ihren Antrag mit konkreten Einwendungen zu begründen, § 4 Abs. 2 S. 2 Nr. 4 SpruchG. Das Gesetz reduziert aber den gemeinsamen Vertreter nicht auf eine solche selektive Schwerpunktbildung. Er hat an allen mündlichen Verhandlungen teilzunehmen, was nicht immer geschieht,[341] und sich vor allem mit dem Vortrag des Antragsgegners umfassend auseinanderzusetzen.

2 Anforderungen

Die fachliche Spezialisierung der Verfahrensbevollmächtigten der Hauptaktionäre sowie der von ihnen beauftragten Wirtschaftsprüfer führt zu hohen Anforderungen an den gemeinsamen Vertreter. Bislang besteht an dieser Stelle jedoch ein mitunter

339 OLG München vom 26. Mai 2010, Az. 7 U 5707/09.

340 OLG Düsseldorf vom 4. Juli 2011, Az. I-26 W 8/11 [AktE].

341 So blieb z. B. der gemeinsame Vertreter der mündlichen Verhandlung im Spruchverfahren betreffend den Ausschluss der Minderheitsaktionäre der F. Reichelt AG vor dem LG Hamburg, Az. 403 HKO 19/13, unentschuldigt fern.

erhebliches Kompetenzgefälle. Im Normalfall kann daher nicht davon ausgegangen werden, dass auf diesem Wege die prozessuale Waffengleichheit hergestellt wird. Daher erübrigt sich eine qualitative und quantitative Analyse in dieser Studie.

Weil aber der gemeinsame Vertreter auf der Seite der Minderheitsaktionäre steht, ist nicht hinnehmbar, dass – auch ehemalige – Mitarbeiter der Großkanzleien bestellt werden, die normalerweise für Hauptaktionäre tätig werden. Das gilt ebenso für Kanzleien, zu deren typischen Mandanten auch börsennotierte Großunternehmen gehören. Auch von ihnen kann, genauso wenig wie von Angehörigen des FAUB, verlangt werden, ihren sonst vertretenen strukturellen Standpunkt aufzugeben. So dürfte es für sie zum Beispiel kaum in Betracht kommen, die einzelnen Bewertungsschritte des IDW S 1 empirisch zu hinterfragen. Vielmehr besteht die mehr oder weniger konkrete Gefahr, dass ihnen die Berater der Hauptaktionäre näher stehen als die verfassungsmäßigen Rechte der Minderheitsaktionäre.

Auf die besonderen Kenntnisse des gemeinsamen Vertreters kommt es vor allem dann an, wenn er als Einziger, stellvertretend für alle anderen Antragsteller, Zugang zu entscheidungserheblichen Informationen erhält. Das ist insbesondere auf der Grundlage von § 7 Abs. 7 S. 2 SpruchG der Fall, wenn er Einsicht in sonstige Unterlagen erhält, die den übrigen Antragstellern nicht zugänglich gemacht werden.

„Bewerten heißt vergleichen“![342] Verfügt der gemeinsame Vertreter nicht über das Wissen oder notwendige Datenmaterial zum Vergleichen, fehlt ihm die sachbezogene berufliche Qualifikation zur Vertretung der Interessen der Antragsberechtigten, die nicht Antragsteller sind. Daher ist an dieser Stelle die gleiche Spezialisierung wie bei den Wirtschaftsprüfern und Rechtsanwälten zu verlangen, die die Interessen der Hauptaktionäre vertreten.

In der Praxis stellt sich oft die Frage, ob und in welchem Umfang ein gemeinsamer Vertreter das Spruchverfahren überhaupt fördert. In vielen Verfahren beschränkt sich seine Tätigkeit darauf, den Vortrag von Antragstellern zusammenzufassen und allenfalls punktuell zu ergänzen. Eigenständige Argumentationsansätze fehlen dagegen häufig.

3 Kosten

Angesichts der wirtschaftlichen Relevanz verlangen die verfassungsrechtlichen Vorgaben wie z. B. das Gebot der Waffengleichheit auch, dass effektiver Rechtsschutz nicht an den Kosten scheitern darf (a).[343] Hier bestehen für die Verfahrensbeteiligten unterschiedliche Kostenrahmen (b), die aus verfassungsrechtlichen Gründen über

---

342 Moxter, Adolf: Grundsätze ordnungsmäßiger Unternehmensbewertung. 2., vollst. umgearb. Aufl., Wiesbaden 1983, S. 123.

343 Zur verfassungsrechtlichen Bedeutung vgl. BVerfG vom 12. September 2005, Az. 2 BvR 277/05; BVerfG vom 24. März 2011, Az. 1 BvR 2493/10 m. w. N.

eine zweckorientierte Handhabung des eingeschränkten Amtsermittlungsgrundsatzes auszugleichen sind (c).

a Verfassungsrechtliche Vorgaben

Zur Bedeutung von Spruchverfahren im aktienrechtlichen Rechtsschutzsystem heißt es in einer Stellungnahme der Bundesregierung:[344]

> *„Soweit es um Spruchverfahren geht, ist zu berücksichtigen, dass der Gesetzgeber die Rechtsschutzmöglichkeiten der Minderheitsaktionäre bereits in den vergangenen Jahren im Interesse beschleunigter und effizienter Streitentscheidung zurückgefahren hat. So steht ihnen heute für alle Bewertungsstreitigkeiten überhaupt nur noch das Spruchverfahren zur Verfügung. Zum anderen sind den antragstellenden Minderheitsaktionären durch die Reform des Spruchverfahrens im Jahre 2003 bereits Verfahrensförderungs- und Antragsbegründungspflichten auferlegt worden. Vor diesem Hintergrund dürfte die mit der Verlagerung der Eingangszuständigkeit zum Oberlandesgericht verbundene Instanzenzugverkürzung von den betroffenen Minderheitsaktionären als weitere Beeinträchtigung ihrer Rechtsschutzmöglichkeiten empfunden und entsprechend kritisiert werden. Im Übrigen haben die Länder bei der Reform 2003 noch selbst eine solche Zuständigkeitsverlagerung abgelehnt."*

Das hier bestehende Kräfteverhältnis und der komplexe Streitgegenstand stellen hohe fachliche Anforderungen an die zu erstellenden Schriftsätze. Daher stellt sich vor dem Hintergrund des verfassungsrechtlichen Anspruchs auf ein faires Verfahren die Frage nach einer angemessenen Kostenerstattung der Minderheitsaktionäre im Spruchverfahren. Denn effektiver Rechtsschutz darf nicht an den Kosten scheitern:

> *„Die Garantie wirkungsvollen Rechtsschutzes ist ein wesentlicher Bestandteil des Rechtsstaates (vgl. BVerfGE 88, 118 <123>; 96, 27 <39 f.>), die vom Grundgesetz nicht nur durch Art. 19 Abs. 4 GG, sondern darüber hinaus im Rahmen des allgemeinen Justizgewährungsanspruchs garantiert wird. Dieser ist Bestandteil des Rechtsstaatsprinzips in Verbindung mit den Grundrechten, insbesondere Art. 2 Abs. 1 GG (vgl. BVerfGE 93, 99 <107>; 107, 395 <401>). Die grundgesetzliche Garantie eines wirkungsvollen Rechtsschutzes gewährleistet nicht nur den Rechtsweg im Rahmen der jeweiligen einfach-gesetzlichen Verfahrensordnungen, sondern garantiert auch die Effektivität des Rechtsschutzes. Der Zugang zu Gericht darf nicht in unzumutbarer, aus Sachgründen nicht mehr zu rechtfertigender Weise erschwert werden (vgl. BVerfGE 40, 272 <274 f.>; 78, 88 <99>; 88, 118 <124>).*
>
> *Auch die Festsetzung der Verfahrenskosten darf daher nicht in einer Weise erfolgen, die dem Betroffenen die Anrufung des Gerichts praktisch unmöglich macht (vgl. BVerfGE 11, 139 <143>; 54, 39 <41>). Eine Kostenregelung darf in ihrer tatsächlichen Auswirkung nicht dazu führen, dass Rechtsschutz vor staatlichen Gerichten vornehmlich nach Maßgabe wirtschaftlicher Leistungsfähigkeit eröffnet wird (vgl. BVerfGE 50, 217 <231>). Andernfalls würde das Kostenrecht zur faktischen Rechtswegsperre, weil ein Unbemittelter oder wirtschaftlich schwächer Gestellter schon aus finanziellen Gründen außerstande wäre, sein Recht zu verfolgen. Eine derartig rechtsschutzhemmende Wirkung liegt aber nicht nur vor, wenn das Kostenrisiko die wirtschaftliche Leistungsfähigkeit des*

344 BT-Drucks. 16/9002, Anlage 2.

Einzelnen übersteigt. Vielmehr wird die Beschreitung des Rechtswegs oder die Ausschöpfung prozessualer Möglichkeiten auch dann faktisch vereitelt, wenn das Kostenrisiko zu dem mit dem Verfahren angestrebten Erfolg außer Verhältnis steht, so dass die Inanspruchnahme der Gerichte nicht mehr sinnvoll erscheint (vgl. BVerfGE 85, 337 <347>). Auch die Versagung des Kostenerstattungsanspruchs für die obsiegende Partei widerspricht daher grundsätzlich den verfassungsrechtlichen Garantien (vgl. BVerfGE 74, 78 <94>).“[345]

b Kostenrahmen

Daraus ergibt sich für den Gesetzgeber bzw. die Gerichte in jedem Einzelfall, dass sie eine angemessene Kostenerstattung ermöglichen müssen. Die meisten Hauptaktionäre stellen für ihre Berater ein Budget in nahezu unbegrenzter Höhe zur Verfügung, um eine möglichst geringe Barabfindung gerichtsfest zu machen.

Für die Antragsteller führt die Kostenregelung in § 15 SpruchG dagegen dazu, dass sie nicht über die erforderlichen finanziellen Mittel verfügen. Der komplexe Verfahrensgegenstand stellt nicht nur hohe Anforderungen an einen sachgerechten Antrag, sondern auch an die weiteren Schriftsätze im Verfahren und gegebenenfalls mündliche Verhandlungen. Denn neben den nötigen Rechtskenntnissen sind hier auch umfassende betriebswirtschaftliche Kenntnisse erforderlich. Auch wenn § 4 Abs. 2 S. 2 Ziff. 4 SpruchG nur vergleichsweise geringe Anforderungen an die konkreten Einwendungen eines Antrags enthält, stellt eine sachgerechte Verfahrensführung weitaus höhere Anforderungen an die Antragsteller.

Auch die gemeinsamen Vertreter verfügen oft nicht über die erforderlichen Kenntnisse und Erfahrungen für einen sachgerechten Vortrag. Häufig entwickeln sie noch nicht einmal den Sach- und Rechtsvortrag der übrigen Antragsteller weiter. Nur in seltenen Einzelfällen verfügen sie über die Qualifikation, um sich mit dem Vortrag des Antragsgegners bzw. seiner Berater oder von Sachverständigen sachgerecht auseinanderzusetzen. Eine Verfahrensführung „auf Augenhöhe“ ist damit nicht gewährleistet, weil die Hinzuziehung von Sachverständigen auf Seiten der Antragsteller und gemeinsamen Vertreter nicht erstattungsfähig ist.

Vor Antragstellung lässt sich der für eine sachgerechte Verfahrensführung erforderliche anwaltliche Aufwand nicht abschätzen. Wie auf Seiten der Antragsgegner müsste er ebenfalls nach Zeitaufwand zu bezahlen sein. Weil der Kostenerstattungsanspruch erst nach Abschluss beider Instanzen entsteht, haben die Antragsteller auch noch diese Kosten vorzufinanzieren.

Die Kostenerstattung für die Antragsteller steht allerdings im Billigkeitsermessen des Gerichts, § 15 Abs. 4 SpruchG. Sie entfällt meistens, wenn es nicht zu einer Anhebung der Barabfindung kommt. Oft lassen sich die Erfolgsaussichten angesichts der komplizierten Sach- und Rechtsfragen bei Antragstellung noch nicht zutreffend

345 BVerfG vom 12. September 2005, Az. 2 BvR 277/05.

abschätzen. Damit kommt auf die Antragsteller selbst dann ein nicht kalkulierbares Kostenrisiko zu, wenn ihr Antrag aus Gründen zurückgewiesen wird, welche erst durch Offenlegung bewertungserheblicher Informationen im Spruchverfahren eingetreten sind.

Hier stehen die Gerichte vor der Aufgabe, im Rahmen der Billigkeitsentscheidung nach § 15 Abs. 4 SpruchG eine Kostenerstattung anzuordnen. So hat z. B. das LG München I trotz Zurückweisung der Anträge entschieden:

> *„Angesichts des Erfordernisses einer umfangreichen Anhörung mit einem nochmals gesteigerten Erkenntnisgewinn im Vergleich zum Inhalt des Übertragungs- und des Prüfungsberichtes kann nicht davon ausgegangen werden, den Anträgen fehle von vornherein jegliche Grundlage. Nur in einem solchen Fall kann die Kostentragungspflicht der Antragsteller hinsichtlich der eigenen außergerichtlichen Kosten angenommen werden.“*[346]

Auch die Literatur teilt aus rechtsdogmatischen Gründen diese Einschätzung:

> *„Deshalb ist (...) für den Regelfall, d. h. von Missbrauchsfällen abgesehen, daran festzuhalten, dass* ***allein*** *die* ***Belastung der Antragsgegner mit den außergerichtlichen Kosten der Antragsteller*** *der* ***Billigkeit entspricht****, zumal der Text des § 15 Abs. 4 SpruchG mit dem des § 81 FamFG (= § 13a Abs. 1 S. 1 FGG) fast wörtlich übereinstimmt, so dass nicht einzusehen ist, warum dieselbe Vorschrift auf einmal ganz anders als früher auszulegen sein soll. Das gilt jedenfalls, wenn es im Spruchverfahren zu einer* ***Erhöhung*** *der Kompensation kommt, gleichgültig in welchem Umfang. Erweisen sich dagegen die Anträge als* ***unzulässig****, so wird in der Tat für eine Billigkeitsentscheidung zu Gunsten der Antragsteller nach § 15 Abs. 4 nur selten Raum sein. Bei* ***Unbegründetheit*** *der Anträge muss man dagegen differenzieren: Fehlt den Anträgen schon von vornherein offensichtlich jede Grundlage, so gilt dasselbe wie bei der Unzulässigkeit der Anträge. Stellt sich dagegen ihre Unbegründetheit erst im Laufe des Verfahrens heraus, weil die Antragsgegner erst jetzt die erforderlichen Informationen erteilen, während sie diese zuvor zurückgehalten hatten, so ist für eine Belastung der Antragsteller mit den außergerichtlichen Kosten kein Raum; es entspricht dann vielmehr allein der Billigkeit, die Kosten den Antragsgegnern aufzuerlegen (§ 15 Abs. 4).“*[347]

Die Kostenregelungen enthalten zudem mit der völlig sachwidrigen Streitwertbegrenzung auf 7,5 Millionen Euro in § 15 Abs. 1 S. 2 SpruchG eine Privilegierung des Antragsgegners. Der Geschäftswert ergibt sich aus dem Betrag, der an alle Antragsberechtigten zusammen auf der Grundlage der gerichtlichen Entscheidung zu zahlen ist. So kommt es gerade bei wesentlichen Fehlbewertungen zu einer systemwidrigen Entlastung des Antragsgegners. Auch aus den Gesetzgebungsmaterialien ergibt sich kein sachlicher Grund für eine weitere Kappungsgrenze neben §§ 39 Abs. 2 GKG, 22 Abs. 2 S. 1 RVG in Höhe von 30 Mio. Euro. Damit stellt diese Regelung auch einen Fremdkör-

346 LG München I vom 21. Juni 2013, Az. 5 HK O 19183/09.
347 Emmerich in Emmerich/Habersack: Aktien- und GmbH-Konzernrecht Kommentar, 6. Aufl. München 2010, § 15 SpruchG Rdnr. 21.

per im Kostenrecht dar. Durch sie entfällt der Anreiz für Hauptaktionäre zu rechtskonformem Verhalten.

Für den gemeinsamen Vertreter ergibt sich aus § 6 Abs. 2 SpruchG eine andere Kostenregelung als für die Antragsteller. Seine Kosten sind in jedem Fall vom Antragsgegner, also dem Hauptaktionär, zu tragen. Er kann gegebenenfalls auch einen Vorschuss verlangen. Das erfolgt regelmäßig auf der Grundlage des Mindeststreitwerts nach § 15 Abs. 1 S. 2 SpruchG. Daher verfügt der gemeinsame Vertreter als Einziger aus dem Lager der Antragsteller über ein gesichertes Budget, welches die Kosten seiner Tätigkeit deckt.

Es stellt sich aber die Frage, ob das allein, vor allem bei umfangreichen Verfahren, zur Herstellung der Waffengleichheit unter Kostenaspekten ausreicht. Denn gerade bei umfangreichen und langwierigen Verfahren führt der gesetzliche Gebührenanspruch nicht zu auskömmlichen Stundensätzen. Außerdem können weder der gemeinsame Vertreter noch die übrigen Antragsteller die Erstattung der Kosten eines von ihnen selbst beauftragten Sachverständigen bzw. Wirtschaftsprüfers verlangen.

c Eingeschränkter Amtsermittlungsgrundsatz

Diese ungleiche Kostenausstattung führt zu der Frage, wie das Verfahrensrecht dem Grundsatz der Waffengleichheit zum Durchbruch verhelfen kann. Schließlich verlangt der Gleichheitsgrundsatz, dass den Verfahrensbeteiligten gleiche Chancen eingeräumt werden müssen.

Weil aber der Hauptaktionär seinen Informationsvorsprung auch durch den Einsatz entsprechender finanzieller Mittel zur Honorierung von Beratern zu verteidigen weiß, führt der – eingeschränkte – Amtsermittlungsgrundsatz dazu, dass gegebenenfalls das Gericht den Sach- und Rechtsstandpunkt der Minderheitsaktionäre umfassend aufzuarbeiten hat. Das Gericht hat dazu erforderlichenfalls auf der Grundlage eines umfassenden Beweisbeschlusses einen Sachverständigen mit weiteren Ermittlungen oder Berechnungen zu beauftragen.

Doch auch insoweit hat der Gesetzgeber das Kostenrisiko der Minderheitsaktionäre verschärft. Während nach der ursprünglichen Gesetzesfassung Schuldner der Gerichtskosten „*nur der Antragsgegner*“ war, können diese nach der Neufassung des § 15 Abs. 1 SpruchG durch das Kostenrechtsmodernisierungsgesetz nunmehr auch den Antragstellern auferlegt werden.[348]

> *„Zu den Gerichtskosten gehören nach der gesetzlichen Legaldefinition des § 1 Satz 1 KostO neben den Gerichtsgebühren auch die Auslagen und damit die Vergütung des Sachverständigen.“*[349]

348 2. Kostenrechtsmodernisierungsgesetz vom 23. Juli 2013, BGBl I S. 2586.
349 OLG Frankfurt a. M. vom 3. November 2008, Az. 20 W 455/08.

Weil Sachverständigengutachten zum Teil sehr hohe Kosten aufwerfen, ist damit ein unübersehbares Kostenrisiko für Minderheitsaktionäre entstanden. Denn im Gegensatz zum Hauptaktionär kennen sie die bewertungserheblichen Informationen, welche gegebenenfalls zur Zurückweisung ihrer Anträge führen, nicht.

Für das Eingreifen der Billigkeitsregel ist daher jedenfalls dann kein Raum, wenn das Gericht im Rahmen seiner Ermittlung der Tatsachen von Amts wegen die Einholung eines Sachverständigengutachtens für erforderlich hält. Denn eine solche Entscheidung erfolgt aufgrund des hier geltenden eingeschränkten Amtsermittlungsgrundsatzes. Daher gibt es für den Gesetzgeber keinen sachlichen Grund, den Antragstellern die Kosten für ein vom Gericht als erforderlich angesehenes Sachverständigengutachten aufzuerlegen.

4 Handhabung in der Praxis

Die Praxis ist naturgemäß vielschichtig. Während sich einzelne gemeinsame Vertreter intensiv an den Verfahren beteiligen und an allen mündlichen Verhandlungen teilnehmen, gilt das für andere nicht. Es kommt jedoch vergleichsweise selten vor, dass ein gemeinsamer Vertreter, wie etwa umgekehrt die Hauptaktionäre und die von ihnen beauftragten Berater sowie besonders die sachverständigen Prüfer in ihren Prüfungsberichten, den strukturellen Standpunkt der Minderheitsaktionäre weiterentwickeln. Meist beschränken sich die gemeinsamen Vertreter darauf, den Auffassungen des Antragsgegners und seiner Prüfer entgegenzutreten.

In der Praxis kommt es jedoch auch immer wieder dazu, dass sich gemeinsame Vertreter nicht sachgerecht verhalten:

- Ein gemeinsamer Vertreter hat einen vom Gericht empfohlenen Vergleich zur Erhöhung der Barabfindung als „zu hoch“ abgelehnt, woraufhin der Hauptaktionär seine Bereitschaft zum Vergleichsabschluss zurückzog.[350]
- Derselbe gemeinsame Vertreter war vor seiner selbständigen Tätigkeit als Rechtsanwalt in einer ausschließlich auf Hauptaktionäre ausgerichteten Kanzlei tätig. Daher suchte er in der mündlichen Verhandlung auch deren Nähe. Bezeichnenderweise setzte er sich auf die Seite des Antragsgegners und nicht, wie sonst üblich, auf die Seite der Antragsteller.
- In einem anderen Spruchverfahren erhielt der gemeinsame Vertreter als einziger Verfahrensbeteiligter der Antragsteller Einsicht in gemäß § 7 Abs. 7 S. 2 SpruchG nicht zugängliche Unterlagen des Hauptaktionärs. Nachdem der Hauptaktionär ihm die „Bewertung erklärt“ hat, nahm der gemeinsame Vertreter „alle Vorbehalte gegen die Unternehmensbewertung zurück“ und berief sich im Übrigen auf seine Schweigepflicht. Zu weiteren mündlichen oder schriftlichen Berichten bzw.

350 Spruchverfahren LG Mannheim, Az. 23 AktE 3/10.

Erläuterungen des Ergebnisses der Vergleichsverhandlungen war er auch auf mehrfache Nachfragen nicht bereit.[351]
- Angesichts der Komplexität des Streitgegenstands ist es kaum vorstellbar, dass die zuvor von ihm, wie den übrigen Antragstellern, geltend gemachten Einwände nur auf „Missverständnissen" beruhten. Es kam dann aber immerhin zu einem Vergleich mit einer geringen Anhebung der Abfindung und einer Kostenerstattung. Dadurch konnte eine umfassende Neubewertung durch ein Sachverständigengutachten vermieden werden, was das Gericht angesichts der vielen offenen Punkte in den Raum gestellt hatte.
- Auch in anderen Verfahren kommt es immer wieder vor, dass der gemeinsame Vertreter im Auftrag des Gerichts für die Antragsteller und die übrigen Minderheitsaktionäre Vergleichsverhandlungen mit dem Antragsgegner führt, ohne über die verhandlungsrelevanten Punkte angemessen zu unterrichten oder auf Rückfragen zu reagieren. Eine solche Vorgehensweise ist jedoch kaum dazu geeignet, die für einen Vergleich erforderliche Konsensbereitschaft zu fördern. Außerdem gehören die grundrechtsrelevanten Rechtspositionen vor allem der nicht am Spruchverfahren beteiligten Minderheitsaktionäre nicht in „Hinterzimmer".

Die Gerichte tragen angesichts des hier bestehenden strukturellen Ungleichgewichts eine hohe Verantwortung bei der Auswahl und Bestellung gemeinsamer Vertreter. Berufsträger,
- welche nicht über die erforderliche sachbezogene berufliche Qualifikation verfügen,
- für Kanzleien tätig sind oder waren, welche dem Lager der Hauptaktionäre zuzurechnen sind, also typischerweise deren strukturelle Standpunkte vertreten, insbesondere im Handelsrechtsausschuss des Deutschen Anwaltsvereins vertreten sind,[352]
- auf andere Weise Interessenkollisionen unterworfen sind,
- in früheren Spruchverfahren durch Pflichtverletzungen oder Untätigkeit auffällig geworden sind oder
- aufgrund nicht sachgerechter Amtsführung wie zum Beispiel der Nichtteilnahme an mündlichen Verhandlungen aufgefallen sind,

dürfen in nachfolgenden Verfahren nicht mehr zum gemeinsamen Vertreter bestellt werden.

Stellen sich solche Gründe erst nach der Bestellung heraus, ist das Gericht als „actus contrarius" zur Bestellung befugt und auch verpflichtet, einen gemeinsamen Vertreter gegebenenfalls wieder abzuberufen und zu ersetzen. Angesichts der verfas-

351 Spruchverfahren LG Hannover, Az. 23 AktE 24/09.

352 Siehe dazu unten Teil 5 § 15 IV – Berater der Hauptaktionäre, ab S. 324.

sungsrechtlichen Relevanz des Spruchverfahrens und der weitreichenden Möglichkeiten des gemeinsamen Vertreters kommt es einer Rechtsverkürzung gleich, wenn die hier bestehenden Befugnisse nicht sachgerecht genutzt werden.

Die Gerichte dürfen auch nicht hinnehmen, dass ein gemeinsamer Vertreter oder einzelne Antragsteller verfahrensbeendende Vergleiche im Geheimen mit dem Antragsgegner aushandeln. Die Gerichte dürfen solche Vergleiche nur dann den übrigen Antragstellern zur Annahme empfehlen, wenn die Verhandlungsführer im erforderlichen Umfang über den Verlauf der Verhandlungen informieren und für weiterführende Fragen zur Verfügung stehen. Andernfalls sind solche Ergebnisse zu verwerfen.

III Der Sachverständige im Spruchverfahren

In mindestens 101 der in dieser Studie untersuchten Squeeze-out-Verfahren haben Gerichte einen Beweisbeschluss gefasst und einen Sachverständigen beauftragt (1). Die Rechtsgrundlage ergibt sich aus der ZPO (2). Dabei stellt sich die Frage, ob der zuvor bestellte sachverständige Prüfer auch im Spruchverfahren zum Sachverständigen bestellt werden kann (3). Der Sachverständige hat ein umfassendes Gutachten zu erstellen (4), dessen Ergebnisse sich empirisch belegen lassen müssen (5). In seltenen Fällen haben Gerichte Sachverständige wegen Besorgnis der Befangenheit wieder abberufen (6).

1 Erforderlichkeit einer Beweisaufnahme

Während nach altem Recht im Spruchverfahren immer eine umfassende Neubewertung vorzunehmen war, liegt deren Umfang nun im Ermessen des Gerichts, § 7 Abs. 6 SpruchG. Das Gericht steht damit in jedem Spruchverfahren schon vor der ersten mündlichen Verhandlung vor der Entscheidung über die Notwendigkeit einer Beweisaufnahme, deren Umfang und die Auswahl der Beweismittel.

§ 404a ZPO verpflichtet das Gericht zur Anleitung des Sachverständigen. Nach § 404a Abs. 3 ZPO bestimmt das Gericht, welche streitigen Tatsachen der Sachverständige der Begutachtung zugrunde legen soll:

> *„Der Sachverständige ist nur weisungsgebundener Gehilfe des Gerichts bei der Auswertung ihm vorgegebener Tatsachen. Dieser Weisungsgebundenheit des Sachverständigen entsprechend ist das Gericht verpflichtet, den Sachverständigen in den Grund, Inhalt und Zweck des Gutachtenauftrags vollständig und unmissverständlich einzuweisen; ggf. besteht auch Anlass zu rechtlicher Anleitung (Zöller/Greger, ZPO, 23. Aufl., § 404a Rz. 1). Das Gericht muss den Sachverständigen etwa*

einweisen, soweit es um das Verständnis juristischer Fachbegriffe geht (Baumbach/Lauterbach/Albers/Hartmann, ZPO, 61. Aufl., § 404a Rz. 5).“[353]

Die Vorschrift ist im Zusammenhang mit den Verfahrensförderungspflichten nach §§ 9 f. SpruchG zu sehen. Eine Beweiserhebung kommt somit in den folgenden Fällen nicht in Betracht:

- Gegen die vom Hauptaktionär ermittelte Kompensation werden nach § 4 Abs. 2 S. 2 Nr. 4 SpruchG von den Antragstellern keine konkreten Einwendungen erhoben.
- Der Hauptaktionär hat im Spruchverfahren nicht nach § 7 Abs. 2 SpruchG im erforderlichen Umfang, also nicht erheblich und/oder nicht innerhalb der gesetzlichen Frist die von den Minderheitsaktionären erhobenen Einwendungen bestritten. Weil der Hauptaktionär, im Gegensatz zu den Minderheitsaktionären, Zugang zu allen bewertungserheblichen Unterlagen hat, wäre das für ihn ohne weiteres möglich. Schließlich hat ihm die Gesellschaft auf der Grundlage von § 327b Abs. 1 S. 2 AktG alle notwendigen Unterlagen zur Verfügung zu stellen. Daraus ergeben sich für ihn im Spruchverfahren deutlich weitreichendere Darlegungs- und Beweislasten als für Beteiligte im Zivilprozess. Sein Vorbringen wird daher nur dann erheblich, wenn er seine Erkenntnismöglichkeiten ausschöpft. Stellt er das Vorbringen der Antragsteller lediglich in Abrede und verweist er zur Glaubhaftmachung lediglich auf den Übertragungs- und Prüfungsbericht, genügt das nicht.
- Ein Beweisbeschluss kommt in Betracht, wenn nach dem Vorbringen beider Parteien der entscheidungserhebliche Sachverhalt nicht unstreitig feststeht oder eine abweichende Rechtsauffassung zu einer anderen Berechnung führt. Das ist zum Beispiel bei folgendem Sachstand der Fall:
- Die Antragsteller zeigen auf, dass das Vorbringen des Hauptaktionärs im Übertragungsbericht oder in der Antragserwiderung nicht plausibel ist. Hierbei ist zu berücksichtigen, dass sie im Normalfall keine eigenen Erkenntnisquellen haben, die über eine Analyse der öffentlich bekannten Informationen hinausgeht. Daher müssen sie sich lediglich mit dem Übertragungsbericht und nachfolgend der Antragserwiderung auseinandersetzen.
- Angesichts des strukturellen Informationsgefälles kommt eine umfassende Ermittlung der Bewertungsgrundlagen nur in Ausnahmefällen in Frage. Da der Hauptaktionär nach § 327b Abs. 1 S. 2 AktG über alle bewertungsrelevanten Informationen verfügt, hat er sie im Übertragungsbericht, spätestens aber in der Antragserwiderung darzustellen. Eine umfassende Ermittlung der Bewertungsgrundlagen ist daher nur in besonders gelagerten Ausnahmefällen erforderlich, was besonders zu begründen ist. Das kann zum Beispiel dann der Fall sein, wenn

---

353 Saarländisches OLG Saarbrücken vom 2. Juli 2003, Az. 1 U 720/02.

sogar für eine Schätzung nach den Regeln der Beweisvereitelung die erforderliche Tatsachengrundlage fehlt.
- In jedem Fall ist ein Sachverständiger zu beauftragen, wenn es um die Neuberechnung des Unternehmenswerts und der sich daraus ergebenden Kompensation geht. Das erfordert häufig eine betriebswirtschaftliche Kompetenz, die bei den Gerichten und den übrigen Verfahrensbeteiligten nicht ohne weiteres vorhanden ist. In diesem Fall sind aber die Berechnungsgrundlagen und die dabei verwendeten Formeln gegebenenfalls in einer Excel-Tabelle zur Verfügung zu stellen.
- Der Sachverständige ist auch dann zu beauftragen, wenn das Gericht eine andere Rechtsauffassung als der Hauptaktionär vertritt und daher eine völlig andere Wertermittlung anzustellen ist.

2 Rechtsgrundlage

Im Spruchverfahren gilt der Amtsermittlungsgrundsatz, § 12 FGG bzw. § 26 FamFG. Das Gericht hat die erforderlichen Ermittlungen durchzuführen und die ihm geeignet erscheinenden Beweise von Amts wegen zu erheben. Das erfolgt im Normalfall durch einen Beweisbeschluss, nach dessen Inhalt ein Sachverständiger beauftragt wird. Für die weiteren Einzelheiten zur Beweisaufnahme gelten nach § 15 FGG bzw. §§ 29, 30 FamFG weitgehend die Vorschriften der Zivilprozessordnung. Die Beweisführung durch Sachverständige regeln die §§ 402 bis 414 ZPO.

Wie bereits dargestellt, ist die Ermittlung von Tatsachen im Sinne des Gesetzes nicht erforderlich,
- wenn diese unstreitig sind,
- die Antragsteller konkrete Einwendungen trotz Erkennbarkeit möglicher Bewertungsfehler unterlassen haben oder
- der Antragsgegner den Einwendungen der Antragsteller nicht erheblich unter Ausschöpfung seines Erkenntnisstandes bzw. der für ihn bestehenden Erkenntnismöglichkeiten entgegengetreten ist.

3 Weitere Tätigkeit des sachverständigen Prüfers

Immer wieder stellt sich die Frage, ob und in welchem Umfang der bereits nach § 327c Abs. 2 S. 3 AktG bestellte sachverständige Prüfer auch im Spruchverfahren als Sachverständiger tätig werden soll.
- Eine weitere Betätigung setzt voraus, dass gegenüber der eigenen bisherigen Arbeit der nötige Abstand besteht. Schließlich neigt jeder dazu, seine eigene Arbeit zu rechtfertigen. Das gilt besonders dann, wenn, wie hier, der oben beschriebene situationsimmanente Interessengegensatz besteht und dadurch nicht immer die erforderliche Distanz gegenüber dem Hauptaktionär gewährleistet ist. Das begründet die Gefahr, sich eher als Interessenvertreter des Haupt-

aktionärs und nicht, wie vom Gesetzgeber verlangt, als Interessenvertreter der Minderheitsaktionäre zu verstehen.

- Der bislang bestellte sachverständige Prüfer kann daher nicht zum Sachverständigen bestellt werden, wenn es im Beweisbeschluss um wesentliche Sach- und Rechtsfragen geht und wesentliche Teile des Prüfungsberichts erneut begutachtet werden sollen. Falls das Gericht dennoch den bislang tätigen sachverständigen Prüfer noch einmal beauftragen möchte, hat es das gegebenenfalls zu begründen.
- Etwas anderes gilt dann, wenn nur einzelne Berechnungen, wie z. B. unter Vorgabe bestimmter Parameter zum Kapitalisierungszinssatz, vorzunehmen sind. In solchen Fällen spricht nichts dagegen, den bislang tätigen sachverständigen Prüfer noch einmal zu beauftragen. Schließlich hat er lediglich aufgrund der Vorgaben des Gerichts Berechnungen anzustellen. Das setzt allerdings voraus, dass die Berechnungsmethoden offengelegt und die angewandten Formeln in elektronischer Form wenigstens dem Gericht zur Verfügung gestellt werden. Ohnehin gehen immer mehr Gerichte dazu über, die Übermittlung der Berechnungsgrundlagen zum Gegenstand des Beweisbeschlusses zu machen.

4 Erstellung eines Gutachtens

§ 407 ZPO verpflichtet den Sachverständigen, ein Gutachten zu erstellen. Zwar stellt nach § 402 ZPO in Verbindung mit dem Verweis auf die Regelungen zum Zeugenbeweis die mündliche Vernehmung eines Sachverständigen den gesetzlichen Regelfall dar. Dennoch wurde in den hier ausgewerteten Spruchverfahren im Beweisbeschluss nach § 411 ZPO eine schriftliche Begutachtung angeordnet. Damit erhalten alle Verfahrensbeteiligten die Gelegenheit, sich zunächst einmal zur Erforderlichkeit einer mündlichen Verhandlung schriftsätzlich zu äußern.

5 Ergebnis der Gutachten

Für die Studie liegen insgesamt 32 Ergebnisse von Sachverständigengutachten vor, soweit diese nicht nur Teilbewertungen zum Gegenstand hatten. Sie gelangen zu den folgenden Ergebnissen:

- In 22 Fällen kamen Sachverständige zu einem höheren Unternehmenswert.
- In fünf Fällen unterschritten die von den Sachverständigen festgestellten Unternehmenswerte die den Barabfindungen der Hauptaktionäre zugrunde liegenden Werte.
- In fünf Fällen bestätigten die Sachverständigen die von den Hauptaktionären angebotenen Barabfindungen als angemessen.
- Im Durchschnitt aller Gutachten lagen die von den Sachverständigen festgestellten Unternehmenswerte um 26,58 Prozent höher als die von den Hauptaktionären zugrunde gelegten.

- In acht Fällen folgten die Gerichte der Bewertung der Sachverständigen und erhöhten die von den Hauptaktionären festgelegten Barabfindungen.
- In elf Fällen erhöhten die Gerichte die angemessene Barabfindung selbst gegenüber der Beurteilung durch Sachverständige noch weiter.
- In zehn Fällen folgten die Gerichte nicht oder nicht in vollem Umfang der Bewertung der Sachverständigen, wobei in sieben Fällen immer noch eine Erhöhung der Barabfindung zu verzeichnen ist.

6 Ablehnung wegen Besorgnis der Befangenheit

Nach § 406 ZPO kann ein Sachverständiger aus denselben Gründen abgelehnt werden, die zur Ablehnung eines Richters berechtigten. Das sind insbesondere persönliche Beziehungen zu einer Verfahrenspartei oder die Besorgnis der Befangenheit.

Dazu ist es in mindestens zwei der in dieser Studie untersuchten Verfahren gekommen. So wurde Prof. Richard Stehle, auf dessen Untersuchungen die Empfehlungen des IDW zur Marktrisikoprämie zurückgehen, in dem Spruchverfahren Rieter Ingolstadt Spinnereimaschinen AG abberufen. In dem Spruchverfahren Tech Data Germany AG trat er dann „*in Anbetracht der aufgeheizten Emotionen*" als Sachverständiger zurück.[354]

Hintergrund war der „*erstaunliche Sinneswandel*"[355] von Prof. Stehle. Denn dieser hatte über Jahre hinweg einen Risikoaufschlag von 2,6 Prozent proklamiert. „*Dieser entspreche dem langfristigen Renditevorsprung von Aktien gegenüber Anleihen und könne daher für Unternehmensbewertungen verwendet werden.*" Dann jedoch erhielt der Lehrstuhl von Prof. Stehle Ende 2003 einen mit 30.000 Euro dotierten Forschungsauftrag der führenden deutschen Wirtschaftsprüfungsgesellschaft, PwC. Prof. Stehle sollte danach „*eine wissenschaftlich fundierte Schätzung der zukünftigen Risikoprämie von deutschen Aktien durchführen*". Im Zuge dieser „Forschungen" fand Prof. Stehle heraus, dass seine bisherigen Berechnungsmethoden für Unternehmensbewertungen untauglich seien. Er müsse ein anderes Verfahren anwenden, das im wirtschaftlichen Ergebnis die Risikoprämie verdoppelt.

Dieses widersprüchliche Verhalten eines Sachverständigen quittierte das LG München I mit dem Beschluss, Prof. Stehle wegen Besorgnis der Befangenheit abzulehnen.[356]

---

354 Schriftliche Erklärung von Prof. Richard Stehle vom 11. Mai 2004 gegenüber dem LG München I im Spruchverfahren zu Az. 5HK O 19395/02.

355 Vgl. Manager Magazin Nr. 5/2005, S. 146: Erstaunlicher Sinneswandel Wie der Berliner Wirtschaftsprofessor Stehle zum Helfershelfer der Konzerne mutierte.

356 LG München I vom 24. März 2005, Az. 5HK O 149/03 im Spruchverfahren Rieter Ingolstadt Spinnereimaschinen AG.

IV Berater der Hauptaktionäre

Auch bei den von Hauptaktionären beauftragen anwaltlichen Beratern besteht ein hoher Spezialisierungsgrad. Ähnlich dem FAUB vertreten die Mitglieder im Handelsrechtsausschuss des Deutschen Anwaltvereins überwiegend den strukturellen Standpunkt der Hauptaktionäre.

Der Deutsche Anwaltverein e. V. versteht sich als Interessenvertreter der Anwaltschaft.[357] Das suggeriert zwar eine gewisse Überparteilichkeit und zumindest den Versuch, einen Interessenausgleich anzustreben. Angesichts der Vielschichtigkeit der Interessen stellt sich jedoch die Frage, ob auch wirklich die Erfahrung von allen rund 68.000 Mitgliedern[358] in Empfehlungen und Stellungnahmen einfließen können.

Zahlreiche Fachausschüsse unterstützen ehrenamtlich die Geschäftsführung und den Vorstand des Vereins bei besonderen Fragestellungen. Hier ist vor allem der Handelsrechtsauschuss zu nennen, der sich rege an Gesetzgebungsverfahren beteiligt. Er besteht überwiegend aus Partnern der Großkanzleien, welche strukturell ausschließlich die Interessen von Hauptaktionären in aktienrechtlichen Strukturmaßnahmen und börsennotierten Aktiengesellschaften vertreten:

Tab. 112: Liste der Mitglieder des Handelsrechtsausschusses des Deutschen Anwaltvereins[359]

VzfK e. V.	**Handelsrechtsausschuss des Deutschen Anwaltvereins**
Mitglieder **Name**	**Gesellschaft**
RA Prof. Dr. Michael Hoffmann-Becking	Hengeler Mueller
RAin Dr. Gabriele Apfelbacher, LL.M.	Cleary Gottlieb Steen & Hamilton
RA Dr. Christian Decher	Freshfields Bruckhaus Deringer
RA, WP Dr. Hans-Friedrich Gelhausen	PricewaterhouseCoopers
RA Dr. Wilhelm Happ	Happ Luther
RA Dr. Peter Hemeling	Allianz
RA Dr. Hans-Christoph Ihrig	Allen & Overy
RA Dr. Thomas Kremer	Deutsche Telekom

357 Deutscher Anwaltverein e. V.: Über uns – Kurzprofil. Unter http://anwaltverein.de/ueber-uns [Stand: 29. Juli 2014].

358 Deutscher Anwaltverein e. V.: Mitglied werden im Deutschen Anwaltverein. Unter http://anwaltverein.de/leistungen/mitglied-werden [Stand: 29. Juli 2014].

359 Quelle: Deutscher Anwaltverein e. V. Unter http://anwaltverein.de/ueber-uns/ausschuesse/handelsrecht [Stand: 30. Juni 2014].

VzfK e. V.	Handelsrechtsausschuss des Deutschen Anwaltvereins
Mitglieder **Name**	**Gesellschaft**
RA Prof. Dr. Gerd Krieger	Hengeler Mueller
RA Dr. Marc Löbbe	SZA Schilling, Zutt & Anschütz
RA Prof. Dr. Reinhard Marsch-Barner	Linklaters
RA Dr. Dr. h.c. Georg Maier-Reimer	Oppenhoff & Partner
RA Dr. Welf Müller	Linklaters
RA Dr. Andreas Pentz	Rowedder Zimmermann Haß
RA Prof. Dr. Arndt Raupach	McDermott Will & Emery
RA Dr. Bodo Riegger	Gleiss Lutz
RA Prof. Dr. Frank A. Schäfer, LL.M.	Sernetz Schäfer
RAin Dr. Alexandra Schluck-Amend	CMS Hasche Sigle
RA Prof. Dr. Walter Sigle	Walter Sigle Rechtsanwälte Partnerschaft
RA Dr. Bernd Singhof	Commerzbank
RA Dr. Hans-Ulrich Wilsing	Linklaters

Vertreter dieser Kanzleien prägen, wie die Wirtschaftsprüfer im FAUB, die fachliche Arbeit in Verbänden. Der Handelsrechtsausschuss stellt damit das Gegenstück zum FAUB dar, dem ein Großteil der hier tätigen Wirtschaftsprüfer angehört. Auch er besteht fast ausschließlich aus Rechtsanwälten von Kanzleien, die laufend für große börsennotierte Aktiengesellschaften und damit zugleich für potentielle Mehrheitsaktionäre tätig werden. Daher überrascht es nicht, dass bislang kein Gesetzgebungsvorschlag bekannt geworden ist, der den strukturellen Standpunkt der außenstehenden Aktionäre offensiv vertritt. Daher konnten sich auch die berechtigten Belange der Minderheitsaktionäre meist nicht gegenüber den besser organisierten Partikularinteressen der Hauptaktionäre und ihren Verwaltungen durchsetzen.

Für die gerichtliche Praxis stellt sich damit die Frage, ob die in diesen Empfehlungen und Stellungnahmen transportierten Sach- und Rechtauffassungen den aktuellen Rechtsstand objektiv reflektieren. Insbesondere die geänderte Rechtsprechung zum Börsenkurs zeigt, wie hier erfolgreich eine zunächst als gefestigt geltende, für Minderheitsaktionäre nicht nachteilige Rechtsprechung gekippt werden konnte.

Daraus ergeben sich auch besondere Anforderungen für den gemeinsamen Vertreter. Er muss dazu in der Lage sein, gegebenenfalls wie die Berater und Vertreter der Antragsgegner, immer wieder interessengerechte, neue Argumentationsfiguren zu entwerfen. Daher ist es völlig ausgeschlossen, dass jemand zum gemeinsamen Vertreter bestellt wird, der als Mitglied des Handelsrechtsausschusses den strukturellen Standpunkt der Hauptaktionäre offensiv vertritt.

V Beteiligung der VzfK und ihrer Mitglieder

Zu den satzungsmäßigen Aufgaben der VzfK gehört auch die Durchführung von Spruchverfahren bzw. die Unterstützung von Mitgliedern bei deren Durchführung (1). Dabei wurden überdurchschnittlich oft Anhebungen der Barabfindungen erstritten (2).

1 Verfahrensanzahl

Die VzfK beantragt nur dann die Einleitung eines Spruchverfahrens, wenn nach gründlicher Prüfung der angebotenen Kompensation eine überwiegende Wahrscheinlichkeit für deren Anhebung spricht bzw. Mitglieder das wünschen.

Das war im Untersuchungszeitraum in 124 Fällen – das entspricht 31,23 Prozent der Spruchverfahren – der Fall: Bei der Auswertung ist aber zu berücksichtigen, dass viele Spruchverfahren vor allem aus den letzten Jahren noch nicht abgeschlossen sind.

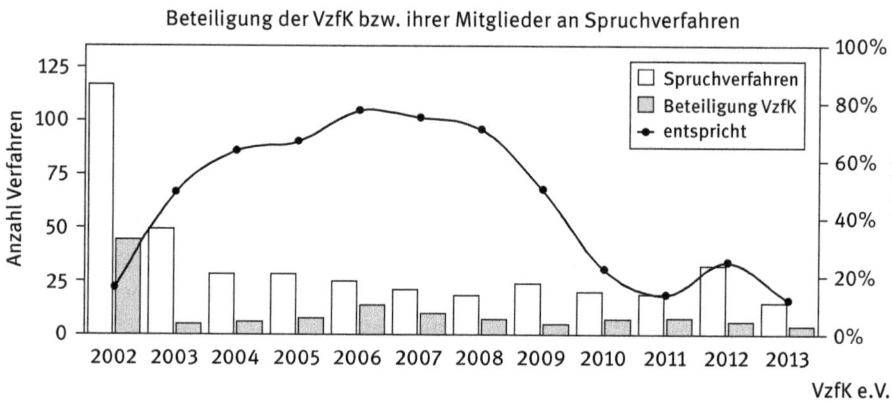

Abb. 51: Beteiligung der VzfK bzw. ihrer Mitglieder an Spruchverfahren

In absoluten Zahlen drückt sich das wie folgt aus:

Tab. 113: Beteiligung der VzfK bzw. ihrer Mitglieder an Spruchverfahren

VzfK e. V.	Beteiligung der VzfK bzw. ihrer Mitglieder an Spruchverfahren												
	2002	2003	2004	2005	2006	2007	2008	2009	2010	2011	2012	2013	Summe
Squeeze-out Beschlüsse	125	57	33	37	32	28	24	26	22	22	32	24	462
Spruchverfahren	118	50	27	28	25	21	18	24	20	19	32	15	397
entspricht	94,40 %	87,72 %	81,82 %	75,68 %	78,13 %	75,00 %	75,00 %	92,31 %	90,91 %	86,36 %	100,00 %	62,50 %	85,93 %
Beteiligung VzfK	44	5	6	8	14	10	7	5	7	8	6	4	124
entspricht	37,29 %	10,00 %	22,22 %	28,57 %	56,00 %	47,62 %	38,89 %	20,83 %	35,00 %	42,11 %	18,75 %	26,67 %	31,23 %

2 Anhebung der Barabfindung

Im wirtschaftlichen Ergebnis haben die VzfK und ihre Mitglieder dazu beigetragen, 57,11 Prozent aller Erhöhungen zu erstreiten. Das entspricht einem Gesamtbetrag in Höhe von 347,54 Mio. Euro:

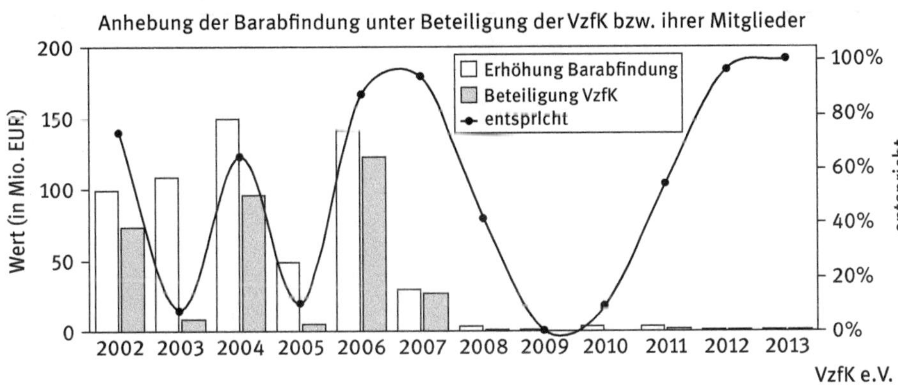

Abb. 52: Anhebung der Barabfindung unter Beteiligung der VzfK bzw. ihrer Mitglieder

Tab. 114: Anhebung der Barabfindung unter Beteiligung der VzfK bzw. ihrer Mitglieder

VzfK e. V.	**Anhebung der Barabfindung**			
	Gesamt		**Beteiligung VzfK**	
Kalenderjahr	**Anzahl**	**Betrag**	**Betrag**	**entspricht**
2002	81	114.520.679,88 EUR	80.118.509,36 EUR	69,96 %
2003	35	107.900.941,34 EUR	8.314.421,06 EUR	7,71 %
2004	22	154.897.465,12 EUR	98.835.686,50 EUR	63,81 %
2005	22	49.181.230,16 EUR	5.034.561,44 EUR	10,24 %
2006	17	141.938.219,78 EUR	123.262.332,36 EUR	86,84 %
2007	10	28.641.334,39 EUR	26.923.914,57 EUR	94,00 %
2008	9	3.349.595,51 EUR	1.387.871,98 EUR	41,43 %
2009	4	706.130,66 EUR	0,00 EUR	0,00 %
2010	6	2.666.611,30 EUR	244.451,76 EUR	9,17 %
2011	8	2.878.467,58 EUR	1.567.275,81 EUR	54,45 %
2012	2	1.282.885,51 EUR	1.237.665,51 EUR	96,48 %
2013	1	612.757,80 EUR	612.757,80 EUR	100,00 %
Summen	217	608.576.319,03 EUR	347.539.448,15 EUR	57,11 %

Teil 6 Datenanalyse zu Einzelfragen der Unternehmensbewertung

In den meisten Squeeze-out-Verfahren erfolgten die Unternehmensbewertungen nach dem Ertragswertverfahren. In besonders gelagerten Einzelfällen wurde auch der Liquidationswert ermittelt. Das Ertragswertverfahren folgt, zumindest angabegemäß,[360] dem IDW-Standard S 1 in der jeweils geltenden Fassung. Die Wertuntergrenze ergibt sich aus dem Börsenkurs.

Untersucht werden nachfolgend

- die Sach- und Rechtsfragen der Unternehmensbewertung, die sich für die quantitative empirische Rechtstatsachen- und Justizforschung eignen (§ 16),
- die empirischen Grundlagen des IDW-Standards S 1 und dessen Rechtsqualität (§ 17),
- die Einzelkomponenten des Kapitalisierungszinssatzes, insbesondere
- der Basiszins (§ 18),
- der Risikozuschlag (§ 19) und
- der Wachstumsabschlag (§ 20) sowie
- der Börsenkurs (§ 21).

§ 16 Ausgangspunkt

Für die quantitative empirische Rechtstatsachen- und Justizforschung eignen sich nicht alle Schritte einer Ertragswertermittlung (I). Etwas anderes gilt jedoch für den Kapitalisierungszinssatz. Hier lässt sich die Genauigkeit in der Bewertungspraxis durch empirische Rahmendaten steigern (II).

I Ansatzpunkte

Fundamentalanalytische Unternehmensbewertungen, z. B. nach dem Ertragswert- oder Discounted Cash Flow-Verfahren bestehen aus mehreren bewertungstechnischen Schritten. Viele dieser Schritte bieten zunächst keinen Ansatzpunkt für die quantitative empirische Rechtstatsachen- und Justizforschung. Das gilt vor allem für

- die Vergangenheitsanalyse,
- die Analyse der Marktumfelder,

360 In Spruchverfahren zeigt sich immer wieder, dass die tatsächlich durchgeführten Berechnungen mitunter erheblich – interessengerecht zu Gunsten der Hauptaktionäre – von den Vorgaben des jeweiligen IDW-Standards abweichen.

- die Ergebnisplanung sowie
- die Ermittlung und Bewertung nicht betriebsnotwendiger Vermögenswerte.

Etwas anderes gilt jedoch für
- die angewandte Bewertungsmethode, z. B. den verwendeten Bewertungsstandard des IDW,
- die einzelnen Parameter des Kapitalisierungszinssatzes,
- und den als Wertuntergrenze zu beachtenden Börsenkurs.

Hier liefern empirische Daten die für Bewertungszwecke unerlässlichen Vergleichswerte.

Darstellung und Analyse in dieser Studie bedeuten keine Wertung hinsichtlich der Richtig- oder Genauigkeit der ermittelten Daten. Denn die von den Hauptaktionären und ihren Beratern angewandten Berechnungsmethoden verfolgen das Ziel, möglichst niedrige Unternehmenswerte und damit auch niedrige Barabfindungen darzustellen. Das gelingt vor allem über die einzelnen Komponenten des Kapitalisierungszinssatzes.

II Kapitalisierungszinssatz

Der Ertragswert reflektiert mit den geplanten finanziellen Überschüssen einen Zukunftserfolgswert. Dazu sind die zukünftigen Zahlungsströme auf den Bewertungsstichtag abzuzinsen:

> *„Der Kapitalisierungszinssatz repräsentiert die Rendite aus einer zur Investition in das zu bewertende Unternehmen adäquaten Alternativanlage und muss dem zu kapitalisierenden Zahlungsstrom hinsichtlich Fristigkeit, Risiko und Besteuerung äquivalent sein.“*[361]

Grundsätzlich gilt: Je höher der Kapitalisierungszinssatz, umso niedriger der Unternehmenswert, welcher der Ermittlung der Barabfindung zugrunde zu legen ist. Daher kommt es für die Hauptaktionäre darauf an, einen möglichst hohen Kapitalisierungszinssatz darzustellen. Folglich bildet er in nahezu jedem Spruchverfahren einen thematischen Schwerpunkt.

Die Erörterung des Kapitalisierungszinssatzes drängt in vielen Spruchverfahren andere Bewertungsschritte in den Hintergrund, die ebenfalls zu einer interessengerechten Unternehmenswertreduzierung führen können. Das gilt vor allem für die Planung der zukünftigen finanziellen Überschüsse (Zählerebene). So fällt zum Beispiel auf, dass börsennotierte Hauptaktionäre den Erwerb einer Gesellschaft ihren

361 IDW S 1 (2008), Rdnr. 114.

eigenen Aktionären als besonders aussichtsreich darstellen, nicht aber gegenüber den vom Squeeze-out betroffenen Minderheitsaktionären im Übertragungsbericht. Auch die Kaufpreisallokation[362] in der Bilanz des Hauptaktionärs zeigt oft die höheren Ertragspotenziale der erworbenen Gesellschaft.

Dagegen enthält die Unternehmensbewertung zur Festlegung der Kompensation für die außenstehenden Aktionäre diese sonst nachvollziehbar dargestellten Ertragspotenziale regelmäßig nicht. Stattdessen werden solche Gesellschaften zum Teil sogar als Sanierungsfall mit hohen Restrukturierungskosten dargestellt. Die Zukunftserwartungen liegen häufig auch noch unter den Annahmen der jeweiligen Branchenverbände. Dennoch greifen viele Spruchverfahren solche Wertungswidersprüche (noch) nicht auf.

§ 17 IDW-Standard S 1

Fast alle Unternehmensbewertungen folgen dem IDW-Standard S 1. Weil auf seiner Grundlage die Abfindungshöhe ermittelt wird, bestimmt er auch die Eingriffstiefe in den Schutzbereich des vom Grundgesetz geschützten Aktieneigentums (I) Damit stellt sich die Frage nach der Rechtsnatur dieses Standards (II). Wegen der praktischen Auswirkungen und der hohen Grundrechtsrelevanz lohnt ein Blick auf seine bisherige Entwicklung (III). Bei Neufassungen stellt sich zudem die Frage, ob sie auch für bereits beschlossene Strukturmaßnahmen gelten (IV).

I Funktion

Die verfassungsrechtlichen Gewährleistungen zum Aktieneigentum führen dazu, dass der ausgeschlossene Aktionär einen Anspruch auf das hat, was seine gesellschaftliche Beteiligung an dem arbeitenden Unternehmen wert ist:

> *„§ 12 UmwG gibt den ausscheidenden Aktionären Anspruch auf eine „angemessene“ Abfindung. Darunter ist nicht wie in Art. 153 Abs. 2 Satz 2 WRV eine geringere als die volle Abfindung zu verstehen. Im Schrifttum besteht Einigkeit darüber, daß der Ausscheidende das erhalten soll, „was seine gesellschaftliche Beteiligung an dem arbeitenden Unternehmen wert ist“ (vgl. Böttcher/Meilicke, Umwandlung und Verschmelzung von Kapitalgesellschaften, 5. Aufl., S. 144; Veith/Börnstein, Umwandlungsgesetz und Umwandlungs-Steuergesetz, S. 125). Diese Auslegung ist auch allein mit Art. 14 GG vereinbar; denn wenn Art. 14 Abs. 3 Satz 3 GG für die Enteignung durch den Hinweis auf die Abwägung zwischen den Interessen der Allgemeinheit und der Beteiligten eine geringere als die volle Entschädigung zuläßt, fehlt doch jeder Grund für eine solche Abwägung im Verhältnis zwi-*

362 Purchase price allocation.

schen Gleichstehenden, zumal wenn der den Entschädigungsanspruch begründende Sachverhalt im eigenen Interesse des Großaktionärs liegt und von ihm herbeigeführt worden ist.“[363]

Diese Grundsätze hat das Bundesverfassungsgericht auch für den Squeeze-out bestätigt:

„§ 327a Abs. 1 Satz 1 und § 327b AktG sehen eine angemessene Barabfindung vor. Dass insoweit voller Wertersatz im Sinne der Grundsätze der Rechtsprechung des Bundesverfassungsgerichts geleistet wird, hat der Gesetzgeber in verfassungsrechtlich nicht zu beanstandender Weise dadurch sichergestellt, dass die Angemessenheit der Abfindung bereits vorab durch einen gerichtlich ausgewählten und bestellten Sachverständigen überprüft wird (§ 327c Abs. 2 Satz 2 und 3 AktG). Unabhängig davon gewährleistet das Spruchverfahren, dass etwaige Fehleinschätzungen des Gutachters nachträglich korrigiert werden können.“[364]

Allerdings schreibt das Grundgesetz keine bestimmte Methode für die Ermittlung eines Unternehmenswertes vor:

„In der Praxis hat sich für die zur Bestimmung der angemessenen Abfindung und des angemessenen Ausgleichs notwendige Ermittlung des „wahren“ Unternehmenswerts die sogenannte Ertragswertmethode durchgesetzt (vgl. Grundsätze zur Durchführung von Unternehmensbewertungen, Die Wirtschaftsprüfung 1983, S. 468 ff.). In der Judikatur findet sie praktisch allein Anwendung, während eine Bewertung des Anteilseigentums nach anderen Methoden, etwa anhand des Börsenkurses, weitgehend abgelehnt wird (vgl. jüngst OLG Celle, NZG 1998, S. 987 <988>; ferner die Nachweise bei Hüffer, a. a. O., § 305 Rdnr. 19 f.). Gegen eine Unternehmensbewertung nach dieser Methode bestehen im Prinzip keine verfassungsrechtlichen Bedenken. Ihr liegt die Annahme zugrunde, daß der Wert eines Unternehmens in erster Linie von seiner Fähigkeit abhängt, künftig Erträge zu erwirtschaften. Das ist ein verfassungsrechtlich unbedenklicher Ansatz.“[365]

Bislang haben Gesetzgeber und Rechtsprechung offengelassen, wie bei einer Unternehmensbewertung vorzugehen ist. Dafür nimmt das Institut der Wirtschaftsprüfer für sich – ohne einen entsprechenden gesetzlichen Auftrag – in Anspruch, die Grundsätze der Bewertung von Unternehmen definieren zu können:

„Dieser IDW Standard legt vor dem Hintergrund der in Theorie, Praxis und Rechtsprechung entwickelten Standpunkte die Grundsätze dar, nach denen Wirtschaftsprüfer Unternehmen bewerten.“[366]

Daher liegt in der Praxis den Unternehmensbewertungen regelmäßig der Bewertungsstandard IDW S 1 zugrunde. Dessen einzelne Bewertungsschritte werden gar nicht mehr hinterfragt; insbesondere die empirischen Grundlagen der Empfehlungen

---

363 BVerfG vom 7. August 1962, Az. 1 BvL 16/60.
364 BVerfG vom 30. Mai 2007, Az. 1 BvR 390/04.
365 BVerfG vom 27. April 1999, Az. 1 BvR 1613/94.
366 IDW Standard S 1 (2008), Rdnr. 1.

des IDW bleiben völlig im Dunkeln. Dagegen herrscht in der Praxis der Unternehmensbewertung eine Methodenvielfalt:

> *„Der markttypische Erwerber wendet mehrere Bewertungsmethoden, i. d. R. Multiplikator-gestützte Verfahren und Diskontierungsmethoden, nebeneinander an. Die Methoden sind zueinander gleichwertig, sofern nicht branchenbedingte Besonderheiten die Bevorzugung einer Methode rechtfertigen. Aus den so errechneten unterschiedlichen Unternehmenswerten bzw. Wertbandbreiten wird abschließend ein Unternehmenswert ermittelt."*[367]

Daher hegen Gerichte zunehmend Zweifel, dass allein auf Basis der IDW-Empfehlungen ein sachgerechter Unternehmenswert ermittelt werden kann. Deshalb verlangt z. B. das Landgericht Köln mindestens ergänzend eine Bewertung nach den „Best-Practice-Empfehlungen Unternehmensbewertung" der Deutschen Vereinigung für Finanzanalyse und Asset Management:

> *„Soweit der gerichtlich bestellte Sachverständige es für fachlich geboten und zutreffend erachtet, bei der Unternehmensbewertung einen objektivierten Unternehmenswert gemäß IDW S1 (2008) zu ermitteln, soll dieser Wert im Hinblick auf das Bewertungsziel – Verkehrswert des Unternehmens – plausibilisiert werden, u. a. anhand einer marktnahen Betrachtung entsprechen den „Best-Practice-Empfehlungen Unternehmensbewertung" der DVFA (Deutsche Vereinigung für Finanzanalyse und Asset Management).*[368]

Dagegen wendet sich das IDW zum Schutz seiner Interessen wie folgt:

> *„Nach Auffassung des IDW werden in den Empfehlungen der DVFA – im Gegensatz zu den Grundsätzen von IDW S 1 i. d. F. 2008 – neben dem Ertragswertverfahren und dem Discounted-Cash-Flow-Verfahren auch multiplikatorbasierte Verfahren und Aktienanalysen als Bewertungsverfahren anerkannt, um zu einer Bandbreite gleichrangig nebeneinander stehender Werte zu gelangen.*
> *Der Entwurf der DVFA sieht vor, dass der Bewerter die ermittelten Wertbandbreiten für die Ermittlung der angemessenen Abfindung zu einem einzigen Wert aggregiert. Es fehlen aber konkrete Hinweise, nach welchen Kriterien diese Aggregation erfolgen soll, sodass sich der Bewerter dem Vorwurf der willkürlichen Wertermittlung ausgesetzt sieht. In der Praxis wird sich ein Akzeptanzproblem ergeben, da ein Unternehmen, das eine Abfindung zahlen muss, stets den niedrigsten Wert anbieten wird, der sich aus den ermittelten Bandbreiten ergibt. Die abzufindenden Aktionäre werden dagegen versuchen, das oberste Ende der ermittelten Bandbreiten als angemessene Abfindung zu erzielen."*[369]

---

367 Deutsche Vereinigung für Finanzanalyse und Asset Management – DVFA-Arbeitskreis „Corporate Transactions and Valuation": Best-Practice-Empfehlungen Unternehmensbewertung 2012, S. 10. Unter http://www.dvfa.de/fileadmin/downloads/Publikationen/Standards/DVFA_ Best_Practice_ Empfehlungen_Unternehmensbewertung.pdf [Stand: 29. Juli 2014].

368 Beweisbeschluss vom 25. September 2013 im Spruchverfahren zu Az. 82 O 77/12; ähnlich Beweisbeschluss vom 7. Juli 2014 im Spruchverfahren zu Az. 82 O 66/11.

369 IDW Eingabe vom 6. Dezember 2012: Best-Practice-Empfehlungen zur Unternehmensbewertung. WPg 2012 Nr. 7, S. 358.

Der vom IDW kritisierte Interessenkonflikt lässt sich auch unter Anwendung des Standards IDW S 1 nicht entschärfen. Die Akzeptanz von Unternehmensbewertungen auf Basis dieses Standards beschränkt sich auf die Hauptaktionäre. Denn die vom IDW erteilten Empfehlungen sind ebenfalls willkürlich und von dem einseitigen Interesse geprägt, einen möglichst niedrigen Unternehmenswert darstellen zu können.

Zudem ist in der Rechtsprechung allgemein anerkannt, dass auch eine Bewertung nach dem IDW Standard S 1 zu keiner *„mit gleichsam naturwissenschaftlich-mathematischen Genauigkeit"* des Unternehmenswertes führen kann.[370]

Die vom IDW empfohlenen Typisierungen stehen insbesondere nicht im Einklang mit den Vorgaben des Bundesverfassungsgerichts. Typisierungen zeichnen sich dadurch aus, dass sie nicht nur an Einzelsachverhalte Folgen anknüpfen und dabei die Besonderheiten des Einzelfalls vernachlässigen.[371] Mit Typisierungen können Härten verbunden sein. Denn sie können für einzelne Betroffene vorteilhafte und für andere nachteilige Folgen haben. Soweit dadurch Grundrechte betroffen werden, unterliegen Typisierungen der verfassungsrechtlichen Beschränkung, dass sie „hinreichend realitätsgerecht" sein müssen.[372]

Zwar schließt Art. 14 Abs. 1 GG Strukturmaßnahmen, mit denen in die Rechtsposition des Aktionärs eingegriffen wird, nicht aus:

> *„Der Gesetzgeber kann es vielmehr aus gewichtigen Gründen des Gemeinwohls für angebracht halten, die Interessen der Minderheitsaktionäre an der Erhaltung der Vermögenssubstanz hinter die Interessen an einer freien Entfaltung der unternehmerischen Initiative im Konzern zurücktreten zu lassen (vgl. BVerfGE 14, 263 <281 f.>).*
> *Voraussetzung für die Zulässigkeit einer solchen gesetzgeberischen Wertung ist allerdings, daß die berechtigten Interessen der zum Ausscheiden gezwungenen Minderheitsaktionäre gewahrt bleiben. Dazu gehört neben wirksamen Rechtsbehelfen gegen einen Missbrauch wirtschaftlicher Macht vor allem eine Entschädigung für den Verlust der Rechtsposition. Anders als bei Enteignungen zum Wohl der Allgemeinheit (vgl. BVerfGE 24, 367 <421>) kommt als Entschädigung in diesem Fall, in dem der Hauptaktionär den Nutzen aus der Konzernierungsmaßnahme zieht, aber nur eine volle Abfindung in Betracht. Der Ausscheidende muß erhalten, was seine gesellschaftliche Beteiligung an dem arbeitenden Unternehmen wert ist (vgl. BVerfGE 14, 263 <283 f.>)."*[373]

Daher muss die Rechtsprechung zu den verfassungsrechtlichen Voraussetzungen von typisierenden Annahmen beachtet werden. Zwar ist es nicht erforderlich, allen Besonderheiten jeweils durch Sonderregelungen Rechnung zu tragen; wesentliches Gebot ist aber ein „realitätsgerechter" Ausgleich abweichender oder sogar widerstreitender Interessen:

---

370 Vgl. KG vom 19. Mai 2011, Az. 2 W 154/08.

371 BVerfG vom 7. Mai 2013, Az. 2 BvR 909/06, 2 BvR 1981/06 und 2 BvR 288/07.

372 BVerfG vom 6. Juli 2010, Az. 2 BvL 13/09.

373 BVerfG vom 27. April 1999, Az. 1 BvR 1613/94.

> *„Begünstigungen oder Belastungen können in einer gewissen Bandbreite zum Zwecke der Verwaltungsvereinfachung nach oben und unten pauschalierend bestimmt werden (BVerfGE 111, 115 <137>). Die gesetzlichen Verallgemeinerungen müssen allerdings von einer möglichst breiten, alle betroffenen Gruppen und Regelungsgegenstände einschließenden Beobachtung ausgehen (vgl. BVerfGE 84, 348 <359>; 87, 234 <255>; 96, 1 <6>; 122, 210 <232 f.>; 126, 268 <279>; BVerfG, Beschluss des Zweiten Senats vom 4. Juli 2012 – 2 BvC 1/11, 2 BvC 2/11 –, juris, Rn. 36). Eine typisierende Gruppenbildung liegt zudem nur vor, wenn die tatsächlichen Anknüpfungspunkte im Normzweck angelegt sind (vgl. BVerfGE 111, 115 <137>; BVerfG, Beschluss des Zweiten Senats vom 4. Juli 2012 – 2 BvC 1/11, 2 BvC 2/11 –, juris, Rn. 56; Beschluss der 3. Kammer des Ersten Senats vom 8. November 2012 – 1 BvR 2153/08 –, juris, Rn. 45).*
> *Die Typisierung setzt voraus, dass die durch sie eintretenden Härten und Ungerechtigkeiten nur unter Schwierigkeiten vermeidbar wären, lediglich eine verhältnismäßig kleine Zahl von Personen betreffen und der Verstoß gegen den Gleichheitssatz nicht sehr intensiv ist (vgl. BVerfGE 63, 119 <128>; 84, 348 <360>; 126, 233 <263 f.>). Der gesetzgeberische Spielraum für Typisierungen ist umso enger, je dichter die verfassungsrechtlichen Vorgaben außerhalb des Art. 3 Abs. 1 GG sind (vgl. zu Art. 6 Abs. 1 GG BVerfGE 28, 324 <356>; zum Wahlrecht BVerfG, Beschluss des Zweiten Senats vom 4. Juli 2012 – 2 BvC 1/11, 2 BvC 2/11 –, juris, Rn. 53; Starck, in: v. Mangoldt/Klein/Starck, GG, Bd. 1, 6. Aufl. 2010, Art. 3 Abs. 1 Rn. 23). Er endet dort, wo die speziellen Diskriminierungsverbote des Art. 3 Abs. 2 und 3 GG betroffen sind (vgl. BVerfGE 39, 169 <194 f.>; 121, 241 <261 f.>; Isensee, Die typisierende Verwaltung, 1976, S. 169 f.; Sachs, Grenzen des Diskriminierungsverbots, 1987, S. 478 ff.).“*[374]

Eine Typisierung ist danach unzulässig, wenn sie sich nicht an typischen Sachverhalten orientiert, sondern die Ausnahme zur Regel erhebt:

> *„Vielmehr müssen die Vorteile der Typisierung im rechten Verhältnis zu der mit ihr notwendig verbundenen Ungleichheit der Belastung stehen (vgl. für das Steuerrecht BVerfGE 96, 1 <6>; 99, 280 <290>; 105, 73 <127>; 110, 274 <292>; 116, 164 <182 f.>; 117, 1 <31>; 120, 1 <30>; 123, 1 <19>; 127, 224 <246>). Außerdem darf eine gesetzliche Typisierung keinen atypischen Fall als Leitbild wählen, sondern muss sich realitätsgerecht am typischen Fall orientieren (vgl. BVerfGE 112, 268 <280 f.>; 117, 1 <31>; 120, 1 <30>; 123, 1 <19>; 127, 224 <246>).“*[375]

Dagegen bleiben die empirischen Grundlagen der typisierenden Empfehlungen des IDW im Dunkeln. Gerichte rücken daher mit dem Verlangen, die Bewertung nach unterschiedlichen Methoden vorzunehmen, das Bewertungsziel, nämlich die Bestimmung eines möglichst wahren Verkehrswertes, in den Vordergrund. Hierzu aber ist eine Bewertung entsprechend den Marktgepflogenheiten und typischer Fälle als Leitfaden zwingend erforderlich.

---

374 BVerfG vom 7. Mai 2013, Az. 2 BvR 909/06, 2 BvR 1981/06 und 2 BvR 288/07.
375 BVerfG vom 25. Juni 2014, Az. 1 BvR 668/10, 1 BvR 2104/10.

II Rechtsnatur

Eine unreflektierte Anwendung der IDW-Standards entspricht nicht den verfassungsrechtlichen Anforderungen. Einen Eingriff in den Schutzbereich eines Grundrechts rechtfertigt wegen des Vorrangs und Vorbehalts des Gesetzes nur eine gesetzliche Grundlage:

> *„Der Gesetzgeber darf seine Normsetzungsbefugnis nicht in beliebigem Umfang außerstaatlichen Stellen überlassen, soll der Bürger nicht schrankenlos einer normsetzenden Gewalt nichtstaatlicher Einrichtungen ausgeliefert werden.“*[376]

Dem Institut der Wirtschaftsprüfer fehlt jedoch die Legitimation, die der Vorbehalt des Gesetzes verlangt:

> *„Darüber hinaus ist zu sehen, dass es sich bei dem IDW-Standard nicht um eine gesetzliche Regelung, sondern um bloße, im Rahmen der gerichtlichen Überprüfung eines Unternehmenswertes nicht verbindliche Empfehlungen des IDW handelt.“*[377]

Daraus folgt, dass auf der Grundlage der Verlautbarungen eines Berufsverbands die Tiefe eines Grundrechtseingriffs überhaupt nicht ermittelt werden darf. Zwar können sich die Gerichte bei Überprüfung einer Unternehmensbewertung von den Vorschlägen leiten lassen, die das IDW seinen Mitgliedern unterbreitet. Das darf aber aus verfassungsrechtlichen Gründen nicht so weit gehen, dass dessen Vorschläge bzw. Standards gesetzesgleich angewandt werden. Vielmehr ist jeder Bewertungsschritt danach zu hinterfragen, ob er den hier zu beachtenden verfassungsrechtlichen Gewährleistungen zum Aktieneigentum entspricht, das heißt

- rechtlich,
- methodisch,
- sachlich und
- empirisch

zu rechtfertigen ist.

Diese Frage stellt sich vor allem dann, wenn eine Modifizierung der Bewertungsgrundsätze im Interesse der Hauptaktionäre zu einem niedrigeren Unternehmenswert und damit zu einer geringeren Barabfindung führt. Das ist nur dann grundrechtsneutral, wenn es für eine solche Änderung als sachliche Rechtfertigung wenigstens eine empirische Grundlage gibt. Das bedeutet für die Gerichte in Spruchverfahren, dass sie sich mit jedem Bewertungsschritt auseinandersetzen müssen. Jede Modifizierung der Bewertungsgrundsätze ist vor deren Anwendung vor allem vor dem Hintergrund der hier bestehenden verfassungsrechtlichen Gewährleistungen einer umfassenden

376 BVerfG vom 14. Juni 1983, Az. 2 BvR 488/80.

377 OLG Düsseldorf vom 21. Dezember 2011, Az. I-26 W 2/11 AktE.

Rechtsmäßigkeitskontrolle zu unterwerfen. Aufgrund des im Spruchverfahren geltenden Amtsermittlungsgrundsatzes gilt dies nicht nur, aber erst recht bei hinreichend substantiierten Einwendungen durch die Antragsteller.

Der Ausgang der Spruchverfahren zeigt in aller Deutlichkeit, dass die hier zu beachtenden verfassungsrechtlichen Gewährleistungen unter vielen Aspekten eine umfassende gerichtliche Überprüfung erfordern. Obwohl die Höhe der Barabfindung in der Regel von einem Wirtschaftsprüfer ermittelt und zusätzlich von einem sachverständigen Prüfer geprüft werden muss, kam es bislang in immerhin 84,28 Prozent aller beendeten Spruchverfahren zu einer Anhebung der Barabfindung.

III Entwicklung der IDW-Standards

Das Institut der Wirtschaftsprüfer hat in den letzten Jahren den IDW-Standard S 1 in regelmäßigen Zeitabständen „weiterentwickelt". Im wirtschaftlichen Ergebnis haben diese Neufassungen dazu geführt, dass die Unternehmenswerte und mit ihnen die Höhe der Barabfindung kontinuierlich zurückging. Das überrascht nicht, weil die Mitglieder des FAUB naturgemäß den strukturellen Interessen ihrer Mandanten, den Hauptaktionären, näher stehen als den verfassungsmäßigen Rechtspositionen der Minderheitsaktionäre. Daraus ergibt sich aber für die Gerichte neben der verfahrensgegenständlichen Unternehmensbewertung als zusätzlicher Prüfungsauftrag die Rechtmäßigkeitskontrolle der vom IDW festgelegten Bewertungsstandards.

Im Einzelnen liegt der IDW-Standard S 1 in den folgenden Fassungen vor:

- IDW S 1 (2000) in der Fassung vom 28. Juni 2000 (1.),
- IDW S 1 (2005) in der Fassung vom 18. Oktober 2005 (2.) und
- IDW S 1 (2008) in der Fassung vom 2. April 2008 (3.),
- die nachfolgend unter einigen, besonders bewertungsrelevanten Gesichtspunkten erörtert werden.

Der IDW-Standard S 1 in der Fassung vom 28. Juni 2000 ersetzte die „Stellungnahme HFA 2/1983: Grundsätze zur Durchführung von Unternehmensbewertungen"[378] und die „Stellungnahme HFA 6/1997: Besonderheiten der Bewertung kleiner und mittlerer Unternehmen"[379]. Auch bei diesen Standards führte jede Änderung tendenziell zu einem geringeren Unternehmenswert und damit einer geringeren Kompensation.

---

378 Vgl. WPg 1983, S. 468 ff.
379 Vgl. WPg 1998, S. 26 ff.

1 IDW-Standard S 1 (2000)

Der IDW-Standard S 1 (2000) berücksichtigt das mit dem Steuersenkungsgesetz eingeführte steuerliche Halbeinkünfteverfahren. Damit einher ging die Vollausschüttungshypothese:

> *„Grundsätzlich ist bei der Ermittlung des objektivierten Unternehmenswerts von der Vollausschüttung derjenigen finanziellen Überschüsse auszugehen, die nach Berücksichtigung des unveränderten Unternehmenskonzeptes (Substanzerhaltung, Finanzierungsstruktur) und rechtlicher Restriktionen (z. B. Bilanzgewinn, ausschüttbarer handelsrechtlicher Jahresüberschuß) zur Ausschüttung zur Verfügung stehen.“*[380]

Außerdem legte der Standard typisierte Ertragsteuerbelastungen der Kapitalanleger zugrunde, welche nach *„statistischen Untersuchungen“* 35 Prozent bei Einkünften aus Anteilen an Kapitalgesellschaften bzw. unter Berücksichtigung des Halbeinkünfteverfahrens 17,5 Prozent betragen sollten.[381]

Die finanziellen Überschüsse aus dem Unternehmen waren mit den aus einer Alternativinvestition zu erzielenden finanziellen Überschüssen zu vergleichen. Dabei wurde bei der Ermittlung eines objektivierten Unternehmenswerts in der Regel auf eine risikofreie Anlage am Kapitalmarkt abgestellt.[382]

2 IDW-Standard S 1 (2005)

Wesentliche Änderungen enthielt der IDW-Standard S 1 (2005) bei der Ermittlung des Kapitalisierungszinssatzes (a) und den Annahmen zur Ausschüttung der finanziellen Überschüsse (b). Das erweitert den gerichtlichen Prüfungsbedarf in Spruchverfahren (c).

a Kapitalisierungszinssatz

Während der IDW S 1 (2000) als Alternativanlage die Rendite eines festverzinslichen Wertpapiers annahm, sieht der IDW S 1 (2005) die Berechnung auf Grundlage einer am Kapitalmarkt ermittelten Aktienrendite vor. Außerdem wurde die bisher regelmäßige statische Erwartung gleichbleibender finanzieller Überschüsse in der ewigen Rente durch Einführung einer Wachstumsrate in Höhe des Wachstumsabschlags ersetzt.

Die Annahme einer Alternativanlage in Unternehmensanteile und einer veränderten steuerlichen Behandlung ergab in der Praxis einen höheren Kapitalisierungszinssatz, woraus grundsätzlich ein niedrigerer Unternehmenswert folgte.

---

380 IDW Standard S 1 (2000), Rdnr. 44.

381 IDW Standard S 1 (2000), Rdnr. 51.

382 IDW Standard S 1 (2000), Rdnr. 99.

Zwar lässt sich das so von den Hauptaktionären gewünschte Ergebnis, wie fast jedes andere Ergebnis auch, argumentations- und bewertungstechnisch darstellen. Unklar bleiben jedoch die Grundlagen für die vom IDW angestellten typisierenden Betrachtungsweisen. Denn bei einer nichtspekulativen Anlagestrategie spricht nichts dagegen, auch weiterhin die Renditen von festverzinslichen Wertpapieren vergleichend zugrunde zu legen.

Außerdem empfiehlt das IDW zur Bestimmung der Übernahme des unternehmerischen Risikos bei Investitionen in Aktien die Anwendung von Kapitalmarktpreisbildungsmodellen, insbesondere das Capital Asset Pricing Model (CAPM) oder das Tax-Capital Asset Pricing Model (Tax-CAPM).[383] Die Daten zu der dafür empfohlenen Marktrisikoprämie, also der am Markt ablesbaren Überrendite aus Aktien gegenüber (quasi-)risikofreien Bundesanleihen, sind jedoch selbst den hier tätigen Wirtschaftsprüfern häufig gar nicht bekannt. Das zeigt beispielhaft die folgende, in einem Spruchverfahren protokollierte, Aussage:

> *„Auf Nachfrage zur Marktrisikoprämie:*
> *Die von mir zitierten Studien habe ich im Wesentlichen nicht näher überprüft. Hiervon ausgenommen ist die Stehle-Studie aus dem Jahre 2004, soweit die Daten bis zum Jahre 1970 betroffen sind. Die Primärdaten für die Jahre ab 1955 sind nicht zugänglich. Auch bei allen anderen Studien, insbesondere den vom DAI genannten, ist ein Rückgriff auf die Primärdaten regelmäßig nicht möglich. Uns stehen die Texte der jeweiligen Studien zur Verfügung, die jeweiligen Daten jedoch nicht. Insofern habe ich auch die jeweiligen rechnerischen Ableitungen nicht nachvollzogen.“*[384]

Sind aber die Daten von Studien zur Höhe der Marktrisikoprämie weder bekannt noch überhaupt zugänglich, dürfen solche Studien auch nicht der Bestimmung der Kompensation in Spruchverfahren zugrunde gelegt werden. Die Verwendung von Studienergebnissen bei der Abfassung des IDW S 1, deren Grundlagen nicht bekannt sind, stellt eine Verletzung von Verfassungsrecht, z. B. dem Grundrecht auf einen fairen Prozess, Art. 2 Abs. 1 GG in Verbindung mit dem Rechtsstaatsprinzip, dar:

> *„Maßstab für die Überprüfung der Entscheidung ist in erster Linie der aus Art. 2 Abs. 1 GG in Verbindung mit dem Rechtsstaatsprinzip folgende Anspruch auf ein rechtsstaatliches Verfahren. Zu den für einen fairen Prozeß unerläßlichen Verfahrensregeln gehört, daß das Gericht die Aussagen eines Gutachtens nicht ungeprüft übernimmt. Zur Nachprüfung kann die Kenntnis der einzelnen tatsächlichen Umstände, die der Sachverständige selbst erhoben und seinem Gutachten zugrunde gelegt hat, unentbehrlich sein. In einem solchen Fall ist die Offenlegung dieser Tatsachen aus rechtsstaatlichen Gründen regelmäßig geboten. Die Forderung nach einer eigenen Überprüfung durch die Beteiligten ist um so berechtigter, je weniger das Gutachten auf dem Erfahrungswissen des Sachverständigen und je mehr es auf einzelnen konkreten Befundtatsachen aufbaut.“*[385]

---

383 IDW Standard S 1 (2005), Rdnr. 100.

384 Erklärung des sachverständigen Prüfers zu Protokoll der mündlichen Verhandlung vom 14. August 2012 im Spruchverfahren LG Berlin, Az. 102 O 134/06 AktG.

385 BVerfG vom 7. April 1997, Az. 1 BvR 587/95.

Die Verwendung ungeprüfter Daten aus Studien verstößt sogar gegen die vom IDW selbst aufgestellten Bewertungsgrundsätze, denn dazu heißt es in allen Fassungen des IDW S 1:

> *„Der Wirtschaftsprüfer hat die Verlässlichkeit und Vollständigkeit der Bewertungsgrundlagen zu beurteilen."*[386]

Dennoch liegen die Ergebnisse der „Stehle-Studie" aus dem Jahr 2004 fast allen Unternehmensbewertungen zugrunde.

b Ausschüttungsannahme

Der Fassung aus dem Jahr 2005 liegt zudem eine geänderte Ausschüttungsannahme zugrunde. Der IDW S 1 (2000) ging von einer Vollausschüttung der finanziellen Überschüsse aus, die unter unverändertem Unternehmenskonzept und gleichen rechtlichen Restriktionen der Ausschüttung zur Verfügung stehen. Nur im Einzelfall konnte eine Thesaurierung berücksichtigt werden, wenn dafür konkrete Anhaltspunkte vorlagen.

Mit Einführung eines einheitlichen Körperschaftsteuersatzes auf Ausschüttungen und Thesaurierungen wurde das Vollausschüttungsprinzip im IDW S 1 (2005) aufgegeben. In der Detailplanungsphase kann nunmehr die Höhe der Ausschüttungen individuell bestimmt werden. In der Rentenphase wird angenommen, dass die Ausschüttungen des zu bewertenden Unternehmens identisch zum Ausschüttungsverhalten einer Alternativanlage erfolgen. Abweichungen können sich aus der Branche, der Kapitalstruktur und rechtlichen Rahmenbedingungen ergeben.

Die Abkehr von der Vollausschüttungsannahme hat je nach individuell festgelegtem Ausschüttungsverhalten unterschiedliche Auswirkungen auf den Unternehmenswert. Entspricht das Ausschüttungsverhalten der Vollausschüttung, ergibt sich kein Unterschied zum alten Standard. Wird dagegen von der Vollausschüttungsannahme abgewichen, resultiert daraus zunächst ein niedrigerer Unternehmenswert, weil dem Aktionär weniger finanzielle Mittel zufließen. Dieser Effekt könnte theoretisch durch höhere Zinserträge und wachsende finanzielle Überschüsse in der ewigen Rente bei Ansatz einer entsprechenden Wachstumsrate kompensiert werden. In der Praxis bleibt dieser Ausgleich jedoch regelmäßig hinter dem rechnerischen Verlust aus geändertem Ausschüttungsverhalten zurück.

---

386 IDW-Standard S 1 (2000), Rdnr. 88; IDW-Standard S 1 (2005), Rdnr. 90; IDW-Standard S 1 (2008), Rdnr. 82.

c Prüfungsbedarf im Spruchverfahren

Diese Änderungen schaffen zusätzlichen Prüfungsbedarf in jedem Spruchverfahren.

Für jeden Einzelfall ist zu prüfen, ob und inwieweit ein Hauptaktionär die hier bestehenden Differenzierungsmöglichkeiten sachgerecht genutzt hat. Ein erhöhter Prüfungsbedarf besteht dann, wenn ausschließlich Annahmen verwendet werden, die im wirtschaftlichen Ergebnis zu einem reduzierten Unternehmenswert und damit zu einer niedrigeren Abfindung führen. Das gilt besonders dann, wenn die Unternehmensbewertung im Vergleich zu den vorangegangenen mindestens drei Jahren wesentliche Änderungen in der Ausschüttungspolitik unterstellt, die im wirtschaftlichen Ergebnis zu einem niedrigeren Unternehmenswert führen.

3 IDW-Standard S 1 (2008)

Der IDW-Standard S 1 (2008) übernahm ohne konzeptionelle Änderungen die Steuerreform 2008. Die Anpassungen betrafen sowohl die Ebene der Unternehmen (a) als auch die der Anteilseigner (b). Auch daraus ergibt sich zusätzlicher Prüfungsbedarf im Spruchverfahren (c).

a Änderungen auf Unternehmensebene

Auf Unternehmensebene änderten sich vor allem zwei Punkte: Die Verbreiterung der steuerlichen Bemessungsgrundlage und die Berücksichtigung der sogenannten Zinsschranke.

Die steuerlichen Änderungen ergaben sich aufgrund der Änderung des Körperschaftsteuersatzes von 25 Prozent auf 15 Prozent. Ferner entfiel die Abzugsfähigkeit der Gewerbesteuer als Betriebsausgabe. Außerdem wurden die gewerbesteuerlich abzugsfähigen Zinsen weiter beschränkt. Rechnerisch sank damit bei einem durchschnittlichen Gewerbesteuerhebesatz von 400 Prozent die steuerliche Gesamtbelastung einer Aktiengesellschaft von 38,65 Prozent auf 29,83 Prozent. Damit erhöhte sich der Unternehmenswert.

b Änderungen bei den Anteilseignern

Auf der Ebene der Anteilseigner berücksichtigt der IDW S 1 (2008) die Einführung der Abgeltungssteuer. Sie hat das bisherige Halbeinkünfteverfahren ersetzt. Dadurch erhöhte sich die persönliche steuerliche Belastung für Dividenden von 17,5 Prozent auf 25,0 Prozent (ohne Solidaritätszuschlag). Zugleich sind ab dem 1. Januar 2009 bisher steuerfreie Kursgewinne ebenfalls mit 25,0 Prozent zu versteuern.

Damit korrespondierend nahm das IDW eine Änderung der Empfehlung zur Höhe der Marktrisikoprämie vor. Für Bewertungsfälle ab 1. Januar 2009 sollte eine Marktrisikoprämie vor Abzug persönlicher Ertragsteuern von 4,5 bis 5,5 Prozent bzw. nach Steuern von 4,0 bis 5,0 Prozent zugrunde gelegt werden[387].

c Prüfungsbedarf im Spruchverfahren

Anders als die Änderungen im IDW S 1 (2005) gegenüber dem von 2000 führen die Änderungen im IDW S 1 (2008) nicht zu gravierenden Unterschieden im Unternehmenswert. Jedoch bedürfen auch hier die zugrunde liegenden Annahmen und vom IDW vorgenommenen Typisierungen einer kritischen Prüfung im Spruchverfahren.

Mit Einführung der Abgeltungssteuer werden bisher steuerfreie Kursgewinne ebenfalls besteuert. Die sich hieraus ergebenden Effekte sind in gleich mehreren Bewertungsannahmen unterworfen:

- Der IDW unterstellt für die Ermittlung objektivierter Unternehmenswerte einen privaten inländischen Anteilseigner ohne wesentliche Beteiligung.[388] Für Zwecke einer Steuertypisierung müsste diese Gruppe Aktionäre somit die Mehrheit stellen. Tatsächlich aber befindet sich die Mehrheit der Anteile deutscher Aktiengesellschaften in der Hand ausländischer Investoren. Und auch von den deutschen Investoren unterliegt die Mehrheit als institutionelle Anleger nicht der Einkommensteuer, wie sie vom IDW typisierend angenommen wird.
- Der Besteuerung von Kursgewinnen unterliegen nur tatsächliche Gewinne. Demgegenüber unterstellt der IDW, dass alle zukünftig laut Unternehmensplanung nicht ausgeschütteten finanziellen Überschüsse gleichermaßen zu steuerpflichtigen Kursgewinnen führen.
- Die Besteuerung von Kursgewinnen entfällt zudem, sofern die Aktien vor dem 1. Januar 2009 erworben und nicht innerhalb der zwölfmonatigen Spekulationsfrist veräußert wurden, § 52a Abs. 10 Satz 1 EStG. Entgegen dem Gesetzeswortlaut unterstellen die vom IDW vorgenommenen Typisierungen jedoch eine uneingeschränkte Steuerpflicht für alle Kursgewinne nach dem 31. Dezember 2008.
- Die Höhe der Steuerlast auf Kursgewinne ist abhängig von der Haltedauer der Aktien. Denn die Abgeltungssteuer fällt erst im Zeitpunkt der Veräußerung der Aktien an. Damit entsteht ein Steuerstundungseffekt, welcher zu einer niedrigeren effektiven Steuerlast am Bewertungsstichtag führt. Diesen Stundungseffekt beziffert der IDW mit 50 Prozent und empfiehlt für die Berechnung fiktiver Veräußerungsgewinnsteuern den Ansatz des hälftigen Abgeltungssteuersatzes. Dabei erkennt auch der IDW an, dass für die Schätzung einer typisierten Haltedauer zur Bemessung des effektiven Veräußerungsgewinnsteuersatzes für den deutschen Kapitalmarkt keine empirisch oder wissenschaftlich gesicherten Ergebnisse vor-

387 IDW Fachnachrichten 12/2009, S. 697.

388 IDW-Standard S 1 (2008) Rdnr. 31, 46.

liegen, auf die für Zwecke der Unternehmensbewertung zurückgegriffen werden könnte.[389]

Daher ist auch insoweit in Spruchverfahren zunächst einmal zu prüfen, auf Basis welcher empirischen Daten tatsächlich Typisierungen vorgenommen werden dürfen. Denn Typisierungen müssen hinreichend realitätsgerecht sein.[390] Dabei bilden die Gesetze in jedem Fall Schranken für zulässige Typisierungen, die weder von den Gerichten und schon gar nicht von nichtstaatlichen Einrichtungen, wie dem IDW, überschritten werden dürfen.

IV In Spruchverfahren anzuwendende Fassungen

Während der mitunter langen Spruchverfahren ändern sich in vielen Fällen die Bewertungsgrundsätze. Angesichts der zum Teil wesentlichen wirtschaftlichen Auswirkungen (1) erlangt die Frage nach den dann anzuwendenden Fassungen immer wieder besondere Bedeutung. Dazu hat sich bislang jedoch in der Rechtsprechung noch keine einheitliche Linie herausgebildet (2). Die besseren Gründe sprechen dafür, die dem Squeeze-out-Beschluss zugrunde liegende Fassung unverändert auch im Spruchverfahren anzuwenden (3). Das ergibt sich insbesondere aus dem verfassungsrechtlichen Rückwirkungsverbot (4).

1 Wirtschaftliche Auswirkungen

Vor allem die Änderungen des Bewertungsstandards 2005 gegenüber dem von 2000 führten zu Minderungen der Unternehmenswerte quasi „über Nacht“ um bis zu 30 Prozent:

> *„Insgesamt führt die Anwendung der verschiedenen Standards zu Unternehmenswerten, die bis zu ca. 30 % differieren.“*[391]

---

389 Erklärung des IDW vom 20. September 2013 zum Beweisverfahren LG Hannover, Az. 23 AktE 191/09.

390 BVerfG vom 6. Juli 2010, Az. 2 BvL 13/09.

391 OLG Düsseldorf vom 29. Februar 2012, Az. 26 W 2/10.

Tab. 115: Vergleichende Darstellung von Unternehmenswerten nach dem IDW-Standard S 1 (2000) und dem IDW-Standard S 1 (2005)[392]

VzfK e. V.	**Vergleichende Darstellung von Unternehmenswerten nach IDW S 1 (2000) und IDW S 1 (2005)**		
	IDW S 1 (2000) Vollausschüttung	**IDW S 1 (2005) Vollausschüttung**	**IDW S 1 (2005) 50 % Ausschüttung**
Finanzieller Überschuss (ewige Rente)			
Jahresergebnis	100,00	100,00	100,00
Ausschüttungsquote	100,00 %	100,00 %	50,00 %
Wertbeitrag aus Thesaurierung	0,00	0,00	50,00
Ausschüttung vor persönlichen Steuern	100,00	100,00	50,00
Typisierte persönliche Steuern	-17,50	-17,50	-8,75
	82,50	82,50	91,25
Kapitalisierungszinssatz			
Basiszinssatz	5,00 %	5,00 %	5,00 %
Persönliche Steuern	-1,75 %	-1,75 %	-1,75 %
Basiszinssatz nach persönlichen Steuern	3,25 %	3,25 %	3,25 %
Marktrisikoprämie	4,50 %	5,50 %	5,50 %
Betafaktor	1,00	1,00	1,00
Risikozuschlag vor persönlichen Steuern	4,50 %		
Persönliche Steuern	-1,58 %		
Risikozuschlag nach persönlichen Steuern	2,93 %	5,50 %	5,50 %
	6,18 %	**8,75 %**	**8,75 %**
Unternehmenswert	**1.336**	**943**	**1.043**
Differenz zu Wert nach IDW S 1 (2000)		**-29,42 %**	**-21,93 %**

Auch der Ansatz hälftiger Abgeltungssteuern auf Wertsteigerungen aus Thesaurierungen nach dem IDW S 1 (2008) führt nach Berechnungen der VzfK zu Unternehmenswertkürzungen von durchschnittlich über 6 Prozent:

392 Simon/Leverkus in Simon: Spruchverfahrensgesetz Kommentar. München 2007, Anh § 11 Rdnr. 151.

Tab. 116: Vergleichende Darstellung von Unternehmenswerten bei Berechnung persönlicher Steuern auf Wertbeiträge aus Thesaurierungen in der ewigen Rente nach dem IDW-Standard S 1 (2008) und dem Einkommensteuergesetz (Beispiel: Bewertungsstichtag 31. Dezember 2011)

VzfK e. V.	Unternehmenswerte bei Berechnung persönlicher Steuern auf Wertbeiträge aus Thesaurierung	
	IDW S 1 (2008)	**§ 52a Abs. 10 Satz 1 EStG**
Finanzieller Überschuss (ewige Rente)		
Jahresergebnis	100,00	100,00
Ausschüttungsquote	50,00 %	50,00 %
Wertbeitrag aus Thesaurierung	50,00	50,00
Ausschüttung vor persönlichen Steuern	50,00	50,00
Typisierte persönliche Steuern	-6,59	-0,79
	93,41	99,21
Kapitalisierungszinssatz		
Basiszinssatz	3,00 %	3,00 %
Persönliche Steuern	-0,79 %	-0,79 %
Basiszinssatz nach persönlichen Steuern	2,21 %	2,21 %
Marktrisikoprämie	4,50 %	4,50 %
Betafaktor	1,00	1,00
Risikozuschlag nach persönlichen Steuern	4,50 %	4,50 %
	6,71 %	6,71 %
Unternehmenswert	**1.392**	**1.479**
Differenz zu Wert nach IDW S 1		**6,21 %**

Das zeigt beispielhaft die wirtschaftlichen Auswirkungen der Entscheidung für oder gegen die Anwendung eines bestimmten Bewertungsstandards.

2 Rechtsprechung

Daraus resultiert die Frage, ob Neufassungen des Standards jeweils rückwirkend angewandt werden dürfen. Hiervon betroffen sind vor allem die Fälle, in denen der neue Standard zum Bewertungsstichtag noch gar nicht bekannt oder jedenfalls noch nicht in Kraft getreten ist.

Die Gerichte beurteilen diese Rechtsfrage uneinheitlich:

- Zum Teil vertreten sie die Auffassung, dass neuere Standards immer auch rückwirkend zu berücksichtigen seien. Das soll allerdings für geänderte rechtliche

Rahmenbedingungen dann nicht gelten, wenn sie zum Bewertungsstichtag noch gar nicht in Kraft getreten waren.[393]

- Die Gegenauffassung lehnt das aus Gründen der Rechtssicherheit und des Stichtagsprinzips ab. Schließlich ist nach § 327b Abs. 1 S. 1 AktG auf die Wertverhältnisse am Tag der Hauptversammlung abzustellen.[394]
- Vermittelnde Ansätze stellen entweder darauf ab, ob am Bewertungsstichtag bereits der jeweilige Entwurf des neuen Standards veröffentlicht oder mindestens die, deutlich vorgelagerte, Diskussion über einen neuen Standard dem Berufsstand der Wirtschaftsprüfer bekannt gewesen ist.[395]

3 Wirkungen einer Beschlussfassung

Vor allem rechtsdogmatische Gründe sprechen dafür, die am Bewertungsstichtag geltende Fassung anzuwenden.

Der auf der Grundlage von § 327a Abs. 1 S. 1 AktG zu fassende Rechtsakt entfaltet mitgliedschaftsrechtliche Wirkungen. Schließlich handelt es sich um den Beschluss einer Hauptversammlung, die nach §§ 118 ff. AktG alle für die Gesellschaft und ihre Aktionäre wesentlichen Entscheidungen trifft. Damit bindet ein Beschluss spätestens mit der Eintragung in das Handelsregister alle Aktionäre. Die Bindungswirkung umfasst auch die Grundlagen eines Beschlusses. Diese ergeben sich vor allem aus den Informationen, die mit dem Übertragungs- und Prüfungsbericht nach § 327c Abs. 3 AktG der Hauptversammlung vorzulegen sind. Dazu gehört auch die Unternehmensbewertung, die der Festlegung einer angemessenen Barabfindung zugrunde liegt.

Die Grundlagen des Beschlusses einer Gesellschaft lassen sich auch bei einer Aktiengesellschaft nicht einseitig verändern. Das ermöglicht nur ein Änderungsbeschluss oder die gerichtliche Feststellung im Rahmen einer Beschlussmängelkontrollklage. Davon eingeschlossen sind insbesondere auch die Grundlagen und Grundsätze der Unternehmenswertermittlung. Im Spruchverfahren geht es nur noch um ihre richtige Anwendung. Daher bindet der mitgliedschaftliche Rechtsakt auch das Gericht im Spruchverfahren, soweit es um die jeweils angewandte Fassung des IDW S 1 geht.

---

393 Z. B. OLG Celle vom 19. April 2007, Az. 9 W 53/06; OLG Stuttgart vom 19. Januar 2011, Az. 20 W 2/07 und 20 W 3/09; OLG Stuttgart vom 14. September 2011, Az. 20 W 7/08.

394 Z. B. OLG Frankfurt a. M. vom 15. Februar 2010, Az. 5 W 52/09; LG Frankfurt a. M. vom 4. August 2010, Az. 3-5 O 73/04; OLG Düsseldorf vom 20. September 2006, Az. I-26 W 8/06 AktE; OLG Düsseldorf vom 27. Mai 2009, Az. I26 W 5/07 AktE; OLG Düsseldorf vom 21. Dezember 2011, Az. I-26 W 2/11 AktE und Az. I-26 W 3/11 AktE; OLG Düsseldorf vom 29. Februar 2012, Az. I-26 W 2/10 AktE; LG Dortmund vom 25. November 2010, Az. 18 O 158/05 AktE; OLG München vom 30. November 2006, Az. 31 Wx 59/06.

395 Z. B. OLG Stuttgart vom 3. April 2012, Az. 20 W 6/09.

4 Rückwirkungsverbot

Das Rückwirkungsverbot unterscheidet, auch aus verfassungsrechtlichen Gründen, zwischen echter und unechter Rückwirkung. Dabei kommt es auf den gesellschaftsrechtlichen Willensbildungsakt an. Ist er abgeschlossen, kann in seine Grundlagen nicht mehr eingegriffen werden (a). Das gilt jedenfalls bei Änderung des IDW-Bewertungsstandards (b), nicht aber der Herleitung historischer Zinsdaten unter Anwendung der Zinsstrukturkurve (c).

a Ausgangspunkt

Alle von einer Strukturmaßnahme betroffenen Aktionäre gingen am Bewertungsstichtag von einem bestimmten Bewertungsstandard aus. Dazu gehört eine Einschätzung zu den Bewertungsspielräumen und zum möglichen Ausgang eines Spruchverfahrens. Auf dieser Grundlage haben sie ihre

- unternehmerischen Entscheidungen getroffen, insbesondere für oder gegen den Beschluss zum Ausschluss der Minderheitsaktionäre gestimmt und
- Investitionsentscheidungen getroffen. So verkaufen manche Aktionäre ihre Aktien, wenn sie nach Durchsicht des Übertragungs- und Prüfungsberichts die angebotene Barabfindung für angemessen halten und keine Anhebung der Barabfindung im Spruchverfahren erwarten. Andere Aktionäre entscheiden sich gegen einen zügigen Verkauf und Liquiditätszufluss, weil sie von der Unangemessenheit der angebotenen Barabfindung überzeugt sind und deren Anhebung im Spruchverfahren erwarten.

b Änderung des IDW-Standards

Eine rückwirkende Anwendung eines erst nach dem Bewertungsstichtag geltenden Bewertungsstandards beseitigt auch die Rechtsgrundlage solcher Entscheidungen. Für diese besteht aber Vertrauensschutz. Das gilt jedenfalls dann, wenn sich die Unternehmenswerte allein aufgrund geänderter Bewertungsstandards deutlich verändern:

> *„So kann eine rückwirkende Anwendung der Bewertungsstandards die Durchführung eines Spruchverfahrens provozieren, etwa um im Hinblick auf nach dem Stichtag zu erwartende oder bereits geänderte Standards eine höhere Abfindung zu erstreiten. Ferner kann es für einen außenstehenden Aktionär erstrebenswert sein, ein Spruchverfahren bewusst in die Länge zu ziehen, um auf die Änderung eines für ihn günstigen neuen Bewertungsstandards zu warten. So sind in der Vergangenheit, mit zunehmender Geschwindigkeit, die IDW-Bewertungsstandards oft nur im Abstand weniger Jahre geändert worden (vgl. R., Unternehmensbewertung 6. Auflage, Rdnr. 170). Bei einer nicht ungewöhnlichen Dauer von Spruchverfahren von 5, 8, 10 und mehr Jahren liegen dann solche taktischen Überlegungen nicht fern. Welcher Standard anzuwenden ist, erscheint dann zufällig und willkürlich. Hier war der Entwurf des neueren IDW-Standards am 30.12.2004, rund sechs Wochen*

> *nach der Hauptversammlung am 19.11.2004, veröffentlicht worden und dann knapp ein Jahr später in Kraft getreten.*“[396]

c Anwendung der Zinsstrukturkurve

Die auch rückwirkende Berechnung des Basiszinssatzes nach der sogenannten Svensson-Methode stellt dabei aber keine rückwirkende Anwendung eines geänderten IDW-Standards[397] dar. Vielmehr handelt es sich um einen Rückgriff der Rechtsprechung auf von der Deutschen Bundesbank seit 1997 zur Verfügung gestellte Basisdaten. Denn Zinssätze müssen stimmen:

> *„Daten der Vergangenheit und Gegenwart wie beispielsweise Umsätze oder Jahresergebnisse, Zinssätze und -strukturen oder Börsenkurse müssen zutreffen; sie dürfen einer unternehmerischen Entscheidung nicht abweichend von den tatsächlichen Werten und Daten zugrunde gelegt werden.*“[398]

Der häufig auftauchenden Behauptung von Hauptaktionären, ihren Beratern sowie sogar sachverständigen Prüfern, dass auch Zinssätze nur einer Plausibilitätskontrolle durch das Gericht zugänglich seien, ist damit der Boden entzogen. Den Beteiligten, Hauptaktionären wie ihren Beratern, Minderheitsaktionären, Gerichten und Sachverständigen, steht insoweit kein Ermessensspielraum zu.

§ 18 Basiszins

Zur Ermittlung des Basiszinssatzes (I) gibt es mehrere Methoden, wie beispielsweise eine vergangenheitsorientierte (II), eine zukunftsorientierte (III) oder die Zinsstrukturkurve (IV). Die Empfehlungen des IDW, Glättungen und Rundungen des Basiszinses vorzunehmen, halten einer gerichtlichen Nachprüfung nicht stand (V). Zudem stellt sich vermehrt die Frage, ob auch (quasi) risikolose Staatsanleihen um tatsächlich darin von Marktteilnehmern gesehene Risiken zu bereinigen sind (VI). In der Praxis der letzten Jahre gab es einen Wandel hin zur Zinsstrukturkurve, denn die Anwendung der Empfehlungen des IDW führte in 72,31 Prozent aller Fälle zu überhöhten Kapitalisierungszinssätzen und damit zu einer unangemessenen Verkürzung der Barabfindung (VII).

---

396 OLG Düsseldorf vom 21. Dezember 2011, Az. I-26 W 2/11 AktE und Az. I-26 W 3/11 AktE.

397 In diesem Fall Änderung durch den IDW S 1 (2005).

398 OLG Karlsruhe vom 16. Juli 2008, Az. 12 W 16/02.

I Einführung

Der Basiszins stellt konzeptionell jene Rendite dar, die ein Investor im Bewertungszeitpunkt bei alternativer, laufzeitäquivalenter Anlage in risikolose Wertpapiere erzielen kann. Sofern nicht die Abwicklung des Bewertungsobjekts geplant wird, ist dabei von einer unendlichen Lebensdauer auszugehen. Der Basiszinssatz entspricht daher dem landesüblichen Zinssatz für eine (quasi-)risikofreie Anlage.

Am deutschen Kapitalmarkt existieren jedoch weder Anleihen ohne Risiko noch solche mit unendlicher Laufzeit. Daher lässt sich der zu verwendende Basiszins nicht direkt am Kapitalmarkt beobachten. Er ist vielmehr für Zwecke einer Unternehmensbewertung zu generieren.

Der für Unternehmensbewertungen zugrunde zu legende Basiszins ist nicht identisch mit dem Basiszins als Teil des Kapitalisierungsfaktors gemäß § 203 Abs. 2 BewG. Denn dieser wird für erb- und schenkungssteuermotivierte Unternehmensbewertungen nur einmal jährlich vom Bundesministerium der Finanzen festgelegt. Er basiert zudem auf Zinsstrukturdaten für Bundeswertpapiere mit jährlicher Kuponzahlung und einer Restlaufzeit von 15 Jahren.

In den letzten Jahren gab es mehrere Ansätze, um einen „sinnvollen" Basiszinssatz herzuleiten. Naturgemäß besteht auf der Seite der Hauptaktionäre auch hier das strukturelle Interesse an einem möglichst hohen Basiszinssatz, um zu einem möglichst niedrigen Unternehmenswert zu gelangen. Entsprechend kreativ sind die Versuche, etwa in einer lang anhaltenden Phase niedriger Zinssätze Ansatzpunkte für Anhebungen zu finden. Letztlich kann es aber auch hier nur auf eine belastbare empirische Datengrundlage ankommen.

II Vergangenheitsorientierte Bewertung

Der IDW S 1 in der Fassung vom 28. Juni 2000 sah noch eine Orientierung an der Zinsentwicklung der Vergangenheit – historische Renditen von Staatsanleihen – vor.[399] Diese Vorgehensweise unterstellte, dass mit in der Vergangenheit festgestellten Zinssätzen auch zukünftig wieder zu rechnen sei. Strittig war insoweit, ob dabei Anleihen mit 10- oder 30-jähriger Laufzeit Berücksichtigung finden sollten. Das IDW tendierte zur Ableitung von Basiszinsen auf der Grundlage von neun- bis zehnjährigen Anleihen, weil die Bewertung auf Basis von Anleihen mit darüber hinausgehenden Laufzeiten wegen des geringen Marktvolumens unzuverlässig sei. Auf dieser Grundlage veröffentlichte das IDW bis zum Jahr 2005 die folgenden Empfehlungen für Basiszinssätze:

399 IDW S 1 (2000), Rdnr. 121.

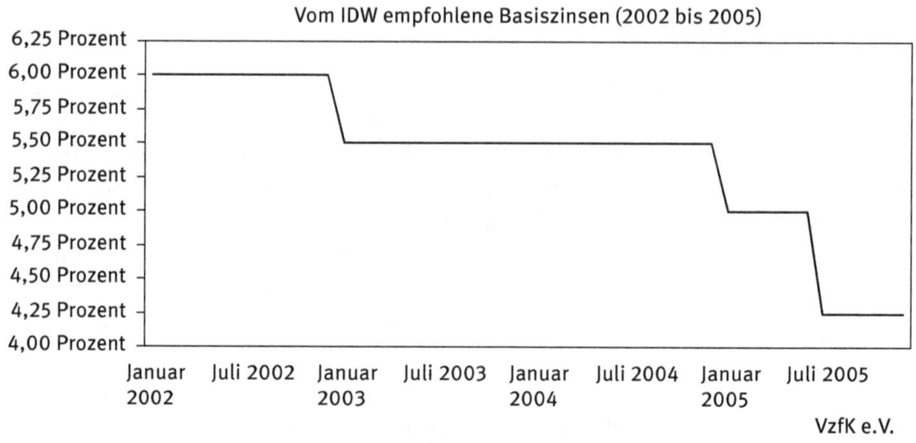

Abb. 53: Vom IDW empfohlene Basiszinssätze für Unternehmensbewertungen in den Jahren 2002 bis 2005

Die Verwendung von historischen Durchschnitten ist konzeptionell inkonsequent, weil zukünftige Zahlungsströme mit vergangenen Renditen verglichen werden. Gegen solche Vergangenheitsdurchschnitte spricht ferner, dass historische Kapitalmarktverhältnisse nur bedingt auf die Zukunft übertragbar sind und die Wahl des Beobachtungszeitraums Ermessensspielräume eröffnet. Schließlich unterlagen auch in der Vergangenheit die Zinssätze ständigen Schwankungen.

III Zukunftsorientierte Bewertung

Die am 18. Oktober 2005 verabschiedete endgültige Fassung des IDW S 1 und dessen weitere Überarbeitung vom 2. April 2008 (IDW S 1 2008) empfehlen dagegen einen zukunftsorientierten Wertansatz.[400] Die Verzinsung der Wiederanlage wird dabei anhand von Zinsstrukturkurven[401] und zeitlich darüber hinausgehenden Prognosen abgeleitet.

In der Praxis haben sich dafür die aus der Zinsstruktur abgeleiteten Renditen für Bundeswertpapiere mit jährlichen Kuponzahlungen und einer Restlaufzeit von 30 Jahren durchgesetzt. Alternativ kommt auch die Berechnung der Zinsstrukturkurve auf der Grundlage der von der Europäischen Zentralbank zur Verfügung gestellten Daten in Betracht. Dabei kommt es nicht auf die aktuellen Zinssätze am Bewertungs-

400 IDW S 1 (2005), Rdnr. 127; IDW S 1 (2008), Rdnr. 117.

401 Als Zinsstruktur bezeichnet man das Verhältnis verschiedener Zinssätze zueinander. Ihre grafische Darstellung wird Zins(struktur)kurve genannt.

stichtag an, die mehr oder weniger zufällig sind, sondern auf den aus der Sicht des Stichtags von kurzfristigen Einflüssen bereinigten, künftig auf Dauer zu erzielenden Nominalzins.

IV Zinsstrukturkurvenmethode

Für die Studie wurden die Basiszinssätze nach der Zinsstrukturkurve am jeweils maßgeblichen Bewertungsstichtag, also dem Tag der den Squeeze-out-Beschluss fassenden Hauptversammlung, § 327b Abs. 1 S. 1 AktG, ermittelt (1). Sie unterscheiden sich erheblich von den Empfehlungen des IDW (2). Das hat auch die Rechtsprechung erkannt (3).

1 Basiszinssätze für die Bewertungsstichtage

Für alle Bewertungsstichtage der in dieser Studie untersuchten 462 Squeeze-out-Verfahren ergeben sich auf der Grundlage der Zinsstrukturkurve die folgenden Basiszinssätze. Sie berechnen sich aus

- den Zinsstrukturdaten der Deutschen Bundesbank nach der Svensson-Methode für hypothetische Zero-Bondrenditen,[402]
- einem Referenzzeitraum von jeweils drei Monaten vor dem Bewertungsstichtag,
- einer Wachstumsrate von 1 Prozent,
- ohne Länderrisiko.

Die so ermittelbaren Basiszinssätze zeigen, vor Abzug persönlicher Ertragsteuern, im Zeitraum vom 1. Januar 2002 bis 31. Dezember 2013 einen deutlichen Abwärtstrend:

402 Quelle: Datenreihe der Deutschen Bundesbank; abgeleitet aus den Svensson-Parametern der Deutschen Bundesbank (Beta0, Beta1, Beta2, Beta3, Tau1 und Tau2) für unendliche Laufzeiten.

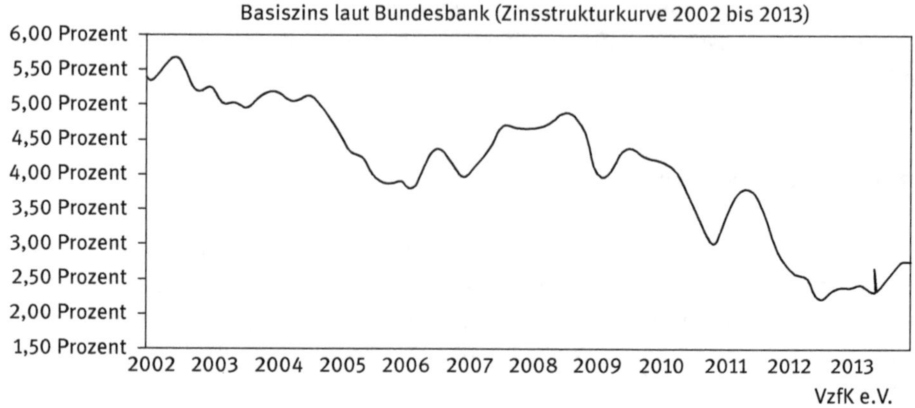

Abb. 54: Entwicklung der Basiszinssätze nach der Zinsstrukturkurve im Zeitraum 2002 bis 2013

Zu den einzelnen Bewertungsstichtagen lassen sich zwischen Basiszinsen nach der Zinsstrukturkurve kaum Abweichungen von der Entwicklung langfristiger Bundesanleihen erkennen:

Abb. 55: Vergleich Umlaufrenditen 30jähriger Bundesanleihen und Basiszinsen laut Zinsstrukturkurve zu den Bewertungsstichtagen

2 Empfehlungen des IDW

Dagegen unterscheiden sich die Zinssätze der Zinsstrukturkurve ganz erheblich von denen, die das IDW empfohlenen hat. Zum Zwecke der Vergleichbarkeit werden nachfolgend nur die Basiszinssätze für den Zeitraum 2002 bis 2005 dargestellt. Denn für die darüber hinausgehenden Zeiträume empfiehlt auch das IDW die Anwendung der Zinsstrukturkurvenmethode:

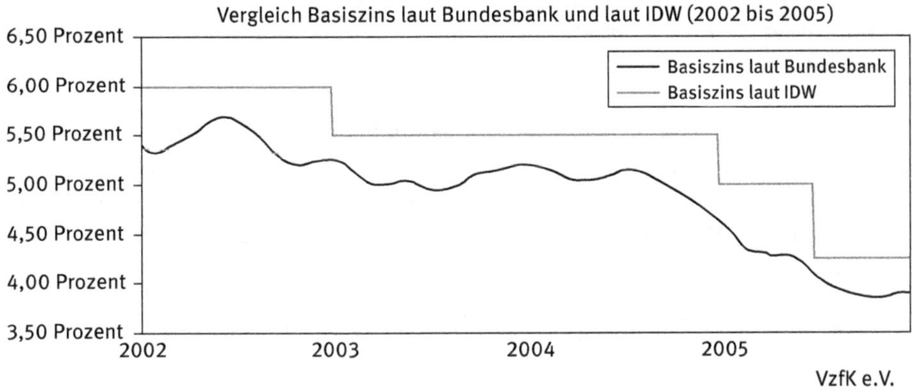

Abb. 56: Vergleich der Basiszinssätze nach der Zinsstrukturkurve der Deutschen Bundesbank und den Empfehlungen des IDW

Zwar folgten auch die Empfehlungen des IDW grob den tatsächlichen Entwicklungen an den Kapitalmärkten, jedoch nur mit großer zeitlicher Verzögerung. Im Durchschnitt waren die vom IDW empfohlenen Basiszinssätze um mehr als 49 Basispunkte überhöht.

Schon deshalb wurden bis zum 31. Dezember 2005 die den Barabfindungen zugrunde liegenden Unternehmenswerte ausnahmslos zu niedrig ausgewiesen.

3 Rechtsprechung

In vielen Gerichtsentscheidungen geht es um die Frage, ob in Spruchverfahren auch dann auf den aus Zinsstrukturdaten gewonnenen Basiszinssatz zurückgegriffen werden darf, wenn der Bewertungsstichtag noch vor der Änderung der Empfehlungspraxis des IDW liegt. Das wird entgegen dem Wortlaut des IDW S 1 und dem Willen des IDW allgemein bejaht. Schließlich kommt dem IDW S 1, schon als interessengeprägte Empfehlung eines Berufsverbandes, naturgemäß keine Gesetzeswirkung zu:

> *„Zur Ermittlung des Basiszinssatzes vor Steuern ist hier die Zinsstrukturkurvenmethode anzuwenden. Zwar war die vergangenheitsorientierte Ermittlung der Wiederanlageverzinsung im Bewertungsstichtag noch anerkannt; im Rahmen der gerichtlichen Überprüfung der Angemessenheit der angebotenen Abfindung ist hier aber die Zinsstrukturkurvenmethode anzuwenden, weil sie der aktuellen Expertenauffassung im Zeitpunkt der gerichtlichen Entscheidung entspricht. ...*
>
> *Das Stichtagsprinzip steht der Anwendung der Zinsstrukturkurvenmethode nicht entgegen. Es verlangt zwar, dass Erkenntnisse zu bewertungsrelevanten tatsächlichen Umständen zumindest in den Verhältnissen zum Bewertungsstichtag bereits angelegt waren, gilt aber nicht für die angewandte Bewertungsmethode. ...*

> *Die verfassungsrechtlichen Beschränkungen für die Rückwirkung von Rechtsnormen sind nicht einschlägig, da es sich bei den Empfehlungen des IDW S1 nicht um Rechtsnormen, sondern um eine Expertenauffassung handelt.*“[403]

Der jeweils zu beachtende Basiszinssatz vor persönlichen Steuern lässt sich somit zu jedem beliebigen Stichtag mittels einer Funktionsrechnung aus den von der Deutschen Bundesbank oder der Europäischen Zentralbank veröffentlichten Zeitreihen nach der Svensson-Methode ableiten. Der Berechnung liegt dabei folgende Formel zugrunde:[404]

$$z(T,\beta,\tau)=\beta_0+\beta_1\left(\frac{1-\exp(-T/\tau_1)}{(T/\tau_1)}\right)+\beta_2\left(\frac{1-\exp(-T/\tau_1)}{(T/\tau_1)}-\exp(-T/T_1)\right)+\beta_3\left(\frac{1-\exp(-T/\tau_2)}{(T/\tau_2)}-\exp(-T/\tau_2)\right)$$

Ein Basiszinsrechner wird als kostenloser Service von der VzfK im Internet unter www.spruchverfahren.info angeboten.

V Glättungen und Rundungen

Auf Empfehlung des IDW sind die Basiszinssätze seit 2006 in fast allen Unternehmensbewertungen aus periodenspezifischen Durchschnittszinssätzen gebildet und zudem auf ¼-Prozentpunkte gerundet (1) In der Praxis wirkt sich das meist zum Nachteil der Minderheitsaktionäre aus (2), was die Gerichte in zunehmendem Umfang korrigieren (3). Auch diese Empfehlung des IDW führt im wirtschaftlichen Ergebnis dazu, eine möglichst geringe Barabfindung zu generieren (4).

1 Empfehlung des IDW

Auf der Grundlage einer Empfehlung des IDW-Arbeitskreises für Unternehmensbewertung[405]

- sollen zur „*Gewährleistung einer praktikablen und nachvollziehbaren Glättung kurzfristiger Marktschwankungen sowie möglicher Schätzfehler*“ periodenspezifische Durchschnittszinssätze aus den für die drei vorangegangenen Monate geschätzten Renditen gebildet werden und
- sollen Bewertungsgutachter und sachverständige Prüfer die Basiszinssätze auf ¼-Prozentpunkte runden. Der FAUB begründet diese Vorgehensweise damit,

403 OLG Stuttgart vom 19. Januar 2011, Az. 20 W 3/09.

404 wobei z(T,b,t) den Zinssatz für die Laufzeit T in Jahren als Funktion der zu schätzenden Parameterfaktoren Beta0 bis Beta3 und sowie Tau1 und Tau2 entsprechen; vgl. Deutsche Bundesbank, Statistisches Beiheft „Kapitalmarktstatistik März 2013“, S. 86.

405 AKU; heute: Fachausschuss für Unternehmensbewertung und Betriebswirtschaft (FAUB); Berichterstattung zur 86. Sitzung des AKU, IDW FN 2005, S. 555.

dass dem „*Bedürfnis nach Komplexitätsreduzierung in der Bewertungspraxis*" durch „*sinnvolle Vereinfachung entgegenzukommen*" sei.

Jedoch fehlt dieser Empfehlung jegliche rechtliche und betriebswirtschaftliche Grundlage. Stattdessen hat das IDW auch insoweit interessenorientiert „Empfehlungen" entwickelt, um möglichst niedrige Barabfindungen plausibilisieren zu können.

2 Handhabung in der Praxis

In 96,42 Prozent aller in dieser Studie untersuchten Bewertungsfälle sind die Basiszinssätze von Hauptaktionären auf einen ¼-Prozentpunkt gerundet worden, wobei hierin allerdings die geglätteten Empfehlungen des IDW bis zum Jahr 2005 mit berücksichtigt sind.

In 73,65 Prozent dieser Fälle führte die Rundung auch zu einer Erhöhung des Basiszinssatzes. Hierdurch werden die Unternehmenswerte und damit die angemessenen Barabfindungen gekürzt.

3 Rechtsprechung

Die Glättung des Basiszinssatzes durch Bildung periodenspezifischer Durchschnittszinssätze aus den für die drei dem Bewertungsstichtag vorangegangenen Monate geschätzten Renditen wird auch von der Rechtsprechung überwiegend anerkannt.

Dagegen fehlt es für eine Rundung auf ¼-Prozentpunkte sowohl an der mathematischen Notwendigkeit als auch, jedenfalls soweit die Rundung zu einer Verminderung der Barabfindung führt, an einer verfassungsmäßigen Rechtsgrundlage:

> *„Allerdings kommt die vom Arbeitskreis vorgeschlagene Rundung auf 0,25 Prozentpunkte – deren Notwendigkeit in diesem Umfang zudem nicht ersichtlich ist (vgl. Kniest in Bewertungspraktiker Beilage Finanzbetrieb Oktober-Dezember 2005 S. 9, 12) und aus Vereinfachungsgründen nur auf eine Stelle hinter dem Komma sachgerecht erscheint – aus verfassungsrechtlichen Gründen nur zugunsten der Minderheitsaktionäre in Betracht, d. h. es kommt nur eine Abrundung auf die nächste Stelle hinter dem Komma in Frage. Bei einer Aufrundung würde im Ergebnis der Wert der gesellschaftsrechtlichen Beteiligung des Minderheitsaktionärs zu seinen Lasten abgeändert, wodurch der verfassungsrechtlich geforderte volle Ausgleich bei einem Ausschluss von Minderheitsaktionären nicht mehr gegeben wäre."*[406]

> *„Die vom entsprechenden Fachausschuss des IDW neben der Glättung der Tageswerte befürwortete Rundung des ermittelten Zinssatzes auf ¼-Prozentpunkte hält die Kammer, jedenfalls soweit sie sich im konkreten Bewertungsfall zu Lasten der abzufindenden Aktionäre auswirkt, nicht für zulässig. Zwar wird diese Rundung mit der Vermeidung einer Scheingenauigkeit der einzelnen Komponenten des Prognosekalküls begründet. Allerdings erfolgt bereits über die Durchschnittsbildung*

406 LG Frankfurt a. M. vom 2. Mai 2006, Az. 3-5 O 153/04.

unter Berücksichtigung eines Dreimonatszeitraums eine Glättung, so dass eine weitere Vergröberung des gefundenen Ergebnisses weder angemessen noch plausibel erscheint.“[407]

Dennoch hat sich in der Rechtsprechung noch kein einheitliches Bild zur Rundung des Basiszinssatzes auf einen ¼-Prozentpunkt ergeben.[408]

4 Stellungnahme

Die Methodik zur Glättung des Basiszinssatzes durch Verwendung eines Durchschnittszinssatzes aus einer dreimonatigen Referenzperiode vor dem Bewertungsstichtag lehnt sich an die Rechtsprechung zur Glättung von Börsenkursen an. Sie lässt jedoch unberücksichtigt, dass der Basiszinssatz unabhängig vom Bewertungsanlass ist. Dennoch erscheint sie zur Glättung außergewöhnlicher Ausschläge als sinnvolle Berechnungsmethode.

Dagegen fehlt der vom FAUB empfohlenen Rundung des Basiszinssatzes auf ¼-Prozentpunkte jegliche Grundlage. Die für eine genaue Berechnung erforderlichen Daten lassen sich den von der Deutschen Bundesbank veröffentlichten Zeitreihen ohne weiteres täglich entnehmen. Zudem erfolgt die vom FAUB bezweckte Glättung bereits durch das Abstellen auf einen dreimonatigen Referenzzeitraum. Einer weiteren, darüber hinausgehenden Rundung bedarf es daher nicht. Schließlich führt die Abrundung entgegen der Rechtsprechung des Bundesverfassungsgerichts zu Unternehmenswerten, welche nicht mehr den vollen Wertausgleich für den Verlust des Aktieneigentums gewährleisten. Daher lehnen selbst berufliche Fachverbände die Empfehlungen des IDW und des FAUB ab:

„Angesichts der vorstehend nur in Grundzügen dargestellten theoretischen und praktischen Probleme bei der Unternehmens- bzw. Praxisbewertung, ist, bei unterstellter Excel-Anwendung, weder eine Vereinfachungsannahme zur Rundung, noch eine methodisch verfehlte Umrechnung der Bundesbankdaten geboten.“[409]

---

407 LG Berlin vom 23. April 2013, Az. 102 O 134/06 AktG.

408 Die Rundung nicht beanstandet hat z. B.: OLG Düsseldorf vom 4. Juli 2012, Az. I-26 W 8/10 [AktE]; in Zweifel gezogen, aber letztlich offen gelassen: OLG Stuttgart vom 3. April 2012, Az. 20 W 7/09; die Rundung ausdrücklich abgelehnt hat z. B.: OLG Frankfurt a. M. vom 24. November 2011, Az. 21 W 7/11.

409 Steuerberaterverband Berlin-Brandenburg: Praxisbewertung: Wert- und Preistreiber – Wolfgang Wehmeier. Unter http://www.steuerberaterverband-berlin-brandenburg.de/klcms2/mediathek/files/downloads/stbverband/dokumente/praxisboerse/08-02-13-praxisbewertung.pdf [abgerufen am 29. Juli 2014].

VI Risiken deutscher Staatsanleihen

Ein im Zuge der Finanzmarktkrise neu aufgekommener Aspekt hinterfragt die Grundannahme, ob deutsche Staatsanleihen tatsächlich als risikofrei beurteilt werden können oder ebenfalls einem messbaren Risiko unterliegen. Dieses Risiko kann bestehen in:

- Insolvenz des Schuldners („Bankruptcy“),
- Nichtzahlung durch den Schuldner („Failure to Pay“),
- Möglicher vorzeitiger Fälligkeit von Schulden („Obligation Default“),
- Vorzeitiger Fälligkeit von Schulden („Obligation Acceleration“),
- Nichtanerkennung oder Aufschub von Zahlungsverpflichtungen durch den Schuldner („Repudiation/Moratorium“) oder
- Restrukturierung der Schulden („Restructuring“).

Auch für deutsche Staatsanleihen besteht ein wachsender Markt für Kreditausfallsicherungsgeschäfte (Credit Default Swaps – CDS). Zwar werden solche Geschäfte nur außerbörslich gehandelt. Jedoch werden laufend Marktdaten veröffentlicht, die entsprechende Prämien ausweisen. So wurden für deutsche Staatsanleihen zum 31. Dezember 2013 Prämien, CDS-Spreads, von 25 Basispunkten gezahlt.[410]

Umstritten ist, ob mit dem Kauf von CDS auf Staatsanleihen für Investoren die Absicherung von Ausfallrisiken oder Marktwertveränderungen vorrangig sind. In letzterem Falle sichern langfristig orientierte Investoren ihre Vermögenswerte über CDS, anstatt bei veränderter Risikoeinschätzung eine Umschichtung ihrer Aktiva vorzunehmen.

In jedem Fall aber lassen Prämien auf CDS den Rückschluss zu, dass die der Basiszinsermittlung zugrunde liegenden deutschen Staatsanleihen nicht (mehr) als risikofrei beurteilt werden. Dies wirft eigentlich die Frage auf, ob Staatsanleihen zunächst um dieses Risiko zu bereinigen sind. Stattdessen vertritt das IDW die gegenteilige Auffassung. Denn den „*im historischen Vergleich derzeit niedrigen*“ Basiszinssätzen empfiehlt der FAUB mit höheren Risikozuschlägen zu begegnen.[411]

Da höhere Risikozuschläge zu einem niedrigeren Unternehmenswert und damit zu niedrigeren Barabfindungen führen, liegt auf der Hand, dass diese Empfehlung von den Hauptaktionären gern aufgegriffen wird. Es ist die Aufgabe von Spruchverfahren, solchen Begehrlichkeiten entgegenzuwirken.

---

410 Quelle: Deutsche Bank Research: Sovereign default probabilities online. Unter https://www.dbresearch.de/servlet/reweb2.ReWEB?rwnode=DBR_INTERNET_DE-PROD$EM&rwobj=CDS.calias&rwsite=DBR_INTERNET_DE-PROD [laufende Aktualisierung].

411 Verlautbarung des FAUB vom 10. Januar 2012: Auswirkungen der aktuellen Kapitalmarktsituation auf die Ermittlung des Kapitalisierungszinssatzes. WPg 2012 Nr. 4, S. 169.

VII Bewertungspraxis

Bis zum Jahr 2005 befolgten die Bewertungsgutachter überwiegend die Empfehlungen des IDW zur Höhe des Basiszinssatzes. Seit der Neufassung des IDW S 1 im Jahr 2005 setzen sich dagegen Basiszinssätze durch, welche nach der Zinsstrukturkurvenmethode ermittelt werden.

Die Studie belegt, dass durchweg Differenzen zwischen den von den Hauptaktionären bzw. Bewertungsgutachtern angewandten und den nach der Zinsstrukturkurvenmethode ermittelbaren Basiszinssätzen zu verzeichnen sind. Gründe hierfür sind

- die starren Empfehlungen des IDW und
- die zeitlich der Beschluss fassenden Hauptversammlung vorangehenden Bewertungsarbeiten, welche eine Änderung der maßgeblichen Basiszinssätze nicht ausschließen können.

Allerdings vermögen diese Gründe nicht zu erklären, warum in drei von vier Fällen – 73,65 Prozent – die von den Bewertungsgutachtern angewandten und von den sachverständigen Prüfern als zutreffend beurteilten Basiszinssätze über der Zinsstrukturkurve lagen:

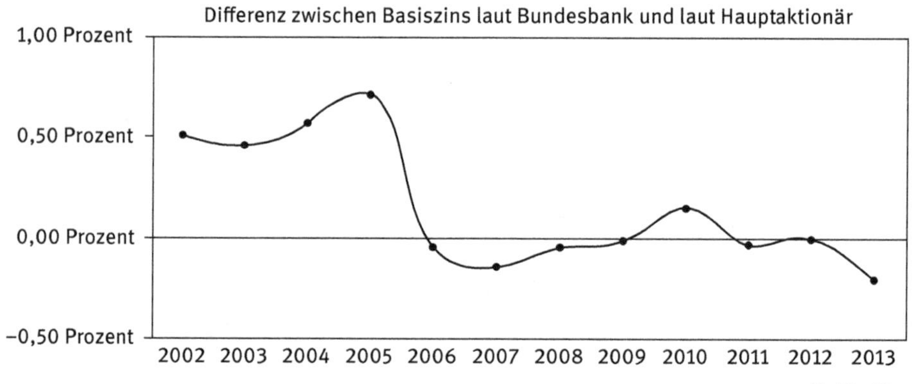

Abb. 57: Durchschnittliche Differenzen zwischen Basiszinssätzen nach der Zinsstrukturkurve und der Bewertungspraxis

Im Durchschnitt des Gesamtzeitraums vom 1. Januar 2002 bis zum 31. Dezember 2013 war der von den Hauptaktionären angewandte Basiszinssatz gegenüber dem nach der Zinsstrukturkurvenmethode ermittelbaren um rund 26 Basispunkte[412] überhöht. In 62,21 Prozent aller Fälle betrug die Abweichung 25 oder mehr Basispunkte.

412 Exakt 26,40 Basispunkte.

Bis zum Jahr 2005 (einschließlich) *unter*schreitet der von den Hauptaktionären angesetzte Basiszinssatz den mittels der Zinsstrukturkurve ermittelbaren nur in einem Fall. In allen anderen Fällen lag der von den Hauptaktionären angewandte Basiszinssatz über den nach der Zinsstrukturkurvenmethode ermittelbaren. Erst mit der Abkehr von den starren Vorgaben des IDW durch den Standard S 1 in der Fassung vom 18. Oktober 2005 halten sich Über- und Unterschreitungen die Waage. Im gesamten Durchschnitt der Jahre 2006 bis 2013 unterschreiten die von den Hauptaktionären angewandten die nach der Zinsstrukturkurvenmethode ermittelbaren Basiszinssätze um rund 4 Basispunkte.

Das bestärkt die Rechtsauffassung der Gerichte, den Basiszinssatz in Spruchverfahren auch rückwirkend für den Zeitraum vor dem 1. Januar 2005 nach der Zinsstrukturkurve zu ermitteln. Denn das von Art. 14 Abs. 1 GG geschützte Aktieneigentum verlangt den Ersatz des „wahren Werts" der Aktien. Dieser darf nicht einseitig von einem Interessenverband durch starre, empirisch nicht belegbare Vorgaben beeinflusst werden.

Daher haben die Gerichte in Spruchverfahren eine Anpassung der Basiszinssätze vorgenommen, soweit sich eine solche nicht aufgrund konsensualer Beendigung der Verfahren erübrigte. In 62,11 Prozent aller Spruchverfahren haben Gerichte den von den Hauptaktionären angewandten Basiszinssatz herabgesetzt. In 34,74 Prozent der Verfahren blieb der Basiszinssatz unverändert und nur in 3,16 Prozent aller Verfahren haben Gerichte den Basiszinssatz erhöht. Die durchschnittliche Verminderung der Basiszinssätze durch Gerichte in Spruchverfahren liegt bei 28,51 Basispunkten.

§ 19 Risikozuschlag

Der Risikozuschlag (I) steht im Mittelpunkt vieler Spruchverfahren. Trotz einer Vielzahl von Erklärungsansätzen geht es dabei meist nur um die Zu- und Abschlagmethode (II) oder die finanzmathematische Ableitung nach dem (Tax-)CAPM-Verfahren (III). Der Datenanalyse der in der Bewertungspraxis der Hauptaktionäre zu beobachtenden Risikozuschläge (IV) folgen die nach Branchenzugehörigkeit erfassten Risikozuschläge (V). Die Rechtsprechung nimmt die Risikoeinschätzung der Hauptaktionäre bzw. ihrer Berater nicht kritiklos hin (VI). Schließlich stellt sich hier die grundsätzliche Frage nach der Erforderlichkeit eines Risikozuschlags gestellt (VII).

I Einführung

Der Risikozuschlag berücksichtigt die zukünftigen Risikofaktoren. Dazu heißt es im IDW S 1 (2008):

> *„Die künftigen finanziellen Überschüsse können aufgrund der Ungewissheit der Zukunft nicht mit Sicherheit prognostiziert werden. Ein unternehmerisches Engagement ist stets mit Risiken und Chancen verbunden. Die Übernahme dieser unternehmerischen Unsicherheit (des Unternehmerrisikos) lassen sich Marktteilnehmer durch Risikoprämien abgelten."*[413]

Die Unsicherheit der künftigen finanziellen Überschüsse kann grundsätzlich durch zwei Vorgehensweisen in die Unternehmensbewertung eingehen:
- als Abschlag vom Erwartungswert der finanziellen Überschüsse (Abschlag vom Ergebnis) oder
- als Zuschlag zum Kapitalisierungszinssatz.

National und international hat sich die Zinszuschlagmethode durchgesetzt, bei der das gesamte Risiko ausschließlich im Kapitalisierungszinssatz berücksichtigt wird:

> *„Im Zähler der Bewertungsformeln sind dann die Erwartungswerte anzusetzen. Planungsrechnungen des Unternehmens sind entsprechend zu korrigieren, wenn sie andere Werte widerspiegeln."*[414]

Dies bedeutet, dass zur Vermeidung der Einpreisung eines doppelten Risikos das grundsätzlich geltende bilanzielle Vorsichtsprinzip aus § 252 Abs. 1 Nr. 4 HGB keine Anwendung finden darf:

> *„Die ungewisse künftige Entwicklung darf nicht in einer Weise in den ermittelten Unternehmenswert einfließen, die eine der beteiligten Parteien – das wären bei „vorsichtiger Schätzung" der künftigen finanziellen Überschüsse der Verkäufer bzw. die abzufindenden Gesellschafter – einseitig benachteiligt."*[415]

Im Spruchverfahren ist daher zu prüfen, ob nicht unzulässigerweise die zukünftigen Unsicherheiten nach beiden Methoden, und damit doppelt, erfasst werden. Das kommt immer wieder vor, um einen möglichst niedrigen Unternehmenswert zu generieren.

II Zu- und Abschlagmethode

Bei dieser Methode wird den Unterschieden der Anlage in risikofreie festverzinsliche Wertpapiere einerseits und der Aktienanlage andererseits durch Zu- und Abschläge Rechnung getragen. Hierfür wird der Basiszinssatz um einen Risikozuschlag erhöht und um einen Inflationsabschlag vermindert.

413 IDW S 1 (2008), Rdnr. 88.
414 IDW S 1 (2008), Rdnr. 90.
415 IDW S 1 (2008), Rdnr. 64.

Dieses Verfahren beruht auf dem richterlichen Schätzungsermessen, § 287 ZPO. In Spruchverfahren haben Gerichte danach einzeln die Risikosituation des Bewertungsobjekts – der Gesellschaft – zu analysieren und den Risikozuschlag zu begründen. Hierbei fließen insbesondere Standort-, Umwelt- und Brancheneinflüsse, die Kapitalstruktur, Kundenabhängigkeit, Produktprogramm und die Fungibilität der zu bewertenden Unternehmensanteile ein.

Diese Methode lehnen Hauptaktionäre überwiegend ab. Zur Begründung wird ausgeführt, dass für die Beurteilung zukünftiger Risiken auf Erfahrungswerte der Vergangenheit zurückgegriffen und diese lediglich an unternehmensspezifische Risiken angepasst werde. Das richterlich ausgeübte Schätzermessen sei dabei nicht nachprüfbar.

Genau die gleichen Einwände lassen sich jedoch auch gegen das von Bewertungsgutachtern und sachverständigen Prüfern einhellig bevorzugte (Tax-)CAPM-Verfahren erheben.

III (Tax-)CAPM-Verfahren

Das Capital Asset Pricing Model (CAPM) will dagegen nicht von Zuschlägen auf den Basiszinssatz, sondern von Marktrisikoprämien ausgehen, wie sie am Kapitalmarkt aus vergleichbaren Anlagen, d. h. aus Anlagen in Unternehmen, tatsächlich erzielt werden. Der Kapitalisierungszinssatz, der im Einzelfall anzuwenden ist, ergibt sich nach dem CAPM aus der allgemeinen Marktrisikoprämie (2) an der Börse, multipliziert mit der individuellen Risikohöhe (Beta-Faktor) (3). Das CAPM-Verfahren bietet jedoch nur eine mathematische Scheingenauigkeit, das von einer Vielzahl von Schätzannahmen beeinflusst wird (1).

1 Vor- und Nachteile des (Tax-)CAPM-Verfahren

Auch dieses Verfahren greift auf historische Werte zurück, weil Marktrisikoprämien für die Zukunft am Markt ebenfalls nicht ermittelbar sind. Im Gegensatz zur Zu- und Abschlagmethode beruhen die einzelnen Komponenten des Risikozuschlags beim (Tax-)CAPM-Verfahren auf mathematischen Ableitungen.

Die scheinbare finanzmathematische Genauigkeit des CAPM täuscht allerdings darüber hinweg, dass auch dieses Verfahren von einer Vielzahl von Schätzannahmen beeinflusst wird, deren Grundlagen weder der Bewertungspraxis noch der Rechtsprechung bekannt sind. Denn weder kann die historische Ableitung der vom IDW empfohlenen Marktrisikoprämien nachvollzogen werden[416] noch ist es bisher gelungen, auch nur Einigkeit über die Berechnungsmethode[417] zu erzielen:

> *„Bei der hier vorgeschlagenen Methode ist es zweifelhaft, ob sie als taugliche Schätzungsprozedur für eine angemessene Abfindung in Spruchverfahren herangezogen werden kann, solange elementare Fragen wie die berücksichtigungsfähigen Zeiten für die Festlegung der Risikoprämien und die anzuwendende Durchschnittsmethode nicht in einer für die Rechtsprechung nachvollziehbaren Weise geklärt sind.*
> *Darüber hinaus hält es der Senat für unbefriedigend, dass, obwohl bei der Bestimmung des Unternehmenswerts insbesondere bei der ewigen Rente Prognoseentscheidungen zu treffen sind, die künftigen Marktrisikoprämien aus historischen Daten abgeleitet werden. Demgegenüber wird bei Bestimmung des Basiszinssatzes zu Recht Wert auf Laufzeitäquivalenz gelegt und deshalb der Rückgriff auf die Zinsstrukturkurve empfohlen. Der Zukunftsgerichtetheit der anzusetzenden Marktrisikoprämie trägt die betriebswirtschaftliche Literatur dadurch Rechnung, dass aufgrund von Verbesserungen auf dem Aktienmarkt ein Abschlag von 1 % bis 1,5 % vom historischen Mittelwert für vertretbar gehalten wird. Zum Jahresende 2003/Anfang 2004 wird z. B. eine Nachsteuerrisikoprämie von 5,5 % für vertretbar gehalten (Stehle aaO), ohne dass nachvollziehbar ist, weshalb gerade dieser Wert angenommen wird.“*[418]

Trotz der faktisch nur bestehenden Scheingenauigkeit wird das CAPM überwiegend – in den hier untersuchten Squeeze-out-Verfahren zu 91,12 Prozent – von den Hauptaktionären angewandt. Die Gerichte gehen allerdings dazu über, die empirischen Berechnungsgrundlagen, insbesondere zur Ableitung der Marktrisikoprämie, zu hinterfragen.

2 Marktrisikoprämie

Neben den nachfolgend[419] noch erörterten Differenzen zwischen den vom IDW empfohlenen Marktrisikoprämien und tatsächlich am Markt beobachtbaren Überrenditen aus Investitionen in Aktien zeichnet sich das CAPM-Verfahren insbesondere durch Inkonsistenzen in der Berechnungsmethode (a) und dem zugrunde liegenden Datenmaterial aus (b).

a Berechnungsmethode (geometrisches vs. arithmetisches Mittel)

Die von Hauptaktionären bevorzugte Berechnung einer Marktrisikoprämie nach dem arithmetischen Mittel lässt das tatsächliche Anlageverhalten der Kapitalmarktteilneh-

---

416 Siehe dazu oben Teil 6 § 17 III 2 a – IDW-Standard S 1 (2005), ab S. 338.

417 Arithmetisches oder geometrisches Mittel; siehe dazu unten Teil 6 § 19 III 2 a – Berechnungsmethode (geometrisches vs. arithmetisches Mittel), ab S. 362.

418 OLG München vom 30. November 2006, Az. 31 Wx 59/06.

419 Siehe Teil 6 § 19 IV 2 – Tatsächliche (Über-)Renditen am Kapitalmarkt, ab S. 373.

mer unberücksichtigt. Denn während selbst der FAUB von „langen Haltedauern"[420] ausgeht, liegt der arithmetischen Mittelwertberechnung ein Anlagehorizont von nur einem Jahr zugrunde. Dies führt bereits mathematisch zu einer deutlichen Erhöhung der Marktrisikoprämie, wie folgendes Beispiel zeigt:

Tab. 117: Musterrechnung Differenzen zwischen arithmetischem und geometrischem Wertzuwachs

VzfK e. V.	Musterrechnung arithmetischer/geometrischer Wertzuwachs		
	Jahr 1	Jahr 2	
Depotbestand am Jahresanfang	100,00 EUR	200,00 EUR	
Zuwachs	100,00 %	-50,00 %	
Zuwachsbetrag	100,00 EUR	-100,00 EUR	
Depotbestand am Jahresende	200,00 EUR	100,00 EUR	
Ergebnisvergleich			
Depotbestand Jahr 1 Beginn	100,00 EUR		
Depotbestand Jahr 2 Ende	100,00 EUR		
Differenz	0,00 EUR		
Wertzuwachs geometrisch	0,00 %		???
Wertzuwachs arithmetisch	25,00 %		

Die Annahme einer nur einjährigen Haltedauer wird schon durch die Annahme langer Haltedauern zur Bestimmung des Steuersatzes auf Kursgewinne von Aktien widerlegt. Das IDW selbst geht insoweit von durchschnittlichen Haltedauern von 40 Jahren aus.[421] Neben den daraus resultierenden Steuerstundungseffekt tritt dann auch ein tatsächlicher Steuerentlastungseffekt:

420 Haltedauern von über 25 Jahren.

421 Erklärung der IDW vom 20. September 2013 zum Beweisverfahren LG Hannover, Az 23 Akte 191/09.

Tab. 118: Musterrechnung Differenzen zwischen arithmetischem und geometrischem Wertzuwachs unter dem System der Abgeltungssteuer bei einem Anlagehorizont von 25 Jahren

VzfK e. V.	Musterrechnung arithmetischer/geometrischer Wertzuwachs					
Anlagedauer in Jahren	Arithmetisch			Geometrisch		
	Anlage	Ertrag (5,0 % p. a.)		Anlage	Ertrag (5,0 % p. a.)	
		vor Steuern	nach Steuern		vor Steuern	nach Steuern
1	1.000,00 €	50,00 €	36,81 €	1.000,00 €	50,00 €	
2	1.036,81 €	51,84 €	38,17 €	1.050,00 €	52,50 €	
3	1.074,98 €	53,75 €	39,57 €	1.102,50 €	55,13 €	
4	1.114,55 €	55,73 €	41,03 €	1.157,63 €	57,88 €	
5	1.155,58 €	57,78 €	42,54 €	1.215,51 €	60,78 €	
6	1.198,12 €	59,91 €	44,11 €	1.276,28 €	63,81 €	
7	1.242,23 €	62,11 €	45,73 €	1.340,10 €	67,00 €	
8	1.287,96 €	64,40 €	47,41 €	1.407,10 €	70,36 €	
9	1.335,37 €	66,77 €	49,16 €	1.477,46 €	73,87 €	
10	1.384,53 €	69,23 €	50,97 €	1.551,33 €	77,57 €	
11	1.435,50 €	71,77 €	52,84 €	1.628,89 €	81,44 €	
12	1.488,34 €	74,42 €	54,79 €	1.710,34 €	85,52 €	
13	1.543,13 €	77,16 €	56,81 €	1.795,86 €	89,79 €	
14	1.599,94 €	80,00 €	58,90 €	1.885,65 €	94,28 €	
15	1.658,83 €	82,94 €	61,07 €	1.979,93 €	99,00 €	
16	1.719,90 €	86,00 €	63,31 €	2.078,93 €	103,95 €	
17	1.783,21 €	89,16 €	65,64 €	2.182,87 €	109,14 €	
18	1.848,86 €	92,44 €	68,06 €	2.292,02 €	114,60 €	
19	1.916,92 €	95,85 €	70,57 €	2.406,62 €	120,33 €	
20	1.987,49 €	99,37 €	73,16 €	2.526,95 €	126,35 €	
21	2.060,65 €	103,03 €	75,86 €	2.653,30 €	132,66 €	
22	2.136,51 €	106,83 €	78,65 €	2.785,96 €	139,30 €	
23	2.215,16 €	110,76 €	81,55 €	2.925,26 €	146,26 €	
24	2.296,70 €	114,84 €	84,55 €	3.071,52 €	153,58 €	
25	2.381,25 €	119,06 €	87,66 €	3.225,10 €	161,25 €	1.756,95 €
	2.468,91 €	Stand nach 25 Jahren		**2.756,95 €**	Stand nach 25 Jahren	

Bereits nach 25 Jahren errechnet sich danach eine Differenz der Rendite nach Steuern in Höhe von 11,67 Prozent. Unter Zugrundelegung der Anlagedauer laut IDW – 40 Jahre – erhöht sich diese Differenz sogar auf 28,28 Prozent:

Tab. 119: Musterrechnung Differenzen zwischen arithmetischem und geometrischem Wertzuwachs unter dem System der Abgeltungssteuer bei einem Anlagehorizont von 40 Jahren

VzfK e. V.	**Musterrechnung arithmetischer/geometrischer Wertzuwachs**					
Anlagedauer in Jahren	**Arithmetisch**			**Geometrisch**		
	Anlage	**Ertrag (5,0 % p. a.)**		**Anlage**	**Ertrag (5,0 % p. a.)**	
		vor Steuern	**nach Steuern**		**vor Steuern**	**nach Steuern**
1	1.000,00 €	50,00 €	36,81 €	1.000,00 €	50,00 €	
2	1.036,81 €	51,84 €	38,17 €	1.050,00 €	52,50 €	
3	1.074,98 €	53,75 €	39,57 €	1.102,50 €	55,13 €	
4	1.114,55 €	55,73 €	41,03 €	1.157,63 €	57,88 €	
5	1.155,58 €	57,78 €	42,54 €	1.215,51 €	60,78 €	
6	1.198,12 €	59,91 €	44,11 €	1.276,28 €	63,81 €	
7	1.242,23 €	62,11 €	45,73 €	1.340,10 €	67,00 €	
8	1.287,96 €	64,40 €	47,41 €	1.407,10 €	70,36 €	
9	1.335,37 €	66,77 €	49,16 €	1.477,46 €	73,87 €	
10	1.384,53 €	69,23 €	50,97 €	1.551,33 €	77,57 €	
11	1.435,50 €	71,77 €	52,84 €	1.628,89 €	81,44 €	
12	1.488,34 €	74,42 €	54,79 €	1.710,34 €	85,52 €	
13	1.543,13 €	77,16 €	56,81 €	1.795,86 €	89,79 €	
14	1.599,94 €	80,00 €	58,90 €	1.885,65 €	94,28 €	
15	1.658,83 €	82,94 €	61,07 €	1.979,93 €	99,00 €	
16	1.719,90 €	86,00 €	63,31 €	2.078,93 €	103,95 €	
17	1.783,21 €	89,16 €	65,64 €	2.182,87 €	109,14 €	
18	1.848,86 €	92,44 €	68,06 €	2.292,02 €	114,60 €	
19	1.916,92 €	95,85 €	70,57 €	2.406,62 €	120,33 €	
20	1.987,49 €	99,37 €	73,16 €	2.526,95 €	126,35 €	
21	2.060,65 €	103,03 €	75,86 €	2.653,30 €	132,66 €	
22	2.136,51 €	106,83 €	78,65 €	2.785,96 €	139,30 €	
23	2.215,16 €	110,76 €	81,55 €	2.925,26 €	146,26 €	

VzfK e. V.	Musterrechnung arithmetischer/geometrischer Wertzuwachs					
Anlagedauer in Jahren	Arithmetisch			Geometrisch		
	Anlage	Ertrag (5,0 % p. a.)		Anlage	Ertrag (5,0 % p. a.)	
		vor Steuern	nach Steuern		vor Steuern	nach Steuern
24	2.296,70 €	114,84 €	84,55 €	3.071,52 €	153,58 €	
25	2.381,25 €	119,06 €	87,66 €	3.225,10 €	161,25 €	
26	2.468,91 €	123,45 €	90,89 €	3.386,35 €	169,32 €	
27	2.559,80 €	127,99 €	94,23 €	3.555,67 €	177,78 €	
28	2.654,03 €	132,70 €	97,70 €	3.733,46 €	186,67 €	
29	2.751,73 €	137,59 €	101,30 €	3.920,13 €	196,01 €	
30	2.853,03 €	142,65 €	105,03 €	4.116,14 €	205,81 €	
31	2.958,06 €	147,90 €	108,89 €	4.321,94 €	216,10 €	
32	3.066,95 €	153,35 €	112,90 €	4.538,04 €	226,90 €	
33	3.179,85 €	158,99 €	117,06 €	4.764,94 €	238,25 €	
34	3.296,91 €	164,85 €	121,37 €	5.003,19 €	250,16 €	
35	3.418,28 €	170,91 €	125,84 €	5.253,35 €	262,67 €	
36	3.544,12 €	177,21 €	130,47 €	5.516,02 €	275,80 €	
37	3.674,58 €	183,73 €	135,27 €	5.791,82 €	289,59 €	
38	3.809,85 €	190,49 €	140,25 €	6.081,41 €	304,07 €	
39	3.950,10 €	197,51 €	145,41 €	6.385,48 €	319,27 €	
40	4.095,52 €	204,78 €	150,77 €	6.704,75 €	335,24 €	4.446,94 €
	4.246,28 €	Stand nach 40 Jahren		5.446,94 €	Stand nach 40 Jahren	

Ein Anleger, welcher typischerweise an der Optimierung der Rendite interessiert ist, müsste daher schon aus diesem Gesichtspunkt einen jährlichen Austausch seines Portfolios vermeiden.

b Verstoß gegen die Äquivalenztheorie

Bei der Unternehmensbewertung werden Handlungsalternativen verglichen, nämlich die Investition in das Bewertungsobjekt und die in eine adäquate alternative Kapitalverwendung. Ein solcher Vergleich ist aber nur dann sinnvoll, wenn die Alternativen hinsichtlich Laufzeit, Risiko und Besteuerung äquivalent sind (Äquivalenztheorie):

> *„Der Kapitalisierungszinssatz repräsentiert die Rendite aus einer zur Investition in das zu bewertende Unternehmen adäquaten Alternativanlage und muss dem zu kapitalisierenden Zahlungsstrom hinsichtlich Fristigkeit, Risiko und Besteuerung äquivalent sein.“*[422]

Der vom IDW empfohlenen Marktrisikoprämie liegt jedoch die historische Entwicklung des DAX bzw. des CDAX gegenüber dem Deutschen Renten-Performance-Index (REXP) im Zeitraum 1955 bis 2003 zugrunde. Damit ist die vom IDW selbst postulierte Äquivalenz, jedenfalls hinsichtlich der Fristigkeit, nicht mehr gewährleistet. Denn dem Deutschen Rentenindex (REX) und dem durch Einberechnung von Preisänderungen und Zinserträgen daraus abgeleiteten REX-Performanceindex (REXP) liegen 30 „idealtypische“ Bundesanleihen mit Laufzeiten zwischen 1 und 10 Jahren zugrunde.[423] Demgegenüber wird für Unternehmen von einer unbegrenzten Lebenszeit ausgegangen und legt das IDW – für Zwecke der Berechnung der fiktiven Veräußerungsgewinnbesteuerung ab 1. Januar 2009 – eine „typische“ Haltedauer von mehr als 25 Jahren zugrunde.

3 Beta-Faktor

Darüber hinaus verstärkt die Multiplikation mit dem Beta-Faktor beim (Tax-)CAPM-Verfahren die Unsicherheiten aus der Ableitung der Marktrisikoprämie noch zusätzlich (a). Daher sind Anpassungen an die Kapitalstruktur (b) und den Marktdurchschnitt (c) geboten.

a Schätzungsunsicherheiten beim Beta-Faktor

Der Beta-Faktor drückt die zukünftige Korrelation der Renditeschwankung der Aktie des zu bewertenden Unternehmens zur Marktrenditeschwankung aus. Der Beta-Faktor demonstriert damit die relative Schwankungsbreite eines Finanztitels im Verhältnis zum Gesamtmarkt. Einfach ausgedrückt, ist der Beta-Faktor ein Gradmesser, der angibt, wie stark die Aktie im Vergleich zum Markt schwankt.

Bei einem Wert von 1,0 wird angenommen, dass die Aktie so stark wie der Durchschnitt schwankt. Liegt der Wert unter 1,0, deutet dies auf weniger Schwankung hin. Bei einem Wert von über 1,0 schwankt die Aktie stärker als der Durchschnitt. Damit soll der Beta-Faktor das Kursschwankungspotential einer Aktie anzeigen. Er drückt die Dynamik einer Aktie aus, d. h. die Geschwindigkeit, mit der sie Kursschwankungen im Gegensatz zu anderen Aktien durchläuft.

---

422 IDW S 1 (2008), Rdnr. 114.

423 Deutsche Börse: Deutscher Rentenindex REX® und REXP® – Beschreibung des REX und des REXP. Unter: http://deutsche-boerse.com/INTERNET/IP/ip_stats.nsf/WebMaskenformeln/EF2653A55009411F4125695D0063DC2F/$file/REX_REXP_I_D_V200305.pdf [Stand: Mai 2013].

Der Beta-Faktor wird mittels statistischer Verfahren aus Vergangenheitswerten gewonnen. Dabei wird unterstellt, dass sämtliche bewertungsrelevanten Informationen am Markt im Börsenkurs bereits eingepreist sind,[424] so dass aus dem Kursschwankungspotenzial auf Risiken des zu bewertenden Unternehmens geschlossen werden kann.

Hauptkritikpunkt auch gegenüber den Beta-Faktoren ist deren Scheingenauigkeit. Zwar lassen sich Abweichungen im Kursverlauf der Aktie gegenüber dem allgemeinen Marktgeschehen mathematisch berechnen. Jedoch unterliegt auch der Beta-Faktor Schätzannahmen bezüglich

- der zu betrachtenden, ebenfalls historischen, Referenzzeiträume und -intervalle, sowie
- ganz grundsätzlich der Beurteilung der Frage, ob der unternehmenseigene Beta-Faktor oder alternativ der aus einer Gruppe vergleichbarer Unternehmen oder Indizes („Peer Group") abgeleitete Wert verwendet werden soll, verbunden mit der Frage: „Wer ist Peer?"

Zweifel bestehen bereits an der Grundannahme, dass das Durchschnittsrisiko aller Unternehmen mit einem Beta-Faktor von 1,0 zu bewerten sei. Denn hierbei bleibt unberücksichtigt, dass sich ein Marktdurchschnitt von 1,0 nur unter Berücksichtigung der Verschuldenslagen aller Unternehmen errechnet, wobei grundsätzlich höhere Verschuldensgrade mit höheren Risiken gleichgestellt werden. Unverschuldet liegt der Marktdurchschnitt dagegen zwischen 0,70 und 0,75.

Außerdem liegt der Mittelwert aller Branchen tatsächlich deutlich unterhalb von 1,0, nämlich zum 31. Dezember 2004, also dem Jahr auf dem die „Stehle-Studie" aufsetzt, unterhalb von 0,7:[425]

424 Zur Kritik daran vgl. oben Fußn. 9 auf S. 4 und Fußn. 10 auf S. 4.

425 Beta-Faktoren zum 31. Dezember 2004; Quelle: Worldscope.

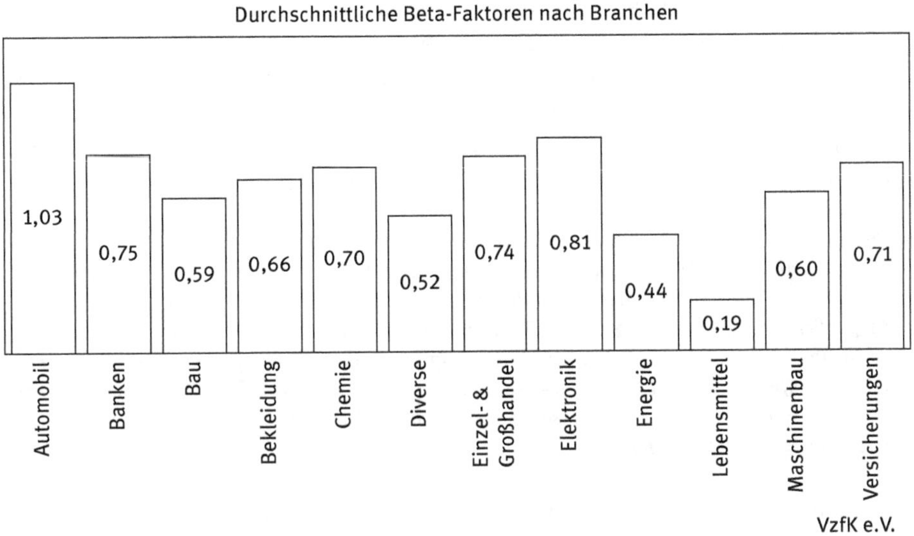

Abb. 58: Empirisch gewonnene durchschnittliche Beta-Faktoren im Branchenmix zum 31. Dezember 2004

Grund hierfür ist, dass in die Berechnung eines Beta-Faktors von 1,0 auch die Marktkapitalisierung der Unternehmen einfließt:

> *„Auffallend ist dabei, dass die Durchschnitts-Betas mit Ausnahme der Automobilbranche kleiner als eins sind. Der Durchschnitt für das gesamte Sample beträgt 0,62. Grundsätzlich wäre in diesem Zusammenhang anzunehmen, dass der Gesamtdurchschnitt nahe bei eins liegt, da das gewählte Sample an und für sich den deutschen Gesamtmarkt abbilden soll. Ökonomisch liegt diese Abweichung schlicht darin begründet, dass bei Betrachtung des einfachen Durchschnitts die Gewichtung der einzelnen Unternehmen außer Acht gelassen wird. So weisen beispielsweise Großkonzerne wie Siemens, BASF und Allianz, die knapp ein Viertel der in die Untersuchung eingehenden Marktkapitalisierung ausmachen, Betas von 1,81, 1,67 bzw. 1,64 auf, gehen allerdings mit der gleichen Gewichtung in den Durchschnitt ein wie beispielsweise die Andrea-Noris-Zahn AG, deren Beta bei 0,27 liegt und die lediglich 0,1 % der Marktkapitalisierung ausmacht.“*[426]

Daher ist zweifelhaft, ob für die von Squeeze-out betroffenen, meist kleineren, Gesellschaften tatsächlich von einem durchschnittlichen Risiko, ausgedrückt in einem Beta-Faktor von 1,0 ausgegangen werden kann. Auf diesen Aspekt ist die Rechtsprechung bisher erkennbar noch nicht eingegangen. Nicht einmal allen hier tätigen Wirt-

---

426 Falkum, Alexander: Rechnungswesenorientierte Unternehmensbewertung – Einsatz und Eignung der kennzahlenorientierten Fundamentalanalyse bei der Erweiterung LIM-gestützter Bewertungsverfahren, Würzburg 2011, S. 207.

schaftsprüfern ist der Umstand bekannt, dass in den zugrunde gelegten Beta-Faktor von 1,0 die Marktkapitalisierung mit eingeflossen ist.

Soweit zum Teil[427] angenommen wird, dass zur Erfassung des operativen Geschäftsrisikos der zu bewertenden Gesellschaft grundsätzlich auf den durchschnittlichen Beta-Faktor einer Gruppe von Vergleichsunternehmen, Peer Group, anstatt den des Bewertungsobjekts abzustellen sei, ist dies so nicht zutreffend:

> *„Zwar ist der Kammer bekannt, dass Warth & Klein durchgängig diese Auffassung vertritt, in der Bewertungspraxis wird aber – zutreffender Weise – auf eine Peer Group nur dann zurückgegriffen, wenn sich ein valider eigener Betafaktor des zu bewertenden Unternehmens nicht feststellen lässt. Maßgeblich für die Ermittlung des Risikozuschlages ist nämlich das unternehmensindividuelle Risiko, für dessen Bewertung durch den Markt in der Vergangenheit nur auf den eigenen Betafaktor zurückgegriffen werden kann. Vor diesem Hintergrund erscheint es verfehlt, diesen, wenn er verfügbar ist, zu ignorieren und stattdessen ausschließlich auf die historischen Betafaktoren anderer Unternehmen zurückzugreifen.“*[428]

Der Ermittlung des Beta-Faktors abweichend von dem individuellen Beta-Faktor anhand einer Peer Group sind durch die gesetzliche Bestimmung des § 327b Abs. 1 S. 1 AktG Grenzen gesetzt:

> *„Der Gesetzgeber hat hier ausdrücklich für die Bemessung der Abfindung hauptsächlich auf die Verhältnisse der Gesellschaft zum Zeitpunkt der Beschlussfassung abgestellt. Auf historische Betas oder solchen anderer Gesellschaften kann es daher hier nicht entscheidend ankommen.“*[429]

Dies folgt aus dem Gesetzeswortlaut, wonach die Barabfindung *„die Verhältnisse der Gesellschaft im Zeitpunkt der Beschlussfassung ihrer Hauptversammlung berücksichtigen“* muss, § 327b Abs. 1 S. 1, 2. HS AktG.

b Anpassung an die Kapitalstruktur

Auch die Anpassung des Beta-Faktors an die Kapitalstruktur der zu bewertenden Gesellschaft legen in der Regel weder die Übertragungs- noch die Prüfungsberichte offen. Diese Anpassung kann erforderlich sein, weil der Verschuldungsgrad einer Gesellschaft auch Auswirkungen auf deren Risikostruktur hat.

Hierzu sind etwa beobachtete Beta-Faktoren zunächst um die Verschuldung zu bereinigen und sodann an die geplante Entwicklung der Kapitalstruktur – Planbilanz – anzupassen. Im einfachsten Fall erfolgt dies mit der Formel

---

427 Diese Rechtsauffassung wird insbesondere von der Wirtschaftsprüfungsgesellschaft Warth & Klein Grant Thornton AG, die in 37 Verfahren als sachverständiger Prüfer tätig waren, vertreten.

428 LG Berlin vom 23. April 2013, Az. 102 O 134/06 AktG.

429 LG Frankfurt a. M. vom 2. Mai 2006, Az. 3-5 O 153/04.

$$\beta \text{ unverschuldet} = \frac{\beta \text{ verschuldet}}{1 + \frac{FK}{EK}}$$

wobei FK den Marktwert des Fremdkapitals und EK den Marktwert des Eigenkapitals bedeuten. Doch bereits an dieser Stelle entstehen nicht nachvollziehbare Differenzen, wenn anstelle des Marktwerts des Fremdkapitals[430] die Summe der Buchwerte aus kurz- und langfristigem Fremdkapital angegeben wird. Zudem verwendet die Praxis verschiedene Methoden zur Berechnung des Marktwerts des Eigenkapitals. Am gebräuchlichsten ist das Produkt des Börsenkurses und der Zahl im Umlauf befindlicher Aktien am Jahresende.[431]

Die Anpassung des Beta-Faktors an die Kapitalstruktur – auch „unlevern" und „relevern" genannt – ist für Minderheitsaktionäre wie auch Gerichte schon mangels Offenlegung der Planbilanzen regelmäßig nicht nachvollziehbar. Die praktische Relevanz dieser Thematik folgt aber aus Risikozuschlägen von bis zu 22,23 Prozent,[432] welche auf (verschuldeten) Beta-Faktoren von über 4,0 beruhen.

c Anpassung an den Marktdurchschnitt

Zudem werden Beta-Faktoren vielfach noch an den vermeintlichen Durchschnittswert von 1,0 angepasst, sog. „adjusted Beta". Dem liegt die Annahme zugrunde, dass ein wahres, zukünftiges Beta eines Wertpapiers langfristig tendenziell in Richtung des Marktdurchschnitts von 1,0 laufen werde. Dazu fließt der unternehmensindividuelle historische Beta-Faktor – „raw Beta" – mit zwei Dritteln und der Marktdurchschnitt von 1,0 mit einem Drittel in die Berechnung ein. Niedrige Beta-Werte werden durch die Anpassung erhöht und hohe Beta-Werte werden verringert.

Tatsächlich ermittelbare Parameter werden auf diese Weise jedoch durch willkürliche Annahmen verwässert. Die Rechtsprechung kritisiert zutreffend diese Vorgehensweise:

> *„Hierbei stellt sich auch ohne Berücksichtigung mathematischer oder statistischer Modelle die Frage, aus welchem Grunde sich das Beta sämtlicher Wertpapiere letztlich dem Marktmeridian annähern soll. Dies würde nämlich bedeuten, dass das systematische Risiko sämtlicher Unternehmen unabhängig von Branche und Geschäftsmodell vom Markt im Zeitverlauf identisch beurteilt wird. Dass diese Überlegung nicht zutreffen kann, zeigt die Existenz relativ stabil verlaufender Branchenbetas die zum Teil deutlich von 1,0 abweichen."*[433]

---

430 Total Debt.

431 YrEndMarketCap.

432 Vgl. Squeeze-out der NFZ Norddeutsche Fleischzentrale AG, Liste der Gesellschaften, lfd. Nr. 310.

433 LG Berlin vom 23. April 2013, Az. 102 O 134/06 AktG.

Für die Bewertungspraxis folgt daraus, dass Tatsachen, soweit sie ermittelbar sind, zugrunde zu legen sind und nicht durch willkürliche Annahmen ersetzt werden dürfen.

IV Risikozuschläge in der Bewertungspraxis

Einer Darstellung der empirischen Daten (1) folgen die tatsächlichen, auf den relevanten Kapitalmärkten beobachteten (Über-)Renditen (2) sowie die Bewertung der für jedes Unternehmen individuellen Risiken durch die Hauptaktionäre (3).

1 Marktrisikoprämie in der Bewertungspraxis

In den für diese Studie ausgewerteten Squeeze-out-Verfahren haben die Hauptaktionäre Marktrisikoprämien zwischen 4,50 Prozent und 6,50 Prozent – im Durchschnitt in Höhe von 5,04 Prozent – verwendet:

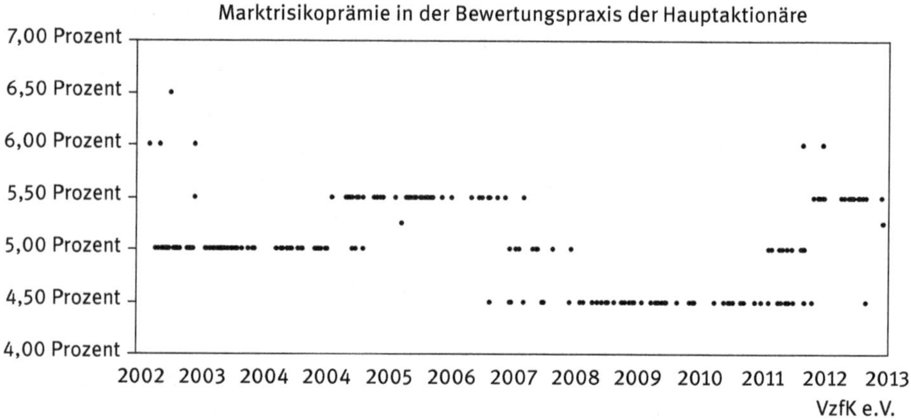

Abb. 59: Marktrisikoprämien in der Bewertungspraxis der Hauptaktionäre

Erkennbar wird, dass das allgemein gesunkene Zinsniveau – erwartungsgemäß – zunächst auch zu einem Absinken der Überrendite aus Investitionen in Aktien gegenüber (quasi-)risikofreien Bundesanleihen geführt hat. Um dem damit einhergehenden Anstieg der Unternehmenswerte entgegenzuwirken, hat der FAUB empfohlen, die gesunkenen Basiszinssätze durch erhöhte Marktrisikoprämien zu kompensieren. Dies führt seit Ende 2011 wieder zu einem Anstieg der Marktrisikoprämien.

In der Mehrzahl der Bewertungsfälle wurde eine Marktrisikoprämie von 5,00 Prozent oder höher angesetzt. Nur in 23,47 Prozent der Bewertungsfälle kam eine Marktrisikoprämie von unter 5,00 Prozent zum Ansatz:

Marktrisikoprämien in der Bewertungspraxis der Hauptaktionäre

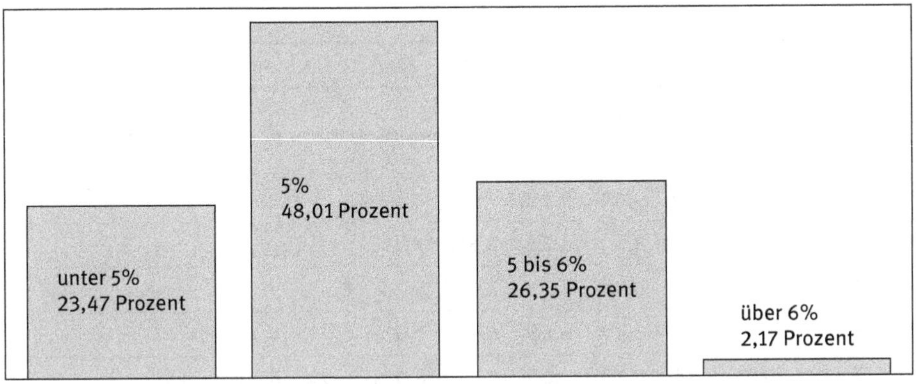

VzfK e.V.

Abb. 60: Marktrisikoprämien in der Bewertungspraxis der Hauptaktionäre

2 Tatsächliche (Über-)Renditen am Kapitalmarkt

Die vorstehenden, historisch begründeten, Überrenditen von Aktien gegenüber (quasi-)risikofreien Staatsanleihen sind an den Kapitalmärkten jedoch tatsächlich nicht erzielt worden. Dies belegen die jährlich vom Deutschen Aktieninstitut e. V. veröffentlichten DAX-Renditen[434] („Renditedreiecke")[435]:

Tab. 120: Durchschnittliche jährliche Renditen aus Aktien laut Renditedreieck des Deutschen Aktieninstituts

VzfK e. V.	**Rendite bei VzfK e. V. Verkauf/Squeeze-out im Jahr**											
	Ankauf im Jahr											
	2002	**2003**	**2004**	**2005**	**2006**	**2007**	**2008**	**2009**	**2010**	**2011**	**2012**	**2013**
1952	9,2 %											
1953	8,9 %	9,4 %										
1954	7,7 %	8,2 %	8,2 %									

434 Gesamtrenditen aus Investitionen in Aktien; Quelle: Deutsches Aktieninstitut e. V.: DAX-Renditen seit 1948; Das DAI-Rendite-Dreieck. Unter: https://www.dai.de/files/dai_usercontent/dokumente/renditedreieck/2013-06 %20DAX-Renditedreieck%20WEB.pdf [Stand: 30. Juni 2013].

435 Die Tabelle weist die Gesamtrenditen aus Aktienanlagen aus, soweit diese in dem in der Studie untersuchten Zeitraum – 2002 bis 2013 – veräußert wurden bzw. das Aktieneigentum aufgrund eines Squeeze-out verloren ging.

VzfK e. V. Ankauf im Jahr	Rendite bei VzfK e. V. Verkauf/Squeeze-out im Jahr											
	2002	2003	2004	2005	2006	2007	2008	2009	2010	2011	2012	2013
1955	7,7 %	8,2 %	8,2 %	8,5 %								
1956	8,0 %	8,6 %	8,5 %	8,9 %	9,1 %							
1957	8,1 %	8,6 %	8,6 %	9,0 %	9,2 %	9,5 %						
1958	7,1 %	7,7 %	7,7 %	8,1 %	8,3 %	8,6 %	7,3 %					
1959	5,8 %	6,5 %	6,5 %	6,9 %	7,2 %	7,5 %	6,2 %	6,5 %				
1960	5,2 %	5,8 %	5,9 %	6,3 %	6,6 %	6,9 %	5,6 %	6,0 %	6,2 %			
1961	5,6 %	6,2 %	6,3 %	6,7 %	7,0 %	7,3 %	6,0 %	6,3 %	6,5 %	6,1 %		
1962	6,4 %	7,1 %	7,1 %	7,5 %	7,8 %	8,1 %	6,7 %	7,1 %	7,2 %	6,7 %	7,2 %	
1963	6,3 %	6,9 %	6,9 %	7,4 %	7,7 %	8,0 %	6,6 %	6,9 %	7,1 %	6,6 %	7,0 %	7,4 %
1964	6,3 %	7,0 %	7,0 %	7,4 %	7,8 %	8,1 %	6,6 %	7,0 %	7,2 %	6,7 %	7,1 %	7,4 %
1965	6,8 %	7,5 %	7,5 %	8,0 %	8,3 %	8,6 %	7,1 %	7,5 %	7,7 %	7,1 %	7,5 %	7,9 %
1966	7,6 %	8,3 %	8,3 %	8,7 %	9,0 %	9,3 %	7,8 %	8,1 %	8,3 %	7,7 %	8,1 %	8,5 %
1967	6,6 %	7,3 %	7,3 %	7,8 %	8,1 %	8,5 %	6,9 %	7,3 %	7,5 %	6,9 %	7,4 %	7,7 %
1968	6,4 %	7,2 %	7,2 %	7,7 %	8,0 %	8,4 %	6,8 %	7,1 %	7,3 %	6,8 %	7,2 %	7,6 %
1969	6,3 %	7,1 %	7,1 %	7,6 %	8,0 %	8,3 %	6,7 %	7,1 %	7,3 %	6,7 %	7,2 %	7,5 %
1970	7,5 %	8,3 %	8,2 %	8,7 %	9,1 %	9,4 %	7,7 %	8,1 %	8,3 %	7,6 %	8,1 %	8,5 %
1971	7,4 %	8,3 %	8,2 %	8,7 %	9,1 %	9,5 %	7,7 %	8,1 %	8,3 %	7,6 %	8,1 %	8,5 %
1972	7,2 %	8,1 %	8,1 %	8,6 %	9,0 %	9,3 %	7,5 %	7,9 %	8,1 %	7,5 %	8,0 %	8,3 %
1973	8,4 %	9,2 %	9,2 %	9,7 %	10,0 %	10,4 %	8,5 %	8,9 %	9,1 %	8,4 %	8,8 %	9,2 %
1974	8,6 %	9,4 %	9,4 %	9,9 %	10,2 %	10,6 %	8,6 %	9,0 %	9,2 %	8,5 %	9,0 %	9,4 %
1975	7,6 %	8,5 %	8,5 %	9,0 %	9,4 %	9,8 %	7,8 %	8,2 %	8,4 %	7,7 %	8,3 %	8,7 %
1976	8,0 %	9,0 %	8,9 %	9,5 %	9,9 %	10,3 %	8,2 %	8,6 %	8,9 %	8,1 %	8,6 %	9,1 %
1977	8,0 %	9,0 %	8,9 %	9,5 %	9,9 %	10,3 %	8,2 %	8,6 %	8,8 %	8,1 %	8,6 %	9,1 %
1978	8,0 %	9,1 %	9,0 %	9,6 %	10,0 %	10,4 %	8,2 %	8,7 %	8,9 %	8,1 %	8,7 %	9,1 %
1979	8,9 %	9,9 %	9,8 %	10,4 %	10,9 %	11,2 %	8,9 %	9,3 %	9,6 %	8,7 %	9,3 %	9,7 %
1980	9,3 %	10,3 %	10,2 %	10,8 %	11,2 %	11,6 %	9,2 %	9,6 %	9,8 %	9,0 %	9,5 %	10,0 %
1981	9,5 %	10,7 %	10,5 %	11,2 %	11,6 %	12,0 %	9,4 %	9,9 %	10,1 %	9,2 %	9,7 %	10,2 %
1982	9,2 %	10,4 %	10,2 %	10,9 %	11,3 %	11,8 %	9,1 %	9,6 %	9,8 %	8,9 %	9,5 %	10,0 %
1983	7,6 %	8,9 %	8,8 %	9,6 %	10,1 %	10,6 %	7,9 %	8,5 %	8,7 %	7,8 %	8,5 %	9,0 %

VzfK e. V.	Rendite bei VzfK e. V. Verkauf/Squeeze-out im Jahr											
	Ankauf im Jahr											
	2002	**2003**	**2004**	**2005**	**2006**	**2007**	**2008**	**2009**	**2010**	**2011**	**2012**	**2013**
1984	7,3 %	8,7 %	8,7 %	9,5 %	10,0 %	10,5 %	7,7 %	8,3 %	8,6 %	7,6 %	8,3 %	8,9 %
1985	4,0 %	5,6 %	5,7 %	6,7 %	7,3 %	8,0 %	5,2 %	6,0 %	6,3 %	5,4 %	6,2 %	6,9 %
1986	3,9 %	5,6 %	5,7 %	6,7 %	7,4 %	8,1 %	5,2 %	6,0 %	6,4 %	5,4 %	6,3 %	6,9 %
1987	7,3 %	9,0 %	8,9 %	9,8 %	10,4 %	11,0 %	7,8 %	8,5 %	8,8 %	7,7 %	8,5 %	9,1 %
1988	5,7 %	7,6 %	7,6 %	8,6 %	9,3 %	10,0 %	6,6 %	7,4 %	7,8 %	6,7 %	7,6 %	8,2 %
1989	3,8 %	5,8 %	5,9 %	7,2 %	8,0 %	8,7 %	5,3 %	6,2 %	6,6 %	5,6 %	6,5 %	7,2 %
1990	6,2 %	8,3 %	8,3 %	9,4 %	10,2 %	10,9 %	7,1 %	7,9 %	8,3 %	7,1 %	8,0 %	8,7 %
1991	5,7 %	8,0 %	7,9 %	9,2 %	10,0 %	10,7 %	6,8 %	7,7 %	8,1 %	6,8 %	7,8 %	8,5 %
1992	6,5 %	8,9 %	8,8 %	10,1 %	10,9 %	11,6 %	7,4 %	8,3 %	8,7 %	7,3 %	8,3 %	9,1 %
1993	2,7 %	5,8 %	5,9 %	7,5 %	8,6 %	9,5 %	5,1 %	6,2 %	6,8 %	5,5 %	6,6 %	7,5 %
1994	4,0 %	7,3 %	7,3 %	8,9 %	10,0 %	10,9 %	6,1 %	7,2 %	7,7 %	6,2 %	7,4 %	8,3 %
1995	3,6 %	7,3 %	7,3 %	9,1 %	10,3 %	11,2 %	6,0 %	7,2 %	7,8 %	6,2 %	7,4 %	8,4 %
1996	0,0 %	4,6 %	5,0 %	7,2 %	8,6 %	9,8 %	4,3 %	5,7 %	6,4 %	4,9 %	6,3 %	7,3 %
1997	-7,4 %	-1,1 %	0,0 %	3,1 %	5,0 %	6,6 %	1,1 %	2,9 %	3,8 %	2,4 %	4,0 %	5,2 %
1998	-12,8 %	-4,5 %	-2,7 %	1,1 %	3,5 %	5,5 %	-0,4 %	1,6 %	2,7 %	1,3 %	3,1 %	4,4 %
1999	-25,4 %	-13,1 %	-9,4 %	-4,1 %	-0,8 %	1,9 %	-4,0 %	-1,5 %	-0,1 %	-1,4 %	0,7 %	2,3 %
2000	-32,9 %	-14,9 %	-9,8 %	-3,4 %	0,4 %	3,3 %	-3,6 %	-0,9 %	0,7 %	-0,8 %	1,4 %	3,1 %
2001	-43,9 %	-12,3 %	-6,2 %	1,2 %	5,0 %	7,7 %	-1,0 %	1,8 %	3,3 %	1,3 %	3,6 %	5,3 %
2002		37,1 %	21,3 %	23,2 %	22,9 %	22,8 %	8,8 %	10,9 %	11,5 %	8,2 %	10,2 %	11,5 %
2003			7,3 %	16,8 %	18,5 %	19,4 %	3,9 %	7,0 %	8,3 %	5,1 %	7,5 %	9,2 %
2004				27,1 %	24,5 %	23,8 %	3,1 %	7,0 %	8,4 %	4,8 %	7,5 %	9,4 %
2005					22,0 %	22,1 %	-3,8 %	2,4 %	5,0 %	1,5 %	5,0 %	7,4 %
2006						22,3 %	-14,6 %	-3,3 %	1,2 %	-2,2 %	2,4 %	5,4 %
2007							-40,4 %	-14,1 %	-5,0 %	-7,5 %	-1,2 %	2,9 %
2008								23,8 %	19,9 %	7,0 %	12,2 %	14,7 %
2009									16,1 %	0,5 %	8,5 %	12,5 %
2010										-14,7 %	4,9 %	11,4 %
2011											29,1 %	27,3 %
2012												25,5 %

(Zur Leseweise der Tabelle: Wer Ende 1968[436] Aktien kaufte und bis Ende 2008 hielt, erzielte in diesem Zeitraum eine durchschnittliche jährliche Rendite von 6,80 Prozent).

Von diesen Gesamtrenditen aus Aktien sind noch die (quasi)risikofreien Basiszinsen in Abzug zu bringen, um die „Überrenditen" aus Aktien, also die vom Kapitalmarkt für Investitionen in Aktien geforderten Mehrrenditen (Marktrisikoprämien) gegenüber risikofreien Staatsanleihen, zu ermitteln:

Tab. 121: Durchschnittliche jährliche Überrenditen aus Aktien laut Renditedreieck des Deutschen Aktieninstituts – nach Abzug (quasi-) risikofreier Basiszinsen

VzfK e. V.	Rendite bei VzfK e. V. Verkauf/Squeeze-out im Jahr											
	Ankauf im Jahr											
	2002	2003	2004	2005	2006	2007	2008	2009	2010	2011	2012	2013
1952	3,8 %											
1953	3,5 %	4,3 %										
1954	2,3 %	3,1 %	3,2 %									
1955	2,3 %	3,1 %	3,2 %	4,4 %								
1956	2,6 %	3,5 %	3,5 %	4,8 %	5,0 %							
1957	2,7 %	3,5 %	3,6 %	4,9 %	5,1 %	5,1 %						
1958	1,7 %	2,6 %	2,7 %	4,0 %	4,2 %	4,2 %	2,6 %					
1959	0,4 %	1,4 %	1,5 %	2,8 %	3,1 %	3,1 %	1,5 %	2,3 %				
1960	-0,2 %	0,7 %	0,9 %	2,2 %	2,5 %	2,5 %	0,9 %	1,8 %	2,6 %			
1961	0,2 %	1,1 %	1,3 %	2,6 %	2,9 %	2,9 %	1,3 %	2,1 %	2,9 %	2,7 %		
1962	1,0 %	2,0 %	2,1 %	3,4 %	3,7 %	3,7 %	2,0 %	2,9 %	3,6 %	3,3 %	4,7 %	
1963	0,9 %	1,8 %	1,9 %	3,3 %	3,6 %	3,6 %	1,9 %	2,7 %	3,5 %	3,2 %	4,6 %	4,9 %
1964	0,9 %	1,9 %	2,0 %	3,3 %	3,7 %	3,7 %	1,9 %	2,8 %	3,6 %	3,3 %	4,7 %	4,9 %
1965	1,4 %	2,4 %	2,5 %	3,9 %	4,2 %	4,2 %	2,4 %	3,3 %	4,1 %	3,7 %	5,1 %	5,4 %
1966	2,2 %	3,2 %	3,3 %	4,6 %	4,9 %	4,9 %	3,1 %	3,9 %	4,7 %	4,3 %	5,7 %	6,0 %
1967	1,2 %	2,2 %	2,3 %	3,7 %	4,0 %	4,1 %	2,2 %	3,1 %	3,9 %	3,5 %	4,9 %	5,2 %
1968	1,0 %	2,1 %	2,2 %	3,6 %	3,9 %	4,0 %	2,1 %	2,9 %	3,7 %	3,4 %	4,8 %	5,1 %

436 Der Annahme einer Haltedauer von 40 Jahren liegen Empfehlungen des IDW zugrunde: FN-IDW (2008), S. 490-491: Ergänzende Hinweise des FAUB zur Bestimmung des Basiszinssatzes im Rahmen objektivierter Unternehmensbewertungen.

VzfK e. V.	Rendite bei VzfK e. V. Verkauf/Squeeze-out im Jahr											
	Ankauf im Jahr											
	2002	**2003**	**2004**	**2005**	**2006**	**2007**	**2008**	**2009**	**2010**	**2011**	**2012**	**2013**
1969	0,9 %	2,0 %	2,1 %	3,5 %	3,9 %	3,9 %	2,0 %	2,9 %	3,7 %	3,3 %	4,7 %	5,0 %
1970	2,1 %	3,2 %	3,2 %	4,6 %	5,0 %	5,0 %	3,0 %	3,9 %	4,7 %	4,2 %	5,7 %	6,0 %
1971	2,0 %	3,2 %	3,2 %	4,6 %	5,0 %	5,1 %	3,0 %	3,9 %	4,7 %	4,2 %	5,7 %	6,0 %
1972	1,8 %	3,0 %	3,1 %	4,5 %	4,9 %	4,9 %	2,8 %	3,7 %	4,5 %	4,1 %	5,5 %	5,8 %
1973	3,0 %	4,1 %	4,2 %	5,6 %	5,9 %	6,0 %	3,8 %	4,7 %	5,5 %	5,0 %	6,4 %	6,7 %
1974	3,2 %	4,3 %	4,4 %	5,8 %	6,1 %	6,2 %	3,9 %	4,8 %	5,6 %	5,1 %	6,6 %	6,9 %
1975	2,2 %	3,4 %	3,5 %	4,9 %	5,3 %	5,4 %	3,1 %	4,0 %	4,8 %	4,3 %	5,8 %	6,2 %
1976	2,6 %	3,9 %	3,9 %	5,4 %	5,8 %	5,9 %	3,5 %	4,4 %	5,3 %	4,7 %	6,2 %	6,6 %
1977	2,6 %	3,9 %	3,9 %	5,4 %	5,8 %	5,9 %	3,5 %	4,4 %	5,2 %	4,7 %	6,2 %	6,6 %
1978	2,6 %	4,0 %	4,0 %	5,5 %	5,9 %	6,0 %	3,5 %	4,5 %	5,3 %	4,7 %	6,2 %	6,6 %
1979	3,5 %	4,8 %	4,8 %	6,3 %	6,8 %	6,8 %	4,2 %	5,1 %	6,0 %	5,3 %	6,8 %	7,2 %
1980	3,9 %	5,2 %	5,2 %	6,7 %	7,1 %	7,2 %	4,5 %	5,4 %	6,2 %	5,6 %	7,1 %	7,5 %
1981	4,1 %	5,6 %	5,5 %	7,1 %	7,5 %	7,6 %	4,7 %	5,7 %	6,5 %	5,8 %	7,3 %	7,7 %
1982	3,8 %	5,3 %	5,2 %	6,8 %	7,2 %	7,4 %	4,4 %	5,4 %	6,2 %	5,5 %	7,1 %	7,5 %
1983	2,2 %	3,8 %	3,8 %	5,5 %	6,0 %	6,2 %	3,2 %	4,3 %	5,1 %	4,4 %	6,0 %	6,5 %
1984	1,9 %	3,6 %	3,7 %	5,4 %	5,9 %	6,1 %	3,0 %	4,1 %	5,0 %	4,2 %	5,9 %	6,4 %
1985	-1,4 %	0,5 %	0,7 %	2,6 %	3,2 %	3,6 %	0,5 %	1,8 %	2,7 %	2,0 %	3,8 %	4,4 %
1986	-1,5 %	0,5 %	0,7 %	2,6 %	3,3 %	3,7 %	0,5 %	1,8 %	2,8 %	2,0 %	3,8 %	4,4 %
1987	1,9 %	3,9 %	3,9 %	5,7 %	6,3 %	6,6 %	3,1 %	4,3 %	5,2 %	4,3 %	6,0 %	6,6 %
1988	0,3 %	2,5 %	2,6 %	4,5 %	5,2 %	5,6 %	1,9 %	3,2 %	4,2 %	3,3 %	5,1 %	5,7 %
1989	-1,6 %	0,7 %	0,9 %	3,1 %	3,9 %	4,3 %	0,6 %	2,0 %	3,0 %	2,2 %	4,1 %	4,7 %
1990	0,8 %	3,2 %	3,3 %	5,3 %	6,1 %	6,5 %	2,4 %	3,7 %	4,7 %	3,7 %	5,6 %	6,2 %
1991	0,3 %	2,9 %	2,9 %	5,1 %	5,9 %	6,3 %	2,1 %	3,5 %	4,5 %	3,4 %	5,4 %	6,0 %
1992	1,1 %	3,8 %	3,8 %	6,0 %	6,8 %	7,2 %	2,7 %	4,1 %	5,1 %	3,9 %	5,9 %	6,6 %
1993	-2,7 %	0,7 %	0,9 %	3,4 %	4,5 %	5,1 %	0,4 %	2,0 %	3,2 %	2,1 %	4,2 %	5,0 %
1994	-1,4 %	2,2 %	2,3 %	4,8 %	5,9 %	6,5 %	1,4 %	3,0 %	4,1 %	2,8 %	5,0 %	5,8 %
1995	-1,8 %	2,2 %	2,3 %	5,0 %	6,2 %	6,8 %	1,3 %	3,0 %	4,2 %	2,8 %	5,0 %	5,9 %
1996	-5,4 %	-0,5 %	0,0 %	3,1 %	4,5 %	5,4 %	-0,4 %	1,5 %	2,8 %	1,5 %	3,8 %	4,8 %
1997	-12,8 %	-6,2 %	-5,0 %	-1,0 %	0,9 %	2,2 %	-3,6 %	-1,3 %	0,2 %	-1,0 %	1,5 %	2,7 %

VzfK e. V.	Rendite bei VzfK e. V. Verkauf/Squeeze-out im Jahr											
	Ankauf im Jahr											
	2002	**2003**	**2004**	**2005**	**2006**	**2007**	**2008**	**2009**	**2010**	**2011**	**2012**	**2013**
1998	-18,2 %	-9,6 %	-7,7 %	-3,0 %	-0,6 %	1,1 %	-5,1 %	-2,6 %	-0,9 %	-2,1 %	0,6 %	1,9 %
1999	-30,8 %	-18,2 %	-14,4 %	-8,2 %	-4,9 %	-2,5 %	-8,7 %	-5,7 %	-3,7 %	-4,8 %	-1,7 %	-0,2 %
2000	-38,3 %	-20,0 %	-14,8 %	-7,5 %	-3,7 %	-1,1 %	-8,3 %	-5,1 %	-2,9 %	-4,2 %	-1,0 %	0,6 %
2001	-49,3 %	-17,4 %	-11,2 %	-2,9 %	0,9 %	3,3 %	-5,7 %	-2,4 %	-0,3 %	-2,1 %	1,2 %	2,8 %
2002		32,0 %	16,3 %	19,1 %	18,8 %	18,4 %	4,1 %	6,7 %	7,9 %	4,8 %	7,7 %	9,0 %
2003			2,3 %	12,7 %	14,4 %	15,0 %	-0,8 %	2,8 %	4,7 %	1,7 %	5,1 %	6,7 %
2004				23,0 %	20,4 %	19,4 %	-1,6 %	2,8 %	4,8 %	1,4 %	5,1 %	6,9 %
2005					17,9 %	17,7 %	-8,5 %	-1,8 %	1,4 %	-1,9 %	2,6 %	4,9 %
2006						17,9 %	-19,3 %	-7,5 %	-2,4 %	-5,6 %	0,0 %	2,9 %
2007							-45,1 %	-18,3 %	-8,6 %	-10,9 %	-3,6 %	0,4 %
2008								19,6 %	16,3 %	3,6 %	9,7 %	12,2 %
2009									12,5 %	-2,9 %	6,1 %	10,0 %
2010										-18,1 %	2,5 %	8,9 %
2011											26,6 %	24,8 %
2012												23,0 %

(Wer danach Ende 1968 Aktien kaufte und bis Ende 2008 hielt, erzielte in diesem Zeitraum eine durchschnittliche jährliche Rendite von 2,09 Prozent).[437]

Für die Jahre 2002 bis 2013 errechnen sich um (quasi-)risikofreie Basiszinsen bereinigte Überrenditen aus Aktien bei Anlagehorizonten von alternativ 5, 10, 20, 30, 40 und 50 Jahren wie folgt:

437 In dieser Beispielrechnung wurden nur die jeweils gemittelten Quartalsbasiszinsen 2002 bis 2013 nach der Zinsstrukturkurvenmethode in Abzug gebracht.

Tab. 122: Am Kapitalmarkt tatsächlich beobachtbare Überrenditen aus Aktien bei Verkäufen/Squeeze-out zwischen 2002 und 2013

VzfK e. V.	**Am Kapitalmarkt beobachtbare Überrenditen aus Investitionen in Aktien**							
Veräußerung/ Squeeze-out im Jahr	**Anlagehorizont**						**Mittel**	**Mittelwert**
	5 Jahre	**10 Jahre**	**20 Jahre**	**30 Jahre**	**40 Jahre**	**50 Jahre**		
2002	-29,90 %	-15,98 %	-7,67 %	-4,14 %	-2,77 %	-1,83 %	-10,38 %	
2003	-6,61 %	-3,45 %	-0,44 %	1,20 %	1,53 %	1,74 %	-1,01 %	
2004	-4,39 %	-3,02 %	-0,35 %	1,23 %	1,62 %	1,77 %	-0,52 %	
2005	8,86 %	4,01 %	4,15 %	4,73 %	4,65 %	4,43 %	5,14 %	
2006	14,50 %	6,88 %	6,16 %	6,15 %	5,84 %	5,44 %	7,49 %	
2007	17,64 %	9,10 %	7,54 %	7,03 %	6,52 %	5,97 %	8,97 %	
2008	-15,07 %	-9,91 %	-4,52 %	-1,97 %	-0,71 %	-0,17 %	-5,39 %	
2009	-1,04 %	-0,89 %	0,50 %	1,70 %	2,31 %	2,40 %	0,83 %	
2010	3,79 %	3,29 %	2,83 %	3,44 %	3,86 %	3,80 %	3,50 %	
2011	-6,82 %	-3,04 %	-1,32 %	0,35 %	1,44 %	1,84 %	-1,26 %	
2012	8,27 %	6,19 %	4,32 %	4,64 %	5,09 %	5,08 %	5,60 %	
2013	15,78 %	10,07 %	6,95 %	6,55 %	6,65 %	6,41 %	8,74 %	
Mittelwert								**1,81 %**

Über alle Jahre hinweg errechnet sich damit ein Mittelwert aus Überrenditen in Höhe von gerade einmal 1,81 Prozent. Dabei leidet auch die Berechnung des Deutschen Aktieninstituts an der methodischen Schwäche der arithmetischen Mittelwertberechnung.

Aufgrund dieser signifikanten Abweichungen zwischen den am Markt ablesbaren Überrenditen aus Investitionen in Aktien einerseits und den in der Bewertungspraxis angewandten Marktrisikoprämien andererseits hinterfragen Gerichte in Spruchverfahren immer häufiger die der Bewertungspraxis zugrunde liegende Tatsachenbasis.[438] Damit werden auch die an dieser Stelle immer wieder auftretenden Fehlbewertungen zum Gegenstand von Spruchverfahren. Denn die den Empfehlungen des IDW zugrunde liegenden empirischen Grundlagen sind tatsächlich weder den Gerichten noch den in Spruchverfahren tätigen Bewertungsgutachtern und sachverständigen Prüfern bekannt. Damit aber sind Gerichte nicht in der Lage, ihrem gesetzlichen

438 Z. B. LG Hannover im Spruchverfahren zu Az. 23 AktE 191/09.

Auftrag, die angemessene Barabfindung festzusetzen, nachzukommen. Stattdessen haben Gerichte, sofern sie das (TAX-)CAPM-Verfahren zugrunde legen, selbst die am Kapitalmarkt feststellbare Überrendite aus Investitionen in Aktien zu ermitteln. Soweit sie dazu nicht in der Lage sind, ist hierüber Beweis zu erheben.[439]

Im Ergebnis gelangt der vom LG Hannover beauftragte Sachverständige *„zu einer Risikoprämie von um die 3,0 % vor Steuern“*:

> *„Vor diesem Hintergrund neige ich bei einer Anlagedauer von rd. 3 Jahren dann zu einer Risikoprämie von um die 3,0 % vor Steuern; dies liegt um 1,0 – 2,0 % Punkte unter dem von Stehle als vertretbar bezeichneten Satz von 4,0 – 5,0 %.“*

Dabei hat der Sachverständige von der Möglichkeit Gebrauch gemacht, allein die „Stehle-Daten“ seiner Begutachtung zugrunde zu legen. Allerdings hat er das typische Anlageverhalten näher untersucht und gelangt dabei zu der Einschätzung, dass die Annahme einer jährlich revolvierenden Neuanlage des Gesamtportfolios unrealistisch ist.

Der Sachverständige unternimmt nicht den Versuch einer empirischen Untersuchung durchschnittlicher Haltedauern. Stattdessen hat der Sachverständige seine Überlegungen auf der Analyse von zeitlich geordneten oder zufälligen Börsenkursentwicklungen in Verbindung mit einer Schätzung zur Geschwindigkeit von Depotumschichtungen aufgebaut.

3 Bewertung von unternehmensindividuellen Risiken/Beta-Faktoren

Die allgemeine Marktrisikoprämie wird den jeweiligen unternehmensindividuellen Risiken nicht gerecht. Denn die den jeweiligen Bewertungsfall prägenden Risiken, wie z. B. Standort-, Umwelt- und Brancheneinflüsse, Kapitalstrukturen, Kundenabhängigkeit und das Produktprogramm bleiben bei typisierenden Marktrisikoprämien unberücksichtigt. Im CAPM-Verfahren werden diese Risiken durch unternehmensindividuelle Beta-Faktoren bestimmt.

In der Bewertungspraxis wird den unternehmensindividuellen Beta-Faktoren in der überwiegenden Anzahl der Fälle entweder die statistische Signifikanz abgesprochen oder generell auf eine Gruppe von Vergleichsunternehmen („Peer Group“) abgestellt. In diesem Fall stellt sich regelmäßig die Frage der tatsächlichen Vergleichbarkeit solcher Unternehmen mit der zu bewertenden Gesellschaft. Hierbei müssen neben der unternehmerischen Ausrichtung, der Marktposition und der Finanz- und Kapitalstruktur im Falle des Einbezugs ausländischer Gesellschaften auch abweichende Bilanzrechte und Zeitmuster in den Jahresabschlüssen, die anderen Markt-

---

439 So LG Hannover im Spruchverfahren zu Az. 23 AktE 191/09.

verhältnisse, denen diese Gesellschaften ausgesetzt sind und andere kulturelle Sichtweisen zum Fair Value[440] in die Beurteilung mit einfließen.

V Risikozuschläge in der Bewertungspraxis von Hauptaktionären

Die folgenden Zusammenstellungen enthalten die Daten aus den ausgewerteten Übertragungsberichten. Weil es den Hauptaktionären auf möglichst geringe Barabfindungen ankommt, sind die Werte von deren Bestreben nach möglichst hohen Risikozuschlägen gekennzeichnet. Die dargestellten Risikozuschläge spiegeln somit nicht das tatsächliche Risiko einzelner Unternehmen oder Branchen wider, sondern das aus Sicht der Hauptaktionäre höchstmögliche Risiko von Investitionen in entsprechende Aktien.

Die von den Gerichten bestellten sachverständigen Prüfer kommen fast ausnahmslos zu gleichen Ergebnissen wie die Hauptaktionäre. Weil sich die Auffassungsunterschiede nicht auf die statistische Gesamtaussage dieser Studie auswirken, werden sie auch nicht gesondert erfasst.

Der Darstellung der unternehmensindividuellen Risiken in Form der Beta-Faktoren (1) folgt dabei die Gesamtdarstellung der von Hauptaktionären angesetzten Risikozuschläge, untergliedert nach Branchen (2).

1 Beta-Faktoren nach Branchen

Im Durchschnitt ergibt die Studie einen angewandten Beta-Faktor von 0,88. Das heißt, den Gesellschaften wurde ein um 12 Basispunkte niedrigeres Risiko als dem allgemeinen – gewichteten und verschuldeten – Marktrisiko zugesprochen oder anders ausgedrückt: Im Falle der Schwankung des Gesamtmarktes um 1,0 Prozent wird für die in der Studie untersuchten Unternehmen im Durchschnitt erwartet, dass diese nur Kursschwankungen in Höhe von 0,88 Prozent aufweisen.

Die durchschnittlich von den Hauptaktionären zugrunde gelegten Beta-Faktoren lassen sich für die bereits oben[441] verwendeten 18 Sektoren der Deutschen Börse wie folgt darstellen:

440 Der Fair Value (engl. „üblicher Marktpreis“, deutscher Fachbegriff: „beizulegender Zeitwert“) ist der Betrag, zu dem zwischen sachverständigen, vertragswilligen und voneinander unabhängigen Geschäftspartnern ein Vermögenswert getauscht oder eine Verbindlichkeit beglichen werden könnte.

441 Vgl. Teil 2 § 5 I 2 – Aufschlüsselung nach Branchen, ab S. 98.

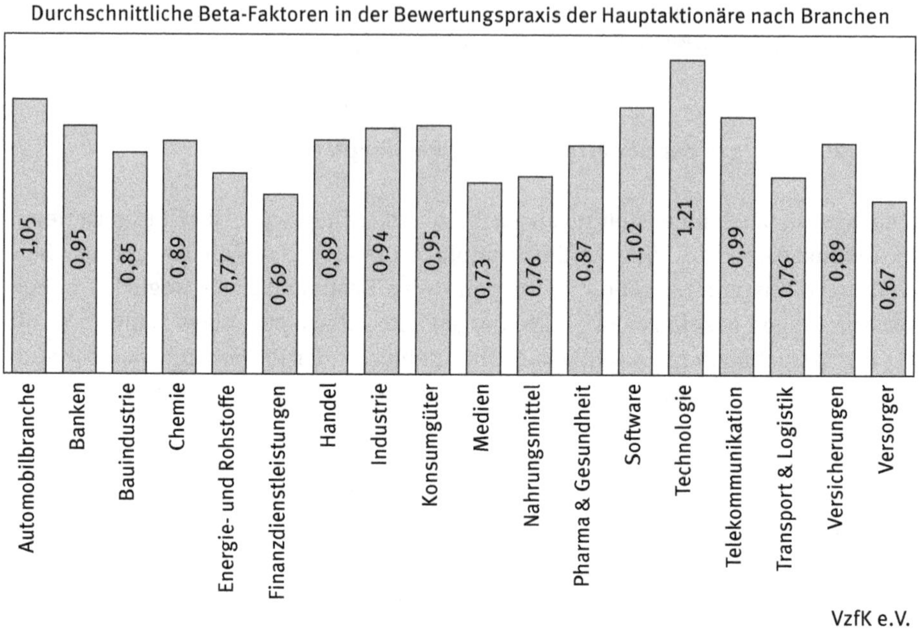

Abb. 61: Durchschnittliche Beta-Faktoren in der Bewertungspraxis der Hauptaktionäre – nach Branchen sortiert

Die höchsten Risiken wurden danach Unternehmen der Branchen
- Technologie mit durchschnittlichen Beta-Faktoren von 1,21,
- Automobilbranche mit durchschnittlich 1,05 und
- Software mit durchschnittlich 1,02

beigemessen. Dagegen wurden Investitionen in Unternehmen der Branchen
- Versorger mit durchschnittlichen Beta-Faktoren von 0,67,
- Finanzdienstleistungen mit durchschnittlich 0,69 und
- Medien mit durchschnittlich 0,73

als deutlich niedriger risikobehaftet angesehen.

Jedenfalls folgt aus den empirischen Daten, dass ohne Berücksichtigung der Branchenzugehörigkeit nicht auf ein durchschnittliches Investitionsrisiko mit einem Beta-Faktor in Höhe von 1,0 geschlossen werden kann.

2 Risikozuschläge gesamt

Im Durchschnitt haben Hauptaktionäre den Kapitalisierungszinssatz um Risikozuschläge in Höhe von 4,37 Prozent – ohne Abzug von Wachstumsabschlägen – angehoben. Soweit Risikozuschläge aufgrund unterschiedlicher Beurteilung der Risikosituation im Zeitverlauf oder veränderter Verschuldungslagen uneinheitlich ausgewiesen sind, werden in der Studie hieraus Mittelwerte je Gesellschaft gebildet.

Die Zielgesellschaften wurden wiederum den oben[442] dargestellten 18 Sektoren der Deutschen Börse zugeordnet. Daraus lassen sich die folgenden durchschnittlichen Risikozuschläge ableiten:

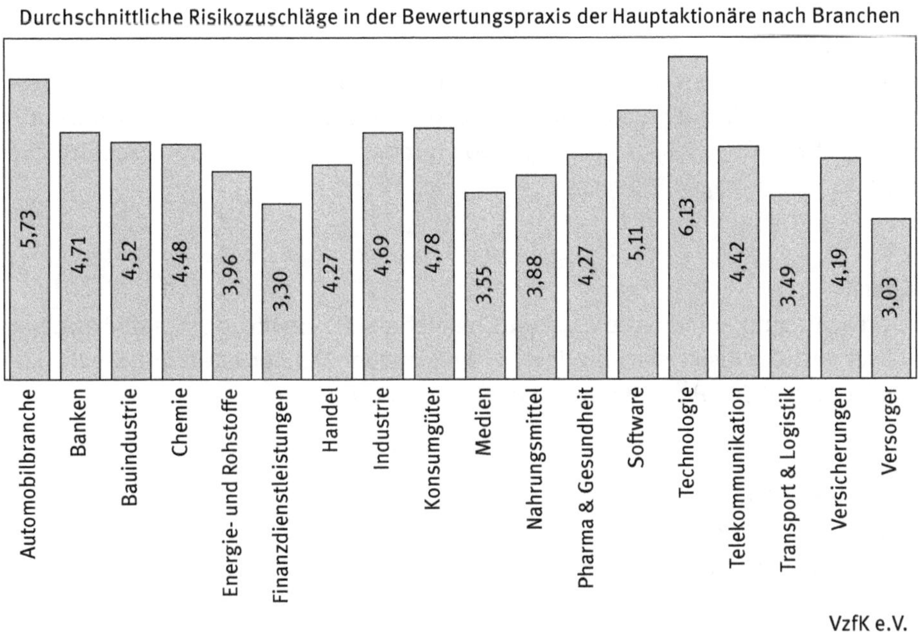

Abb. 62: Durchschnittliche Risikozuschläge nach Branchen in der Bewertungspraxis der Hauptaktionäre

Die in dieser Studie ausgewerteten Gesellschaften und die für sie ermittelten Risikozuschläge lassen sich den einzelnen Branchen wie folgt zuordnen:

a Automobilbranche

Die Risikozuschläge für Unternehmen der Automobilbranche zählen zu den höchsten drei aller Branchen.

Der durchschnittliche Risikozuschlag beträgt 5,73 Prozent. Der höchste ermittelte Risikozuschlag liegt bei 10,00 Prozent, der niedrigste bei 3,50 Prozent.

442 Vgl. Teil 2 § 5 I 2 – Aufschlüsselung nach Branchen, ab S. 98.

b Banken
Der durchschnittliche Risikozuschlag liegt bei 4,71 Prozent. Der höchste ermittelte Risikozuschlag beträgt 6,25 Prozent, der niedrigste 3,00 Prozent.

c Bauindustrie
Diese Branche weist ein sehr heterogenes Bild an Risikozuschlägen aus. Denn angesetzt werden sowohl außergewöhnlich hohe Risikozuschläge – bis zu 14,35 Prozent – als auch sehr niedrige Risikozuschläge – von nur 0,80 Prozent. Der durchschnittliche Risikozuschlag beträgt 4,52 Prozent.

d Chemie
Im Gegensatz zur Bauindustrie weist die Chemiebranche ein homogenes Bild aus. Der durchschnittliche Risikozuschlag liegt bei 4,48 Prozent. Der höchste ermittelte Risikozuschlag beträgt 5,13 Prozent und der niedrigste 3,82 Prozent.

e Energie & Rohstoffe
Der durchschnittliche Risikozuschlag beträgt 3,96 Prozent. Der höchste ermittelte Risikozuschlag liegt bei 7,05 Prozent, der niedrigste bei 1,75 Prozent.

f Finanzdienstleistungen
Die Risikozuschläge für Finanzdienstleistungsunternehmen zählen zu den niedrigsten drei aller Branchen. Der durchschnittliche Risikozuschlag liegt bei 3,30 Prozent. Allerdings weist auch diese Branche ein heterogenes Bild der Risikozuschläge aus. Denn der höchste ermittelte Risikozuschlag liegt bei 9,30 Prozent, während der niedrigste 1,08 Prozent beträgt.

g Handel
Der durchschnittliche Risikozuschlag liegt bei 4,27 Prozent. Der höchste ermittelte Risikozuschlag beträgt 8,42 Prozent, der niedrigste 2,00 Prozent.

h Industrie
Der durchschnittliche Risikozuschlag liegt bei 4,69 Prozent. Der höchste ermittelte Risikozuschlag beträgt 9,22 Prozent, der niedrigste 1,25 Prozent.

i Konsumgüter

Der durchschnittliche Risikozuschlag liegt bei 4,78 Prozent. Der höchste ermittelte Risikozuschlag beträgt 8,25 Prozent, der niedrigste 1,50 Prozent.

j Medien

Auch diese Branche weist ein homogenes Bild an Risikozuschlägen aus. Denn der durchschnittliche Risikozuschlag liegt bei 3,55 Prozent. Der höchste ermittelte Risikozuschlag beträgt dabei 4,50 Prozent und der niedrigste 2,50 Prozent.

k Nahrungsmittel

Diese Branche weist dagegen sehr unterschiedliche Risikozuschläge aus. Denn in dieser Branche findet sich mit 22,23 Prozent sowohl der höchste Risikozuschlag als auch mit 0,50 Prozent der niedrigste. Der durchschnittliche Risikozuschlag liegt bei 3,88 Prozent.

l Pharma & Gesundheit

Der durchschnittliche Risikozuschlag liegt bei 4,27 Prozent. Der höchste Risikozuschlag beträgt 7,07 Prozent, der niedrigste 3,15 Prozent.

m Software

Die Risikozuschläge für Software-Unternehmen zählen zu den höchsten drei aller Branchen. Der durchschnittliche Risikozuschlag liegt bei 5,11 Prozent. Der höchste Risikozuschlag beträgt 7,15 Prozent, der niedrigste 2,40 Prozent.

n Technologie

Die Risikozuschläge für Unternehmen der Technologie-Branche sind die höchsten von allen Branchen. Jedoch ist hierbei zu beachten, dass nur wenige Unternehmen dieser Branche zugeordnet sind. Der durchschnittliche Risikozuschlag liegt bei 6,13 Prozent. Der höchste Risikozuschlag beträgt 9,35 Prozent, der niedrigste 3,72 Prozent.

o Telekommunikation

Auch diese Branche weist homogene Risikozuschläge aus. Der durchschnittliche Risikozuschlag liegt bei 4,42 Prozent. Der höchste Risikozuschlag beträgt 6,86 Prozent, der niedrigste 3,00 Prozent.

p Transport & Logistik

Die Risikozuschläge für Unternehmen dieser Branche zählen zu den niedrigsten drei von allen Branchen. Der durchschnittliche Risikozuschlag liegt bei 3,49 Prozent. Der höchste Risikozuschlag beträgt 5,00 Prozent, der niedrigste 0,50 Prozent.

q Versicherungen

Der durchschnittliche Risikozuschlag liegt bei 4,19 Prozent. Der höchste Risikozuschlag beträgt 6,05 Prozent, der niedrigste 1,00 Prozent.

r Versorger

Die Risikozuschläge für Versorgungsunternehmen sind die niedrigsten von allen Branchen. Der durchschnittliche Risikozuschlag liegt bei 3,03 Prozent. Der höchste Risikozuschlag beträgt 5,58 Prozent, der niedrigste 1,60 Prozent.

VI Risikozuschläge in der Rechtsprechung

Die von den Hauptaktionären angesetzten Risikozuschläge werden von Gerichten in Spruchverfahren häufig herabgesetzt. Denn die Praxis hat erkannt, dass es hier immer wieder zu Fehlbewertungen kommt.

In mindestens[443] 31 Fällen haben Gerichte die von den Hauptaktionären bzw. ihren Bewertungsgutachtern angenommenen Risikozuschläge als zu hoch und damit die der Barabfindung zugrunde liegende Unternehmensbewertung als zu niedrig beurteilt. Die durchschnittliche Herabsetzung des Risikozuschlags betrug 132 Basispunkte. In 25 Fällen haben Gerichte dagegen die von den Hauptaktionären zugrunde gelegten Risikozuschläge hingenommen.

Die Studie wertet naturgemäß nicht die konsensualen Vereinbarungen zur Verfahrensbeendigung aus. Zwar ging es bislang in den meisten Spruchverfahren vor allem auch um die Höhe eines angemessenen Risikozuschlags. Dennoch enthalten die Vergleichsvereinbarungen in den meisten Fällen keine Angaben zu dem Risikozuschlag, den das Gericht in einer streitigen Entscheidung für angemessen gehalten hätte.

443 Soweit die gerichtlichen Entscheidungen dazu nicht im Volltext vorliegen, enthält die Statistik insoweit auch keine geänderten Risikozuschläge.

VII Erforderlichkeit eines Risikozuschlags

Investoren und Kapitalmärkte reflektieren immer den Zusammenhang zwischen Chancen und Risiken. Das führt zu der Frage, ob neben dem in der Planungsrechnung berücksichtigten besonderen Unternehmensrisiko noch ein allgemeines, aus dem Kapitalmarkt abgeleitetes Unternehmensrisiko als Risikozuschlag zu erfassen ist.

Die einschlägige Fachliteratur und Praktiker wie der Finanzinvestor Warren Buffet haben wiederholt die Erforderlichkeit eines Risikozuschlags diskutiert:

> *„Die Einzelheiten [des Risikozuschlags; Anm. d. Verf.] sind hochkomplex und in zahlreichen Punkten, entgegen den Behauptungen der sog. Sachverständigen, weder empirisch noch theoretisch abgesichert, so dass sich hier weite Spielräume für Bewertungen oder besser: Manipulationen eröffnen, wodurch sich zugleich die große Varianz der Bewertungen desselben Objekts durch verschiedene „Sachverständige" erklärt."*[444]

Schließlich berücksichtigt bereits die Prognose der Zukunftserträge das unternehmerische Risiko. Das war auch in der Rechtsprechung lange anerkannt:

> *„Gegen die Berücksichtigung eines solchen Risikozuschlages spricht aber, daß die besonderen Chancen und Risiken des Unternehmens bereits bei der Ermittlung des nachhaltigen Unternehmensertrages berücksichtigt sind und somit ein Zuschlag hierfür von vornherein ausscheidet."*[445]

Eine erneute Berücksichtigung über den Risikozuschlag beim Kapitalisierungszins führt im wirtschaftlichen Ergebnis zu einer Doppelberücksichtigung, die sich nachteilig für die außenstehenden Aktionäre auswirkt.

Auch im aktienrechtlichen Schrifttum ist anerkannt, dass die Unsicherheiten dieser spekulativen Annahmen und rational kaum begründbarer Spielräume auf der Hand liegen. Bedenken bestehen vor allem dann, wenn offen bleibt, welche Risiken an welcher Stelle und in welcher Höhe Berücksichtigung finden oder wenn allgemeine und besondere Unternehmensrisiken nicht getrennt werden.[446] Insbesondere die von Hauptaktionären vorgelegten Planungsrechnungen sind regelmäßig gekennzeichnet von einer zu vorsichtigen Bewertung zukünftiger Ertragspotenziale. Damit aber wird in unzulässiger Weise das unternehmerische Risiko, dass zukünftige finanzielle Überschüsse nicht in geplanter Höhe erwirtschaftet werden können, sowohl auf Zählerebene, in der Planungsrechnung, als auch auf Nennerebene, im Kapitalisierungszinssatz, und damit doppelt berücksichtigt.

Die Erstellung einer Unternehmensplanung bzw. Planungsrechnung gehört zu den Pflichten eines Vorstands, § 90 Abs. 1 Nr. 1 AktG. Dabei handelt es sich zunächst

---

444 Emmerich in Emmerich/Habersack: Aktien- und GmbH-Konzernrecht Kommentar, 6. Aufl. München 2010, § 305 Rdnr. 66.

445 OLG Celle vom 31. Juli 1998, Az. 9 W 128/97.

446 Vgl. Paulsen in Münchener Kommentar Aktiengesetz, 3. Aufl. München 2010, § 305 Rdnr. 116.

um eine Finanz, Investitions- und Personalplanung. Im Einzelfall können, je nach Bedarf, Größe oder Branche, noch eine Produktions-, Absatz-, Beschaffungs-, Entwicklungs-, Kosten- oder Ergebnisplanung hinzukommen.[447] Diese Planungen müssen sich wenigstens auf das laufende und das folgende Geschäftsjahr erstrecken, im Normalfall liegt allerdings eine mittel- und langfristige Unternehmensplanung vor. Ziffer 4.1.2. des Deutschen Corporate Governance – Kodex legt jedenfalls eine Langfristplanung nahe.

Nur wenn gesichert wäre, dass die von Hauptaktionären vorgelegte Planungsrechnung die Chancen und Risiken der Gesellschaft ausgewogen berücksichtigt, wäre ein Risikozuschlag im Kapitalisierungszinssatz zu rechtfertigen. Die Ergebnisse dieser Studie widerlegen jedoch die Annahme solch idealer Bewertungen. Denn die mit dem Investment in Aktien verbundenen Risiken werden nicht nur, wie vom IDW verlangt, im Kapitalisierungszinssatz, sondern auch in der Planung der zukünftigen finanziellen Überschüsse und damit doppelt berücksichtigt.

§ 20 Wachstumsabschlag

Der Wachstumsabschlag berücksichtigt in der Phase der ewigen Rente langfristig zu prognostizierende Wachstumstrends und die damit verbundenen Investitionserfordernisse (I). Wesentliche Faktoren stellen die zu erwartende Preis- und Gewinnentwicklung (II) dar. Auch hier bedarf die Bewertungspraxis, wie schon beim Basiszins und Risikozuschlag, meist einer gerichtlichen Korrektur (III).

I Einführung

Die Ergebnisse von zu bewertenden Unternehmen bleiben nicht konstant. Sie hängen zum Beispiel von Preis- sowie von Mengen- und Strukturveränderungen ab.

In der ersten (Detail-)Planungsphase werden Wachstumseffekte unmittelbar bei der Prognose der finanziellen Überschüsse berücksichtigt. Ein Wachstumsabschlag beim Kapitalisierungszinssatz ist deshalb nicht notwendig. In der zweiten Phase (ewige Rente) werden nachhaltige Wachstumseffekte in Form stetig wachsender finanzieller Überschüsse zunächst bei der Prognose der finanziellen Überschüsse berücksichtigt:

447 Regierungsentwurf KonTraG, BT-Drucks. 13/9712, S. 15.

„Preisänderungen beeinflussen die finanziellen Überschüsse und darüber hinaus auch die Kaufkraft nominal entziehbarer finanzieller Überschüsse."[448]

Zudem wird das zu erwartende Wachstum finanzmathematisch dadurch berücksichtigt, dass der Kapitalisierungszinssatz um einen Wachstumsabschlag gekürzt wird.

Für die Schätzung des künftigen nominalen Wachstums der finanziellen Überschüsse stellt die erwartete Inflation nur einen ersten Anhaltspunkt dar. Die Preissteigerungen, denen sich ein Unternehmen auf den Beschaffungsmärkten gegenübersieht, können jedoch mehr oder weniger stark von dieser Geldentwertungsrate abweichen. Darüber hinaus muss im Einzelfall untersucht werden, ob sich die Preissteigerungen voll auf die Kunden abwälzen lassen. Zudem ist eine Annahme darüber zu treffen, ob und in welcher Höhe Mengen- und Strukturveränderungen zu erwarten sind.

„Wachsen die finanziellen Überschüsse unendlich lange mit konstanter Rate, ist zur Barwertermittlung der erste finanzielle Überschuss dieser Reihe mit einem um die Wachstumsrate verminderten (nominalen, ggf. um persönliche Ertragsteuern gekürzten) Kapitalisierungszinssatz zu diskontieren.
Bei der Phasenmethode sind daher zunächst die in der Detailplanungsphase einzeln veranschlagten finanziellen Überschüsse mit einem – nur um persönliche Ertragsteuern gekürzten – nominalen Kapitalisierungszinssatz zu diskontieren, da ein Wachstum bereits in den finanziellen Überschüssen abzubilden ist. Erst die finanziellen Überschüsse der ferneren Phase sind mit einem um einen Wachstumsabschlag geminderten – zuvor um persönliche Ertragsteuern gekürzten – Kapitalisierungszinssatz auf den Zeitpunkt des Beginns dieser Phase zu diskontieren; die weitere Abzinsung auf den Bewertungsstichtag ist dann wiederum mit dem – nur um persönliche Ertragsteuern gekürzten – nominalen Kapitalisierungszinssatz vorzunehmen."[449]

Der Ansatz eines Wachstumsabschlags unterstellt grundsätzlich, dass die Gesellschaft in der Lage ist, die Ergebnisse auch in der zweiten Phase nachhaltig zu steigern:

„Diese nachhaltige Steigerung der Unternehmensergebnisse ist deshalb notwendig, weil das Unternehmen sonst nicht in der Lage wäre – zumindest teilweise – Preissteigerungen durch höhere Gehälter oder höhere Sachkosten zu kompensieren. Insbesondere die Inflationsrate einer Volkswirtschaft wirkt sich langfristig auf das Gehaltsniveau in einer bestimmten Branche aus. Vor diesem Hintergrund sollten bei der Ermittlung des Wachstumsabschlags folgende volkswirtschaftliche Faktoren näher analysiert werden.
- *Bruttoinlandsprodukt*
- *Inflationsrate*
- *Gewinnwachstum der Unternehmen"*[450]

448 IDW: WP Handbuch 2008 Wirtschaftsprüfung, Rechnungslegung, Beratung. 13. Aufl. Düsseldorf 2007; Band II, Teil A Rdnr. 208.
449 IDW S 1 (2008), Rdnr. 98.
450 Creutzmann, Andreas: Einflussfaktoren bei der Ermittlung des Wachstumsabschlags, in BewertungsPraktiker Nr. 1/2011, Seite 24.

Auch hier stellt sich aber die Frage, auf welcher empirischen Grundlage bzw. Datengrundlage die Annahmen beruhen, die zur Ermittlung des Wachstumsabschlags herangezogen werden. Denn im wirtschaftlichen Ergebnis ist es ohne weiteres möglich, durch einen möglichst niedrigen Wachstumsabschlag den Unternehmenswert zu reduzieren. Daher steht auch der Wachstumsabschlag im Mittelpunkt vieler Spruchverfahren.

II Einflussfaktoren

Auf den Wachstumsabschlag wirken im Wesentlichen das Bruttoinlandsprodukt (1), die Preisentwicklung (2), das Gewinnwachstum (3) sowie unternehmensspezifische Einflussfaktoren (4) ein.

1 Bruttoinlandsprodukt

Das Bruttoinlandsprodukt ist ein Maß für die wirtschaftliche Leistung einer Volkswirtschaft in einem bestimmten Zeitraum. Es lässt sich als

- Entstehungsrechnung,
- Verwendungsrechnung und
- Verteilungsrechnung

darstellen. In der Entstehungsrechnung versteht sich das Bruttoinlandsprodukt als Differenz zwischen dem Wert aller produzierten Waren und Dienstleistungen sowie dem Vorleistungsverbrauch, wozu noch Gütersteuern (wie z. B. Umsatz-, Mineralöl- oder Tabaksteuern) hinzugerechnet und Gütersubventionen abgezogen werden:

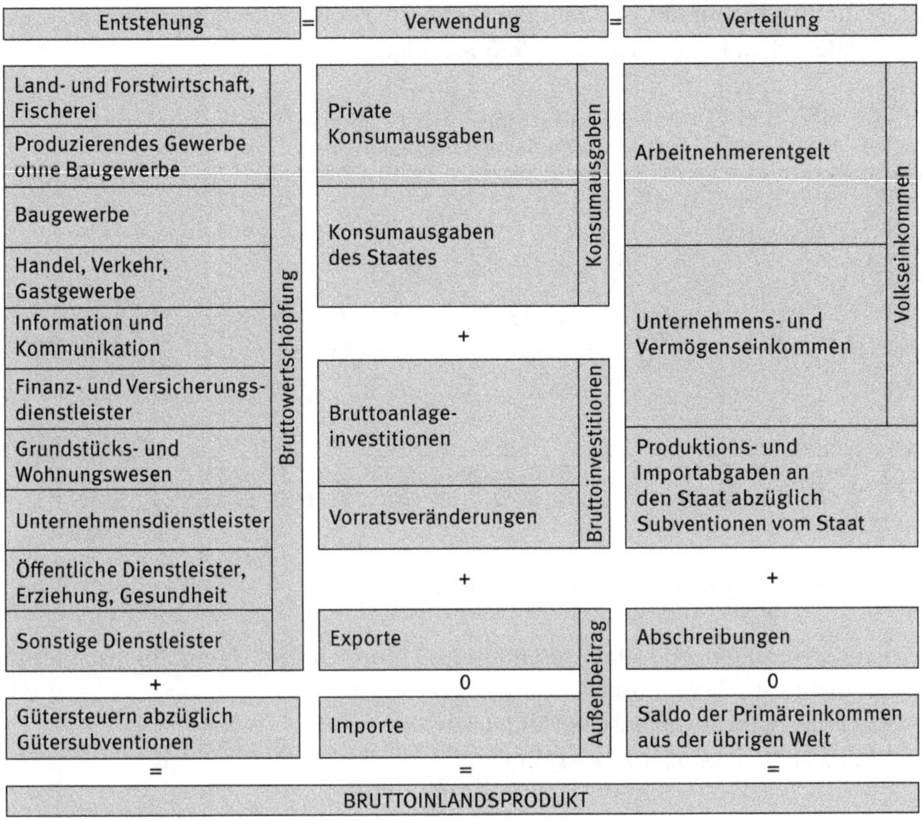

Abb. 63: Berechnungsmethoden zur Ermittlung des Bruttoinlandsprodukts

Das Bruttoinlandsprodukt ist damit die wichtigste Größe von Volkswirtschaften. Es entwickelte sich in Deutschland seit 1960 wie folgt:

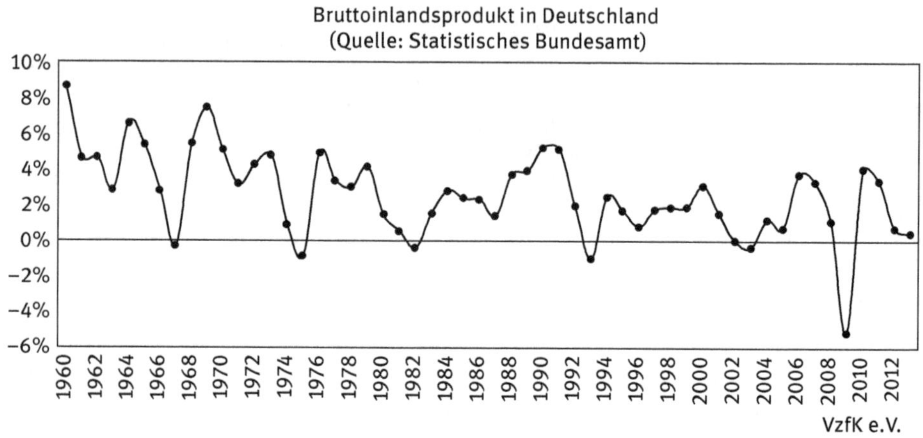

Abb. 64: BIP-Wachstum in Deutschland von 1960 bis 2013

Für den dargestellten Zeitraum – 1960 bis 2013 – errechnet sich ein durchschnittliches jährliches Wachstum von

- 2,58 Prozent im arithmetischen Mittel bzw.
- 2,56 Prozent im geometrischen Mittel.

2 Preisentwicklung

Zudem bildet die erwartete Geldentwertungsrate einen ersten Anhaltspunkt für die Schätzung des künftigen nominalen Wachstums der finanziellen Überschüsse.[451]

Die Annahme eines Wachstums unterhalb der Geldentwertungsrate steht mit den empirischen Daten des Statistischen Bundesamtes in Widerspruch. Denn die Preissteigerungsrate lässt sich ebenfalls den Veröffentlichungen des Statistischen Bundesamtes entnehmen:

451 Vgl. IDW S 1 (2008), Rdnr. 96

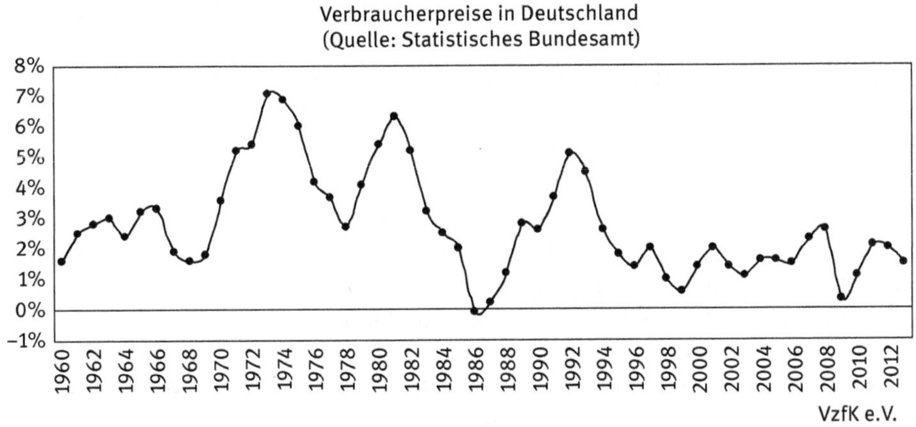

Abb. 65: Verbrauchpreisentwicklung im Vergleich zum Vorjahr von 1960 bis 2013

Die Entwicklung der Verbraucherpreise und des Bruttoinlandsprodukts stellen sich in Relation zueinander wie folgt dar:

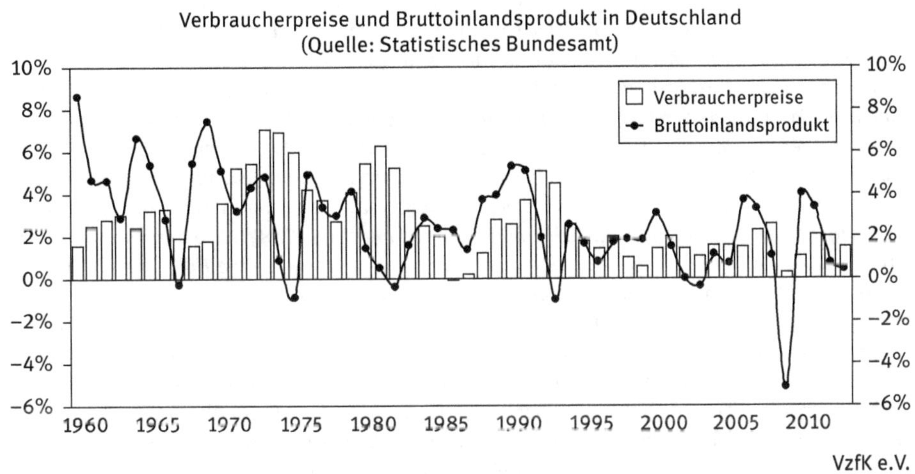

Abb. 66: Entwicklung der Verbraucherpreise und des Bruttoinlandsprodukts von 1960 bis 2013

Diese Werte zeigen, dass sich Bruttoinlandsprodukt und Verbraucherpreise, wenn auch zeitlich verzögert, gleichförmig entwickeln. Die durchschnittliche jährliche Steigerung liegt für die Jahre 1960 bis 2013

- beim Bruttoinlandsprodukts bei 2,58 Prozent (arithmetisches Mittel; bzw. 2,56 Prozent im geometrischen Mittel) und
- bei den Verbraucherpreisen bei 2,77 Prozent (arithmetisches Mittel; bzw. 2,75 Prozent im geometrischen Mittel).

Das liegt aufgrund der vorstehend beschriebenen Berechnungsmethoden des Bruttoinlandsprodukts auch nahe.

Demgegenüber liegen die durchschnittlich von Hauptaktionären angewandten Wachstumsabschläge deutlich darunter, nämlich bei nur 0,96 Prozent. Diese Diskrepanz ist daher immer wieder Gegenstand von Spruchverfahren.

Seit einiger Zeit versuchen Wirtschaftsprüfer die Differenz zwischen den von ihnen angesetzten Wachstumsabschlägen und den empirischen Daten des Statistischen Bundesamtes damit zu erklären, dass das Wachstum des Bruttoinlandsprodukts von Thesaurierungen, also nicht an die Unternehmenseigner ausgeschütteten Gewinnen, getrieben würde. Soweit den Minderheitsaktionären im Rahmen der Unternehmensbewertung tatsächlich oder fiktiv solche Thesaurierungsbeträge zugerechnet würden, müsste der Wachstumsabschlag daher unterhalb den empirischen Daten des Statistischen Bundesamtes angesetzt werden. Doch auch diese Begründung hält einer gerichtlichen Prüfung nicht stand:

> *„Es ist bereits dargestellt worden, dass der Barwert der noch durchgeplanten zukünftigen Perioden unter Einschluss der Steigerung der Erlöse infolge Ausweitung der Produktion und infolge der zu erwartenden Inflation errechnet wird. Im Zeitraum der sogenannten „ewigen Rente" dagegen wird mit einem konstanten Nettoertrag gerechnet, also angenommen, es finde auch kein mengenmäßiges Wachstum statt und erlöse das Unternehmen auch nicht mehr, wenn sich inflationsbedingt die Gestehungskosten erhöhen. Beides ist im Regelfall nicht realistisch und bedarf deshalb der Korrektur. Das inflationsbedingte und das mengenbedingte, also das nachhaltige Wachstum lässt sich rechnerisch entweder dadurch abbilden dass für jedes Jahr im Zeitraum der „ewigen Rente" mit neuen Werten gerechnet wird (Veränderung im Zähler des Bruches) oder – was mathematisch auf das Gleiche hinausläuft – durch eine Veränderung des Kapitalisierungszinses (im Nenner des Bruches). Letzteres ist der gebräuchliche Weg; es wird der Kapitalisierungszins für den Zeitraum der „Ewigen Rente" um einen Abschlag ermäßigt (sog. Wachstumsabschlag), mit welchem der Barwert der ewigen Rente letztlich erhöht wird (zu allem vgl. Großfeld, Unternehmensbewertung 2012, Rn. 1054 f.; lDVV, WP-Handbuch 2014 Band II, A, Rn 383 f.) Die Höhe des Abschlages bestimmt sich in Bezug auf das inflationsbedingte Wachstum danach, wie es dem Unternehmen mutmaßlich gelingt, inflationsbedingte Kostensteigerungen wertgleich an seine Abnehmer weiter zu geben (OLG Düsseldorf, NZG 2003, 588, 595). Dabei wird in jüngster Zeit sogar versucht, nicht mehr wie früher die konsumorientierte Inflation zugrunde zu legen, sondern die für die konkrete Branche erwartete, unternehmensspezifische Inflationsrate (IDW, WP-Handbuch 2014 Band II, A, Rn. 391 f.) In Bezug auf das mengenmäßige Wachstum ist die Erwartung maßgebend, inwieweit von dem Unternehmen potentiell eine stetige Geschäftsausweitung über die Kompensation der Inflation hinaus zu erwarten ist.*
>
> *Die Kammer hat anhand der Mitteilungen der Beteiligten die Überzeugung gewonnen, dass es auch in diesem Punkt eindeutige Lösungen dieser Frage nicht gibt und zuverlässigere Erkenntnisse über die zukünftig mögliche Kostenüberwälzungsquote und die potentielle Geschäftsausweitung der Fa. Procon MultiMedia nicht zu erzielen sein werden. Es bedarf daher der bewertenden Schätzung nach § 287 ZPO.*
>
> *Dabei steht die Kammer im Grundsatz auf dem Standpunkt, dass es einer besonderen Begründung bedarf, wenn auf Dauer ein stetiges mengenmäßiges Wachstum angenommen werden soll. Denn es kann gewöhnlich nicht unterstellt werden, dass (im Fall der auf lange Sicht stagnierenden Nachfrage) gerade dieses Unternehmen seine Mitbewerber am Markt verdrängen kann oder (im Fall der stetigen Ausweitung der Nachfrage) gerade dieses Unternehmen einen dauerhaften Vorteil gegen-*

über anderen Anbietern haben werde. Das wird nur bei einem dauerhaft sichereren, exklusiven Zugang zu Ressourcen oder einer Fähigkeit des Unternehmens der Fall sein, den Markt mit anderen Mitteln als dem Wettbewerb zu seinen Gunsten zu beeinflussen.
Der von den sachverständigen Prüfern in der mündlichen Verhandlung gegebene Hinweis, auch durch die teilweise Thesaurierung der Erlöse entstünde ein nachhaltiges Wachstum, ist im vorliegenden Fall nicht überzeugend. Denn in den Modellen der Firmen PWC und Rölfs werden die Folgen der Thesaurierung nicht über die Veränderung der Eigenkapitalausstattung berücksichtigt, sondern über eine fiktive Zurechnung der Thesaurierungserlöse im selben Jahr. Für diesen Fall aber kommt die Annahme eines Wachstums aus Thesaurierung nicht in Betracht, weil dies auf eine doppelte Berücksichtigung hinauslaufen würde (IDW, WP-Handbuch 2014 Band II, A, Rn 388 aE.).
Anders erscheint das in Bezug auf das inflationsbedingte Wachstum. Wenn überhaupt von einer Existenz des Unternehmens auf unbestimmte Dauer ausgegangen wird, muss man auch davon ausgehen, dass es in etwa in dem bisherigen Umfang bestehen bleibt, denn sonst führt das, wie die Antragsteller zu Recht betonen, langfristig zu einem relativen Schrumpfen des Unternehmens im Vergleich zum übrigen Markt. Wenn aber unterstellt wird, dass sich das Unternehmen auch hinsichtlich der Produktivität und der Erträge im Durchschnitt der Unternehmen halten, kann das auf Dauer nur dann erreicht werden, wenn die laufende Geldentwertung durch in gleichem Maß steigende Erträge kompensiert wird. Deshalb bedarf es einer besonderen Begründung, wenn der Wachstumsabschlag geringer angenommen werden soll als die prognostizierte zukünftige Geldentwertung. Dabei ist der neuere Ansatz, auf eine „unternehmens- ¬oder branchenspezifische Inflationsrate“ abzustellen (IDW, WP-Handbuch 2014 Band H, A, Rn. 391f.) sicher verdienstvoll; handhabbare Methoden hierfür sind aber nicht erkennbar.“[452]

Unternehmen, die langfristig nicht in der Lage sein sollen, beschaffungsseitige Preissteigerungen vollumfänglich durch Erhöhung der Absatzpreise zu kompensieren, laufen Gefahr, unprofitabel zu werden. Eine solche Annahme stünde im Widerspruch zur Annahme einer unbegrenzten Lebensdauer des Unternehmens.

Die Annahme einer langfristig unterproportionalen Weitergabe von beschaffungsseitigen Preissteigerungen steht auch im Widerspruch zur Annahme des IDW der Verwendung der Wertbeiträge aus Thesaurierungen in der Phase der ewigen Rente zur kapitalwertneutralen Wiederanlage. Denn eine Überwälzungsquote von weniger als 100 Prozent hätte zwangsläufig einen inflationsinduzierten kontinuierlichen Rückgang der Renditen auf Ersatzinvestitionen zur Folge. Ein solcher Sachverhalt ist aber nicht vereinbar mit einer gleichzeitig konstanten, da kapitalwertneutralen, Rendite aus Erweiterungsinvestitionen.

3 Gewinnwachstum

Auch die in einer Vielzahl von Bewertungsgutachten aufgestellte Behauptung, dass das durchschnittliche Gewinnwachstum deutscher Unternehmen nur bei 45 bis 50 Prozent der durchschnittlichen Inflationsrate liege, steht im Widerspruch zu den sta-

452 LG Hamburg vom 23. April 2014, Az. 417 HKO 111/12.

tistischen Erhebungen des Statistischen Bundesamtes und der Deutschen Bundesbank. Das beruht bereits auf einer fehlerhaften Datengrundlage:

> *„Bei der Analyse des Gewinnwachstums der Unternehmen in Deutschland haben Widmann/Schieszl/Jeromin[453] ermittelt, dass das Gewinnwachstum im Zeitraum von 1971 bis 1994 im Durchschnitt bei 1,7 % p. a. lag und damit unterhalb der durchschnittlichen Inflationsrate von 3,7 % p. a. Die Studie basiert jedoch auf statistischen Erhebungen der deutschen Bundesbank ohne Berücksichtigung der Daten im Dienstleistungssektor. Diese wurden erst ab 1997 in die Statistik der Bundesbank aufgenommen. Zudem wurden für die Auswertungen der Bundesbank vor 1997 lediglich die im Rahmen des Refinanzierungsgeschäfts eingereichten Jahresabschlüsse herangezogen.“*[454]

Das Statistische Bundesamt wertet laufend die Gewinne deutscher Kapitalgesellschaften aus.[455] Den Zeitreihen lassen sich die Gewinne wie folgt entnehmen:

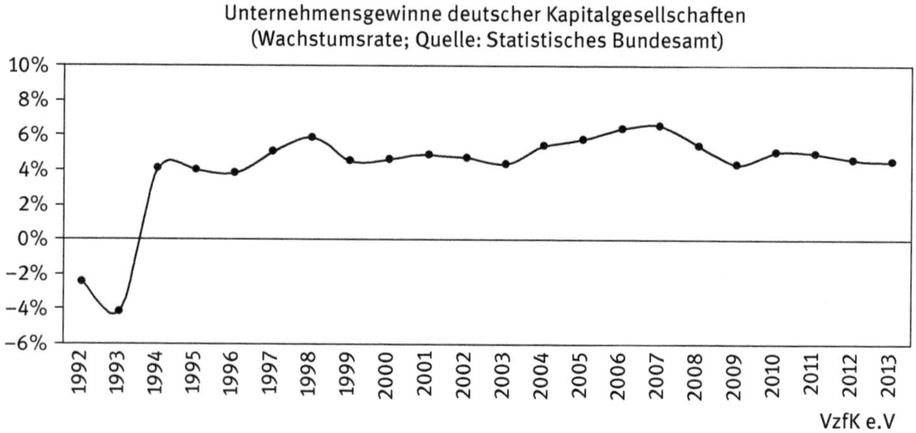

Abb. 67: Gewinnwachstum deutscher Kapitalgesellschaften von 1992 bis 2013

453 Widmann, B./Schieszl, S./Jeromin, A.: Kapitalisierungszinssatz 2003, S. 809.

454 Creutzmann, Andreas: Einflussfaktoren bei der Ermittlung des Wachstumsabschlags, in BewertungsPraktiker Nr. 1/2011, Seite 24 [26].

455 Fachserie 18 Reihe 1.4; Datenpool von mehr als 140.000 Einzelabschlüssen.

In Zahlen stellt sich diese Entwicklung wie folgt dar:

Tab. 123: Gewinne deutscher Kapitalgesellschaften von 1991 bis 2013

VzfK e.V.	Unternehmensgewinne deutscher Kapitalgesellschaften							
	1991	**1992**	**1993**	**1994**	**1995**	**1996**	**1997**	**1998**
Betriebsüberschuss	183,54 Mrd.€	180,05 Mrd.€	175,67 Mrd.€	203,04 Mrd.€	217,99 Mrd.€	226,23 Mrd.€	248,03 Mrd.€	268,15 Mrd.€
Empfangene Vermögenseinkommen	300,88 Mrd.€	329,60 Mrd.€	321,30 Mrd.€	328,04 Mrd.€	323,34 Mrd.€	322,90 Mrd.€	340,72 Mrd.€	362,29 Mrd.€
Zinsen	272,06 Mrd.€	302,53 Mrd.€	292,69 Mrd.€	287,91 Mrd.€	291,88 Mrd.€	288,86 Mrd.€	298,24 Mrd.€	311,94 Mrd.€
Ausschüttungen und Entnahmen	26,10 Mrd.€	26,98 Mrd.€	27,51 Mrd.€	38,72 Mrd.€	29,20 Mrd.€	28,57 Mrd.€	38,29 Mrd.€	46,74 Mrd.€
Vermögenseinkommen aus Versicherungsverträgen	1,03 Mrd.€	1,22 Mrd.€	1,38 Mrd.€	1,44 Mrd.€	1,43 Mrd.€	1,61 Mrd.€	1,63 Mrd.€	1,70 Mrd.€
Reinvestierte Gewinne aus der übrigen Welt	1,68 Mrd.€	-1,14 Mrd.€	-0,29 Mrd.€	-0,04 Mrd.€	0,82 Mrd.€	3,85 Mrd.€	2,55 Mrd.€	1,90 Mrd.€
Pachteinkommen	0,01 Mrd.€	0,01 Mrd.€	0,01 Mrd.€	0,01 Mrd.€	0,01 Mrd.€	0,01 Mrd.€	0,01 Mrd.€	0,01 Mrd.€
Geleistete Vermögenseinkommen (ohne Ausschüttungen und Entnahmen)	279,22 Mrd.€	309,52 Mrd.€	307,93 Mrd.€	299,71 Mrd.€	301,73 Mrd.€	301,88 Mrd.€	312,66 Mrd.€	325,20 Mrd.€
Zinsen	253,93 Mrd.€	282,05 Mrd.€	277,44 Mrd.€	267,18 Mrd.€	266,77 Mrd.€	264,00 Mrd.€	271,39 Mrd.€	281,44 Mrd.€
Vermögenseinkommen aus Versicherungsverträgen	24,91 Mrd.€	27,06 Mrd.€	29,99 Mrd.€	31,93 Mrd.€	34,27 Mrd.€	37,18 Mrd.€	40,54 Mrd.€	43,02 Mrd.€
Pachteinkommen	0,38 Mrd.€	0,41 Mrd.€	0,50 Mrd.€	0,60 Mrd.€	0,69 Mrd.€	0,70 Mrd.€	0,73 Mrd.€	0,74 Mrd.€
Unternehmensgewinne	205,20 Mrd.€	200,13 Mrd.€	189,04 Mrd.€	231,37 Mrd.€	239,60 Mrd.€	247,25 Mrd.€	276,09 Mrd.€	305,24 Mrd.€
Geleistete Ausschüttungen und Entnahmen	148,19 Mrd.€	151,06 Mrd.€	147,61 Mrd.€	186,64 Mrd.€	175,41 Mrd.€	175,65 Mrd.€	197,87 Mrd.€	228,47 Mrd.€
Reinvestierte Gewinne an die übrige Welt	1,18 Mrd.€	-4,85 Mrd.€	-3,96 Mrd.€	-1,62 Mrd.€	-2,70 Mrd.€	-5,57 Mrd.€	-1,37 Mrd.€	-1,28 Mrd.€
Primäreinkommen	55,83 Mrd.€	53,92 Mrd.€	45,39 Mrd.€	46,35 Mrd.€	66,89 Mrd.€	77,17 Mrd.€	79,59 Mrd.€	78,05 Mrd.€
Ausschüttungsquote	72,22 %	75,48 %	78,08 %	80,67 %	73,21 %	71,04 %	71,67 %	74,85 %
CAGR		-2,47 %	-4,02 %	4,08 %	3,95 %	3,80 %	5,07 %	5,84 %
	1999	**2000**	**2001**	**2002**	**2003**	**2004**	**2005**	**2006**
Betriebsüberschuss	266,91 Mrd.€	254,96 Mrd.€	275,08 Mrd.€	287,25 Mrd.€	295,16 Mrd.€	329,72 Mrd.€	349,39 Mrd.€	392,77 Mrd.€

	1999	2000	2001	2002	2003	2004	2005	2006
Empfangene Vermögenseinkommen	369,19 Mrd.€	449,27 Mrd.€	458,46 Mrd.€	431,26 Mrd.€	397,08 Mrd.€	412,66 Mrd.€	447,70 Mrd.€	511,72 Mrd.€
Zinsen	317,79 Mrd.€	374,38 Mrd.€	373,95 Mrd.€	348,90 Mrd.€	323,75 Mrd.€	315,97 Mrd.€	338,72 Mrd.€	382,04 Mrd.€
Ausschüttungen und Entnahmen	48,03 Mrd.€	78,50 Mrd.€	102,08 Mrd.€	93,62 Mrd.€	75,71 Mrd.€	76,40 Mrd.€	86,35 Mrd.€	99,69 Mrd.€
Vermögenseinkommen aus Versicherungsverträgen	1,69 Mrd.€	1,59 Mrd.€	2,20 Mrd.€	1,99 Mrd.€	1,63 Mrd.€	1,48 Mrd.€	1,99 Mrd.€	1,69 Mrd.€
Reinvestierte Gewinne aus der übrigen Welt	1,66 Mrd.€	-5,22 Mrd.€	-19,79 Mrd.€	-13,27 Mrd.€	-4,02 Mrd.€	18,80 Mrd.€	20,63 Mrd.€	28,29 Mrd.€
Pachteinkommen	0,02 Mrd.€	0,02 Mrd.€	0,02 Mrd.€	0,02 Mrd.€	0,01 Mrd.€	0,01 Mrd.€	0,01 Mrd.€	0,01 Mrd.€
Geleistete Vermögenseinkommen (ohne Ausschüttungen und Entnahmen)	343,32 Mrd.€	397,12 Mrd.€	404,45 Mrd.€	377,18 Mrd.€	349,76 Mrd.€	334,97 Mrd.€	347,23 Mrd.€	384,39 Mrd.€
Zinsen	297,19 Mrd.€	347,98 Mrd.€	356,32 Mrd.€	331,24 Mrd.€	304,97 Mrd.€	291,02 Mrd.€	302,12 Mrd.€	336,56 Mrd.€
Vermögenseinkommen aus Versicherungsverträgen	45,28 Mrd.€	48,24 Mrd.€	47,16 Mrd.€	44,96 Mrd.€	43,79 Mrd.€	42,93 Mrd.€	43,97 Mrd.€	46,62 Mrd.€
Pachteinkommen	0,85 Mrd.€	0,90 Mrd.€	0,97 Mrd.€	0,98 Mrd.€	1,00 Mrd.€	1,02 Mrd.€	1,14 Mrd.€	1,21 Mrd.€
Unternehmensgewinne	292,78 Mrd.€	307,11 Mrd.€	329,09 Mrd.€	341,33 Mrd.€	342,48 Mrd.€	407,41 Mrd.€	449,86 Mrd.€	520,10 Mrd.€
Geleistete Ausschüttungen und Entnahmen	236,40 Mrd.€	258,00 Mrd.€	297,98 Mrd.€	285,22 Mrd.€	282,44 Mrd.€	283,79 Mrd.€	320,33 Mrd.€	359,37 Mrd.€
Reinvestierte Gewinne an die übrige Welt	-5,80 Mrd.€	-6,89 Mrd.€	-21,25 Mrd.€	-6,98 Mrd.€	-3,34 Mrd.€	-4,09 Mrd.€	3,27 Mrd.€	-0,37 Mrd.€
Primäreinkommen	62,18 Mrd.€	56,00 Mrd.€	52,36 Mrd.€	63,09 Mrd.€	63,38 Mrd.€	127,71 Mrd.€	126,26 Mrd.€	161,10 Mrd.€
Ausschüttungsquote	80,74 %	84,01 %	90,55 %	83,56 %	82,47 %	69,66 %	71,21 %	69,10 %
CAGR	4,54 %	4,58 %	4,84 %	4,73 %	4,36 %	5,42 %	5,77 %	6,40 %

	2007	2008	2009	2010	2011	2012	2013
Betriebsüberschuss	429,04 Mrd.€	402,75 Mrd.€	328,97 Mrd.€	389,81 Mrd.€	409,26 Mrd.€	387,70 Mrd.€	402,90 Mrd.€
Empfangene Vermögenseinkommen	586,87 Mrd.€	557,86 Mrd.€	456,88 Mrd.€	465,77 Mrd.€	465,52 Mrd.€	469,94 Mrd.€	444,34 Mrd.€
Zinsen	448,75 Mrd.€	459,12 Mrd.€	349,80 Mrd.€	328,77 Mrd.€	335,04 Mrd.€	325,76 Mrd.€	303,48 Mrd.€
Ausschüttungen und Entnahmen	105,04 Mrd.€	117,91 Mrd.€	89,73 Mrd.€	115,36 Mrd.€	103,65 Mrd.€	115,36 Mrd.€	107,75 Mrd.€
Vermögenseinkommen aus Versicherungsverträgen	2,20 Mrd.€	1,83 Mrd.€	1,57 Mrd.€	1,65 Mrd.€	1,65 Mrd.€	1,72 Mrd.€	1,75 Mrd.€

	2007	2008	2009	2010	2011	2012	2013
Reinvestierte Gewinne aus der übrigen Welt	30,87 Mrd.€	-21,01 Mrd.€	15,77 Mrd.€	19,97 Mrd.€	25,16 Mrd.€	27,08 Mrd.€	31,33 Mrd.€
Pachteinkommen	0,01 Mrd.€	0,01 Mrd.€	0,01 Mrd.€	0,02 Mrd.€	0,02 Mrd.€	0,02 Mrd.€	0,03 Mrd.€
Geleistete Vermögenseinkommen (ohne Ausschüttungen und Entnahmen)	448,31 Mrd.€	460,43 Mrd.€	347,52 Mrd.€	332,39 Mrd.€	338,25 Mrd.€	325,66 Mrd.€	306,12 Mrd.€
Zinsen	394,84 Mrd.€	406,09 Mrd.€	295,13 Mrd.€	279,15 Mrd.€	282,83 Mrd.€	269,64 Mrd.€	249,15 Mrd.€
Vermögenseinkommen aus Versicherungsverträgen	52,24 Mrd.€	52,43 Mrd.€	50,51 Mrd.€	51,76 Mrd.€	53,83 Mrd.€	54,45 Mrd.€	55,27 Mrd.€
Pachteinkommen	1,23 Mrd.€	1,91 Mrd.€	1,88 Mrd.€	1,48 Mrd.€	1,59 Mrd.€	1,57 Mrd.€	1,70 Mrd.€
Unternehmensgewinne	567,60 Mrd.€	500,18 Mrd.€	438,33 Mrd.€	523,19 Mrd.€	536,53 Mrd.€	531,98 Mrd.€	541,12 Mrd.€
Geleistete Ausschüttungen und Entnahmen	381,47 Mrd.€	394,75 Mrd.€	364,01 Mrd.€	373,23 Mrd.€	393,90 Mrd.€	402,35 Mrd.€	399,48 Mrd.€
Reinvestierte Gewinne an die übrige Welt	5,46 Mrd.€	-22,52 Mrd.€	-11,41 Mrd.€	3,34 Mrd.€	2,53 Mrd.€	7,40 Mrd.€	7,61 Mrd.€
Primäreinkommen	180,67 Mrd.€	127,95 Mrd.€	85,73 Mrd.€	146,62 Mrd.€	140,10 Mrd.€	122,23 Mrd.€	134,03 Mrd.€
Ausschüttungsquote	67,21 %	78,92 %	83,04 %	71,34 %	73,42 %	75,63 %	73,82 %
CAGR	6,57 %	5,38 %	4,31 %	5,05 %	4,92 %	4,64 %	4,51 %

Die Datenreihen des Statistischen Bundesamtes und der Deutschen Bundesbank sind nicht nur frei zugänglich, sondern müssen auch jedem im Rahmen von Unternehmensbewertungen tätigen Wirtschaftsprüfer bekannt sein. Sie weisen bis 2013 ein durchschnittliches jährliches Gewinnwachstum in Höhe von 4,51 Prozent aus. Dieses liegt deutlich über der durchschnittlichen jährlichen Inflationsrate in Höhe von 2,77 Prozent. Die Auswertungen des Statistischen Bundesamtes widerlegen damit zweifelsfrei die gegenteilige Behauptung der Bewertungspraxis, dass die Gewinne deutscher Unternehmen deutlich hinter der durchschnittlichen Inflationsrate zurückbleiben.

4 Unternehmensindividuelle Einflussfaktoren

Veränderungen der finanziellen Überschüsse aus Preissteigerungen sind in der Phase der ewigen Rente zwingend zu berücksichtigen.[456]

Unternehmensindividuell ist dabei zu schätzen, inwieweit die Gesellschaft nachhaltig in der Lage sein wird, Preissteigerungen auf Beschaffungsebene abzuwehren und diese andererseits auf Absatzebene auf ihre Kunden zu übertragen.

Neben Preissteigerungen können noch erwartete Mengen- und Strukturänderungen in die Bemessung des Wachstumsabschlags einzubeziehen sein. Diese können z. B. aus geplanten Erweiterungsinvestitionen, Markt- und Produktumstellungen resultieren. Sie sind im Einzelnen in der Unternehmensbewertung darzulegen.

Die gegenwärtige Bewertungspraxis behandelt den Wachstumsabschlag stattdessen als „Blackbox". Unternehmensspezifische Begründungen zur Höhe des Wachstumsabschlags finden sich kaum in den Berichten der Bewertungsgutachter und sachverständigen Prüfer. Stattdessen werden fast ausschließlich makroökonomische Annahmen zugrunde gelegt. Die Begründungen zur Höhe des Wachstumsabschlags sehen daher in fast allen Berichten gleich aus.

III Der Wachstumsabschlag in der Bewertungspraxis

Aus dem Querschnitt aller Branchen wäre daher zu erwarten, dass diese im Wachstumsabschlag mindestens die zukünftig erwartete Geldentwertung von rund 2 Prozent bzw. sogar die durchschnittliche Einkommens- und Gewinnentwicklung von deutlich über 4 Prozent abbilden.

Tatsächlich jedoch belegt die Studie, dass als Mittelwert aller Branchen weniger als 1 Prozent – genau 0,96 Prozent – als Wachstumsabschlag vom Kapitalisierungszinssatz abgezogen werden:

456 IDW: WP Handbuch 2008 Wirtschaftsprüfung, Rechnungslegung, Beratung. 13. Aufl. Düsseldorf 2007; Band II, Teil A Rdnr. 214.

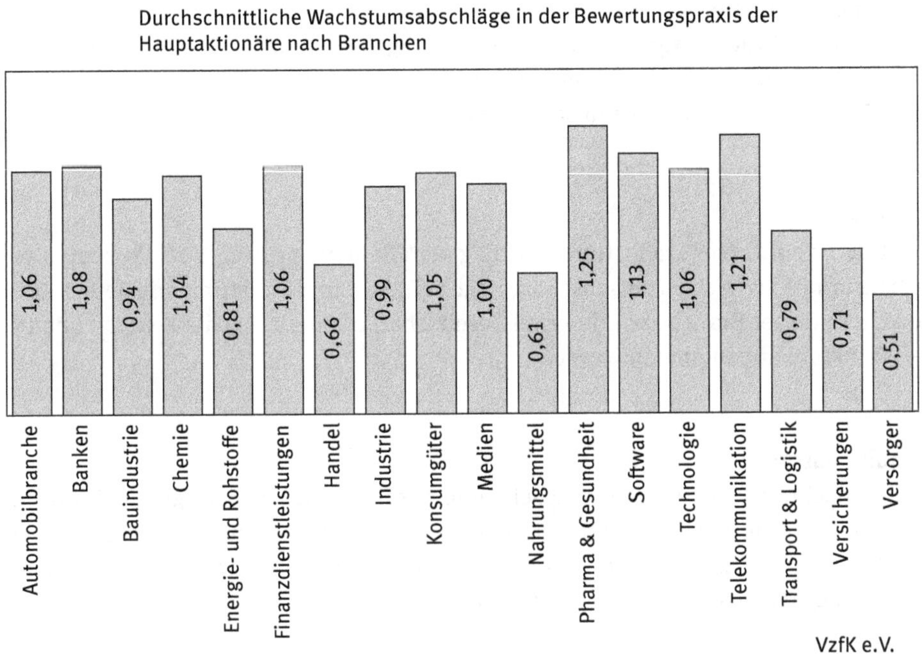

Abb. 68: Durchschnittliche Wachstumsabschläge nach Branchen in der Bewertungspraxis der Hauptaktionäre

Nur in zwei Fällen wird ein Wachstumsabschlag von mehr als 2,0 Prozent zugrunde gelegt. In weiteren zwölf Fällen wird ein Wachstumsabschlag von genau 2,0 Prozent angesetzt. In neun Fällen wird kein nachhaltiges Wachstum erwartet. In der überwiegenden Anzahl der Fälle – 79,45 Prozent – beträgt der Wachstumsabschlag höchstens 1,0 Prozent, davon in 140 Fällen genau 1,0 Prozent. In nur 20,55 Prozent aller Fälle wird ein nachhaltiges Wachstum von mehr als 1,0 Prozent angenommen.

Das legt den Verdacht nahe, dass Wachstumsabschläge, wie Beta-Faktoren, in Höhe von 1,0 (Prozent) fälschlich als „neutral" angesehen werden. Tatsächlich aber führen Wachstumsabschläge unterhalb der Inflationsrate zu einer kontinuierlichen Schrumpfung der Unternehmenswerte im Vergleich zu Marktwettbewerbern. Zugleich stellt sich die Frage, wer für Inflation verantwortlich ist, wenn keine Gesellschaft in der Lage sein soll, auch nur die Teuerungsraten über die Preise auf ihre Kunden abzuwälzen?

Die in dieser Studie ausgewerteten Gesellschaften und die für sie ermittelten Wachstumsabschläge sind den einzelnen Branchen in gleicher Weise wie die Risikozuschläge zugeordnet worden.

1 Automobilbranche

Der durchschnittliche Wachstumsabschlag beträgt 1,06 Prozent. Der höchste ermittelte Wachstumsabschlag liegt bei 2,00 Prozent, der niedrigste bei 0,50 Prozent. In einem Fall wurde kein Wachstumsabschlag vorgenommen.

2 Banken

Der durchschnittliche Wachstumsabschlag der Banken beträgt 1,08 Prozent. Der höchste ermittelte Wachstumsabschlag liegt bei 1,50 Prozent, der niedrigste bei 1,00 Prozent. In dieser Branche wurde keine Gesellschaft ermittelt, bei der kein nachhaltiges Wachstum angenommen wurde.

3 Bauindustrie

Der durchschnittliche Wachstumsabschlag in der Bauindustrie beträgt 0,94 Prozent. Der höchste ermittelte Wachstumsabschlag liegt bei 1,50 Prozent, der niedrigste bei 0,50 Prozent. Auch in dieser Branche wurde keine Gesellschaft ermittelt, bei der kein nachhaltiges Wachstum angenommen wurde.

4 Chemie

Der durchschnittliche Wachstumsabschlag beträgt 1,04 Prozent. Der höchste ermittelte Wachstumsabschlag liegt bei 1,50 Prozent, der niedrigste bei 0,50 Prozent. Auch in der chemischen Industrie wurde durchweg ein nachhaltiges Wachstum zugrunde gelegt.

5 Energie & Rohstoffe

Der durchschnittliche Wachstumsabschlag beträgt 0,81 Prozent. Der höchste ermittelte Wachstumsabschlag liegt bei 2,00 Prozent, der niedrigste bei 0,25 Prozent. In einem Fall wurde sogar gar kein Wachstumsabschlag vorgenommen.

6 Finanzdienstleistungen

Der durchschnittliche Wachstumsabschlag beträgt 1,06 Prozent. Der höchste ermittelte Wachstumsabschlag liegt bei 1,75 Prozent, der niedrigste bei 0,50 Prozent. Auch bei Finanzdienstleistern wurde durchweg ein nachhaltiges Wachstum zugrunde gelegt.

7 Handel
Der Handel zählt zu den drei Branchen mit den niedrigsten angenommenen Wachstumsraten. Der durchschnittliche Wachstumsabschlag beträgt nur 0,66 Prozent. Der höchste ermittelte Wachstumsabschlag liegt bei 1,00 Prozent, der niedrigste bei 0,25 Prozent. In zwei Fällen wurde kein Wachstumsabschlag vorgenommen.

8 Industrie
Der durchschnittliche Wachstumsabschlag beträgt 0,99 Prozent. Der höchste ermittelte Wachstumsabschlag liegt bei 2,10 Prozent, der niedrigste bei 0,50 Prozent. In drei Fällen wurde allerdings gar kein Wachstumsabschlag vorgenommen.

9 Konsumgüter
Der durchschnittliche Wachstumsabschlag beträgt 1,05 Prozent. Der höchste ermittelte Wachstumsabschlag liegt bei 2,00 Prozent, der niedrigste bei 0,50 Prozent. Für alle Gesellschaften wurde ein nachhaltiges Wachstum zugrunde gelegt.

10 Medien
Der durchschnittliche Wachstumsabschlag der Medien beträgt 1,00 Prozent. Der höchste ermittelte Wachstumsabschlag liegt bei 1,50 Prozent, der niedrigste bei 0,50 Prozent. In dieser Branche wurde keine Gesellschaft ermittelt, bei der kein nachhaltiges Wachstum angenommen wurde.

11 Nahrungsmittel
Auch dieser Sektor zählt zu den drei Branchen mit den niedrigsten angenommenen Wachstumsraten. Der durchschnittliche Wachstumsabschlag beträgt nur 0,61 Prozent. Der höchste ermittelte Wachstumsabschlag liegt bei 1,00 Prozent. Zwar wurde in allen Fällen ein nachhaltiges Wachstum angenommen, jedoch beträgt dieses im niedrigsten Fall nur 0,50 Prozent.

12 Pharma & Gesundheit
Diese Branche weist mit durchschnittlich 1,25 Prozent die höchsten Wachstumsabschläge aus. Der höchste wurde mit 2,00 Prozent angenommen. Bei keiner Gesellschaft wurde eine völlige Stagnation, also ein Wachstumsabschlag von 0,0 Prozent, zugrunde gelegt. Im niedrigsten Fall betrug der Wachstumsabschlag 0,50 Prozent.

13 Software

Auch diese Branche weist überdurchschnittliche Wachstumsraten von 1,13 Prozent aus. Der höchste ermittelte Wachstumsabschlag liegt bei 2,00 Prozent, der niedrigste bei 0,50 Prozent. In einem Fall wurde kein nachhaltiges Wachstum zugrunde gelegt.

14 Technologie

Die Technologiebranche weist durchschnittliche Wachstumsabschläge von 1,06 Prozent aus. Der höchste ermittelte Wachstumsabschlag liegt bei 1,75 Prozent. Für alle Gesellschaften wurde ein nachhaltiges Wachstum zugrunde gelegt, das im niedrigsten Fall allerdings lediglich 0,50 Prozent betrug.

15 Telekommunikation

In dieser Branche wurde der höchste Wachstumsabschlag mit 3,25 Prozent ermittelt. Der durchschnittliche Wachstumsabschlag beträgt dagegen 1,21 Prozent, was immer noch die zweithöchsten aller Branchen darstellt. Für alle Gesellschaften wurde ein nachhaltiges Wachstum zugrunde gelegt. Im niedrigsten Fall betrug dieses 0,50 Prozent.

16 Transport & Logistik

Der durchschnittliche Wachstumsabschlag beträgt 0,79 Prozent. Der höchste ermittelte Wachstumsabschlag liegt bei 1,25 Prozent, der niedrigste bei 0,50 Prozent. In einem Fall wurde kein Wachstumsabschlag vorgenommen.

17 Versicherungen

Gesellschaften der Versicherungsbranche weisen im Durchschnitt Wachstumsabschläge in Höhe von 0,71 Prozent aus. Der höchste wurde mit 1,50 Prozent angenommen, der niedrigste mit 0,50 Prozent. Bei keiner Gesellschaft wurde eine völlige Stagnation zugrunde gelegt.

18 Versorger

Diese Branche weist mit durchschnittlich 0,51 Prozent die niedrigsten angenommenen Wachstumsraten aus. Der höchste ermittelte Wachstumsabschlag beträgt 1,50 Prozent. Zwar wird für alle Gesellschaften ein nachhaltiges Wachstum angenommen, jedoch beträgt dieses im niedrigsten Fall gerade einmal 0,12 Prozent.

Wie wenig plausibel die Annahme ist, dass Energieunternehmen nicht in der Lage sein sollen, auch nur die durchschnittliche Teuerungsrate auf ihre Kunden überwälzen zu können, verdeutlichen die Daten des Statistischen Bundesamtes.[457] Danach zeigen die Energiepreise[458] eine durchschnittliche jährliche Teuerung von 5,01 Prozent:

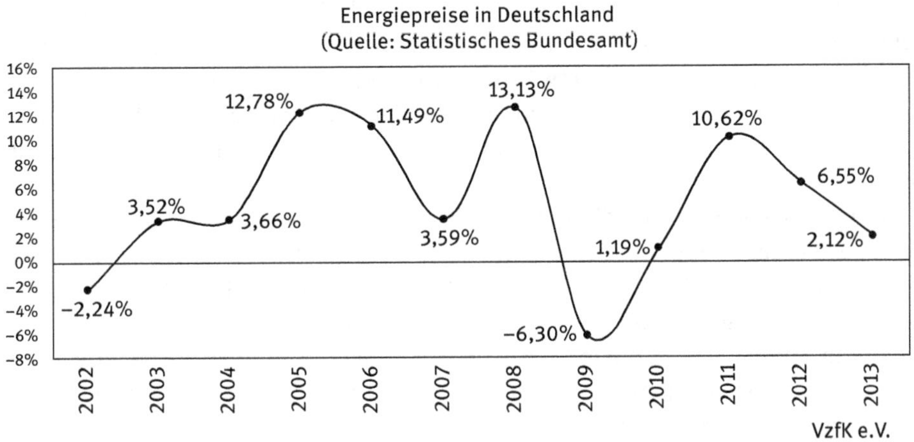

Abb. 69: Entwicklung der Energiepreise zwischen 2002 und 2013 laut Erhebungen des Statistischen Bundesamts

Demgegenüber sehen die Planungen der Hauptaktionäre ein durchschnittliches nachhaltiges Wachstum von gerade einmal 0,51 Prozent vor.

IV Ergebnis

Die Annahme von Wachstumsabschlägen im Durchschnitt unter 1,0 Prozent ist mit den vom Statistischen Bundesamt nachgewiesenen Entwicklungen
- des Bruttoinlandsprodukts,
- der Inflationsrate und
- der Unternehmensgewinne

nicht vereinbar.

Mehr noch als dieses Ergebnis ist zu hinterfragen, welche Unternehmen und welche Branchen das in der Bewertungspraxis der Hauptaktionäre dargestellte unterdurchschnittliche Wachstum durch überdurchschnittliche Wachstumsraten kompensieren sollen.

---

457 Statistisches Bundesamt: Daten zur Energiepreisentwicklung – Lange Reihen: Unter https://www.destatis.de/DE/Publikationen/Thematisch/Preise/Energiepreise/Energiepreisentwicklung.html [Stand: Mai 2014].

458 Mittelwert der Verbraucherpreise für Strom, Erdgas, Heizöl und Fernwärme.

Empirische Erhebungen des Statistischen Bundesamtes belegen, dass die Wachstumsraten von Unternehmen und Preisen in gleicher Höhe verlaufen. Die Wachstumsraten der Unternehmensgewinne liegen sogar noch deutlich darüber.

Daher ist von Bewertungsgutachtern, sachverständigen Prüfern und auch Gerichten in Spruchverfahren im Einzelfall schlüssig der Nachweis zu erbringen, dass im konkreten Bewertungsfall aufgrund von Mengen- oder Strukturveränderungen und/oder der Unmöglichkeit zur Überwälzung von Preissteigerungen auf Kunden mit einer Wachstumsrate unterhalb der zu erwartenden Inflationsrate plausibel geplant werden kann. Ein solcher Nachweis ist bislang in keinem Spruchverfahren erbracht worden.

Die Gerichte haben jedenfalls erkannt, dass es auch hier immer wieder zu Fehlbewertungen kommt. Daher haben sie in mindestens 22 Fällen den Wachstumsabschlag erhöht. Nur in einem Fall wurde der Wachstumsabschlag von Gerichten in Spruchverfahren herabgesetzt. Überwiegend – in 74,44 Prozent aller Fälle – aber lassen Gerichte in Spruchverfahren den Wachstumsabschlag unverändert. Soweit Gerichte den Wachstumsabschlag erhöht haben, betrug die Differenz zu den von den Hauptaktionären angenommenen Werten 60 Basispunkte.

§ 21 Börsenkurs

Einer kurzen Darstellung des rechtlichen Rahmens (I) folgt eine Zusammenfassung der praktischen Anwendung im Untersuchungszeitraum (II). Die Rechtsprechung stellt nicht auf einen einzelnen Tages-, sondern einen Durchschnittskurs in einem Referenzzeitraum ab (III). Noch ungelöste Rechtsfragen wirft die gegebenenfalls erforderliche Anpassung des Börsenkurses an die Verhältnisse am Bewertungsstichtag auf, wenn ein „längerer Zeitraum“ zwischen Ankündigung des Squeeze-out und der Hauptversammlung liegt (IV). Der von der Rechtsprechung anzuwendende Referenzzeitraum ist kritikwürdig. Er berücksichtigt nicht den Zusammenhang zwischen der Kursbildung am Markt und den relevanten Informationen. Dieser Zusammenhang ist in der Kapitalmarkttheorie schon längst anerkannt (V).

I Rechtsrahmen

Nach der Rechtsprechung des Bundesverfassungsgerichts ist es mit der Eigentumsgarantie aus Art. 14 Abs. 1 GG unvereinbar, bei der Bestimmung der Barabfindung den Börsenkurs der Aktien außer Betracht zu lassen:

> *„Das ergibt sich daraus, daß die Entschädigung und folglich auch die Methode ihrer Berechnung dem entzogenen Eigentumsobjekt gerecht werden muß. Das Aktieneigentum ist – im Vergleich zu einer Beteiligung an einer Personengesellschaft oder an einer Gesellschaft mit beschränkter*

Haftung – nicht zuletzt durch seine Verkehrsfähigkeit geprägt. Das gilt vor allem für die börsennotierte Aktie. Sie wird an der Börse gehandelt und erfährt dort aus dem Zusammenspiel von Angebot und Nachfrage eine Wertbestimmung, an der sich die Aktionäre bei ihren Investitionsentscheidungen orientieren.“[459]

Dabei bildet der Börsenkurs die Wertuntergrenze:

„Der Vermögensverlust, den der Minderheitsaktionär durch den Unternehmensvertrag oder die Eingliederung erleidet, stellt sich für ihn als Verlust des Verkehrswerts der Aktie dar. Dieser ist mit dem Börsenkurs der Aktie regelmäßig identisch. Da der Verkehrswert aber die Untergrenze der „wirtschaftlich vollen Entschädigung“ bildet, die Art. 14 Abs. 1 GG für die Entwertung oder Aufgabe der Anteilsrechte fordert, steht es mit diesem Grundrecht grundsätzlich nicht in Einklang, im aktienrechtlichen Spruchstellenverfahren eine Barabfindung festzusetzen, die niedriger ist als der Börsenkurs. Sonst erhielten die Minderheitsaktionäre für ihre Aktien weniger, als sie ohne die zur Entschädigung verpflichtende Intervention des Mehrheitsaktionärs bei einem Verkauf erlöst hätten.“[460]

Damit überträgt das Bundesverfassungsgericht auch den zentralen Rechtsgedanken aus § 31 WpÜG auf die kompensationspflichtigen Strukturmaßnahmen. Danach erhalten die Minderheitsaktionäre in jedem Fall den Betrag, den sie bei einer freien Deinvestition während des Referenzzeitraums erhalten hätten.

Eine Überschreitung des Börsenkurses ist nach der zitierten Rechtsprechung des Bundesverfassungsgerichts unbedenklich. Eine Unterschreitung des Börsenkurses ist jedoch nur gerechtfertigt, wenn der Börsenkurs ausnahmsweise nicht den Verkehrswert der Aktie widerspiegelt. Das kommt grundsätzlich nur in Betracht, wenn der Minderheitsaktionär nicht in der Lage gewesen wäre, seine Aktien zum Börsenpreis zu veräußern oder der Börsenpreis manipuliert worden ist.

II Der Börsenkurs im Untersuchungszeitraum

Laut Studie haben Hauptaktionäre in 85 Squeeze-out-Verfahren den Börsenkurs als Barabfindung angeboten.

In 115 Fällen hat der Hauptaktionär den Börsenkurs dagegen als Wertuntergrenze nicht angewandt. Davon waren die Aktien der Zielgesellschaft in 32 Fällen nicht börsennotiert:

- In 67 Fällen beriefen sich Hauptaktionäre auf das Vorliegen einer Marktenge.
- In sechs Fällen wurden Kursmanipulationen durch vorangegangene Strukturmaßnahmen als Begründung der Ablehnung des Börsenkurses genannt.

459 BVerfG vom 27. April 1999, Az. 1 BvR 1613/94.
460 BVerfG vom 27. April 1999, Az. 1 BvR 1613/94.

- In vier Fällen wurde geltend gemacht, dass die Aktien nur im Freiverkehr gehandelt wurden.
- In einem Fall wurde die Gesellschaft abgewickelt und
- in einem Fall lehnte der Hauptaktionär den Börsenkurs mit der Begründung ab, dass die angebotene Barabfindung um 46 Prozent über dem Kurs liege, zu dem er selbst Aktienpakete erworben habe.

Insgesamt überstieg in diesen Fällen der maßgebliche Börsenkurs die von den Hauptaktionären angebotene Barabfindung um 11,06 Mio. Euro.

III Referenzzeitraum

Maßgeblich ist nicht der Börsenkurs (Tageskurs) am Bewertungsstichtag, sondern der Referenzkurs, der unter Ausschluss außergewöhnlicher Tagesausschläge oder kurzfristiger sich nicht verfestigender sprunghafter Entwicklungen aus dem Mittel der Börsenkurse eines Zeitraums von drei Monaten zu bilden ist. Hierzu sind die gewichteten Durchschnittskurse im maßgeblichen Referenzzeitraum zu ermitteln.

Somit kommt es entscheidend darauf an, wann dieser Referenzzeitraum beginnt und endet. Hierzu hatte der Bundesgerichtshof ursprünglich entschieden, dass auf einen Zeitraum von drei Monaten abzustellen ist, der am gesetzlichen Bewertungsstichtag, also dem Tag der Beschluss fassenden Hauptversammlung endet.[461]

So eindeutig diese Rechtsprechung war, so wenig hielten sich Bewertungsgutachter und sachverständige Prüfer daran. Denn in 95,39 Prozent der in dieser Studie untersuchten Fälle haben diese schon vor Änderung der Rechtsprechung einen Referenzzeitraum zugrunde gelegt, der vor dem Bewertungsstichtag endete. Überwiegend, in 67,76 Prozent dieser Fälle, wurde auf den Tag der ersten Bekanntmachung der geplanten Strukturmaßnahme abgestellt, in den anderen Fällen auf den Tag der Erstellung des Übertragungsberichts, § 327c Abs. 2 S. 1 AktG. Nur in 4,61 Prozent der untersuchten Fälle haben Hauptaktionäre, Bewertungsgutachter und sachverständige Prüfer die geltende höchstrichterliche Rechtsprechung beachtet und den Referenzzeitraum bis zum gesetzlichen Bewertungsstichtag ausgedehnt.

Das stete Handeln gegen die höchstrichterliche Rechtsprechung hatte schließlich Erfolg. Am 19. Juli 2010 gab der Bundesgerichtshof seine bisherige Rechtsprechung auf und entschied:

> *„Der einer angemessenen Abfindung zugrunde zu legende Börsenwert der Aktie ist grundsätzlich aufgrund eines nach Umsatz gewichteten Durchschnittskurses innerhalb einer dreimonatigen Refe-*

---

461 BGH vom 12. März 2001, Az. II ZB 15/00 (DAT/Altana).

renzperiode vor der Bekanntmachung einer Strukturmaßnahme zu ermitteln (teilweise Aufgabe von BGH, 12. März 2001, II ZR 15/00, BGHZ 147, 108).“[462]

Das OLG Frankfurt am Main[463] zieht den Referenzzeitraum sogar auf einen Zeitpunkt vor, an dem die gesetzlichen Voraussetzungen für ein Ausschlussverlangen, insbesondere die nach § 327a Abs. 1 S. 1 AktG erforderliche Aktienmehrheit von 95 Prozent, noch gar nicht vorliegt. Das öffnet „interessenorientierten Gestaltungen“ bzw. einem Missbrauch Tür und Tor.

IV Anpassung des Börsenkurses an Verhältnisse am Bewertungsstichtag

Die Änderung der Rechtsprechung des Bundesgerichtshofs wirft ein neues, noch ungelöstes Problem auf. Denn die zeitliche Vorverlegung des Referenzzeitraums ist mit Blick auf die Eigentumsgarantie bedenklich, sofern die Minderheitsaktionäre dadurch von der allgemeinen Wertentwicklung einer Branche abgeschnitten werden:

> *„Wenn zwischen der Bekanntgabe der Strukturmaßnahme und dem Tag der Hauptversammlung ein längerer Zeitraum verstreicht und die Entwicklung der Börsenkurse eine Anpassung geboten erscheinen lässt, ist der Börsenwert entsprechend der allgemeinen oder branchentypischen Wertentwicklung unter Berücksichtigung der seitherigen Kursentwicklung hochzurechnen.“*[464]

Unklar ist jedoch, ab wann ein solcher „längerer Zeitraum“ anzunehmen ist. Das OLG Frankfurt am Main[465] und das OLG Stuttgart[466] vertreten hierzu die Auffassung, dass dieser erst nach Ablauf von sechs Monaten anzunehmen sei. Ein solcher Zeitraum sei *„angesichts des Aufwands für Bewertung, Prüfung und Vorbereitung der Hauptversammlung als normal anzusehen“*. In Anbetracht der hier ermittelten empirischen Daten kann dieser Auffassung nicht gefolgt werden.

Wie diese Studie zeigt, liegen zwischen der erstmaligen Bekanntmachung des Verlangens des Hauptaktionärs zur Übertragung der Aktien der übrigen Aktionäre und der Beschluss fassenden Hauptversammlung im Durchschnitt nur rund vier Monate, nämlich im Median 4 Monate und 3 Tage:

462 BGH vom 19. Juli 2010, Az. II ZB 18/09 (Stollwerck).
463 OLG Frankfurt a. M. vom 21. Dezember 2010, Az. 5 W 15/10.
464 BGH vom 19. Juli 2010, Az. II ZB 18/09.
465 OLG Frankfurt a. M. vom 29. April 2011, Az. 21 W 13/11.
466 OLG Stuttgart vom 19. Januar 2011, Az. 20 W 3/09.

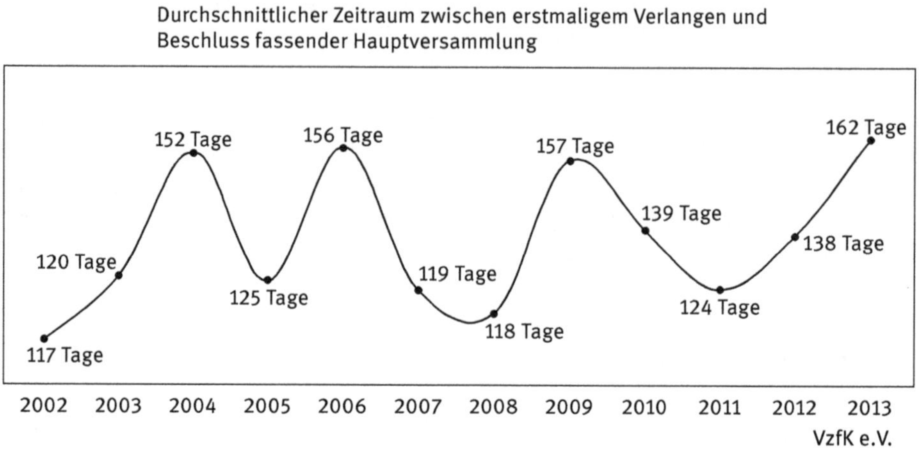

Abb. 70: Durchschnittlicher Zeitraum zwischen erstmaligem Verlangen des Hauptaktionärs zum Ausschluss der Minderheitsaktionäre und der den Squeeze-out-Beschluss fassenden Hauptversammlung

Die Anpassung des Börsenkurses ist ein Korrektiv für einen überdurchschnittlich langen Zeitraum zwischen Ende des Referenzzeitraums und dem Bewertungsstichtag. Die Minderheitsaktionäre sollen davor geschützt werden, dass der mit dem Zeitpunkt der Bekanntmachung des Squeeze-out-Verlangens ermittelte Börsenkurs missbräuchlich zu Gunsten des Hauptaktionärs festgeschrieben wird. Das wäre zum Beispiel dann der Fall, wenn der angekündigte Squeeze-out nicht zeitnah durchgeführt wird und die Minderheitsaktionäre dadurch von zwischenzeitlichen Kursanstiegen ausgeschlossen würden.

Mit dieser Studie ist aber davon auszugehen, dass der durchschnittliche Zeitraum zwischen der Veröffentlichung der erstmaligen Bekanntmachung der geplanten Strukturmaßnahme und der Beschluss fassenden Hauptversammlung nur rund vier Monate beträgt. Daher hat eine gerichtliche Anpassung der als Wertuntergrenze abzufindenden Börsenkurse dann zu erfolgen, wenn

- ein überdurchschnittlich langer Zeitraum, mithin ein solcher von mehr als vier Monaten vergeht und
- eine positive Entwicklung der Börsenkurse eine Anpassung geboten erscheinen lassen.

Bislang ist es noch in keinem Spruchverfahren zu einer solchen Anpassung des Börsenkurses gekommen. Daher ist im Einzelnen noch unklar, unter welchen Voraussetzungen eine Anpassung erforderlich ist und wie eine solche Berechnung erfolgen muss.

Nach der Rechtsprechung des Bundesgerichtshofs ist eine Anpassung vorzunehmen, wenn diese aufgrund der Entwicklung der Börsenkurse „geboten" erscheint.

Insoweit kann nicht auf den Meinungsstand zur „Bagatellgrenze" von Anpassungen der Barabfindung im Ertragswertverfahren[467] zurückgegriffen werden. Denn während im Ertragswertverfahren Planannahmen zu prüfen sind, lässt sich der (durchschnittliche) Börsenkurs centgenau ermitteln. Berechnungsunsicherheiten bestehen insoweit nicht. Daher kann auch nicht eine Fünfprozentgrenze, erst recht nicht die in der Literatur diskutierte Zehnprozentgrenze, maßgeblich sein. Vielmehr ist eine Anpassung immer geboten, wenn sich der Vergleichsmaßstab zwischen Ende des Referenzzeitraums und Bewertungsstichtag erhöht hat.

Somit kommt es entscheidend auf den anzunehmenden Vergleichsmaßstab an. Hierzu kommen

- der allgemeine Börsenindex,
- Branchenindices oder
- Gruppen von Vergleichsunternehmen, sofern keine einschlägigen Indices vorhanden sind,

in Betracht. Weil der Bundesgerichtshof in seiner Entscheidung vom 19. Juli 2010 auf *„allgemeine oder branchentypische Wertentwicklungen"* abstellt, kommt der allgemeine Börsenindex nur in Frage, wenn sich die Gesellschaft nicht (eindeutig) einer Branche zuordnen lässt oder für diese ein Branchenindex nicht existiert. Dagegen scheidet eine Peer Group als Vergleichsmaßstab aus, weil damit die branchentypische Wertentwicklung nicht rechtssicher festgestellt werden kann.

Für die Berechnung der Anpassung ist sodann ein Vergleich zwischen dem Index am Schlusstag der Referenzperiode und dem Bewertungsstichtag vorzunehmen. Insoweit kommt auch eine weitere Glättung von außergewöhnlichen Tagesausschlägen nicht in Betracht, weil sich in der Summe der Einschätzungen aller Marktteilnehmer diese Glättung bereits täglich widerspiegelt. Nur ganz ausnahmsweise kommt eine Korrektur des Index in Betracht, wenn die Aktie der Gesellschaft in diesem Index gelistet ist und dessen Entwicklung aufgrund der Gewichtung der Aktie der Gesellschaft und deren Kursverlauf rückbeeinflusst ist.

Bei allen Unsicherheiten im Zusammenhang mit der geänderten Rechtsprechung des Bundesgerichtshofes kann bezweifelt werden, ob damit viel gewonnen wurde.

V Kritik

Die Änderung der Rechtsprechung reflektiert nicht den Zusammenhang zwischen Informationen am Markt und Kursentwicklungen (1). Eine Rückwirkung auf bereits durchgeführte Strukturmaßnahmen kommt schon aus verfassungsrechtlichen Gründen nicht in Betracht (2).

---

467 Vgl. zum Meinungsstand: OLG Stuttgart vom 19. Januar 2011, Az. 20 W 3/09.

1 Nichtbeachtung der Effizienzmarkthypothese

Im finanzmarktwissenschaftlichen Schrifttum wird der Zusammenhang zwischen am Markt zugänglichen Informationen und der Kursentwicklung von Aktien intensiv erörtert. Grundlage ist die von Eugene Fama entwickelte Effizienzmarkthypothese[468], wonach (nur) vorhandene Informationen in Wertpapieren bereits eingepreist sind. Während diese Erkenntnis in den Wirtschaftswissenschaften schon längst Allgemeingut ist, steht sie für die Rechtswissenschaften noch vor ihrer „Entdeckung".

Bei einem Squeeze-out stellen die Höhe der angemessenen Barabfindung nach § 327a Abs. 1 S. 1 AktG sowie ihre Herleitung aus der Unternehmensbewertung und der Prüfungsbericht die maßgeblichen Informationen dar. Ohne diese lässt sich nicht einschätzen,

- wie hoch der Unternehmenswert tatsächlich ist sowie
- ob und in welchem Umfang es möglicherweise im Spruchverfahren noch zu einer Anhebung der Barabfindung kommen kann.

Die Stollwerck-Entscheidung nimmt diesen Informationen ihre finanzmarkttechnische Relevanz. Mit einer Vorverlegung des Referenzzeitraums auf einen Zeitpunkt, wo diese Informationen nur dem Hauptaktionär, nicht jedoch den übrigen Kapitalmarktteilnehmern, und damit auch den ausgeschlossenen Minderheitsaktionären, bekannt sind, enthält der Börsenkurs nicht mehr die Informationen zum inneren Wert der Gesellschaft und den möglicherweise noch bestehenden Spielräumen für eine Anhebung im Spruchverfahren. Allein der in den Organen der Gesellschaft vertretene Hauptaktionär hat es in der Hand, über Inhalt und Umfang der bekanntgegebenen Informationen den Preis zu beeinflussen.

Dass Wert und Preis unterschiedlich sind, zählt schon seit Jahrhunderten zum Allgemeinwissen.[469] Der Wert eines Unternehmens wird als objektivierter Gesamt- oder Anteilswert aus den Zahlungsströmen ermittelt. Der Preis bestimmt sich aus Angebot und Nachfrage anhand des subjektiven Nutzens, den Verkäufer oder Erwerber dem Bewertungsobjekt anhand der zur Verfügung stehenden Informationen beimessen. Wert und Preis können deshalb weit auseinanderfallen:

> *„Price is what you pay ... Value is what you get."*[470]

Das bedeutet für das Spruchverfahren, dass zur Plausibilisierung einer Wertuntergrenze auch der Börsenkurs aus einem Referenzzeitraum zu ermitteln ist, der erst beginnt, wenn die relevanten Informationen am Markt bekannt sind. Dazu gehören neben der Bekanntmachung der Strukturmaßnahme auch der Übertragungsbericht

---

468 Vgl. oben Fußn. 9 auf S. 4 und Fußn. 10 auf S. 4.

469 Vgl. Adam Smith, An Inquiry into the Nature and Causes of the Wealth of Nations, 9. März 1776.

470 Buffet, Warren Edward in Bericht des Vorsitzenden der Berkshire Hathaway Inc. 2008.

und der Prüfungsbericht nebst den darin enthaltenen Unternehmenswerten. Nur dann kann sich am Markt ein Kurs bilden, der den inneren Wert der Gesellschaft reflektiert.

2 Keine rückwirkende Änderung der Rechtsprechung

Dass der maßgebliche Referenzzeitraum für die Ermittlung des Börsenkurses am gesetzlichen Bewertungsstichtag, dem Tag der Beschluss fassenden Hauptversammlung, § 327b Abs. 1 S. 1 AktG, endet, entsprach gefestigter höchstrichterlicher Rechtsprechung.[471] Diese Rechtsprechung wurde mit der Stollwerck-Entscheidung ausdrücklich aufgegeben:

> *„Soweit der Senat bisher vertreten hat, der Referenzzeitraum sei auf den Tag der Hauptversammlung als dem Stichtag, an dem die Maßnahme beschlossen wird, zu beziehen (BGH, Beschluss vom 12. März 2001 – II ZB 15/00, BGHZ 147, 108 ff.), gibt er seine Auffassung auf.“*[472]

Änderungen höchstrichterlicher Rechtsprechung unterliegen strengen Beschränkungen, welche bei der Stollwerck-Entscheidung unberücksichtigt geblieben sind.

Für rückwirkende Änderungen von Rechtsnormen ist geklärt, dass eine echte Rückwirkung, also der Eingriff in bereits abgeschlossene Sachverhalte, unzulässig ist. Aber auch die sogenannte unechte Rückwirkung, also der Eingriff in noch nicht abgeschlossene Sachverhalte, ist unter Beachtung des Vertrauensschutzes nur in engen Grenzen zulässig:

> *„Die Prinzipien der Rechtssicherheit und des Vertrauensschutzes bilden die Grundlage für das grundsätzliche Verbot rückwirkender belastender Gesetze (vgl BVerfG, 08.06.1977, 2 BvR 499/74, BVerfGE 45, 142 <167 f>). Wird die Rechtsfolge eines der Vergangenheit zugehörigen Verhaltens nachträglich belastend geändert, so bedarf dies einer besonderen Rechtfertigung (vgl BVerfG, 03.12.1997, 2 BvR 882/97, BVerfGE 97, 67 <78 f>).*
> *Greift eine Norm nachträglich in einen abgeschlossenen Sachverhalt ändernd ein, so entfaltet sie eine – verfassungsrechtlich grundsätzlich unzulässige – „echte Rückwirkung“ (vgl BVerfG, 10.06.2009, 1 BvR 706/08, BVerfGE 123, 186 <157>).*
> *Wirkt eine Norm auf gegenwärtige, noch nicht abgeschlossene Sachverhalte und Rechtsbeziehungen für die Zukunft ein und entwertet sie damit zugleich die betroffene Rechtsposition („unechte Rückwirkung“ – vgl BVerfG aaO), so ist dies grundsätzlich zulässig. Allerdings können sich insofern aus dem Grundsatz des Vertrauensschutzes und dem Verhältnismäßigkeitsprinzip Grenzen ergeben. Die mit der Regelung verfolgten Allgemeininteressen sind mit den Interessen des Einzelnen abzuwägen. Die Rückwirkung muss zur Förderung des Gesetzeszwecks geeignet und erforderlich sein; bei einer Gesamtabwägung muss die Grenze der Zumutbarkeit gewahrt bleiben.“*[473]

---

471 BGH vom 12. März 2001, Az. II ZB 15/00.

472 BGH vom 19. Juli 2010, Az. II ZB 18/09.

473 BVerfG vom 10. Oktober 2012, Az. 1 BvL 6/07.

Nach der Rechtsprechung des Bundesverfassungsgerichts soll das Rückwirkungsverbot auf gesetzliche Normen beschränkt sein. Allerdings wird diese Rechtsprechung zu Recht kritisiert, weil sie für rückwirkende Eingriffe durch Änderung der Rechtsprechung deutlich niedrigere Hürden setzt als für den Gesetzgeber, obwohl sich die Schwere der Folgen für die Betroffenen nicht unterscheidet.[474]

Der Vertrauensschutz der Betroffenen hat in jedem Fall dann Vorrang, wenn durch eine Änderung der Rechtsprechung Rechtsfolgen angeordnet werden, deren Festlegung dem Gesetzgeber verfassungsrechtlich untersagt wären.

Für Minderheitsaktionäre, die keinen Antrag auf gerichtliche Bestimmung der Barabfindung nach dem Spruchverfahrensgesetz stellen, ist der Sachverhalt mit Übertragung ihrer Aktien auf den Hauptaktionär abgeschlossen. Ihre Entscheidung, kein Spruchverfahren einzuleiten, beruht auf der Einschätzung der Sach- und Rechtslage zum Zeitpunkt des Übertragungsbeschlusses. An einem Spruchverfahren sind sie nicht beteiligt.

Doch auch die Entscheidung von Aktionären, die Angemessenheit der Barabfindung im Spruchverfahren prüfen zu lassen, beruht auf der Einschätzung der Sach- und Rechtslage zum Bewertungsstichtag. Galt zu diesem Zeitpunkt eine höchstrichterliche Rechtsprechung, nach welcher der Börsenkurs in einem Referenzzeitraum zu bemessen ist, der am Tag der Hauptversammlung endet, genießt diese Beurteilung Vertrauensschutz. Das Abgehen von einer gefestigten Rechtsprechung erfordert nach der eigenen Rechtsprechung des Bundesgerichtshofs *„zwingende Gründe“*:

> *„Wie der Große Senat für Zivilsachen des Bundesgerichtshofes im Beschluß vom 4. Oktober 1982 – GSZ 1/82 – ausdrücklich hervorgehoben hat, treten im Falle der durch gefestigte höchstrichterliche Rechtsprechung gefundenen Gesetzesauslegung die Rechtswerte der Rechtssicherheit und des Vertrauensschutzes in den Vordergrund und verlangen im allgemeinen ein Festhalten an der einmal eingeschlagenen Rechtsentwicklung. Ein Abgehen von der Kontinuität der Rechtsprechung kann nur ausnahmsweise hingenommen werden, wenn deutlich überwiegende oder sogar schlechthin zwingende Gründe dafür sprechen.“*[475]

Solche „zwingenden Gründe“ lagen bei der Stollwerck-Entscheidung nicht vor. Daher hätte eine Änderung der Rechtsprechung allenfalls Rechtswirkung auf zukünftige Strukturmaßnahmen entfalten können, nicht aber auf solche, welche vor dem 19. Juli 2010 von Hauptversammlungen beschlossen wurden.

474 Vgl. Loritz, Karl-Georg: Rückwirkende Schaffung neuer Haftungstatbestände durch die Rechtsprechung im Kapitalmarktrecht – verfassungsrechtliche Fragen. In NZG Nr. 11/2013, S. 411 [414].

475 BGH vom 25. März 1983, Az. V ZR 268/81.

Teil 7 Ergebnis – Vorschläge für die Praxis

Der abschließende siebte Teil unterbreitet Vorschläge für die gerichtliche Praxis (§ 22) sowie für regulatorische Modifizierungen (§ 23). Er schließt mit einem thematischen Ausblick ab (§ 24).

§ 22 Handhabung des Spruchverfahrens

Die gegenwärtige Praxis erreicht nicht alle Ziele des Gesetzgebers (I). Daraus ergeben sich besondere Anforderungen an die Beweiserhebung im Spruchverfahren (II). Soweit vorhanden ist für die einzelnen Bewertungsschritte auf empirische Daten zurückzugreifen (III). Das gilt vor allem für den Kapitalisierungszinssatz (IV) und die Ermittlung des Börsenkurses als Wertuntergrenze (V). Der Streitgegenstand des Spruchverfahrens definiert zudem die Anforderungen an den gemeinsamen Vertreter (VI).

I Umsetzung der Ziele des Gesetzgebers

Wie diese Studie zeigt, erreicht die Praxis nicht alle Zielsetzungen des Gesetzgebers. Das gilt vor allem für den zeitlichen Ablauf des Spruchverfahrens (1) und die Pflichtprüfung der Angemessenheit der Barabfindung nach § 327c Abs. 2 S. 2 AktG (2).

1 Verfahrensdauer

Entgegen der Intention des Gesetzgebers hat das Spruchverfahrensgesetz nicht zu einer Verkürzung der Verfahrensdauer geführt:[476]

Tab. 124: Durchschnittliche Verfahrensdauer von Spruchverfahren.

VzfK e. V.	Durchschnittliche Verfahrensdauer von Spruchverfahren	
Bezeichnung	**Anzahl**	**entspricht**
Spruchverfahren gesamt	397	100,00 %
davon mit einer Verfahrensdauer von unter 5 Jahren	239	60,20 %
davon mit einer Verfahrensdauer von 5 bis 6 Jahren	32	8,06 %
davon mit einer Verfahrensdauer von 6 bis 7 Jahren	30	7,56 %

476 Vgl. Teil 5 § 12 III – Verfahrensdauer von Spruchverfahren, ab S. 237.

VzfK e. V.	Durchschnittliche Verfahrensdauer von Spruchverfahren	
Bezeichnung	**Anzahl**	**entspricht**
davon mit einer Verfahrensdauer von 7 bis 8 Jahren	21	5,29 %
davon mit einer Verfahrensdauer von 8 bis 9 Jahren	23	5,79 %
davon mit einer Verfahrensdauer von 9 bis 10 Jahren	11	2,77 %
davon mit einer Verfahrensdauer von über 10 Jahren	41	10,33 %

Die Dauer von Spruchverfahren überschreitet damit die durchschnittliche Dauer von zivilrechtlichen Klageverfahren der ordentlichen Gerichtsbarkeit um ein Vielfaches:

Tab. 125: Vergleich durchschnittlicher Verfahrensdauern von Spruchverfahren und streitigen Zivilverfahren

VzfK e. V.	Vergleich der durchschnittlichen Verfahrensdauer von Spruchverfahren und streitigen Zivilverfahren	
Bezeichnung	**Durchschnittliche Verfahrensdauer**	**Anzahl**
Spruchverfahren 1. (arithmetisches Mittel; unbereinigt)	3 Jahre, 10 Monate und 29 Tage	397
Streitige Zivilverfahren 1. Instanz	7 Monate und 23 Tage	313.796
Differenz	3 Jahre, 3 Monate und 6 Tage	313.399
Spruchverfahren 1. und 2. Instanz (gesamt; arithmetisches Mittel; unbereinigt)	6 Jahre, 6 Monate und 3 Tage	122
Streitige Zivilverfahren 1. und 2. Instanz (gesamt; LG und OLG)	2 Jahre und 25 Tage	45.037
Differenz	4 Jahre, 5 Monate und 8 Tage	44.915

Das liegt vor allem daran, dass die Praxis (noch) nicht alle verfahrensrechtlichen Möglichkeiten ausschöpft, die sich insbesondere aus den §§ 7, 9 f. SpruchG ergeben. Das gilt vor allem für die Dauer der Einlassungsfristen sowie die Verteilung der Darlegungs- und Beweislasten.

Eine Verkürzung der Verfahrensdauern, wie vom Gesetzgeber gefordert, ist aber beim gegenwärtigen Rechtsstand durchaus möglich.

– Bereits die §§ 9 f. SpruchG ermöglichen eine Beschleunigung. Erwidert der Hauptaktionär auf die Antragsschriften der Minderheitsaktionäre nicht oder nicht substantiiert und unter Ausnutzung seines strukturellen Informationsvorsprungs, stehen hinreichend konkrete Einwendungen der Antragsteller, wie im streitigen Zivilprozess, als unstreitig fest. Ein einfaches Bestreiten oder ein schlichtes In-Abrede-Stellen genügt insoweit nicht.

- Gegebenenfalls ist unter Berücksichtigung der Darlegungs- und Beweislast nach § 287 ZPO der Unternehmenswert zu schätzen.
- Empirischen Untersuchungen, insbesondere Zeitreihen von Bundes- und Landesbehörden bzw. -einrichtungen, wie etwa
  - dem Statistischen Bundesamt,
  - den Statistischen Landesämtern,
  - der Bundesbank,
  - der Bundesanstalt für Finanzdienstleistungsaufsicht oder
  - des Sachverständigenrats zur Begutachtung der gesamtwirtschaftlichen Entwicklung

  ist dabei, entsprechend der Rechtsprechung zu § 611a BGB a. F., eine Indizwirkung zuzuerkennen.[477]
- Legt der Antragsgegner trotz Aufforderung durch das Gericht den übrigen Antragstellern, dem Gericht oder einem vom Gericht bestellten Sachverständigen bewertungserhebliche Unterlagen nicht vor, sind entsprechend den anerkannten Regeln zur Beweisvereitelung die jeweiligen Behauptungen der Antragsteller als zugestanden anzusehen.

Flankierend kommen gesetzliche Modifikationen in Betracht.[478]

2 Pflichtprüfung der Angemessenheit der Barabfindung

Die gesetzliche Pflicht zur Prüfung der Angemessenheit der Barabfindung durch einen oder mehrere sachverständige Prüfer, § 327c Abs. 2 S. 2 AktG, hat sich nicht bewährt (a). Daher sind die Kriterien für die Auswahl des Prüfers (b) zu überdenken und die inhaltlichen Auflagen im Bestellungsbeschluss zu präzisieren (c). Eine Anhörung des sachverständigen Prüfers kommt nur in gesondert gelagerten Einzelfällen in Betracht (d).

a Ergebnis der Studie

Der vom Gesetzgeber verlangte Schutz der Minderheitsaktionäre wird durch die sachverständigen Prüfer nicht gewährleistet.

Nur in drei Fällen – das entspricht 0,65 Prozent aller wirksamen Squeeze-out – haben sachverständige Prüfer überhaupt erkennbar Einwände gegen die von den Hauptaktionären festgelegten Barabfindungen erhoben. Dennoch wurden die Barabfindungen nachträglich bereits in 217 Fällen erhöht. Die von den sachverständigen Prüfern als angemessen testierten Barabfindungen unterschreiten die nachträglich

477 Vgl. BAG vom 21. Juni 2012, Az. 8 AZR 364/11.

478 Siehe dazu Teil 7 § 23 IV – Verfahrensbeschleunigung, ab S. 436.

von Gerichten als angemessen beurteilten Barabfindungen bereits jetzt um 609 Mio. Euro.

Die Rolle des sachverständigen Prüfers ist daher grundsätzlich zu überdenken. Dabei stellt sich auch die Frage nach seiner Erforderlichkeit.[479]

b Auswahl des sachverständigen Prüfers

Eine wirklich unabhängige Prüfung kann nur von Wirtschaftsprüfern bzw. Wirtschaftsprüfungsgesellschaften erwartet werden, die durch ihre Bestellung nicht in einen strukturellen Interessenkonflikt geraten. Ein solcher vermag sich aus einer einseitigen Mandantenstruktur oder einer inhaltlichen Festlegung durch Vertretung im FAUB ergeben.

- Daher sollten nur mittelständische Wirtschaftsprüfungsgesellschaften beauftragt werden, welche die notwendige kritische Distanz sowohl zu Hauptaktionären als auch Minderheitsaktionären gewährleisten. Denn die Studie belegt, dass die großen Wirtschaftsprüfungsgesellschaften, welche insbesondere Jahresabschlussprüfungen von DAX-Konzernen durchführen, überdurchschnittlich häufig für Fehlbewertungen verantwortlich zeichnen.[480]
- Darüber hinaus erhöht ein regelmäßiges Zusammenwirken zwischen einzelnen Prüfern und Bewertungsgutachtern die Gefahr, dass es zu mitunter ganz erheblichen Fehlbewertungen kommt.[481] Daher sollten die Gerichte bei der Auswahl und vor der Bestellung sachverständiger Prüfer auch prüfen, ob insoweit Bedenken gegen die persönliche und fachliche Eignung bestehen. Hierzu ist der Prüfer in Anlehnung an § 319a Abs. 1 S. 1 Nr. 4 HGB danach zu fragen, ob er in den vergangenen drei Jahren mehr als viermal im Rahmen von Unternehmensbewertungen mit dem Bewertungsgutachter des Hauptaktionärs zusammengearbeitet hat. Das gilt sowohl für die beauftragten Gesellschaften als auch für die handelnden Personen.
- Schließlich sind Prüfer, die in der Vergangenheit durch besonders gravierende Fehlbewertungen aufgefallen sind, von Prüfungsaufträgen auszuschließen.

c Auflagen für sachverständige Prüfer

Die Datenanalyse zeigt, dass sachverständige Prüfer so gut wie nie zu abweichenden Auffassungen und Ergebnissen gegenüber dem Hauptaktionär gelangen. Dennoch kommt es in den meisten Spruchverfahren zu einer Erhöhung der angemessenen Barabfindung.

---

479 Siehe auch Teil 7 § 23 III – Angemessenheitsprüfung der Barabfindung, ab S. 435.
480 Siehe oben Teil 5 § 14 IV 3 b – Unterbewertungen je Prüfungsgesellschaft, ab S. 281.
481 Siehe oben Teil 5 § 14 V – Konstellationen bei signifikanten Fehlbewertungen, ab S. 291.

Insbesondere die Berichte der sachverständigen Prüfer lassen die notwendige Distanz zu den Hauptaktionären nicht erkennen. Daher sind den Prüfern bei der Bestellung inhaltlich-thematische und formelle, die Berichtspflicht betreffende Auflagen zu erteilen. Ein Bestellungsbeschluss kann z. B. Auflagen umfassen, zu folgenden Punkten im Bericht Stellung zu nehmen:[482]

- Umstände und Rahmen einer ersten Anfrage/Kontaktaufnahme;
- Teilnehmer und Ort von Gesprächen;
- Ablauf der Prüfung in zeitlicher und sachlicher Hinsicht;
- Zeitpunkt, Art und Umfang der dem Prüfer übergebenen Unterlagen;
- Art und Umfang der Darstellung einzelner Prüfungsfelder;
- Bericht über die etwaige Nichtoffenlegung vom Prüfer verlangter Informationen durch den Hauptaktionär;
- Benennung der Quellen, aus denen der Prüfer die für die Ermittlung des Unternehmenswerts benutzten Parameter abgeleitet hat und warum gerade diese Werte anderen, ebenfalls in Betracht kommenden, gegenüber vorzugswürdig sind;
- Aufzählung der Bewertungs-, Sach- und Rechtsfragen, zu denen divergierende Auffassungen zwischen dem Hauptaktionär und dem Prüfer bestanden haben oder noch bestehen;
- Bericht über die Aspekte, die zu einer Beilegung solcher Meinungsverschiedenheiten geführt haben;
- bei der Prüfung zu beachtende Rechtsauffassungen des Gerichts;
- dem Gericht zu übergebende Unterlagen.

Naturgemäß kann eine solche Aufzählung nicht vollständig sein. Die den sachverständigen Prüfern zu erteilenden Auflagen können im Einzelfall variieren.

d Anhörung des sachverständigen Prüfers

Zwar sieht das Spruchverfahrensgesetz in § 8 Abs. 2 SpruchG vor, dass der sachverständige Prüfer mit der Beantwortung einzelner Fragen beauftragt werden kann und zur mündlichen Verhandlung zu laden ist.

Davon ist aber abzusehen, wenn insbesondere der Prüfungsbericht nicht den Anforderungen des Gesetzgebers oder etwaigen Auflagen des Gerichts genügt.

II Beweiserhebung im Spruchverfahren

Wie die Praxis zeigt, hat sich die Tätigkeit des sachverständigen Prüfers nach § 327c Abs. 2 S. 3 AktG nicht bewährt.

---

482 Siehe auch Teil 5 § 14 VII 5 – Erteilung von Auflagen im Bestellungsbeschluss, ab S. 306.

So hat z. B. der sachverständige Prüfer der angemessenen Barabfindung im Fall des Ausschluss der Minderheitsaktionäre der Versatel AG einen Unternehmenswert in Höhe von 247,6 Mio. Euro als angemessen beurteilt. Kurz darauf wurde die Gesellschaft weiterveräußert und dabei ein Unternehmenswert von rund 780 Mio. Euro – das entspricht mehr als dem Dreifachen Wert – zugrunde gelegt.[483]

Das bedeutet für das Spruchverfahren:
- Im Normalfall ist Beweis über die Höhe des der Barabfindung zugrunde liegenden Unternehmenswertes durch Einholung eines Sachverständigengutachtens zu erheben. Hierbei ist als Sachverständiger ein anderer als der sachverständige Prüfer zu bestellen, dessen Ergebnis gerade Gegenstand der Beweisaufnahme ist. Für die persönliche Bestellung von Sachverständigen gelten die gleichen Auswahlkriterien wie für sachverständige Prüfer.
- Grundlage ist ein detaillierter, nicht anfechtbarer[484] Beweisbeschluss durch das Gericht. Auf den Inhalt des Bestellungsbeschlusses können die Verfahrensbeteiligten mit Anregungen und Stellungnahmen Einfluss nehmen.
- Das Ergebnis des Sachverständigenbeweises ist allen Verfahrensbeteiligten vollständig, also ungeschwärzt, zugänglich zu machen. Eine prozessrechtliche Grundlage für die Schwärzung von entscheidungserheblichen Tatsachen im Gutachten eines Sachverständigen besteht nicht.[485]
- die Beweisaufnahme darf nicht durch einen Streit über die Höhe der Vergütung des Sachverständigen vom Hauptaktionär blockiert werden. Dem kann abschließend nur durch eine Gesetzesänderung begegnet werden. Hierzu bieten sich verschiedene Lösungswege an, welche nachfolgend noch erörtert werden.[486]

III Berücksichtigung empirischer Daten

„Bewerten heißt vergleichen“[487]. Ohne Kenntnis der in Bewertungsanlässen zugrunde gelegten Tatsachen ist aber weder
- den Gerichten im Spruchverfahren,
- den Bewertungsgutachtern,

---

483 Ad-hoc-Mitteilung der United Internet AG vom 3. September 2014.

484 Vgl. OLG Düsseldorf vom 12. Dezember 2012, Az. I-26 W 19/12 (AktE); nur in Ausnahmefällen können Beweisbeschlüsse angefochten werden, wenn durch den Beschluss unmittelbar in erheblichem Maße in Rechte eines Beteiligten eingegriffen wird, vgl. OLG München vom 10. November 2008, Az. 31 Wx 87/08.

485 Siehe dazu oben Teil 1 § 2 IV 7 c – Vorlagepflicht von Unterlagen, ab S. 50.

486 Siehe unten Teil 7 § 23 V 2 – Vergütung von Sachverständigen, ab S. 429.

487 Moxter, Adolf: Grundsätze ordnungsmäßiger Unternehmensbewertung. 2., vollst. umgearb. Aufl., Wiesbaden 1983, S. 123.

- den sachverständigen Prüfern,
- den von Gerichten zu bestellenden Sachverständigen noch
- dem gemeinsamen Vertreter der außenstehenden Aktionäre

ein solcher Vergleich überhaupt möglich. Denn hierzu benötigen sie empirische Daten. Das gilt vor allem im Hinblick auf die folgenden Sach- und Rechtsfragen:

1 Rechtsgrundlagen

Der umfassende Rechtsschutz, der außenstehenden Aktionären zu gewährleisten ist, verlangt, auf empirische Erkenntnisse z. B. aus der Summe aller Bewertungsfälle zurückzugreifen. Dies gebietet auch der verfassungsgerichtliche Grundsatz der *„hinreichend realitätsgerechten Typisierung“*.[488] Weichen die in Bewertungsanlässen zugrunde gelegten Daten von empirisch belegbaren Daten, insbesondere solchen des Statistischen Bundesamtes, ab, hat der Hauptaktionär seine Planannahmen zu plausibilisieren und zu beweisen.

Insbesondere die in Theorie und Praxis zu findenden Annahmen „ins Blaue“ hinein, z. B. zur Höhe des Basiszinssatzes, des Risikozu- und Wachstumsabschlags oder der beim Börsenkurs zu berücksichtigenden Verfahrensdauer, ohne eine solche empirische Datengrundlage verletzen die Minderheitsaktionäre in ihrem Eigentumsgrundrecht sowie ihren Justizgrundrechten in Spruchverfahren.

2 Prüfung von IDW-Empfehlungen

Vor diesem Hintergrund sind auch die Empfehlungen des Instituts der Wirtschaftsprüfer kritisch zu hinterfragen. Das gilt vor allem im Hinblick auf die Bewertungsmethoden (a), Nachsteuerbetrachtung (b), Verbundeffekte (c) und den Kapitalisierungszinssatz (d).

a Bewertungsmethoden

Das IDW beschränkt die Praxis der Unternehmensbewertung auf die Fundamentalwertanalyse, entweder in Form des Ertragswert- oder des Discounted Cash Flow-Verfahrens.[489] Der Liquidationswert soll nur im Ausnahmefall als Wertuntergrenze Beachtung finden,[490] ebenso der Börsenkurs.[491]

Dem Substanzwert, also der Geldsumme, die aufgewendet werden müsste, um ein Unternehmen zu errichten, das dem Bewertungsobjekt gleicht, kommt nach dem

---

488 BVerfG vom 6. Juli 2010, Az. 2 BvL 13/09.
489 IDW S 1 (2008), Rdnr. 101.
490 IDW S 1 (2008), Rdnr. 140.
491 IDW S 1 (2008), Rdnr. 16.

IDW überhaupt keine eigenständige Bedeutung zu.[492] Diese Empfehlung hat sich bereits so weit festgesetzt, dass auch die Gerichte dem Rekonstruktionswert keine Bedeutung mehr beimessen. Jedoch besteht damit die Gefahr, dass Unternehmen mit hohen stillen Reserven unter- und Unternehmen mit hohen stillen Lasten überbewertet werden.

b Nachsteuerbetrachtung

Seit dem IDW S 1 (2000) empfiehlt das IDW den Unternehmenswert „unter Berücksichtigung der aufgrund des Eigentums am Unternehmen entstehenden persönlichen Ertragsteuern der Unternehmenseigner zu ermitteln".[493] Dies stellt international eine Besonderheit und eine mit den tatsächlichen Marktverhältnissen unvereinbare Typisierung dar:

> *„Die Einbeziehung von persönlichen Einkommensteuern auf Dividenden und Kapitalgewinne wird nicht empfohlen: Die damit verbundene Annahme einer unbeschränkt steuerpflichtigen, inländischen natürlichen Person als relevanter Anteilseigner ist vor dem Hintergrund der empirischen Anteilseignerstruktur deutscher Aktiengesellschaften und der empirisch auftretenden Unternehmenserwerber nicht mit dem Konzept des „markttypischen Erwerbers" vereinbar. Markttypische Unternehmenserwerber wenden regelmäßig keine persönlichen Steuern in ihren Bewertungsmodellen an."*[494]

An die vom IDW empfohlene Nachsteuerbetrachtung knüpfen weitere Annahmen an,[495] welche Raum für eine interessenorientierte Unternehmensbewertung eröffnen. So empfiehlt das IDW in Anlehnung an Literaturausführungen[496] eine fiktive Veräußerungsgewinnbesteuerung mit dem hälftigen Abgeltungssteuersatz, obgleich selbst das IDW anerkennt, dass empirische Daten für eine solche Annahme nicht vorliegen:

> *„Für die Schätzung einer typisierten Haltedauer zur Bemessung des effektiven Veräußerungsgewinnsteuersatzes liegen nach den Erkenntnissen des FAUB für den deutschen Kapitalmarkt keine empirisch oder wissenschaftlich gesicherten Ergebnisse vor, auf die für Zwecke der Unternehmensbewertung zurückgegriffen werden könnte. Die empirischen Befunde verfügbarer Studien, die sich fast ausschließlich auf Steuerrechtsänderungen in den USA beziehen, sprechen grundsätzlich für*

---

492 IDW S 1 (2008), Rdnr. 6.

493 IDW S 1 (2008), Rdnr. 28.

494 Deutsche Vereinigung für Finanzanalyse und Asset Management – DVFA-Arbeitskreis „Corporate Transactions and Valuation": Best-Practice-Empfehlungen Unternehmensbewertung 2012, S. 12 f. Unter http://www.dvfa.de/fileadmin/downloads/Publikationen/Standards/DVFA_ Best_Practice_ Empfehlungen_Unternehmensbewertung.pdf [Stand: 29. Juli 2014].

495 Vgl. IDW S 1 (2008), Rdnr. 43 ff.

496 Wagner/Saur/Willershausen: Zur Anwendung der Neuerungen der Unternehmensbewertungsgrundsätze des IDW S 1 i. d. F. 2008 in der Praxis. In WPg 2008, S. 731.

> *die Annahme langer Haltedauern. Vor diesem Hintergrund ist in der Praxis ein typisierter effektiver Veräußerungsgewinnsteuersatz in Höhe der hälftigen Abgeltungssteuer weit verbreitet.*"[497]

Offen bleibt, warum das IDW unter der Annahme langer Haltedauern dann für die Berechnung der Marktrisikoprämie eine nur einjährige Haltedauer zugrunde legt.

Auch verstößt die Annahme des IDW, dass der typische Anleger als privater inländischer Anteilseigner ohne wesentliche Beteiligung der deutschen Einkommensteuer unterliegt,[498] gegen den Grundsatz der „*realitätsgerechten Typisierung*". Denn die Mehrheit der Anteile deutscher Aktiengesellschaften befindet sich im Besitz ausländischer Investoren und die Mehrheit der Anteile in deutscher Hand befindet sich im Besitz institutioneller Anleger. Mitt seiner typisierenden Empfehlung erhebt der IDW daher in unzulässiger Weise die Ausnahme zur Regel:

> „*darf eine gesetzliche Typisierung keinen atypischen Fall als Leitbild wählen, sondern muss sich realitätsgerecht am typischen Fall orientieren.*"[499]

c Verbundeffekte

Auch ist die Erwartung, Synergievorteile zu realisieren, ein häufiges und wichtiges Motiv zum Erwerb von Unternehmen oder Mehrheitsbeteiligungen. Unter Synergieeffekten werden die ökonomischen Auswirkungen durch den Verbund von Unternehmen, insbesondere auf ihre Rentabilität und damit ihre Wettbewerbsfähigkeit verstanden, mithin das Zusammenwirken von Elementen, das überadditiv ausfällt:

> „*In wirtschaftlichen Zusammenhängen lässt sich der Synergiebegriff deshalb mit dem Schlagwort 1 + 1 = 3 einprägsam beschreiben. D. h. im Zusammenhang mit Synergien gilt das betriebswirtschaftliche Interesse der Frage, inwiefern sich der Jahresüberschuss bei der Verbindung von zwei oder mehreren Unternehmen über das hinaus erhöht, was aus der reinen Addition der Unternehmensergebnisse resultiert.*"[500]

Wenn solche Synergievorteile mit einer subjektiv als hinreichend angesehenen Wahrscheinlichkeit zu erreichen sind, wird ein rational handelnder Erwerber bereit sein, einen Preis für sie zu zahlen, d. h. ihren Barwert in seine Preisobergrenze eingehen lassen. Das gilt unabhängig davon, ob die Synergievorteile bei der erwerbenden oder der zu übernehmenden Gesellschaft bzw. dem zu beherrschenden Unternehmen auf-

---

497 Erklärung des IDW vom 20. September 2013 im Spruchverfahren vor dem LG Hannover zu Az. 23 AktE 191/09.

498 IDW S 1 (2008), Rdnr. 31, 46.

499 BVerfG vom 25. Juni 2014, Az. 1 BvR 668/10, 1 BvR 2104/10.

500 Wollny, Christoph: Der objektivierte Unternehmenswert – Unternehmensbewertung bei gesetzlichen und vertraglichen Bewertungsanlässen. 2., vollständig überarbeitete und erweiterte Auflage Herne 2010, S. 150.

treten. Bei einer freien Preisverhandlung wird der Verkäufer versuchen, sich diese Synergievorteile des Käufers, soweit er sie erkennt, im Preis entgelten zu lassen. Bei kompensationspflichtigen Strukturmaßnahmen sollen die Hauptaktionäre dagegen nach den Empfehlungen des IDW privilegiert werden. Denn insoweit empfiehlt das IDW nur den Einbezug sogenannter „unechter Synergieeffekte",[501] also solcher, die sich ohne Durchführung der dem Bewertungsanlass zugrunde liegenden Maßnahme realisieren lassen.

Diese Empfehlung steht bereits im Widerspruch zur Rechtsprechung des Bundesgerichtshofs.[502] Soweit darüber hinaus in der rechtswissenschaftlichen Literatur z. T. die Auffassung vertreten wird, dass „echte Synergieeffekte" aufgrund vorzunehmender „stand-alone Betrachtung" nicht zu berücksichtigen seien,[503] greifen die dafür vorgebrachten Argumente nicht. Das gilt insbesondere für die Begründung, dass das IDW bzw. dessen Hauptfachausschuss diese Forderung aufgestellt habe. Denn dem IDW kommt eine solche Richtlinienkompetenz nicht zu. Auch die weiter vorgebrachte Begründung, dass der objektivierte Unternehmenswert aufgrund seiner Ableitung aus dem vorhandenen Unternehmenskonzept im Gegensatz zum subjektiven Wert eine relativ sicher zu bestimmende Größe sei,[504] verfängt nicht. Denn auch er beruht auf zahlreichen unsicheren Prognosen, insbesondere bezüglich der künftigen finanziellen Überschüsse. Erst recht nicht verfängt das gegen den Einbezug „echter Synergieeffekte" vorgebrachte Billigkeitsargument, der Minderheitsaktionär dürfe nicht über den Einbezug von Verbundeffekten so gestellt werden, als läge es in seiner freien Entscheidung, ob er verkaufen wolle oder nicht.[505] Denn damit greifen die Verfechter dieser Argumentation selbst auf ein Fairnessargument zurück, führen es aber zugunsten des verhandlungsstärkeren Käufers, dem Hauptaktionär, ins Feld.

> *„Angesichts der Vorgabe, dem ausscheidenden Aktionär volle Kompensation zu gewähren, ist es nicht verständlich, warum die bei der freiwilligen Anteilsveräußerung geltenden Grundsätze nicht auch im Fall der Zwangsentschädigung maßgeblich sein sollen."*[506]

---

501 IDW S 1 (2008), Rdnr. 34.

502 BGH vom 12. März 2001, Az. II ZB 15/00.

503 Mertens, Hans-Joachim: Zur Geltung des Stand-alone-Prinzips für die Unternehmensbewertung bei der Zusammenführung von Unternehmen. In AG 1992, S. 321.

504 Mertens, Hans-Joachim: Zur Geltung des Stand-alone-Prinzips für die Unternehmensbewertung bei der Zusammenführung von Unternehmen. In AG 1992, S. 325.

505 Mertens, Hans-Joachim: Zur Geltung des Stand-alone-Prinzips für die Unternehmensbewertung bei der Zusammenführung von Unternehmen. In AG 1992, S. 327.

506 Vgl. Paulsen in Münchener Kommentar Aktiengesetz. 3. Aufl. München 2010, § 305 Rdnr. 135.

d Kapitalisierungszinssatz

Während sich das IDW mit seinen Empfehlungen zur Ermittlung der zukünftigen finanziellen Überschüsse (Zählerebene) noch zurückhält, bezieht es bezüglich der Ermittlung des Kapitalisierungszinssatzes (Nennerebene) klar Stellung.

Zur Fehlerhaftigkeit der Empfehlungen

- zum Basiszinssatz[507],
- zur Rundung des Basiszinssatzes auf volle 1/4-Prozentpunkte[508] und
- den grundsätzlichen Schwächen des vom IDW empfohlenen[509] CAPM- bzw. TAX-CAPM-Verfahren[510]

wird auf die obigen Ausführungen verwiesen.

Die einseitige Vertretung von Interessen der Hauptaktionäre zeigt sich aber besonders in den empirisch nicht belegbaren Empfehlungen des IDW zur Anpassung des Risikozuschlags anlässlich der gesunkenen Basiszinssätze aufgrund der Finanz- und Wirtschaftskrise: Zwar erkennt der IDW an, dass sich die *„niedrigen Renditen an einem funktionierenden Markt gebildet haben"*[511]. Dennoch seien *„bei der Prognose der Marktrisikoprämie durch die Finanzmarktkrise veränderte Einflussparameter, vor allem eine veränderte Risikotoleranz, zu berücksichtigen, so dass sich im Vergleich zu den letzten Jahren derzeit höhere Marktrisikoprämien rechtfertigen lassen"*.[512] Dieser Empfehlung vermögen nicht einmal die Wirtschaftsprüfer uneingeschränkt zu folgen.[513] Auch die Gerichte lehnen diese Empfehlung des IDW mangels empirischer Grundlage ab:

> *„Vor dem Hintergrund, dass bislang im Rahmen des (TAX-) CAPM die Auffassung vertreten wurde, dass die aufgrund der Betrachtung längerer Zeiträume gewonnene historische Marktrisikoprämie geeignet ist, die zukünftigen Renditeerwartungen der Anleger abzubilden, erscheint eine Anpassung wegen der gegenwärtigen Finanzkrise nicht unbedingt zwingend. Seit Kriegsende gab es*

---

507 Vgl. oben Teil 6 § 18 IV 2 – Empfehlungen des IDW, ab S. 352.

508 Vgl. oben Teil 6 § 18 V 1 – Glättungen und Rundungen; Empfehlung des IDW, ab S. 354.

509 IDW S 1 (2008), Rdnr. 118.

510 Vgl. oben Teil 6 § 19 III 1 – Vor- und Nachteile des (Tax-)CAPM-Verfahren, ab S. 361.

511 Verlautbarung des FAUB vom 10. Januar 2012: Auswirkungen der aktuellen Kapitalmarktsituation auf die Ermittlung des Kapitalisierungszinssatzes. WPg 2012 Nr. 4, S. 169.

512 Verlautbarung des FAUB vom 20. September 2012: Hinweise des IDW zum Kapitalisierungszinssatz in der Unternehmensbewertung. WPg 2012 Nr. 21, S. 1125.

513 Bericht des sachverständigen Prüfers im Spruchverfahren betreffend Unternehmensvertrag der Deutschen Postbank AG, LG Köln, Az. 82 O 77/12: *„Präferiert man eine Anpassung der Marktrisikoprämie vom Mittel der empfohlenen Bandbreite nach oben, so liegen nach unserem Kenntnisstand derzeit keine Studien vor, ab welchen Werten ein bestehendes Niveau des Basiszinssatzes als ungewöhnlich niedrig zu bezeichnen wäre oder umgekehrt ein bestimmtes Maß an Unsicherheit als ungewöhnlich hoch zu bezeichnen wäre, so dass eine Anpassung der Marktrisikoprämie erforderlich würde. Umgekehrt wäre zudem auch zu fragen, ob nicht für Zeiträume, in denen hohe Renditen auf quasi-risikolose Bundesanleihen zu beobachten waren, Anpassungen der Marktrisikoprämie nach unten vorgenommen werden müssten."*

vielfach sowohl Phasen einer besonders positiven Wirtschaftsentwicklung als auch krisenhafte Entwicklungen, die insgesamt in die Betrachtung der Überrendite von Aktien gegenüber Rentenpapieren eingeflossen sind. Daher ist es ohne umfassende wirtschaftstheoretische sowie empirische Untersuchungen nicht plausibel, wegen der aktuellen Entwicklung die bisherige Systematik infrage und die gegenwärtig zu beobachtenden Markterwartungen in den Vordergrund zu stellen.“[514]

3 Anwendung von Marktstudien

Die Planannahmen sind von Hauptaktionären auch dann zu plausibilisieren und zu beweisen, wenn diese von einschlägigen Marktstudien abweichen. Insbesondere sind Plannanahmen dann eingehend zu begründen, wenn sie hinter den Experteneinschätzungen zu allgemeinen Marktentwicklungen oder festlegbaren Bezugspunkten[515] zurückbleiben.

Marktanalysen und Benchmarks, auf die Bezug genommen wird, sind genau zu bezeichnen und in Spruchverfahren von Hauptaktionären allen Antragstellern zugänglich zu machen. Nur so kann die von der Verfassung geforderte prozessuale Waffengleichheit gewährleistet werden. Denn solche Marktstudien sind den Minderheitsaktionären in der Regel schon aus wirtschaftlichen Gesuíchtspunkten,[516] z. T. aber auch aus rechtlichen Gründen[517] nicht zugänglich.

IV Kapitalisierungszinssatz

Unstreitig ist, dass zukünftige finanzielle Überschüsse auf den Bewertungsstichtag diskontiert werden müssen. Aufgrund der Hebelwirkung, welche dem Kapitalisierungszinssatz zukommt, ist bei dessen Ermittlung besondere Sensibilität erforderlich.

Das von Hauptaktionären nahezu ausschließlich angewandte (Tax-)CAPM Verfahren hat sich in der Praxis nicht bewährt. Daher ist dem richterlichen Schätzungsermessen der Vorzug zu gewähren. Denn dies allein genügt dem Justizgrundrecht auf den gesetzlichen Richter, Art. 101 Abs. 1 S. 2 GG.

Außerdem müssen sämtliche empirisch nachweisbaren Parameter stimmen. Abweichungen davon sind in jedem Einzelfall zu begründen. Unterbleibt eine solche Darlegung oder gelingt der Beweis nicht, sind empirisch nachweisbare Daten zwingend zugrunde zu legen.

---

514 LG Berlin vom 11.12.2013, Az. 102 O 100/12.SpruchG (Hinweisbeschluss).

515 Englisch: Benchmark.

516 Kosten von mehreren tausend Euro.

517 Weil sie keine Branchenverbandsmitglieder sind.

V Börsenkurs

Zu dem aus Art 14 Abs. 1 GG gewährleisteten Eigentum gehört auch das in der Aktie verkörperte Anteilseigentum. Der Ausschluss aus einer Aktiengesellschaft stellt einen besonders schweren Eingriff in das Eigentumsgrundrecht dar.

Die Abfindung muss so bemessen sein, dass die Minderheitsaktionäre nicht weniger erhalten, als sie bei einer freien Deinvestitionsentscheidung zum Zeitpunkt der Strukturmaßnahme erlangt hätten.

Anders als bei Enteignungen zum Wohl der Allgemeinheit kommt als Entschädigung im Falle aktienrechtlicher Strukturmaßnahmen, in dem der Hauptaktionär den Nutzen aus der Konzernierungsmaßnahme zieht, nur eine volle Abfindung in Betracht. Der Ausscheidende muss erhalten, was seine gesellschaftliche Beteiligung an dem arbeitenden Unternehmen wert ist.

Der Börsenkurs kann einen solchen vollen Wert aber nur dann abbilden, wenn allen Marktteilnehmern die preisbildenden Faktoren bekannt sind. Der volle Wert einer Gesellschaft wird jedoch erst in einer Unternehmensbewertung aufgedeckt. Bis zu diesem Zeitpunkt ist er nur Insidern, insbesondere dem Hauptaktionär, bekannt. Den übrigen Marktteilnehmern werden die Ertragspotenziale der Gesellschaft und damit ihr Zukunftserfolgswert erst mit Veröffentlichung des Übertragungsberichts bekannt gegeben. Erst ab diesem Zeitpunkt kann sich der volle Wert in den Börsenkurs einpreisen und kann der Börsenkurs den wahren Verkehrswert der Gesellschaft, den es abzufinden gilt, widerspiegeln.[518]

Daher ist die Rechtsprechung zum maßgeblichen Referenzzeitraum, welche der interessenorientierten Argumentation der Hauptaktionäre gefolgt ist, zu korrigieren. Der Bewertungsstichtag ist im Gesetz definiert, § 327a Abs. 1 S. 1 AktG: Die Barabfindung „*muss die Verhältnisse der Gesellschaft im Zeitpunkt der Beschlussfassung ihrer Hauptversammlung berücksichtigen*“. Ein zeitlich, wie weit auch immer, vorverlegter Stichtag ist mit dem Gesetz nicht vereinbar.

Dass der Börsenkurs nach Bekanntmachung der Barabfindung und des Übertragungsberichts häufig nicht unter die angebotene Barabfindung abfällt, im Gegenteil sogar noch ansteigt, ist gleich aus mehreren Gründen anzunehmen:

- Mit Bekanntmachung der Barabfindung, welche der Hauptaktionär bereit ist zu zahlen, erhalten Marktteilnehmer eine Preisgarantie, welche sie ihren Anlageentscheidungen zugrunde legen können.
- Mit Veröffentlichung des Übertragungsberichts werden die bis dahin nur Insidern, insbesondere dem Hauptaktionär, bekannten wahren Ertragspotenziale der Gesellschaft den Marktteilnehmern zugänglich. Der im Übertragungsbericht genannte Unternehmenswert stellt, im Idealfall, den wahren Wert der Gesell-

518 Vgl. dazu die Ausführungen von Fama, Eugene Francis: Efficient Capital Markets, A Review of Theory and Empirical Work. In: Journal of Finance, Vol. 25 1970, S. 383–417.

schaft dar. Dieser kann von den Marktteilnehmern, losgelöst von kurzfristigen spekulativen oder irrationalen Entscheidungen, ihren Anlageentscheidungen zugrunde gelegt werden.

– Dabei werden die im Bericht dargestellten Ertragspotenziale von den Marktteilnehmern, wie auch von Gerichten in Spruchverfahren, kritisch überprüft. Spiegelt der im Bericht dargestellte Unternehmenswert nicht den wahren Wert der Gesellschaft wider, erwarten Marktteilnehmer eine Erhöhung der Barabfindung im Spruchverfahren. Dabei wird in den Börsenkurs sowohl die Erwartung auf eine Erhöhung der Barabfindung als auch die Realisierungswahrscheinlichkeit in einem Spruchverfahren eingepreist. Der Börsenkurs wird folglich auch nach Veröffentlichung des Übertragungsberichts noch hinter dem von allen Marktteilnehmern taxierten wahren Wert der Gesellschaft zurückbleiben, weil das Risiko der Realisierungswahrscheinlichkeit mit einem Abschlag vom Kurs berücksichtigt wird.

Vor allem aber verlangt das Gebot der „Waffengleichheit", dass der Hauptaktionär nicht über Inhalt und Umfang der von ihm veröffentlichten Informationen den Börsenkurs und damit zugleich die Höhe der angemessenen Barabfindung einseitig beeinflussen kann.

Der Referenzzeitraum zur Ermittlung des als Wertuntergrenze zu beachtenden Börsenkurses darf daher nicht vor Bekanntmachung der bis dahin nur dem Hauptaktionär bekannten wertrelevanten Faktoren enden. Weil das Gesetz den Tag der Beschluss fassenden Hauptversammlung als Bewertungsstichtag definiert, hat auch der Referenzzeitraum an diesem Tag zu enden.

Die von Bewertungsgutachtern und sachverständigen Prüfern häufig beschworenen praktischen Probleme bestehen tatsächlich nicht. Veränderungen des Börsenkurses zwischen dem Abschluss der Bewertungsarbeiten und dem Bewertungsstichtag sind, ebenso wie Veränderungen relevanter Faktoren des Ertragswerts, in Form einer Stichtagserklärung in der Hauptversammlung zu berücksichtigen und die Barabfindung entsprechend anzupassen. Dies erfolgt bereits bisher im Falle der notwendigen Anpassung des Basiszinssatzes an die veränderten Verhältnisse bis zum Tag der Hauptversammlung. Eine solche Anpassung ist gleichermaßen, sogar noch einfacher, weil eine Neuberechnung des Unternehmenswertes nicht erforderlich ist, auch beim Börsenkurs möglich.

VI Gemeinsamer Vertreter

Die Praxis hat gezeigt, dass aus der Tätigkeit der gemeinsamen Vertreter meist keine zusätzlichen Tatsachen oder Argumente in Spruchverfahren eingebracht werden, die zu einer höheren Barabfindung führen.[519] Aus rechtspolitischen Gründen ist aber zu fordern, dass der gemeinsame Vertreter das Verfahren tatsächlich fördert und nicht nur prozessualen Aufwand und zusätzliche Kosten verursacht. Denn der gemeinsame Vertreter nimmt eine herausragende Position im Spruchverfahren ein.

Die Tätigkeit des gemeinsamen Vertreters erfordert daher eine umfassende berufliche Qualifikation. Diese muss sowohl die juristische als auch die wirtschaftswissenschaftliche Qualifikation umfassen, weil die Unterbeauftragung entsprechender Sachverständiger regelmäßig nicht erstattungsfähig ist. Insbesondere für die wirtschaftliche Beurteilung der Angemessenheit der angebotenen Barabfindung ist jedoch die vergleichende Kenntnis aus einer breiten empirischen Anzahl von Spruchverfahren unerlässlich.

Die Gerichte tragen angesichts des im Spruchverfahren aufzulösenden situationsimmanenten Interessenkonflikts eine erhebliche Verantwortung bei der Auswahl und Bestellung der gemeinsamen Vertreter. Schließlich können Hauptaktionäre mit nahezu unbegrenztem finanziellem Aufwand ihren Informationsvorsprung im Spruchverfahren durch Berater verteidigen. Berufsträger,

- welche nicht über die erforderliche sachbezogene, berufliche Qualifikation verfügen,
- für Kanzleien tätig sind oder waren, welche typischerweise die Interessen von Hauptaktionären vertreten, insbesondere im Handelsrechtsausschuss des Deutschen Anwaltsvereins vertreten sind,
- auf andere Weise Interessenkollisionen unterworfen sind,
- in früheren Spruchverfahren durch Pflichtverletzungen oder Untätigkeit auffällig geworden sind oder
- aufgrund nicht sachgerechter Amtsführung

nicht die Interessen der Minderheitsaktionäre vertreten, dürfen daher nicht zum gemeinsamen Vertreter bestellt werden. Stellen sich solche Gründe erst nach der Bestellung heraus, ist das Gericht befugt und auch verpflichtet, den gemeinsamen Vertreter wieder abzuberufen und durch einen anderen zu ersetzen.

§ 23 Regulatorischer Modifizierungsbedarf

Das Spruchverfahren hat sich als effektives Verfahren bewährt, um das Eigentum der Minderheitsaktionäre zu schützen und deren wirtschaftliche Interessen zu wahren. Der regulatorische Rahmen lässt sich jedoch noch weiterentwickeln. Das gilt nicht nur für den Anwendungsbereich (I), sondern auch für die verwaltungstechnische Handhabung (II), die Angemessenheitsprüfung der Barabfindung (III), die Verfahrensbeschleunigung (IV), den Kostenerstattungs- (V) und den Verzinsungsanspruch (VI).

519 Siehe oben Teil 5 § 15 II – Gemeinsamer Vertreter, ab S. 310.

I Anwendungsbereich

Der Anwendungsbereich des Gesetzes ist in § 1 SpruchG auch auf solche Fälle zu erweitern, in denen es um die von der Verfassung geschützten wirtschaftlichen Interessen der Minderheitsaktionäre geht. Das betrifft neben dem Delisting (1) vor allem die Fälle des übernahmerechtlichen Squeeze-out (2) und der Sachkapitalerhöhung (3).

1 Delisting

Das reguläre Delisting fiel zunächst nicht nach dem Wortlaut des Gesetzes in den Anwendungsbereich des Spruchverfahrensgesetzes, sondern auf der Grundlage richterlicher Rechtsfortbildung. Aus der „Macrotron-Entscheidung“ des Bundesgerichtshofs folgte unter anderem, dass ein im Spruchverfahren überprüfbares Pflichtangebot zu unterbreiten ist.[520] Mit der „Frosta-Entscheidung“ hat der Bundesgerichtshof diese Rechtsprechung aufgegeben.[521] Bei einem Delisting haben die Aktionäre keinen Anspruch auf eine Barabfindung. Es bedarf weder eines Beschlusses der Hauptversammlung, noch eines Pflichtangebots.

Nach dieser Entscheidung ist es zu einem sprunghaften Anstieg von Delistings gekommen. Soweit sich danach kein Squeeze-out oder eine andere Veräußerungsmöglichkeit abzeichnet, kommen die Minderheitsaktionäre damit unter Verkaufsdruck. Es spricht einiges dafür, dass sie zu einem Verkauf unter dem inneren Wert bereit sind. Schließlich stellt ein nicht handelbarer Sachwert keinen inneren Wert dar. Daher zeigt eine erste Auswertung der Kursentwicklung, dass vor dem Delisting die Kurse sinken.[522]

Daher hat der Gesetzgeber die Bedeutung der Handelbarkeit einer Aktie noch einmal neu zu überdenken. Ein faktisches Herausdrängen unter dem inneren Wert bei einem Delisting beeinträchtigt das Aktieneigentum, weil es nicht mehr zu einer angemessenen Teilhabe am inneren Wert kommt. Das verlangen aber die hier bestehenden verfassungsrechtlichen Gewährleistungen. Bei den anderen kompensationspflichtigen Strukturmaßnahmen, wie zum Beispiel Squeeze-out, Unternehmensvertrag oder Verschmelzung, wird daher immer der innere Wert ermittelt, um eine angemessene Barabfindung wie in § 327a Abs. 1 S. 1 AktG gewährleisten zu können.

Hierzu ist dem verfassungsrechtlichen Gewährleistungsrahmen zum Aktieneigentum dadurch zu entsprechen, dass die bewährten Standards der „Macrotron-Entscheidung“ gesetzlich festgeschrieben werden. Dafür wäre eine rechtstechnische Gleichstellung des Delistings mit den anderen kompensationspflichtigen Strukturmaßnahmen zu normieren.

---

520 BGH vom 25. November 2002, Az. II ZR 133/01.

521 BGH vom 21. November 2013, Az. II ZB 26/12.

522 Vgl. oben Teil 1 § 1 VI – Delisting, ab S. 19.

Dazu bietet es sich an, in § 119 Abs. 1 AktG die Befassungskompetenz der Hauptversammlung, in § 39 Abs. 2 BörsenG zudem eine umfassende Berichtspflicht und in § 35 WpÜG die Pflicht zur Abgabe eines Übernahmeangebots zu statuieren. Wie bei den anderen kompensationspflichtigen Strukturmaßnahmen ist der den Delisting-Beschluss fassenden Hauptversammlung eine Unternehmensbewertung und ein Prüfungsbericht vorzulegen. Außerdem ist der Anwendungsbereich des Spruchverfahrensgesetzes in § 1 Nr. 7 auf das reguläre Delisting auszudehnen.

2 Übernahmerechtlicher Squeeze-out

Zur Vereinheitlichung der Verfahrensstrukturen ist auch der übernahmerechtliche Squeeze-out nach §§ 39a bis 39c WpÜG im Spruchverfahren zur Überprüfung zu stellen. Insbesondere die Vermutung der Angemessenheit in § 39a Abs. 3 S. 3 WpÜG ist als widerleglich auszugestalten. Es gibt keinen sachlichen Grund, hier die Gewährleistungen zum Aktieneigentum anders zu behandeln als bei den sonst nach § 1 SpruchG kompensationspflichtigen Strukturmaßnahmen.

Die ausgeschiedenen Aktionäre haben nach Art. 14 Abs. 1 GG einen Anspruch auf eine angemessene Teilhabe am inneren Wert der Gesellschaft, der nur auf der Grundlage einer fundamentalanalytischen Unternehmensbewertung, z. B. nach dem Ertragswert- oder Discounted Cash Flow-Verfahren, ermittelt werden kann. Wie die Effizienzmarkthypothese zeigt, reflektiert der Börsenwert nur dann den inneren Wert, wenn der Kurs alle dafür relevanten Informationen einpreist. Das ist jedoch dann ausgeschlossen, wenn wesentliche preisbildende Faktoren, wie insbesondere die Unternehmensplanung nur einzelnen Marktteilnehmern bzw. ausschließlich dem Hauptaktionär bekannt sind.

Folgt aus einer Unternehmensbewertung, dass der Börsenkurs nicht mindestens dem inneren Wert der Gesellschaft entspricht, ist der wahre Wert in einem Spruchverfahren zu ermitteln. Andernfalls entspricht die Abfindung nicht den verfassungsrechtlichen Gewährleistungen zum Aktieneigentum.

3 Nachteilsausgleich durch Sachkapitalerhöhung

Neuere Gesetzgebungsinitiativen zeigen das Bestreben der die Hauptaktionäre beratenden Großkanzleien auf, aktienrechtliche Strukturmaßnahmen der gerichtlichen Prüfung zu entziehen.

So war im Rahmen der Aktienrechtsrechtsnovelle 2012 geplant, den Nachteilsausgleich nach § 15 UmwG statt bisher durch bare Zuzahlung auch durch die Gewährung von zusätzlichen Aktien zu ermöglichen. Da grundsätzlich im Falle der Verschmelzung von Aktiengesellschaften die Aktionäre der untergehenden Gesellschaft Anspruch auf eine angemessene Zahl von Aktien der aufnehmenden Gesellschaft, also ein angemessenes Umtauschverhältnis, haben, ist diese Forderung nachvollziehbar. Allerdings beinhaltete der Vorschlag des Handelsrechtsausschusses des Deutschen Anwaltsvereins mehrere „Fallstricke“:

- Allein der übernehmenden Aktiengesellschaft soll eine solche Ersetzungsbefugnis eingeräumt werden; die abfindungsberechtigten Aktionäre dürfen also nicht selbst entscheiden.
- Stehen der übernehmenden Gesellschaft nicht ausreichend eigene Aktien zur Verfügung, müssen neue geschaffen werden. Diese sollen nicht im Wege einer Kapitalerhöhung aus Gesellschaftsmitteln gemäß §§ 207 ff. AktG, sondern durch eine Sachkapitalerhöhung geschaffen werden. Eine erneute Wertermittlung der Aktien sah der Entwurf nicht vor. Dies kann im Ergebnis aufgrund der langen Dauer von Spruchverfahren dazu führen, dass Aktionäre der untergegangenen Gesellschaft mit dann bereits wertlosen Aktien der übernehmenden Gesellschaft „abgespeist“ werden. Denn Aktionäre, die sich von den Aktien der übernehmenden Gesellschaft getrennt haben, weil sie diese nicht für wertäquivalent angesehen haben, werden ohne erneute Wertprüfung mit eben solchen Aktien erneut befriedigt. Haben sich die wirtschaftlichen Verhältnisse der aufnehmenden Gesellschaft während der Dauer des Spruchverfahrens geändert, erhält der ausgeschiedene Aktionär hierfür keinen Wertausgleich.

Daher ist dem Bestreben der Hauptaktionäre, den Ausgleichsanspruch der Minderheitsaktionäre zu beschneiden, auch an dieser Stelle ein Riegel vorzuschieben. Das hat auch der Gesetzgeber so gesehen. Die Änderungswünsche der Hauptaktionäre sind in der Beschlussempfehlung des Gesetzes nicht mehr enthalten.[523]

II Verwaltungstechnische Handhabung

Spruchverfahren belasten wegen der regelmäßig großen Anzahl von Antragstellern, den vielen, mitunter voluminösen Schriftsätzen, und der langen Verfahrensdauer alle Verfahrensbeteiligten gleichermaßen. Der Verwaltungsaufwand lässt sich aber durch eine vereinfachte Übermittlung per E-Mail (1) und die Einrichtung einer elektronischen Akte (2) reduzieren. Sachliche und örtliche Sonderzuständigkeiten der Gerichte entsprechen der Komplexität dieser Verfahrensart (3).

1 Elektronischer Rechtsverkehr

Die Führung elektronischer Akten sowie die (nur) elektronische Kommunikation zwischen Verfahrensbeteiligten untereinander und der Justiz sind gesetzlich nicht zulässig. Dies stellt im Zeitalter der Digitalisierung einen Anachronismus dar.

523 BT-Drucks. 17/14214 vom 26. Juni 2013.

Ein erster Schritt hin zum elektronischen Rechtsverkehr ist mit dem Gesetz zur Förderung des elektronischen Rechtsverkehrs mit den Gerichten vom 10. Oktober 2013 getan.[524] Dieses Gesetz tritt aber frühestens am 1. Januar 2018 mit Übergangsregelungen bis zum 31. Dezember 2020 in Kraft.[525]

Auch für Spruchverfahren auf der Grundlage des FamFG ist die Führung von elektronischen Akten vorgesehen.[526] Nicht anwaltlich vertretenen Antragstellern wird es danach ermöglicht, Anträge und Schriftsätze elektronisch bei Gericht einzureichen, sofern sie diese von einem ihr allein zugeordneten De-Mail-Konto – nach entsprechend sicherer Anmeldung, § 4 Abs. 1 S. 2 De-Mail-Gesetz – verschicken.[527] Für Rechtsanwälte wird die Einreichung elektronischer Dokumente sogar Pflicht. Auch untereinander müssen Rechtsanwälte elektronisch kommunizieren.

Das Gesetz trifft aber keine spezifische Regelung zum Schriftverkehr zwischen den Verfahrensbeteiligten in Spruchverfahren. Umgekehrt wird die Justiz nicht verpflichtet, den Rechtsverkehr mit den Verfahrensbeteiligten elektronisch zu führen. Das führt dazu, dass anwaltlich vertretene Antragsteller künftig elektronisch mit den Gerichten und den übrigen anwaltlich vertretenen Antragstellern kommunizieren müssen, für die übrigen Antragsteller aber entsprechende Schriftsätze bei Gericht einreichen müssen, welche von dort weiterzuleiten sind.

Unabhängig davon, dass das Gesetz erst in ferner Zukunft in Kraft tritt und seine zeitliche Umsetzung abhängig von den Entscheidungen der jeweiligen Landesregierungen ist, führt die Ungleichbehandlung anwaltlich und nicht anwaltlich vertretener Antragsteller einerseits und der mangelnden Verpflichtung der Justiz zur elektronischen Kommunikation andererseits zu Verfahrensproblemen.

Die Vielzahl von Antragstellern und der Umfang der Schriftsätze stellen aber in vielen Spruchverfahren besondere verwaltungstechnische Anforderungen. Einige Gerichte sind schon dazu übergegangen, eine Liste der Verfahrensbeteiligten mit Angaben zur Postanschrift und E-Mail-Adresse zu erstellen. Sie regen dann zur verwaltungstechnischen Vereinfachung für alle Verfahrensbeteiligten eine Übermittlung der Schriftsätze per E-Mail an. Die meisten Verfahrensbeteiligten entsprechen dem. Diese Vorgehensweise unterschreitet zwar noch die Anforderungen, die §§ 130a, 130b ZPO an elektronische Dokumente stellen. Sie hat sich aber in der Praxis bewährt.

Daher spricht einiges dafür, zumindest in Spruchverfahren auf die Anwendung des § 174 Abs. 3 S. 2 und 3 ZPO zu verzichten. In Spruchverfahren hat sich bewährt, wie in § 174 Abs. 2 S. 2 ZPO geregelt, um die Übermittlung eines Empfangsbekenntnisses zu bitten. Daher genügt es, den Sinngehalt dieser Norm auch auf eine Übermittlung per E-Mail zu übertragen.

---

524 BGBl I 2013, S. 3786.

525 Art. 24 und 26 des Gesetzes.

526 Art. 2 des Gesetzes.

527 Art. 1 Nr. 14 des Gesetzes.

2 Elektronische Akte

Darüber hinaus sollten schon jetzt Erfahrungen mit einer elektronischen Akte gesammelt werden. Dazu bieten sich Systeme wie „dropbox"[528] für die Verfahrensbeteiligten an, die einem solchen Vorschlag zustimmen. Beispielhaft lässt sich auch auf die Vereinigten Staaten von Amerika verweisen, wo es das schon gibt.[529] In Deutschland werden erste Erfahrungen auf der Grundlage von § 12 Abs. 2 KapMug gemacht.[530] Dazu wäre gesetzlich zum Beispiel zu regeln, dass

- Antragsteller wie Antragsgegner ihre Schriftsätze nebst Anlagen *auch* elektronisch zu Gericht einreichen. Technisch bieten sich hierfür das für alle frei zugängliche PDF[531] oder allgemein gebräuchliche Text- und Tabellenverarbeitungsformate an. Mit Zustimmung *aller* Verfahrensbeteiligten kann der Schriftverkehr auch ausschließlich elektronisch geführt werden.
- Die Gerichte richten auf ihrem Server eine elektronische Akte ein, in welcher die Schriftsätze der Verfahrensbeteiligten nebst Anlagen, schriftliche Berichte von Sachverständigen sowie alle Abschriften, verfahrensleitenden Verfügungen und Beschlüsse des Gerichts abgespeichert werden. Zu dieser Akte erhalten *nur* die Verfahrensbeteiligten einen Zugangscode.
- Soweit die Verfahrensbeteiligten hierfür ihre Zustimmung erteilen, wird auf die Versendung der Schriftsätze und der Verfügungen des Gerichts verzichtet. Auf Verfügungen, durch welche Fristen in Lauf gesetzt werden oder welche Ladungen enthalten, wird per Rund-E-Mail hingewiesen.

Auf diese Weise erhalten alle Verfahrensbeteiligten permanenten Zugriff auf alle Dokumente des Rechtsstreits, ohne dass nicht am Verfahren beteiligte Dritte hierauf unkontrolliert Zugriff nehmen können.

3 Zuständigkeitsverordnung

Der inhaltliche Schwerpunkt der meisten Spruchverfahren liegt bei mehr oder weniger komplexen betriebswirtschaftlichen und finanzmathematischen Fragen. Daraus ergeben sich hohe Anforderungen an die Gerichte. Hinzu kommt der große Verwaltungsaufwand, der regelmäßig mit der großen Anzahl von Antragstellern verbunden ist.

---

528 Dropbox ist ein 2007 gegründeter Webdienst, der die Synchronisation von Dateien zwischen verschiedenen Computern und Personen ermöglicht.

529 PACER (Public Access to Court Electronic Records). Weitere Hinweise unter http://www.pacer.gov/.

530 Siehe auch www.kapmug-info.de.

531 Portable Document Format.

Daher haben bereits zahlreiche Bundesländer auf der Grundlage von § 71 Abs. 4 GVG Rechtsverordnungen erlassen und einzelnen Land- und Oberlandesgerichten die Entscheidung in Spruchverfahren für die Bezirke mehrerer Landgerichte übertragen.[532]

Die Zuweisung von Spruchverfahren an dazu spezialisierte Kammern führt dazu, dass zahlreiche Standardfragen, etwa prozessualer Natur oder auch zu einzelnen Bewertungsfragen, nicht mehr thematisiert werden müssen. Auch organisatorisch sind diese Kammern auf die Massenverfahren, mit zum Teil über 300 Verfahrensbeteiligten, ausreichend vorbereitet. Es spricht daher einiges dafür, dass auch die übrigen Bundesländer entsprechende Regelungen treffen.

III Angemessenheitsprüfung der Barabfindung

Die gesetzliche Pflicht zur Prüfung der Angemessenheit der Barabfindung durch einen oder mehrere Prüfer, § 327c Abs. 2 S. 2 AktG, hat sich in der Praxis nicht bewährt.

Zur Festlegung angemessener Barabfindungen müssen stattdessen wirtschaftliche Anreize geschaffen werden. Die Pflichtprüfung ist daher aufzugeben. Das stellt keine Schlechterstellung der Parteien dar:

- Für die Hauptaktionäre tritt bei der Vorbereitung der Hauptversammlung keine zeitliche Verzögerung ein. Im Gegenteil: Sie kann noch schneller vorbereitet und der Ausschluss der übrigen Aktionäre entsprechend früher vollzogen werden.
- Dadurch verringert sich für die Minderheitsaktionäre auch die Gefahr, von allgemein positiven Entwicklungen der Börsenkurse ausgeschlossen zu werden.
- Finanziell werden die Hauptaktionäre entlastet, weil die Kosten für den sachverständigen Prüfer entfallen. Der Hauptaktionär hat es selber in der Hand, in welcher Höhe stattdessen Kosten für ein Beweisverfahren im Spruchverfahren anfallen. Legt er eine realitätsnahe Unternehmensbewertung vor, fallen gar keine Kosten an.
- Eine angemessene Verzinsung der gerichtlich festgesetzten Erhöhung schafft ebenfalls einen weiteren wirtschaftlichen Anreiz für eine zutreffende Unternehmensbewertung.
- Die lange Dauer der Spruchverfahren darf auch nicht mehr automatisch zu Einsparungen beim Hauptaktionär führen. Denn nicht jeder Hauptaktionär entspricht seiner Nachzahlungspflicht bzw. nur verspätet. Daher sind klare Fälligkeitsregeln und eine Hinterlegungspflicht bis zum Ablauf der Verjährung erforderlich.
- Auch für die Minderheitsaktionäre entsteht kein wesentlicher Nachteil. Weil die Prüfungsberichte nicht den Schutz ihrer Interessen verfolgen und damit den

---

532 Siehe oben Teil 1 § 2 IV 7 h – Landesrechtliche Zuständigkeiten, ab S. 67.

Intentionen des Gesetzgebers zuwider laufen, helfen sie ihnen, zumindest in der gegenwärtigen Praxis, ohnehin nicht.

IV Verfahrensbeschleunigung

Ergänzend zu der oben[533] empfohlenen strengeren Anwendung des bestehenden Verfahrensrechts bieten sich auch gesetzgeberische Korrekturen an, um die immer noch überlangen Verfahrensdauern zu verkürzen:

- Analog den Regelungen zur Beweislastumkehr im Falle fehlerhafter Anlageberatung[534] ist die Beweislast bei konkreten Einwendungen gegen die Angemessenheit der Barabfindung oder die seiner Berechnung zugrunde liegende Unternehmensbewertung umzukehren. Der Hauptaktionär hat dann darzulegen und gegebenenfalls zu beweisen, dass die von ihm behaupteten Tatsachen, welche in die Berechnung der Barabfindung eingeflossen sind, zutreffen. Hierfür bietet sich eine gesetzliche Formulierung entsprechend § 611a BGB a. F. etwa wie folgt an:

  „*Wenn im Streitfall ein Antragsteller konkret Tatsachen behauptet, die eine höhere Barabfindung oder einen höheren, der Bemessung der Barabfindung zu Grunde liegenden Unternehmenswert vermuten lassen, trägt der Antragsgegner die Beweislast dafür, dass die von ihm festgesetzte Barabfindung oder der von ihm zu Grunde gelegte Unternehmenswert angemessen ist.*“

- Die bisherige Sollvorschrift des § 7 Abs. 2 S. 3 SpruchG, wonach die Frist für die Antragserwiderung drei Monate nicht übersteigen soll, ist in eine gesetzliche Ausschlussfrist umzuwandeln.

V Kostenerstattung

Das Bundesverfassungsgericht stellt in ständiger Rechtsprechung klar, dass der Grundsatz der Waffengleichheit auch bei der Beurteilung der Verfahrenskosten zu beachten ist.[535] Effektiver Rechtsschutz in Spruchverfahren darf nicht durch unzureichende Kostenerstattung ausgeschlossen sein. Das gilt sowohl für die Erstattung der Kosten der Antragsteller (1) als auch für die Sicherung des Rechtsschutzes durch angemessene Vergütungen für Sachverständige (2) und gemeinsame Vertreter (3).

---

533 Siehe Teil 7 § 22 I 1 – Verfahrensdauer, ab S. 415.
534 Vgl. BGH vom 11. Juli 2012, Az. IV ZR 164/11; BGH vom 8. Mai 2012, Az. XI ZR 262/10.
535 BVerfG vom 12. September 2005, Az. 2 BvR 277/05; BVerfG vom 24. März 2011, Az. 1 BvR 2493/10 m. w. N.

1 Kosten der Antragsteller

Der Schutz der Interessen der Minderheitsaktionäre erfordert einen hohen Spezialisierungsgrad bei allen Verfahrensbeteiligten, sowohl den Beratern des Antragsgegners, dem Gericht, dem gemeinsamen Vertreter als auch den Antragstellern. Denn bereits fehlende konkrete Einwendungen gegen die Angemessenheit der Barabfindung bzw. dem ihm zugrunde liegenden Unternehmenswert führen zur Unzulässigkeit des Antrags, § 4 Abs. 2 S. 2 Nr. 4 AktG. Konkrete Einwendungen, die dem Spezialisierungsgrad der hier tätigen Wirtschaftsprüfer entsprechen, erfordern aber eine hohe Qualifikation. Dieser Aufwand lässt sich jedenfalls auf der Grundlage der gesetzlichen Kostenerstattungsansprüche nicht betreiben.

Die bisherigen Kostenregelungen privilegieren einseitig den Hauptaktionär und dessen Berater. Entsprechende gesetzliche Reformen sind daher erforderlich:

- Bereits die Billigkeitsregel des § 15 Abs. 2 SpruchG berücksichtigt nicht den strukturellen Informationsvorsprung zwischen Haupt- und Minderheitsaktionären. Den Minderheitsaktionären/Antragstellern sind die notwendigen Kosten ihrer Rechtsverfolgung nicht nur dann zu erstatten, wenn der wirtschaftliche Ausgang des Verfahrens eine solche Kostenerstattung als „billig" erscheinen lässt, sondern immer dann, wenn der Antrag auf Bestimmung einer höheren Barabfindung
  - nicht unzulässig und
  - ihm nicht von vornherein offensichtlich jede Grundlage fehlt. Das gilt vor allem dann, wenn die bewertungsrelevanten Informationen, welche zur Überzeugung des Gerichts die vom Hauptaktionär festgelegte Barabfindung rechtfertigen, erst im Spruchverfahren offengelegt werden.
- Den Antragstellern sind die notwendigen Kosten ihrer Rechtsverfolgung in jedem Fall zu erstatten, wenn das Spruchverfahren zu einer Erhöhung der Barabfindung führt. Eine, wie hoch auch immer angenommene, Bagatellgrenze findet im Gesetz keine Stütze. Insbesondere der Vergleich mit der inhaltsgleichen Vorschrift des § 81 FamFG und dessen Vorgaben zur Ausübung des Billigkeitsermessens, § 81 Abs. 2 FamFG, lässt eine andere Auslegung des Gesetzes nicht zu. Dazu zählt auch die Erstattung von Kosten für Gutachten, welche von Antragstellern zur Erhebung konkreter Einwendungen gegen die vom Hauptaktionär festgesetzte Kompensation eingeholt werden.
- Die Begrenzung der Kostenerstattung auf einen Streitwert von 7,5 Mio. Euro gilt einseitig nur zu Lasten der Antragsteller. Es gibt keinen sachlichen Grund, warum gerade für diese Verfahrensart von der sonst bestehenden Kappungsgrenze von 30 Mio. Euro abgewichen wird. Zudem gilt die Kappungsgrenze nicht für die Berater der Hauptaktionäre. Diese Ungleichbehandlung verletzt die Antragsteller in ihren Justizgrundrechten sowie im Gleichbehandlungsgrundsatz.
- Außerdem spricht einiges für eine stärkere Differenzierung der Kostenerstattung nach dem Grad der Beteiligung der einzelnen Antragsteller am Verfahren. Die Praxis zeigt, dass zahlreiche Antragsteller nach Einreichung der Antragsschrift nicht mehr aktiv am Verfahren teilnehmen. Eine Vielzahl der Antragsschriften

beschränkt sich zudem auf die Aneinanderreihung von Textbausteinen. Demgegenüber nehmen andere Antragsteller aktiv an den Verfahren, insbesondere auch den mündlichen Verhandlungen teil. Dies rechtfertigt auch eine unterschiedlich hohe Kostenerstattung. Dafür sind den Gerichten vom Gesetzgeber Gebührenrahmen vorzugeben, innerhalb derer das Gericht individuell nach dem Grad der aktiven Teilhabe am Verfahren die Gebühren festsetzen kann.
- In jedem Fall hat eine Belastung der Antragsteller mit Gerichtskosten zu unterbleiben, soweit ein Antrag jedenfalls nicht rechtsmissbräuchlich gestellt wurde. Dies kommt z. B. dann in Betracht, wenn sich ein Antragsteller in einer vorangegangenen Beschlussmängelkontrollklage dazu verpflichtet hat, keinen Antrag auf Festsetzung einer angemessenen Barabfindung in einem Spruchverfahren zu stellen.

2 Vergütung von Sachverständigen

Um der Gefahr vorzubeugen, dass sachverständige Begutachtungen an der unzureichenden gesetzlichen Vergütung von Sachverständigen scheitern, ist die Vergütung von Sachverständigen in Spruchverfahren gesondert gesetzlich zu regeln.

Grundsätzlich bestimmt sich die Vergütung von Sachverständigen zu Fragen der Unternehmensbewertung nach dem Justizvergütungs- und -entschädigungsgesetz, JVEG. Nach dessen § 9 Abs. 1 i. V. m. der Anlage 1 zum Gesetz beträgt der Stundensatz für Sachverständige gerade einmal 95,00 Euro. Dass hierfür erfahrene Wirtschaftsprüfer nicht zu gewinnen sind, wird auch von den Gerichten anerkannt:

> *„Die Kammer hat bei ihrer Entscheidung auch berücksichtigt, dass erfahrene Wirtschaftsprüfer in gerichtlichen Spruchverfahren zu den gesetzlichen Honorarsätzen nicht zu gewinnen sind."*[536]

Das LG Köln hat in dem betreffenden Spruchverfahren Stundensätze für Sachverständige wie folgt genehmigt:

- Gutachter bzw. Managing Director € 400
- Vice President € 350
- Senior Associate € 300
- Analyst € 250
- Schreibkraft € 40

Diese Stundensätze entsprechen den aktuell marktüblichen Vergütungen.

Ohne die Zustimmung der Verfahrensbeteiligten – § 13 JVEG –, insbesondere des Antragsgegners, besteht jedoch für eine oberhalb der gesetzlichen Bestimmungen liegende Vergütung von Sachverständigen keine ausdrückliche Rechtsgrundlage:

536 LG Köln vom 26. Juli 2013, Az. 82 O 66/11.

„Die Erstellung eines Gutachtens zur Unternehmensbewertung in einem Spruchverfahren erfordert in einem besonderen Maße eine hohe Qualifikation der Sachverständigen. Die Kammer weiß aus einer Vielzahl anderer Spruchverfahren, dass zu dem vom JVEG vorgesehenen Betrag eine Erstattung dieser komplexen Gutachten regelmäßig nicht erfolgt und der von den Sachverständigen angesetzte Betrag nicht außerhalb des Rahmens liegt, was für derart komplexe Fragestellungen an Vergütung verlangt wird. Sachverständige, die bereit sind, einen Gutachtenauftrag in einem Spruchverfahren zu Stundensätzen zu übernehmen, die um die Hälfte bis zu zwei Drittel unter dem Marktniveau liegen, können schwerlich die Qualifikation aufweisen, die notwendig ist, um die mit den Spruchverfahren verfolgten Zielsetzung zu verwirklichen. Die Beschränkung auf die Höchstsätze des JVEG wird noch weniger hinnehmbar, wenn die Sachverständigen, um ihre umfangreiche Aufgabe in einem überschaubaren Zeitrahmen zu bewältigen, gezwungen sind, die Arbeitskraft qualifizierter „Hilfskräfte" (andere Wirtschaftsprüfer, Steuerberater u. a.) zu Marktpreisen „einzukaufen" und aus eigenem Vermögen zu finanzieren."[537]

Die Rechtsprechung behilft sich bisher mit einer Gesetzesauslegung, weil die Vorschrift des § 13 Abs. 2 S. 2 JVEG lediglich eine Soll-Vorschrift, nicht aber ein gesetzliches Verbot einer höheren Vergütung beinhaltet:

„Es handelt sich nicht um eine verdeckte „Muss-Vorschrift", die den Ermessensspielraum des Gerichts auf die Sätze des § 3 ZSEG begrenzt. Vielmehr ist es Zweck des § 7 ZSEG, einen Weg aus dem engen Rahmen des § 3 ZSEG hinaus zu eröffnen. Die 1994 vorgenommene Änderung des ZSEG sollte die am Wortlaut klammernde Auslegung durch die Gerichte überwinden helfen; die absichtlich gewählte „Soll-Regelung" soll dabei dem Gericht „in ganz besonders gelagerten Fällen" die Möglichkeit eröffnen, die Sätze des § 3 ZSEG zu überschreiten (vgl. Otto, JurBüro 1994, 385, 393; BT-Drs. 12/6962, S. 56, 97; sowie allgemein Meyer/Höver/Bach, ZSEG 22. Aufl, § 7 Rn 1.2 ; Bleutge, aaO § 7 Rn 6). Das vorliegende Spruchverfahren bildet unter der Vielzahl von Verfahren, in denen sich Gerichte der Hilfe von Sachverständigen bedienen (müssen), sicher einen solchen „ganz besonders gelagerten Fall".

Über diese auf den Wortlaut der Norm und die gesetzgeberischen Absichten abstellende Auslegung von § 7 Abs. 2 S. 2 ZSEG hinaus gebietet die Besonderheit der Spruchverfahren eine vom Gesetzeszweck bestimmte, teleologische Auslegung des § 7 Abs. 2 S. 1 iVm § 7 Abs. 1 ZSEG.

Obwohl die Kosten von Spruch(stellen)verfahren regelmäßig von dem oder den durch die Strukturmaßnahme begünstigten Unternehmensträger(n) zu tragen sind (§§ 312 Abs. 4 S. 1 UmwG 1994, § 306 Abs. 7 S. 7 AktG; vgl. auch Senat DB 1992, 1470), ist eine spezialgesetzliche Regelung hinsichtlich der Sachverständigenkosten und deren Vorwegleistung durch die Beteiligten nicht vorhanden. Die früher in den kostenrechtlichen Sonderbestimmungen der §§ 39 S. 7 UmwG 1956/1969, § 306 Abs. 7 S. 7 AktG aF enthaltene ausdrückliche Privilegierung der antragstellenden Aktionäre („Kostenvorschüsse werden nicht erhoben") ist zwar im neuen Umwandlungsrecht entfallen; an der Rechtslage hat sich aber sachlich nichts geändert (vgl. OLG Düsseldorf AG 1998, 525; Schmittmann AG 1998, 514). Solange für die allgemein als sachgerecht angesehene Vorschussverpflichtung des/der Unternehmensträger(s) für die Sachverständigenkosten (OLG Düsseldorf aaO; OLG Frankfurt JurBüro 1993, 563; vgl. auch BayObLG ZIP 1998, 1876 und 1877 hinsichtlich der Kosten für den „gemeinsamen Vertreter") eine ausdrückliche Sonderregelung fehlt, bleibt nur der Weg über § 7 ZSEG.

537 LG München I vom 3. Juli 2013, Az. 5 HK O 18888/11.

Dem Antragsgegnervertreter ist zwar insoweit zuzustimmen, als er ausführt (Nr. 17 seiner Beschwerdebegründung v. 18. 5. 2001, Bl. 270 f dA), dass der am normalen Zivilprozess mit 2 Parteien ausgerichtete § 7 ZSEG für die vom FGG bestimmten Spruchverfahren mit der für den Regelfall vorgegebenen einseitigen Kostentragungspflicht nicht passt und deshalb einer teleologischen Auslegung bedarf. Diese Auslegung kann aber nach Ansicht des Senats nicht dahin gehen, dass die Zustimmung der kostentragungspflichtigen Antragsgegnerin unverzichtbar ist, wie der Antragsgegnervertreter meint. Denn damit könnte jeder Antragsgegner das Verfahren dauerhaft blockieren und letztlich das ganze den alleinigen Schutz der Minderheitsaktionäre bildende Institut des Spruchverfahrens zunichte machen.
Die Verweisung der Minderheitsaktionäre auf das Spruchverfahren unter gleichzeitiger Ausschließung eines Beschlussanfechtungsverfahrens oder anderer Klagverfahren (hier: § 14 Abs. 2 UmwG; Lutter/Krieger, UmwG 2. Aufl., § 305 Rn 4: „ausschließlicher Rechtsbehelf") gibt den beteiligten Unternehmen die Möglichkeit zur Umsetzung der beschlossenen Strukturmaßnahmen ohne Rücksicht auf die Ablehnung durch einen Teil ihrer Aktionäre. Es liefe auf eine gänzliche Entrechtung dieser Aktionäre und auf die Verweigerung jeglichen Rechtsschutzes hinaus, wenn der bzw die Unternehmensträger eine nachträgliche Kontrolle der zugrundegelegten Bewertung und – gegebenenfalls – eine Entschädigung ihrer Teilhaber mit Hilfe der Versagung der Zustimmung zur unvermeidlicherweise erhöhten Sachverständigenvergütung verhindern könnten.
...
Die teleologische Auslegung dieser dem materiellen Recht dienenden Verfahrensvorschrift muss deshalb dahin gehen, dass einerseits an die Zustimmung der (regelmäßig kostenbefreiten) Antragsteller keine hohen Anforderungen zu stellen sind und andererseits das Gericht das verweigerte Einverständnis des kostenpflichtigen Unternehmensträgers nach Prüfung der – hier zu Recht vom Landgericht bejahten – Verhältnismäßigkeit ersetzen kann. Die Regel, dass keine Partei zur Zustimmung zu erhöhten Sachverständigenvergütungen „gezwungen" werden darf, muss in den Fällen der vorliegenden Art insoweit zum Nachteil der durch den Ausschluss anderer Rechtsbehelfe begünstigten Unternehmen an die wirtschaftlichen Gegebenheiten angepasst werden; dem Argument, das Kostenrisiko der durch Zustimmungsersetzung übergangenen Partei müsse durch eine Beschränkung auf die Höchstsätze des ZSEG in zumutbaren Grenzen gehalten werden (BT-Drs. 12/6962 S. 97), fehlt hier die wirtschaftliche Berechtigung.
...
Sollte eine gerichtlich zur Vorschussleistung verpflichtete Antragsgegnerin die Einzahlung des angeforderten Vorschusses dauerhaft verweigern, liefe dies letztlich auf eine Beweisvereitelung hinaus, der durch eine richterliche Schätzung des angemessenen Umtauschverhältnisses begegnet werden müsste (ähnlich Münch-KommAktG/Bilda, § 306 Rn 24)."[538]

In Betracht kommt auch der vom Bundesgerichtshof entwickelte Rechtsgedanke zur ausgleichsfähigen Höhe von Gutachterkosten, welche eine Partei im Zivilprozess vorprozessual zur Schadensermittlung aufgewandt hat. Danach könnte sich die Vergütung prozentual am Wert des Unternehmens ausrichten,[539] zum Beispiel in Form einer Rahmengebühr von 0,05 bis 0,25 Prozent des vom Hauptaktionär ermittelten Unternehmenswertes. Die Ausschöpfung des Rahmens ist an die Schwierigkeit der

538 OLG Stuttgart vom 9. Juli 2001, Az. 8 W 357/01 (zur inhaltsgleichen Norm des bis 30. Juni 2004 gültigen § 7 Zeugen- und Sachverständigen-Entschädigungsgesetzes, ZSEG).
539 Vgl. BGH vom 4. April 2006, Az. X ZR 122/05.

Begutachtung anzupassen. Eventuelle Werterhöhungen im Spruchverfahren sind auf die Bemessungsgrundlage der Vergütung zu übertragen.

Alternativ bleibt nur eine gesonderte gesetzliche Regelung zur Vergütung von Sachverständigen in Spruchverfahren, die sich an marktüblichen Stundensätzen orientiert.

3 Vergütung für gemeinsame Vertreter

Der Grundsatz der Waffengleichheit verlangt auch eine angemessene Vergütung des gemeinsamen Vertreters. Nach dem Willen des Gesetzgebers soll er das Gegengewicht der nicht am Verfahren beteiligten Minderheitsaktionäre zum Hauptaktionär bilden. Die für den Antragsgegner tätigen Anwälte und weiteren Berater werden angesichts der hier erforderlichen Qualifikation und Spezialisierung im Normalfall nach Aufwand und nicht auf der Grundlage der gesetzlichen Regelungen zum Kostenrecht bezahlt.

Bei einer hinreichenden Qualifizierung und einem entsprechenden Umfang der Tätigkeiten verlangen vor allem die hier bestehenden verfassungsrechtlichen Gewährleistungen, dass auch für die Antragstellerseite ein vergleichbarer Kostenerstattungsanspruch besteht. Dazu geht die Rechtsprechung schon jetzt bei komplexen und schwierigen Verfahren, die Spezialkenntnisse erfordern, sowie in besonders gelagerten Einzelfällen über die gesetzlichen Gebühren hinaus.[540] Daher würden sich Spruchverfahren für eine klarstellende Regelung eignen, auf die Gerichte auch in anderen komplexen Verfahrensarten zurückgreifen könnten. Letztlich ist aber auch hier immer auf die besonderen Umstände des Einzelfalls abzustellen.

VI Verzinsung der Barabfindung

Auch die gesetzliche Regelung zur Verzinsung der Barabfindung in § 327b Abs. 2 AktG privilegiert den Antragsgegner. Denn während er selbst das Risiko des Investments in Aktien der Gesellschaft mit hohen Risikozuschlägen beurteilt, liegt die gesetzliche Verzinsung meist unterhalb seiner eigenen Refinanzierungsbelastung am Kapitalmarkt.

Der Hauptaktionär hat damit gar keine Veranlassung, auf eine zügige Verfahrensbeendigung hinzuwirken, weil seine eigene Zinsbelastung aus der Refinanzierung der nachzuzahlenden Erhöhungsbeträge niedriger ist als die gesetzlichen Zinsen.

---

540 Vgl. Senger/Uphoff: „Erstattungsfähigkeit anwaltlicher Zeithonorare". In NJW 2014, S. 1412-1417 [1414] mit weiteren Angaben zur Rechtsprechung, dort u. a. Fußnoten 36 ff.

Dem könnte durch eine Anpassung des Gesetzes abgeholfen werden. Hierzu kommt in Betracht, die Barabfindung ebenso wie die Erhöhungsbeträge anstatt mit 5 Prozentpunkten über dem Basiszins nach § 247 BGB mit

- 5 Prozentpunkten über dem (durchschnittlichen) Kapitalisierungszinssatz der zu bewertenden Gesellschaft oder alternativ
- 8 Prozentpunkten über dem durchschnittlichen Basiszinssatz

zu verzinsen. Damit würde die Verzinsung der Barabfindung in das vom Hauptaktionär behauptete Risikoverhältnis des Investments gesetzt werden. Eine höhere Zinsbelastung würde zudem der Prozessverschleppung durch den Hauptaktionär Grenzen setzen.

Schließlich ist der zunehmend zu beobachtenden Praxis der verzögerten Bekanntmachung

- des Ausgangs von Spruchverfahren sowie
- der Abrechnungsstellen für Nachzahlungen

zu begegnen. Verstöße gegen die Bekanntmachungspflichten aus § 14 SpruchG lassen sich zudem noch als Ordnungswidrigkeiten ahnden.

§ 24 Ausblick

Die Studie zeigt, dass die empirische quantitative Rechtstatsachen- und Justizforschung dazu geeignet ist, die tatsächlichen und rechtlichen Grundlagen für ein komplexes Verfahren wie das Spruchverfahren zu stabilisieren. Im Gegensatz zu bloßen Annahmen beruhen empirische Daten auf nachweisbaren Erkenntnissen. Dieser Ansatz eignet sich daher auch zur Eruierung anderer Normengefüge.

Jede kompensationspflichtige Strukturmaßnahme stellt einen Eingriff in die Rechtsposition der außenstehenden Aktionäre dar, weshalb sie einen Ausgleich bzw. eine Abfindung nach sich zieht. Die Ermittlung der Kompensation erfolgt bislang auf der Grundlage von Empfehlungen von Interessenverbänden, namentlich des IDW und des FAUB in Form des Bewertungsstandards S 1. Dagegen herrscht in der Praxis eine Methodenvielfalt.

Die Empfehlungen von Interessenverbänden sind auch danach zu hinterfragen, ob und inwieweit zutreffende Annahmen und Typisierungen zugrunde liegen. Das gilt vor allem für die folgenden Bewertungsfaktoren:

- Basiszinssatz,
- Marktrisikoprämie im Falle der Anwendung des (Tax-)CAPM Verfahrens,
- Beta-Faktor,
- Wachstumsabschlag,
- (steuerliche) Behandlung von thesaurierungsbedingtem Wachstum,
- Grundannahmen zur Ausschüttung und
- Art und Umfang der Bewertung nicht betriebsnotwendiger Vermögenswerte.

Weil der IDW-Standard S 1 keine Gesetzeskraft hat, stellt sich in jedem Spruchverfahren die Frage, ob auf seiner Grundlage überhaupt in den Schutzbereich der Grundrechte eingegriffen werden kann. Dabei ist auch zu berücksichtigen, dass die Modifizierungen des IDW S 1 regelmäßig zu geringeren Unternehmenswerten und damit auch niedrigeren Kompensationen geführt haben.

Daher spricht einiges dafür, die empirischen Grundlagen der einzelnen Annahmen gegebenenfalls auf der Grundlage eines Beweisbeschlusses überprüfen zu lassen. Schließlich lassen die verfassungsmäßigen Grundlagen zum Aktieneigentum und zu den Justizgrundrechten nicht zu, dass der strukturelle Standpunkt einer Partei durch den Berufsstand der Wirtschaftsprüfer optimiert wird, wenn dadurch der gesetzgeberische Auftrag, eine angemessene Abfindung zu ermitteln, unterlaufen wird.

Die empirische Rechtstatsachen- und Justizforschung ist aber auch dazu geeignet, die Grundlagen von Rechtsnormen zu ermitteln, zu stabilisieren oder umgekehrt zu erschüttern.

Das gilt beispielsweise für die Fiktion in § 39a Abs. 3 S. 3 WpÜG. Danach gilt die Gegenleistung in einem übernahmerechtlichen Squeeze-out dann als angemessen, wenn der Bieter bereits zuvor 90 Prozent der Aktien auf der Grundlage eines öffentlichen Übernahme- oder Pflichtangebots erworben hat. Es erscheint mehr als fraglich, ob der dieser Fiktion zugrunde liegende Börsenkurs geeignet ist, den Anspruch der ausgeschiedenen Aktionäre auf den inneren Wert der Beteiligung auszugleichen. Denn ein Börsenwert lässt sich nur dann heranziehen, wenn der Kurs alle Informationen zum inneren Wert des Unternehmens widerspiegelt. Das ist jedoch ohne Vorlage einer Unternehmensbewertung nicht gegeben. Zudem zeigt die Analyse der hierzu vorliegenden Daten, dass es zwischen dem Preis eines öffentlichen Kauf- oder Übernahmeangebots und der Abfindung in einer nachfolgenden Strukturmaßnahme regelmäßig keinen Zusammenhang gibt. Denn die in Spruchverfahren ermittelten inneren Werte der Beteiligungen liegen im Durchschnitt um 29,13 Prozent über den zuvor angebotenen Preisen.

Schließlich stützt auch die Effizienzmarkthypothese die Feststellung, dass sich die verfassungsrechtlichen Gewährleistungen zum Aktieneigentum nur auf der Grundlage einer umfassenden Unternehmensbewertung und nicht durch einen Markttest erreichen lassen.

Teil 8 Tabellen- und Abbildungsverzeichnis

Stichwortverzeichnis

www.ingramcontent.com/pod-product-compliance
Lightning Source LLC
LaVergne TN
LVHW080849300926
849162LV00003B/376